BON. 본 N 제

화학 I 638Q

구성과 특징

핵심 개념 정리

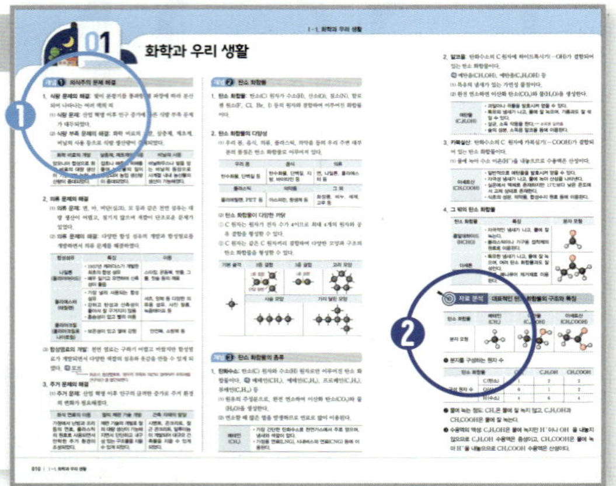

❶ 내용 정리 : 모든 교과서에서 시험에 출제될 가능성이 높은 개념을 체계적으로 정리하였습니다.

❷ 탐구 활동, 자료 분석 : 다수의 교과서에 다룬 탐구 및 자료를 자세히 분석하고, 정리하였습니다.

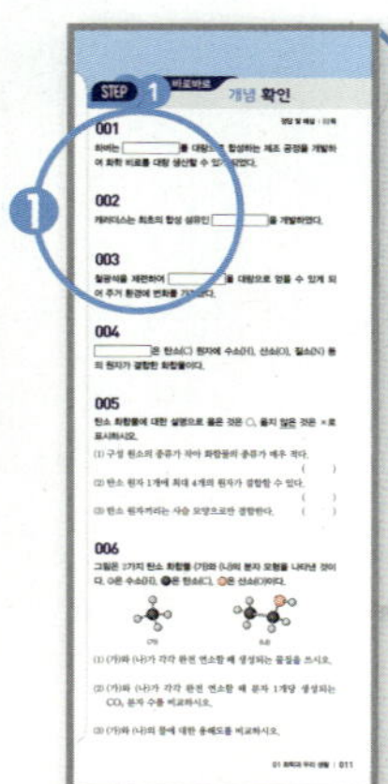

STEP ❶ 바로바로 개념 확인

❶ 내용 정리를 위한 다양한 확인 문항 제시
빈칸 넣기, 선택하기, 간단한 단답형 문제 등으로 관련 내용을 완벽하게 이해했는지 점검할 수 있습니다.

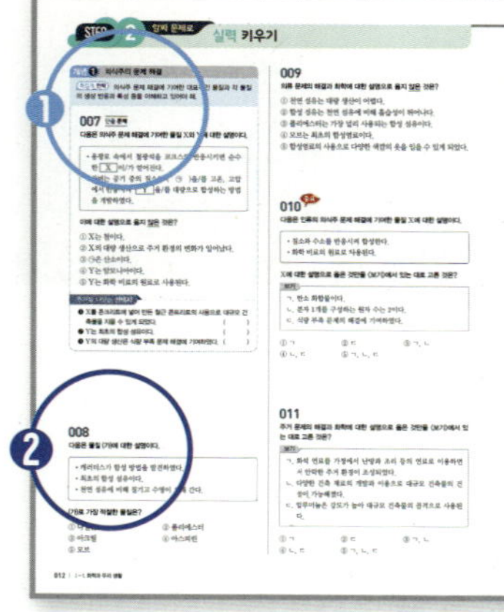

STEP ❷ 알짜 문제로 실력 키우기

❶ 주요 개념의 단골 문제와 족집게 전략을 제시하고 추가로 나올 수 있는 선택지를 정리하였습니다.

❷ 주요 개념과 관련된 출제 예상 문항을 다양하게 제공하였습니다.

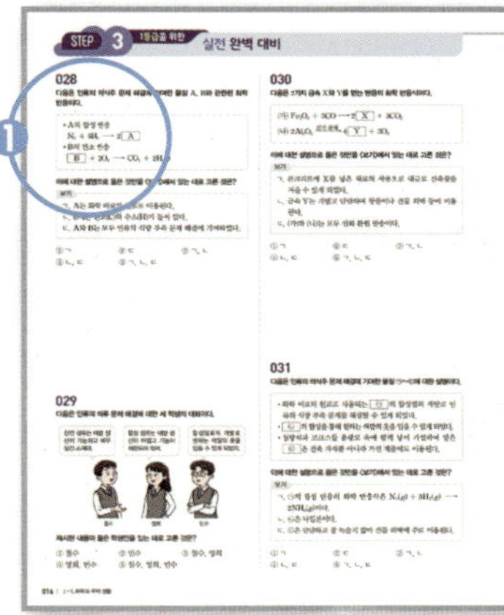

STEP 3 1등급을 위한 실전 완벽 대비

❶ 시험에 고난도로 출제될 가능성이 높은 문항으로 구성하였습니다.

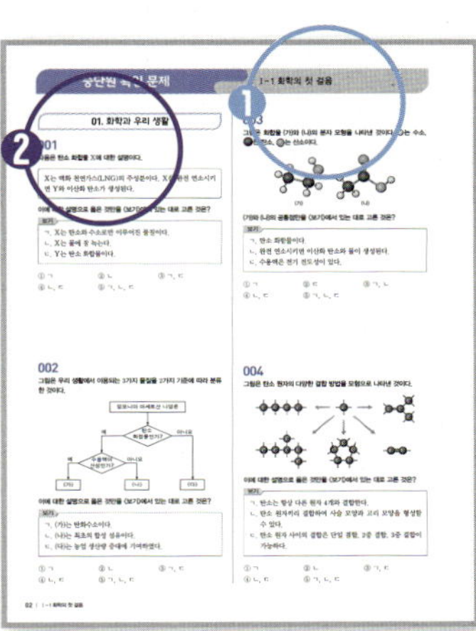

중단원 확인 문제

❶ 대단원별로 주요 문항만을 수록하여 대단원을 포괄적으로 점검할 수 있도록 구성하였습니다.

❷ 중단원 표시로 해당 시험 범위를 쉽게 찾을 수 있도록 도와줍니다.

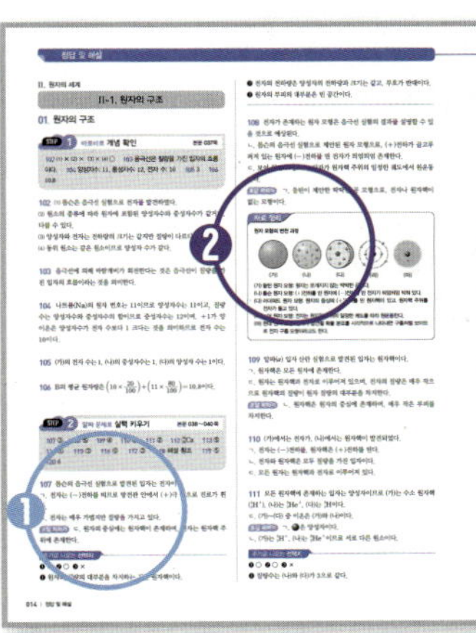

정답 및 해설

❶ **문제 분석 및 오답 피하기** : 모든 문제에 대한 분석은 물론, 오답을 피하기 위한 자세한 설명도 덧붙여 왜 틀렸는지 파악할 수 있게 해줍니다.

❷ **자료 정리** : 문제와 관련된 주요 개념이나 더 알아야할 내용을 제공하여 한 번 더 개념을 다질 수 있습니다.

		BON N제 화학Ⅰ	교학사	금성	동아	미래엔	비상	상상	지학사	천재	YBM
Ⅰ-1 화학과 우리 생활	**01.** 화학과 우리 생활	10~17	13~23	13~25	11~23	14~27	11~22	15~27	13~23	11~18	13~30
Ⅰ-2 물질의 양과 화학 반응식	**01.** 화학식량과 몰	18~25	27~35	29~33	29~35	28~35	27~39	31~37	27~33	23~29	35~40
	02. 화학 반응식 과 용액의 농도	26~33	39~45	34~43	36~45	36~47	40~42	41~51	34~42	30~43	41~56
Ⅱ-1 원자의 구조	**01.** 원자의 구조	36~41	57~61	55~61	57~63	58~67	55~59	63~66	57~61	55~64	67~73
	02. 보어 원자 모형	42~47	65~77	62~73	66~74	68~79	60~68	71~79	62~70	65~77	77~87
	03. 현대의 원자 모형과 전자 배치의 규칙	48~55									
Ⅱ-2 원소의 주기적 성질	**01.** 주기율표	56~59	81~85	77~82	81~87	82~87	75~79	83~87	77~82	81~86	91~97
	02. 원소의 주기적 성질	60~67	86~91	83~87	89~97	88~95	80~85	91~98	84~91	87~94	101~109

			BON N제 화학Ⅰ	교학사	금성	동아	미래엔	비상	상상	지학사	천재	YBM
Ⅲ-1 화학 결합	01. 이온 결합		70~75	103~107	99~108	109~119	106~116	99~105	109~116	107~115	107~115	119~126
	02. 공유 결합과 금속 결합		76~83	108~111	109~114	120~130	118~125	106~111	119~122	116~119	116~123	127~133
Ⅲ-2 분자의 구조와 극성	01. 결합의 극성		84~89	115~125	115~124	137~145	126~133	112~116	125~135	120~122	127~136	137~151
	02. 분자의 구조 와 성질		90~97	129~135	125~133	146~157	134~145	123~130	139~150	123~142	138~146	155~159
Ⅳ-1 화학 반응에서의 동적 평형	01. 동적 평형		100~105	147~153	145~148	169~171	156~159	143~147	161~163	157~160	159~162	169~173
	02. 물의 자동 이온화		106~111	154~157 163~164	149~161	172~176	160~165	150~152	167~174	165~169	163~172	174~184
	03. 산 염기 중화 반응		112~119	161~163 165~171	162~167	176~183	166~173	148~149 159~165	175~180	170~174	173~181	185~189
Ⅳ-2 화학 반응과 열의 출입	01. 산화 환원 반응		120~127	175~181	168~173	189~196	176~186	166~171	183~189	175~180	185~196	193~199
	02. 화학 반응에 서의 열의 출입		128~133	185~186	174~175	201~208	188~193	172~175	193~198	187~191	197~199	203~209

차례

I

화학의 첫걸음

I 화학의 첫걸음

I-1 화학과 우리 생활

1. 화학과 우리 생활
- 의식주의 문제 해결
- 탄소 화합물
- 탄소 화합물의 종류

I-2 물질의 양과 화학 반응식

1. 화학식량과 몰
- 화학식량
- 몰

2. 화학 반응식과 용액의 농도
- 화학 반응식
- 용액의 농도

01 화학과 우리 생활

개념 1 의식주의 문제 해결

1. 식량 문제의 해결
(1) **식량 문제**: 산업 혁명 이후 인구 증가에 따른 식량 부족 문제가 대두되었다.
(2) **식량 부족 문제의 해결**: 화학 비료의 개발, 살충제, 제초제, 비닐의 사용 등으로 식량 생산량이 증대되었다.

화학 비료의 개발	살충제, 제초제의 사용	비닐의 사용
암모니아 합성으로 화학 비료의 대량 생산이 가능해져 농업 생산량이 증대되었다.	잡초나 해충의 피해를 줄여 농산물의 질이 향상되어 농업 생산량이 증대되었다.	비닐하우스나 밭을 덮는 비닐의 등장으로 사계절 내내 농산물의 생산이 가능해졌다.

2. 의류 문제의 해결
(1) **의류 문제**: 면, 마, 비단(실크), 모 등과 같은 천연 섬유는 대량 생산이 어렵고, 질기지 않으며 색깔이 단조로운 문제가 있었다.
(2) **의류 문제의 해결**: 다양한 합성 섬유의 개발과 합성염료를 개발하면서 의류 문제를 해결하였다.

합성 섬유	특징	이용
나일론 (폴리아마이드)	• 1937년 캐러더스가 개발한 최초의 합성 섬유 • 매우 질기고 유연하며 신축성이 좋음	스타킹, 운동복, 밧줄, 그물, 칫솔 등의 재료
폴리에스터 (테릴렌)	• 가장 널리 사용되는 합성 섬유 • 강하고 탄성과 신축성이 좋아서 잘 구겨지지 않음 • 흡습성이 없고 빨리 마름	셔츠, 양복 등 다양한 의류용 섬유, 사진 필름, 녹음테이프 등
폴리아크릴 (폴리아크릴로나이트릴)	• 보온성이 있고 열에 강함	안전복, 소방복 등

(3) **합성염료의 개발**: 천연염료는 구하기 어렵고 비쌌지만 합성염료가 개발되면서 다양한 색깔의 섬유와 옷감을 만들 수 있게 되었다. **예** 모브 → 최초의 합성염료로, 영국의 화학자 퍼킨이 말라리아 치료제를 연구하던 중 발견하였다.

3. 주거 문제의 해결
(1) **주거 문제**: 산업 혁명 이후 인구의 급격한 증가로 주거 환경의 변화가 필요해졌다.

화석 연료의 이용	철의 제련 기술 개발	건축 자재의 발달
가정에서 난방과 조리 등의 연료, 플라스틱의 원료로 사용되면서 안락한 주거 환경이 조성되었다.	제련 기술의 개발로 철의 대량 생산이 가능해지면서 단단하고 내구성 있는 구조물을 지을 수 있게 되었다.	시멘트, 콘크리트, 철근 콘크리트, 알루미늄이 개발되어 대규모 건축물을 지을 수 있게 되었다.

개념 2 탄소 화합물

1. 탄소 화합물
탄소 화합물: 탄소(C) 원자가 수소(H), 산소(O), 질소(N), 할로젠 원소(F, Cl, Br, I) 등의 원자와 결합하여 이루어진 화합물이다.

2. 탄소 화합물의 다양성
(1) 우리 몸, 음식, 의류, 플라스틱, 의약품 등의 우리 주변 대부분의 물질은 탄소 화합물로 이루어져 있다.

우리 몸	음식	의류
탄수화물, 단백질 등	탄수화물, 단백질, 지방, 바이타민 등	면, 나일론, 폴리에스터 등
플라스틱	**의약품**	**그 외**
폴리에틸렌, PET 등	아스피린, 항생제 등	화장품, 비누, 세제, 고무 등

(2) **탄소 화합물이 다양한 까닭**
① C 원자는 원자가 전자 수가 4이므로 최대 4개의 원자와 공유 결합을 형성할 수 있다.
② C 원자는 같은 C 원자끼리 결합하여 다양한 모양과 구조의 탄소 화합물을 형성할 수 있다.

기본 골격	2중 결합	3중 결합	고리 모양
	사슬 모양		가지가 달린 사슬 모양

개념 3 탄소 화합물의 종류

1. 탄화수소
탄화수소: 탄소(C) 원자와 수소(H) 원자로만 이루어진 탄소 화합물이다. **예** 메테인(CH_4), 에테인(C_2H_6), 프로페인(C_3H_8), 뷰테인(C_4H_{10}) 등
(1) 원유의 주성분으로, 완전 연소하여 이산화 탄소(CO_2)와 물(H_2O)을 생성한다.
(2) 연소할 때 많은 열을 발생하므로 연료로 많이 이용된다.

메테인 (CH_4)	• 가장 간단한 탄화수소로 천연가스에서 주로 얻으며, 냄새와 색깔이 없다. • 가정용 연료(LNG), 시내버스의 연료(CNG) 등에 이용된다.

2. **알코올**: 탄화수소의 C 원자에 하이드록시기(−OH)가 결합되어 있는 탄소 화합물이다.

　예 메탄올(CH_3OH), 에탄올(C_2H_5OH) 등

(1) 특유의 냄새가 있는 가연성 물질이다.

(2) 완전 연소하면 이산화 탄소(CO_2)와 물(H_2O)을 생성한다.

에탄올 (C_2H_5OH)	• 과일이나 곡물을 발효시켜 얻을 수 있다. • 특유의 냄새가 나고, 물에 잘 녹으며, 기름과도 잘 섞일 수 있다. • 살균, 소독 작용을 한다. → 소독용 알코올 • 술의 성분, 소독용 알코올 등에 이용된다.

3. **카복실산**: 탄화수소의 C 원자에 카복실기(−COOH)가 결합되어 있는 탄소 화합물이다.

• 물에 녹아 수소 이온(H^+)을 내놓으므로 수용액은 산성이다.

아세트산 (CH_3COOH)	• 일반적으로 에탄올을 발효시켜 얻을 수 있다. • 자극성 냄새가 나고, 물에 녹아 산성을 나타낸다. • 실온에서 액체로 존재하지만 17℃보다 낮은 온도에서 고체 상태로 존재한다. • 식초의 성분, 의약품, 합성수지 원료 등에 이용된다.

4. **그 밖의 탄소 화합물**

탄소 화합물	특징	분자 모형
폼알데하이드 (HCHO)	• 자극적인 냄새가 나고, 물에 잘 녹는다. • 플라스틱이나 가구용 접착제의 원료로 이용된다.	
아세톤 (CH_3COCH_3)	• 특유한 냄새가 나고, 물에 잘 녹으며, 여러 탄소 화합물과도 잘 섞인다. • 용매, 매니큐어 제거제로 이용된다.	

🎯 자료 분석   대표적인 탄소 화합물의 구조와 특징

탄소 화합물	메테인 (CH_4)	에탄올 (C_2H_5OH)	아세트산 (CH_3COOH)
분자 모형			

❶ 분자를 구성하는 원자 수

분자		CH_4	C_2H_5OH	CH_3COOH
구성 원자 수	C(탄소)	1	2	2
	O(산소)	0	1	2
	H(수소)	4	6	4

❷ 물에 녹는 정도: CH_4은 물에 잘 녹지 않고, C_2H_5OH과 CH_3COOH은 물에 잘 녹는다.

❸ 수용액의 액성: C_2H_5OH은 물에 녹지만 H^+이나 OH^-을 내놓지 않으므로 C_2H_5OH 수용액은 중성이고, CH_3COOH은 물에 녹아 H^+을 내놓으므로 CH_3COOH 수용액은 산성이다.

001

정답 및 해설 | 02쪽

하버는 [　　　　　　]를 대량으로 합성하는 제조 공정을 개발하여 화학 비료를 대량 생산할 수 있게 되었다.

002

캐러더스는 최초의 합성 섬유인 [　　　　　　]을 개발하였다.

003

철광석을 제련하여 [　　　　　　]을 대량으로 얻을 수 있게 되어 주거 환경에 변화를 가져왔다.

004

[　　　　　　]은 탄소(C) 원자에 수소(H), 산소(O), 질소(N) 등의 원자가 결합한 화합물이다.

005

탄소 화합물에 대한 설명으로 옳은 것은 ○, 옳지 <u>않은</u> 것은 ×로 표시하시오.

(1) 구성 원소의 종류가 적어 화합물의 종류가 매우 적다.

(　　　)

(2) 탄소 원자 1개에 최대 4개의 원자가 결합할 수 있다.

(　　　)

(3) 탄소 원자끼리는 사슬 모양으로만 결합한다. (　　　)

006

그림은 2가지 탄소 화합물 (가)와 (나)의 분자 모형을 나타낸 것이다. ○은 수소(H), ●은 탄소(C), ○은 산소(O)이다.

(가)　　　　　　(나)

(1) (가)와 (나)가 각각 완전 연소할 때 생성되는 물질을 쓰시오.

(2) (가)와 (나)가 각각 완전 연소할 때 분자 1개당 생성되는 CO_2 분자 수를 비교하여 등호 또는 부등호로 나타내시오.

(3) (가)와 (나)의 물에 대한 용해도를 비교하여 등호 또는 부등호로 나타내시오.

개념 ❶ 의식주의 문제 해결

족집게 전략 의식주 문제 해결에 기여한 대표적인 물질과 각 물질의 생성 반응 및 특성 등을 이해하고 있어야 해.

007 단골 문제

다음은 의식주 문제 해결에 기여한 물질 X와 Y에 대한 설명이다.

- 용광로 속에서 철광석을 코크스와 반응시키면 순수한 $\boxed{X}$ 이/가 얻어진다.
- 하버는 공기 중의 질소와 (㉠)을/를 고온, 고압에서 반응시켜 $\boxed{Y}$ 을/를 대량으로 합성하는 방법을 개발하였다.

이에 대한 설명으로 옳지 <u>않은</u> 것은?

① X는 철이다.
② X의 대량 생산으로 주거 환경의 변화가 일어났다.
③ ㉠은 산소이다.
④ Y는 암모니아이다.
⑤ Y는 화학 비료의 원료로 사용된다.

추가로 나오는 선택지

❶ X를 콘크리트에 넣어 만든 철근 콘크리트의 사용으로 대규모 건축물을 지을 수 있게 되었다. ( )
❷ Y는 최초의 합성 섬유이다. ( )
❸ Y의 대량 생산은 식량 부족 문제 해결에 기여하였다. ( )

008

다음은 물질 (가)에 대한 설명이다.

- 캐러더스가 합성 방법을 발견하였다.
- 최초의 합성 섬유이다.
- 천연 섬유에 비해 질기고 수명이 오래 간다.

(가)로 가장 적절한 물질은?

① 나일론　　　　② 폴리에스터
③ 아크릴　　　　④ 아스피린
⑤ 모브

009

의류 문제의 해결과 화학에 대한 설명으로 옳은 것만을 〈보기〉에서 있는 대로 고른 것은?

보기

ㄱ. 천연 섬유는 대량 생산이 어렵다.
ㄴ. 모브는 최초의 합성염료이다.
ㄷ. 합성염료의 사용으로 다양한 색깔의 옷을 입을 수 있게 되었다.

① ㄱ　　　　② ㄷ　　　　③ ㄱ, ㄴ
④ ㄴ, ㄷ　　　　⑤ ㄱ, ㄴ, ㄷ

010 중요

다음은 인류의 의식주 문제 해결에 기여한 물질 X에 대한 설명이다.

- 질소와 수소를 반응시켜 합성한다.
- 화학 비료의 원료로 사용된다.

X에 대한 설명으로 옳은 것만을 〈보기〉에서 있는 대로 고른 것은?

보기

ㄱ. 탄소 화합물이다.
ㄴ. 분자 1개를 구성하는 원자 수는 2이다.
ㄷ. 식량 부족 문제의 해결에 기여하였다.

① ㄴ　　　　② ㄷ　　　　③ ㄱ, ㄴ
④ ㄱ, ㄷ　　　　⑤ ㄴ, ㄷ

011

주거 문제의 해결과 화학에 대한 설명으로 옳은 것만을 〈보기〉에서 있는 대로 고른 것은?

보기

ㄱ. 화석 연료를 가정에서 난방과 조리 등의 연료로 이용하면서 안락한 주거 환경이 조성되었다.
ㄴ. 다양한 건축 재료의 개발과 이용으로 대규모 건축물의 건설이 가능해졌다.
ㄷ. 알루미늄은 강도가 높아 대규모 건축물의 골격으로 사용된다.

① ㄱ　　　　② ㄷ　　　　③ ㄱ, ㄴ
④ ㄴ, ㄷ　　　　⑤ ㄱ, ㄴ, ㄷ

012 서술형

다음은 암모니아의 합성 방법에 대한 설명이다. ㉠과 관련된 화학 반응식을 쓰고, ㉠이 인류가 직면한 어떤 분야의 문제 해결에 기여했는지를 서술하시오.

> 20세기 초 하버는 고온, 고압에서 촉매를 이용하여 질소와 수소를 반응시키는 ㉠ 암모니아의 합성 방법을 개발하였다.

013

다음은 주거 문제 해결에 기여한 2가지 물질 (가)와 (나)에 대한 설명이다.

> - (가) 은/는 자연 상태에서 산화물 형태로 존재하므로 (가) 의 산화물을 코크스와 함께 용광로에 넣어 가열하여 얻는다.
> - (나) 은/는 보크사이트를 가열하여 액체 상태로 만든 후 전기 분해하여 얻으며, 가볍고 단단하여 창틀, 건물 외벽 등에 이용한다.

다음 중 (가)와 (나)로 옳은 것은?

	(가)	(나)		(가)	(나)
①	철	구리	②	철	시멘트
③	철	알루미늄	④	구리	알루미늄
⑤	시멘트	알루미늄			

014

다음은 인류의 문제 해결에 기여한 물질 (가)~(다)에 대한 설명이다.

> (가) 공기 중의 질소와 수소를 고온, 고압에서 반응시켜 얻는 물질로 화학 비료의 원료로 이용된다.
> (나) 시멘트에 물, 모래, 자갈 등을 섞어 반죽하여 만든다.
> (다) 최초의 합성 섬유로, 질기고 신축성이 뛰어나다.

(가)~(다)에 대한 설명으로 옳은 것만을 〈보기〉에서 있는 대로 고른 것은?

보기

> ㄱ. (가)는 인류의 식량 부족 문제 해결에 기여하였다.
> ㄴ. (나)는 콘크리트이다.
> ㄷ. (다)는 밧줄, 칫솔 등에 이용된다.

① ㄱ   ② ㄷ   ③ ㄱ, ㄴ
④ ㄴ, ㄷ   ⑤ ㄱ, ㄴ, ㄷ

개념 ❷ 탄소 화합물

족집게 전략   탄소 화합물은 탄소 원자에 수소, 산소, 질소, 할로겐 원소 등이 결합한 화합물로 그 종류가 매우 다양한데, 이는 탄소 원자 1개에 최대 4개의 원자가 결합할 수 있고, 결합 방식이 다양하기 때문이라는 것을 알아야 해. 또한 화학식이나 분자의 구조를 보고 탄소 화합물을 구별하는 것이 중요해.

015 단골 문제

그림은 탄소(C) 원자의 결합 방식을 모형으로 나타낸 것이다.

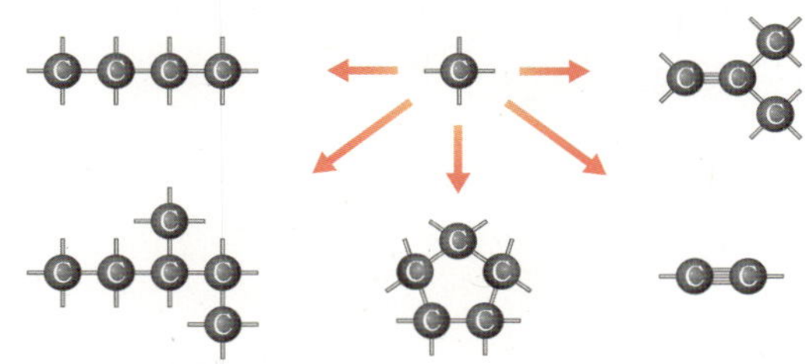

이에 대한 설명으로 옳은 것만을 〈보기〉에서 있는 대로 고른 것은?

보기

> ㄱ. C 원자는 항상 4개의 원자와 결합한다.
> ㄴ. C 원자는 다른 원자와 단일 결합만을 형성한다.
> ㄷ. C 원자는 사슬 모양, 고리 모양 등의 다양한 방법으로 결합한다.

① ㄱ   ② ㄷ   ③ ㄱ, ㄴ
④ ㄴ, ㄷ   ⑤ ㄱ, ㄴ, ㄷ

추가로 나오는 선택지

❶ 탄소 원자는 다른 원자와 주로 이온 결합을 형성한다. (   )
❷ 탄소 원자끼리 연속적으로 결합할 수 있다. (   )
❸ 탄소 화합물의 종류가 많은 까닭은 구성 원소의 종류가 매우 많기 때문이다. (   )

016

다음 중 탄소 화합물이 <u>아닌</u> 것은?

① 메테인(CH_4)   ② 에탄올(C_2H_5OH)
③ 아스피린($C_9H_8O_4$)   ④ 산화 철(Fe_2O_3)
⑤ 프로페인(C_3H_8)

017

다음은 탄소 화합물에 대한 설명이다.

> C 원자는 원자가 전자 수가 (㉠)로, 최대 (㉠)개의 원자와
> (㉡) 결합을 형성하여 사슬 모양, 가지가 달린 사슬 모양,
> (㉢) 모양 등의 다양한 화합물을 만든다.

㉠, ㉡, ㉢에 해당하는 말을 각각 쓰시오.

018

탄소 화합물에 대한 설명으로 옳은 것만을 〈보기〉에서 있는 대로 고른
것은?

보기

> ㄱ. 탄소 원자는 최대 4개의 원자와 결합할 수 있다.
> ㄴ. 탄소 원자 사이의 공유 전자쌍 수는 항상 같다.
> ㄷ. 탄소 화합물이 완전 연소할 때 이산화 탄소가 생성된다.

① ㄱ   ② ㄴ   ③ ㄱ, ㄷ
④ ㄴ, ㄷ   ⑤ ㄱ, ㄴ, ㄷ

019

탄소 화합물에 대한 설명으로 옳지 <u>않은</u> 것은?

① 탄소 원자를 기본 골격으로 하는 화합물이다.
② 탄화수소는 탄소 화합물 중 탄소와 수소로만 이루어진 화합물
이다.
③ 모든 탄소 화합물은 산소 원자를 포함한다.
④ 탄소 화합물은 우리 몸, 음식, 의류, 플라스틱, 의약품 등을 이
루는 물질이다.
⑤ 구성 원소의 종류는 적지만 화합물의 종류는 매우 다양하다.

족집게 전략 대표적인 탄소 화합물인 메테인, 에탄올, 아세트산과
폼알데하이드 등의 구조와 성질 및 이용을 알고 있어야 해. 특히 탄
화수소가 완전 연소할 때 이산화 탄소와 물이 생성된다는 것을 알
고 있어야지.

020 단골 문제

그림은 3가지 탄소 화합물 (가)~(다)의 분자 구조를 모형으
로 나타낸 것이다. ○은 수소(H), ●은 탄소(C), ●은 산소
(O)이다.

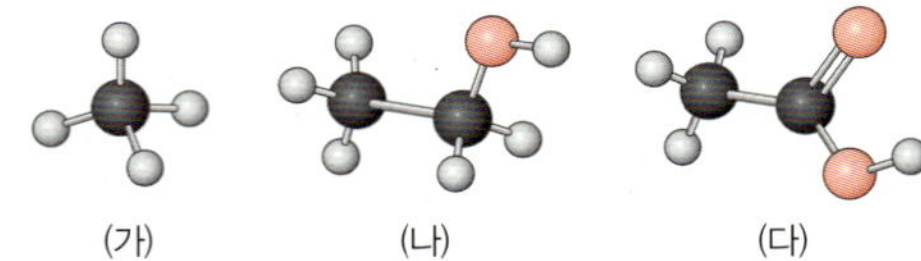

(가)~(다)에 대한 설명으로 옳지 <u>않은</u> 것은?

① (가)는 탄화수소이다.
② (가)는 천연가스에서 주로 얻는다.
③ (나)는 술의 성분이다.
④ (나)는 물에 녹아 염기성을 나타낸다.
⑤ (다)는 물에 녹아 산성을 나타낸다.

추가로 나오는 선택지

❶ (가)는 가정용 연료로 사용된다.   (   )
❷ (나)는 소독용 알코올의 원료이다.   (   )
❸ (다)는 식초의 성분이다.   (   )

021

다음은 탄소 화합물 X에 대한 설명이다.

> 주로 에탄올을 발효시켜 얻으며, 강한 자극성 냄새가 난다. 실
> 온에서는 액체 상태로 존재하지만 17℃보다 낮은 온도에서는
> 고체 상태로 존재한다.

X에 대한 설명으로 옳은 것만을 〈보기〉에서 있는 대로 고른 것은?

보기

> ㄱ. 식초의 성분이다.
> ㄴ. 손 소독제의 원료로 이용된다.
> ㄷ. X 수용액에 BTB 용액을 떨어뜨리면 노란색을 띤다.

① ㄱ   ② ㄴ   ③ ㄱ, ㄷ
④ ㄴ, ㄷ   ⑤ ㄱ, ㄴ, ㄷ

022

그림은 3가지 탄소 화합물 (가)~(다)의 분자 모형을 나타낸 것이다. ○은 수소(H), ●은 탄소(C)이다.

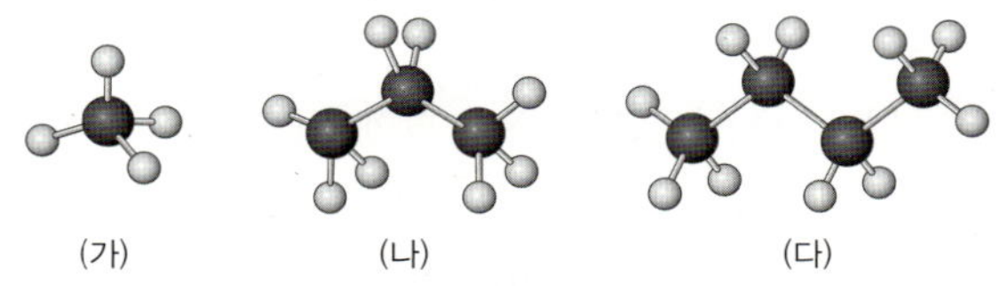

(가)　　　　　(나)　　　　　(다)

(가)~(다)의 공통점만을 〈보기〉에서 있는 대로 고른 것은?

보기

ㄱ. 탄화수소이다.
ㄴ. 연료로 이용된다.
ㄷ. 물에 잘 녹지 않는다.

① ㄱ　　　　　② ㄴ　　　　　③ ㄱ, ㄷ
④ ㄴ, ㄷ　　　　⑤ ㄱ, ㄴ, ㄷ

023

그림은 어떤 탄화수소의 분자 모형을 나타낸 것이다. ○은 수소(H), ●은 탄소(C)이다.

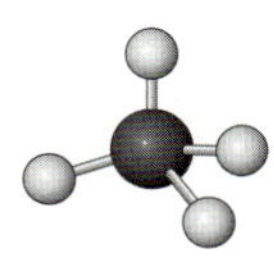

이 물질에 대한 설명으로 옳지 <u>않은</u> 것은?

① 가장 간단한 탄화수소이다.
② 가정용 연료로 이용된다.
③ 탄소와 수소 원자 사이의 결합은 단일 결합이다.
④ 물에 잘 녹는다.
⑤ 완전 연소할 때 분자 1개당 이산화 탄소 분자 1개를 생성한다.

024　서술형

그림은 2가지 탄소 화합물의 분자 모형을 나타낸 것이다. ○은 수소(H), ●은 탄소(C), ○은 산소(O)이다.

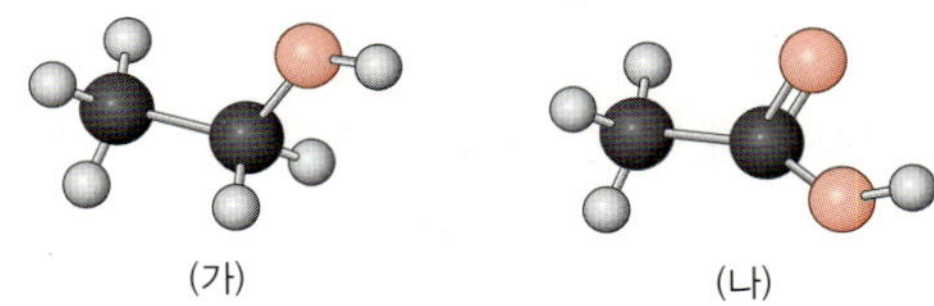

(가)　　　　　　　(나)

(가)와 (나) 중에서 식초의 성분으로 사용하는 물질을 쓰고, 식초의 성분으로 사용할 수 있는 까닭을 물과의 반응과 관련지어 서술하시오.

025

그림은 어떤 탄소 화합물의 분자 모형을 나타낸 것이다. ○은 수소(H), ●은 탄소(C), ○은 산소(O)이다.

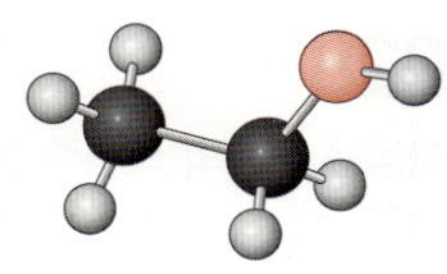

이 화합물에 대한 설명으로 옳은 것만을 〈보기〉에서 있는 대로 고른 것은?

보기

ㄱ. 술의 성분이다.
ㄴ. 완전 연소하면 이산화 탄소와 물이 생성된다.
ㄷ. 물에 녹아 염기성을 나타낸다.

① ㄱ　　　　　② ㄷ　　　　　③ ㄱ, ㄴ
④ ㄴ, ㄷ　　　　⑤ ㄱ, ㄴ, ㄷ

026

다음은 탄소 화합물 (가)~(다)에 대한 설명이다.

(가) 탄소 원자 3개로 이루어진 탄화수소로 액화 석유가스(LPG)의 성분이다.
(나) 술의 성분으로, 곡물이나 과일을 발효시켜 얻을 수 있다.
(다) 탄소 원자 2개를 포함한 카복실산으로 주로 (나)를 발효시켜 얻는다.

(가)~(다)에 해당하는 물질의 이름을 각각 쓰시오.

027

다음은 탄소 화합물 X에 대한 설명이다.

• 탄소 원자를 2개 포함한다.
• 물에 잘 녹고, 기름과 잘 섞인다.
• 살균, 소독 작용을 한다.

X에 대한 설명으로 옳은 것만을 〈보기〉에서 있는 대로 고른 것은?

보기

ㄱ. 분자에 하이드록시기($-OH$)가 있다.
ㄴ. 연소할 때 많은 열을 방출하므로 연료로 이용할 수 있다.
ㄷ. 아세트산과 중화 반응을 한다.

① ㄱ　　　　　② ㄷ　　　　　③ ㄱ, ㄴ
④ ㄴ, ㄷ　　　　⑤ ㄱ, ㄴ, ㄷ

028

다음은 인류의 의식주 문제 해결에 기여한 물질 A, B와 관련된 화학 반응이다.

> • A의 합성 반응
> $$N_2 + 3H_2 \longrightarrow 2\boxed{A}$$
> • B의 연소 반응
> $$\boxed{B} + 2O_2 \longrightarrow CO_2 + 2H_2O$$

이에 대한 설명으로 옳은 것만을 〈보기〉에서 있는 대로 고른 것은?

보기
ㄱ. A는 화학 비료의 원료로 이용된다.
ㄴ. B에는 탄소(C)와 수소(H)가 들어 있다.
ㄷ. A와 B는 모두 인류의 식량 부족 문제 해결에 기여하였다.

① ㄱ ② ㄷ ③ ㄱ, ㄴ
④ ㄴ, ㄷ ⑤ ㄱ, ㄴ, ㄷ

029

다음은 인류의 의류 문제 해결에 대한 세 학생의 대화이다.

제시한 내용이 옳은 학생만을 있는 대로 고른 것은?

① 철수 ② 민수 ③ 철수, 영희
④ 영희, 민수 ⑤ 철수, 영희, 민수

030

다음은 2가지 금속 X와 Y를 얻는 반응의 화학 반응식이다.

> (가) $Fe_2O_3 + 3CO \longrightarrow 2\boxed{X} + 3CO_2$
> (나) $2Al_2O_3 \xrightarrow{\text{전기 분해}} 4\boxed{Y} + 3O_2$

이에 대한 설명으로 옳은 것만을 〈보기〉에서 있는 대로 고른 것은?

보기
ㄱ. 콘크리트에 X를 넣은 재료의 사용으로 대규모 건축물을 지을 수 있게 되었다.
ㄴ. 금속 Y는 가볍고 단단하여 창틀이나 건물 외벽 등이 이용된다.
ㄷ. (가)와 (나)는 모두 산화 환원 반응이다.

① ㄱ ② ㄷ ③ ㄱ, ㄴ
④ ㄴ, ㄷ ⑤ ㄱ, ㄴ, ㄷ

031

다음은 인류의 의식주 문제 해결에 기여한 물질 ㉠~㉢에 대한 설명이다.

> • 화학 비료의 원료로 사용되는 $\boxed{㉠}$ 의 합성법의 개발로 인류의 식량 부족 문제를 해결할 수 있게 되었다.
> • $\boxed{㉡}$ 의 합성을 통해 원하는 색깔의 옷을 입을 수 있게 되었다.
> • 철광석과 코크스를 용광로 속에 함께 넣어 가열하여 얻은 $\boxed{㉢}$ 은 건축 자재뿐 아니라 가전 제품에도 이용된다.

이에 대한 설명으로 옳은 것만을 〈보기〉에서 있는 대로 고른 것은?

보기
ㄱ. ㉠의 합성 반응의 화학 반응식은 $N_2(g) + 3H_2(g) \longrightarrow 2NH_3(g)$이다.
ㄴ. ㉡은 나일론이다.
ㄷ. ㉢은 단단하고 잘 녹슬지 않아 건물 외벽에 주로 이용된다.

① ㄱ ② ㄷ ③ ㄱ, ㄴ
④ ㄴ, ㄷ ⑤ ㄱ, ㄴ, ㄷ

032 고난도

그림은 탄소 화합물 (가)~(다)의 분자 모형을 나타낸 것이다. ○은 수소(H), ●은 탄소(C), ●은 산소(O)이다.

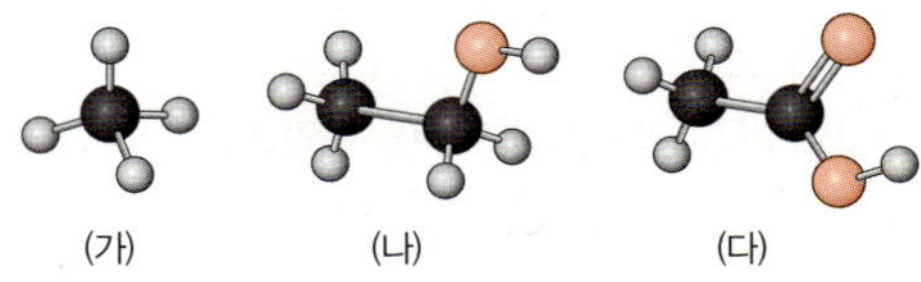

(가)   (나)   (다)

이에 대한 설명으로 옳은 것만을 〈보기〉에서 있는 대로 고른 것은?

보기

ㄱ. 완전 연소할 때 분자 1개당 생성되는 $\dfrac{\text{H}_2\text{O 분자 수}}{\text{CO}_2 \text{ 분자 수}}$ 는 (가)가 (다)의 2배이다.

ㄴ. 각 수용액에 BTB 용액을 떨어뜨리면 (나)의 수용액은 파란색을, (다)의 수용액은 노란색을 나타낸다.

ㄷ. (나)가 (다)로 될 때 (나)는 산화된다.

① ㄱ   ② ㄴ   ③ ㄱ, ㄷ

④ ㄴ, ㄷ   ⑤ ㄱ, ㄴ, ㄷ

033

그림은 3가지 탄소 화합물을 2가지 기준에 따라 분류한 것이다.

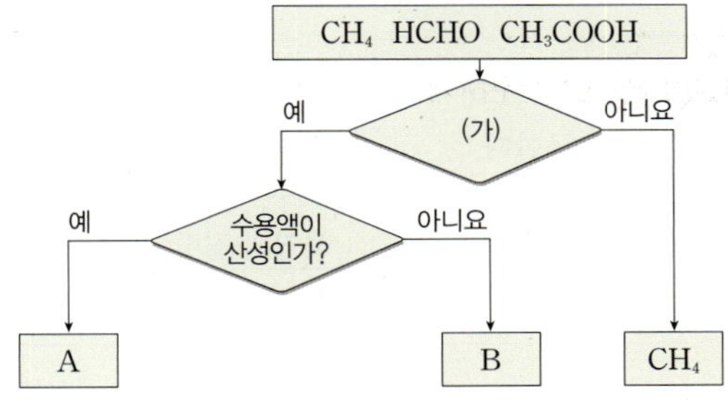

이에 대한 설명으로 옳은 것만을 〈보기〉에서 있는 대로 고른 것은?

보기

ㄱ. (가)에는 '탄화수소인가?'가 적절하다.

ㄴ. B는 가구용 접착제의 원료로 이용된다.

ㄷ. 분자 1개당 $\dfrac{\text{O 원자 수}}{\text{C 원자 수}}$ 는 A가 B보다 크다.

① ㄱ   ② ㄴ   ③ ㄷ

④ ㄴ, ㄷ   ⑤ ㄱ, ㄴ, ㄷ

034

표는 4가지 탄소 화합물을 (가)와 (나)로 분류한 것이다.

(가)	(나)
C_3H_8, C_4H_{10}	C_2H_5OH, CH_3COOH

(가)와 (나)로 가장 적절한 것은?

	(가)	(나)
①	탄화수소이다.	수용액이 전기 전도성이 있다.
②	도시가스의 성분이다.	물에 잘 녹는다.
③	탄화수소이다.	수용액이 산성이다.
④	도시가스의 성분이다.	수용액이 전기 전도성이 있다.
⑤	탄화수소이다.	물에 잘 녹는다.

035

다음은 탄소 화합물 (가)~(다)에 대한 설명이다.

(가): 탄소 원자 1개를 포함한 물질로 가장 간단한 탄화수소이다.

(나): 술의 성분이며, 살균 효과가 있다.

(다): 식초의 성분이며, 아스피린과 같은 의약품을 합성하는 데 이용된다.

(가)~(다)에 대한 설명으로 옳은 것만을 〈보기〉에서 있는 대로 고른 것은?

보기

ㄱ. (가)가 완전 연소할 때 분자 1개당 생성된 $\dfrac{\text{H}_2\text{O 분자 수}}{\text{CO}_2 \text{ 분자 수}} = 2$ 이다.

ㄴ. 분자 1개에 포함된 O 원자 수는 (다)가 (나)의 2배이다.

ㄷ. (다)의 수용액에 마그네슘(Mg) 조각을 넣으면 기체가 발생한다.

① ㄱ   ② ㄴ   ③ ㄱ, ㄷ

④ ㄴ, ㄷ   ⑤ ㄱ, ㄴ, ㄷ

01 화학식량과 몰

개념 ① 화학식량

1. 원자량: 질량수가 12인 탄소(^{12}C) 원자의 질량을 12로 하고, 이를 기준으로 하여 나타낸 원자의 상대적인 질량으로 단위가 없다.

원자	수소(H) 원자		산소(O) 원자	
^{12}C에 대한 질량비	^{12}C 1개	^1H 12개	^{12}C 4개	^{16}O 3개
원자량	1		16	

- **원자량을 사용하는 까닭**: 원자는 질량이 매우 작아서 실제의 값을 그대로 사용하는 것이 불편하므로 원자와 비교한 상대적인 질량을 원자량으로 사용한다.

2. 분자량: 분자의 상대적인 질량으로, 분자를 구성하는 원자들의 원자량을 합한 값이다.

분자	H_2O		CO_2	
분자 모형				
구성 원자의 종류	H	O	C	O
원자량	1	16	12	16
분자량	$(1 \times 2) + 16 = 18$		$12 + (16 \times 2) = 44$	

3. 화학식량: 물질의 화학식을 이루고 있는 원자들의 원자량을 합한 값이다.

- **화학식량을 사용하는 경우**: 염화 나트륨(NaCl), 흑연(C), 구리(Cu) 등과 같이 분자로 존재하지 않는 물질의 상대적 질량은 분자량으로 나타낼 수 없으므로 화학식량으로 나타낸다.

⟮예⟯ 염화 나트륨(NaCl)의 화학식량

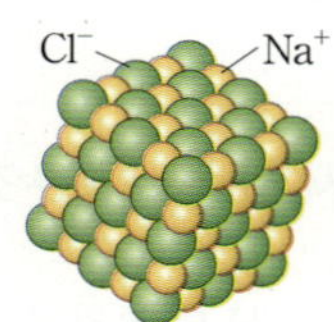

$$\underset{23}{\text{Na의 원자량}} + \underset{35.5}{\text{Cl의 원자량}}$$
$$= \underset{58.5}{\text{NaCl의 화학식량}}$$

▲ 염화 나트륨(NaCl)

개념 ② 몰

1. 몰: 원자, 분자, 이온 등과 같이 매우 작은 입자의 양을 나타내는 묶음 단위이다. ➡ 원자나 분자와 같이 매우 작은 입자는 적은 양이어도 그 속에 매우 많은 수의 입자가 포함되어 있으므로 묶음 단위인 '몰'을 사용한다.

2. 몰과 입자 수

(1) **1몰**: 원자나 분자, 이온 등의 입자 6.02×10^{23}개의 묶음이다.

(2) **아보가드로수(N_A)**: 1몰의 입자 수인 6.02×10^{23}을 '아보가드로수'라고 한다. 아보가드로수는 ^{12}C 원자 12g 속에 들어 있는 입자 수이다.

(3) **몰과 아보가드로수**: 물질의 종류에 관계없이 물질 1몰에는 6.02×10^{23}개의 입자가 들어 있다.

$$1몰(mol) = 입자\ 6.02 \times 10^{23}개$$

물질 1몰	입자 수	⟮예⟯
원자 1몰	6.02×10^{23}개	수소(H) 원자 1몰 = 수소(H) 원자 6.02×10^{23}개
분자 1몰	6.02×10^{23}개	물(H_2O) 분자 1몰 = 물(H_2O) 분자 6.02×10^{23}개
이온 1몰	6.02×10^{23}개	나트륨 이온(Na^+) 1몰 = 나트륨 이온(Na^+) 6.02×10^{23}개

2. 몰과 질량

(1) **1몰의 질량**: 원자, 분자, 이온 등의 1몰 질량은 각각 원자량, 분자량, 이온식량 등의 화학식량에 그램(g) 단위를 붙인 값이다.

(2) **몰과 질량**: 물질 1몰의 양에는 그 물질을 이루는 입자가 아보가드로수($=6.02 \times 10^{23}$개)만큼 들어 있다. 물질의 질량과 양(mol) 사이에는 다음과 같은 관계식이 성립한다.

$$물질의\ 질량(g) = 물질의\ 양(mol) \times 1몰의\ 질량(g/mol)$$

(3) **물질의 양(mol) 구하기**: 물질의 질량을 물질 1몰의 질량($=분자량$)으로 나누어서 구한다.

$$물질의\ 양(mol) = \frac{물질의\ 질량(g)}{물질\ 1몰의\ 질량(g/mol)}$$

3. 몰과 부피

(1) **몰과 기체의 부피**

① **아보가드로 법칙**: 같은 온도와 압력에서 모든 기체는 같은 부피 속에 같은 수의 분자가 들어 있다.

② **기체 1몰의 부피**: 0℃, 1기압에서 모든 기체 1몰의 부피는 기체의 종류에 관계없이 22.4 L로 같다. 0℃, 1기압에서 기체 22.4 L에는 6.02×10^{23}개의 기체 분자가 들어 있다.

구분	수소(H_2) 1몰	산소(O_2) 1몰	암모니아 (NH_3) 1몰	이산화 탄소 (CO_2) 1몰
질량(g)	2	32	17	44
분자 수(개)	6.02×10^{23}	6.02×10^{23}	6.02×10^{23}	6.02×10^{23}
기체의 부피(L) (0 ℃, 1기압)	22.4	22.4	22.4	22.4
분자 모형 (같은 온도, 같은 압력)				

(2) 기체의 양(mol) 구하기: 0 ℃, 1기압에서 기체의 부피를 기체 1몰의 부피(22.4L)로 나누어 구한다.

$$\text{기체의 양(mol)} = \frac{\text{기체의 부피(L)}}{\text{기체 1몰의 부피(L/mol)}}$$

(3) 몰과 입자 수, 질량, 기체의 부피 사이의 관계

$$\text{물질의 양(mol)} = \frac{\text{질량(g)}}{\text{1몰의 질량(g/mol)}} = \frac{\text{입자 수(개)}}{6.02 \times 10^{23} \text{(개/mol)}}$$
$$= \frac{\text{기체의 부피(L)}}{22.4 \text{(L/mol)}} \text{(0 ℃, 1기압)}$$

자료 분석   몰과 질량, 입자 수, 기체의 부피 관계

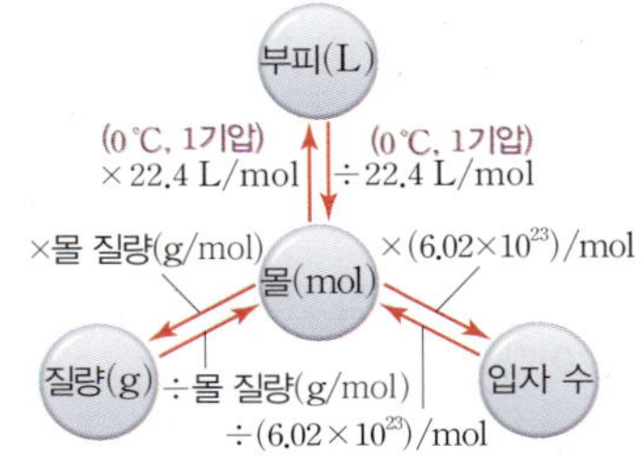

❶ 몰과 기체의 부피

(예) 0 ℃, 1기압에서 기체 11.2L에 들어 있는 CO_2 기체의 분자 수

· CO_2 기체의 양(mol) $= \dfrac{11.2\,L}{22.4\,L/mol} = 0.5\,mol$

· CO_2 기체의 분자 수 $= 0.5\,mol \times 6.02 \times 10^{23}$개$/mol = 3.01 \times 10^{23}$개

❷ 몰과 질량

(예) 마그네슘(Mg) 2.4g에 들어 있는 Mg 원자의 수

· Mg 원자의 양(mol) $= \dfrac{2.4\,g}{24\,g/mol} = 0.1\,mol$

· Mg 원자의 수 $= 0.1\,mol \times 6.02 \times 10^{23}$개$/mol = 6.02 \times 10^{22}$개

❸ 질량과 부피

(예) 0 ℃, 1기압에서 부피가 5.6L인 O_2 기체의 질량

· O_2 기체의 양(mol) $= \dfrac{5.6\,L}{22.4\,L/mol} = 0.25\,mol$

· O_2 기체의 질량(g) $= 0.25\,mol \times 32\,g/mol = 8\,g$

정답 및 해설 | 05쪽

036

□□□□□은 질량수가 12인 탄소(^{12}C) 원자의 질량을 12로 하고, 이를 기준으로 하여 나타낸 각 원자의 상대적인 질량이다.

037

분자량은 분자의 상대적인 질량으로, 분자를 구성하는 모든 원자들의 □□□□□을 합한 값이다.

038

탄소(^{12}C) 원자 12g에 들어 있는 원자 수는 □□□□□으로, 이 값을 □□□□□라고 한다.

039

0 ℃, 1기압에서 모든 기체 1몰의 부피는 □□□□□ L이다.

040

원자량, 분자량, 화학식량에 대한 설명으로 옳은 것은 ○, 옳지 않은 것은 ×로 표시하시오.

(1) 원자량의 단위는 g이다. (　　　)

(2) 일정한 온도와 압력에서 기체 1몰에 들어 있는 분자 수는 CO_2가 O_2보다 크다. (　　　)

(3) 0 ℃, 1기압에서 11.2L의 질량은 CO_2가 O_2보다 크다. (　　　)

041

다음 각 물질의 화학식량을 구하시오. (단, H, C, N, O, Na, Cl의 원자량은 각각 1, 12, 14, 16, 23, 35.5이다.)

(1) 메테인(CH_4) (2) 암모니아(NH_3)

(3) 염화 나트륨(NaCl) (4) 이산화 탄소(CO_2)

042

표는 0 ℃, 1기압에서 3가지 기체의 양을 나타낸 것이다. (단, X~Z는 임의의 원소 기호이다.)

기체	분자량	양(mol)	질량(g)
X_2	2	㉠	1
Y_2	32	0.5	㉡
ZY_2	㉢	0.25	11

(1) X~Z의 원자량을 각각 구하시오.

(2) ㉠~㉢을 각각 구하시오.

(3) 기체 X_2, Y_2, ZY_2의 부피를 각각 구하시오.

개념 ❶ 화학식량

족집게 전략 원자량, 분자량, 화학식량의 정의를 알고, 화학식량을 구하는 방법을 알아야 해.

043 단골 문제

그림은 일정한 온도와 압력에서 부피가 다른 용기 (가)~(다)에 같은 질량의 기체가 들어 있는 것을 나타낸 것이다.

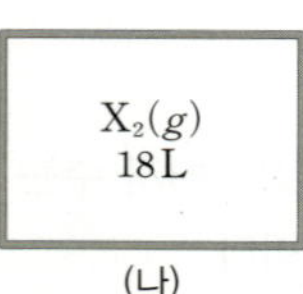

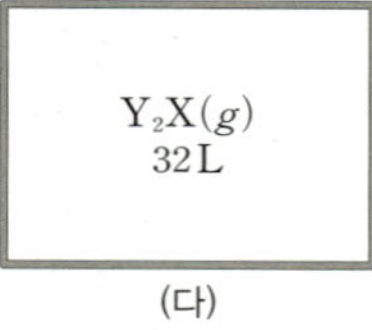

X~Z의 원자량을 옳게 비교한 것은? (단, X~Z는 임의의 원소 기호이다.)

① $X > Y > Z$ ② $X > Z > Y$
③ $Y > X > Z$ ④ $Z > X > Y$
⑤ $Z > Y > X$

추가로 나오는 선택지

❶ 분자량은 ZX_2가 X_2의 2배이다. (　　　)
❷ 용기 속에 들어 있는 기체 분자 수는 X_2가 ZX_2의 2배이다. (　　　)
❸ 분자량이 가장 작은 것은 X_2이다. (　　　)

044 중요

원자량에 대한 설명으로 옳은 것만을 〈보기〉에서 있는 대로 고른 것은?

보기

ㄱ. 질량수가 12인 탄소(^{12}C) 원자의 질량을 1로 하여 정하고, 이를 기준으로 한다.
ㄴ. 원자들의 상대적 질량이다.
ㄷ. 단위는 g 또는 kg이다.

① ㄱ ② ㄴ ③ ㄱ, ㄷ
④ ㄴ, ㄷ ⑤ ㄱ, ㄴ, ㄷ

045

표는 4가지 물질의 분자식을 나타낸 것이다.

물질	(가)	(나)	(다)	(라)
분자식	C_3H_8	CO_2	H_2O_2	CH_3OH

(가)~(라)에 대한 설명으로 옳은 것만을 〈보기〉에서 있는 대로 고른 것은? (단, H, C, O의 원자량은 각각 1, 12, 16이다.)

보기

ㄱ. 분자 1개의 질량은 (가)가 (나)보다 크다.
ㄴ. 1 g에 들어 있는 분자 수는 (나)가 (다)보다 크다.
ㄷ. 1 g에 들어 있는 원자 수는 (라)가 (다)보다 크다.

① ㄱ ② ㄷ ③ ㄱ, ㄴ
④ ㄴ, ㄷ ⑤ ㄱ, ㄴ, ㄷ

046 중요

그림은 X 원자와 Y 원자의 상대적 질량을 비교한 모습을 나타낸 것이다. X의 원자량은 12이다.

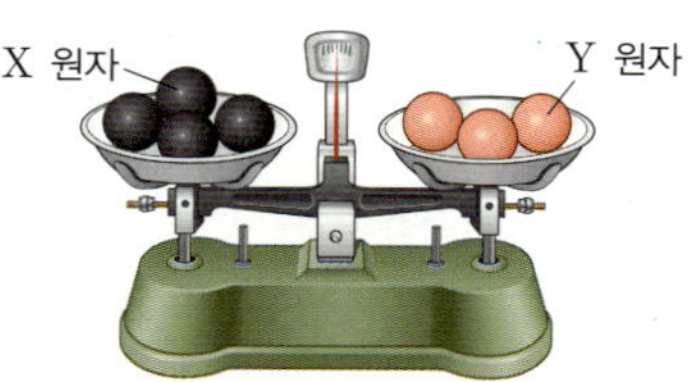

이에 대한 설명으로 옳은 것만을 〈보기〉에서 있는 대로 고른 것은? (단, X와 Y는 임의의 원소 기호이고, N_A는 아보가드로수이다.)

보기

ㄱ. 1 g에 들어 있는 원자 수는 X가 Y보다 크다.
ㄴ. X 원자 1개의 질량은 $\dfrac{12}{N_A}$ g이다.
ㄷ. XY_2의 분자량은 44이다.

① ㄱ ② ㄷ ③ ㄱ, ㄴ
④ ㄴ, ㄷ ⑤ ㄱ, ㄴ, ㄷ

047

표는 2가지 분자에 대한 자료이다.

물질	(가)	(나)
분자식	XY	XY_2
분자량	30	46

X의 원자량과 X_2Y의 분자량으로 옳은 것은? (단, X와 Y는 임의의 원소 기호이다.)

	X의 원자량	X_2Y의 분자량
①	14	42
②	14	44
③	14	48
④	16	44
⑤	16	48

048 서술형

다음은 원자량에 대한 설명이다.

> 원자량은 질량수가 12인 탄소 원자(^{12}C)의 질량을 12로 정하고, 이를 기준으로 하여 나타낸 원자의 상대적 질량이다.

수소 원자(H)의 원자량은 1이다. ^{12}C의 원자량을 24로 정하여 이를 기준으로 할 때, 수소 원자(H)의 원자량을 구하고, 그 과정을 서술하시오.

049

표는 원소 A, B로 이루어진 분자 (가)와 (나)에 대한 자료이다. 원자량은 A가 B보다 크다.

분자	분자 1개당 구성 원자 수	분자량(상댓값)
(가)	2	10
(나)	4	17

이에 대한 설명으로 옳은 것만을 〈보기〉에서 있는 대로 고른 것은? (단, A와 B는 임의의 원소 기호이다.)

보기

ㄱ. (나)의 분자식은 A_3B이다.
ㄴ. 1g의 A 원자와 결합하는 B 원자 수는 (나)가 (가)보다 크다.
ㄷ. AB_5의 분자량(상댓값)은 24이다.

① ㄱ ② ㄴ ③ ㄱ, ㄷ
④ ㄴ, ㄷ ⑤ ㄱ, ㄴ, ㄷ

개념 2 몰

> 족집게 전략 몰의 정의를 바탕으로 물질 1몰의 질량과 화학식량의 관계, 몰과 질량, 몰과 부피 관계를 알아야 해. 제시된 조건에서 물질의 질량을 부피로, 부피를 질량으로 환산하는 방법을 정확하게 이해하는 것이 중요해.

050 단골 문제

표는 기체 (가)와 (나)의 1g당 분자 수를 나타낸 것이다. (가)와 (나)는 각각 XY_2와 XY_3 중 하나이다.

분자	(가)	(나)
1g당 분자 수	$5N$	$4N$

이에 대한 설명으로 옳은 것만을 〈보기〉에서 있는 대로 고른 것은? (단, X와 Y는 임의의 원소 기호이다.)

보기

ㄱ. (가)는 XY_3이다.
ㄴ. 원자량은 X가 Y의 2배이다.
ㄷ. 1g당 원자 수는 (가)>(나)이다.

① ㄱ ② ㄴ ③ ㄱ, ㄷ
④ ㄴ, ㄷ ⑤ ㄱ, ㄴ, ㄷ

추가로 나오는 선택지

❶ 분자량은 (가)>(나)이다. (   )
❷ 1g당 X 원자 수는 (가)>(나)이다. (   )
❸ 1g당 Y 원자 수는 (가)<(나)이다. (   )

051

그림은 물 분자 수를 계산하는 과정을 나타낸 것이다.

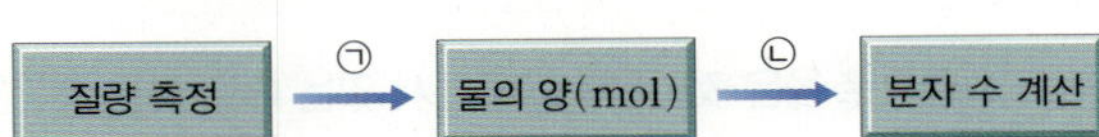

㉠과 ㉡에서 필요한 값으로 옳은 것은?

	㉠	㉡
①	물의 분자식	물의 분자량
②	물의 분자식	아보가드로수
③	물의 분자량	물의 분자식
④	물의 분자량	아보가드로수
⑤	아보가드로수	물의 분자량

052

표는 원소 A~C로 이루어진 분자 (가)~(다)에 대한 자료이다. 아보가드로수는 6.0×10^{23}이다.

분자	(가)	(나)	(다)
분자식	A_2	A_2B	CB_2
분자 1개의 질량(g)	$\frac{1}{3} \times 10^{-23}$	3.0×10^{-23}	$\frac{22}{3} \times 10^{-23}$

이에 대한 설명으로 옳은 것만을 〈보기〉에서 있는 대로 고른 것은? (단, A~C는 임의의 원소 기호이다.)

보기

ㄱ. $\dfrac{\text{B의 원자량}}{\text{C의 원자량}} = \dfrac{4}{3}$이다.

ㄴ. 1g에 들어 있는 B 원자 수는 (나)가 (다)보다 크다.

ㄷ. 0℃, 1기압에서 기체 1g의 부피는 (가)가 (다)보다 크다.

① ㄱ 　② ㄴ 　③ ㄱ, ㄷ
④ ㄴ, ㄷ 　⑤ ㄱ, ㄴ, ㄷ

053

표는 t℃, 1기압에서 기체 (가)~(다)에 대한 자료이다. t℃, 1기압에서 기체 1몰의 부피는 32 L이다.

기체	(가)	(나)	(다)
분자식	AB_4	C_2	AC_2
8L의 질량(g)		8	11
a몰의 질량(g)	8	16	

이에 대한 설명으로 옳은 것만을 〈보기〉에서 있는 대로 고른 것은? (단, A~C는 임의의 원소 기호이다.)

보기

ㄱ. $a=1$이다.

ㄴ. 1g에 들어 있는 원자 수는 (가)가 (나)의 5배이다.

ㄷ. t℃, 1기압에서 $B_2C(g)$ a몰의 부피는 16 L이다.

① ㄱ 　② ㄴ 　③ ㄱ, ㄷ
④ ㄴ, ㄷ 　⑤ ㄱ, ㄴ, ㄷ

054 중요

그림은 0℃, 1기압에서 탄화수소 $A(g)$, $B(g)$의 질량에 따른 부피를, 표는 $A(g)$와 $B(g)$ 각각 1몰에 들어 있는 수소(H)와 탄소(C)의 질량을 나타낸 것이다. 0℃, 1기압에서 기체 1몰의 부피는 22.4 L이다.

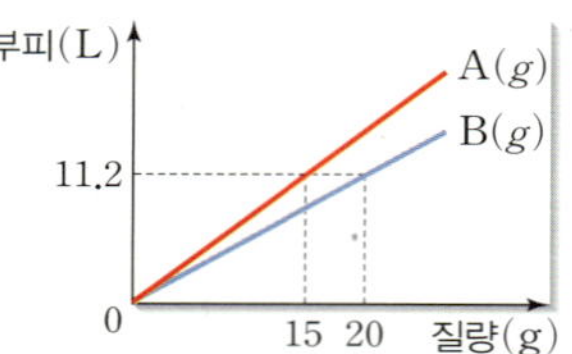

탄화수소	H의 질량(g)	C의 질량(g)
A	6	
B		36

이에 대한 설명으로 옳은 것만을 〈보기〉에서 있는 대로 고른 것은?

보기

ㄱ. A의 분자량은 30이다.

ㄴ. B에서 $\dfrac{\text{C의 질량}}{\text{H의 질량}} = 9$이다.

ㄷ. 분자 1개당 H 원자 수는 A가 B의 1.5배이다.

① ㄱ 　② ㄴ 　③ ㄱ, ㄷ
④ ㄴ, ㄷ 　⑤ ㄱ, ㄴ, ㄷ

055

그림은 원소 X, Y로 이루어진 분자 (가)~(다) 각 1몰을 구성하는 X와 Y의 양(mol)을 나타낸 것이다. (가)와 (나)의 분자량은 각각 30, 46이다.

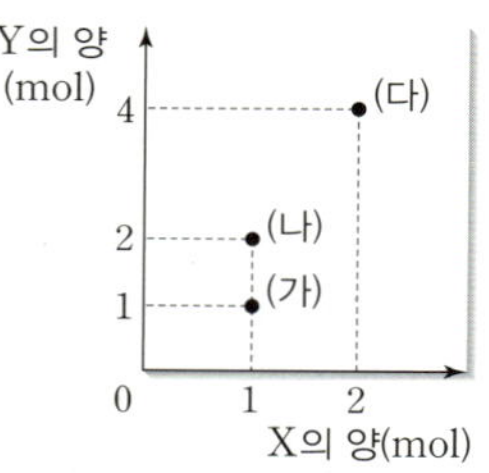

이에 대한 설명으로 옳은 것만을 〈보기〉에서 있는 대로 고른 것은? (단, X와 Y는 임의의 원소 기호이다.)

보기

ㄱ. $\dfrac{\text{Y의 원자량}}{\text{X의 원자량}} > 1$이다.

ㄴ. 분자량은 (다)가 (나)의 2배이다.

ㄷ. 1g에 들어 있는 원자 수는 (가)와 (다)가 같다.

① ㄱ 　② ㄷ 　③ ㄱ, ㄴ
④ ㄴ, ㄷ 　⑤ ㄱ, ㄴ, ㄷ

056

표는 $t\,°C$, 1기압에서 기체 (가)와 (나)에 대한 자료이다.

분자	(가)	(나)
분자 1개당 구성 원자 수	3	5
분자량	18	16

이에 대한 설명으로 옳은 것만을 〈보기〉에서 있는 대로 고른 것은? (단, N_A는 아보가드로수이다.)

보기

ㄱ. (나) 4g에 들어 있는 분자 수는 $0.25N_A$이다.
ㄴ. 1g에 들어 있는 원자 수는 (나)가 (가)의 2배보다 작다.
ㄷ. $t\,°C$, 1기압에서 기체 1g의 부피는 (나)>(가)이다.

① ㄱ   ② ㄴ   ③ ㄱ, ㄷ
④ ㄴ, ㄷ   ⑤ ㄱ, ㄴ, ㄷ

057

그림은 3가지 기체의 $w\,g$에 해당하는 양(mol)을 나타낸 것이다.

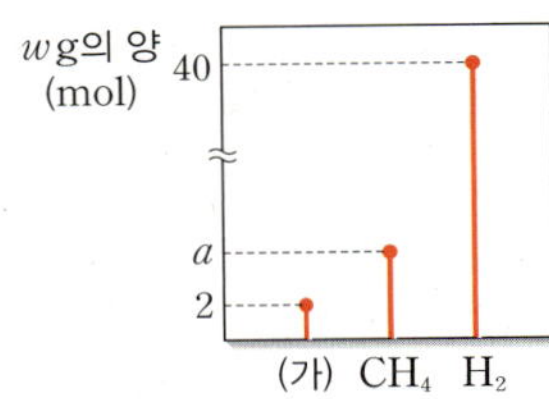

이에 대한 설명으로 옳은 것만을 〈보기〉에서 있는 대로 고른 것은? (단, H와 C의 원자량은 각각 1, 12이다.)

보기

ㄱ. $a=8$이다.
ㄴ. 기체 $w\,g$에 들어 있는 H 원자 수는 H_2가 CH_4의 4배이다.
ㄷ. (가)의 분자량은 40이다.

① ㄱ   ② ㄴ   ③ ㄱ, ㄷ
④ ㄴ, ㄷ   ⑤ ㄱ, ㄴ, ㄷ

058 중요

표는 $t\,°C$, 1기압에서 기체 (가)~(라)에 대한 자료이다.

기체	(가)	(나)	(다)	(라)
분자식	XY	XY_2	ZY_2	Y_3
부피(L)	6	3	3	6
질량(g)	6	4.6	4.4	a

이에 대한 설명으로 옳은 것만을 〈보기〉에서 있는 대로 고른 것은? (단, X~Z는 임의의 원소 기호이다.)

보기

ㄱ. $a=9.6$이다.
ㄴ. 원자량은 Y>X>Z이다.
ㄷ. $t\,°C$, 1기압에서 Z_2X_2 6L의 질량은 10.4g이다.

① ㄱ   ② ㄴ   ③ ㄱ, ㄷ
④ ㄴ, ㄷ   ⑤ ㄱ, ㄴ, ㄷ

059 중요

다음은 원소 A, B로 이루어진 화합물 X~Z에 대한 자료이다.

- X와 Z에서 A 원자 수는 같다.
- Y와 Z에서 B 원자 수는 같다.

화합물	분자 1개당 구성 원자 수	성분 원소의 질량비(A : B)
X	4	12 : 1
Y	5	12 : 4
Z	6	12 : 2

이에 대한 설명으로 옳은 것만을 〈보기〉에서 있는 대로 고른 것은? (단, A와 B는 임의의 원소 기호이다.)

보기

ㄱ. 원자량은 A가 B의 12배이다.
ㄴ. Y의 분자식은 AB_4이다.
ㄷ. 1g에 들어 있는 A 원자 수는 X가 Z보다 크다.

① ㄱ   ② ㄴ   ③ ㄱ, ㄷ
④ ㄴ, ㄷ   ⑤ ㄱ, ㄴ, ㄷ

060

그림은 $t\,$°C, 1기압에서 같은 부피의 용기에 $A_3(g)$와 $BA_2(g)$가 각각 들어 있는 것을 나타낸 것이다.

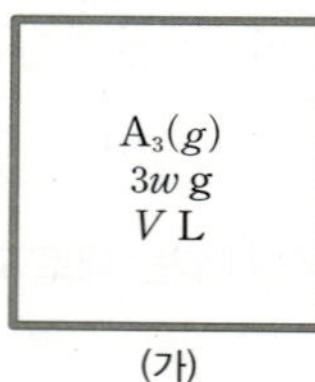

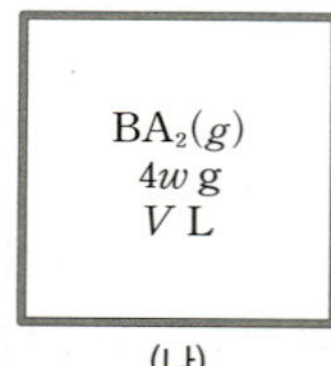

이에 대한 설명으로 옳은 것만을 〈보기〉에서 있는 대로 고른 것은? (단, A와 B는 임의의 원소 기호이다.)

보기

ㄱ. 용기 속 전체 원자 수는 (가)>(나)이다.
ㄴ. 원자 1몰의 질량은 B가 A의 2배이다.
ㄷ. $w\,g$에 들어 있는 A 원자의 양(mol)은 A_3와 BA_2가 같다.

① ㄱ 　　② ㄴ 　　③ ㄱ, ㄷ
④ ㄴ, ㄷ 　　⑤ ㄱ, ㄴ, ㄷ

061

그림은 기체 (가)와 (나)의 $1\,g$당 분자 수를 나타낸 것이다. (가)와 (나)는 각각 A_2B와 A_2B_3 중 하나이다.

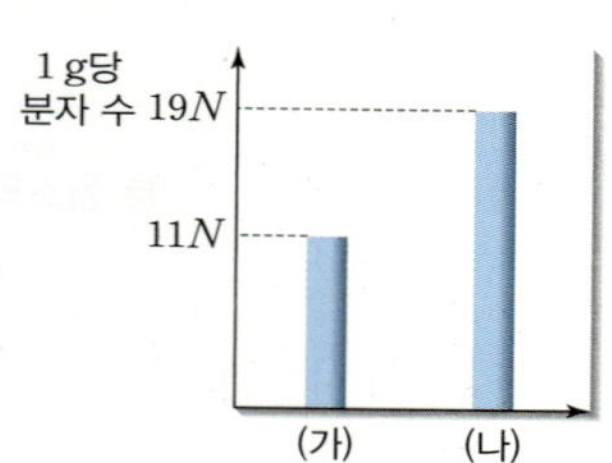

이에 대한 설명으로 옳은 것만을 〈보기〉에서 있는 대로 고른 것은? (단, A와 B는 임의의 원소 기호이다.)

보기

ㄱ. $\dfrac{\text{B의 원자량}}{\text{A의 원자량}}=\dfrac{8}{7}$이다.
ㄴ. $1\,g$에 들어 있는 B 원자의 양(mol)은 (가)>(나)이다.
ㄷ. A_2B_3 $1\,g$당 전체 원자 수는 $57\,N$이다.

① ㄱ 　　② ㄷ 　　③ ㄱ, ㄴ
④ ㄴ, ㄷ 　　⑤ ㄱ, ㄴ, ㄷ

062

표는 $t\,$°C, 1기압에서 기체 (가)~(다)에 대한 자료이다. (가)~(다)에 포함된 H 원자의 질량은 모두 같다.

기체	(가)	(나)	(다)
분자식	C_3H_4	C_2H_x	NH_3
분자 수		$\dfrac{1}{3}N_A$	$\dfrac{2}{3}N_A$
기체의 부피(L)	yV		V

이에 대한 설명으로 옳은 것만을 〈보기〉에서 있는 대로 고른 것은? (단, H와 C의 원자량은 각각 1, 12이고, N_A는 아보가드로수이다.)

보기

ㄱ. $x=6$이다.
ㄴ. (가)에 들어 있는 전체 원자 수는 $\dfrac{7}{2}N_A$이다.
ㄷ. $y=\dfrac{3}{4}$이다.

① ㄱ 　　② ㄴ 　　③ ㄱ, ㄷ
④ ㄴ, ㄷ 　　⑤ ㄱ, ㄴ, ㄷ

063

표는 $t\,$°C, 1기압에서 2가지 기체에 대한 자료이다.

기체	X_2	YX_2
부피(L)	3	2
$1\,g$당 부피(상댓값)	11	8
전체 원자 수(상댓값)	3	x

이에 대한 설명으로 옳은 것만을 〈보기〉에서 있는 대로 고른 것은? (단, X와 Y는 임의의 원소 기호이다.)

보기

ㄱ. 원자량 비는 X : Y=3 : 4이다.
ㄴ. $1\,g$당 전체 원자 수는 X_2가 YX_2보다 크다.
ㄷ. $x=3$이다.

① ㄱ 　　② ㄷ 　　③ ㄱ, ㄴ
④ ㄴ, ㄷ 　　⑤ ㄱ, ㄴ, ㄷ

064

그림은 $t\,°C$에서 같은 부피의 용기 (가)~(다)에 3가지 기체가 각각 1기압으로 들어 있는 것을 나타낸 것이다.

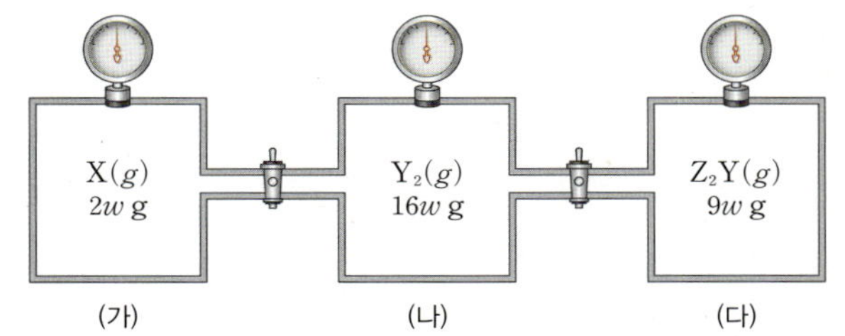

$\dfrac{\text{X의 원자량}+\text{Y의 원자량}}{\text{Z의 원자량}}$ 은? (단, X~Z는 임의의 원소 기호이다.)

① $\dfrac{5}{16}$ ② $\dfrac{17}{4}$ ③ 17 ④ 20 ⑤ 32

065 고난도

표는 $t\,°C$, 1기압에서 실린더 Ⅰ~Ⅲ에 기체 X와 Y의 질량을 달리하여 넣었을 때, 전체 기체의 부피를 나타낸 것이다. X와 Y는 서로 반응하지 않는다.

실린더	X의 질량(g)	Y의 질량(g)	전체 기체의 부피(상댓값)
Ⅰ	$2w$	w	12
Ⅱ	w	$2w$	14
Ⅲ	x	$3w$	25

$\dfrac{\text{X의 분자량}}{\text{Y의 분자량}} \times x$ 는? (단, 기체의 온도와 압력은 일정하다.)

① $\dfrac{25}{13}w$ ② $\dfrac{23}{10}w$ ③ $\dfrac{54}{25}w$ ④ $\dfrac{54}{13}w$ ⑤ $\dfrac{108}{25}w$

066 고난도

그림은 일정량의 물질 XY가 들어 있는 용기에 XY$_2$와 X$_2$Y를 차례대로 넣을 때, 용기 속 X 원자와 Y 원자의 질량 비율을 원 그래프로 나타낸 것이다. XY, XY$_2$, X$_2$Y는 서로 반응하지 않는다.

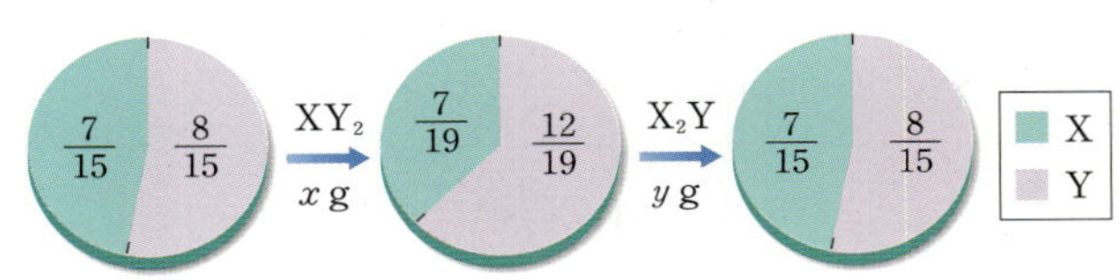

$\dfrac{\text{Y의 원자량}}{\text{X의 원자량}} \times \dfrac{x}{y}$ 는? (단, X와 Y는 임의의 원소 기호이다.)

① $\dfrac{22}{23}$ ② $\dfrac{81}{74}$ ③ $\dfrac{8}{7}$ ④ $\dfrac{92}{77}$ ⑤ $\dfrac{9}{7}$

067

다음은 기체 X와 Y가 반응하여 기체 Z를 생성하는 반응의 화학 반응식이다.

$$2\text{X}(g) + \text{Y}(g) \longrightarrow 2\text{Z}(g)$$

그림은 콕으로 연결된 두 용기에 X(g)와 Y(g)가 각각 들어 있는 반응 전 상태를 나타낸 것이고, 표는 콕을 열어 반응을 완결시켰을 때 기체에 대한 자료이다.

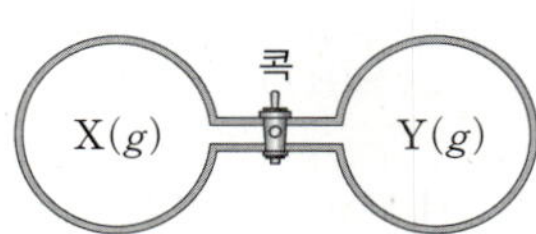

기체	X(g)	Y(g)	Z(g)
질량(g)	$2w$	0	$5w$
양(mol)	a	0	$2a$

$\dfrac{\text{Z의 분자량}}{\text{Y의 분자량}}$ 은?

① $\dfrac{3}{2}$ ② 2 ③ $\dfrac{4}{3}$ ④ $\dfrac{5}{2}$ ⑤ 3

068

표는 $t\,°C$, 1기압에서 실린더 (가)와 (나)에 A(g)와 B(g)의 양을 달리하여 넣었을 때, 실린더 속 기체의 양(mol)과 혼합 기체의 밀도를 나타낸 것이다.

실린더	(가)		(나)	
기체의 양(mol)	A(g)	B(g)	A(g)	B(g)
	a	$0.5a$	$0.5b$	$1.5b$
혼합 기체의 밀도 (상댓값)	5		6	

$\dfrac{\text{A의 분자량}}{\text{B의 분자량}}$ 은? (단, 기체의 온도와 압력은 일정하고, A와 B는 서로 반응하지 않는다.)

① $\dfrac{7}{12}$ ② $\dfrac{3}{5}$ ③ $\dfrac{7}{11}$ ④ $\dfrac{3}{4}$ ⑤ $\dfrac{9}{11}$

02 화학 반응식과 용액의 농도

개념 ① 화학 반응식

1. 화학 반응식: 화학 반응을 화학식과 기호를 이용하여 나타낸 식

2. 화학 반응식을 나타내는 방법

1단계	반응물과 생성물을 화학식으로 나타내기	· 반응물: 수소(H_2), 산소(O_2) · 생성물: 물(H_2O)
2단계	'→'를 기준으로 반응물은 왼쪽에, 생성물은 오른쪽에 쓰고, 물질을 '+'로 연결하기	$H_2 + O_2 \longrightarrow H_2O$
3단계	반응 전후 원자의 종류와 개수가 같도록 계수 맞추기	$2H_2 + O_2 \longrightarrow 2H_2O$
4단계	물질의 상태는 ( ) 안에 기호를 써서 화학식 뒤에 표시하기 ➡ 고체: s, 액체: l, 기체: g, 수용액: aq	$2H_2(g) + O_2(g) \longrightarrow 2H_2O(l)$

3. 화학 반응식으로부터 알 수 있는 것: 반응물과 생성물의 종류와 상태, 반응물과 생성물의 양(mol), 분자 수, 기체의 부피, 질량 등의 양적 관계를 알 수 있다.

화학 반응식	$CH_4(g) + 2O_2(g) \longrightarrow CO_2(g) + 2H_2O(g)$			
분자 모형				
분자 수(개)	1	2	1	2
물질의 양(mol)	1	2	1	2
기체의 부피(L) (0 ℃, 1기압)	22.4	22.4×2	22.4	22.4×2
질량(g)	1×16	2×32	1×44	2×18

4. 화학 반응의 양적 관계

(1) **화학 반응에서 질량 관계**: 화학 반응식에서 반응물과 생성물 중 하나의 질량을 알면, 화학 반응식의 계수비(=몰비)를 이용하여 다른 물질의 질량을 알 수 있다.

　예 탄소(C) 6 g이 완전 연소할 때 생성되는 이산화 탄소(CO_2)의 질량 구하기

화학 반응식 나타내기	$C(s) + O_2(g) \longrightarrow CO_2(g)$
➡ 질량을 물질의 양(mol)으로 환산하기	· C의 양(mol)=$\dfrac{질량(g)}{몰 질량(g/mol)}$=$\dfrac{6\,g}{12\,g/mol}$ =0.5 mol
➡ 계수비를 이용해 CO_2의 양(mol) 구하기	C와 CO_2의 계수비는 1:1이므로 C 0.5몰이 반응하면 CO_2 0.5몰이 생성된다.
➡ CO_2의 양(mol)을 질량으로 환산하기	CO_2의 질량(g)=물질의 양(mol)×몰 질량(g/mol) =0.5 mol×44 g/mol=22 g

(2) **화학 반응에서 부피 관계**: 기체의 반응에서 반응물과 생성물 중 하나의 부피를 알면 화학 반응식의 계수비(=기체의 부피비)를 이용하여 다른 물질의 부피를 알 수 있다.

　예 0 ℃, 1기압에서 질소(N_2) 기체 5.6 L를 충분한 양의 수소(H_2) 기체와 모두 반응시켰을 때 생성되는 암모니아(NH_3) 기체의 부피 구하기

화학 반응식 나타내기	$N_2(g) + 3H_2(g) \longrightarrow 2NH_3(g)$
➡ 부피를 물질의 양(mol)으로 환산하기	· N_2의 양(mol)=$\dfrac{기체의 부피(L)}{기체 1몰의 부피(L/mol)}$ =$\dfrac{5.6\,L}{22.4\,L/mol}$=0.25 mol
➡ 계수비를 이용해 NH_3의 양(mol) 구하기	N_2와 NH_3의 계수비는 1:2이므로 N_2 0.25몰이 반응하면 NH_3 0.5몰이 생성된다.
➡ NH_3의 양(mol)을 부피로 환산하기	NH_3의 부피(L)=물질의 양(mol)×몰 부피(L/mol)=0.5 mol×22.4 L/mol=11.2 L

(3) **화학 반응에서 질량과 부피 관계**: 반응물과 생성물의 양(mol)을 구하여 다른 물질의 질량이나 부피를 알 수 있다.

　예 0 ℃, 1기압에서 메테인(CH_4) 11.2 L가 완전 연소할 때 생성되는 물(H_2O)의 질량 구하기

화학 반응식 나타내기	$CH_4(g) + 2O_2(g) \longrightarrow CO_2(g) + 2H_2O(l)$
➡ 부피를 물질의 양(mol)으로 환산하기	· CH_4의 양(mol)=$\dfrac{기체의 부피(L)}{기체 1몰의 부피(L/mol)}$ =$\dfrac{11.2\,L}{22.4\,L/mol}$=0.5 mol
➡ 계수비를 이용해 H_2O의 양(mol) 구하기	CH_4과 H_2O의 계수비는 1:2이므로 CH_4 0.5몰이 반응하면 H_2O 1몰이 생성된다.
➡ H_2O의 양(mol)을 질량으로 환산하기	H_2O의 질량(g)=물질의 양(mol)×몰 질량(g/mol)=1 mol×18 g/mol=18 g

개념 ② 용액의 농도

1. 용액의 농도: 용액에 녹아 있는 용질의 상대적인 양

(1) **퍼센트 농도**: 용액 100 g에 녹아 있는 용질의 질량(g)을 나타낸 것으로, 단위는 %이다.

$$퍼센트\ 농도(\%)=\frac{용질의\ 질량(g)}{용액의\ 질량(g)}\times 100$$

① 온도나 압력의 영향을 받지 않는다.

② 용액의 퍼센트 농도가 같더라도 용질의 종류에 따라 용액에 녹아 있는 용질의 양(mol)은 다르다.

(2) **몰 농도**: 용액 1 L 속에 녹아 있는 용질의 양(mol)으로, 단위는 M 또는 mol/L이다.

$$몰\ 농도(M)=\frac{용질의\ 양(mol)}{용액의\ 부피(L)}$$

① 온도에 따라 용액의 부피가 달라지므로 온도에 따라 달라진다.

② 몰 농도가 같으면 용질의 종류에 관계없이 같은 부피의 용액에 녹아 있는 용질의 양(mol)은 같다.

 **탐구 활동**　탄산 칼슘과 묽은 염산의 반응의 양적 관계

과정　❶ 2개의 삼각 플라스크에 묽은 염산(HCl) 70 mL를 각각 넣고 질량을 측정한다.

❷ ❶의 삼각 플라스크에 탄산 칼슘($CaCO_3$) 1.0 g, 2.0 g을 각각 넣고 반응이 완전히 끝난 후, 삼각 플라스크의 전체 질량을 측정한다.

결과

실험	$CaCO_3$의 질량(g)	발생한 CO_2의 질량(g)	반응한 $CaCO_3$의 양 (mol)	발생한 CO_2의 양(mol)
Ⅰ	1.0	0.4	$\dfrac{1.0\,g}{100\,g/mol}$ $=0.01\,mol$	$\dfrac{0.4\,g}{44\,g/mol}$ $≒0.01\,mol$
Ⅱ	2.0	0.8	$\dfrac{2.0\,g}{100\,g/mol}$ $=0.02\,mol$	$\dfrac{0.8\,g}{44\,g/mol}$ $≒0.02\,mol$

정리　1. 탄산 칼슘과 묽은 염산의 반응의 화학 반응식

$$CaCO_3(s) + 2HCl(aq) \longrightarrow CaCl_2(aq) + H_2O(l) + CO_2(g)$$

2. 반응한 탄산 칼슘($CaCO_3$)과 생성된 이산화 탄소(CO_2)의 몰비(＝계수비)는 1 : 1이다.

탐구 활동　0.1 M 황산 구리(Ⅱ) 수용액 만들기

과정　❶ 황산 구리(Ⅱ) 오수화물($CuSO_4 \cdot 5H_2O$) 24.97 g을 비커에 담아 전자 저울로 측정하고, 적당량의 증류수를 넣어 완전히 녹인다.

❷ ❶의 황산 구리(Ⅱ) 수용액을 1 L 부피 플라스크에 넣고, 증류수로 비커와 깔때기에 묻어 있는 용액까지 씻어 넣는다.

❸ 부피 플라스크에 증류수를 채우고 씻기병을 이용하여 표시선에 맞추어 증류수를 넣는다. 부피 플라스크의 마개를 막고 용액을 잘 흔들어 섞는다.
　└─ 또는 스포이트

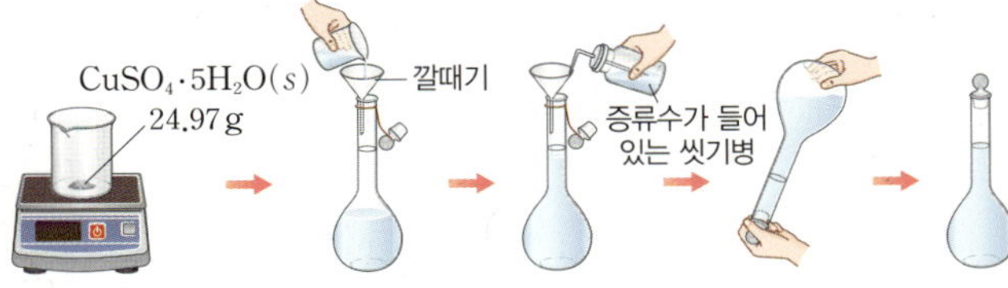

정리　1. 과정 ❶에서 넣어 준 황산 구리(Ⅱ) 오수화물의 양(mol)은 $CuSO_4 \cdot 5H_2O$의 화학식량이 249.7이므로 0.1몰이다.

2. 황산 구리(Ⅱ) 오수화물 0.1몰이 녹아 있는 용액의 부피가 1 L이므로 ❸에서 만든 용액의 몰 농도는 0.1 M이다.

069

화학 반응식은 [　　　　]과 기호를 이용하여 화학 반응을 나타낸 식이다.

070

다음은 메테인(CH_4)의 연소 반응에 대한 화학 반응식이다.

$$CH_4(g) + 2O_2(g) \longrightarrow CO_2(g) + 2H_2O(l)$$

이 반응에 대한 설명으로 옳은 것은 ○, 옳지 않은 것은 ×로 표시하시오. (단, H, C, O의 원자량은 각각 1, 12, 16이다.)

(1) CH_4 1몰이 모두 반응하면 CO_2 2몰이 생성된다. (　　　)
(2) 일정한 온도와 압력에서 CH_4과 O_2는 1 : 2의 부피비로 반응한다. (　　　)
(3) 반응 후 생성되는 CO_2와 H_2O의 질량비는 1 : 2이다. (　　　)

071

퍼센트 농도는 용액 [　　　] g에 녹아 있는 [　　　　　]의 질량을 나타낸 농도이다.

072

[　　　　　]는 용액 1 L에 녹아 있는 용질의 양(mol)을 나타낸 농도이다.

073

10 % 포도당 수용액 50 g과 5 % 설탕 수용액 100 g에 녹아 있는 용질의 질량을 각각 구하시오.

074

0.1 M 수산화 나트륨(NaOH) 수용액 1 L에 녹아 있는 수산화 나트륨(NaOH)의 질량을 구하시오. (단, NaOH의 화학식량은 40이다.)

075

용액의 농도에 대한 설명으로 옳은 것은 ○, 옳지 <u>않은</u> 것은 ×로 표시하시오.

(1) 1 L의 물이 담긴 부피 플라스크에 포도당 0.1몰에 해당하는 질량을 넣고 녹인 용액의 몰 농도는 0.1 M이다. (　　　)
(2) 10 % 포도당 수용액 100 g과 10 % 요소 수용액 100 g에 들어 있는 용질의 양(mol)은 같다. (　　　)

개념 ❶ 화학 반응식

> **족집게 전략** 화학 반응에서 반응물의 질량의 총합과 생성물의 질량의 총합은 같고, 화학 반응식의 계수비는 반응 몰비와 같다는 것을 알아야지.

076 단골 문제

다음은 자동차가 충격을 받았을 때 에어백에서 일어나는 반응의 화학 반응식이다.

$$a\text{NaN}_3(s) \longrightarrow 2\text{Na}(s) + b\text{N}_2(g)$$

$\text{NaN}_3(s)$ 32.5 g을 모두 반응시켰을 때, 이에 대한 설명으로 옳은 것만을 〈보기〉에서 있는 대로 고른 것은? (단, N와 Na의 원자량은 각각 14, 23이고, 온도와 압력은 일정하며, 기체 1몰의 부피는 24 L이다.)

보기
ㄱ. $a+b=5$이다.
ㄴ. 생성된 $\text{Na}(s)$의 질량은 11.5 g이다.
ㄷ. 생성된 $\text{N}_2(g)$의 부피는 18 L이다.

① ㄱ ② ㄷ ③ ㄱ, ㄴ
④ ㄴ, ㄷ ⑤ ㄱ, ㄴ, ㄷ

추가로 나오는 선택지

❶ 반응한 NaN_3의 양(mol)은 0.5몰이다. (   )
❷ 반응이 진행되는 동안 고체의 질량은 32.5 g으로 일정하다. (   )
❸ 실험 조건에서 $\text{N}_2(g)$ 72 L를 얻기 위해 필요한 $\text{NaN}_3(s)$의 질량은 65 g이다. (   )

077

다음은 광합성으로 포도당이 생성되는 반응의 화학 반응식이다.

$$a\text{CO}_2(g) + b\text{H}_2\text{O}(l) \longrightarrow \text{C}_6\text{H}_{12}\text{O}_6(s) + c\text{O}_2(g)$$
$$(a{\sim}c\text{는 반응 계수})$$

광합성을 통해 포도당 36 g이 생성될 때, 이에 대한 설명으로 옳은 것만을 〈보기〉에서 있는 대로 고른 것은? (단, H, C, O의 원자량은 각각 1, 12, 16이고, 25 ℃, 1기압에서 기체 1몰의 부피는 24 L이다.)

보기
ㄱ. 생성된 포도당의 양(mol)은 0.2몰이다.
ㄴ. 반응에 필요한 $\text{CO}_2(g)$의 최소 질량은 66 g이다.
ㄷ. 25 ℃, 1기압에서 생성된 $\text{O}_2(g)$의 부피는 36 L이다.

① ㄱ ② ㄷ ③ ㄱ, ㄴ ④ ㄴ, ㄷ ⑤ ㄱ, ㄴ, ㄷ

078 중요

다음은 메탄올(CH_3OH)의 연소 반응의 화학 반응식이다.

$$2\text{CH}_3\text{OH}(l) + a\text{O}_2(g) \longrightarrow b\text{CO}_2(g) + c\text{H}_2\text{O}(l)$$
$$(a{\sim}c\text{는 반응 계수})$$

이에 대한 설명으로 옳은 것만을 〈보기〉에서 있는 대로 고른 것은? (단, H, C, O의 원자량은 각각 1, 12, 16이고, 25 ℃, 1기압에서 기체 1몰의 부피는 24 L이다.)

보기
ㄱ. $\dfrac{b+c}{a}=2$이다.
ㄴ. $\text{CH}_3\text{OH}(l)$ 16 g이 완전 연소할 때 생성된 CO_2의 양(mol)은 1몰이다.
ㄷ. 25 ℃, 1기압에서 $\text{CH}_3\text{OH}(l)$ 0.1몰이 완전 연소하기 위해 필요한 $\text{O}_2(g)$의 부피는 2.4 L이다.

① ㄱ ② ㄴ ③ ㄱ, ㄷ
④ ㄴ, ㄷ ⑤ ㄱ, ㄴ, ㄷ

079 중요

그림은 용기에 기체 A_2와 B_2를 넣어 반응시킬 때 기체 X가 생성되는 반응에서 반응 전과 후의 물질을 모형으로 나타낸 것이다. A와 B의 원자량은 각각 a, b이고, 모형 1개는 0.1몰에 해당한다.

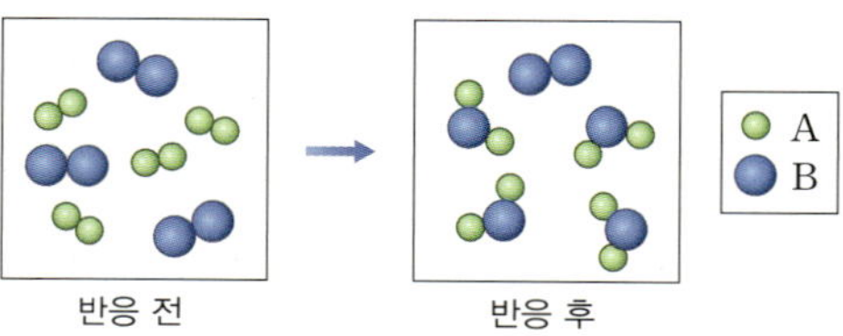

이에 대한 설명으로 옳은 것만을 〈보기〉에서 있는 대로 고른 것은?

보기
ㄱ. X의 분자식은 A_2B이다.
ㄴ. $\text{B}_2(g)$ b g을 완전히 반응시키기 위해 필요한 $\text{A}_2(g)$의 양(mol)은 1몰이다.
ㄷ. 반응 후 용기에 $\text{A}_2(g)$ $0.2a$ g을 첨가하면 $\text{X}(g)$의 양(mol)은 0.1몰 증가한다.

① ㄱ ② ㄷ ③ ㄱ, ㄴ
④ ㄴ, ㄷ ⑤ ㄱ, ㄴ, ㄷ

080 중요

그림은 $t\,^\circ\mathrm{C}$, 1기압에서 실린더에 기체 CO와 O_2를 넣고 반응시킬 때 반응 전후의 모습을 나타낸 것이다. $t\,^\circ\mathrm{C}$, 1기압에서 기체 1몰의 부피는 $24\,\mathrm{L}$이다.

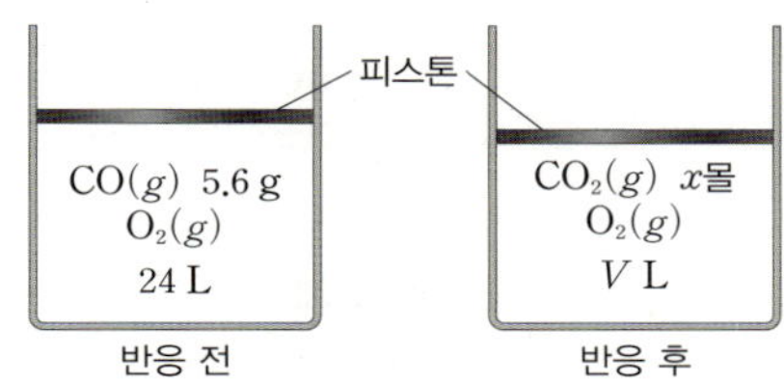

이에 대한 설명으로 옳은 것만을 〈보기〉에서 있는 대로 고른 것은? (단, C와 O의 원자량은 각각 12, 16이고, 피스톤의 질량과 마찰은 무시한다.)

보기

ㄱ. $O_2(g)$의 질량은 반응 전이 반응 후의 $\dfrac{8}{7}$배이다.

ㄴ. 반응 후 $CO_2(g)$의 질량은 $6.6\,\mathrm{g}$이다.

ㄷ. $t\,^\circ\mathrm{C}$, 1기압에서 기체의 밀도는 반응 후가 반응 전의 $\dfrac{6}{5}$배이다.

① ㄱ   ② ㄷ   ③ ㄱ, ㄴ
④ ㄴ, ㄷ   ⑤ ㄱ, ㄴ, ㄷ

081 서술형

다음은 탄산 칼슘($CaCO_3$)과 묽은 염산($HCl(aq)$)의 반응에 대한 화학 반응식이다.

$$CaCO_3(s) + x\mathrm{HCl}(aq) \longrightarrow CaCl_2(aq) + H_2O(l) + \boxed{\text{(가)}}$$
$$(x\text{는 반응 계수})$$

이 화학 반응식에서 생성물 (가)의 화학식과 x를 각각 쓰고, 이를 구하는 과정을 서술하시오.

082

다음은 $t\,^\circ\mathrm{C}$, 1기압에서 금속 M과 묽은 염산($HCl(aq)$)의 반응에 대한 화학 반응식과 실험이다.

[화학 반응식]
$$a\mathrm{M}(s) + b\mathrm{HCl}(aq) \longrightarrow c\mathrm{MCl}_3(aq) + d\mathrm{H}_2(g)$$
$$(a\sim c\text{는 반응 계수})$$

[실험]
(가) 금속 M 3g을 충분한 양의 $HCl(aq)$에 넣어 모두 반응시킨다.
(나) (가)에서 발생한 $H_2(g)$의 부피를 측정하였더니 4L이었다.

M의 원자량은? (단, $t\,^\circ\mathrm{C}$, 1기압에서 기체 1몰의 부피는 24L이다.)

① 23   ② 24   ③ 27
④ 46   ⑤ 48

083

다음은 마그네슘(Mg)과 묽은 염산($HCl(aq)$)의 반응에 대한 화학 반응식이다.

$$\mathrm{Mg}(s) + 2\mathrm{HCl}(aq) \longrightarrow \mathrm{MgCl}_2(aq) + \mathrm{H}_2(g)$$

그림은 $t\,^\circ\mathrm{C}$, 1기압에서 $x\,\mathrm{M}$ $HCl(aq)$ $0.1\,\mathrm{L}$에 $Mg(s)$의 질량을 달리하여 반응시켰을 때, $Mg(s)$의 질량에 따른 $H_2(g)$의 부피를 나타낸 것이다.

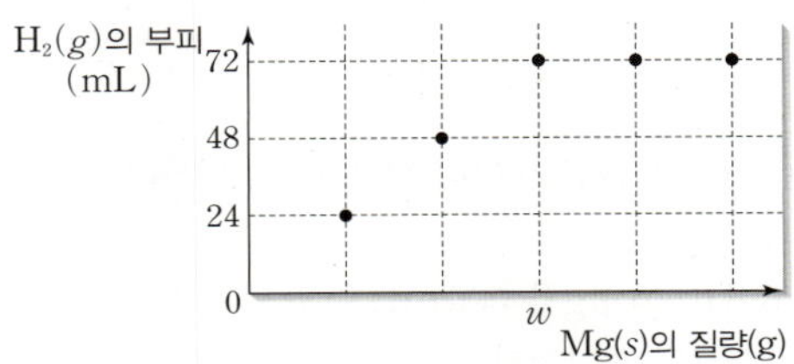

Mg의 원자량 $\times x$는? (단, $t\,^\circ\mathrm{C}$, 1기압에서 기체 1몰의 부피는 24L이다.)

① $10w$ ② $15w$ ③ $20w$
④ $25w$ ⑤ $30w$

 일정한 농도의 용액을 만드는 과정에서 사용하는 실험 기구를 정확히 알고, 일정한 부피의 용액에 녹아 있는 용질의 양을 구하는 방법을 이해하고 있어야지.

084 단골 문제

다음은 일정한 몰 농도의 수산화 나트륨($NaOH$) 수용액을 만들 때 사용하는 실험 기구와 실험 과정이다.

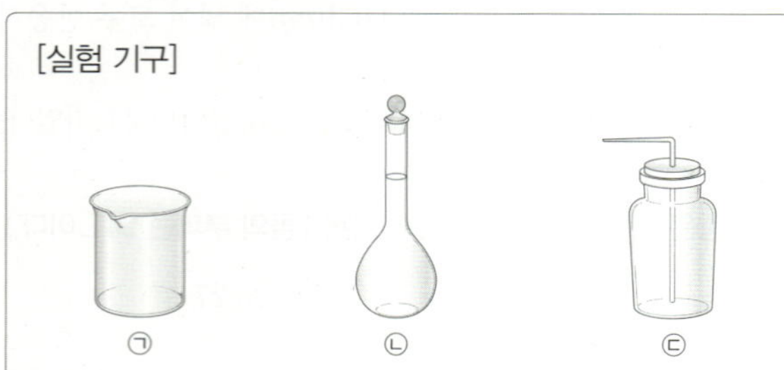

[실험 기구]

[실험 과정]

(가) $NaOH(s)$ 4g을 전자저울로 측정하여 비커에 넣고 소량의 증류수로 완전히 녹인다.

(나) (가)의 용액을 500 mL ☐A☐ 에 넣는다.

(다) (나)의 ☐A☐ 의 표시선까지 증류수를 채운 후 잘 흔들어 준다.

A에 해당하는 실험 기구와 만들어진 수산화 나트륨($NaOH$) 수용액의 몰 농도(M)로 옳은 것은? (단, $NaOH$의 화학식량은 40이다.)

	A	몰 농도(M)		A	몰 농도(M)
①	㉠	0.1	②	㉠	0.2
③	㉡	0.1	④	㉡	0.2
⑤	㉢	0.2			

❶ 용액 속 $NaOH(s)$의 양(mol)은 0.1몰이다. (　　)

❷ (다)의 용액 100 mL를 취해 1 L 부피 플라스크에 넣고 표시선까지 증류수를 넣어 만든 용액의 몰 농도는 0.02 M이다. (　　)

❸ (다)에서 만들어진 용액의 밀도가 1 g/mL일 때 퍼센트 농도는 0.8 %이다. (　　)

085

다음은 50 % $NaOH(aq)$으로 0.1 M $NaOH(aq)$을 만드는 실험이다.

> 50% $NaOH(aq)$ x g을 500 mL 부피 플라스크에 넣은 다음, 부피 플라스크의 표시선까지 증류수를 넣고 잘 흔들어준다.

x는? (단, $NaOH$의 화학식량은 40이다.)

① 1　　② 2　　③ 3　　④ 4　　⑤ 5

086

표는 포도당 수용액 (가)에 대한 자료이다.

(가)의 질량(g)	(가)에 녹아 있는 포도당의 질량(g)	(가)의 밀도(g/mL)
100	9	1.0

(가)의 퍼센트 농도와 몰 농도로 옳은 것은? (단, 온도는 일정하고, 포도당의 분자량은 180이다.)

	퍼센트 농도(%)	몰 농도(M)
①	9	0.5
②	9	1.0
③	18	0.05
④	18	0.5
⑤	27	1.0

087 중요

그림은 $t\,°C$에서 수산화 나트륨($NaOH$) 2 g이 녹아 있는 수용액 100 mL (가)와, (가)를 오랫동안 놓아 두었을 때 부피가 80 mL가 된 수용액 (나)를 나타낸 것이다. $t\,°C$에서 (가)와 (나)의 밀도는 1 g/mL이다.

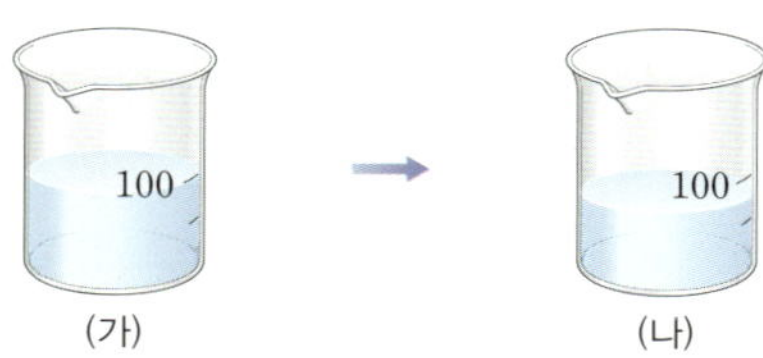

(가)와 (나)에 대한 설명으로 옳은 것만을 〈보기〉에서 있는 대로 고른 것은? (단, 온도는 일정하고, $NaOH$의 화학식량은 40이다.)

보기

> ㄱ. 퍼센트 농도는 (나)가 (가)의 $\frac{5}{4}$배이다.
>
> ㄴ. (나)에 증류수를 가해 부피를 200 mL로 만든 용액의 몰 농도는 (가)의 몰 농도의 $\frac{1}{2}$배이다.
>
> ㄷ. (나)에 $NaOH(s)$ 2 g을 더 녹인 용액의 퍼센트 농도는 (가)의 퍼센트 농도의 2배이다.

① ㄱ　　　　② ㄷ　　　　③ ㄱ, ㄴ

④ ㄴ, ㄷ　　　⑤ ㄱ, ㄴ, ㄷ

088

그림은 $t\,°\mathrm{C}$에서 물 $100\,\mathrm{g}$에 같은 질량의 용질 A~C를 녹인 수용액 (가)~(다) 속 용질 입자를 모형으로 나타낸 것이다. $t\,°\mathrm{C}$에서 (가)~(다) 의 밀도는 모두 같다.

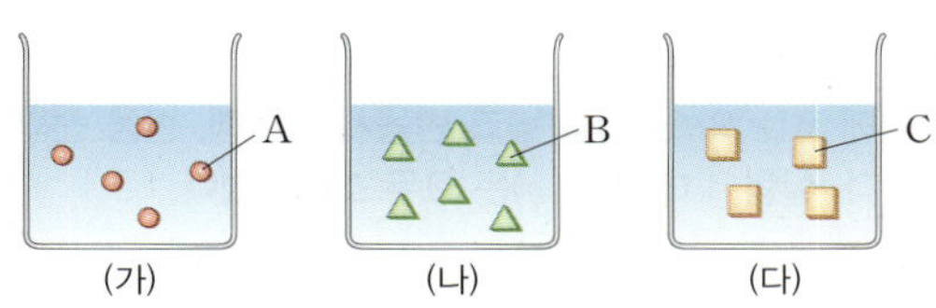

이에 대한 설명으로 옳은 것만을 〈보기〉에서 있는 대로 고른 것은? (단, 온도는 일정하다.)

〈보기〉

ㄱ. (가)와 (나)의 퍼센트 농도는 같다.

ㄴ. 분자량은 B가 C의 $\dfrac{3}{2}$배이다.

ㄷ. 몰 농도는 (가)가 (다)의 $\dfrac{5}{4}$배이다.

① ㄱ   ② ㄴ   ③ ㄱ, ㄷ
④ ㄴ, ㄷ   ⑤ ㄱ, ㄴ, ㄷ

089

다음은 X 수용액에 대한 자료이다.

- X(aq)의 몰 농도: $0.5\,\mathrm{M}$ X(aq)의 부피: $200\,\mathrm{mL}$
- X(aq)의 밀도: $1.25\,\mathrm{g/mL}$ X의 화학식량: 100

X 수용액의 퍼센트 농도(%)는?

① 1.2   ② 2.5   ③ 3
④ 4   ⑤ 4.2

090 서술형

그림은 2가지 수산화 나트륨(NaOH) 수용액 (가)와 (나)를 나타낸 것이다.

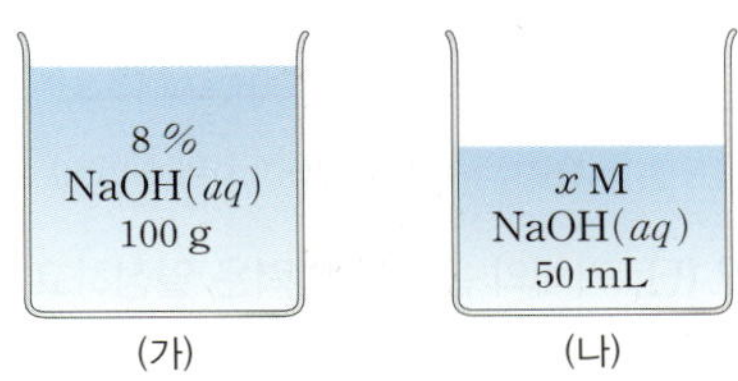

(가)와 (나)에 녹아 있는 NaOH(s)의 질량이 같을 때 x를 구하고, 풀이 과정을 서술하시오. (단, 온도는 일정하고, NaOH의 화학식량은 40이다.)

091

표는 $t\,°\mathrm{C}$에서 수용액 (가)~(다)에 대한 자료이다. $t\,°\mathrm{C}$에서 (가)~(다)의 밀도는 모두 $1\,\mathrm{g/mL}$이다.

수용액	(가)	(나)	(다)
용질	수산화 나트륨	요소	포도당
질량(g)		200	200
부피(mL)	200		
농도	2 M	3 %	9 %

이에 대한 설명으로 옳은 것만을 〈보기〉에서 있는 대로 고른 것은? (단, 온도는 일정하고, 수산화 나트륨, 요소, 포도당의 화학식량은 각각 40, 60, 180이다.)

〈보기〉

ㄱ. (가)에 녹아 있는 수산화 나트륨의 질량은 $16\,\mathrm{g}$이다.

ㄴ. 용액의 몰 농도는 (나)가 (가)보다 크다.

ㄷ. 용액의 퍼센트 농도는 (다)가 (가)보다 크다.

① ㄱ   ② ㄴ   ③ ㄱ, ㄷ
④ ㄴ, ㄷ   ⑤ ㄱ, ㄴ, ㄷ

092 중요

그림과 같이 $500\,\mathrm{mL}$ 부피 플라스크에 NaOH(s) $6\,\mathrm{g}$과 $0.5\,\mathrm{M}$ NaOH(aq) $100\,\mathrm{mL}$를 넣은 후 표시선까지 증류수를 넣고 혼합 용액 (가)를 만들었다.

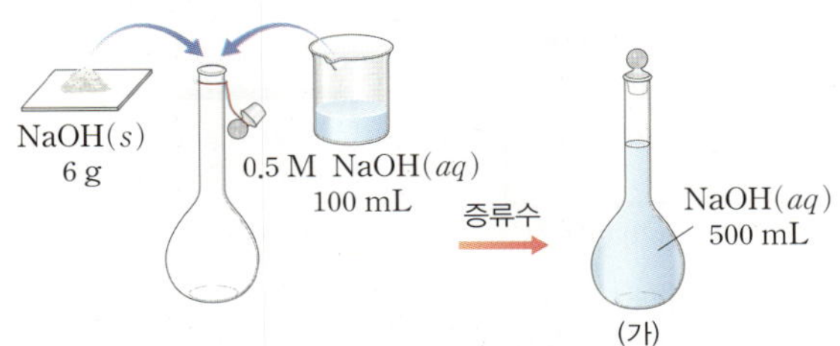

(가)의 몰 농도(M)는? (단, 온도는 일정하고, NaOH의 화학식량은 40이다.)

① 0.15   ② 0.2   ③ 0.3
④ 0.4   ⑤ 0.45

093

그림은 실린더에 $X_2(g)$ 8.4 g과 $Y_2(g)$ 0.6 g을 넣고 어느 한 기체가 모두 소모될 때까지 반응시켰을 때, 반응 전후 기체의 모습을 나타낸 것이다. 반응물과 생성물은 모두 기체이고, 생성물은 나타내지 않았다.

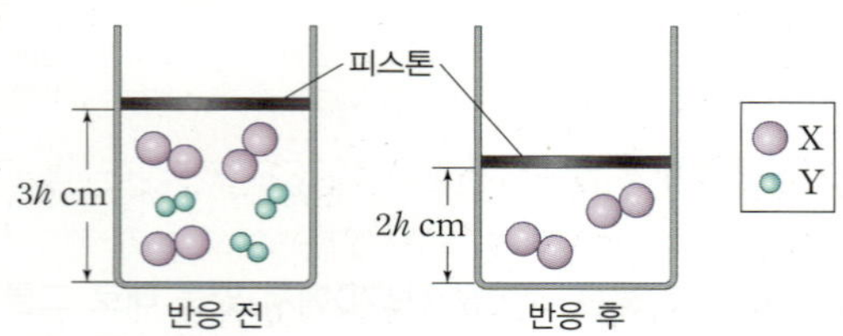

이에 대한 설명으로 옳은 것만을 〈보기〉에서 있는 대로 고른 것은? (단, 기체의 온도와 압력은 일정하고, 피스톤의 질량과 마찰은 무시한다.)

<보기>

ㄱ. 생성물의 화학식은 XY_3이다.

ㄴ. Y_2와 생성물의 반응 질량비는 3 : 5이다.

ㄷ. 반응 후 실린더에 $Y_2(g)$ 0.6 g을 첨가하여 반응을 완결시키면 실린더의 높이는 $3h$ cm가 된다.

① ㄱ　　　　　② ㄴ　　　　　③ ㄱ, ㄷ
④ ㄴ, ㄷ　　　　⑤ ㄱ, ㄴ, ㄷ

094 고난도

다음은 기체 A와 B가 반응하여 기체 C를 생성하는 반응의 화학 반응식이다.

$$A(g) + 3B(g) \longrightarrow 2C(g)$$

그림 (가)는 실린더에 $A(g)$와 $B(g)$를 넣은 반응 전의 상태를, (나)는 반응이 완결된 후의 상태를 나타낸 것이다.

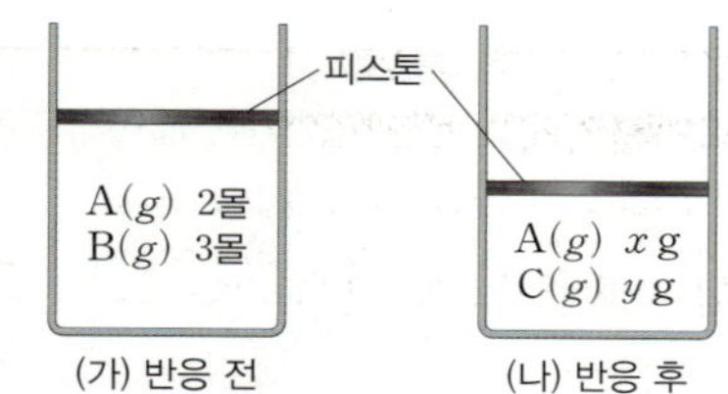

B의 분자량 $\times \dfrac{\text{(나)에서 전체 기체의 밀도}}{\text{(가)에서 전체 기체의 밀도}}$ 는? (단, 기체의 온도와 압력은 일정하고, 피스톤의 질량과 마찰은 무시한다.)

① $\dfrac{4}{5}(x+2y)$　　② $\dfrac{9}{5}(x-y)$　　③ $\dfrac{5}{9}(y-x)$

④ $\dfrac{5}{12}(x+2y)$　　⑤ $\dfrac{5}{12}(y-x)$

095

다음은 기체 A와 B가 반응하여 기체 C를 생성하는 반응의 화학 반응식이다.

$$2A(g) + B(g) \longrightarrow 2C(g)$$

표는 실린더에 $A(g)$와 $B(g)$를 넣고 반응시켰을 때, 반응 전후 기체에 대한 자료이다. 실험 Ⅰ에서 $A(g)$는 모두 소모되었다.

실험	반응 전		반응 후	
	A의 질량(g)	B의 질량(g)	$\dfrac{\text{C의 질량(g)}}{\text{남은 반응물의 질량(g)}}$	전체 기체의 부피(L)
Ⅰ	8	22	0.5	V_1
Ⅱ	8	4	x	V_2

$\dfrac{V_1}{V_2} \times x$는? (단, 기체의 온도와 압력은 일정하고, 피스톤의 질량과 마찰은 무시한다.)

① 5　　　　　② 10　　　　　③ 15
④ 20　　　　　⑤ 25

096 고난도

다음은 기체 A와 B가 반응하여 기체 C를 생성하는 반응의 화학 반응식이다.

$$A(g) + bB(g) \longrightarrow cC(g) \ (b, c\text{는 반응 계수})$$

그림은 $A(g)$가 들어 있는 실린더에 $B(g)$를 넣고 반응시켰을 때, $B(g)$의 질량에 따른 전체 기체의 부피를 나타낸 것이다. ㉠에서는 $C(g)$만 존재한다.

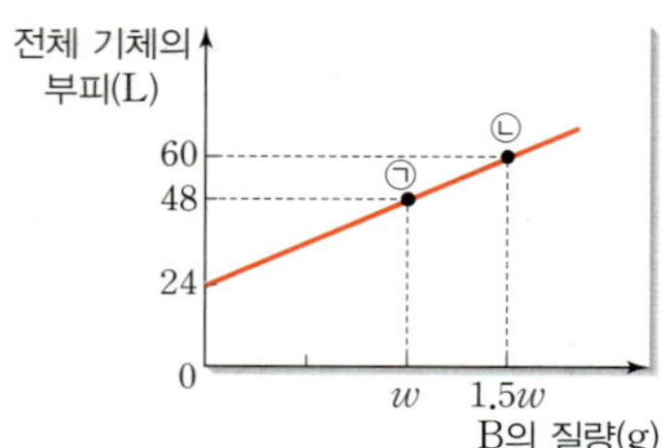

$\dfrac{\text{B의 분자량}}{b+c}$은? (단, 기체의 온도와 압력은 일정하고, 기체 1몰의 부피는 24 L이다.)

① $\dfrac{w}{6}$　　　　　② $\dfrac{w}{3}$　　　　　③ $\dfrac{w}{2}$

④ $\dfrac{2w}{3}$　　　　　⑤ $\dfrac{3w}{2}$

097

그림은 25% 수용액 (가)에 물을 첨가하여 20% 수용액 (나)로 묽히는 과정을 나타낸 것이다.

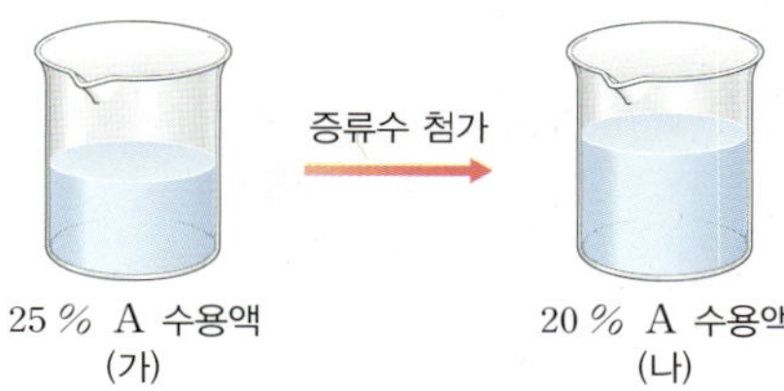

$\dfrac{\text{(나)에서 물의 질량}}{\text{(가)에서 물의 질량}}$ 은?

① $\dfrac{3}{2}$ ② $\dfrac{4}{3}$ ③ $\dfrac{5}{3}$ ④ $\dfrac{5}{4}$ ⑤ $\dfrac{6}{5}$

098

표는 같은 질량의 용질 X와 Y가 각각 녹아 있는 수용액 (가)와 (나)에 대한 자료이다. (가)의 밀도는 $1\,g/mL$이다.

수용액	용질	수용액의 양	퍼센트 농도(%)	몰 농도(M)
(가)	X	$100\,g$	2%	0.5
(나)	Y	$100\,mL$		0.2

$\dfrac{Y\text{의 화학식량}}{X\text{의 화학식량}}$ 은? (단, 온도는 일정하다.)

① $\dfrac{1}{2}$ ② $\dfrac{3}{2}$ ③ 2 ④ $\dfrac{5}{2}$ ⑤ 3

099

그림은 농도가 서로 다른 요소 수용액 (가)와 (나)를 혼합한 후 증류수를 첨가하여 $1\,M$ 수용액 $1\,L$를 만드는 과정을 나타낸 것이다.

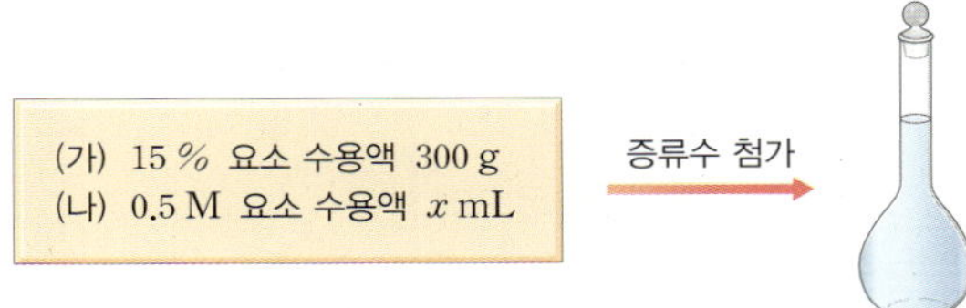

x는? (단, 온도는 일정하고, 요소의 분자량은 60이다.)

① 150 ② 200 ③ 350
④ 500 ⑤ 600

100

그림은 포도당 수용액 (가)와 요소 수용액 (나)를 나타낸 것이다. $t\,^\circ\!C$에서 (가)와 (나)의 밀도는 $1\,g/mL$로 같다.

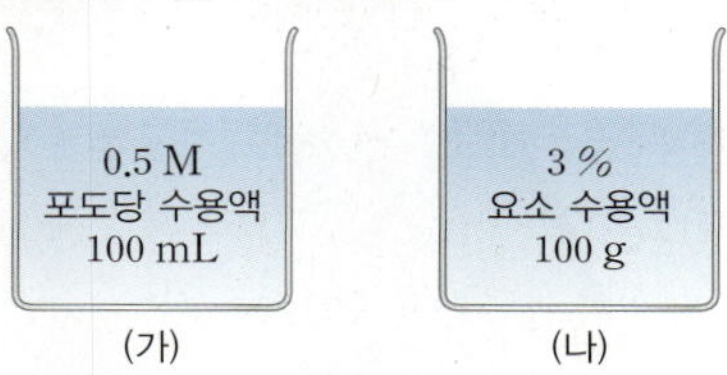

(가)와 (나)를 비교한 것으로 옳은 것만을 〈보기〉에서 있는 대로 고른 것은? (단, 온도는 일정하고, 요소와 포도당의 분자량은 각각 60, 180이다.)

보기
ㄱ. 용질의 양(mol): (가)$=$(나)
ㄴ. 용액의 퍼센트 농도: (가)$>$(나)
ㄷ. 용액의 몰 농도: (가)$<$(나)

① ㄱ ② ㄷ ③ ㄱ, ㄴ
④ ㄴ, ㄷ ⑤ ㄱ, ㄴ, ㄷ

101

그림은 3가지 A 수용액을 나타낸 것이다.

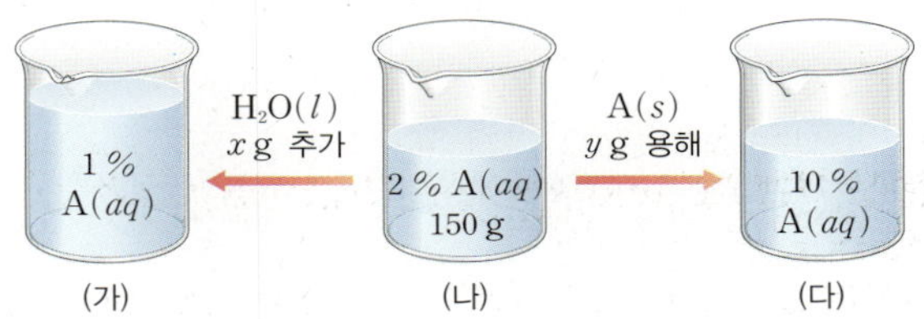

x와 y로 옳은 것은?

	x	y		x	y
①	100	$\dfrac{20}{3}$	②	100	$\dfrac{40}{3}$
③	150	$\dfrac{20}{3}$	④	150	10
⑤	150	$\dfrac{40}{3}$			

Ⅱ

원자의 세계

II-1 원자의 구조

1. 원자의 구조
- 원자를 구성하는 입자의 발견
- 원자의 구조와 표시 방법
- 동위 원소

2. 보어 원자 모형
- 스펙트럼과 보어 원자 모형
- 수소 원자의 스펙트럼 계열

3. 현대의 원자 모형과 전자 배치의 규칙
- 현대의 원자 모형
- 양자수
- 오비탈의 에너지 준위
- 전자 배치의 규칙

II-2 원소의 주기적 성질

1. 주기율표
- 주기율표
- 원소의 분류
- 원소의 전자 배치와 주기율

2. 원소의 주기적 성질
- 유효 핵전하
- 원자 반지름과 이온 반지름
- 이온화 에너지

원자의 구조

개념 ❶ 원자를 구성하는 입자의 발견

1. **전자의 발견**: 톰슨은 음극선을 활용한 실험을 통해 음극선은 (−)전하를 띠며 질량을 가진 입자(전자)의 흐름임을 밝혀내었다.

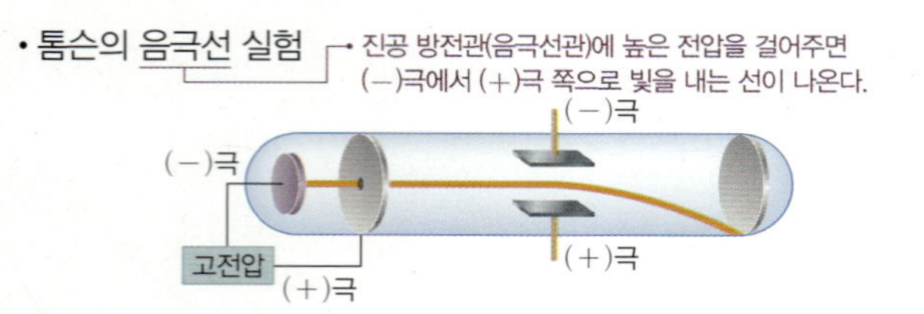

(1) 음극선의 진로에 전기장을 걸어주면 음극선이 (+)극 쪽으로 휘어진다. ➡ 음극선은 (−)전하를 띤다.

(2) 음극선의 진로에 장애물을 놓으면 그림자가 생긴다. ➡ 음극선은 직진하는 성질이 있다.

(3) 음극선의 진로에 바람개비를 놓아두면 바람개비가 회전한다. ➡ 음극선은 질량을 가진 입자이다.

2. **원자핵의 발견**: 러더퍼드는 알파(α) 입자 산란 실험을 통해 원자의 대부분은 빈 공간이고, 원자의 중심에는 부피가 작고 (+)전하를 띠며, 원자 질량의 대부분을 차지하는 원자핵이 존재함을 밝혀내었다.

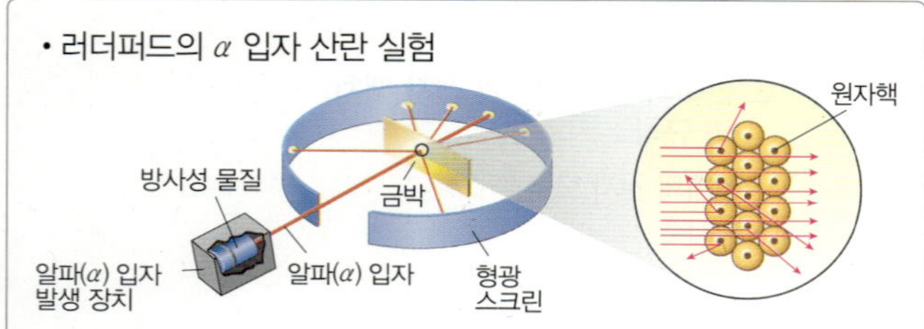

(1) 대부분의 알파(α) 입자는 금박을 통과한다.
　➡ 원자의 대부분은 빈 공간이다.

(2) 알파(α) 입자의 극히 일부가 크게 휘거나 튕겨져 나온다.
　➡ 매우 좁은 공간에 (+)전하를 띠며 질량이 큰 부분이 존재한다.

3. **원자 모형**

톰슨의 원자 모형	러더퍼드의 원자 모형
(+)전하가 고르게 분포된 원자에 (−)전하를 띤 전자가 띄엄띄엄 박혀 있다.	원자의 중심에 (+)전하를 띠는 원자핵이 위치하고, (−)전하를 띠는 전자가 원자핵 주위를 운동하고 있다.

개념 ❷ 원자의 구조와 표시 방법

1. **원자의 구조**: 원자는 물질을 이루는 기본 입자로, 원자의 중심에 (+)전하를 띠는 원자핵이 있고, 원자핵 주위에 (−)전하를 띤 전자가 존재한다. 또한, 원자핵은 (+)전하를 띤 양성자와 전하를 띠지 않는 중성자로 구성되어 있다.

(1) **양성자**: 원자핵을 이루고 있는 입자 중 (+)전하를 띠는 입자이다. 양성자수에 따라 원소의 종류가 달라지며, 양성자수는 그 원소의 원자 번호와 같다.

(2) **중성자**: 원자핵을 이루고 있는 입자 중 전하를 띠지 않는 입자이다. 양성자와 질량이 거의 같으며, 같은 원소의 원자라도 중성자수는 다를 수 있다.

(3) **전자**: 원자핵 주위에 존재하는 (−)전하를 띠는 입자이다. 질량은 양성자에 비해 매우 작다.

(4) 양성자와 전자는 전하량의 크기는 같으나 부호가 반대이며, 원자에서 양성자수와 전자 수는 같으므로 원자는 전기적으로 중성이다.

구성 입자		질량(g)	전하량(C)
원자핵	양성자	1.673×10^{-24}	$+1.602 \times 10^{-19}$
	중성자	1.675×10^{-24}	0
전자		9.109×10^{-28}	-1.602×10^{-19}

2. **원자의 표시**

(1) **원자 번호**: 원자의 양성자수(= 원자의 전자 수)

(2) **질량수**: 양성자수와 중성자수의 합
　➡ 중성자수 = 질량수 − 원자 번호(양성자수)
　➡ 전자의 질량은 무시할 수 있을 정도로 작으므로 원자의 질량수에 전자 수는 포함되지 않는다.

(3) **원자의 표시 방법**: 원자 번호는 원소 기호의 왼쪽 아래에, 질량수는 왼쪽 위에 표시한다.

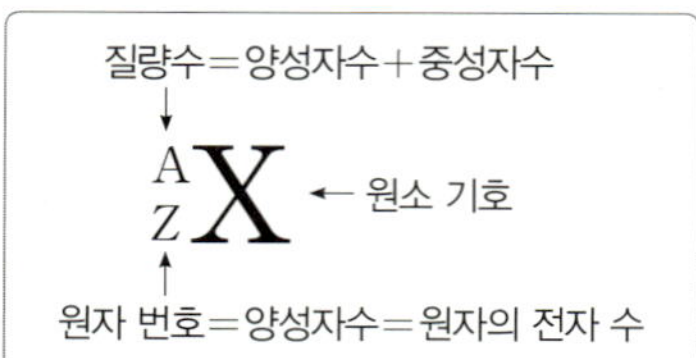

개념 ❸ 동위 원소

1. **동위 원소**: 양성자수가 같아 원자 번호는 같으나, 중성자수가 달라 질량수가 다른 원소이다.
　└ = 양성자수
　➡ 동위 원소는 양성자수가 같으므로 화학적 성질이 같으나, 중성자수가 다르므로 물리적 성질이 다르다.

예 수소(H)의 동위 원소

원자 모형	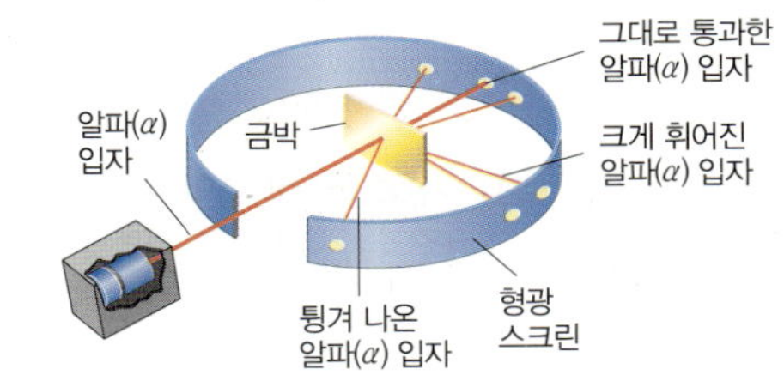		
동위 원소	^1_1H	^2_1H	^3_1H
양성자수	1	1	1
중성자수	0	1	2
질량수	1	2	3

➡ ^1_1H는 모든 원소 중 중성자가 없는 유일한 원자이다.

2. **평균 원자량**: 각 동위 원소의 원자량과 존재 비율을 곱한 값으로 구한다.

예 염소(Cl)의 평균 원자량

동위 원소	양성자수	중성자수	원자량	존재 비율(%)
$^{35}_{17}Cl$	17	18	35	75.76
$^{37}_{17}Cl$	17	20	37	24.24

➡ 염소(Cl)의 평균 원자량은 $\left(35 \times \dfrac{75.76}{100}\right) + \left(37 \times \dfrac{24.24}{100}\right)$ ≒35.5이다.

🔍 탐구 활동 · 러더퍼드의 알파(α) 입자 산란 실험

과정
❶ 얇은 금박 주위에 형광 스크린을 설치한다.
❷ 알파(α) 입자 발생 장치로부터 나오는 알파(α) 입자를 금박에 충돌시킨다.
❸ 형광 스크린에 감지된 흔적으로부터 알파(α) 입자의 진로를 알아본다.

▲ 러더퍼드의 알파(α) 입자 산란 실험 장치

결과

▲ 실험 후 펼쳐진 형광 스크린에 남은 흔적

1. 대부분의 알파(α) 입자는 직진하여 형광 스크린 중앙에 흔적을 남긴다.
2. 극히 일부의 알파(α) 입자가 진로가 휘거나, 튕겨 나온다.

정리
1. 대부분의 알파(α) 입자가 직진한다. ➡ 원자의 대부분은 빈 공간이다.
2. 극히 일부의 알파(α) 입자가 휜다는 것은 (+)전하를 띤 알파(α) 입자와의 반발력이 작용하며, 질량이 큰 원자핵이 존재한다는 것을 의미한다. ➡ 원자 중심에 크기는 작지만 질량이 매우 크고 (+)전하를 띤 입자가 존재한다.

정답 및 해설 | 14쪽

102

원자의 구성 입자에 대한 설명으로 옳은 것은 ○, 옳지 않은 것은 ×로 표시하시오.

(1) 톰슨은 알파(α) 입자 산란 실험으로 원자핵을 발견하였다. ( )

(2) 모든 원자는 양성자수와 중성자수가 같다. ( )

(3) 양성자와 전자는 각각 |질량×전하량|의 값이 같다. ( )

(4) 동위 원소는 양성자수가 같다. ( )

103 서술형

다음은 음극선 실험의 일부이다.

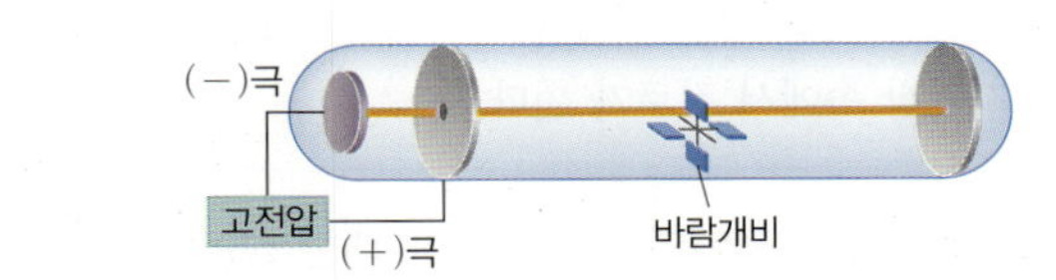

음극선의 진행 경로에 바람개비를 놓아두면 바람개비가 회전한다.

이로부터 알 수 있는 음극선의 성질을 서술하시오.

104

다음은 나트륨 이온을 원자 표시 방법으로 나타낸 것이다. 나트륨 이온 1개에 포함된 양성자수, 중성자수, 전자 수를 각각 구하시오. 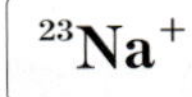$^{23}Na^+$

105

표는 수소(H)의 동위 원소 (가)~(다)를 나타낸 것이다.

(가)	(나)	(다)
^1_1H	^2_1H	^3_1H

(가)의 전자 수, (나)의 중성자수, (다)의 양성자수의 합을 구하시오.

106

표는 자연계에 존재하는 붕소(B)의 동위 원소에 대한 자료이다.

붕소(B)의 동위 원소	질량수	존재 비율(%)
(가)	10	20
(나)	11	80

붕소(B)의 평균 원자량을 구하시오. (단, (가)와 (나)의 원자량은 질량수와 같다고 가정한다.)

개념 ① 원자를 구성하는 입자의 발견

족집게 전략 원자를 구성하는 입자를 발견한 각 실험에 대한 내용을 이해하는 것이 중요해. 각 실험을 통해 어떤 결론이 도출되었고, 이에 따라 어떤 원자 모형이 제시되었는지를 알아야 해.

107 단골 문제

다음은 원자의 구성 입자를 발견한 실험이다.

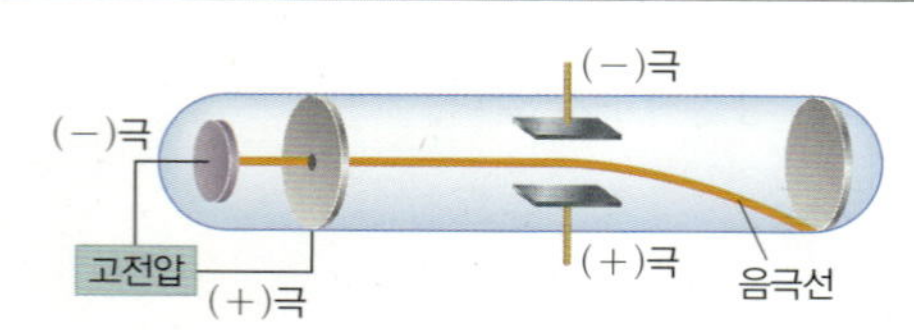

진공 방전관에 높은 전압을 걸어주면 (−)극에서 (+)극으로 흐르는 빛을 내는 선이 관측되며, 이 선은 전기장이나 자기장 속에서 진로가 휜다.

이 실험으로 발견한 원자의 구성 입자에 대한 설명으로 옳은 것만을 〈보기〉에서 있는 대로 고른 것은?

보기
ㄱ. (−)전하를 띤다.
ㄴ. 질량을 가지고 있다.
ㄷ. 원자의 중심에 존재한다.

① ㄱ　　② ㄷ　　③ ㄱ, ㄴ　　④ ㄱ, ㄷ　　⑤ ㄴ, ㄷ

추가로 나오는 선택지

❶ 원자의 질량의 대부분을 차지한다. 　　　(　　)
❷ 양성자와 전하량의 크기가 같다. 　　　(　　)
❸ 원자의 부피의 대부분을 차지한다. 　　　(　　)

108

톰슨의 음극선 실험의 결과를 설명할 수 있는 원자 모형만을 〈보기〉에서 있는대로 고른 것은?

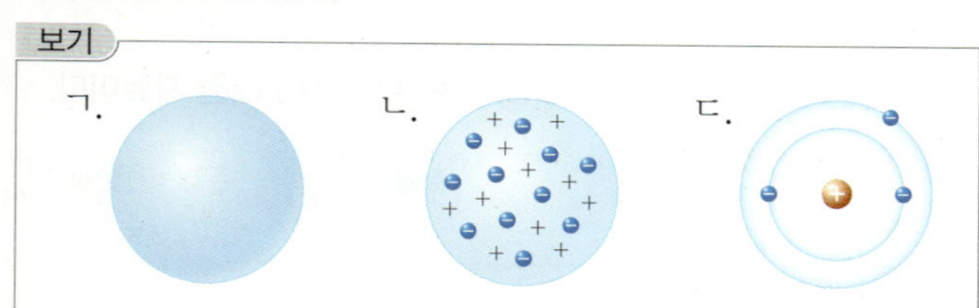

① ㄱ　　　　② ㄴ　　　　③ ㄱ, ㄴ
④ ㄱ, ㄷ　　　⑤ ㄴ, ㄷ

109

그림은 러더퍼드의 알파(α) 입자 산란 실험 장치를 나타낸 것이다.

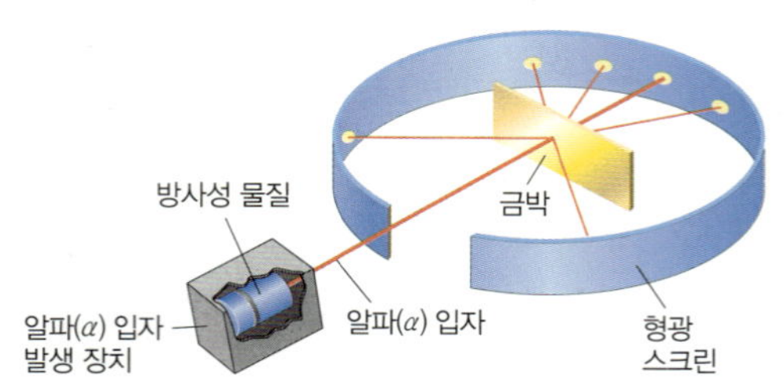

이 실험으로 발견한 원자의 구성 입자에 대한 설명으로 옳은 것만을 〈보기〉에서 있는 대로 고른 것은?

보기
ㄱ. 모든 원자에 존재한다.
ㄴ. 원자의 부피의 대부분을 차지한다.
ㄷ. 원자의 질량의 대부분을 차지한다.

① ㄱ　　　　② ㄷ　　　　③ ㄱ, ㄴ
④ ㄱ, ㄷ　　　⑤ ㄱ, ㄴ, ㄷ

110

그림은 톰슨의 음극선 실험 (가)와 러더퍼드의 알파(α) 입자 산란 실험 (나)를 나타낸 것이다.

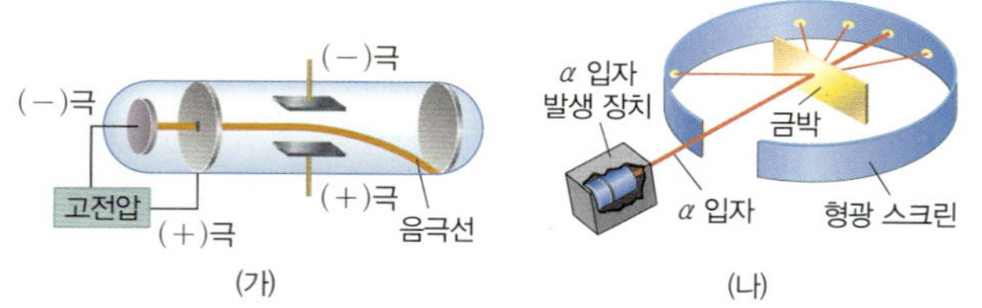

(가)와 (나)로 발견한 원자의 구성 입자의 공통점으로 옳은 것만을 〈보기〉에서 있는 대로 고른 것은?

보기
ㄱ. 전하를 띤다.
ㄴ. 질량을 가진 입자이다.
ㄷ. 모든 원자에 존재한다.

① ㄱ　　　　② ㄷ　　　　③ ㄱ, ㄴ
④ ㄴ, ㄷ　　　⑤ ㄱ, ㄴ, ㄷ

개념 ❷ 원자의 구조와 표시 방법

족집게 전략 원자를 구성하는 입자인 양성자, 중성자, 전자의 상대적 질량과 상대적 전하량을 알아야 하고, 원자나 이온에 포함된 양성자수, 중성자수, 전자 수를 나타내는 방법을 정확히 이해해야 해.

111 단골 문제

그림은 원자 또는 이온 (가)~(다)를 모형으로 나타낸 것이다.

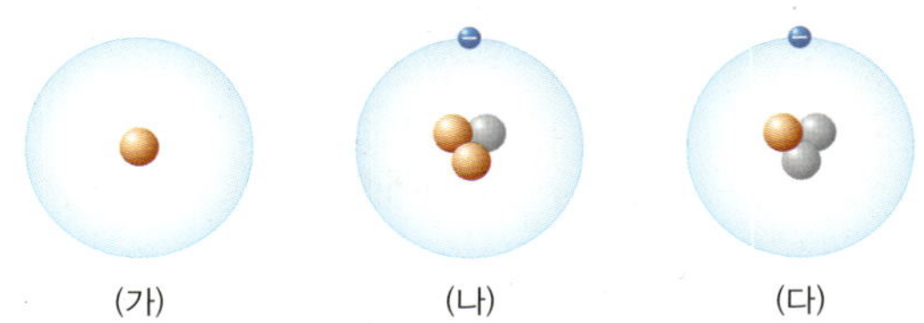

이에 대한 설명으로 옳은 것만을 〈보기〉에서 있는 대로 고른 것은?

보기

ㄱ. ●은 중성자이다.
ㄴ. (가)와 (나)는 같은 원소이다.
ㄷ. (가)~(다) 중 이온은 2가지이다.

① ㄴ　　　　② ㄷ　　　　③ ㄱ, ㄴ
④ ㄱ, ㄷ　　　⑤ ㄱ, ㄴ, ㄷ

추가로 나오는 선택지

❶ (나)와 (다)는 질량수가 같다.　　　　(　)
❷ (가)와 (나)는 전하량의 크기가 같다.　(　)
❸ (가)와 (다)는 중성자 수가 같다.　　　(　)

112

다음은 원자 (가)에 대한 자료이다.

- 전자 1개의 전하량: $-1.6 \times 10^{-19} C$
- 원자핵의 전하량: $+3.2 \times 10^{-18} C$
- 중성자 수: 19

(가)를 원자 표시 방법으로 나타내시오.

113

다음은 각각 1개의 원자핵을 가진 이온 (가)와 (나)에 대한 자료이다.

이온	(가)	(나)
전하	$+2$	-1
원자 번호	a	b
전자 수	n	n

이에 대한 설명으로 옳은 것만을 〈보기〉에서 있는 대로 고른 것은?

보기

ㄱ. $n=a-2$이다.
ㄴ. $n=b+1$이다.
ㄷ. $a>b$이다.

① ㄱ　　　　② ㄴ　　　　③ ㄷ
④ ㄱ, ㄷ　　　⑤ ㄱ, ㄴ, ㄷ

114

표는 이온 (가)~(다)를 나타낸 것이다.

(가)	(나)	(다)
$_{11}^{23}Na^+$	$_{8}^{18}O^{2-}$	$_{12}^{24}Mg^{2+}$

이에 대한 설명으로 옳은 것만을 〈보기〉에서 있는 대로 고른 것은?

보기

ㄱ. (가)와 (나)는 전자 수가 같다.
ㄴ. (나)와 (다)는 중성자수가 같다.
ㄷ. (가)와 (다)는 양성자수가 같다.

① ㄱ　　　　② ㄷ　　　　③ ㄱ, ㄴ
④ ㄴ, ㄷ　　　⑤ ㄱ, ㄴ, ㄷ

115 중요

표는 분자 (가)와, (가)의 구성 원자를 나타낸 것이다.

(가)	(가)의 구성 원자	
H_2O	$_{1}^{1}H$	$_{8}^{18}O$

(가) 1개에 포함된 양성자수, 중성자수, 전자 수와 각각 같은 수의 입자를 가진 원자 X를 원자 표시 방법으로 옳게 나타낸 것은? (단, X는 임의의 원소 기호이다.)

① $_{8}^{18}X$　② $_{10}^{18}X$　③ $_{10}^{20}X$　④ $_{10}^{22}X$　⑤ $_{12}^{22}X$

개념 ❸ 동위 원소

족집게 전략 동위 원소의 개념을 이해하고, 각 동위 원소의 존재 비율과 질량수를 이용하여 평균 원자량을 계산하는 것이 중요해. 더불어 동위 원소로 이루어진 분자의 분자량의 가짓수도 파악할 수 있어야 해.

116 단골 문제

다음은 원소 X의 동위 원소 (가)와 (나)에 대한 자료이다.

동위 원소	양성자수	중성자수	자연계 존재 비율(%)
(가)	17	18	75
(나)	17	20	25

이에 대한 설명으로 옳은 것만을 〈보기〉에서 있는 대로 고른 것은? (단, X는 임의의 원소 기호이고, 원자량은 질량수와 같다고 가정한다.)

보기
- ㄱ. X의 평균 원자량은 35.5이다.
- ㄴ. X_2의 서로 다른 분자량의 가짓수는 3이다.
- ㄷ. X_2의 분자량 중 가장 큰 것은 74이다.

① ㄱ ② ㄷ ③ ㄱ, ㄴ ④ ㄱ, ㄷ ⑤ ㄱ, ㄴ, ㄷ

추가로 나오는 선택지

❶ (가)와 (나)는 전자 수가 같다. ( )
❷ (가)와 (나)는 화학적 성질이 다르다. ( )
❸ X_2 중 존재 비율이 가장 큰 것의 분자량은 72이다. ( )

117

표는 자연계에 존재하는 브로민(Br)과 염소(Cl)의 동위 원소에 대한 자료이다.

동위 원소		자연계 존재 비율(%)
원소	질량수	
Br	79	50
	81	50
Cl	35	75
	37	25

이에 대한 설명으로 옳은 것만을 〈보기〉에서 있는 대로 고른 것은? (단, 원자량은 질량수와 같다고 가정한다.)

보기
- ㄱ. Br의 평균 원자량은 80이다.
- ㄴ. Cl_2의 평균 분자량은 71이다.
- ㄷ. BrCl의 서로 다른 분자량의 가짓수는 4이다.

① ㄱ ② ㄷ ③ ㄱ, ㄴ ④ ㄴ, ㄷ ⑤ ㄱ, ㄴ, ㄷ

118 서술형

표는 자연계에 존재하는 붕소(B)의 동위 원소에 대한 자료이다.

동위 원소	양성자수	중성자수	자연계 존재 비율(%)
(가)	5	5	x
(나)	5	6	

붕소(B)의 평균 원자량이 10.8이라고 할 때, x를 구하고, 풀이 과정을 서술하시오. (단, 자연계에 존재하는 붕소(B)의 동위 원소는 (가)와 (나)뿐이고, 원자량은 질량수와 같다고 가정한다.)

119

표는 자연계에 존재하는 탄소(C)의 동위 원소에 대한 자료이다.

동위 원소	질량수	자연계 존재 비율(%)
(가)	12	x
(나)	13	y

탄소(C)의 평균 원자량을 12.01이라고 할 때, 이에 대한 설명으로 옳은 것만을 〈보기〉에서 있는 대로 고른 것은? (단, 자연계에 존재하는 탄소(C)의 동위 원소는 (가)와 (나)뿐이고, 원자량은 질량수와 같다고 가정한다.)

보기
- ㄱ. $x > y$이다.
- ㄴ. 전자 수는 (가)와 (나)가 같다.
- ㄷ. 같은 질량에 포함된 원자의 양(mol)은 (가)가 (나)보다 크다.

① ㄱ ② ㄷ ③ ㄱ, ㄴ
④ ㄴ, ㄷ ⑤ ㄱ, ㄴ, ㄷ

120

표는 자연계에 존재하는 수소(H) 원자와 산소(O) 원자의 모든 동위 원소를 나타낸 것이다.

수소(H)			산소(O)	
^1H	^2H	^3H	^{16}O	^{18}O

이 원소들로 이루어진 물(H_2O) 분자의 분자량 중에서 최댓값과 최솟값의 차는? (단, 원자량은 질량수와 같다고 가정한다.)

121

표는 이온 (가)의 이온식과, (가)의 구성 원자를 나타낸 것이다.

(가)의 이온식	(가)의 구성 원자	
H_3O^+	수소(H)	$^{2}_{1}H$
	산소(O)	$^{18}_{8}O$

(가)에 대한 설명으로 옳은 것만을 〈보기〉에서 있는 대로 고른 것은?

보기

ㄱ. 양성자수가 중성자수보다 크다.
ㄴ. 전자 수가 중성자수보다 크다.
ㄷ. 이온 1개에 포함된 양성자수, 중성자수, 전자 수는 (가)와 $^{24}_{11}Na^+$이 같다.

① ㄱ ② ㄷ ③ ㄱ, ㄴ
④ ㄴ, ㄷ ⑤ ㄱ, ㄴ, ㄷ

122

표는 서로 다른 원소 A~D의 원자 또는 이온을 구성하는 입자 (가)와 (나)에 대한 자료이다. (가)와 (나)는 각각 양성자, 중성자, 전자 중 하나이다.

원자 또는 이온	구성 입자 수	
	(가)	(나)
A^+	$a+2$	a
B^{2-}	a	a
C^+	$a+2$	$a+1$
D	a	$a-1$

이에 대한 설명으로 옳은 것만을 〈보기〉에서 있는 대로 고른 것은? (단, A~D는 임의의 원소 기호이다.)

보기

ㄱ. (가)는 중성자이다.
ㄴ. A~D 중 원자 번호는 C가 가장 크다.
ㄷ. A~D 중 질량수는 A가 가장 크다.

① ㄱ ② ㄷ ③ ㄱ, ㄴ
④ ㄴ, ㄷ ⑤ ㄱ, ㄴ, ㄷ

123

그림은 자연계에 존재하는 분자 X_2와 Y_2의 분자량의 존재 비율을 나타낸 것이다. X_2와 Y_2에서 3가지 분자의 존재 비율의 합은 모두 100%이다.

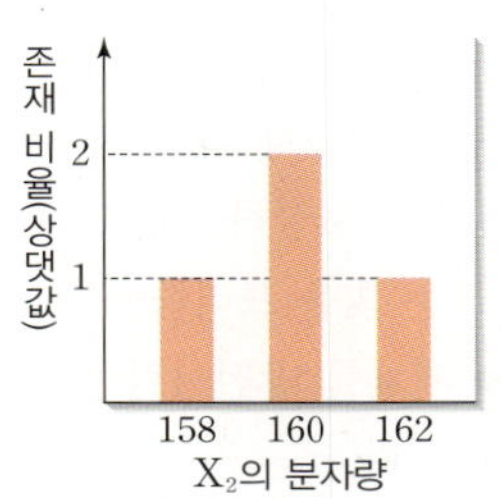

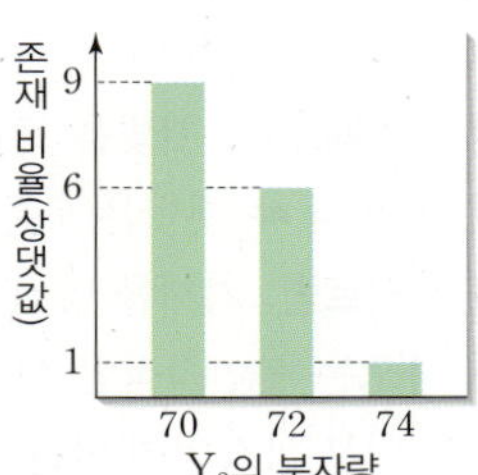

이에 대한 설명으로 옳은 것만을 〈보기〉에서 있는 대로 고른 것은? (단, X와 Y는 임의의 원소 기호이고, 원자량은 질량수와 같다고 가정한다.)

보기

ㄱ. X의 동위 원소는 2가지가 있다.
ㄴ. Y의 평균 원자량은 36이다.
ㄷ. XY의 평균 분자량은 115.5이다.

① ㄱ ② ㄴ ③ ㄱ, ㄴ
④ ㄱ, ㄷ ⑤ ㄴ, ㄷ

124

그림은 실린더 (가)와 (나)에 기체가 각각 들어 있는 것을 나타낸 것이다. 두 실린더 속 기체에 포함된 중성자수의 비는 (가):(나)$=24:55$이고, 원자량은 질량수와 같다고 가정한다.

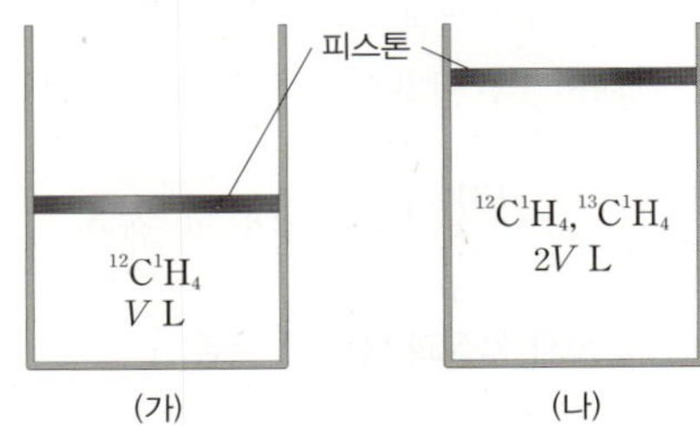

$\dfrac{\text{(나)에 들어 있는 기체의 질량}}{\text{(가)에 들어 있는 기체의 질량}}$ 은? (단, 온도는 일정하고, 피스톤의 질량과 마찰은 무시한다.)

① $\dfrac{103}{24}$ ② $\dfrac{103}{48}$ ③ $\dfrac{103}{64}$ ④ $\dfrac{135}{64}$ ⑤ $\dfrac{135}{82}$

02 보어 원자 모형

개념 ① 스펙트럼과 보어 원자 모형

1. **스펙트럼**: 빛을 프리즘에 통과시킬 때 빛의 파장에 따라 나누어져 나타나는 색의 띠

2. **연속 스펙트럼**: 햇빛을 프리즘에 통과시킬 때 나타나는 연속적인 색의 띠 ➡ 햇빛은 모든 파장의 빛을 포함하고 있다.

3. **선 스펙트럼**: 기체를 방전시켜 나오는 빛을 프리즘에 통과시킬 때 나오는 불연속적인 색의 띠 ➡ 기체를 방전시킬 때 나오는 빛은 일부 파장의 빛만을 포함하고 있다.

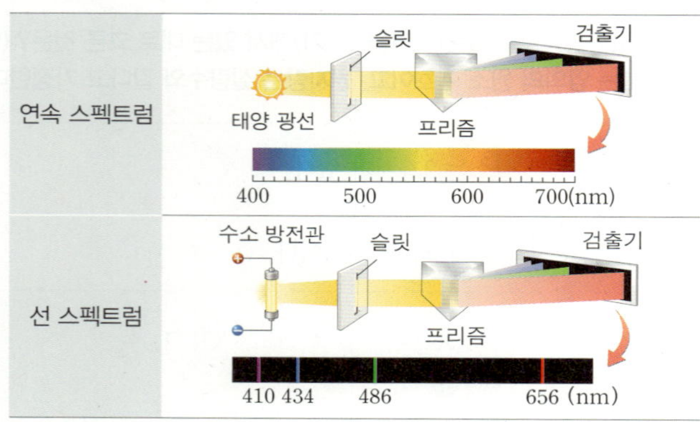

4. **보어 원자 모형**: 수소 원자의 불연속적인 선 스펙트럼을 설명하기 위해 제안한 모형이다.

(1) 보어의 이론

① 원자핵 주위의 전자는 특정한 에너지를 갖는 궤도를 따라 원운동하며, 이 궤도를 전자 껍질이라고 한다.

② 전자 껍질의 에너지 준위는 불연속적이다.

③ 전자가 에너지를 흡수하거나 방출하면 전자가 원운동하는 전자 껍질이 달라진다.

④ 원자핵에 가까운 전자 껍질부터 K($n=1$), L($n=2$), M($n=3$), N($n=4$) …의 순서로 기호를 붙이며, n은 주 양자수라고 한다.

⑤ 수소 원자에서 전자 껍질의 에너지 준위는 주 양자수(n)에 의해서만 결정되며, 주 양자수(n)가 커질수록 에너지가 커진다.

$$E_n = -\frac{1312}{n^2}\,\text{kJ/mol}(n=1,\ 2,\ 3,\ \cdots)$$

(2) 수소 원자의 전자 껍질과 에너지 준위:

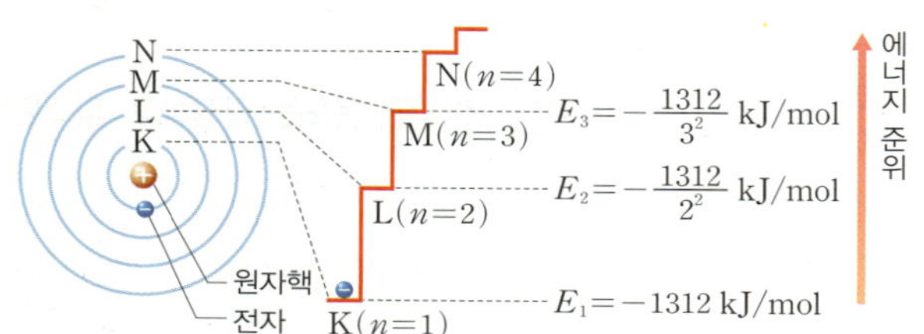

5. 바닥상태와 들뜬상태

(1) 바닥상태와 들뜬상태

바닥상태	원자의 에너지가 가장 낮은 안정한 상태이며, 원자의 전자는 에너지 준위가 가장 낮은 전자 껍질부터 차례대로 채워진 상태이다.
들뜬상태	바닥상태의 원자의 전자가 에너지를 흡수하여 높은 에너지 준위의 전자 껍질로 전이한 상태로, 불안정한 상태이다.

(2) **전자 전이와 에너지 출입**: 바닥상태의 원자가 에너지를 흡수하면 들뜬상태가 되고, 들뜬상태의 원자가 바닥상태로 될 때에는 에너지를 방출한다.

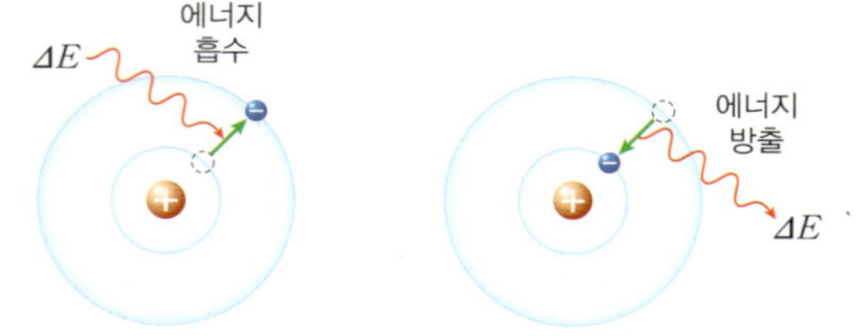

▲ 전자 전이와 에너지 출입

(3) **수소 원자에서 전자 전이가 일어날 때 출입하는 에너지**: 전자가 다른 에너지 준위를 갖는 전자 껍질로 전이할 때, 에너지를 방출하거나 흡수한다. ($\Delta E = |E_{처음} - E_{나중}|$)

에너지 출입	에너지 흡수	에너지 방출
주 양자수 변화	주 양자수가 작은 전자 껍질에서 주 양자수가 큰 전자 껍질로 전자가 전이한다. ➡ 주 양자수 증가	주 양자수가 큰 전자 껍질에서 주 양자수가 작은 전자 껍질로 전자가 전이한다. ➡ 주 양자수 감소

예 $n=2 \rightarrow n=1$의 전자 전이에서 방출하는 에너지

$$\Rightarrow \Delta E = -\frac{1312}{2^2} - \left(-\frac{1312}{1^2}\right) = \frac{3}{4} \times 1312\,(\text{kJ/mol})$$

개념 ② 수소 원자의 스펙트럼 계열

1. **수소 원자의 선 스펙트럼**

(1) 수소 기체를 방전관에 넣고 고전압으로 방전시킬 때 나오는 빛을 프리즘에 통과시키면 불연속적인 선 스펙트럼이 얻어진다.

(2) 들뜬상태에 있는 원자의 전자가 에너지 준위가 낮은 전자 껍질로 전이할 때, 두 전자 껍질의 에너지 준위 차이에 해당하는 만큼의 에너지를 빛으로 방출한다.

(3) 수소 원자의 전자 껍질이 갖는 에너지 준위는 불연속적이므로 수소 원자는 연속 스펙트럼이 아닌 선 스펙트럼을 방출한다.

2. 수소 원자의 스펙트럼 계열

스펙트럼 계열	전자 전이	스펙트럼 영역
라이먼 계열	$n \geq 2 \rightarrow n = 1$	자외선
발머 계열	$n \geq 3 \rightarrow n = 2$	주로 가시광선
파셴 계열	$n \geq 4 \rightarrow n = 3$	적외선

- 수소 원자의 스펙트럼 계열

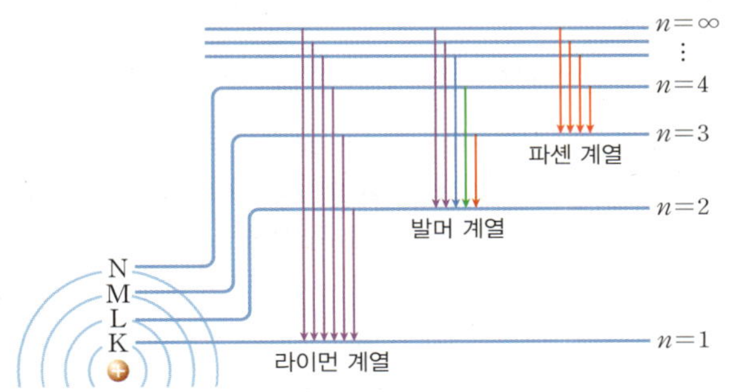

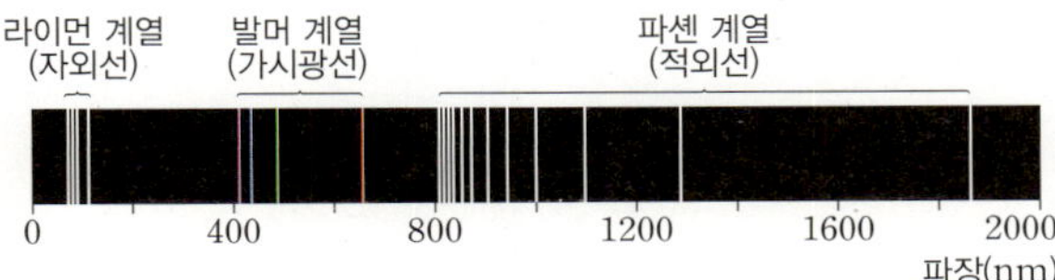

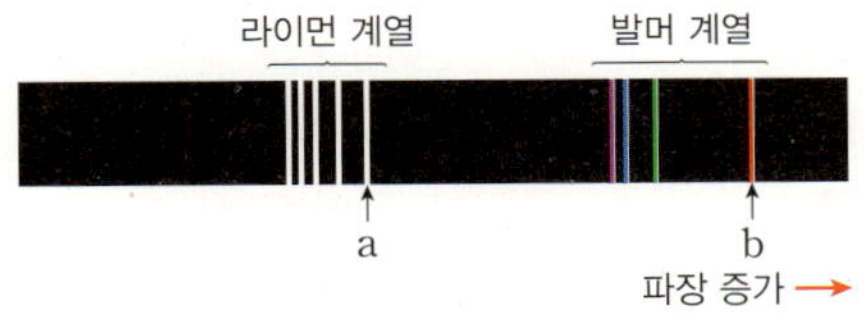

자료 분석   **수소 원자의 전자 전이와 선 스펙트럼**

❶ 빛의 파장과 빛에너지의 크기는 반비례한다. → 파장이 길수록 에너지는 작다.

- a: 라이먼 계열 중 파장이 가장 길다.
  - ➡ 라이먼 계열 중 에너지가 가장 작다.
  - ➡ a는 $n = 2 \rightarrow n = 1$의 전자 전이에서 방출되는 선 스펙트럼 이다.
- b: 발머 계열 중 파장이 가장 길다.
  - ➡ 발머 계열 중 에너지가 가장 작다.
  - ➡ b는 $n = 3 \rightarrow n = 2$의 전자 전이에서 방출되는 선 스펙트럼 이다.

❷ 선 스펙트럼 a, b에 해당하는 전자 전이에서 방출되는 에너지의 비교

- a: $\Delta E = -\dfrac{1312}{2^2} - \left(-\dfrac{1312}{1^2}\right) = \dfrac{3}{4} \times 1312 \,(\text{kJ/mol})$
- b: $\Delta E = -\dfrac{1312}{3^2} - \left(-\dfrac{1312}{2^2}\right) = \dfrac{5}{36} \times 1312 \,(\text{kJ/mol})$

125

다음은 수소 원자 (가)와 (나)의 전자 배치를 모형으로 나타낸 것 이다.

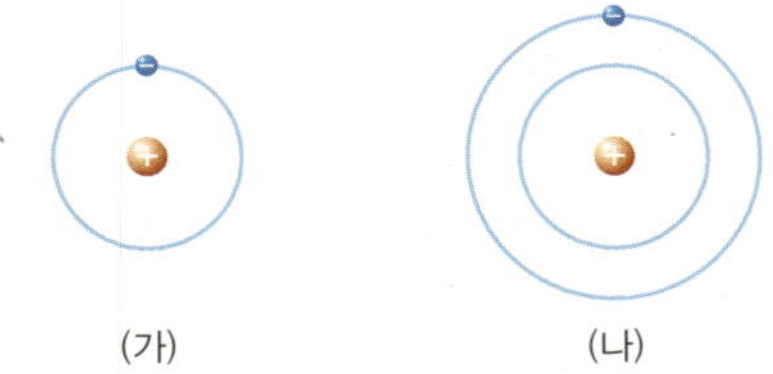

이에 대한 설명으로 옳은 것은 ○, 옳지 않은 것은 ×로 표시하 시오.

(1) (가)는 바닥상태, (나)는 들뜬상태이다. (　　　)
(2) (가)에서 (나)로 될 때 에너지를 방출한다. (　　　)
(3) (나)에서 (가)로 될 때 자외선을 방출한다. (　　　)
(4) (나)에서 (가)로 될 때 방출하는 빛은 발머 계열이다. (　　　)

126

2가지 전자 전이 (가) $n = 2 \rightarrow n = 1$, (나) $n = 3 \rightarrow n = 2$에서 방출하는 빛 에너지 크기의 비((가):(나))를 구하시오. (단, 수소 원자의 에너지 준위 $E_n = -\dfrac{k}{n^2}$이고, n은 주 양자수, k는 상수이다.)

127

그림 (가)는 수소 원자에서 2가지 전자 전이를, (나)는 수소 원자의 선 스펙트럼에서 발머 계열 중 가시광선 영역을 나타낸 것이다.

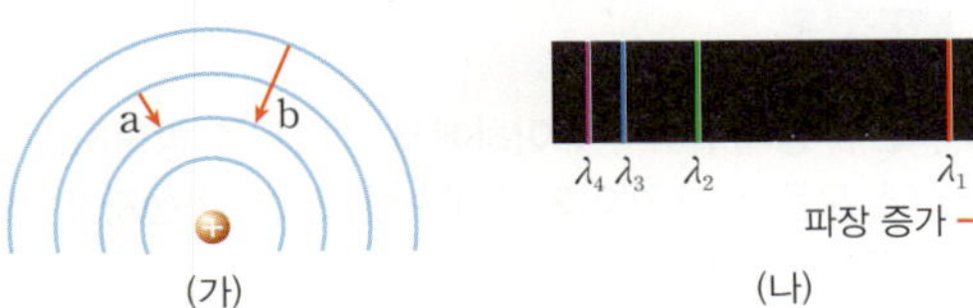

(가)의 전자 전이 a와 b에 해당하는 파장을 (나)에서 찾아 쓰시오.

개념 ❶ 스펙트럼과 보어 원자 모형

족집게 전략 연속 스펙트럼과 선 스펙트럼의 차이를 이해하고, 보어 원자 모형에서 각 전자 껍질에 해당하는 에너지를 계산할 수 있도록 꼭 연습하자.

128 단골 문제

그림은 수소 원자의 전자 전이 a~e를 나타낸 것이다.

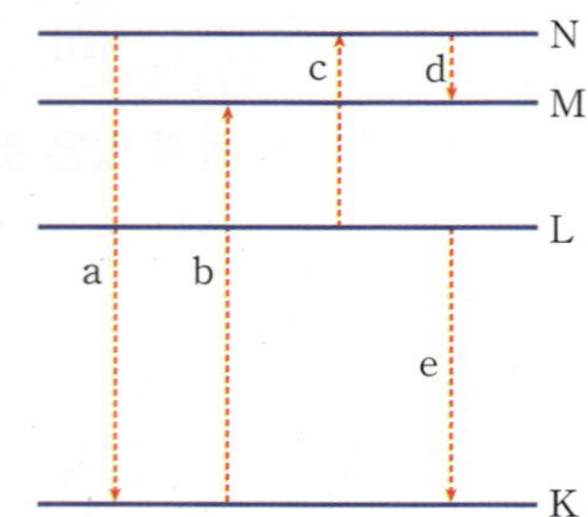

a~e에 대한 설명으로 옳은 것만을 〈보기〉에서 있는 대로 고른 것은? (단, 수소 원자의 에너지 준위 $E_n = -\dfrac{k}{n^2}$ 이고, n은 주 양자수, k는 상수이다.)

보기

ㄱ. 에너지를 방출하는 전자 전이는 3가지이다.
ㄴ. 출입하는 에너지의 크기가 가장 작은 전자 전이는 e이다.
ㄷ. 수소 원자에서 b가 일어나면 바닥상태가 된다.

① ㄱ   ② ㄴ   ③ ㄷ
④ ㄱ, ㄴ   ⑤ ㄴ, ㄷ

추가로 나오는 선택지

❶ 방출하는 빛의 파장은 d와 e가 같다.   (   )
❷ a에서 방출하는 빛은 가시광선 영역에 해당한다.   (   )
❸ 출입하는 에너지 크기는 b가 c보다 크다.   (   )

129 서술형

수소 원자의 주 양자수 $n=4$ 이하에서 에너지를 방출하는 전자 전이가 일어날 때, 모든 전자 전이의 가짓수를 쓰고, 각 전자 전이를 〈보기〉와 같은 형태로 서술하시오.

보기

$$n=a \rightarrow n=b$$

130

표는 수소 원자에서 일어나는 전자 전이 (가)~(다)를 나타낸 것이다.

구분	전자 전이
(가)	$n=5 \rightarrow n=2$
(나)	$n=2 \rightarrow n=4$
(다)	$n=3 \rightarrow n=1$

(가)~(다)에 대한 설명으로 옳은 것만을 〈보기〉에서 있는 대로 고른 것은? (단, 수소 원자의 에너지 준위 $E_n = -\dfrac{k}{n^2}$ 이고, n은 주 양자수, k는 상수이다.)

보기

ㄱ. 에너지를 방출하는 전자 전이는 2가지이다.
ㄴ. 출입하는 에너지의 크기는 (가)>(나)>(다)이다.
ㄷ. (가)와 (나)의 전자 전이가 동시에 일어나면 에너지를 흡수한다.

① ㄱ   ② ㄷ   ③ ㄱ, ㄴ
④ ㄴ, ㄷ   ⑤ ㄱ, ㄴ, ㄷ

131 중요

그림은 어떤 원자를 보어 원자 모형으로 나타낸 것이다.

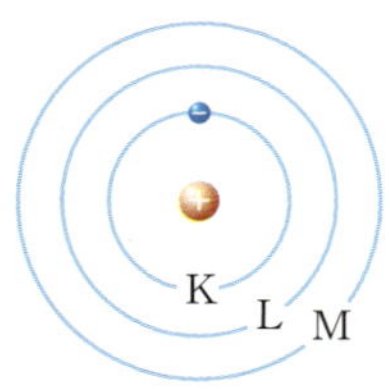

이 모형에 대한 설명으로 옳은 것은?

① 수소 원자에 대해서는 적용할 수 없다.
② 원자핵에 가까운 전자 껍질일수록 에너지 준위가 높다.
③ 전자는 일정한 궤도에서 원운동한다.
④ 러더퍼드의 알파(α) 입자 산란 실험 결과를 설명하기 위해 제안되었다.
⑤ 전자의 위치와 운동량을 정확히 알 수 없고, 전자가 발견될 확률만 알 수 있다.

132

표는 수소 원자의 전자 배치 (가)~(다)와 전자 전이 Ⅰ~Ⅲ에서 방출하는 에너지 E_I~$E_Ⅲ$를 나타낸 것이다.

전자 배치		전자 전이	방출하는 에너지
(가)	K(1)	Ⅰ : (다) → (나)	E_I
(나)	L(1)	Ⅱ : (다) → (가)	$E_Ⅱ$
(다)	M(1)	Ⅲ : (나) → (가)	$E_Ⅲ$

E_I~$E_Ⅲ$의 관계를 나타낸 식으로 옳은 것은? (단, 수소 원자의 에너지 준위 $E_n = -\dfrac{k}{n^2}$이고, n은 주 양자수, k는 상수이다.)

① $E_I = E_Ⅱ + E_Ⅲ$
② $E_I = E_Ⅲ - E_Ⅱ$
③ $E_Ⅱ = E_I + E_Ⅲ$
④ $E_Ⅱ = E_I - E_Ⅲ$
⑤ $E_Ⅲ = E_I = E_Ⅱ$

133 중요

그림은 수소 원자의 전자 전이 (가)~(다)에서 전이 전 주 양자수($n_{전이 전}$)와 전이 후 주 양자수($n_{전이 후}$)를 나타낸 것이다.

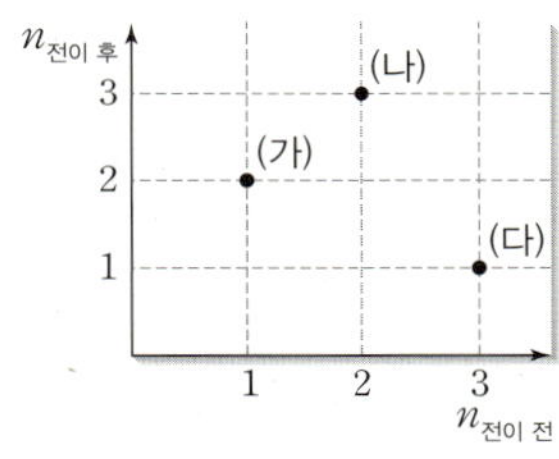

(가)~(다)에 대한 설명으로 옳은 것만을 〈보기〉에서 있는 대로 고른 것은? (단, 수소 원자의 에너지 준위 $E_n = -\dfrac{k}{n^2}$ 이고, n은 주 양자수, k는 상수이다.)

보기

ㄱ. 에너지를 방출하는 전자 전이는 2가지이다.
ㄴ. 출입하는 에너지의 크기가 가장 큰 전자 전이는 (나)이다.
ㄷ. 전자 전이 후 수소 원자가 바닥상태가 되는 전자 전이는 (다)이다.

① ㄱ
② ㄷ
③ ㄱ, ㄴ
④ ㄱ, ㄷ
⑤ ㄱ, ㄴ, ㄷ

개념 ❷ 수소 원자의 스펙트럼 계열

족집게 전략 수소 원자의 선 스펙트럼에서 특정 색의 빛만 나타나는 까닭을 알고, 스펙트럼에 나타나는 색, 파장과 에너지 사이의 관계를 이해하는 것이 중요해.

134

그림은 수소 원자의 선 스펙트럼 중 가시광선 영역을 나타낸 것이다.

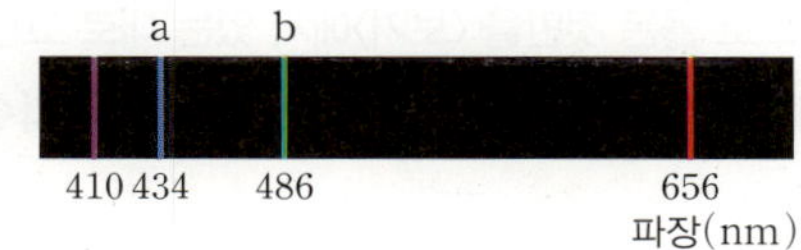

이에 대한 설명으로 옳은 것만을 〈보기〉에서 있는 대로 고른 것은? (단, 수소 원자의 에너지 준위 $E_n = -\dfrac{k}{n^2}$이고, n은 주 양자수, k는 상수이다.)

보기

ㄱ. a는 라이먼 계열, b는 발머 계열이다.
ㄴ. 방출하는 에너지의 비는 a : b = 28 : 25이다.
ㄷ. 전이 전 주양자 수는 a가 b보다 크다.

① ㄱ
② ㄴ
③ ㄷ
④ ㄱ, ㄴ
⑤ ㄴ, ㄷ

추가로 나오는 선택지

❶ a는 $n = 4 \rightarrow n = 2$의 전자 전이에서 방출되는 선이다. (   )
❷ a, b에 해당하는 전자 전이의 전이 후 주 양자수는 같다. (   )
❸ 전이 전후 주 양자수 차의 비는 a : b = 4 : 3이다. (   )

135

수소 원자의 선 스펙트럼 중 라이먼 계열에서 파장이 2번째로 긴 전자 전이에서 방출하는 에너지의 값을 구하시오. (단, 수소 원자의 에너지 준위 $E_n = -\dfrac{k}{n^2}$ kJ/mol이고, n은 주 양자수, k는 상수이다.)

136

표는 수소 원자의 3가지 전자 전이 Ⅰ~Ⅲ에서 출입하는 에너지와 빛의 파장에 대한 자료이다.

전자 전이		출입하는 에너지	파장
Ⅰ	$n=1 \rightarrow n=4$	$E_Ⅰ$	
Ⅱ	$n=4 \rightarrow n=2$		$\lambda_Ⅱ$
Ⅲ	$n=2 \rightarrow n=1$	$E_Ⅲ$	$\lambda_Ⅲ$

이에 대한 설명으로 옳은 것만을 〈보기〉에서 있는 대로 고른 것은? (단, 수소 원자의 에너지 준위 $E_n=-\dfrac{k}{n^2}$ 이고, n은 주 양자수, k는 상수이다.)

ㄱ. $E_Ⅰ:E_Ⅲ=5:4$이다.
ㄴ. $\lambda_Ⅱ:\lambda_Ⅲ=4:1$이다.
ㄷ. Ⅱ에서 방출하는 빛은 가시광선이다.

① ㄱ   ② ㄷ   ③ ㄱ, ㄴ
④ ㄴ, ㄷ   ⑤ ㄱ, ㄴ, ㄷ

137

그림은 수소 원자의 스펙트럼 중 가시광선 영역을 나타낸 것이다.

$\dfrac{\text{(가)의 전이 전 주 양자수}}{\text{(나)의 전이 후 주 양자수}}$ 는?

138

그림은 수소 원자의 들뜬상태 전자 배치 (가)와 (나)를 나타낸 것이다.

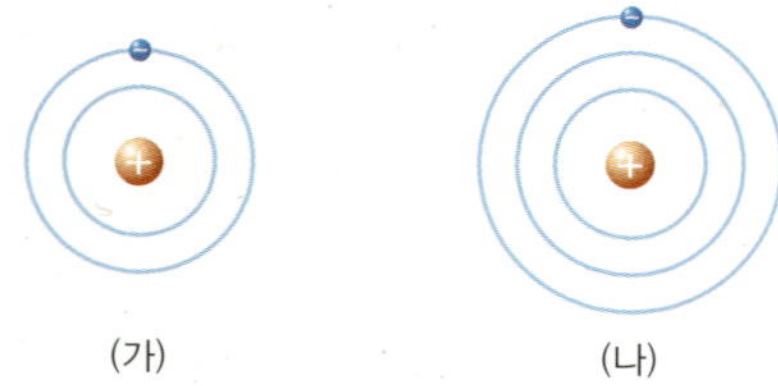

(가)와 (나)가 각각 바닥상태 전자 배치가 될 때, 방출하는 빛의 파장의 비((가) : (나))를 구하시오. (단, 수소 원자의 에너지 준위 $E_n=-\dfrac{k}{n^2}$이고, n은 주 양자수, k는 상수이다.)

139

그림은 수소 원자의 전자가 주 양자수 $n=2 \rightarrow n=\infty$, $n=2 \rightarrow n=1$로 각각 전이하는 것을 나타낸 것이다.

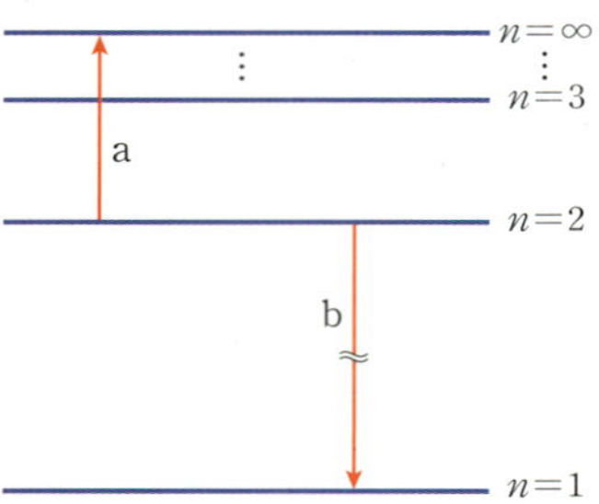

이에 대한 설명으로 옳은 것만을 〈보기〉에서 있는 대로 고른 것은? (단, 수소 원자의 에너지 준위 $E_n=-\dfrac{k}{n^2}$ 이고, n은 주 양자수, k는 상수이다.)

ㄱ. 출입하는 에너지 크기의 비는 a : b=1 : 3이다.
ㄴ. a는 적외선에 해당하는 빛을 흡수하면 일어날 수 있다.
ㄷ. b의 전자 전이에서 방출하는 빛은 가시광선에 해당한다.

① ㄱ   ② ㄴ   ③ ㄷ
④ ㄴ, ㄷ   ⑤ ㄱ, ㄴ, ㄷ

140

그림은 수소 원자의 전자 전이 Ⅰ~Ⅳ를 나타낸 것이다.

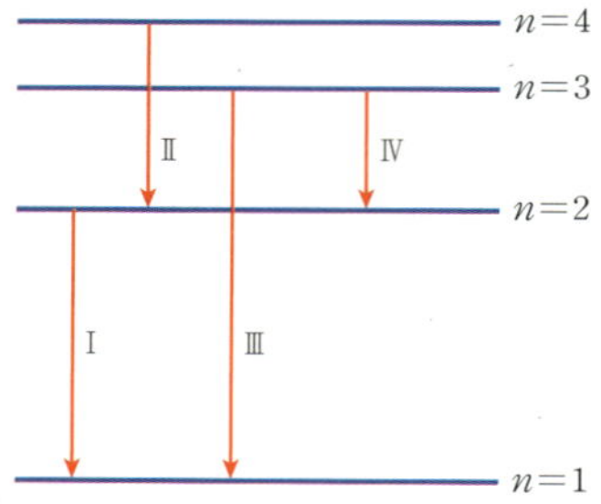

Ⅰ~Ⅳ에서 방출하는 빛의 파장을 옳게 비교한 것은?

① Ⅰ＞Ⅱ＞Ⅲ＞Ⅳ
② Ⅱ＞Ⅲ＞Ⅳ＞Ⅰ
③ Ⅲ＞Ⅰ＞Ⅱ＞Ⅳ
④ Ⅳ＞Ⅱ＞Ⅰ＞Ⅲ
⑤ Ⅳ＞Ⅰ＞Ⅱ＞Ⅲ

141

표는 수소 원자의 전자 전이 Ⅰ과 Ⅱ에 대한 자료이다.

전자 전이	전이 전 주 양자수	전이 후 주 양자수	방출하는 에너지
Ⅰ	a	b	E
Ⅱ	b	1	$4E$

이에 대한 설명으로 옳은 것만을 〈보기〉에서 있는 대로 고른 것은? (단, 수소 원자의 에너지 준위 $E_n=-\dfrac{k}{n^2}$이고, n은 주 양자수, k는 상수이다.)

보기

ㄱ. $\dfrac{a}{b}=2$이다.

ㄴ. Ⅰ에서 방출되는 빛은 가시광선이다.

ㄷ. $n=(a+b) \rightarrow n=b$의 전자 전이에서 방출되는 에너지는 $\dfrac{32}{27}E$이다.

① ㄱ   ② ㄷ   ③ ㄱ, ㄴ
④ ㄴ, ㄷ   ⑤ ㄱ, ㄴ, ㄷ

142

그림은 수소 원자의 전자가 주 양자수(n) 4 이하에서 전이할 때 주양자수의 차($\Delta n=n_{전이 \ 전}-n_{전이 \ 후}$)에 따른 방출 에너지를 나타낸 것이다. 주 양자수의 차(Δn)는 1 또는 2이다.

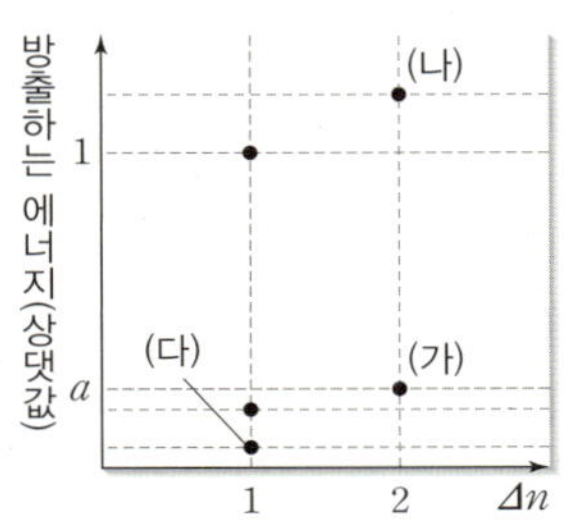

이에 대한 설명으로 옳은 것만을 〈보기〉에서 있는 대로 고른 것은? (단, 수소 원자의 에너지 준위 $E_n=-\dfrac{k}{n^2}$이고, n은 주 양자수, k는 상수이다.)

보기

ㄱ. 가시광선을 방출하는 것은 (가)이다.

ㄴ. 방출하는 빛의 파장의 비는 (나):(다)=7:128이다.

ㄷ. $a=\dfrac{1}{3}$이다.

① ㄱ   ② ㄷ   ③ ㄱ, ㄴ
④ ㄴ, ㄷ   ⑤ ㄱ, ㄴ, ㄷ

143

그림은 수소 원자의 스펙트럼에 대한 자료이다.

• 수소 원자의 선 스펙트럼

• a는 라이먼 계열 중 파장이 두 번째로 긴 빛의 선이며, b는 라이먼 계열 중 파장이 가장 긴 빛의 선이다.

• c는 발머 계열 중 파장이 가장 긴 빛의 선이다.

• a~c에 해당하는 전자 전이에서 방출하는 빛의 파장은 각각 $\lambda_a \sim \lambda_c$이다.

• 수소 원자의 에너지 준위 $E_n=-\dfrac{k}{n^2}$이고, n은 주 양자수, k는 상수이다.

$\lambda_a \sim \lambda_c$의 관계를 옳게 나타낸 것은?

① $\lambda_a=\lambda_b+\lambda_c$ ② $\lambda_a=\dfrac{\lambda_b}{\lambda_c}$ ③ $\lambda_a=\dfrac{1}{\lambda_b}+\dfrac{1}{\lambda_c}$

④ $\lambda_a=\dfrac{\lambda_b \cdot \lambda_c}{\lambda_b+\lambda_c}$ ⑤ $\lambda_a=\dfrac{\lambda_b+\lambda_c}{2}$

144

표는 수소 원자의 전자가 주 양자수(n) 4 이하에서 에너지를 방출하는 전자 전이 Ⅰ~Ⅳ에 대한 자료이다. a~d는 서로 다르고, 방출하는 빛에너지는 $E_Ⅰ>E_Ⅱ>E_Ⅲ>E_Ⅳ$이다.

전자 전이	Ⅰ	Ⅱ	Ⅲ	Ⅳ
$n_{전이 \ 전}$	a	c	b	a
$n_{전이 \ 후}$	d	d	c	b

이에 대한 설명으로 옳은 것만을 〈보기〉에서 있는 대로 고른 것은? (단, 수소 원자의 에너지 준위 $E_n=-\dfrac{k}{n^2}$이고, n은 주 양자수, k는 상수이다.)

보기

ㄱ. $5E_Ⅰ=3E_Ⅱ$이다.

ㄴ. 방출하는 빛의 파장의 비는 Ⅱ : Ⅲ=5 : 27이다.

ㄷ. $E_Ⅰ=E_Ⅱ+E_Ⅲ$이다.

① ㄴ   ② ㄷ   ③ ㄱ, ㄴ
④ ㄱ, ㄷ   ⑤ ㄴ, ㄷ

03 현대의 원자 모형과 전자 배치의 규칙

개념 ❶ 현대의 원자 모형

1. **보어 원자 모형의 한계**: 보어 원자 모형은 전자가 2개 이상인 원자의 선 스펙트럼을 설명할 수 없다.
   ➡ 보어 원자 모형은 전자가 1개뿐인 수소 원자의 선 스펙트럼만을 설명할 수 있다.

2. **현대의 원자 모형**: 전자의 위치와 운동량을 동시에 알 수 없으므로 전자가 발견될 확률 분포를 나타내는 현대의 원자 모형이 제안되었다.

3. **오비탈**: 원자핵 주위에 전자가 발견될 수 있는 공간을 확률 분포로 나타낸 것이다.

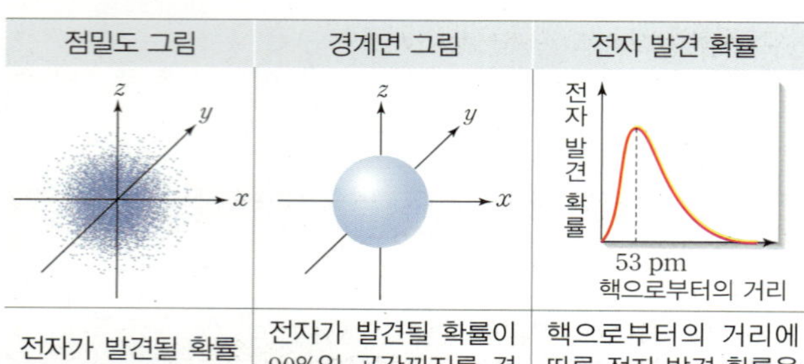

점밀도 그림	경계면 그림	전자 발견 확률
전자가 발견될 확률을 점으로 나타낸다.	전자가 발견될 확률이 90%인 공간까지를 경계면으로 나타낸다.	핵으로부터의 거리에 따른 전자 발견 확률을 그래프로 나타낸다.

개념 ❷ 양자수

1. **주 양자수(n)**: 오비탈의 에너지와 크기를 결정하는 양자수
   ➡ 보어 원자 모형에서 전자 껍질에 해당한다.

전자 껍질	K	L	M	N
주 양자수(n)	1	2	3	4

2. **부 양자수(또는 방위 양자수)(l)**: 오비탈의 모양을 결정하는 양자수이며, 방위 양자수라고도 한다. ➡ 주 양자수가 n일 때 부 양자 수는 0에서 $(n-1)$까지의 정숫값을 갖는다.
   예 주 양자수(n)가 1일 때, 부 양자수(l)는 0이다.
   주 양자수(n)가 2일 때, 부 양자수(l)는 0, 1이다.
   주 양자수(n)가 3일 때, 부 양자수(l)는 0, 1, 2이다.

(1) 부 양자수에 따른 오비탈의 종류

부 양자수(l)	0	1	2	3
오비탈	s	p	d	f

(2) s 오비탈과 p 오비탈

① s 오비탈: 모든 전자 껍질에 존재하며, 원자핵으로부터의 거리가 같으면 전자가 발견될 확률이 같다.

② p 오비탈: K 전자 껍질에 존재하지 않고 L 전자 껍질부터 존재하며, 아령 모양으로 방향성이 있다.

(3) s 오비탈과 p 오비탈의 모양

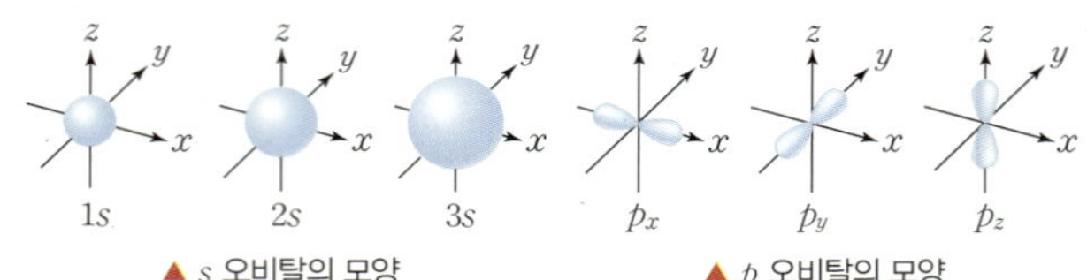

▲ s 오비탈의 모양   ▲ p 오비탈의 모양

3. **자기 양자수(m_l)**: 오비탈의 공간적인 방향을 결정하는 양자수
   ➡ 부 양자수가 l이면 자기 양자수(m_l)는 $-l$부터 $+l$까지의 정숫값을 갖는다.

(1) 양자수에 따른 오비탈의 종류와 수

주 양자수(n)	1	2		3		
부 양자수(l)	0	0	1	0	1	2
자기 양자수(m_l)	0	0	$-1, 0, 1$	0	$-1, 0, 1$	$-2, -1, 0, 1, 2$
오비탈의 종류	$1s$	$2s$	$2p$	$3s$	$3p$	$3d$
오비탈 수	1	1	3	1	3	5
오비탈의 총 수(n^2)	1	4		9		

4. **스핀 자기 양자수(m_s)**: 전자의 자전 방향(스핀)을 나타내는 양자수 ➡ 2가지 스핀 방향이 가능하며, 스핀 자기 양자수(m_s)는 $+\frac{1}{2}$, $-\frac{1}{2}$의 2가지가 가능하다.

개념 ❸ 오비탈의 에너지 준위

1. **수소 원자의 에너지 준위**: 주 양자수(n)가 같으면 에너지 준위는 같다.

$$1s < 2s = 2p < 3s = 3p = 3d < 4s \cdots$$

2. **다전자 원자의 에너지 준위**: 주 양자수(n)와 부 양자수(l)에 의해 에너지 준위가 달라진다. → 오비탈의 주 양자수(n)와 부 양자수(l)의 합($n+l$)이 클수록 오비탈의 에너지 준위가 높다.

$$1s < 2s < 2p < 3s < 3p < 4s < 3d \cdots$$

개념 ❹ 전자 배치의 규칙

1. **쌓음 원리**: 바닥상태 원자는 에너지 준위가 가장 낮은 오비탈부터 차례로 전자가 배치된다.

$$1s \rightarrow 2s \rightarrow 2p \rightarrow 3s \rightarrow 3p \rightarrow 4s \rightarrow 3d \cdots$$

2. **파울리 배타 원리**: 1개의 오비탈에 들어갈 수 있는 전자 수는 최대 2개이며, 이때 두 전자의 스핀 방향은 반대이어야 한다.

 (○)  (○)  (×)  (×)  (×)

➡ 4가지 양자수(주 양자수(n), 부 양자수(l), 자기 양자수(m_l), 스핀 자기 양자수(m_s))가 모두 같은 전자는 존재할 수 없다.

3. **훈트 규칙**: 에너지 준위가 같은 오비탈에 전자가 배치될 때, 홀전자 수가 많을수록 더 안정하다.
   └→ 하나의 오비탈에서 쌍을 이루지 않고 홀로 존재하는 전자

4. **바닥상태 전자 배치와 들뜬상태 전자 배치**
   (1) **바닥상태**: 쌓음 원리, 파울리 배타 원리, 훈트 규칙을 모두 만족하는 전자 배치이다.
   (2) **들뜬상태**: 파울리 배타 원리를 따르지만 쌓음 원리나 훈트 규칙을 따르지 않는 전자 배치이다.

예 질소 원자($_7$N)의 전자 배치

• 바닥상태 전자 배치

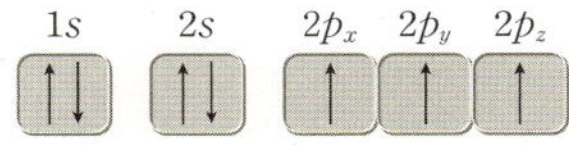

➡ 쌓음 원리, 파울리 배타 원리, 훈트 규칙을 모두 만족한다.

• 들뜬상태 전자 배치

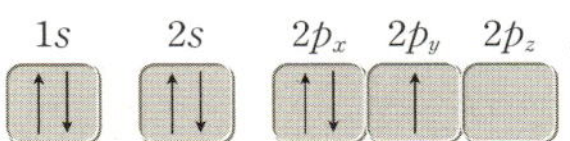

➡ 훈트 규칙을 만족하지 않는다.

• 들뜬상태 전자 배치

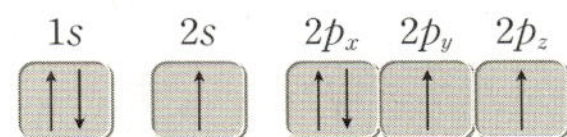

➡ 쌓음 원리를 만족하지 않는다.

◎ **자료 분석**　산소(O) 원자의 여러 가지 전자 배치

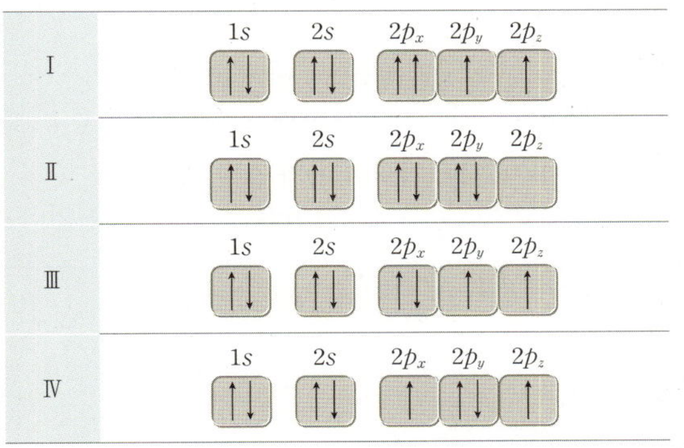

• Ⅰ: 파울리 배타 원리에 위배되므로 불가능한 전자 배치이다.
• Ⅱ: 훈트 규칙에 위배되므로 들뜬상태 전자 배치이다.
• Ⅲ: 파울리 배타원리, 쌓음 원리, 훈트 규칙을 모두 만족하므로 바닥상태 전자 배치이다.
• Ⅳ: $2p_x$, $2p_y$, $2p_z$ 오비탈은 에너지 준위가 같으므로 Ⅲ과 같은 바닥상태 전자 배치이다.

정답 및 해설 | 18쪽

145

오비탈에 대한 설명으로 옳은 것은 ○, 옳지 않은 것은 ×로 표시하시오.

(1) 오비탈은 원자핵 주위에 전자가 원운동하는 궤도를 나타낸 것이다. 　　　　　　　　　　　　　　（　　　）
(2) s 오비탈은 방향성이 없지만 p 오비탈은 방향성이 있다. 　　　　　　　　　　　　　　　　（　　　）
(3) 수소 원자에서 오비탈의 에너지 준위는 $2p$ 오비탈이 $2s$ 오비탈보다 높다. 　　　　　　　　（　　　）
(4) 주 양자수(n)가 1일 때, 부 양자수(l)는 0과 1이 가능하다. 　　　　　　　　　　　　　　　（　　　）

146

$2p$ 오비탈과 $3s$ 오비탈의 주 양자수와 부 양자수의 합($n+l$)의 비는 □□□□□이다.

147

그림은 p_x 오비탈을 경계면 그림으로 나타낸 것이다. 경계면 내부에서 전자가 발견될 확률을 쓰시오.

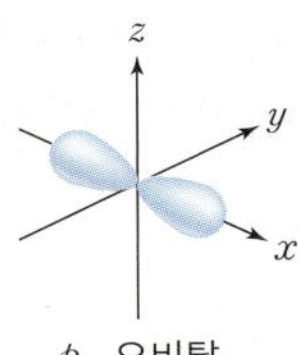

p_x 오비탈

148

탄소(C) 원자의 바닥상태 전자 배치에서 전자가 들어 있는 오비탈의 수는 □□□□□이다.

149

질소(N) 원자의 바닥상태 전자 배치에서 홀전자 수는 □□□□□이다.

150

그림은 다전자 원자에서 오비탈의 에너지 준위를 나타낸 것이다.

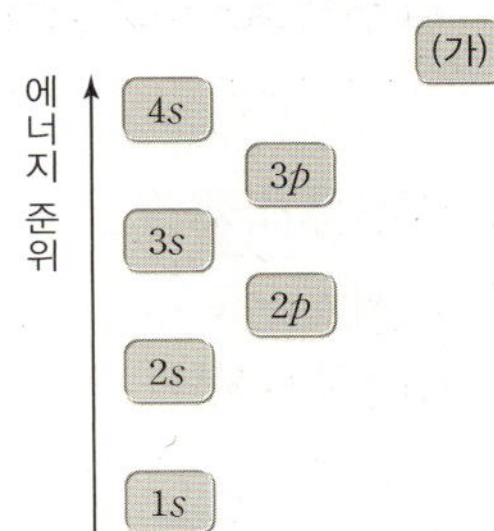

(가) 오비탈의 주 양자수(n)와 부 양자수(l)의 차를 쓰시오.

개념 ❶ 현대의 원자 모형

(족집게 전략) 오비탈 이론이 나오게 된 까닭과 오비탈의 정의를 정확히 알아야 해. 오비탈을 나타내는 2가지 방법은 자주 출제되니 꼭 알아두도록 해.

151

그림은 수소 원자의 $1s$ 오비탈을 점밀도 그림 (가)와 경계면 그림 (나)로 각각 나타낸 것이다.

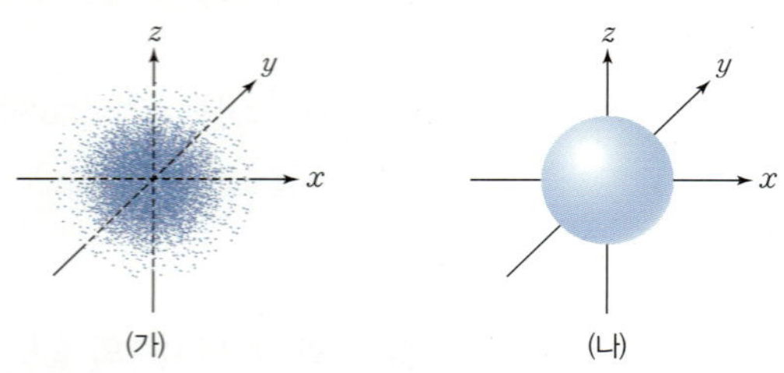

$1s$ 오비탈에 대한 설명으로 옳은 것만을 〈보기〉에서 있는 대로 고른 것은?

보기

ㄱ. $1s$ 오비탈에서 원자핵으로부터의 거리만 같으면 방향에 상관없이 전자가 발견될 확률은 같다.
ㄴ. (가)에서 무수히 많은 전자들이 구름처럼 퍼져 있다.
ㄷ. (나)의 경계면 바깥에는 전자가 존재하지 않는다.

① ㄱ　　　　② ㄷ　　　　③ ㄱ, ㄴ
④ ㄴ, ㄷ　　　⑤ ㄱ, ㄴ, ㄷ

추가로 나오는 선택지

❶ $1s$ 오비탈에서 원자핵과의 거리가 멀어지면 전자의 발견 확률은 감소한다. 　　　　　　　　　　　　　　　　　(　　)
❷ $1s$ 오비탈에 전자가 존재하는 수소 원자는 바닥상태이다. 　　　　　　　　　　　　　　　　　(　　)
❸ 주 양자수(n)가 1인 전자 껍질에는 $1s$ 오비탈만 존재한다. 　　　　　　　　　　　　　　　　　(　　)

152

오비탈 이론에 대한 설명으로 옳은 것은?

① 전자는 일정한 궤도에서 원운동한다.
② 수소 원자에 대해서만 적용 가능하다.
③ s 오비탈은 방향성이 없다.
④ 전자의 위치와 운동량을 정확히 알 수 있다.
⑤ 수소 원자의 선 스펙트럼을 설명하기 위해 제시된 개념이다.

153 (서술형)

오비탈의 경계면 그림은 전자가 존재할 수 있는 모든 공간을 나타낸 것이 아니라고 한다. 그 까닭을 서술하시오.

개념 ❷ 양자수

(족집게 전략) 양자수의 종류에 따라 달라지는 오비탈의 모양을 기억하고, 양자수의 가능한 조합은 정해져 있다는 것을 이해하고 있어야 해.

154 (단골 문제)

그림은 4가지 오비탈 (가)~(라)를 나타낸 것이다.

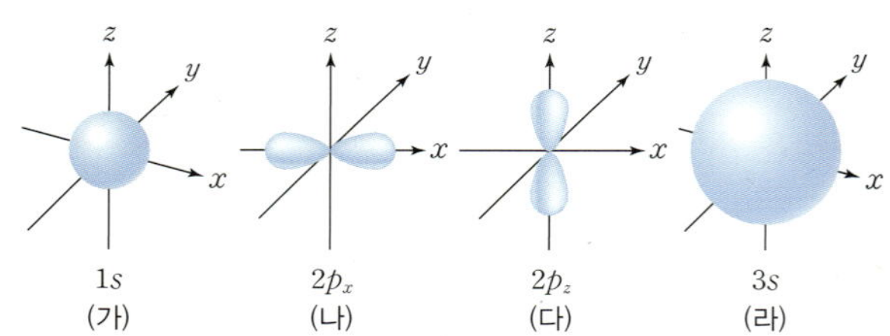

(가)~(라)에 대한 설명으로 옳은 것만을 〈보기〉에서 있는 대로 고른 것은?

보기

ㄱ. 주 양자수(n)가 가장 큰 것은 (나)이다.
ㄴ. 부 양자수(l)는 (가)와 (라)가 같다.
ㄷ. 자기 양자수(m_l)는 (나)와 (다)가 같다.

① ㄴ　　　　② ㄷ　　　　③ ㄱ, ㄴ
④ ㄱ, ㄷ　　　⑤ ㄱ, ㄴ, ㄷ

추가로 나오는 선택지

❶ 주 양자수(n)가 (라)의 주 양자수(n)와 같을 때, 부 양자수(l)는 2가지이다. 　　　　　　　　　　　　　　　(　　)
❷ (가)의 주 양자수(n)와 (나)의 부 양자수(l)를 동시에 갖는 전자가 존재할 수 있다. 　　　　　　　　　　　　　(　　)
❸ 주 양자수(n)와 부 양자수(l)의 합은 (라)가 (다)보다 크다. 　　　　　　　　　　　　　　　　　(　　)

155

다음은 칼륨(K) 원자의 전자 배치이다.

$$_{19}\text{K}: 1s^2\,2s^2\,\underset{\text{㉠}}{2p^6}\,3s^2\,3p^6\,\underset{\text{㉡}}{4s^1}$$

㉠의 주 양자수(n)를 a, ㉡의 부 양자수(l)를 b라고 할 때, $a-b$는?

156

양자수에 대한 설명으로 옳은 것은?

① 주 양자수(n)는 0일 수 있다.
② 부 양자수(l)는 음의 정숫값이 가능하다.
③ 자기 양자수(m_l)는 0일 수 있다.
④ 스핀 자기 양자수(m_s)는 1일 수 있다.
⑤ 주 양자수가 n일 때, 부 양자수(l)는 $(2n+1)$가지 존재한다.

157 중요

그림은 탄소(C) 원자의 전자 배치를 나타낸 것이다.

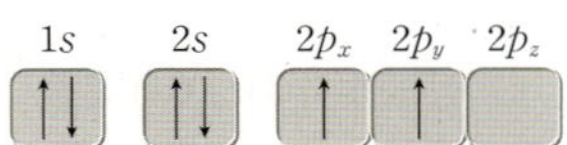

이에 대한 설명으로 옳은 것만을 〈보기〉에서 있는 대로 고른 것은?

보기

ㄱ. $1s$ 오비탈에 들어 있는 전자 2개의 주 양자수(n)의 합은 2이다.
ㄴ. $2s$ 오비탈에 들어 있는 전자 2개의 스핀 자기 양자수(m_s)의 합은 0이다.
ㄷ. $2p_x$ 오비탈과 $2p_y$ 오비탈에 각각 들어 있는 전자의 부 양자수(l)는 같다.

① ㄴ 　 　 ② ㄷ 　 　 ③ ㄱ, ㄴ
④ ㄱ, ㄷ 　 ⑤ ㄱ, ㄴ, ㄷ

158

주 양자수(n)가 3이며, 부 양자수(l)가 1인 오비탈에 최대로 들어 있는 전자의 총 수를 쓰시오.

159

다음 중 양자수의 가능한 조합으로 적절한 것은?

① $n=1,\ l=1,\ m_l=+1,\ m_s=+\dfrac{1}{2}$

② $n=2,\ l=0,\ m_l=-1,\ m_s=+\dfrac{1}{2}$

③ $n=2,\ l=1,\ m_l=+2,\ m_s=-\dfrac{1}{2}$

④ $n=3,\ l=1,\ m_l=-1,\ m_s=0$

⑤ $n=3,\ l=2,\ m_l=-1,\ m_s=-\dfrac{1}{2}$

개념 ❸ 오비탈의 에너지 준위

족집게 전략 수소 원자와 다전자 원자에서 오비탈의 에너지 준위가 다르다는 것을 잊지 마. 수소 원자와 다전자 원자에서의 오비탈의 에너지 준위를 결정하는 방법은 꼭 기억해야 해.

160 단골 문제

그림은 헬륨(He) 원자의 오비탈 (가)~(라)를 나타낸 것이다.

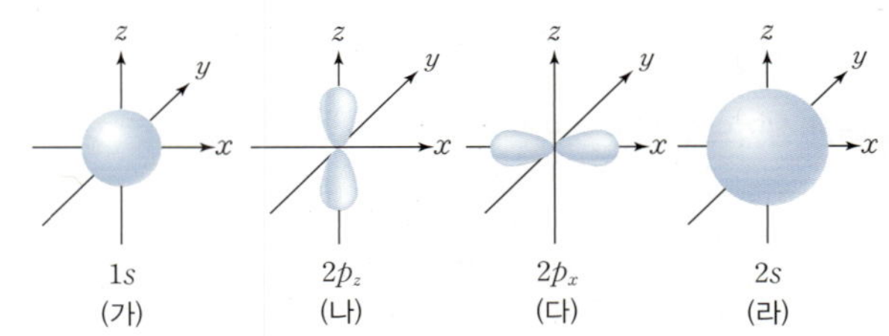

이에 대한 설명으로 옳은 것만을 〈보기〉에서 있는 대로 고른 것은?

보기

ㄱ. 에너지 준위는 (나)가 (가)보다 높다.
ㄴ. 에너지 준위는 (다)가 (나)보다 높다.
ㄷ. 에너지 준위는 (라)가 (다)보다 높다.

① ㄱ 　 　 ② ㄴ 　 　 ③ ㄷ
④ ㄱ, ㄴ 　 ⑤ ㄴ, ㄷ

추가로 나오는 선택지

❶ (나)에 있는 전자가 (다)로 전이할 때 에너지를 흡수한다.
(　　　)

❷ (다)에 있는 전자가 (라)로 전이할 때 에너지를 방출한다.
(　　　)

❸ (가)~(라)가 수소 원자의 오비탈이라면 서로 다른 에너지 준위는 2가지이다.
(　　　)

161

표는 수소(H) 원자의 오비탈을 나타낸 것이다.

구분	(가)	(나)	(다)	(라)
오비탈	$2s$	$2p_x$	$2p_y$	$3s$

(가)~(라)의 에너지 준위를 비교한 것으로 옳은 것은?

① (가)<(나)=(다)<(라)
② (가)=(나)=(다)<(라)
③ (가)<(나)<(다)<(라)
④ (가)=(라)<(나)=(다)
⑤ (가)=(라)<(나)<(다)

162

표는 다전자 원자의 오비탈 (가)~(라)를 주 양자수(n)와 부 양자수(l)로 나타낸 것이다.

오비탈	주 양자수(n)	부 양자수(l)
(가)	3	1
(나)	3	2
(다)	4	0
(라)	4	1

이에 대한 설명으로 옳은 것만을 〈보기〉에서 있는 대로 고른 것은?

보기

ㄱ. (가)는 3개의 자기 양자수(m_l)를 가질 수 있다.
ㄴ. (다)에는 전자가 최대 2개까지 들어갈 수 있다.
ㄷ. 에너지 준위는 (나)가 (다)보다 높다.

① ㄱ ② ㄷ ③ ㄱ, ㄴ
④ ㄴ, ㄷ ⑤ ㄱ, ㄴ, ㄷ

163 서술형

그림은 수소(H) 원자의 2가지 전자 배치를 나타낸 것이다.

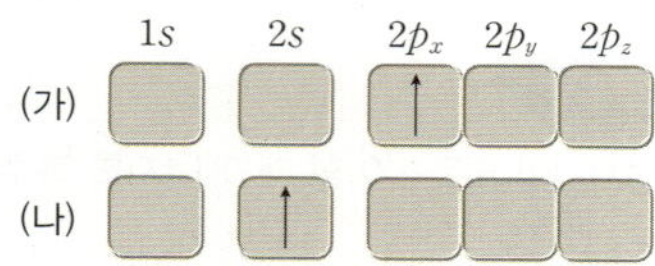

수소(H) 원자의 전자 배치가 (가)에서 (나)가 될 때, 에너지를 방출하지 않는 까닭을 양자수와 에너지 준위의 관계를 중심으로 서술하시오.

족집게 전략 쌓음 원리, 파울리 배타 원리, 훈트 규칙이 무엇인지 정확히 이해하고, 각각의 전자 배치의 규칙에 위배되는 전자 배치를 구별해 낼 수 있어야 해.

164 단골 문제

그림은 질소(N) 원자의 3가지 전자 배치를 나타낸 것이다.

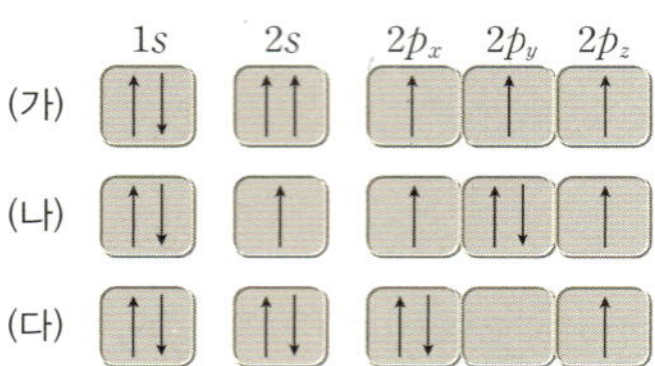

이에 대한 설명으로 옳은 것만을 〈보기〉에서 있는 대로 고른 것은?

보기

ㄱ. (가)는 불가능한 전자 배치이다.
ㄴ. (나)는 쌓음 원리에 위배된다.
ㄷ. (다)는 훈트 규칙에 위배된다.

① ㄱ ② ㄷ ③ ㄱ, ㄴ
④ ㄴ, ㄷ ⑤ ㄱ, ㄴ, ㄷ

추가로 나오는 선택지

❶ (가)는 바닥상태 전자 배치이다.　　　　　　　(　　)
❷ 질소(N) 원자의 바닥상태 전자 배치에서 홀전자 수는 3이다.　　　　　　　(　　)
❸ (가)~(다) 중 들뜬상태는 2가지이다.　　　　　　　(　　)

165

다음은 원자 X의 바닥상태 전자 배치에 대한 자료이다.

- s 오비탈에 4개의 전자가 들어 있다.
- p 오비탈에 2개의 전자가 들어 있다.

바닥상태의 원자 X에 대한 설명으로 옳은 것만을 〈보기〉에서 있는 대로 고른 것은? (단, X는 임의의 원소 기호이다.)

보기

ㄱ. 원자 번호는 5이다.
ㄴ. 홀전자 수는 3이다.
ㄷ. 전자가 들어 있는 오비탈의 총 수는 4이다.

① ㄴ ② ㄷ ③ ㄱ, ㄴ
④ ㄱ, ㄷ ⑤ ㄱ, ㄴ, ㄷ

166

다음은 규소(Si) 원자의 바닥상태 전자 배치에 대한 자료이다.

- 전자가 들어 있는 오비탈의 총 수는 a이다.
- 홀전자 수는 b이다.
- 전자가 들어 있는 오비탈의 최대 주 양자수는 c이다.

$a+b+c$는?

167

표는 바닥상태의 원자 X~Z에 대한 자료이다. X~Z는 모두 전자가 들어 있는 p 오비탈 수가 1 이하이다.

원자	X	Y	Z
s 오비탈에 들어 있는 전자 수	3	4	1
홀전자 수	a	1	1

이에 대한 설명으로 옳은 것만을 〈보기〉에서 있는 대로 고른 것은? (단, X~Z는 임의의 원소 기호이다.)

보기

ㄱ. $a=1$이다.
ㄴ. Y의 원자 번호는 6이다.
ㄷ. Z는 p 오비탈에 들어 있는 전자가 없다.

① ㄱ　　② ㄴ　　③ ㄱ, ㄷ　　④ ㄴ, ㄷ　　⑤ ㄱ, ㄴ, ㄷ

168

그림은 원자 A~C의 바닥상태 전자 배치 중 일부를 나타낸 것이다.

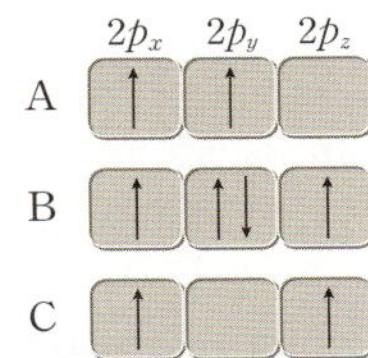

이에 대한 설명으로 옳은 것만을 〈보기〉에서 있는 대로 고른 것은? (단, A~C는 임의의 원소 기호이다.)

보기

ㄱ. A와 C는 같은 원소이다.
ㄴ. B는 전자가 들어 있는 s 오비탈 수가 2이다.
ㄷ. C는 훈트 규칙을 만족한다.

① ㄱ　　② ㄴ　　③ ㄱ, ㄷ　　④ ㄴ, ㄷ　　⑤ ㄱ, ㄴ, ㄷ

169 중요

다음은 바닥상태의 원자 X와 Y에 대한 자료이다.

- X와 Y의 원자 번호는 각각 3~10 중 하나이다.
- s 오비탈의 총 전자 수와 p 오비탈의 총 전자 수의 비율

원자	X	Y
오비탈에 들어 있는 총 전자 수비 (s 오비탈 : p 오비탈)	s 오비탈 / p 오비탈	s 오비탈 / p 오비탈

바닥상태의 원자 X와 Y에 대한 설명으로 옳은 것만을 〈보기〉에서 있는 대로 고른 것은? (단, X와 Y는 임의의 원소 기호이다.)

보기

ㄱ. 원자 번호는 X가 Y보다 크다.
ㄴ. 홀전자 수는 Y가 X보다 크다.
ㄷ. 전자가 들어 있는 오비탈 수는 X와 Y가 같다.

① ㄱ　　② ㄴ　　③ ㄷ　　④ ㄱ, ㄴ　　⑤ ㄴ, ㄷ

170

다음은 A^{2+}과 B^-의 바닥상태 전자 배치이다.

$$1s^2 2s^2 2p^6$$

바닥상태의 원자 A와 B에 대한 설명으로 옳은 것만을 〈보기〉에서 있는 대로 고른 것은? (단, A와 B는 임의의 원소 기호이다.)

보기

ㄱ. A와 B의 홀전자 수의 합은 3이다.
ㄴ. 원자 번호는 A가 B보다 크다.
ㄷ. 전자가 들어 있는 오비탈의 최대 주 양자수는 A가 B의 1.5배이다.

① ㄱ　　② ㄴ　　③ ㄱ, ㄷ　　④ ㄴ, ㄷ　　⑤ ㄱ, ㄴ, ㄷ

171 서술형

1개의 오비탈에는 전자가 최대 2개까지 들어갈 수 있다. 1개의 오비탈에 전자가 3개 들어가면 파울리 배타 원리에 위배되는데, 이 까닭을 스핀 자기 양자수(m_s)와 관련지어 서술하시오.

172

표는 서로 다른 원소 A와 B의 바닥상태 원자 또는 이온의 전자 배치에 대한 자료이다.

원자 또는 이온	A	A⁻	B	B⁺
p 오비탈에 들어 있는 홀전자 수 / p 오비탈에 들어 있는 총 전자 수	1	$\dfrac{1}{2}$	$\dfrac{1}{2}$	1

바닥상태의 A와 B에 대한 설명으로 옳은 것만을 〈보기〉에서 있는 대로 고른 것은? (단, A와 B는 임의의 원소 기호이다.)

보기
> ㄱ. 원자 번호는 A가 B보다 크다.
> ㄴ. s 오비탈에 들어 있는 전자 수는 A와 B가 같다.
> ㄷ. 홀전자 수는 A가 B보다 크다.

① ㄱ ② ㄷ ③ ㄱ, ㄴ
④ ㄴ, ㄷ ⑤ ㄱ, ㄴ, ㄷ

173

다음은 2주기 원소 X~Z에 대한 자료이다. X~Z는 18족 원소가 아니다.

> • p 오비탈에 들어 있는 전자 수는 X가 Y의 2배이다.
> • X~Z의 홀전자 수의 합은 5이다.
> • Z는 금속 원소이다.

바닥상태의 X~Z에 대한 설명으로 옳은 것만을 〈보기〉에서 있는 대로 고른 것은? (단, X~Z는 임의의 원소 기호이다.)

보기
> ㄱ. 원자 번호는 X가 Y보다 크다.
> ㄴ. 홀전자 수는 Y와 Z가 같다.
> ㄷ. 전자가 들어 있는 오비탈의 총 수는 X가 Z의 2배이다.

① ㄱ ② ㄷ ③ ㄱ, ㄴ
④ ㄴ, ㄷ ⑤ ㄱ, ㄴ, ㄷ

174

다음은 바닥상태 전자 배치가 되기 위한 규칙 (가)와 (나)에 대한 설명이다.

> (가) 전자는 에너지 준위가 낮은 오비탈부터 배치된다.
> (나) 에너지 준위가 같은 오비탈이 2개 이상 있을 때 홀전자 수가 최대가 되도록 배치된다.

탄소(C) 원자의 전자 배치에서 (가)와 (나) 중 1가지를 만족하고, 1가지를 위배한 전자 배치로 적절한 것은?

$1s \quad 2s \quad 2p_x \ 2p_y \ 2p_z$

① 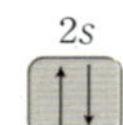
② 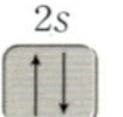
③ 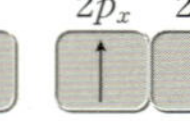
④ 
⑤ 

175

다음은 원자 (가)~(다)의 전자 배치를 나타낸 것이다.

> (가) $1s^2 2s^2 \underset{\bigcirc}{2p^6} 3s^2 3p^3$
> (나) $1s^2 2s^2 2p^6 3s^2 3p^6 \underset{\bigcirc\!\!\bigcirc}{4s^1}$
> (다) $1s^2 2s^2 2p^6 \underset{\bigcirc\!\!\bigcirc\!\!\bigcirc}{3s^2} 3p^6 4s^1$

이에 대한 설명으로 옳은 것만을 〈보기〉에서 있는 대로 고른 것은?

보기
> ㄱ. ㉠에는 자기 양자수(m_l)가 0인 전자가 있다.
> ㄴ. ㉢에는 스핀 자기 양자수(m_s)가 0인 전자가 있다.
> ㄷ. 오비탈에 들어 있는 전자 1개의 주 양자수(n)와 부 양자수(l)의 합은 ㉠과 ㉡이 같다.

① ㄱ ② ㄷ ③ ㄱ, ㄴ
④ ㄴ, ㄷ ⑤ ㄱ, ㄴ, ㄷ

176

표는 바닥상태의 원자 (가)~(다)에 대한 자료이다.

원자	s 오비탈에 들어 있는 총 전자 수	p 오비탈에 들어 있는 총 전자 수	홀전자 수
(가)	a	8	b
(나)	4	c	3
(다)	5	d	e

이에 대한 설명으로 옳은 것만을 〈보기〉에서 있는 대로 고른 것은?

보기
ㄱ. $a+b+c+d+e=18$이다.
ㄴ. 전자가 들어 있는 오비탈의 총 수비는 (가) : (다)$=3 : 4$이다.
ㄷ. 전자가 들어 있는 오비탈의 최대 주 양자수는 (가)와 (나)가 같다.

① ㄱ   ② ㄴ   ③ ㄷ
④ ㄱ, ㄴ   ⑤ ㄴ, ㄷ

177

표는 다전자 원자의 전자 껍질 K~M에 존재하는 오비탈에 대한 자료이다.

전자 껍질	K	L		M		
주 양자수(n)	1	2		3		
오비탈의 종류	$1s$	$2s$	$2p$	$3s$	$3p$	$3d$
오비탈 수	1	1	3	1	3	5
오비탈의 최대 수용 전자 수	2	2	6	2	6	10

이에 대한 설명으로 옳은 것만을 〈보기〉에서 있는 대로 고른 것은?

보기
ㄱ. 주 양자수가 n인 전자 껍질에 최대로 수용되는 전자 수는 $2n^2$이다.
ㄴ. 주 양자수가 n인 전자 껍질에 최대 n^2개의 오비탈이 있다.
ㄷ. 부 양자수가 l인 오비탈은 최대 $(2l+1)$개이다.

① ㄱ   ② ㄷ   ③ ㄱ, ㄴ
④ ㄱ, ㄴ   ⑤ ㄱ, ㄴ, ㄷ

178

그림은 2, 3주기 바닥상태의 원자 W~Z의 총 전자 수와 p 오비탈에 들어 있는 전자 수의 비율 (가)~(다)를 나타낸 것이다. W~Z는 각각 (가)~(다) 중 1가지에 해당한다.

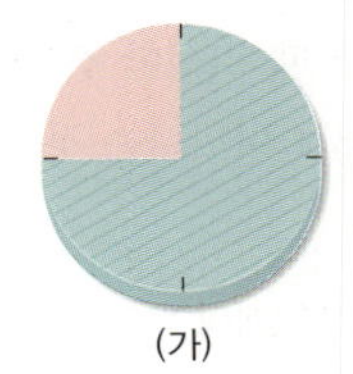 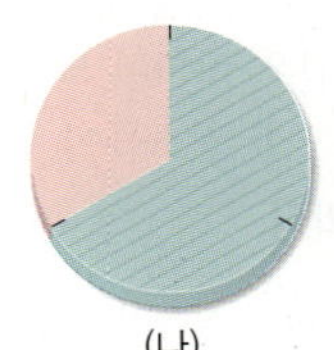 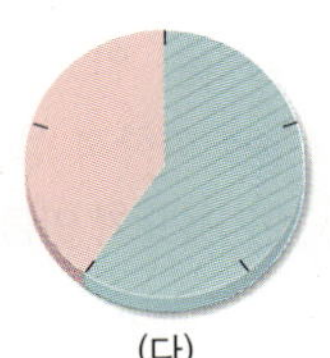

(가)   (나)   (다)

W~Z에 대한 설명으로 옳은 것만을 〈보기〉에서 있는 대로 고른 것은? (단, W~Z는 임의의 원소 기호이다.)

보기
ㄱ. 원자 번호가 가장 큰 것은 (가)에 해당한다.
ㄴ. 2가지 원소가 해당하는 것은 (나)이다.
ㄷ. 홀전자 수가 가장 큰 것은 (다)에 해당한다.

① ㄱ   ② ㄴ   ③ ㄷ
④ ㄱ, ㄴ   ⑤ ㄴ, ㄷ

179

그림은 학생 A가 나타낸 산소(O) 원자의 전자 배치 (가)~(라)를 전자 배치의 규칙에 따라 분류한 것을 나타낸 것이다.

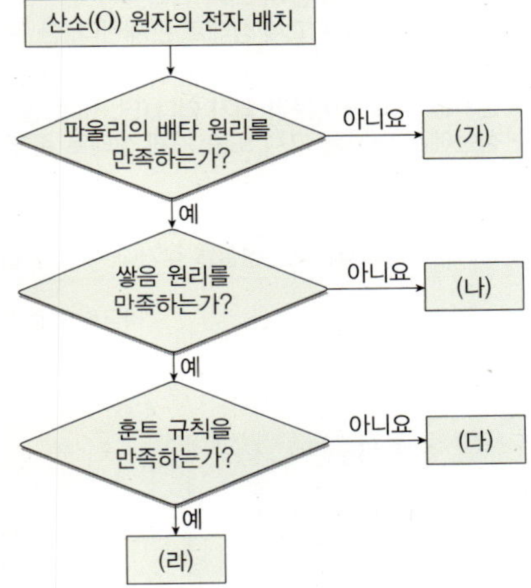

이에 대한 설명으로 옳은 것만을 〈보기〉에서 있는 대로 고른 것은?

보기
ㄱ. (가)는 들뜬상태이다.
ㄴ. (나)에서 (라)가 될 때 에너지를 방출한다.
ㄷ. (다)는 바닥상태이다.

① ㄴ   ② ㄷ   ③ ㄱ, ㄴ
④ ㄱ, ㄷ   ⑤ ㄱ, ㄴ, ㄷ

01 주기율표

개념 ① 주기율표
└→ 주기율에 따라 원소를 배열한 표

1. **주기율**: 원소를 원자 번호 순서로 배열하였을 때 일정한 간격을 두고 화학적 성질이 비슷한 원소들이 주기적으로 나타나는 것

2. **주기율표가 만들어진 과정**

되베라이너의 세 쌍 원소설(1828년)	화학적 성질이 비슷한 원소를 3개씩 묶어 세 쌍 원소로 분류하였다.
뉴랜즈의 옥타브설 (1864년)	원소를 원자량 순서대로 배열하였을 때 8번째 원소마다 화학적 성질이 비슷한 원소가 나타난다.
멘델레예프의 주기율표(1869년)	원소를 원자량 순서대로 배열하여 최초의 주기율표를 작성하였다.
모즐리의 주기율표(1913년)	원소를 원자 번호 순서대로 배열하여 현대 주기율표의 기초를 완성하였다.

3. **주기와 족**

(1) **주기**: 주기율표의 가로줄(1주기~7주기)이며, 같은 주기 원소들은 전자 껍질 수가 같다.

(2) **족**: 주기율표의 세로줄(1족~18족)이며, 같은 족 원소들은 화학적 성질이 비슷하다.

개념 ② 원소의 분류

1. **종류에 따른 분류**

금속 원소	• 주기율표에서 왼쪽과 가운데에 위치한다.(단, 수소(H) 제외) • 전자를 잃고 양이온이 되기 쉽다. • 상온에서 대부분 고체 상태로 존재한다.(단, 수은(Hg) 제외)
비금속 원소	• 주기율표에서 오른쪽에 위치한다.(단, 수소(H) 제외) • 전자를 얻고 음이온이 되기 쉽다.(단, 18족 원소 제외) • 상온에서 대부분 고체 또는 기체 상태로 존재한다.(단, 브로민(Br) 제외)
준금속 원소	• 주기율표에서 금속과 비금속 원소의 경계에 위치한다. • 금속과 비금속의 중간 성질을 갖거나, 두 성질을 모두 갖는다.

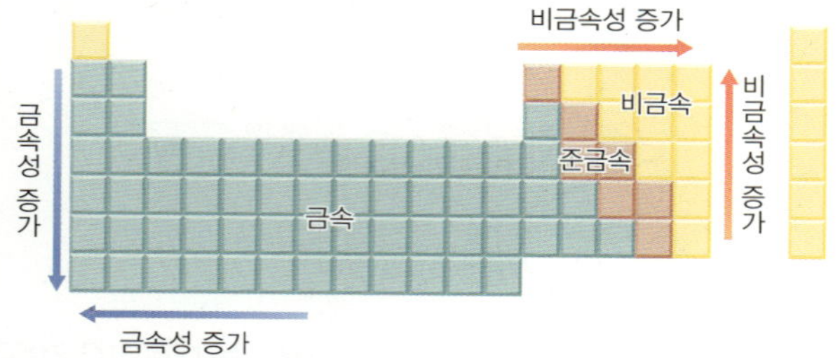

2. **족에 따른 분류**

알칼리 금속 예 Li, Na, K 등	• 수소(H)를 제외한 1족 금속 원소로, +1가 양이온이 되기 쉽다. • 물, 산소, 17족 원소와 격렬하게 반응한다.
할로젠 원소 예 F, Cl, Br, I 등	• 17족 비금속 원소로, −1가 음이온이 되기 쉽다. • 알칼리 금속과의 반응성이 매우 크다.
비활성 기체 예 He, Ne, Ar 등	• 18족 비금속 원소로, 매우 안정하여 다른 원소들과 거의 반응하지 않는다.

개념 ③ 원소의 전자 배치와 주기율

1. **최외각 전자**: 가장 바깥 전자 껍질에 들어 있는 전자로, 1, 2, 13~18족 원소의 경우 최외각 전자 수가 족의 일의 자릿수와 같다.(단, He은 제외)

2. **원자가 전자**: 원소의 화학적 성질을 결정하며, 18족을 제외하고 최외각 전자 수와 같다. ➡ 18족 원소는 다른 원소와 반응을 거의 하지 않으므로 원자가 전자 수가 0이다.

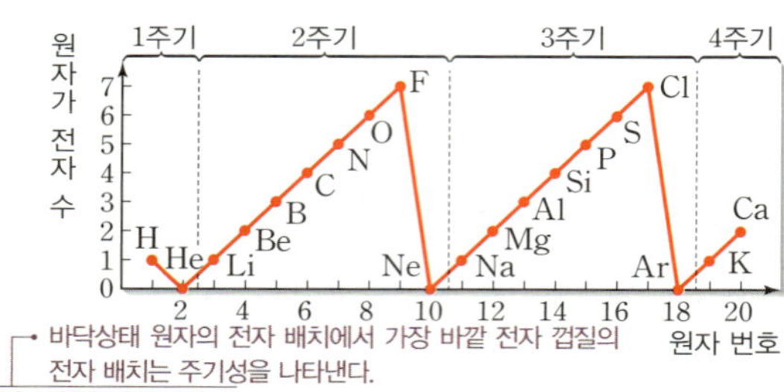

└→ 바닥상태 원자의 전자 배치에서 가장 바깥 전자 껍질의 전자 배치는 주기성을 나타낸다.

3. **전자 배치의 주기성**

(1)	전자가 들어 있는 가장 바깥 전자 껍질의 주 양자수(n)는 주기와 같다.
(2)	전자가 들어 있는 가장 바깥 전자 껍질의 s 오비탈과 p 오비탈에 들어 있는 전자 수는 족과 관련이 있다.
(3)	같은 족 원소들은 가장 바깥 전자 껍질의 주 양자수(n)만 다르고, 가장 바깥 전자 껍질의 s 오비탈과 p 오비탈의 전자 배치가 모두 같다. 따라서 원자가 전자 수가 같아서 화학적 성질이 비슷하다. (단, H는 제외)

자료 분석 알칼리 금속과 할로젠 원소의 특성

❶ **알칼리 금속의 특성**

알칼리 금속	원자 번호	녹는점(℃)	끓는점(℃)	밀도(g/cm³)
Li	3	180.5	1342	0.53
Na	11	97.8	883	0.97
K	19	63.3	760	0.86
Rb	37	38.9	686	1.53

• 알칼리 금속은 원자 번호가 증가할수록 녹는점, 끓는점이 낮아지며, 반응성이 커진다.

❷ **할로젠 원소의 특성**

할로젠 원소	원자 번호	녹는점(℃)	끓는점(℃)	수소(H_2)와의 반응성
F_2	9	−217	−188	폭발적으로 반응
Cl_2	17	−100.9	−34.7	격렬히 반응
Br_2	35	−7.2	58.8	서서히 반응
I_2	53	113.7	184.5	느리게 반응

• 할로젠 원소 중 F_2, Cl_2는 상온에서 기체로 존재하며, Br_2은 액체, I_2은 고체로 존재한다.

• 할로젠 원소는 원자 번호가 증가할수록 반응성이 작다.

STEP 1 바로바로 개념 확인

180

주기율표에 대한 설명으로 옳은 것은 ○, 옳지 않은 것은 ×로 표시하시오.

(1) 1족 원소는 모두 알칼리 금속이다. (　　　)

(2) 18족 원소의 가장 바깥 전자 껍질에 들어 있는 전자 수는 모두 8이다. (　　　)

(3) 할로젠 원소는 전자를 얻고 −1가의 음이온이 되기 쉽다. (　　　)

(4) 15족 원소의 원자가 전자 수는 15이다. (　　　)

181

바닥상태 전자 배치가 $1s^2 2s^2 2p^6 3s^2 3p^1$인 원소가 a주기, b족이라고 할 때, $a+b$는 　　　　　이다.

182

바닥상태 원자의 가장 바깥 전자 껍질에 존재하고, 화학 결합에 관여하므로 원소의 화학적 성질을 결정하는 전자를 　　　　　라고 한다.

183

주기율표에서 금속 원소와 비금속 원소의 경계에 위치하며, 금속과 비금속의 중간 정도의 성질을 가지고 있는 원소를 　　　　　라고 한다.

184

표는 4가지 원자의 바닥상태 전자 배치를 나타낸 것이다.

원소	바닥상태 전자 배치
A	$1s^2 2s^2 2p^6 3s^1$
B	$1s^2 2s^2 2p^3$
C	$1s^2 2s^2 2p^5$
D	$1s^2 2s^2 2p^6$

(1) A~D 중 상온에서 기체로 존재하지 않는 원소는 　　　　　이다.

(2) A~D 중 원자가 전자 수가 가장 큰 원소는 　　　　　이다.

(3) A~D 중 전자가 들어 있는 s 오비탈의 수와 p 오비탈의 수가 같은 원소는 　　　　　이다.

(4) A~D 중 반응성이 가장 작은 원소는 　　　　　이다.

(5) A~D 중 금속 원소는 　　　　　이다.

(6) A~D의 가장 바깥 전자 껍질에 들어 있는 전자 수의 합은 　　　　　이다.

STEP 2 알짜 문제로 실력 키우기

개념 1 주기율표

(족집게 전략) 주기율의 개념과 주기율표가 만들어진 과정을 이해하고, 주기율표에서 주기와 족이 의미하는 것을 알아야 해.

185 단골 문제

그림은 주기율표의 일부를 나타낸 것이다.

ⓛ\ⓗ	1	2	13	14	15	16	17	18
1								
2								
3								

이에 대한 설명으로 옳은 것만을 〈보기〉에서 있는 대로 고른 것은?

보기

ㄱ. ㉠은 '족'이다.
ㄴ. ㉡은 '주기'이다.
ㄷ. 1주기에는 8가지의 원소가 있다.

① ㄴ　　　　② ㄷ　　　　③ ㄱ, ㄴ
④ ㄱ, ㄷ　　　⑤ ㄱ, ㄴ, ㄷ

추가로 나오는 선택지

❶ 현대의 주기율표는 원소를 원자 번호 순으로 나열한 것이다. (　　　)

❷ 주기율표는 되베라이너가 최초로 만들었다. (　　　)

❸ 같은 주기에 속한 원소들은 화학적 성질이 비슷하다. (　　　)

186

다음은 현대의 주기율표에 대한 설명이다.

멘델레예프가 원소를 　㉠　 순으로 배열했던 것과 달리, 현대의 주기율표는 모즐리가 　㉡　 순으로 원소를 배열하였다. 주기율표에서는 성질이 비슷한 원소가 주기적으로 나타나는데, 이를 　㉢　 이라고 한다.

㉠~㉢에 해당하는 단어를 쓰시오.

개념 ② 원소의 분류

(족집게 전략) 금속, 비금속, 준금속 원소가 주기율표의 어디에 배열되어 있는지 파악하고, 비슷한 성질을 갖는 원소들이 같은 족에 배열되어 있음을 기억해야 해.

187 단골 문제

그림은 주기율표의 일부를 나타낸 것이다.

주기\족	1	2	13	14	15	16	17	18
1	A							
2				B			C	
3	D							E

A~E에 대한 설명으로 옳은 것만을 〈보기〉에서 있는 대로 고른 것은? (단, A~E는 임의의 원소이다.)

보기

ㄱ. 금속 원소는 2가지이다.
ㄴ. B는 D보다 양이온이 되기 쉽다.
ㄷ. C는 E보다 음이온이 되기 쉽다.

① ㄴ ② ㄷ ③ ㄱ, ㄴ
④ ㄱ, ㄷ ⑤ ㄱ, ㄴ, ㄷ

추가로 나오는 선택지

❶ A와 D는 화학적 성질이 비슷하다. (   )
❷ A~E 중 상온에서 기체로 존재하는 물질은 3가지이다. (   )
❸ D는 전자를 잃고 양이온이 되기 쉽다. (   )

188 서술형

주기율표에서 같은 족에 속하는 원소는 화학적 성질이 대체로 비슷하지만, 원자 번호 10번 이내의 원소에서 같은 족의 나머지 원소들과 전혀 다른 성질을 가지고 있는 원소가 1가지 있다. 이 원소가 무엇인지 쓰고, 나머지 원소와 어떤 성질이 다른지 서술하시오.

개념 ③ 원소의 전자 배치와 주기율

(족집게 전략) 주기율표에 배열된 원소들의 전자 배치에 어떤 주기성이 있는지를 이해하고, 원자가 전자의 개념까지도 꼭 알아두어야 해.

189 단골 문제

그림은 3가지 원자 또는 이온의 전자 배치 모형을 나타낸 것이다.

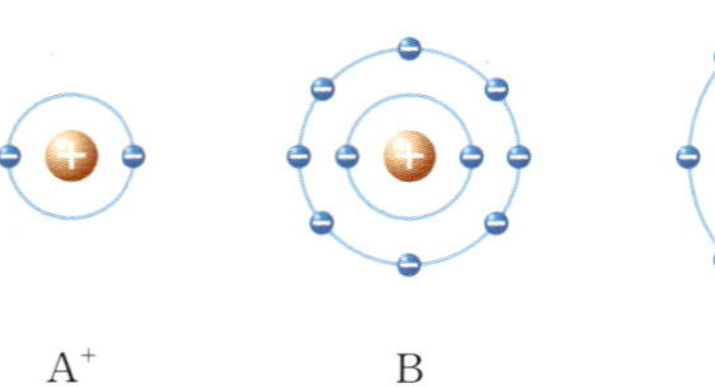
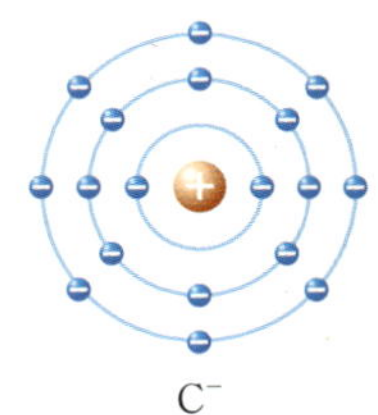

원소 A~C에 대한 설명으로 옳은 것만을 〈보기〉에서 있는 대로 고른 것은? (단, A~C는 임의의 원소 기호이다.)

보기

ㄱ. A는 B보다 녹는점이 높다.
ㄴ. B와 C는 같은 주기 원소이다.
ㄷ. 바닥상태에서 A와 C는 홀전자 수가 같다.

① ㄱ ② ㄴ ③ ㄱ, ㄷ
④ ㄴ, ㄷ ⑤ ㄱ, ㄴ, ㄷ

추가로 나오는 선택지

❶ 원자가 전자 수는 A가 B보다 크다. (   )
❷ 전자 껍질 수는 C가 B보다 크다. (   )
❸ A와 C는 같은 족 원소이다. (   )

190

그림은 X^{2-}의 전자 배치를 나타낸 것이다.

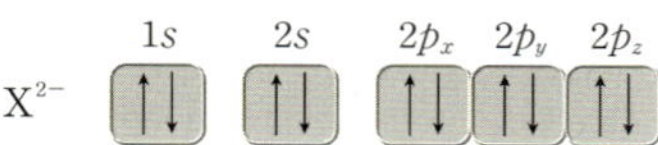

원소 X에 대한 설명으로 옳은 것만을 〈보기〉에서 있는 대로 고른 것은? (단, X는 임의의 원소 기호이다.)

보기

ㄱ. 3주기 원소이다.
ㄴ. 원자가 전자 수는 6이다.
ㄷ. 바닥상태에서 홀전자 수는 1이다.

① ㄱ ② ㄴ ③ ㄷ
④ ㄱ, ㄴ ⑤ ㄴ, ㄷ

191

그림은 바닥상태 원자 (가)~(다)에서 $\dfrac{\text{전자가 들어 있는 오비탈 수}}{\text{홀전자 수}}$ 를 나타낸 것이다. (가)~(다)는 모두 비금속 원소이다.

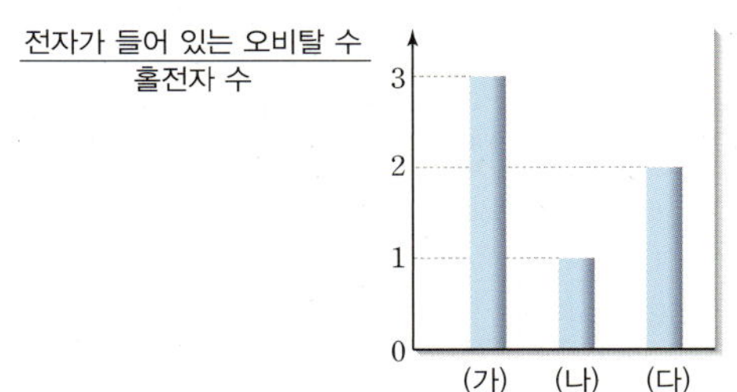

(가)~(다)에 대한 설명으로 옳은 것만을 〈보기〉에서 있는 대로 고른 것은?

보기

ㄱ. 원자가 전자 수가 가장 큰 것은 (가)이다.

ㄴ. (나)에는 전자가 들어 있는 p 오비탈이 있다.

ㄷ. (다)는 2주기 원소이다.

① ㄴ ② ㄷ ③ ㄱ, ㄴ
④ ㄱ, ㄷ ⑤ ㄱ, ㄴ, ㄷ

192

그림은 주기율표의 일부인 (가)와, (가) 영역의 일부인 (나)를 나타낸 것이고, 자료는 A~C에 대한 설명이다.

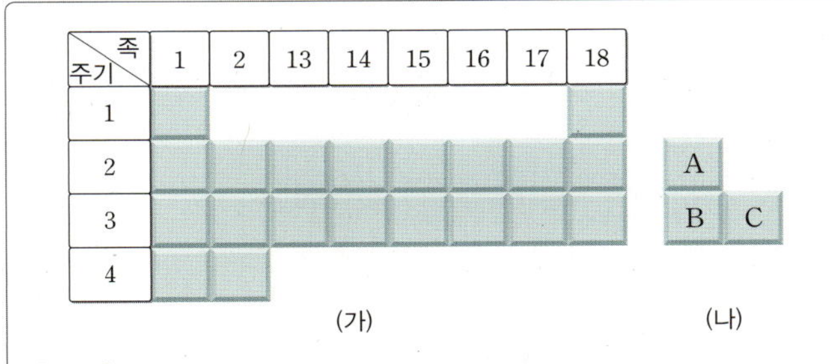

[자료]

· 원소 A와 B는 같은 족이며, 원자 번호는 C가 가장 크다.

· 바닥상태에서 A~C의 홀전자 수의 합은 2이다.

· A~C는 상온에서 모두 기체로 존재한다.

A~C의 원자 번호의 합은? (단 A~C는 임의의 원소 기호이다.)

① 8 ② 26 ③ 29 ④ 44 ⑤ 50

193

다음은 주기율표의 일부와 원소 X~Z에 대한 자료이다. X~Z는 각각 주기율표의 (가), (나), (다) 영역에 속한다.

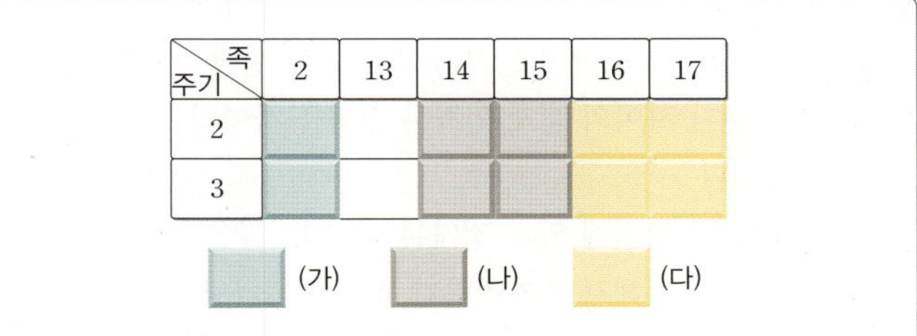

· 원자 번호는 $X > Z > Y$이다.

· X~Z의 원자가 전자 수의 합은 13이다.

· 바닥상태의 X~Z의 홀전자 수의 합은 5이다.

X~Z에 대한 설명으로 옳은 것만을 〈보기〉에서 있는 대로 고른 것은? (단, X~Z는 임의의 원소 기호이다.)

보기

ㄱ. 바닥상태의 X~Z에서 전자가 들어 있는 오비탈의 최대 주 양자수의 합은 7이다.

ㄴ. 원자 번호가 연속인 원소가 있다.

ㄷ. 원자 번호는 X가 Y의 2배이다.

① ㄱ ② ㄷ ③ ㄱ, ㄴ
④ ㄴ, ㄷ ⑤ ㄱ, ㄴ, ㄷ

194

그림은 주기율표의 일부를 나타낸 것이다.

주기＼족	1	2	13	14	15	16	17	18
2								
3								

빗금 친 원소 중에서 원자 번호가 연속적으로 증가하는 3개의 원소를 선택하여 순서대로 A~C라고 할 때, 이에 대한 설명으로 옳은 것만을 〈보기〉에서 있는 대로 고른 것은? (단 A~C는 임의의 원소 기호이다.)

보기

ㄱ. A~C는 모두 상온에서 기체로 존재하는 원소일 수 있다.

ㄴ. A~C는 모두 상온에서 고체로 존재하는 원소일 수 있다.

ㄷ. A~C의 원자가 전자 수의 합은 8일 수 있다.

① ㄴ ② ㄷ ③ ㄱ, ㄴ
④ ㄱ, ㄷ ⑤ ㄱ, ㄴ, ㄷ

02 원소의 주기적 성질

개념 ❶ 유효 핵전하

1. **가려막기 효과**: 다전자 원자에서 전자 사이의 반발력이 전자에 작용하는 원자핵의 인력을 약하게 만드는 현상
   (1) 핵과 전자 사이의 실제 인력은 전자들 사이의 반발력에 의해 약해진다.
   (2) 안쪽 전자 껍질에 있는 전자뿐 아니라, 같은 전자 껍질에 있는 전자에 의해서도 가려막기 효과가 나타난다.
   (3) 안쪽 전자 껍질에 있는 전자의 가려막기 효과는 같은 전자 껍질에 있는 전자의 가려막기 효과보다 크다.

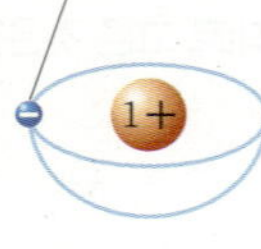
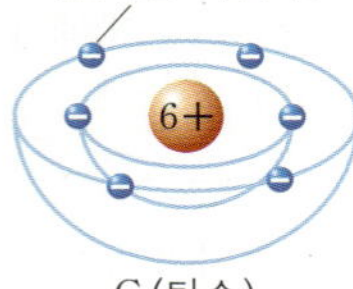
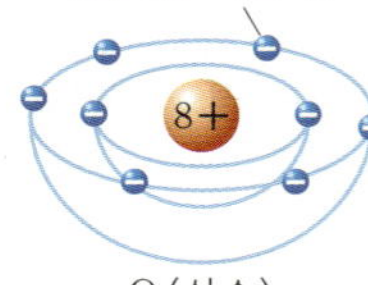

2. **유효 핵전하**: 가려막기 효과를 고려하여 전자에 작용하는 실질적인 핵전하
   (1) 전자 수가 1인 수소(H)는 가려막기 효과가 없으므로 원자핵의 핵전하와 유효 핵전하가 같다.
   (2) 다전자 원자에서는 가려막기 효과가 있으므로 원자핵의 핵전하보다 유효 핵전하가 작다.

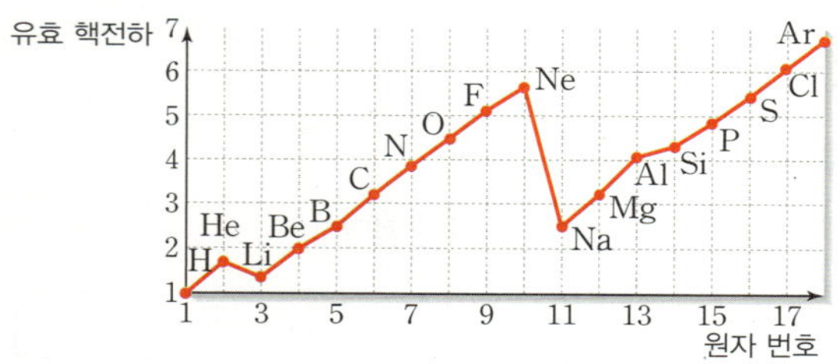

개념 ❷ 원자 반지름과 이온 반지름

1. **원자 반지름**: 같은 종류의 원자 2개가 결합했을 때 원자핵 사이의 거리의 절반을 의미한다.

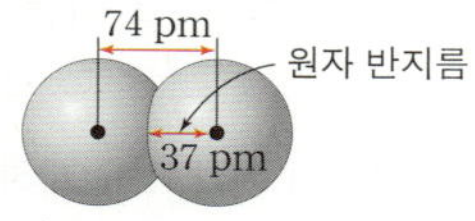

▲ 수소 원자의 원자 반지름

   (1) 같은 주기에서는 원자 번호가 커질수록 원자 반지름이 감소한다.
      ➡ 같은 주기 원소는 전자 껍질 수가 같고, 원자 번호가 커질수록 유효 핵전하가 증가하기 때문이다.

   (2) 같은 족에서는 원자 번호가 커질수록 원자 반지름이 증가한다. ➡ 전자 껍질 수가 증가하기 때문이다.

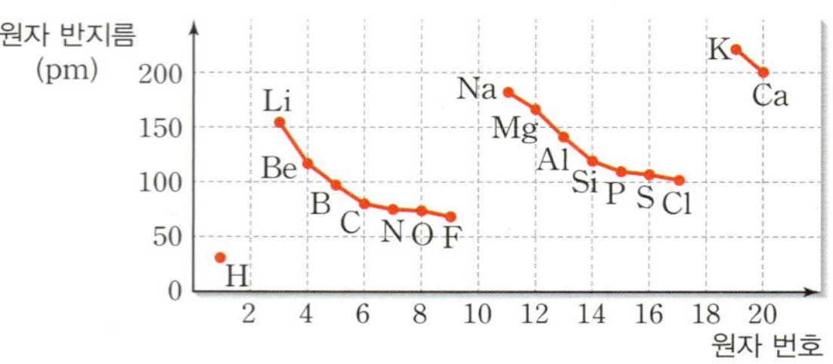

2. **이온 반지름**
   (1) 원자가 전자를 잃고 양이온이 되면 반지름이 감소한다.
      ➡ 원자 반지름 > 양이온의 반지름
   (2) 원자가 전자를 얻고 음이온이 되면 반지름이 증가한다.
      ➡ 원자 반지름 < 음이온의 반지름

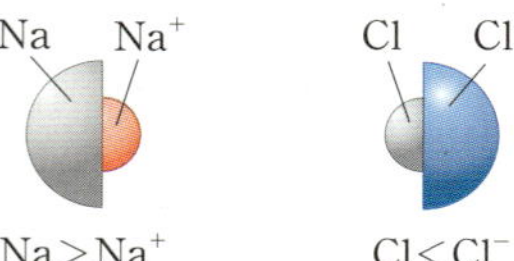

▲ 원자 반지름과 이온의 반지름 비교

3. **등전자 이온의 반지름**: 전자 수가 같은 이온의 경우 양성자 수가 클수록 유효 핵전하가 증가하므로 이온 반지름이 작아진다.

$$O^{2-} > F^- > Na^+ > Mg^{2+} > Al^{3+}$$

개념 ❸ 이온화 에너지

1. **이온화 에너지**: 기체 상태의 원자 1몰에서 전자 1몰을 떼어내는 데 필요한 에너지

$$M(g) + E \longrightarrow M^+(g) + e^- \ (E: \text{이온화 에너지})$$

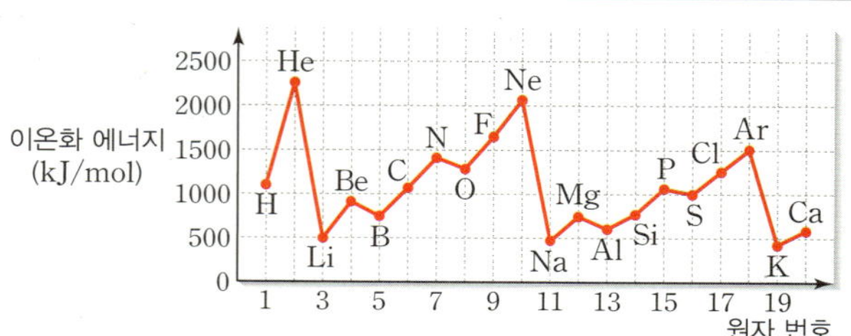

   ➡ 원자핵과 전자 사이의 인력이 클수록 이온화 에너지가 크고, 이온화 에너지가 작은 원소일수록 양이온이 되기 쉽다.

2. **순차 이온화 에너지**: 기체 상태의 다전자 원자 1몰에서 전자를 1몰씩 차례로 떼어낼 때 각각 필요한 에너지를 제1 이온화 에너지, 제2 이온화 에너지… 라고 한다.

┌─ 제n 이온화 에너지 < 제$(n+1)$ 이온화 에너지

(1) 순차 이온화 에너지는 차수가 커질수록 증가한다.

➡ 전자의 개수가 줄어들수록 전자 사이의 반발력이 감소하고, 원자핵과 전자 사이의 인력이 증가하기 때문이다.

(2) 원자가 전자 수가 m일 때, 제m 이온화 에너지에 비해 제$(m+1)$ 이온화 에너지가 급격히 증가한다.

➡ 안쪽 전자 껍질의 전자를 떼어낼 때에는 원자핵과 전자 사이의 인력이 크게 증가하기 때문이다.

원소	순차 이온화 에너지(E_n, kJ/mol)						
	E_1	E_2	E_3	E_4	E_5	E_6	E_7
Li	520	7298	11815				
Be	899	1757	14848	21006			
B	801	2472	3660	25025	32826		
C	1086	2353	4620	6222	37829	47276	
N	1402	2857	4578	7475	9445	53265	64358
O	1314	3388	5300	7469	10989	13326	71333
F	1681	3374	6020	8407	11022	15164	17867
Ne	2081	3952	6122	9370	12177	15238	19998

자료 분석 3주기 원소의 순차 이온화 에너지

❶ Na, Mg, Al의 순차 이온화 에너지

원소	순차 이온화 에너지(kJ/mol)			
	E_1	E_2	E_3	E_4
Na	496	4562	6912	9544
Mg	738	1451	7733	10540
Al	578	1817	2745	11578

- 모든 원소는 제1 이온화 에너지보다 제2 이온화 에너지가 크고, 제2 이온화 에너지보다 제3 이온화 에너지가 크다. 따라서 이온화 차수가 증가할수록 순차 이온화 에너지가 증가한다.
- Na은 원자가 전자가 1개이므로 제1 이온화 에너지보다 제2 이온화 에너지가 매우 크다. 안쪽 껍질의 전자를 떼어낼 때 필요한 에너지이다.
- Mg은 원자가 전자가 2개이므로 제2 이온화 에너지보다 제3 이온화 에너지가 매우 크다.
- Al은 원자가 전자가 3개이므로 제3 이온화 에너지보다 제4 이온화 에너지가 매우 크다.

➡ 원자가 전자 수가 m일 때, $\dfrac{E_m+1}{E_m}$이 가장 크다.

- 제1 이온화 에너지는 Na < Al < Mg이다.
- 유효 핵전하는 Na < Mg < Al이다.
- 바닥상태에서 Al의 전자 배치는 $1s^2 2s^2 2p^6 3s^2 3p^1$이고, Mg의 전자 배치는 $1s^2 2s^2 2p^6 3s^2$이다.
- Al의 $3p^1$의 전자 1개를 떼어내기 쉬우므로 Al은 Mg보다 제1 이온화 에너지가 작다. ➡ 이온화 에너지 주기성의 예외

195

정답 및 해설 | 23쪽

다전자 원자에서 원자가 전자가 느끼는 핵전하가 원자핵의 핵전하보다 작은 까닭은 〔　　　　　〕 효과 때문이다.

196

이온화 에너지에 대한 설명으로 옳은 것은 ○, 옳지 <u>않은</u> 것은 ×로 표시하시오.

(1) 같은 족에서 원자 번호가 증가할수록 이온화 에너지는 증가한다. 　　　　　(　　　)

(2) 3주기 16족 원소의 이온화 에너지가 3주기 15족 원소의 이온화 에너지보다 크다. 　　　(　　　)

(3) 순차 이온화 에너지가 $E_1 < E_2 \ll E_3 < E_4$인 원소의 원자가 전자는 2개이다. 　　　(　　　)

(4) 같은 주기에서 금속 원소의 이온화 에너지가 비금속 원소의 이온화 에너지보다 크다. 　　　(　　　)

197

다음은 2주기 원자 X와 3주기 원자 Y가 각각 안정한 이온이 되었을 때의 전자 배치를 나타낸 것이다.

$$1s^2 2s^2 2p^6$$

X와 Y에 대한 설명으로 옳은 것은 ○, 옳지 <u>않은</u> 것은 ×로 표시하시오. (단, X와 Y는 임의의 원소 기호이다.)

(1) X는 비금속 원소이고, Y는 금속 원소이다. 　　(　　　)
(2) 이온 반지름은 X가 Y보다 크다. 　　(　　　)
(3) 원자 반지름은 X가 Y보다 작다. 　　(　　　)
(4) 이온화 에너지는 X가 Y보다 작다. 　　(　　　)

198

그림은 원자 A~C의 전자 배치를 모형으로 나타낸 것이다. (단, A~C는 임의의 원소 기호이다.)

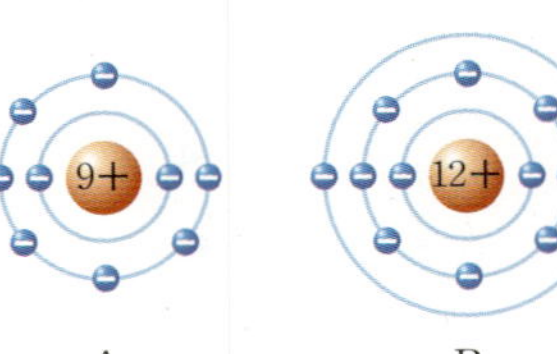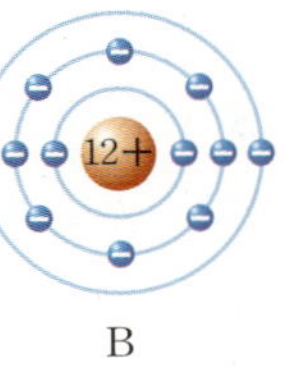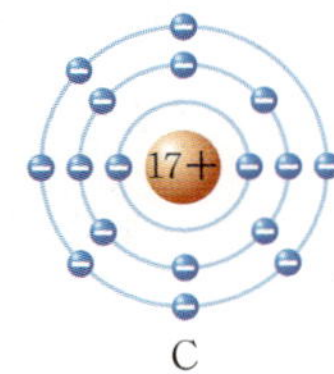

(1) A~C 중 원자 반지름이 이온 반지름보다 큰 원소를 쓰시오.
(2) A~C 중 이온화 에너지가 가장 큰 원소를 쓰시오.
(3) 바닥상태의 A~C 중 $\dfrac{\text{전자가 들어 있는 } p \text{ 오비탈 수}}{\text{전자가 들어 있는 } s \text{ 오비탈 수}} = 2$인 원소를 쓰시오.

개념 ❶ 유효 핵전하

족집게 전략 유효 핵전하와 가려막기 효과에 대해 정확히 이해하고 있어야 해. 주기율표의 같은 주기에서 원자 번호가 증가할수록 유효 핵전하와 가려막기 효과가 어떻게 변하는지도 꼭 알아 두자.

199

그림은 수소(H) 원자와 리튬(Li) 원자의 전자 배치를 모형으로 나타낸 것이다.

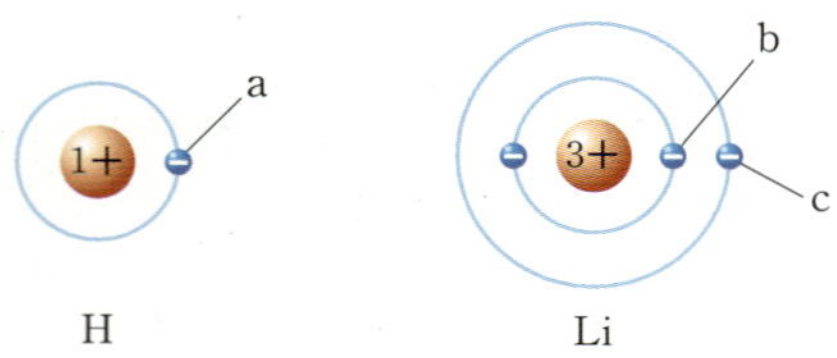

이에 대한 설명으로 옳은 것만을 〈보기〉에서 있는 대로 고른 것은?

보기

ㄱ. a가 느끼는 유효 핵전하는 +1이다.
ㄴ. b가 느끼는 유효 핵전하는 +3이다.
ㄷ. c가 느끼는 유효 핵전하는 +3보다 작다.

① ㄴ   ② ㄷ   ③ ㄱ, ㄴ
④ ㄱ, ㄷ   ⑤ ㄱ, ㄴ, ㄷ

추가로 나오는 선택지

❶ 원자핵과 b 사이의 인력은 c에 의해 감소한다. ( )
❷ 유효 핵전하는 b가 a보다 크다. ( )
❸ c가 느끼는 유효 핵전하는 b가 느끼는 유효 핵전하보다 크다. ( )

200 서술형

그림은 플루오린 원자(F)와 플루오린화 이온(F^-)의 전자 배치를 모형으로 나타낸 것이다.

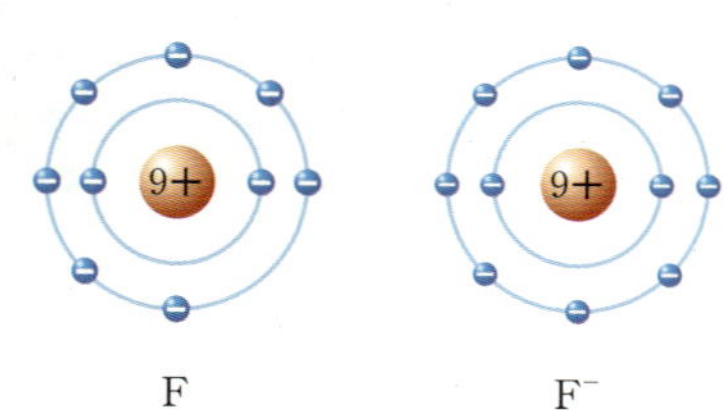

F과 F^-의 가장 바깥 전자 껍질에 존재하는 전자의 유효 핵전하의 크기를 비교하고, 그 까닭을 서술하시오.

201

다음은 2주기 바닥상태 원자 A~D에 대한 자료이다.

- 원자가 전자가 느끼는 유효 핵전하는 A<B<C<D이다.
- A와 B는 원자 번호가 연속이 아니다.
- 바닥상태에서 A~D의 홀전자 수

원자	A	B	C	D
홀전자 수	1	2	3	1

A~D에 대한 설명으로 옳은 것만을 〈보기〉에서 있는 대로 고른 것은? (단, A~D는 임의의 원소 기호이다.)

보기

ㄱ. 금속 원소는 1가지이다.
ㄴ. 상온에서 기체로 존재하는 물질은 2가지이다.
ㄷ. 바닥상태에서 전자가 들어 있는 오비탈의 총 수는 C가 D보다 크다.

① ㄱ   ② ㄴ   ③ ㄱ, ㄴ
④ ㄴ, ㄷ   ⑤ ㄱ, ㄴ, ㄷ

202 중요

다음은 2주기 원소 A와 B에 대한 자료이다.

- 가장 바깥 전자 껍질의 전자가 느끼는 유효 핵전하는 Z^*이다.
- A와 B의 원자와 이온은 모두 바닥상태이다.
- A 이온과 B 이온의 전하의 크기는 모두 2이다.
- A 원자의 Z^*> A 이온의 Z^*이다.
- B 원자의 Z^*< B 이온의 Z^*이다.

이에 대한 설명으로 옳은 것만을 〈보기〉에서 있는 대로 고른 것은? (단, A와 B는 임의의 원소 기호이고, A와 B의 이온은 18족 원소의 전자 배치를 갖는다.)

보기

ㄱ. 원자 번호는 A가 B보다 크다.
ㄴ. 홀전자 수는 A와 B가 같다.
ㄷ. 바닥상태에서 전자가 들어 있는 오비탈 수는 A가 B의 2배이다.

① ㄱ   ② ㄴ   ③ ㄷ
④ ㄱ, ㄴ   ⑤ ㄴ, ㄷ

족집게 전략 주기율표에서 원자 반지름과 이온 반지름의 주기성을 이해하고, 임의의 원소들의 원자 반지름과 이온 반지름을 비교할 수 있어야 해.

203 단골 문제

그림은 원자 A~D가 Ne과 같은 전자 배치를 갖는 이온이 되었을 때의 이온 반지름을 나타낸 것이다. A~D는 각각 O, F, Na, Mg 중 하나이다.

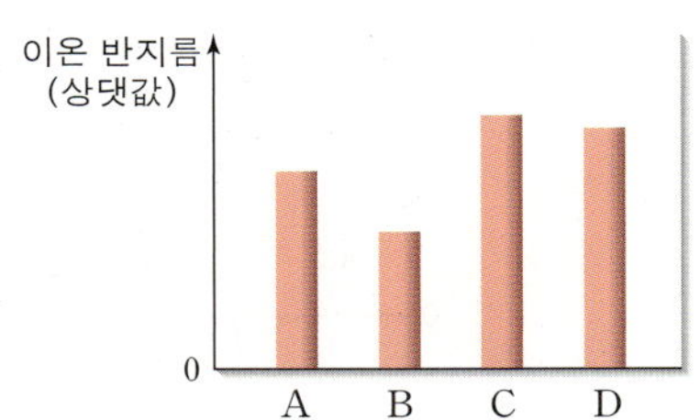

이에 대한 설명으로 옳은 것만을 〈보기〉에서 있는 대로 고른 것은?

보기

ㄱ. 원자 반지름이 가장 큰 것은 A이다.
ㄴ. B는 3주기 원소이다.
ㄷ. 바닥상태에서 홀전자 수가 가장 큰 것은 C이다.

① ㄴ ② ㄷ ③ ㄱ, ㄴ
④ ㄱ, ㄷ ⑤ ㄱ, ㄴ, ㄷ

추가로 나오는 선택지

❶ D는 바닥상태에서 전자가 들어 있는 오비탈의 총 수가 5이다.
(   )

❷ B는 원자 반지름이 이온 반지름보다 크다.
(   )

❸ 유효 핵전하는 C가 D보다 크다.
(   )

204 서술형

표는 3가지 금속 원소의 원자 반지름과 이온 반지름을 나타낸 것이다.

금속 원소	원자 반지름(pm)	이온 반지름(pm)
Na	186	95
Mg	160	65
Al	143	50

금속 원소의 원자 반지름이 이온 반지름보다 큰 까닭을 보어 원자 모형과 관련지어 서술하시오.

205

그림은 2주기 원소 (가)와 (나)의 $\dfrac{\text{이온 반지름}}{\text{원자 반지름}}$ 을 나타낸 것이다.

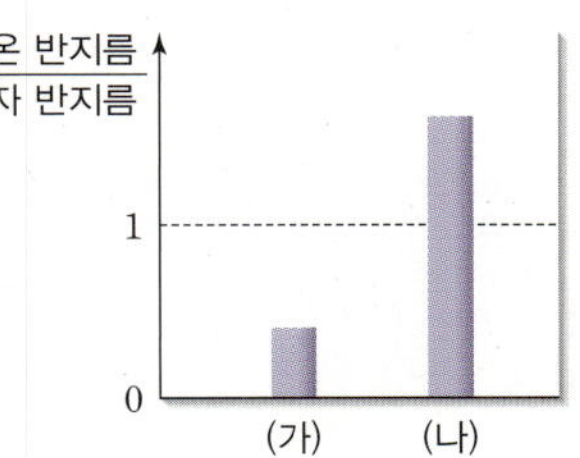

이에 대한 설명으로 옳은 것만을 〈보기〉에서 있는 대로 고른 것은?

보기

ㄱ. 원자 번호는 (가)가 (나)보다 크다.
ㄴ. 원자 반지름은 (나)가 (가)보다 크다.
ㄷ. 이온 반지름은 (나)가 (가)보다 크다.

① ㄱ ② ㄴ ③ ㄷ
④ ㄱ, ㄴ ⑤ ㄴ, ㄷ

206

다음은 2주기 원소 A~D에 대한 자료이다.

• A와 B는 금속 원소, C와 D는 비금속 원소이다.
• 원자 번호는 A<B<C<D이다.

A~D의 이온 반지름을 비교한 것으로 옳은 것은? (단, A~D는 임의의 원소 기호이고, A~D의 이온은 18족 원소의 전자 배치를 갖는다.)

① A>B>C>D ② A>C>B>D
③ B>C>D>A ④ C>D>A>B
⑤ C>D>B>A

207

그림은 원자 또는 이온의 반지름이 속하는 구간을 Li의 원자 반지름을 기준으로 (가)와 (나)로 나눈 것을 나타낸 것이다.

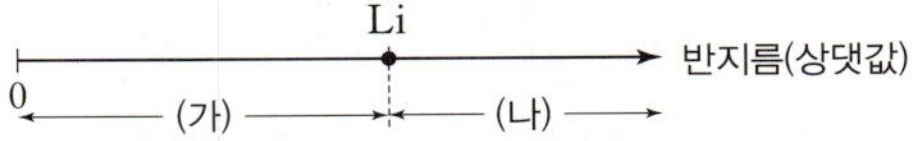

이에 대한 설명으로 옳은 것만을 〈보기〉에서 있는 대로 고른 것은?

보기

ㄱ. Li의 이온 반지름은 (가)에 속한다.
ㄴ. F의 원자 반지름은 (나)에 속한다.
ㄷ. Na의 원자 반지름은 (나)에 속한다.

① ㄱ ② ㄴ ③ ㄱ, ㄷ
④ ㄴ, ㄷ ⑤ ㄱ, ㄴ, ㄷ

208

그림은 주기율표의 일부를 나타낸 것이다.

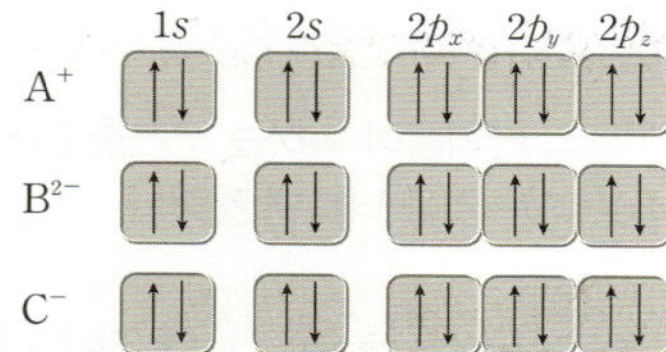

이에 대한 설명으로 옳은 것만을 〈보기〉에서 있는 대로 고른 것은?

보기

ㄱ. (가)의 원소들은 원자 번호가 클수록 원자 반지름이 크다.
ㄴ. (나)의 원소들은 이온 반지름이 원자 반지름보다 크다.
ㄷ. (가)의 모든 원소는 (나)의 모든 원소보다 원자 반지름이 크다.

① ㄴ   ② ㄷ   ③ ㄱ, ㄴ
④ ㄱ, ㄷ   ⑤ ㄱ, ㄴ, ㄷ

209

그림은 3가지 이온의 바닥상태 전자 배치를 나타낸 것이다.

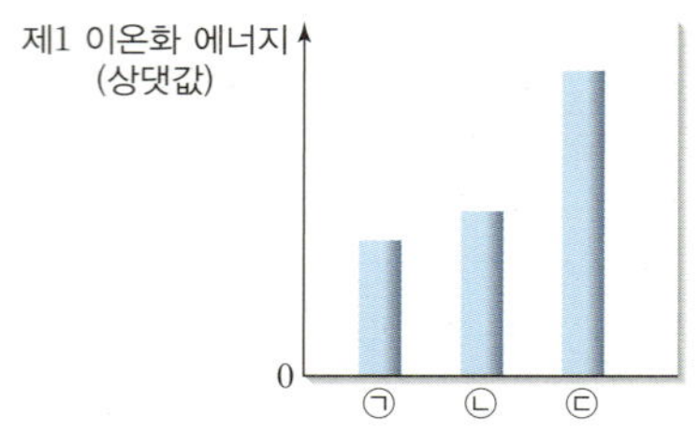

이에 대한 설명으로 옳은 것만을 〈보기〉에서 있는 대로 고른 것은? (단, A~C는 임의의 원소 기호이다.)

보기

ㄱ. 반지름은 A^+이 B^{2-}보다 크다.
ㄴ. 원자 반지름은 A가 C보다 크다.
ㄷ. C는 원자 반지름이 이온 반지름보다 크다.

① ㄴ   ② ㄷ   ③ ㄱ, ㄴ
④ ㄱ, ㄷ   ⑤ ㄱ, ㄴ, ㄷ

개념 ❸ 이온화 에너지

족집게 전략   이온화 에너지의 의미를 정확히 이해하고, 같은 주기에서 원자 번호가 증가할 때 이온화 에너지가 어떻게 변하는지를 그래프 개형으로 잘 기억해야 해.

210 단골 문제

그림은 3가지 원소의 제1 이온화 에너지를 나타낸 것이다. ㉠~㉢은 각각 Be, F, Mg 중 하나이다.

이에 대한 설명으로 옳은 것만을 〈보기〉에서 있는 대로 고른 것은? (단, ㉠~㉢의 이온은 18족 원소의 전자 배치를 갖는다.)

보기

ㄱ. ㉠은 Be이다.
ㄴ. ㉡은 바닥상태에서 홀전자가 없다.
ㄷ. 이온 반지름이 가장 큰 것은 ㉢이다.

① ㄱ   ② ㄴ   ③ ㄷ
④ ㄴ, ㄷ   ⑤ ㄱ, ㄴ, ㄷ

추가로 나오는 선택지

❶ 원자가 전자의 주 양자수(n)가 가장 큰 것은 ㉢이다.   (   )
❷ ㉡은 3주기 원소이다.   (   )
❸ 원자 번호가 가장 큰 것은 ㉠이다.   (   )

211

다음은 2주기 원소 A와 B의 전자 배치를 나타낸 것이다.

- A: $1s^2 2s^2$
- B: $1s^2 2s^2 2p^1$

이에 대한 설명으로 옳은 것만을 〈보기〉에서 있는 대로 고른 것은? (단, A와 B는 임의의 원소 기호이다.)

보기

ㄱ. 원자 반지름은 A가 B보다 크다.
ㄴ. 유효 핵전하는 B가 A보다 크다.
ㄷ. 이온화 에너지는 A가 B보다 크다.

① ㄴ   ② ㄷ   ③ ㄱ, ㄴ
④ ㄱ, ㄷ   ⑤ ㄱ, ㄴ, ㄷ

212

그림은 2주기 원소 A~H의 이온화 에너지를 나타낸 것이다.

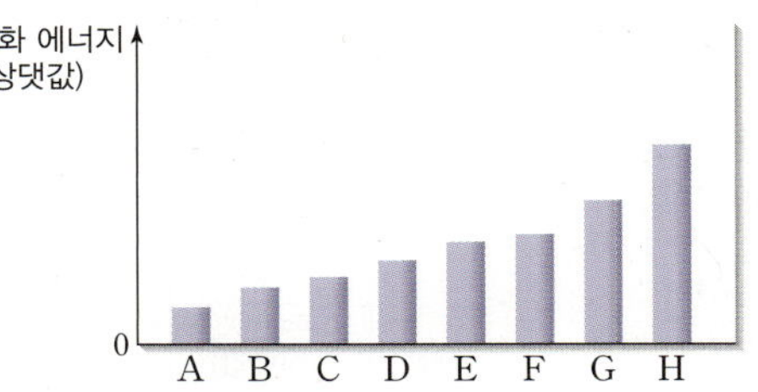

A~H 중 바닥상태 원자의 홀전자 수가 가장 큰 원소를 쓰시오. (단, A~H는 임의의 원소 기호이다.)

213

표는 3주기 원소 A~C의 순차 이온화 에너지를 나타낸 것이다. E_n은 제n 이온화 에너지이다.

원소	순차적 이온화 에너지(kJ/mol)				
	E_1	E_2	E_3	E_4	E_5
A	496	4580	6900	9540	13400
B	578	1820	2750	11600	14800
C	738	1450	7730	10500	13600

원자 A~C 1몰이 각각 네온(Ne)과 같은 전자 배치를 갖는 이온이 되기 위해 흡수해야 하는 최소 에너지를 옳게 비교한 것은? (단, A~C는 임의의 원소 기호이다.)

① A>B>C
② B>A>C
③ B>C>A
④ C>A>B
⑤ C>B>A

214 서술형

그림은 2주기 원소의 제1 이온화 에너지와 제2 이온화 에너지를 나타낸 것이다.

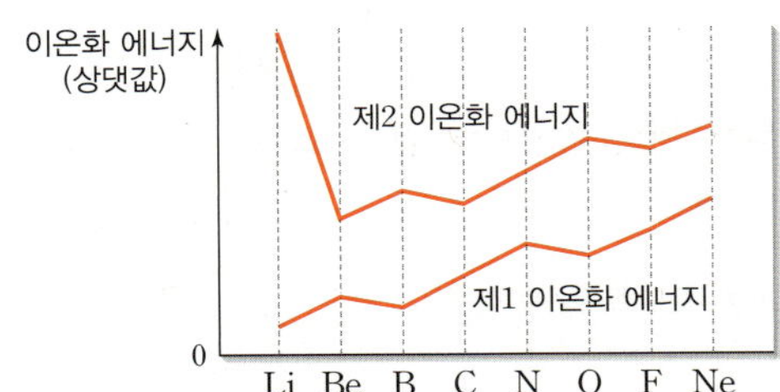

리튬(Li)의 제2 이온화 에너지가 매우 큰 까닭을 전자 배치와 관련지어 서술하시오.

215

그림은 2주기 원소 A와 B의 바닥상태 전자 배치를 모형으로 나타낸 것이다.

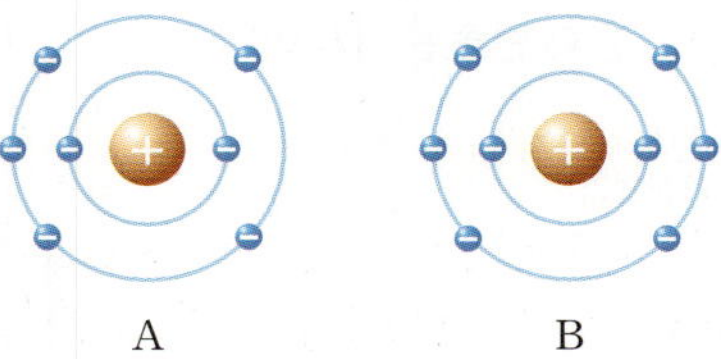

이에 대한 설명으로 옳은 것만을 〈보기〉에서 있는 대로 고른 것은? (단, A와 B는 임의의 원소 기호이다.)

보기

ㄱ. 바닥상태에서 홀전자 수는 A가 B보다 크다.
ㄴ. 유효 핵전하는 B가 A보다 크다.
ㄷ. 이온화 에너지는 A가 B보다 크다.

① ㄴ
② ㄷ
③ ㄱ, ㄴ
④ ㄱ, ㄷ
⑤ ㄱ, ㄴ, ㄷ

216 중요

그림은 바닥상태의 2주기 원자의 홀전자 수와 이온화 에너지를 나타낸 것이다.

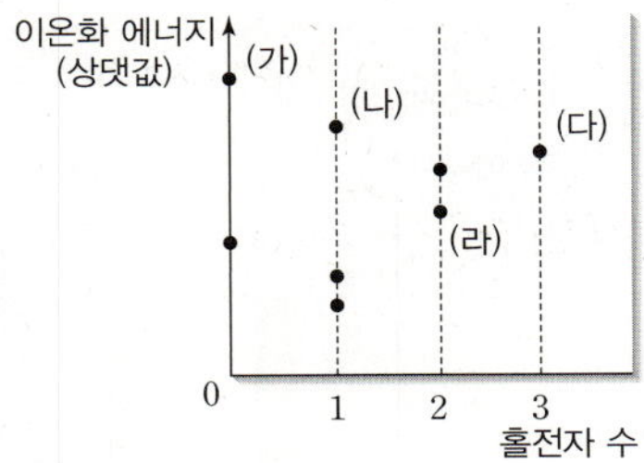

(가)~(라)에 대한 설명으로 옳은 것만을 〈보기〉에서 있는 대로 고른 것은?

보기

ㄱ. 원자 번호가 가장 큰 것은 (다)이다.
ㄴ. 바닥상태에서 전자가 들어 있는 오비탈의 총 수가 가장 작은 것은 (라)이다.
ㄷ. 반응성이 가장 큰 것은 (가)이다.

① ㄴ
② ㄷ
③ ㄱ, ㄴ
④ ㄱ, ㄷ
⑤ ㄱ, ㄴ, ㄷ

217

그림은 원자 번호가 6~9인 원소 W~Z의 제1 이온화 에너지를 나타낸 것이다. W~Z는 원자 번호 순서가 아니다.

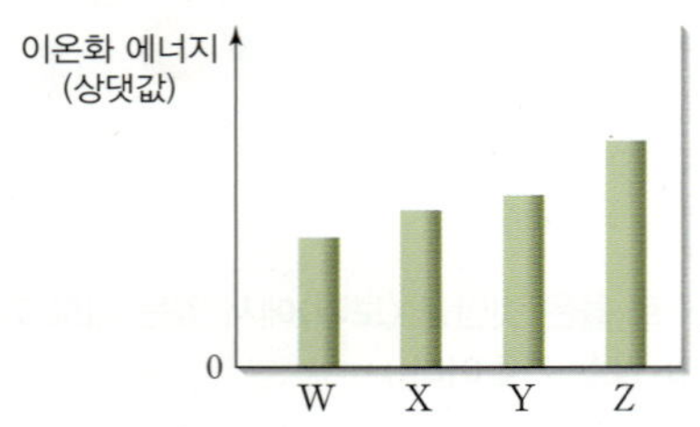

W~Z에 대한 설명으로 옳은 것만을 〈보기〉에서 있는 대로 고른 것은? (단, W~Z는 임의의 원소 기호이다.)

보기

ㄱ. 바닥상태 원자의 홀전자 수는 Y가 가장 크다.
ㄴ. 원자 반지름은 W가 가장 크다.
ㄷ. 원자가 전자가 느끼는 유효 핵전하는 Z가 가장 크다.

① ㄴ ② ㄷ ③ ㄱ, ㄴ
④ ㄱ, ㄷ ⑤ ㄱ, ㄴ, ㄷ

218

다음은 2주기 원소 (가)와 (나)에 대한 자료이다.

- (가)와 (나)의 제1 이온화 에너지

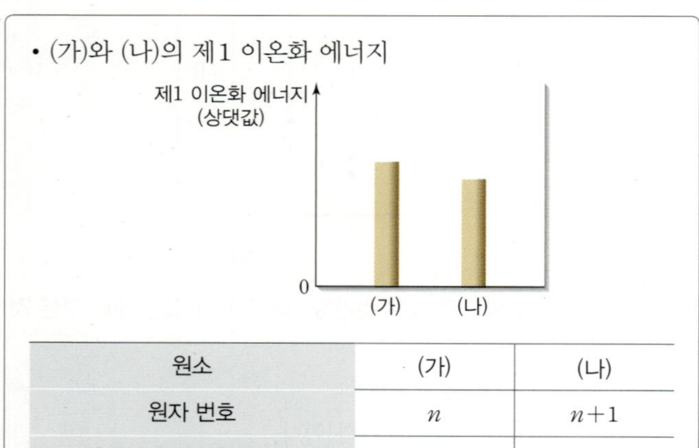

원소	(가)	(나)
원자 번호	n	$n+1$
바닥상태에서 홀전자 수	a	b
바닥상태에서 전자가 들어 있는 오비탈 수	$a+b$	$a+b$

$n+a+b$는?

① 5 ② 8 ③ 10 ④ 12 ⑤ 13

219 고난도

그림은 원소 A~C의 이온 반지름과 $\dfrac{Z^*}{\text{이온 반지름}}$ 을 나타낸 것이다.

Z^*는 원자가 전자가 느끼는 유효 핵전하이고, A~C는 각각 F, Na, Mg 중 하나이다.

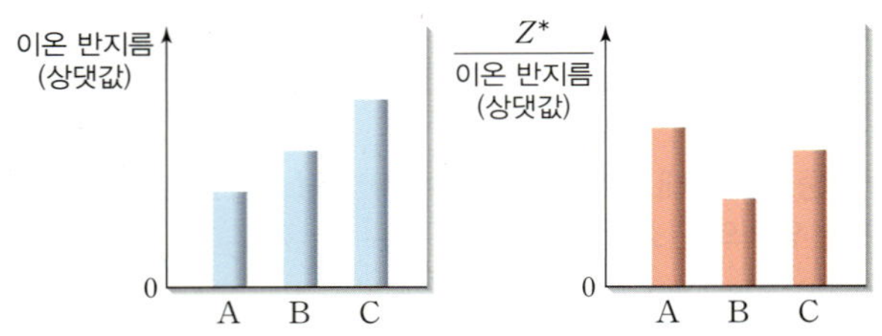

이에 대한 설명으로 옳은 것만을 〈보기〉에서 있는 대로 고른 것은? (단, A~C의 이온은 모두 Ne의 전자 배치를 갖는다.)

보기

ㄱ. 원자 반지름은 B가 A보다 크다.
ㄴ. 원자가 전자가 느끼는 유효 핵전하는 B가 C보다 크다.
ㄷ. 제1 이온화 에너지는 A가 C보다 크다.

① ㄱ ② ㄷ ③ ㄱ, ㄴ
④ ㄴ, ㄷ ⑤ ㄱ, ㄴ, ㄷ

220

표는 원소 (가)~(라)에 대한 자료이다.

원소	(가)	(나)	(다)	(라)
원자 번호	4	5	11	13
제1 이온화 에너지	a	b	c	d

a~d를 비교한 것으로 옳은 것은?

① $a<b<c<d$
② $b<a<c<d$
③ $b<a<d<c$
④ $c<d<b<a$
⑤ $d<c<b<a$

221 중요

표는 3주기 금속 원소 X~Z의 순차 이온화 에너지를 나타낸 것이다. E_n는 제n 이온화 에너지이다.

원소	순차 이온화 에너지(kJ/mol)			
	E_1	E_2	E_3	E_4
X	0.32a	a	1.51a	6.37a
Y	0.11b	b	1.52b	2.09b
Z	0.51c	c	5.33c	7.26c

이에 대한 설명으로 옳은 것만을 〈보기〉에서 있는 대로 고른 것은? (단, X~Z는 임의의 원소 기호이다.)

보기

ㄱ. $a < b$이다.
ㄴ. 원자 반지름은 X가 Z보다 크다.
ㄷ. 원자가 전자 수는 Z가 Y보다 크다.

① ㄱ ② ㄴ ③ ㄱ, ㄷ
④ ㄴ, ㄷ ⑤ ㄱ, ㄴ, ㄷ

222 중요

다음은 2, 3주기 원소 W~Z에 대한 자료이다.

• W~Z의 이온의 전하와 이온 반지름

원소	W	X	Y	Z
이온의 전하	+2	+3	−2	−1
이온 반지름(pm)	31	50	140	181

• W~Z의 이온은 모두 18족 원소의 전자 배치를 갖는다.

이에 대한 설명으로 옳은 것만을 〈보기〉에서 있는 대로 고른 것은? (단, W~Z는 임의의 원소 기호이다.)

보기

ㄱ. X는 3주기 원소이다.
ㄴ. 원자가 전자가 느끼는 유효 핵전하는 Y가 W보다 크다.
ㄷ. 원자 반지름은 X가 Z보다 크다.

① ㄱ ② ㄴ ③ ㄱ, ㄷ
④ ㄴ, ㄷ ⑤ ㄱ, ㄴ, ㄷ

223 중요

표는 원소 W~Z의 원자 반지름과 제1 이온화 에너지를 나타낸 것이다. W~Z는 각각 B, F, Mg, Al 중 하나이다.

원소	W	X	Y	Z
원자 반지름(pm)	72	85	143	160
제1 이온화 에너지(kJ/mol)	1681	801	(가)	738

이에 대한 설명으로 옳은 것만을 〈보기〉에서 있는 대로 고른 것은?

보기

ㄱ. 제1 이온화 에너지는 738 < (가) < 801이다.
ㄴ. $\dfrac{\text{이온 반지름}}{\text{원자 반지름}}$ 은 W가 Z보다 크다.
ㄷ. 원자가 전자가 느끼는 유효 핵전하는 X가 W보다 크다.

① ㄴ ② ㄷ ③ ㄱ, ㄴ
④ ㄱ, ㄷ ⑤ ㄱ, ㄴ, ㄷ

224 고난도

다음은 2주기 원소 A~C에 대한 자료이다.

• A~C는 각각 O, Na, Mg 중 하나이다.
• A~C의 이온은 모두 Ne과 같은 전자 배치를 갖는다.
• A~C의 원자 반지름

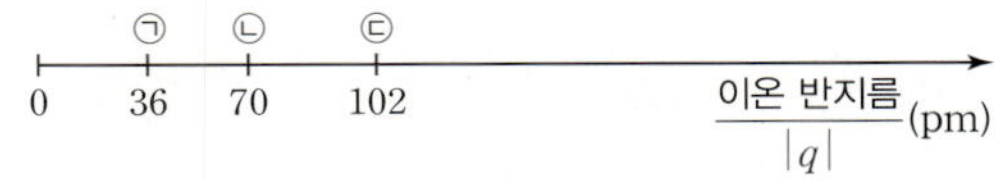

• A~C의 $\dfrac{\text{이온 반지름}}{|q|}$ (q는 이온의 전하)

이에 대한 설명으로 옳은 것만을 〈보기〉에서 있는 대로 고른 것은?

보기

ㄱ. ㉡은 C의 이온에 해당한다.
ㄴ. 바닥상태 원자의 홀전자 수는 A가 B보다 크다.
ㄷ. 원자가 전자가 느끼는 유효 핵전하는 C가 B보다 크다.

① ㄱ ② ㄴ ③ ㄷ
④ ㄱ, ㄴ ⑤ ㄴ, ㄷ

III

화학 결합과
분자의 세계

III

화합 결합과 분자의 세계

III-1 화학 결합

1. 이온 결합
- 화학 결합과 전기적 성질
- 이온 결합의 형성
- 이온 결합의 형성과 에너지 변화
- 이온 결합 물질의 성질

2. 공유 결합과 금속 결합
- 공유 결합의 형성
- 공유 결합의 형성과 에너지 변화
- 공유 결합 물질의 성질
- 금속 결합과 금속의 성질

III-2 분자의 구조와 극성

1. 결합의 극성
- 전기 음성도
- 결합의 극성
- 루이스 전자점식

2. 분자의 구조와 성질
- 전자쌍 반발 이론
- 분자의 구조
- 분자의 성질

01 이온 결합

개념 ❶ 화학 결합과 전기적 성질

1. 물과 염화 나트륨의 전기 분해
→ 화합물을 전기 분해시키면 화합물이 분해되어 각 성분 원소의 물질이 생성된다.

화합물	결합의 종류	화합물의 전기 분해
물 (H_2O)	공유 결합	• H_2O이 전자를 얻어 H_2 생성 • H_2O이 전자를 잃어 O_2 생성
염화 나트륨 $(NaCl)$	이온 결합	• Na^+이 전자를 얻어 금속 Na 생성 • Cl^-이 전자를 잃어 Cl_2 생성

2. 화학 결합과 전자
공유 결합과 이온 결합은 결합을 형성할 때 전자가 관여하는 전기적 성질을 가지고 있다.

3. 화학 결합의 원리
(1) **옥텟 규칙**: 18족 원소 이외의 원자들이 18족 원소와 같이 가장 바깥 전자 껍질에 8개의 전자를 채워 안정한 전자 배치를 가지려는 경향이다.

(2) **화학 결합과 옥텟 규칙**: 18족 원소 이외의 원자들은 전자를 주고받거나 공유함으로써 옥텟 규칙을 만족한다.

개념 ❷ 이온 결합의 형성

1. 이온의 형성

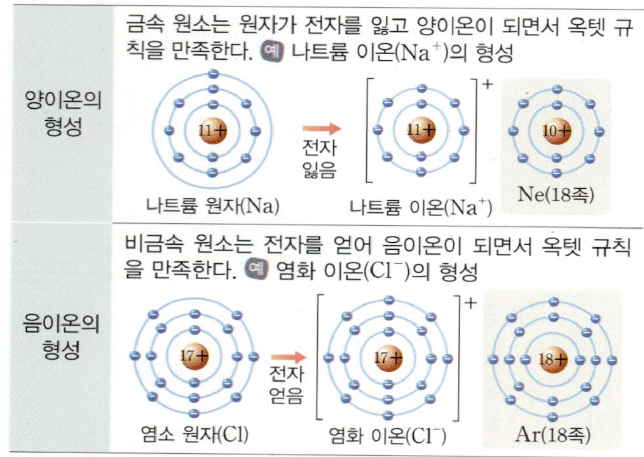

2. 이온 결합의 형성
대부분 금속 양이온과 비금속 음이온 사이의 정전기적 인력에 의해 형성되는 결합이다.

예 염화 나트륨($NaCl$)의 형성 과정

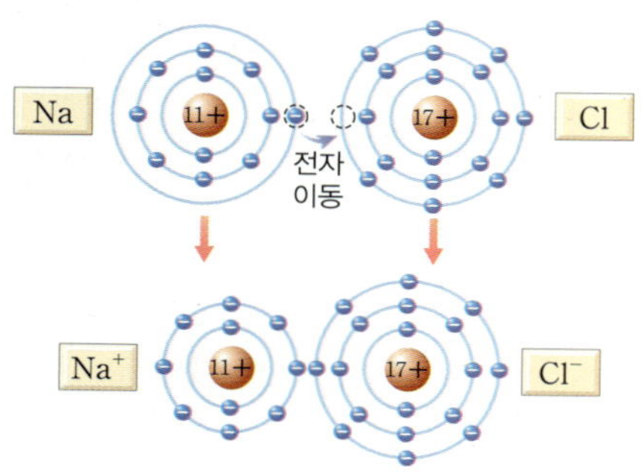

개념 ❸ 이온 결합의 형성과 에너지 변화

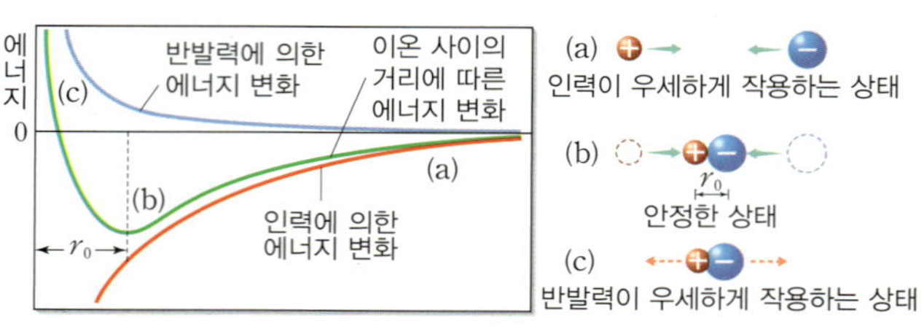

(a): 두 이온이 접근할수록 정전기적 인력이 작용하여 에너지가 낮아지며 안정한 상태가 된다. → 인력이 우세하게 작용

(b): 인력과 반발력이 균형을 이루어 에너지가 가장 낮은 지점(r_0)에서 이온 결합이 형성된다. → 안정한 상태

(c): 두 이온 사이의 거리가 너무 가까워 반발력이 크고 에너지가 높아 불안정한 상태가 된다. → 반발력이 우세하게 작용

개념 ❹ 이온 결합 물질의 성질

1. 이온 결합 물질
이온 결합에 의해 생성된 물질로, 이온 결정이라고도 한다.

(1) **이온 결합의 구조**: 수많은 양이온과 음이온이 3차원적으로 서로를 둘러싸며 규칙적으로 배열되어 있다.

예 염화 나트륨($NaCl$) 결정

(2) **이온 결합 물질의 화학식**: 이온 결합 물질은 전기적으로 중성이므로 양이온의 총 (+)전하량과 총 (−)전하량의 합이 0이 되도록 하는 이온의 개수비로 나타낸다.
→ 가장 간단한 정수비

> (양이온의 전하×양이온의 수)+(음이온의 전하×음이온의 수)=0

2. 이온 결합 물질의 성질
→ 이온의 층이 밀리면서 두 층의 경계면에서 같은 전하를 띤 이온들 사이에 반발력이 작용하기 때문

(1) **결정의 쪼개짐과 부스러짐**: 이온 결정은 매우 단단하지만, 외부에서 힘을 가하면 쉽게 쪼개지거나 부스러진다.

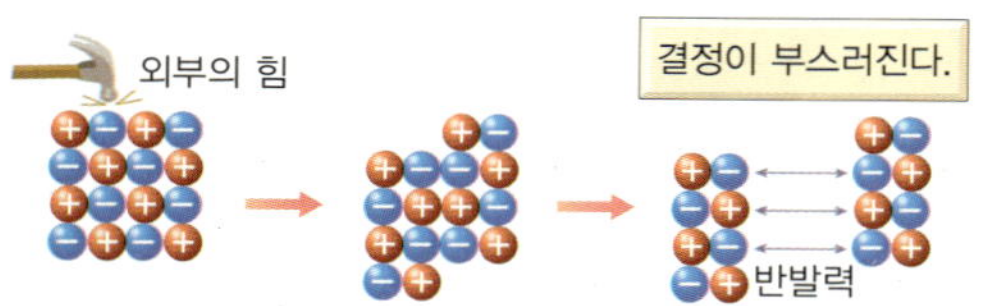

(2) **물에 녹는 정도**: 대체로 극성 용매인 물에 잘 녹으며, 물에 녹으면 양이온과 음이온이 물 분자에 의해 둘러싸여 물속으로 흩어져 자유롭게 이동할 수 있다.

(3) **전기 전도성**

① **고체 상태**: 이온들이 자유롭게 이동할 수 없으므로 전류가 흐르지 않는다.

② **액체 또는 수용액**: 양이온과 음이온이 자유롭게 이동할 수 있으므로 전류가 흐른다.

(4) 녹는점과 끓는점: 녹는점과 끓는점이 매우 높아 실온에서 대부분 고체 상태로 존재한다. → 양이온과 음이온 사이에 강한 정전기적 인력이 작용하기 때문

이온의 전하량이 클수록, 이온 사이의 거리가 짧을수록, 정전기적 인력이 크므로 녹는점과 끓는점이 높다.

양이온과 음이온의 전하량 크기가 같은 경우	이온 사이의 거리가 짧을수록 녹는점이 높다. 예 녹는점: $NaI < NaBr < NaCl < NaF$
이온 사이의 거리가 비슷한 경우	이온의 전하량이 클수록 녹는점이 높다. 예 녹는점: $NaCl < BaO$

* 정전기적 인력(쿨롱의 힘): 양이온과 음이온 사이에 작용하는 인력의 크기(F)는 이온의 전하량(q) 곱에 비례하고, 이온 사이의 거리(r)의 제곱에 반비례한다. ($F \propto k \dfrac{q_1 \cdot q_2}{r^2}$ (k: 상수))

💡 탐구 활동 물의 전기 분해

과정 ❶ 비커에 증류수를 넣고, 황산 나트륨(Na_2SO_4)을 소량 녹인다.

❷ 과정 ❶의 수용액으로 가득 채운 2개의 시험관을 전극이 고정된 비커 속에 거꾸로 세우고, 전류를 흘려주어 발생하는 기체를 모은다.

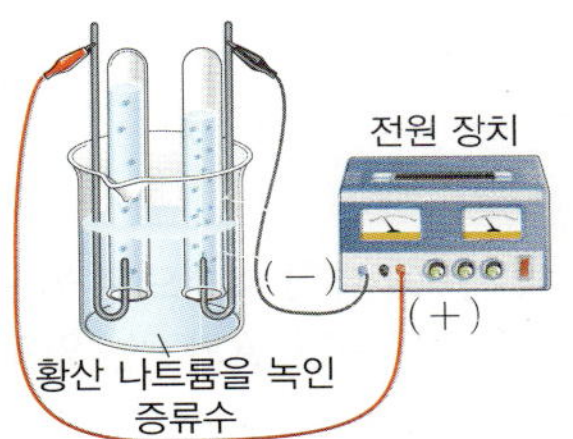

결과 • (−)극에서는 물이 전자를 얻어 수소(H_2) 기체, (+)극에서는 물이 전자를 잃어 산소(O_2) 기체가 2 : 1의 부피비로 생성된다.

정리 • 전기 분해에 의해 물이 수소(H_2)와 산소(O_2) 2가지 성분 물질로 분해될 때 전자가 관여한다.

➡ 공유 결합에 의해 물이 생성될 때 전자가 관여함을 알 수 있다.

🎯 자료 분석 이온 결합 물질의 녹는점

화학식	이온 사이의 거리(pm)	녹는점(℃)	화학식	이온 사이의 거리(pm)	녹는점(℃)
NaF	231	996	MgO	210	2825
NaCl	276	801	CaO	240	2572
NaBr	291	747	SrO	253	2531
NaI	311	660	BaO	275	1972

❶ 같은 족에서 이온 반지름은 원자 번호가 클수록 크다.

• 17족 원자의 음이온 : $F^- < Cl^- < Br^- < I^-$

• 2족 원자의 양이온 : $Mg^{2+} < Ca^{2+} < Sr^{2+} < Ba^{2+}$

❷ 녹는점이 $NaF > NaCl > NaBr > NaI$인 까닭

➡ 양이온과 음이온의 전하량 크기가 같다.

➡ 이온 사이의 거리가 짧을수록 정전기적 인력이 크다.

❸ 녹는점이 $BaO > NaCl$인 까닭

➡ 이온 사이의 거리가 비슷하다.

➡ 이온의 전하가 클수록 정전기적 인력이 크다.

정답 및 해설 | 27쪽

225

18족 원소 이외의 원자들이 18족 원소와 같이 가장 바깥 전자 껍질에 8개의 전자를 채워 안정한 전자 배치를 가지려는 경향을 [   ]이라고 한다.

226

대부분 금속 양이온과 비금속 음이온 사이의 정전기적 인력에 의해 형성되는 결합은 [   ]이다.

227

그림은 금속 원소의 양이온과 비금속 원소의 음이온 사이의 거리에 따른 에너지를 나타낸 것이다.

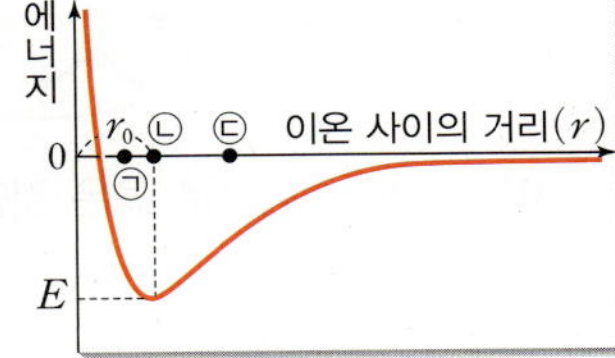

이에 대한 설명으로 옳은 것은 ○, 옳지 않은 것은 ×로 표시하시오.

(1) ㉠에서 이온 사이의 반발력이 우세하게 작용한다. (   )

(2) ㉡에서 이온 결합이 형성된다. (   )

(3) ㉢에서 이온 사이의 인력만 작용한다. (   )

228

다음은 원자 A와 B의 전자 배치를 나타낸 것이다.

• A: $1s^2 2s^2 2p^4$	• B: $1s^2 2s^2 2p^6 3s^1$

이에 대한 설명으로 옳은 것은 ○, 옳지 않은 것은 ×로 표시하시오. (단, A와 B는 임의의 원소 기호이다.)

(1) A 이온과 B 이온의 전자 배치는 모두 Ne(네온)과 같다. (   )

(2) A와 B의 이온 결합으로 형성된 화합물의 화학식은 A_2B이다. (   )

(3) A와 B가 결합하여 형성된 화합물은 고체와 액체 상태에서 모두 전기 전도성이 있다. (   )

229

표는 4가지 물질의 이온 사이의 거리에 대한 자료이다. 4가지 물질의 녹는점을 비교하시오.

화학식	이온 사이의 거리(pm)	화학식	이온 사이의 거리(pm)
NaCl	276	MgO	210
NaBr	291	BaO	275

개념 ❶ 화학 결합과 전기적 성질

족집게 전략 물의 전기 분해에서 (−)극과 (+)극에서 각각 생성되는 기체의 종류와 성질을 아는 것이 중요해. 또한 물의 전기 분해를 통해 화학 결합에는 전자가 관여함을 설명할 수 있어야 해.

230 단골 문제

그림은 물의 전기 분해 장치를 나타낸 것이다.

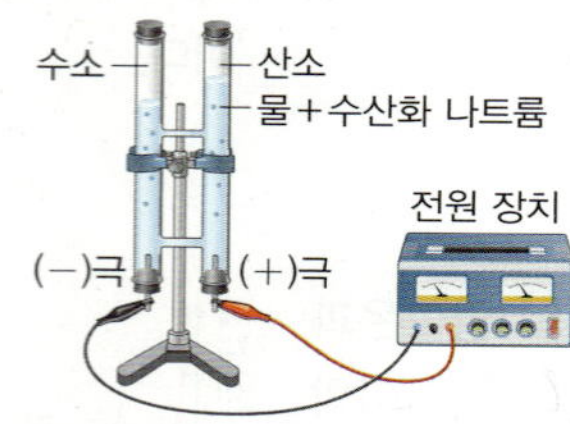

이에 대한 설명으로 옳은 것만을 〈보기〉에서 있는 대로 고른 것은?

보기

ㄱ. (−)극에서 수소 기체가 발생한다.
ㄴ. (+)극에서 전자를 잃는 반응이 일어난다.
ㄷ. 각 전극에서 생성된 기체의 몰비는 (−)극 : (+)극 =1 : 2이다.

① ㄱ
② ㄷ
③ ㄱ, ㄴ
④ ㄴ, ㄷ
⑤ ㄱ, ㄴ, ㄷ

추가로 나오는 선택지

❶ 순수한 물은 전류가 흐르지 않는다. (　　)
❷ 이 실험을 통해 화합물이 생성될 때 전자가 관여함을 알 수 있다. (　　)
❸ 물을 전기 분해할 때 수산화 나트륨과 같은 (　　　)을 넣어 주어야 한다.

231

그림은 4가지 원자 A~D를 모형으로 나타낸 것이다.

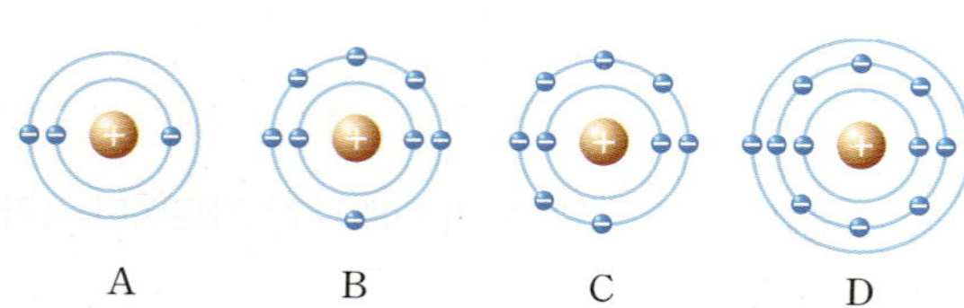

A~D로 이루어진 화합물 중 화합물 내 구성 입자의 전자 배치가 서로 같지 <u>않은</u> 것은? (단, A~D는 임의의 원소 기호이다.)

① A_2B
② B_2
③ BC_2
④ D_2B
⑤ DC

개념 ❷ 이온 결합의 형성

족집게 전략 이온 결합은 이온 사이의 정전기적 인력에 의해 형성되는 결합임을 알아야 해. 이때, 금속 원자와 비금속 원자가 주고받는 전자의 수는 18족 원소의 전자 배치와 관계가 있다는 것을 생각하고 문제를 풀어야 해.

232 단골 문제

그림은 원자 A와 B가 결합하여 화합물을 형성하는 과정을 전자 배치 모형으로 나타낸 것이다.

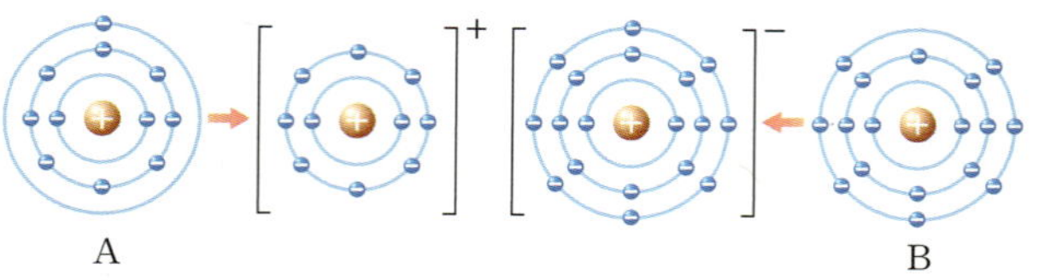

이에 대한 설명으로 옳은 것만을 〈보기〉에서 있는 대로 고른 것은? (단, A와 B는 임의의 원소 기호이다.)

보기

ㄱ. A 원자 1개와 B 원자 1개가 결합할 때 이동하는 전자 수는 1이다.
ㄴ. B 원자가 B 이온이 될 때 전자 껍질 수는 감소한다.
ㄷ. 화합물에서 A 이온은 Ne(네온)과 전자 배치가 같다.

① ㄱ
② ㄴ
③ ㄱ, ㄷ
④ ㄴ, ㄷ
⑤ ㄱ, ㄴ, ㄷ

추가로 나오는 선택지

❶ A 이온과 B 이온은 정전기적 인력에 의해 결합한다. (　　)
❷ 화합물에서 A 이온과 B 이온의 전자 배치는 같다. (　　)
❸ A와 B가 결합하여 형성된 화합물의 화학식은 (　　　)이다.

233 서술형

그림은 원자 A와 B의 전자 배치를 모형으로 나타낸 것이다.

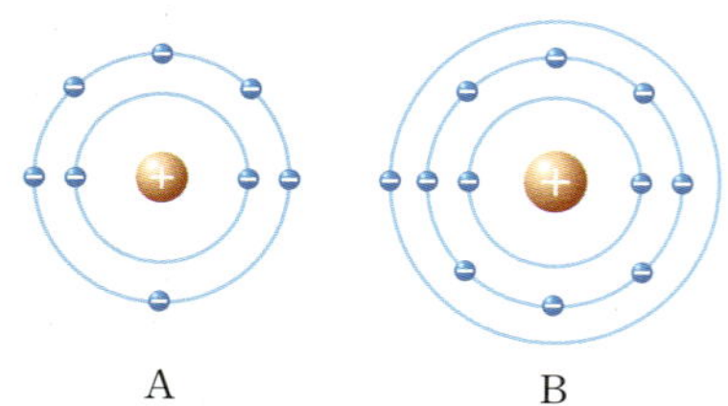

A와 B가 결합하여 생성된 화합물의 화학식을 쓰고, 이 화합물을 생성하는 과정을 서술하시오. (단, A와 B는 임의의 원소 기호이고, 구성 원자의 전자 배치는 모두 18족 원소와 같다.)

234  중요

그림은 화합물 AB의 화학 결합을 모형으로 나타낸 것이다.

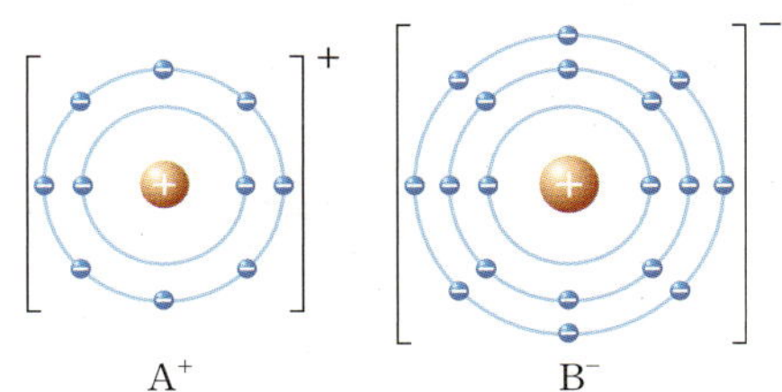

이에 대한 설명으로 옳지 <u>않은</u> 것은? (단, A와 B는 임의의 원소 기호이다.)

① 원자 번호는 B가 A보다 크다.
② 원자 A와 B는 모두 3주기 원소이다.
③ 원자가 전자 수는 B가 A보다 크다.
④ 화합물 AB에서 이온의 전자 배치는 서로 같다.
⑤ 화합물 AB는 A 이온과 B 이온의 정전기적 인력에 의해 결합하여 생성된다.

235

다음은 원자 A~C의 전자 배치를 나타낸 것이다.

- A: $1s^2 2s^1$
- B: $1s^2 2s^2 2p^4$
- C: $1s^2 2s^2 2p^6 3s^1$

이에 대한 설명으로 옳지 <u>않은</u> 것은? (단, A~C는 임의의 원소 기호이다.)

① 원자 번호는 B가 A보다 크다.
② 원자 반지름은 C가 B보다 크다.
③ 이온 반지름은 B 이온이 C 이온보다 크다.
④ A와 B는 전자를 공유하여 결합한다.
⑤ C_2B에서 이온의 전자 배치는 B와 C가 서로 같다.

족집게 전략 이온 결합의 형성 원리를 에너지 관계를 이용하여 설명할 수 있어야 해. 또한 이온 결합은 에너지가 가장 낮은 이온 사이의 거리에서 형성된다는 것을 기억해.

236 단골 문제

그림은 Na$^+$과 Cl$^-$ 사이의 거리에 따른 에너지를 나타낸 것이다.

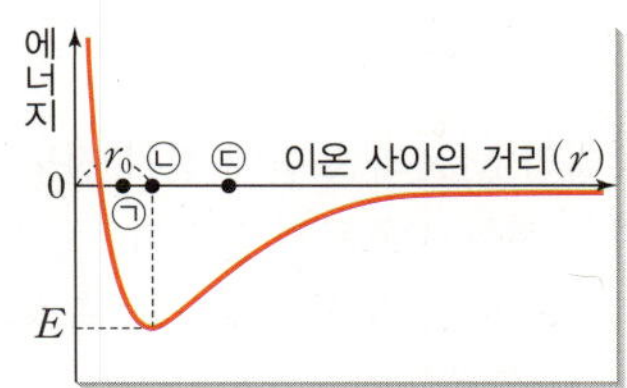

이에 대한 설명으로 옳지 <u>않은</u> 것은? (단, A와 B는 임의의 원소 기호이다.)

① ⓛ에서 이온 결합이 형성된다.
② NaCl(염화 나트륨)에서 이온 사이의 거리는 r_0이다.
③ ⓒ에서 인력이 반발력보다 우세하게 작용한다.
④ 이온 사이의 인력은 ⓛ에서가 ㉠에서보다 크다.
⑤ ㉠에서가 ⓛ에서보다 에너지가 큰 까닭은 이온 사이의 반발력이 크기 때문이다.

추가로 나오는 선택지

❶ ⓒ에서 ⓛ으로 될 때, 인력은 증가하고 반발력은 감소한다. (   )
❷ ⓛ에서 인력과 반발력은 평형을 이룬다. (   )
❸ KCl(염화 칼륨)에서 이온 사이의 거리는 r_0보다 크다. (   )

237 중요

오른쪽 그림은 알칼리 금속의 양이온과 염화 이온(Cl$^-$)이 결합할 때, 이온 사이의 거리에 따른 에너지를 나타낸 것이다.

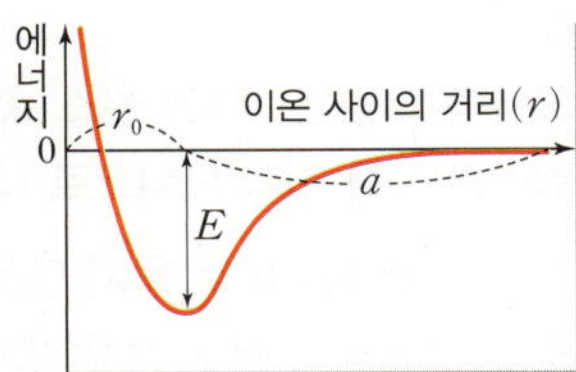

이에 대한 설명으로 옳은 것은?

① 알칼리 금속의 양이온과 Cl$^-$은 1 : 2의 입자 수비로 결합한다.
② 구간 a에서 이온 사이의 인력만 작용한다.
③ 알칼리 금속의 원자 번호가 클수록 r_0는 감소한다.
④ 알칼리 금속의 원자 번호가 클수록 E는 증가한다.
⑤ 이온 사이의 거리가 r_0일 때 이온 결합을 형성한다.

개념 ❹ 이온 결합 물질의 성질

족집게 전략 이온 결합 물질의 상태에 따른 전기 전도성을 알고, 고체 상태에서 전류가 흐르지 않지만, 액체 상태나 수용액 상태에서 전류가 흐르는 까닭을 설명할 수 있어야 해.

238 단골 문제

다음은 물질 MX를 이용한 실험이다.

> [실험]
> (가) 고체 상태의 MX의 표면에 전기 전도도 측정기를 대었더니, 전류가 흐르지 않았다.
> (나) 액체 상태의 MX에 전기 전도도 측정기를 넣었더니, 전류가 흘렀다.
> (다) 고체 상태의 MX를 물에 넣었더니, 용해되었다.

이에 대한 설명으로 옳은 것만을 〈보기〉에서 있는 대로 고른 것은? (단, M과 X는 임의의 원소 기호이다.)

보기
> ㄱ. MX는 이온 결합 물질이다.
> ㄴ. 고체 상태의 MX에 힘을 가하면 잘 부스러진다.
> ㄷ. (다) 과정 후 수용액에 전기 전도도 측정기를 넣으면 전류가 흐른다.

① ㄱ   ② ㄷ   ③ ㄱ, ㄴ
④ ㄴ, ㄷ   ⑤ ㄱ, ㄴ, ㄷ

추가로 나오는 선택지

❶ MX는 양이온과 자유 전자 사이의 정전기적 인력에 의해 형성되는 물질이다.   (   )
❷ 끓는점은 MX가 분자로 존재하는 공유 결합 물질보다 낮다.   (   )
❸ 염화 나트륨(NaCl)은 MX로 가능하다.   (   )

239

오른쪽 그림은 3주기 원소 A와 B로 구성된 화합물 X를 입자 모형으로 나타낸 것이다.

이에 대한 설명으로 옳지 <u>않은</u> 것은? (단, A와 B는 임의의 원소 기호이다.)

① X의 화학식은 AB이다.
② X에서 B의 전자 배치는 Ar과 같다.
③ X에 힘을 가하면 잘 부스러진다.
④ X는 고체 상태에서 전기 전도성이 있다.
⑤ X는 액체 상태에서 전기 전도성이 있다.

240 서술형

그림은 2가지 이온 결합 물질 NaX와 NaY이 형성될 때, 이온 사이의 거리에 따른 에너지를 나타낸 것이다.

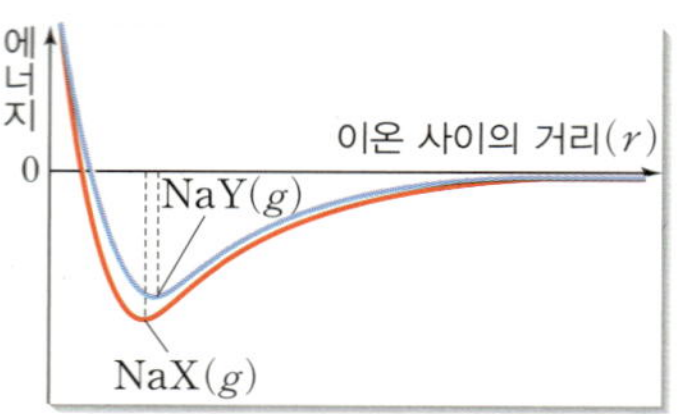

NaX(s)와 NaY(s)의 녹는점을 비교하고, 그렇게 생각한 까닭을 서술하시오

241

표는 이온 A~D의 양성자수와 전자 수를 나타낸 것이다.

이온	A	B	C	D
양성자수	8	9	11	12
전자 수	10	10	10	10

이에 대한 설명으로 옳은 것만을 〈보기〉에서 있는 대로 고른 것은? (단, A~D는 임의의 원소 기호이다.)

보기
> ㄱ. A와 C는 1 : 2의 이온 수비로 결합한다.
> ㄴ. DB₂에서 B와 D의 전자 배치는 같다.
> ㄷ. 물질의 녹는점은 DA(s)가 CB(s)보다 높다.

① ㄱ   ② ㄷ   ③ ㄱ, ㄴ
④ ㄴ, ㄷ   ⑤ ㄱ, ㄴ, ㄷ

242

그림은 3주기 원소로 구성된 고체 상태의 화합물 X에 힘을 가했을 때의 모습을 나타낸 것이다.

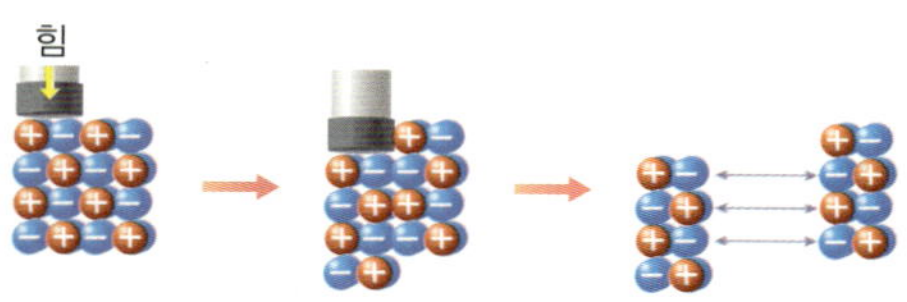

X에 대한 설명으로 옳지 <u>않은</u> 것은?

① 물에 잘 녹는다.
② 이온 결합 물질이다.
③ 상온에서 고체로 존재한다.
④ HCl와 화학 결합의 형태가 동일하다.
⑤ 액체 상태에서 전기 전도성이 있다.

243

그림은 원소 A와 B로 구성된 액체 상태의 화합물 X의 전기 분해 장치를 나타낸 것이고, 표는 25 ℃에서 전기 분해했을 때 각 전극에서 생성된 기체에 대한 자료이다. A와 B의 원자가 전자 수는 각각 6, 1이다.

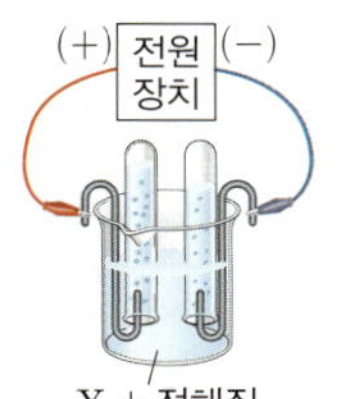

기체		(+)극	(−)극
기체	종류	A_2	B_2
	양(mol)	x	y

이에 대한 설명으로 옳은 것만을 〈보기〉에서 있는 대로 고른 것은? (단, A와 B는 임의의 원소 기호이다.)

보기

ㄱ. (+)극에서 X가 전자를 얻는 반응이 일어난다.
ㄴ. X를 구성하는 원자 수비는 $A : B = x : y$이다.
ㄷ. 이 실험을 통해 A와 B가 결합할 때 전자가 관여함을 알 수 있다.

① ㄱ   ② ㄴ   ③ ㄱ, ㄷ
④ ㄴ, ㄷ   ⑤ ㄱ, ㄴ, ㄷ

244

그림은 3주기 원자 A와 B가 각각 18족 원소와 같은 전자 배치를 갖는 이온이 되는 과정을 모형으로 나타낸 것이다.

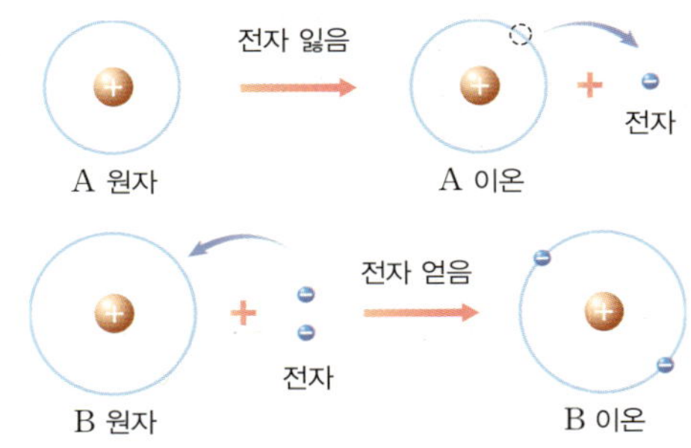

이에 대한 설명으로 옳은 것만을 〈보기〉에서 있는 대로 고른 것은? (단, A와 B는 임의의 원소 기호이다.)

보기

ㄱ. A와 B는 정전기적 인력에 의해 결합한다.
ㄴ. A 이온과 B 이온은 1 : 2의 몰비로 결합한다.
ㄷ. 화합물에서 A 이온과 B 이온의 전자 배치는 서로 같다.

① ㄱ   ② ㄴ   ③ ㄱ, ㄷ
④ ㄴ, ㄷ   ⑤ ㄱ, ㄴ, ㄷ

245

그림은 화합물 (가)와 (나)의 화학 결합을 모형으로 나타낸 것이다.

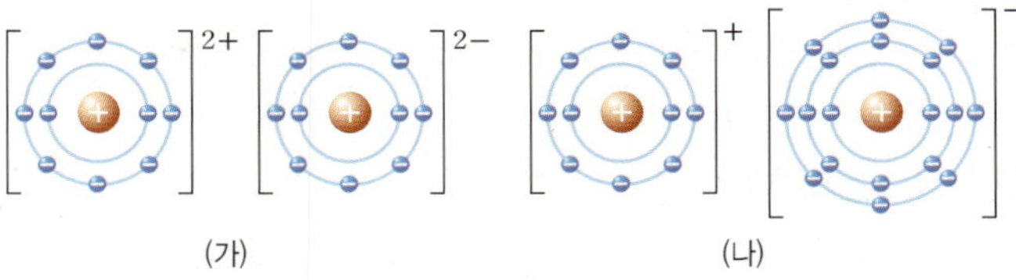

이에 대한 설명으로 옳은 것만을 〈보기〉에서 있는 대로 고른 것은?

보기

ㄱ. (가)와 (나)에서 금속 원소는 모두 3주기 원소이다.
ㄴ. 이온 사이의 거리는 (가)가 (나)보다 크다.
ㄷ. 화합물의 녹는점은 (가)가 (나)보다 낮다.

① ㄱ   ② ㄷ   ③ ㄱ, ㄴ
④ ㄴ, ㄷ   ⑤ ㄱ, ㄴ, ㄷ

246 고난도

표는 4가지 이온 결합 물질에 대한 자료이다.

물질	이온의 전하량 곱의 절댓값	이온 사이의 거리 (pm)	녹는점 (℃)
AB	1	207	870
AC	1	255	t_1
DE	4	212	t_2
FE	4	256	

이에 대한 설명으로 옳은 것만을 〈보기〉에서 있는 대로 고른 것은? (단, A~F는 임의의 원소 기호이다.)

보기

ㄱ. $t_1 < 870$이다.
ㄴ. $t_2 > t_1$이다.
ㄷ. AC와 FE를 비교하면 이온의 전하량이 녹는점에 미치는 영향을 알 수 있다.

① ㄱ   ② ㄷ   ③ ㄱ, ㄴ
④ ㄴ, ㄷ   ⑤ ㄱ, ㄴ, ㄷ

02 공유 결합과 금속 결합

> 공유 결합 물질에는 분자로 존재하는 분자 결정과 모든 원자들이 공유 결합하여 그물처럼 연결되어 있는 공유 결정이 있다.

개념 ❶ 공유 결합의 형성

1. 공유 결합: 비금속 원소의 원자들이 전자쌍을 서로 공유하면서 형성되는 결합이다.

2. 공유 결합의 형성

(1) **수소 분자의 형성:** 수소 원자 2개가 각각 전자를 1개씩 내놓고, 이 전자쌍을 각 수소 원자가 서로 공유함으로써 형성된다.

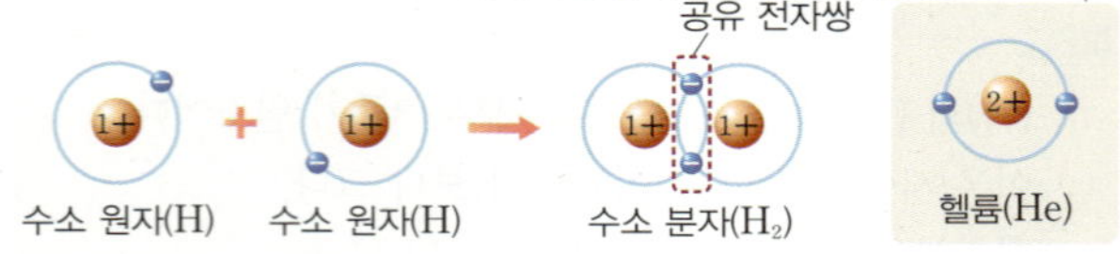

(2) **물 분자의 형성:** 산소 원자 1개가 수소 원자 2개와 각각 전자 1쌍씩을 공유하여 형성된다.

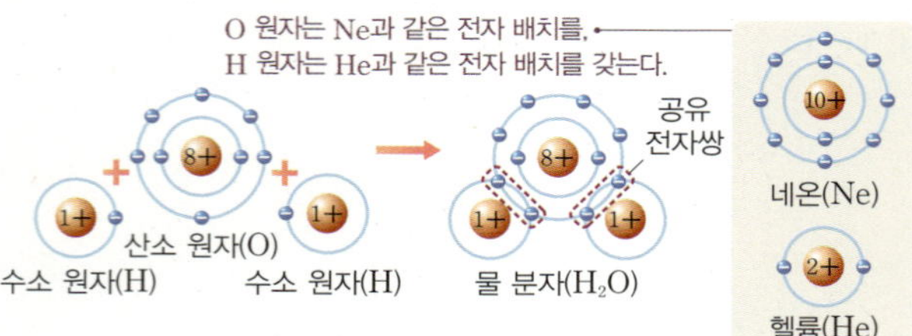

개념 ❷ 공유 결합의 형성과 에너지

1. 공유 결합의 형성과 에너지 변화

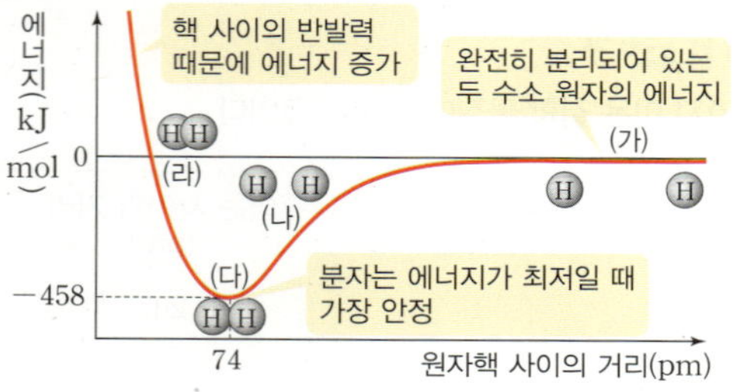

- **(가):** 수소 원자가 멀리 떨어져 있어 인력이 거의 작용하지 않는다.
- **(나):** 수소 원자가 가까워지면 원자핵과 전자 사이의 인력이 작용하여 에너지가 낮아진다.
- **(다):** 원자핵, 전자 사이의 인력과 반발력이 균형을 이루어 공유 결합이 형성된다.
- **(라):** 수소 원자가 공유 결합 길이보다 더 가까워지면 전자 사이의 반발력과 원자핵 사이의 반발력이 작용하여 에너지가 급증하므로 불안정해진다.

2. 공유 결합 길이 : 두 원자가 공유 결합을 형성했을 때 두 원자핵 사이의 거리이다.

3. 공유 결합 반지름: 같은 원자 사이의 공유 결합 길이의 $\frac{1}{2}$이다.

개념 ❸ 공유 결합 물질의 성질

1. 공유 결합 물질: 원자들이 공유 결합하여 형성된 물질로, 대부분 분자로 이루어져 있다.

> 예 암모니아(NH_3), 메테인(CH_4), 포도당($C_6H_{12}O_6$), 다이아몬드(C), 흑연(C) 등
> └ 분자 결정   └ 원자 결정

2. 공유 결합 물질의 성질

(1) **녹는점과 끓는점:** 물(H_2O), 이산화 탄소(CO_2)와 같이 분자로 이루어진 대부분의 공유 결합 물질은 녹는점과 끓는점이 낮아 상온에서 액체나 기체 상태로 존재한다.

(2) **전기 전도성:** 공유 결합 물질은 이온으로 구성되어 있지 않기 때문에 고체와 액체 상태에서 전기 전도성이 없다. (단, 흑연(C) 등은 예외)

개념 ❹ 금속 결합과 금속의 성질

1. 금속 결합

(1) **금속 결합:** 금속 양이온과 자유 전자 사이의 정전기적 인력에 의해 형성되는 결합이다.

(2) **자유 전자:** 금속 원자가 양이온이 되면서 내놓은 원자가 전자로, 금속 양이온 사이를 자유롭게 움직이면서 금속 양이온을 결합시키는 역할을 하는 전자이다.

2. 금속의 특성: 금속 결합을 이루는 금속의 특성이 나타나는 것은 자유 전자 때문이다.

(1) **전기 전도성:** 금속은 자유 전자가 자유롭게 움직이므로 고체와 액체 상태에서 전기 전도성이 있다.

(2) **열 전도성:** 금속을 가열하면 자유 전자가 에너지를 얻게 되고, 자유 전자가 인접한 자유 전자와 금속 양이온에 열에너지를 전달하므로 금속은 열전도성이 매우 크다.

(3) **뽑힘성과 펴짐성:** 금속 결정에 힘을 가하면 양이온들의 층은 미끄러져 이동하여 변형되지만, 자유 전자들이 이동하여 금속 결합을 유지시켜 주므로 금속은 뽑힘성과 펴짐성이 크다.

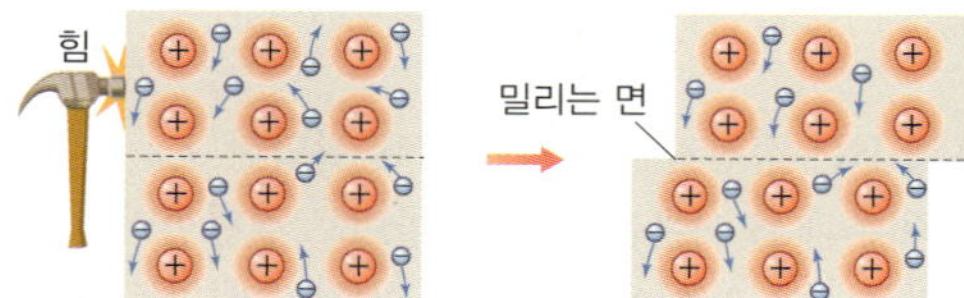

(4) **녹는점과 끓는점:** 금속은 자유 전자와 금속 양이온 사이의 강한 정전기적 인력에 의해 녹는점과 끓는점이 높다. 따라서 대부분 상온에서 고체 상태로 존재한다.

과정
❶ 고체 염화 나트륨(NaCl), 포도당, 파라핀, 설탕에 전원 장치를 연결한 전극을 꽂아 전류가 흐르는지 알아본다.
❷ 4가지 물질을 각각 물에 넣어 녹이고, 각 물질의 수용액에서 전류가 흐르는지 알아본다.
❸ 가열 장치에 넓은 구리판을 올려놓고 4가지 물질을 그 위에 올려놓은 다음, 물질이 녹을 때까지 고르게 가열한다.

[과정 ❷]

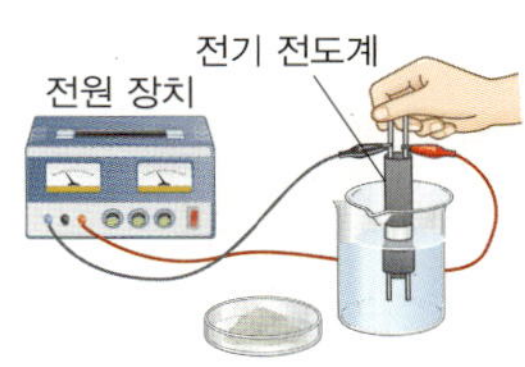

[과정 ❸]

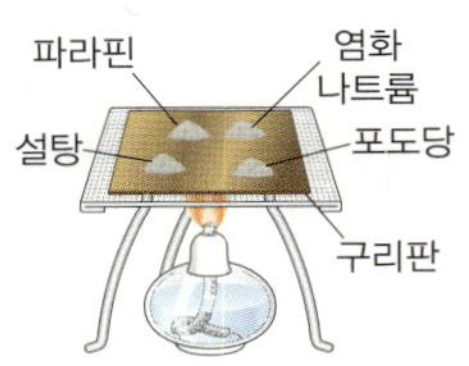

결과
1. 4가지 물질의 상태에 따른 전기 전도성

물질	전기 전도성			
상태	NaCl	포도당	파라핀	설탕
고체	없음	없음	없음	없음
수용액	있음	없음	(녹지 않음)	없음

2. 4가지 물질의 녹는점 비교
• 물질을 가열할 때 녹는 순서: 파라핀 → 포도당 → 설탕 ┌→ 공유 결합 물질
• 염화 나트륨(NaCl)을 알코올 램프로 가열해도 녹지 않는다.
　└→ 이온 결합 물질

정리
• 수용액 상태에서 이온 결합 물질은 전기 전도성이 있지만, 공유 결합 물질은 전기 전도성이 없다.
• 분자로 구성된 공유 결합 물질이 이온 결합 물질보다 상대적으로 녹는점이 낮다.

그림은 공유 결합이 형성될 때, 원자 사이의 거리에 따른 에너지를 나타낸 것이다.

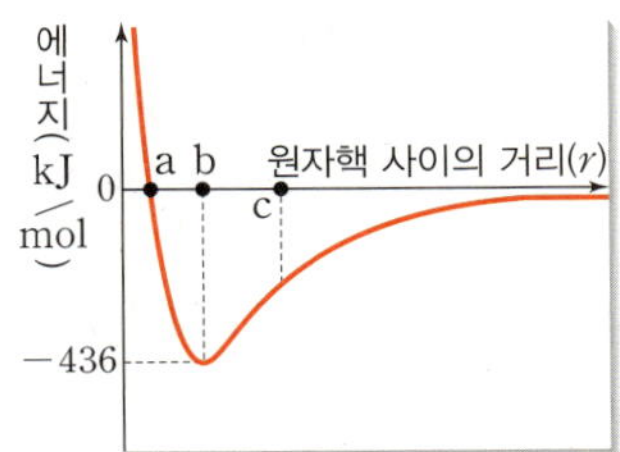

• c → b: 원자 사이의 거리가 가까워지며 원자핵과 전자 사이의 인력이 우세하게 작용한다.
• b: 원자핵과 전자 사이의 인력, 전자 사이의 반발력이 균형을 이루어 공유 결합을 형성한다.
• b → a: 전자와 전자, 원자핵과 원자핵 사이의 반발력이 크게 작용하므로 에너지가 급격히 증가한다.

정답 및 해설 | 31쪽

247

비금속 원소의 원자들이 전자쌍을 서로 공유하면서 형성되는 결합은 [   ]이다.

248

산소 원자 1개는 수소 원자 2개와 각각 전자쌍 [   ]개를 공유하여 결합한다.

249

그림은 수소 분자(H_2)가 형성될 때, 수소(H)의 원자핵 사이의 거리에 따른 에너지를 나타낸 것이다.

이에 대한 설명으로 옳은 것은 ○, 옳지 않은 것은 ×로 표시하시오.

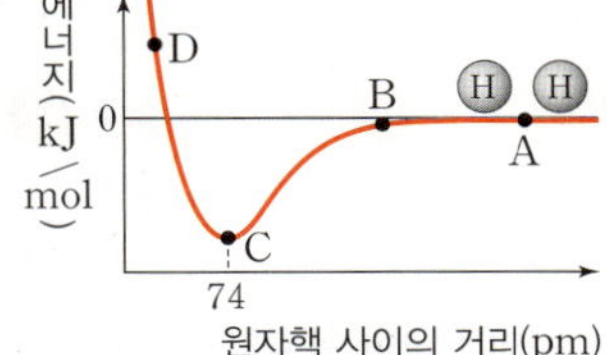

(1) C에서 공유 결합이 형성된다. (　　)
(2) 전자와 원자핵 사이의 인력은 C가 D보다 크다. (　　)
(3) B에서 전자와 원자핵 사이의 인력이 우세하게 작용한다. (　　)

250

금속 결합은 금속 양이온과 [   ] 사이의 정전기적 인력에 의해 형성되는 결합이다.

251

공유 결합 물질과 금속의 성질에 대한 설명으로 옳은 것은 ○, 옳지 않은 것은 ×로 표시하시오.

(1) 공유 결합 물질은 대부분 분자로 이루어져 있어 녹는점, 끓는점이 비교적 낮다. (　　)
(2) 공유 결합 물질은 대부분 액체 상태에서 전기 전도성이 없다. (　　)
(3) 금속은 자유 전자가 자유롭게 움직이므로 고체와 액체 상태에서 전기 전도성이 있다. (　　)
(4) 금속은 외부의 힘을 가하면 같은 전하를 띤 금속 양이온 사이의 반발력에 의해 잘 부스러진다. (　　)

252

그림은 금속에 힘을 가했을 때 모양이 변형되는 모습을 나타낸 것이다.

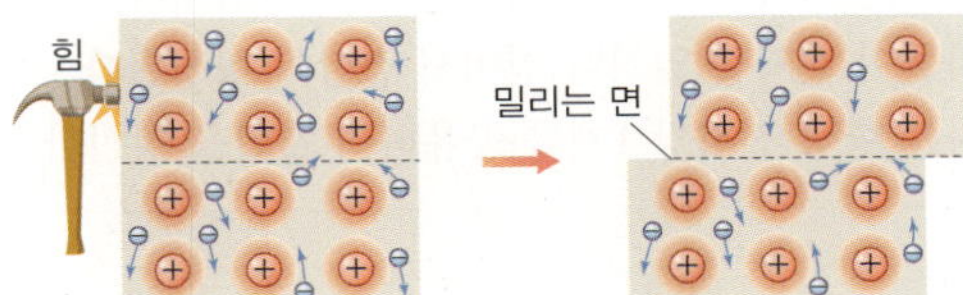

이와 관련된 금속의 성질 2가지를 쓰시오.

개념 ❶ 공유 결합의 형성

족집게 전략 비금속 원자들이 공유 결합을 형성할 때 옥텟 규칙을 만족하기 위해 부족한 전자 수만큼 전자를 공유하여 결합한다는 것을 알고 문제를 풀어야 해.

253 단골 문제

그림은 수소 원자(H)와 염소 원자(Cl)의 결합 과정을 모형으로 나타낸 것이다.

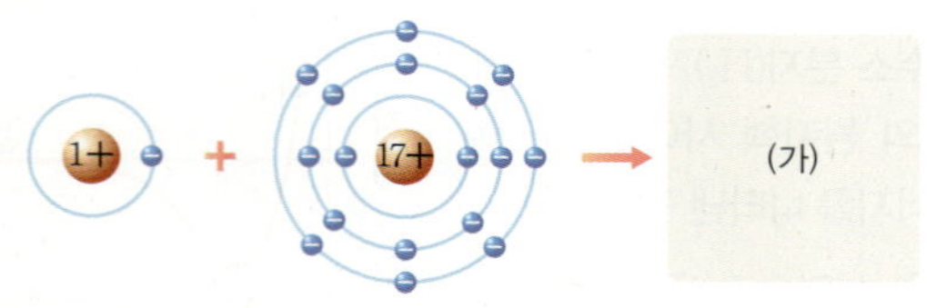

이에 대한 설명으로 옳은 것만을 〈보기〉에서 있는 대로 고른 것은?

보기
ㄱ. H와 Cl는 전자쌍 1개를 공유한다.
ㄴ. (가)의 분자식은 HCl이다.
ㄷ. (가)에서 Cl의 전자 배치는 Ar과 같다.

① ㄱ   ② ㄷ   ③ ㄱ, ㄴ
④ ㄴ, ㄷ   ⑤ ㄱ, ㄴ, ㄷ

추가로 나오는 선택지
❶ H와 Cl는 공유 결합을 한다. (   )
❷ (가)에는 공유 전자쌍 1개가 있다. (   )
❸ (가)에서 H의 전자 배치는 (   )과 같다.

254

공유 결합에 대한 설명으로 옳은 것만을 〈보기〉에서 있는 대로 고른 것은?

보기
ㄱ. 주로 비금속 원소 사이에서 형성되는 결합이다.
ㄴ. 원자들이 전자를 잃거나 얻어서 결합이 형성된다.
ㄷ. 원자는 항상 전자쌍 1개를 공유하여 결합을 형성한다.

① ㄱ   ② ㄴ   ③ ㄱ, ㄴ
④ ㄱ, ㄷ   ⑤ ㄴ, ㄷ

255 중요

그림은 원자 A~C의 전자 배치를 모형으로 나타낸 것이다.

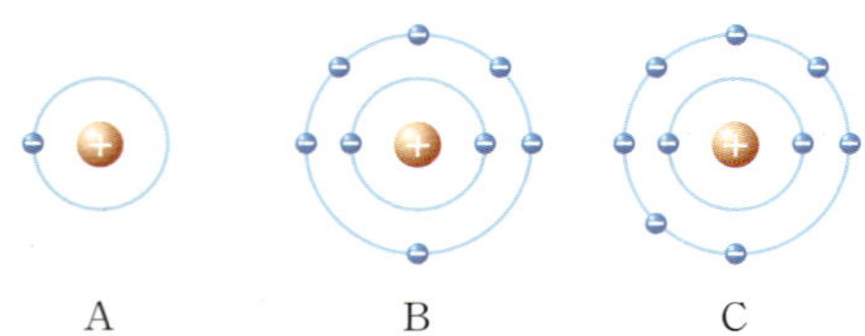

이에 대한 설명으로 옳지 **않은** 것은? (단, A~C는 임의의 원소 기호이다.)

① A와 C는 이온 결합을 형성한다.
② A와 B는 전자를 공유하여 결합한다.
③ 공유 전자쌍 수는 A_2와 C_2에서 서로 같다.
④ BC_2에서 B 원자 1개는 C 원자 2개와 공유 결합을 형성한다.
⑤ BC_2에서 구성 원자의 전자 배치는 모두 Ne과 같다.

256

다음 중 공유한 전자쌍 수가 가장 큰 분자는?

① H_2 ② O_2 ③ N_2
④ H_2O ⑤ OF_2

257

그림은 화합물 AB_2의 화학 결합을 모형으로 나타낸 것이다.

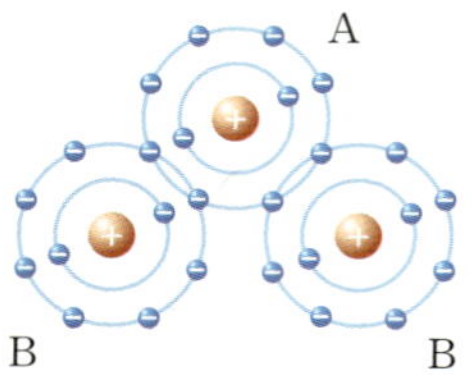

이에 대한 설명으로 옳은 것만을 〈보기〉에서 있는 대로 고른 것은? (단, A와 B는 임의의 원소 기호이다.)

보기
ㄱ. 원자가 전자 수는 A가 B보다 크다.
ㄴ. AB_2에서 A와 B는 모두 옥텟 규칙을 만족한다.
ㄷ. A_2와 B_2에서 공유 전자쌍 수는 서로 같다.

① ㄱ   ② ㄴ   ③ ㄱ, ㄷ
④ ㄴ, ㄷ   ⑤ ㄱ, ㄴ, ㄷ

258

그림은 주기율표의 일부를 나타낸 것이다.

족 / 주기	1	2	13	14	15	16	17	18
1	A							
2				B			C	

이에 대한 설명으로 옳은 것만을 〈보기〉에서 있는 대로 고른 것은? (단, A~C는 임의의 원소 기호이다.)

보기

ㄱ. B 원자 1개는 A 원자 4개와 공유 결합하여 옥텟 규칙을 만족한다.
ㄴ. A 원자는 C 원자와 전자쌍 1개를 공유하여 결합한다.
ㄷ. BC_4에서 C 원자의 전자 배치는 Ne과 같다.

① ㄱ   ② ㄷ   ③ ㄱ, ㄴ
④ ㄴ, ㄷ   ⑤ ㄱ, ㄴ, ㄷ

259 서술형

그림은 원자 A와 B의 전자 배치를 모형으로 나타낸 것이다.

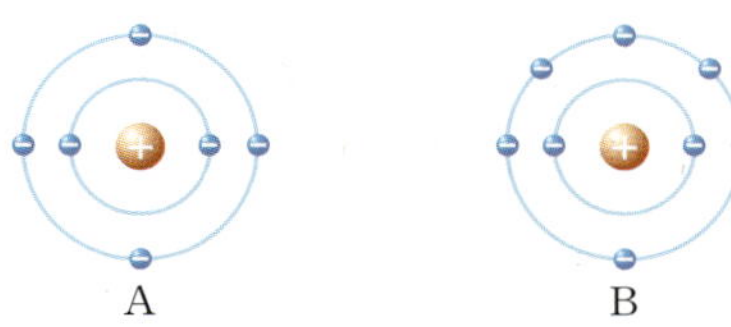

A와 B가 공유 결합하여 AB_2가 형성되는 과정을 서술하시오. (단, A와 B는 임의의 원소 기호이다.)

260

그림은 원자 A와 B가 반응하여 화합물 A_2B를 생성하는 과정을 모형으로 나타낸 것이다.

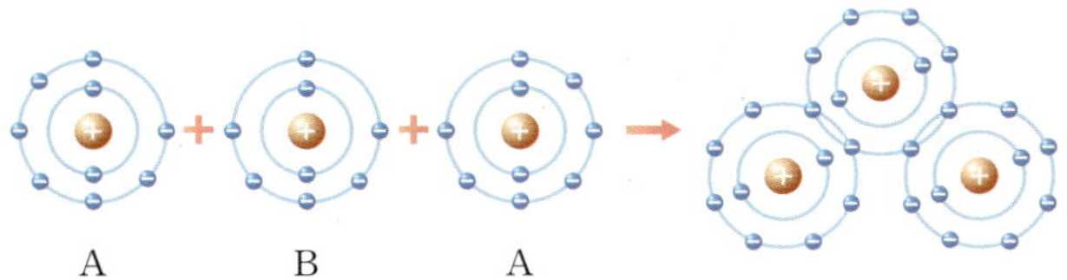

이에 대한 설명으로 옳은 것만을 〈보기〉에서 있는 대로 고른 것은? (단, A와 B는 임의의 원소 기호이다.)

보기

ㄱ. A는 비금속 원소이다.
ㄴ. BA_2에서 B는 옥텟 규칙을 만족한다.
ㄷ. A 원자 1개는 B 원자 1개와 전자쌍 2개를 공유하여 결합한다.

① ㄱ   ② ㄷ   ③ ㄱ, ㄴ
④ ㄴ, ㄷ   ⑤ ㄱ, ㄴ, ㄷ

261 중요

다음은 바닥상태인 원자 A와 B에 대한 자료이다.

- A는 전자가 들어 있는 오비탈 수가 4이다.
- B는 p 오비탈에 들어 있는 전자 수가 5이다.

A 원자 1개는 B 원자 1개와 공유하는 전자쌍 수가 ㉠이고, A 원자 1개와 B 원자 x개가 결합하여 형성된 화합물의 화학식은 ㉡이다. ㉠과 ㉡을 옳게 짝 지은 것은? (단, A와 B는 임의의 원소 기호이고, 화합물에서 A와 B는 옥텟 규칙을 만족한다.)

	㉠	㉡		㉠	㉡
①	1	AB_2	②	1	A_2B
③	1	AB_4	④	2	AB_2
⑤	2	A_2B_2			

개념 2   공유 결합의 형성과 에너지 변화

족집게 전략   수소 원자가 공유 결합하여 수소 분자를 형성할 때, 에너지가 가장 낮은 지점에서 결합이 형성됨을 알고 있어야 해. 또한 원자핵 사이의 거리에 따른 인력과 반발력의 관계를 이해하고 문제를 풀어야 해.

262 단골 문제

그림은 수소 분자가 형성될 때, 수소(H)의 원자핵 사이의 거리에 따른 에너지를 나타낸 것이다.

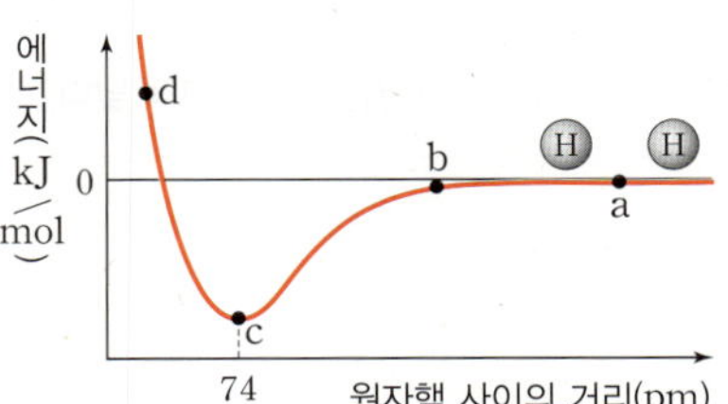

이에 대한 설명으로 옳은 것만을 〈보기〉에서 있는 대로 고른 것은?

보기

ㄱ. c에서 공유 결합이 형성된다.
ㄴ. a에서 b로 될 때 인력이 우세하게 작용한다.
ㄷ. a~d 중 원자핵과 전자 사이의 반발력은 c에서가 가장 크다.

① ㄱ   ② ㄷ   ③ ㄱ, ㄴ   ④ ㄴ, ㄷ   ⑤ ㄱ, ㄴ, ㄷ

추가로 나오는 선택지

❶ H_2에서 공유 결합 반지름은 74 pm이다.   (   )
❷ d에서 전자와 전자 사이의 반발력이 크게 증가한다.   (   )
❸ b~d 중 인력이 반발력보다 우세한 지점은 (   )이다.

족집게 전략 분자로 존재하는 공유 결합 물질과 모든 원자들이 공유 결합하여 그물처럼 연결되어 있는 공유 결합 물질의 공통점 및 차이점을 설명할 수 있어야 해. └─ 원자 결정: 다이아몬드(C), 흑연(C) 등
└─ 분자 결정: 물(H_2O), 이산화 탄소(CO_2) 등

263 단골 문제

그림은 물질 (가)~(다)를 모형으로 나타낸 것이다. (가)~(다)는 각각 드라이아이스(CO_2), 다이아몬드(C), 얼음(H_2O)이다.

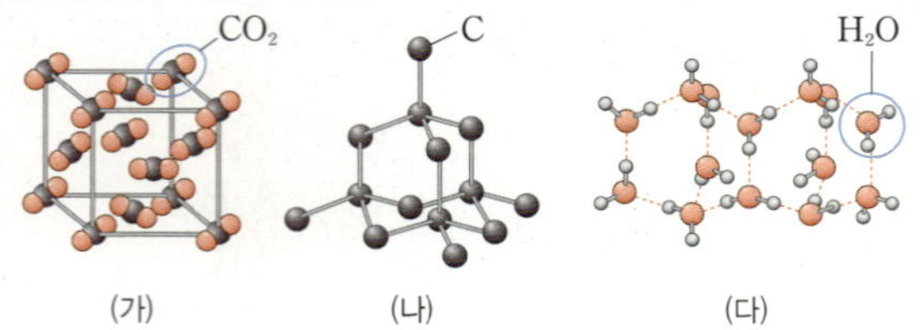

(가)~(다)의 공통점만을 〈보기〉에서 있는 대로 고른 것은?

보기
ㄱ. 힘을 가하면 쉽게 부스러진다.
ㄴ. 구성 원자 사이의 공유 결합을 한다.
ㄷ. 고체나 액체 상태에서 전기 전도성이 없다.

① ㄱ 　② ㄴ 　③ ㄱ, ㄷ
④ ㄴ, ㄷ 　⑤ ㄱ, ㄴ, ㄷ

추가로 나오는 선택지

❶ (가)와 (다)는 분자로 존재한다. 　(　)
❷ (나)는 모든 원자들이 3차원적으로 공유 결합을 하고 있다. 　(　)
❸ (나)와 (다)는 모두 녹는점과 끓는점이 비교적 낮다. 　(　)

264

그림은 원자 A와 B의 전자 배치를 모형을 나타낸 것이다.

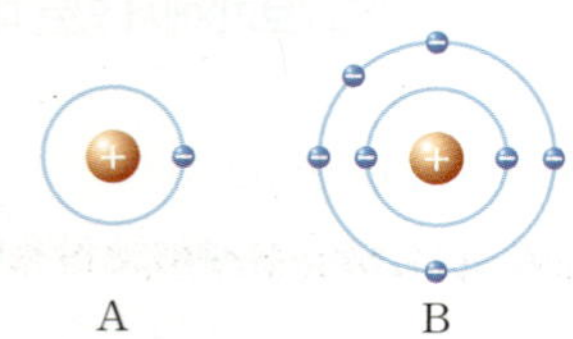

화합물 BA_3에 대한 설명으로 옳은 것만을 〈보기〉에서 있는 대로 고른 것은? (단, A와 B는 임의의 원소 기호이다.)

보기
ㄱ. 공유 결합 물질이다.
ㄴ. 이온 결합 물질보다 비교적 끓는점이 높다.
ㄷ. 액체 상태에서 전기 전도성이 있다.

① ㄱ 　② ㄴ 　③ ㄱ, ㄷ 　④ ㄴ, ㄷ 　⑤ ㄱ, ㄴ, ㄷ

265

표는 4가지 물질에 대한 자료이다.

물질	화학식	녹는점(℃)	끓는점(℃)
(가)	N_2	−210	−196
(나)	C_2H_5OH	−114	78
(다)	H_2O	0	100
(라)	I_2	114	184

(가)~(라)에 대한 설명으로 옳은 것만을 〈보기〉에서 있는 대로 고른 것은? (단, A와 B는 임의의 원소 기호이다.)

보기
ㄱ. 모두 공유 결합 물질이다.
ㄴ. 25℃에서 액체 상태인 물질은 1가지이다.
ㄷ. 분자당 공유 전자쌍 수는 (다)가 (가)보다 크다.

① ㄱ 　② ㄴ 　③ ㄱ, ㄷ
④ ㄴ, ㄷ 　⑤ ㄱ, ㄴ, ㄷ

266 중요

표는 바닥상태 원자 A~D의 전자 배치를 나타낸 것이다.

원자	전자 배치
A	$1s^2 2s^2 2p^4$
B	$1s^2 2s^2 2p^6 3s^1$
C	$1s^2 2s^2 2p^6 3s^2$
D	$1s^2 2s^2 2p^6 3s^2 3p^5$

A~D로 이루어진 물질 중 액체 상태에서 전기 전도성이 없는 물질만을 옳게 짝 지은 것은?

① A_2, BD 　② CA, BD 　③ D_2A, BD
④ A_2, D_2A 　⑤ CA, D_2

267 서술형

그림은 물질 (가)와 (나)의 화학 결합을 모형으로 나타낸 것이다.

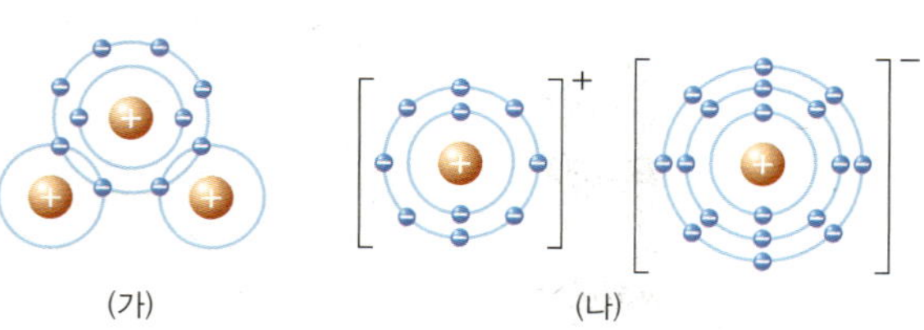

액체 상태에서 물질의 전기 전도성을 비교하고, 그 까닭을 서술하시오.

개념 ❹ 금속 결합과 금속의 성질

족집게 전략 금속은 금속 양이온과 자유 전자 사이의 정전기적 인력에 의해 형성된 물질임을 이해하고, 금속의 성질은 자유 전자에 의해 나타난다는 것을 기억해.

268 단골 문제

다음은 고체 X를 이용한 실험이다.

[실험]
(가) X(s)를 망치로 두드리면 넓게 펴진다.
(나) X(s)에 전원 장치를 연결하면 전류가 흐른다.

이에 대한 설명으로 옳은 것은?

① X(s)는 열전도성이 없다.
② X(s)는 외부 힘에 의해 쉽게 부스러진다.
③ X(s)는 정전기적 인력에 의해 형성된 물질이다.
④ (가)에서 이온 사이의 인력이 크게 작용한다.
⑤ (나)에서 (+)전하를 띤 입자가 (−)극 쪽으로 끌려간다.

추가로 나오는 선택지

❶ X는 뽑힘성이 있다. (   )
❷ X는 양이온과 음이온으로 구성된 물질이다. (   )
❸ (나)에서 전류가 흐르는 까닭은 (   ) 때문이다.

269

그림은 금속 결정을 모형으로 나타낸 것이다.

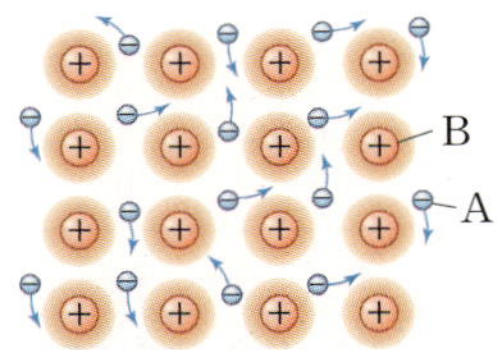

이에 대한 설명으로 옳은 것만을 〈보기〉에서 있는 대로 고른 것은?

보기
ㄱ. 금속은 액체 상태에서 전기 전도성이 있다.
ㄴ. A와 B 사이에 정전기적 인력이 작용한다.
ㄷ. 금속 결정에 전원 장치를 연결하면 A는 (+)극 쪽으로, B는 (−)극 쪽으로 끌려간다.

① ㄱ   ② ㄷ   ③ ㄱ, ㄴ
④ ㄴ, ㄷ   ⑤ ㄱ, ㄴ, ㄷ

270 중요

다음은 4가지 물질의 화학식이다.

| H_2O | Fe | NaCl | NH_3 |

4가지 물질에 대한 설명으로 옳지 <u>않은</u> 것은?

① 분자인 물질은 2가지이다.
② 공유 결합 물질은 2가지이다.
③ 이온 결합 물질은 1가지이다.
④ 펴짐성과 뽑힘성이 있는 물질은 1가지이다.
⑤ 고체 상태에서 전기 전도성이 있는 물질은 2가지이다.

271

그림은 물질 (가)와 (나)의 구조를 모형으로 나타낸 것이다.

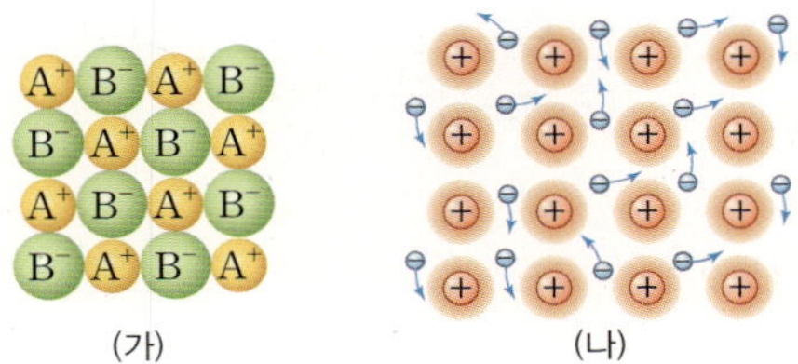

(가)와 (나)의 공통점으로 옳은 것은?

① 상온에서 액체이다.
② 펴짐성과 뽑힘성이 있다.
③ 고체 상태에서 전기 전도성이 있다.
④ 구성 입자 사이의 정전기적 인력에 의해 형성된다.
⑤ 액체 상태에서 전류를 흘려주면 (+)전하를 띤 입자는 (−)극 쪽으로 끌려간다.

272 서술형

표는 물질 (가)∼(다)에 대한 자료이다. (가)∼(다)는 각각 다이아몬드(C), 나트륨(Na), 염화 나트륨(NaCl) 중 하나이다.

물질	녹는점(°C)	전기 전도성	
		고체	액체
(가)	801	없음	있음
(나)	97	있음	있음
(다)	3550	없음	없음

(가)∼(다)에 해당하는 물질을 각각 쓰고, 그렇게 생각한 까닭을 서술하시오.

273

그림은 화합물 ABC의 화학 결합을 모형으로 나타낸 것이다.

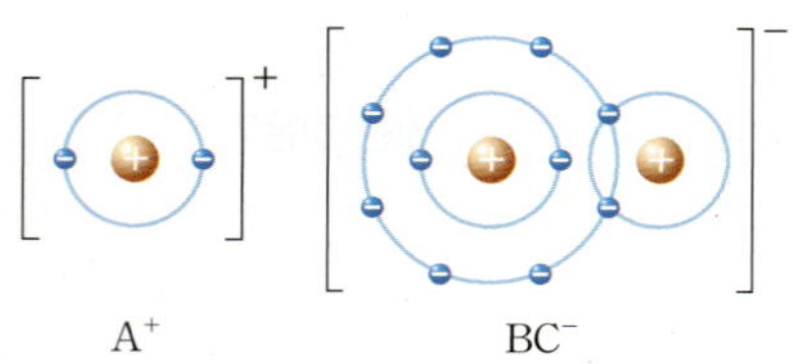

A~C로 구성된 물질에 대한 설명으로 옳은 것만을 〈보기〉에서 있는 대로 고른 것은? (단, A~C는 임의의 원소 기호이다.)

보기

ㄱ. A는 C와 이온 결합을 형성한다.
ㄴ. 공유 전자쌍 수는 B_2가 C_2의 2배이다.
ㄷ. 액체 상태에서 전기 전도도는 A_2B가 C_2보다 크다.

① ㄱ   ② ㄷ   ③ ㄱ, ㄴ
④ ㄴ, ㄷ   ⑤ ㄱ, ㄴ, ㄷ

274

표는 물질 X를 이용한 2가지 실험을 나타낸 것이다.

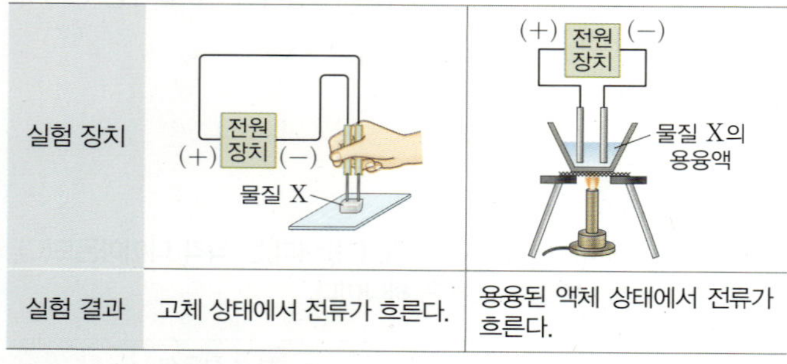

실험 장치		
실험 결과	고체 상태에서 전류가 흐른다.	용융된 액체 상태에서 전류가 흐른다.

물질 X에 대한 설명으로 옳은 것만을 〈보기〉에서 있는 대로 고른 것은? (단, X는 임의의 원소 기호이다.)

보기

ㄱ. 자유 전자가 있다.
ㄴ. X에 힘을 가하면 쉽게 부스러진다.
ㄷ. 입자 사이의 정전기적 인력에 의해 구성된 물질이다.

① ㄱ   ② ㄴ   ③ ㄱ, ㄷ
④ ㄴ, ㄷ   ⑤ ㄱ, ㄴ, ㄷ

275

그림은 칼륨(K)과 할로젠 원소가 결합하여 형성된 3가지 이온 결합 물질 KCl, KBr, KX의 이온 사이의 거리에 따른 에너지를 나타낸 것이다.

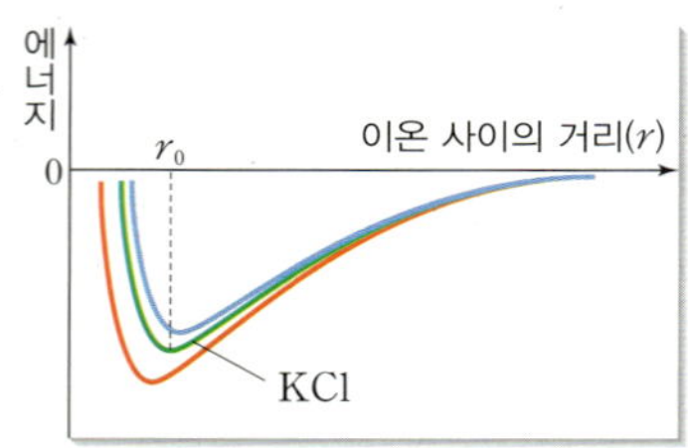

이에 대한 설명으로 옳은 것만을 〈보기〉에서 있는 대로 고른 것은? (단, X는 임의의 원소 기호이다.)

보기

ㄱ. X의 원자 반지름은 Cl보다 작다.
ㄴ. 녹는점은 KCl이 KBr보다 높다.
ㄷ. KX에서 결합이 형성되는 거리는 r_0보다 크다.

① ㄱ   ② ㄷ   ③ ㄱ, ㄴ
④ ㄴ, ㄷ   ⑤ ㄱ, ㄴ, ㄷ

276 고난도

다음은 2, 3주기 원자 A~C로 이루어진 화합물 (가)~(다)에 대한 자료이다.

- 바닥상태에서 홀전자 수는 B>A이다.
- (가)~(다)에서 구성 입자의 전자 배치는 모두 Ne과 같다.

화합물	화합물의 구성 원자의 종류와 수		
	A	B	C
(가)	1	1	0
(나)	0	2	x
(다)	1	0	x

이에 대한 설명으로 옳은 것만을 〈보기〉에서 있는 대로 고른 것은? (단, A~C는 임의의 원소 기호이다.)

보기

ㄱ. $x=2$이다.
ㄴ. 물질의 녹는점은 (가)가 (나)보다 높다.
ㄷ. (가)~(다) 중 액체 상태에서 전기 전도성이 있는 것은 2가지이다.

① ㄱ   ② ㄷ   ③ ㄱ, ㄴ
④ ㄴ, ㄷ   ⑤ ㄱ, ㄴ, ㄷ

277

다음은 고체 X의 결합 모형과 X(s)를 이용한 실험이다.

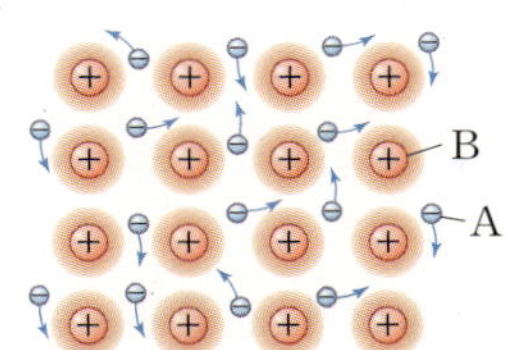

[X의 결합 모형]

[실험]
(가) X(s)를 망치로 두드리면 넓게 펴진다.
(나) X(s)에 전원 장치를 연결하면 전류가 흐른다.

이에 대한 설명으로 옳은 것만을 〈보기〉에서 있는 대로 고른 것은?

보기
ㄱ. X(s)는 열전도성이 있다.
ㄴ. (가)에서 A에 의해 금속 결합이 유지된다.
ㄷ. (나)에서 B는 (−)극 쪽으로 이동한다.

① ㄱ   ② ㄷ   ③ ㄱ, ㄴ
④ ㄴ, ㄷ   ⑤ ㄱ, ㄴ, ㄷ

278

그림은 3주기 원소 A와 B로 구성된 3가지 물질을 모형으로 나타낸 것이다.

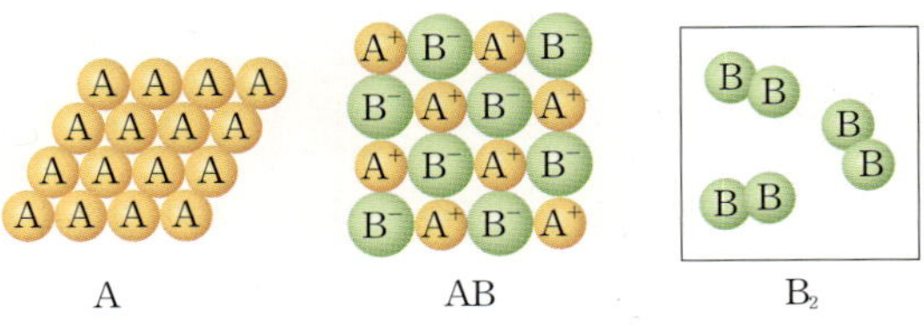

이에 대한 설명으로 옳은 것만을 〈보기〉에서 있는 대로 고른 것은? (단, A와 B는 임의의 원소 기호이다.)

보기
ㄱ. 녹는점은 AB가 B_2보다 높다.
ㄴ. AB에서 양이온과 음이온의 전자 배치는 서로 같다.
ㄷ. B_2에서 B 원자는 전자쌍 2개를 공유하여 결합한다.

① ㄱ   ② ㄴ   ③ ㄱ, ㄷ
④ ㄴ, ㄷ   ⑤ ㄱ, ㄴ, ㄷ

279 고난도

다음은 주기율표의 일부와 빗금 친 부분에 해당하는 원자 A~D에 대한 자료이다.

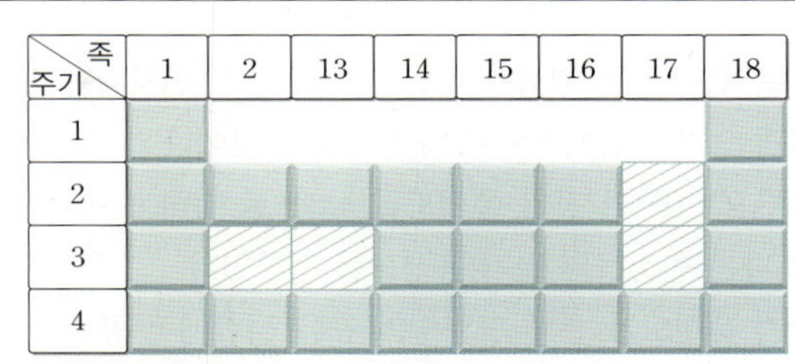

• A 이온과 D 이온의 전자 배치는 같다.
• 원자 반지름은 A>C>B이다.
• 제1 이온화 에너지는 D>A>C이다.

A~D로 구성된 물질에 대한 설명으로 옳은 것만을 〈보기〉에서 있는 대로 고른 것은? (단, A~D는 임의의 원소 기호이다.)

보기
ㄱ. A와 C는 모두 금속 원소이다.
ㄴ. B와 D로 구성된 물질은 액체 상태에서 전기 전도성이 있다.
ㄷ. 녹는점은 A와 B로 구성된 물질이 A와 D로 구성된 물질보다 높다.

① ㄱ   ② ㄴ   ③ ㄱ, ㄷ
④ ㄴ, ㄷ   ⑤ ㄱ, ㄴ, ㄷ

280

그림은 3가지 물질을 2가지 기준에 따라 분류한 것을 나타낸 것이다.

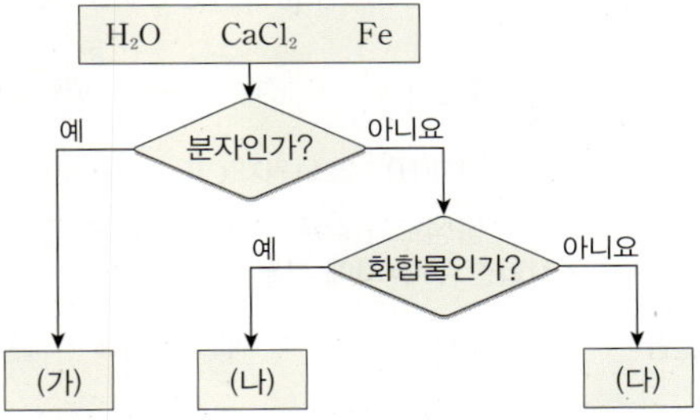

(가)~(다)에 대한 설명으로 옳은 것만을 〈보기〉에서 있는 대로 고른 것은?

보기
ㄱ. (가)는 H_2O이다.
ㄴ. 고체 상태에서 전기 전도도는 (다)가 (가)보다 크다.
ㄷ. (나)와 (다)는 모두 구성 입자 사이의 정전기적 인력에 의해 형성된 물질이다.

① ㄱ   ② ㄷ   ③ ㄱ, ㄴ
④ ㄴ, ㄷ   ⑤ ㄱ, ㄴ, ㄷ

01 결합의 극성

개념 ① 전기 음성도

1. 전기 음성도: 공유 결합을 하는 원자가 공유 전자쌍을 끌어당기는 힘의 크기를 상대적인 수치로 나타낸 값이다.

(1) 플루오린(F)의 전기 음성도를 4.0으로 정하고, 이를 기준으로 다른 원소들의 전기 음성도를 정하였다.

(2) 전기 음성도가 큰 원자일수록 공유 결합에서 공유 전자쌍을 더 세게 끌어당긴다.

2. 전기 음성도의 주기적 변화

같은 주기	• 원자 번호가 커질수록 전기 음성도는 대체로 커진다. 예 2주기 원소: Li<Be<B<C<N<O<F
같은 족	• 원자 번호가 커질수록 전기 음성도는 대체로 작아진다. 예 17족 원소: I<Br<Cl<F

	0.7~1.1
	1.2~1.6
	1.7~2.1
	2.2~2.6
	2.7~4.0

▲ 1~3주기 원소의 전기 음성도

개념 ② 결합의 극성

1. 극성 공유 결합과 무극성 공유 결합

극성 공유 결합	• 전기 음성도가 다른 두 원자 사이의 공유 결합이다. • 전기 음성도가 큰 원자는 부분적인 음전하(δ^-)를 띠고, 작은 원자는 부분적인 양전하(δ^+)를 띤다. H + Cl → H Cl 수소 원자(H)　염소 원자(Cl)　염화 수소 분자(HCl)
무극성 공유 결합	• 전기 음성도가 같은 두 원자 사이의 공유 결합이다. • 결합한 두 원자에 부분 전하가 없다. H + H → H H 수소 원자(H)　수소 원자(H)　수소 분자(H_2)

2. 전기 음성도 차이에 따른 화학 결합

전기 음성도 차이가 매우 큰 원자들은 이온 결합을 형성하지만, 전기 음성도 차이가 비교적 작은 원자들은 극성 공유 결합을 형성하며, 전기 음성도 차이가 없으면 무극성 공유 결합을 형성한다.

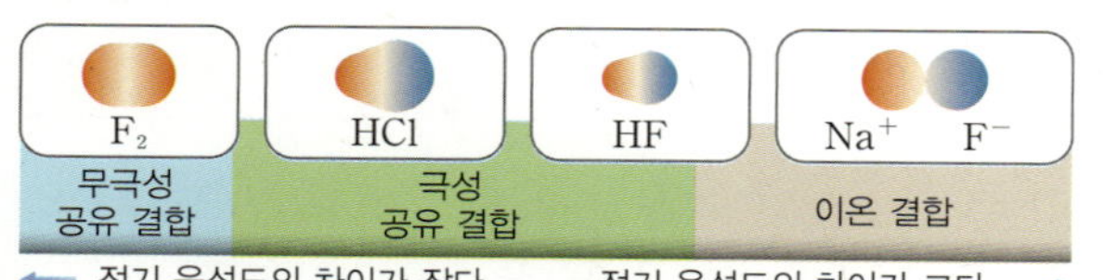

F_2	HCl	HF	Na^+　F^-
무극성 공유 결합	극성 공유 결합		이온 결합

← 전기 음성도의 차이가 작다.　　전기 음성도의 차이가 크다. →

3. 쌍극자 모멘트

(1) **쌍극자**: 분자 내에서 일정한 거리를 두고 존재하는 서로 다른 전하이다.

(2) **쌍극자 모멘트(μ)**: 결합의 극성 또는 분자의 극성 정도를 나타내는 물리량이다.

(3) **쌍극자 모멘트(μ)의 크기**: 결합하는 두 원자의 전하량(q)과 두 전하 사이의 거리(r)를 곱한 값으로 나타낸다.

$$\mu = q \times r$$

① 결합의 쌍극자 모멘트가 0이면 무극성 공유 결합이다.

② 결합의 쌍극자 모멘트가 0이 아니면 극성 공유 결합이고, 쌍극자 모멘트의 값이 클수록 결합의 극성이 크다.

(4) **쌍극자 모멘트의 표시**: 부분적인 양전하(δ^+)를 띠는 원자에서 부분적인 음전하(δ^-)를 띠는 원자 쪽으로 화살표가 향하도록 표시한다.

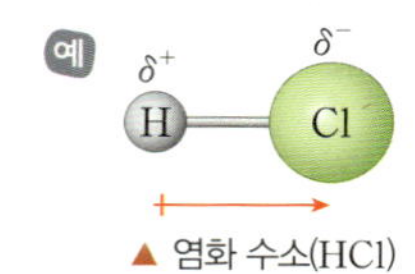

▲ 염화 수소(HCl)

개념 ③ 루이스 전자점식

1. 루이스 전자점식 : 원자 사이의 화학 결합을 나타내기 위해 원소 기호 주위에 원자가 전자를 점으로 나타낸 식이다.

족 주기	1	2	13	14	15	16	17
2	Li·	·Be·	·B·	·C·	·N·	:O·	:F·
3	Na·	·Mg·	·Al·	·Si·	·P·	:S·	:Cl·

2. 분자의 루이스 전자점식 : 비금속 원자들이 화학 결합을 형성할 때 전자쌍을 공유함으로써 18족 원소와 같은 전자 배치를 갖게 된다.

(1) **공유 전자쌍**: 공유 결합에 참여하는 두 원자가 공유하고 있는 전자쌍이다.

(2) **비공유 전자쌍**: 원자가 전자 중 공유 결합에 참여하지 않은 전자쌍이다.

3. 단일 결합과 다중 결합

(1) **단일 결합**: 두 원자가 1개의 전자쌍을 공유하는 결합이다.

(2) **2중 결합**: 두 원자가 2개의 전자쌍을 공유하는 결합이다.

(3) **3중 결합**: 두 원자가 3개의 전자쌍을 공유하는 결합이다.

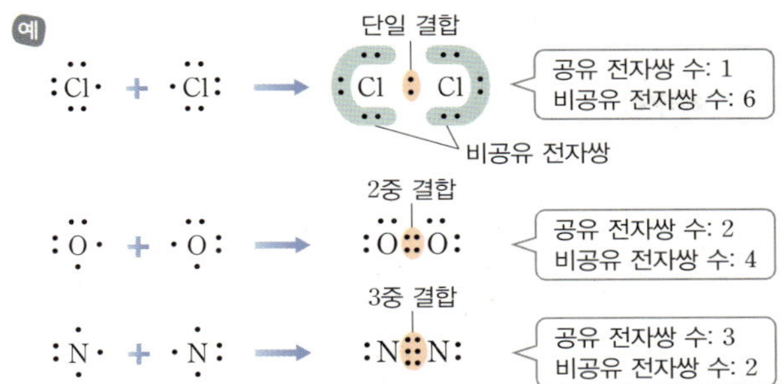

4. **루이스 구조식**: 루이스 전자점식에서 공유 전자쌍을 결합선($-$)으로 나타내고 비공유 전자쌍은 1쌍의 점으로 나타내거나, 생략 할 수 있는데, 이와 같이 결합의 구조를 보여 주는 식이다.

예 $Cl-Cl$ $O=O$ $N\equiv N$
▲ 염소(Cl_2)   ▲ 산소(O_2)   ▲ 질소(N_2)

5. **이온과 이온 결합 물질의 루이스 전자점식**

(1) 금속 원자는 원자가 전자를 모두 잃고 안정한 양이온이 되고, 비금속 원자는 가장 바깥 전자 껍질에 전자를 얻어 안정한 음이온이 되면서 비활성 기체와 같은 전자 배치를 갖게 된다.

예 $Na\cdot \rightarrow Na^+ + e^-$ 예 $:\!\overset{..}{Cl}\!\cdot + e^- \rightarrow \left[:\!\overset{..}{\underset{..}{Cl}}\!:\right]^-$

(2) 양이온과 음이온이 결합하여 이온 결합 물질이 형성된다.

예 $Na\cdot$ + $\cdot\overset{..}{\underset{..}{Cl}}:$ $\rightarrow$ $\left[Na\right]^+\left[:\!\overset{..}{\underset{..}{Cl}}\!:\right]^-$
나트륨 원자(Na)   염소 원자(Cl)   염화 나트륨(NaCl)

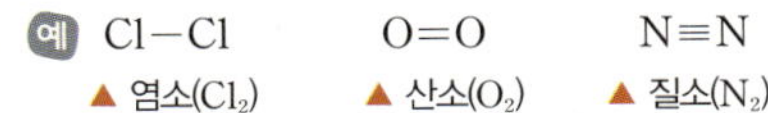 **자료 분석**   분자의 루이스 전자점식

그림은 2주기 원자 X~Z로 구성된 분자 (가)~(다)의 루이스 전자점식을 나타낸 것이다. (단, X~Z는 임의의 원소 기호이다.)

$:\!\overset{..}{\underset{..}{X}}\!:$
$:\!X\!:\!Y\!:\!X\!:$ $:Z\!::\!Y\!::\!Z:$ $:\!X\!:\!Z\!:\!X\!:$
$:\!X\!:$

(가)   (나)   (다)

❶ 원자가 전자 수=(공유 전자쌍 수)+{2×(비공유 전자쌍 수)}
➡ X~Z의 원자가 전자 수는 각각 7, 4, 6이다.

❷ 같은 주기에서 원자 번호가 클수록 전기 음성도가 크다.
➡ 원자 번호는 X>Z>Y이므로 전기 음성도는 X>Z>Y이다.

❸ (가)~(다)는 전기 음성도가 다른 두 원자 사이의 공유 결합으로 이루어진 분자이다. ➡ (가)의 X−Y, (나)의 Y=Z, (다)의 X−Z는 모두 극성 공유 결합이다.
➡ (다)에서 전기 음성도는 X>Z이므로 Z는 부분적인 양전하(δ^+)를, X는 부분적인 음전하(δ^-)를 띤다.

281

$\boxed{}$는 공유 결합을 하는 원자가 공유 전자쌍을 끌어당기는 상대적인 힘의 크기를 수치로 나타낸 값이다.

282

전기 음성도는 같은 $\boxed{}$에서 원자 번호가 커질수록 대체로 커지고, 같은 $\boxed{}$에서 원자 번호가 커질수록 대체로 작아진다.

283

결합의 극성에 대한 설명으로 옳은 것은 ○, 옳지 <u>않은</u> 것은 ×로 표시하시오.

(1) 전기 음성도가 같은 두 원자 사이의 공유 결합을 무극성 공유 결합이라고 한다.   (   )
(2) 극성 공유 결합에서 전기 음성도가 큰 원자는 부분적인 양전하를 띤다.   (   )
(3) $H-C\equiv C-H$에서 $C\equiv C$ 결합은 무극성 공유 결합이고, $C-H$ 결합은 극성 공유 결합이다.   (   )
(4) HF에서 전기 음성도가 큰 F은 부분적인 음전하를 띤다.   (   )

284

$\boxed{}$는 분자 내에서 일정한 거리를 두고 존재하는 서로 다른 전하이다.

285

H_2O에서 공유 전자쌍은 $\boxed{}$개이고, 비공유 전자쌍은 $\boxed{}$개이다.

286

그림은 2주기 원소 X~Z로 구성된 2가지 분자의 루이스 전자점식을 나타낸 것이다. (단, X~Z는 임의의 원소 기호이다.)

$H\!:\!X\!::\!Y\!:$ $H\!:\!\overset{..}{\underset{..}{Z}}\!:\!H$

(1) X~Z의 전기 음성도를 비교하시오.

(2) 각 분자에서 Y와 Z의 부분적인 전하를 쓰시오.

개념 ① 전기 음성도

족집게 전략 전기 음성도의 주기적 성질을 이해하고, 주기율표에서 오른쪽 위로 갈수록 전기 음성도가 증가함을 이용하여 원소의 전기 음성도를 비교할 수 있어야 해.

287 단골 문제

그림은 주기율표의 일부를 나타낸 것이다.

족 주기	1	2	13	14	15	16	17	18
1	A							
2							B	
3	C				D			

A~D에 대한 설명으로 옳은 것은? (단, A~D는 임의의 원소 기호이다.

① 금속 원소는 3가지이다.
② A와 B는 이온 결합을 형성한다.
③ 전기 음성도는 B가 D보다 크다.
④ 제1 이온화 에너지는 C가 D보다 크다.
⑤ A와 B가 결합할 때 전자를 끌어당기는 힘은 A가 B보다 크다.

추가로 나오는 선택지

❶ 전기 음성도는 D가 C보다 크다. (　　　)
❷ DB_2에서 공유 전자쌍은 B 쪽으로 더 치우친다. (　　　)
❸ 전기 음성도가 가장 큰 원소는 (　　　)이다

288 서술형

그림은 화합물 AB_2와 CB의 화학 결합을 모형으로 나타낸 것이다.

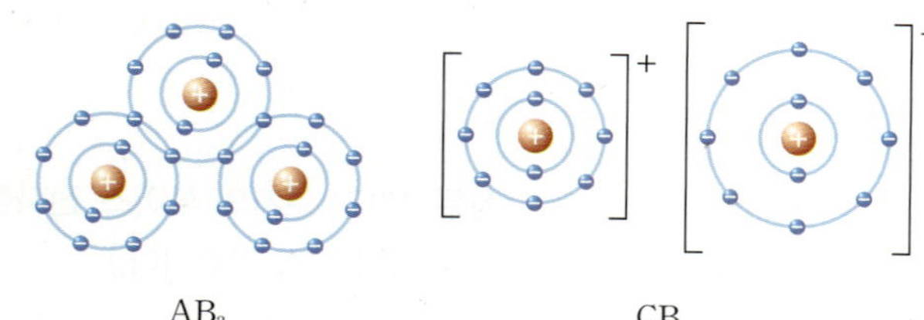

AB₂　　　　　　CB

A~C의 전기 음성도를 비교하고, 그 까닭을 서술하시오. (단, A~C는 임의의 원소 기호이다.)

289

전기 음성도에 대한 설명으로 옳은 것만을 〈보기〉에서 있는 대로 고른 것은?

보기

ㄱ. 단위는 kJ/몰이다.
ㄴ. 같은 족에서 원자 번호가 클수록 작다.
ㄷ. 전기 음성도가 클수록 공유 전자쌍을 더 세게 끌어당긴다.

① ㄱ　　② ㄴ　　③ ㄱ, ㄷ　　④ ㄴ, ㄷ　　⑤ ㄱ, ㄴ, ㄷ

290

그림은 원자 A~D의 전자 배치를 모형으로 나타낸 것이다.

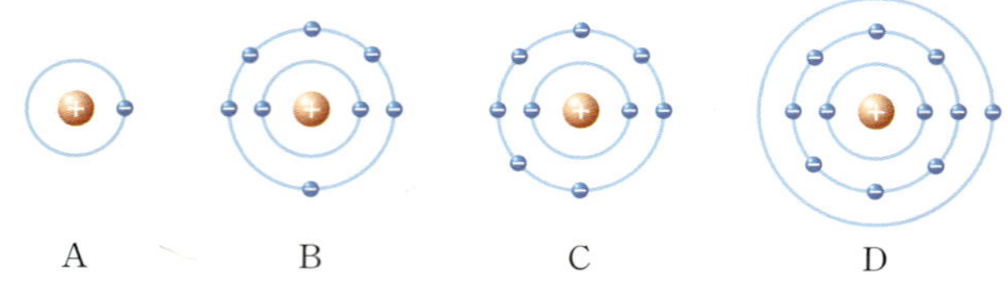

A　　　　B　　　　C　　　　D

A~D에 대한 설명으로 옳지 <u>않은</u> 것은? (단, A~D는 임의의 원소 기호이다.)

① A는 B와 공유 결합을 형성한다.
② C는 D와 이온 결합을 형성한다.
③ 전기 음성도는 C가 B보다 크다.
④ 원자 반지름은 D가 B보다 크다.
⑤ AC에서 공유 전자쌍은 A가 C보다 세게 끌어당긴다.

291 중요

그림은 원자 X와 이온 Y^{2-}, Z^-의 전자 배치를 나타낸 것이다.

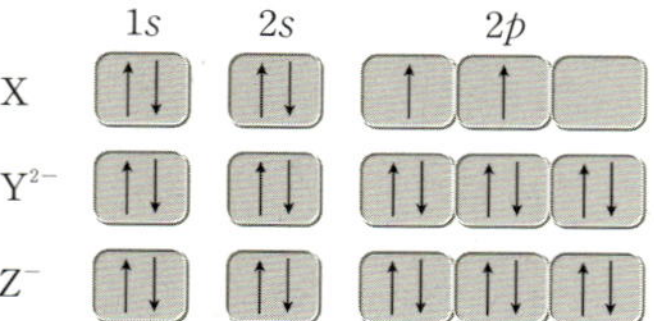

이에 대한 설명으로 옳은 것만을 〈보기〉에서 있는 대로 고른 것은? (단, X~Z는 임의의 원소 기호이다.)

보기

ㄱ. 전기 음성도는 Z가 Y보다 크다.
ㄴ. XY_2는 액체 상태에서 전기 전도성이 있다.
ㄷ. X는 Z와 이온 결합하여 화합물을 형성한다.

① ㄱ　　② ㄴ　　③ ㄱ, ㄷ　　④ ㄴ, ㄷ　　⑤ ㄱ, ㄴ, ㄷ

개념 ❷ 결합의 극성

족집게 전략 극성 공유 결합은 서로 다른 원자 사이의 공유 결합이고, 무극성 공유 결합은 같은 원자 사이의 공유 결합임을 이해하고 문제를 풀어야 해.

292 단골 문제

그림은 2주기 원자 X, Y와 수소 원자(H)로 구성된 분자 (가)와 (나)의 루이스 구조식을 나타낸 것이다.

$$H-X-X-H \qquad H-Y=Y-H$$
$$\text{(가)} \qquad\qquad\qquad \text{(나)}$$

이에 대한 설명으로 옳은 것만을 〈보기〉에서 있는 대로 고른 것은? (단, X와 Y는 임의의 원소 기호이다.)

보기

ㄱ. 전기 음성도는 X가 Y보다 크다.
ㄴ. (가)와 (나)에는 모두 무극성 공유 결합이 있다.
ㄷ. (가)와 (나)에서 H는 모두 부분적인 양전하를 띤다.

① ㄱ　　　　② ㄷ　　　　③ ㄱ, ㄴ
④ ㄴ, ㄷ　　　⑤ ㄱ, ㄴ, ㄷ

추가로 나오는 선택지

❶ 전기 음성도는 X가 Y보다 크다. (　　　)
❷ X와 Y가 결합하면 X는 부분적인 음전하를 띤다. (　　　)
❸ (가)에서 X와 (나)에서 Y는 모두 부분적인 (　　　)전하를 띤다.

293 서술형

그림은 분자 (가)와 (나)의 분자 모형과 각 결합의 쌍극자 모멘트를 나타낸 것이다. X~Z는 각각 C, F, O 중 하나이다.

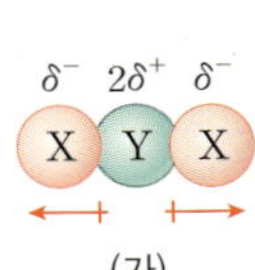

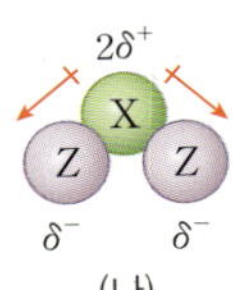

X~Z의 전기 음성도를 비교하고, 그 까닭을 서술하시오.

294

그림은 분자 (가)와 (나)의 구조식을 나타낸 것이다.

$$H-F \qquad\qquad H-Cl$$
$$\text{(가)} \qquad\qquad\quad \text{(나)}$$

이에 대한 설명으로 옳지 않은 것은?

① (가)에서 H와 F은 극성 공유 결합을 형성한다.
② (가)에서 F은 부분적인 음전하를 띤다.
③ (나)에서 전자는 Cl 쪽으로 치우쳐 있다.
④ (나)에서 Cl는 H보다 공유 전자쌍을 더 세게 끌어당긴다.
⑤ 결합의 극성은 (나)가 (가)보다 크다.

295

다음 중 극성 공유 결합과 무극성 공유 결합이 모두 존재하는 분자는?

① OF_2　　② O_2　　③ HF　　④ CH_2O　　⑤ H_2O_2

296 중요

그림은 분자 AB_2와 CDE의 화학 결합을 모형으로 나타낸 것이다. 전기 음성도는 E>D>C이다.

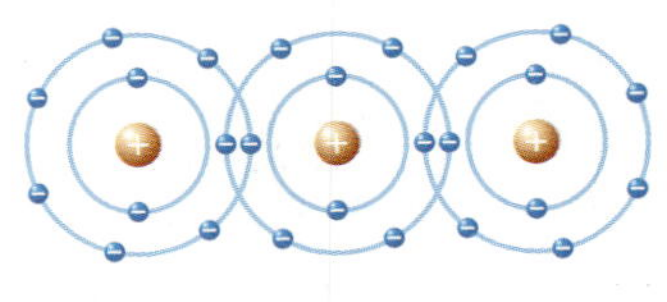

AB_2

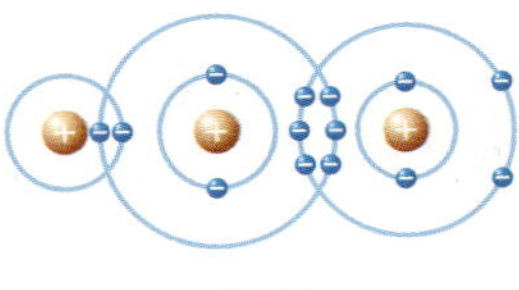

CDE

이에 대한 설명으로 옳지 않은 것은? (단, A~E는 임의의 원소 기호이다.)

① A와 D의 원자가 전자 수의 합은 10이다.
② 전기 음성도는 B가 E보다 크다.
③ AB_2에서 A는 부분적인 음전하를 띤다.
④ CDE에서 E는 부분적인 음전하를 띤다.
⑤ B와 E가 결합하면 B가 부분적인 음전하를 띤다.

족집게 전략 루이스 전자점식의 표현 방법을 이해하고 있어야 해. 원자가 결합할 때 옥텟 규칙을 만족해야 하므로 (8−원자가 전자 수)만큼 전자를 공유하여 결합한다는 것을 기억하자.

297 단골 문제

그림은 2주기 원자 A~D의 루이스 전자점식을 나타낸 것이다.

$$\cdot \dot{A} \cdot \qquad \cdot \ddot{B} \cdot \qquad :\ddot{C}\cdot \qquad \cdot \ddot{D}:$$

이에 대한 설명으로 옳지 <u>않은</u> 것은?

① 전기 음성도는 D가 B보다 크다.
② CD_2에는 극성 공유 결합이 있다.
③ AD_4에서 공유 전자쌍 수는 4이다.
④ 공유 전자쌍 수는 C_2가 D_2의 2배이다.
⑤ A 원자 1개는 C 원자 2개와 각각 전자쌍 1개를 공유한다.

추가로 나오는 선택지

❶ B_2D_2에는 무극성 공유 결합이 있다. (   )
❷ AC_2에서 공유 전자쌍 수와 비공유 전자쌍 수는 같다. (   )
❸ A_2D_4에서 공유 전자쌍 수는 (   )이다.

298

다음은 원자 A, B의 전자 배치 모형과 분자 BA_3에 대한 자료이다.

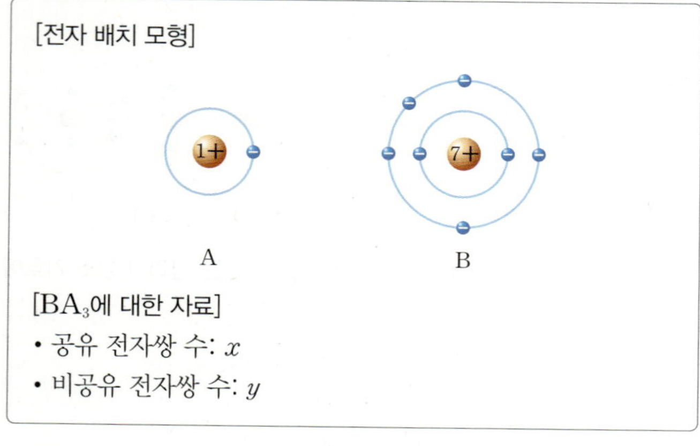

[전자 배치 모형]

A   B

[BA_3에 대한 자료]
• 공유 전자쌍 수: x
• 비공유 전자쌍 수: y

$x \times y$는?

① 1   ② 2   ③ 3   ④ 4   ⑤ 5

299

그림은 2주기 원소 X와 Y로 구성된 화합물 XY_3의 루이스 전자점식을 나타낸 것이다.

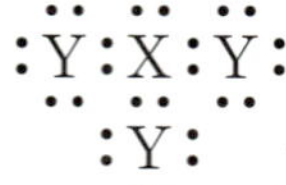

$$:\ddot{Y}:\ddot{X}:\ddot{Y}:$$
$$:\ddot{Y}:$$

이에 대한 설명으로 옳지 <u>않은</u> 것은? (단, X와 Y는 임의의 원소 기호이다.)

① 원자가 전자 수는 Y가 X보다 크다.
② X는 Y와 극성 공유 결합을 형성한다.
③ XY_3에서 공유 전자쌍 수는 3이다.
④ XY_3에서 비공유 전자쌍 수는 1이다.
⑤ 공유 전자쌍 수는 X_2가 Y_2의 3배이다.

300

다음 중 분자의 루이스 전자점식으로 옳지 <u>않은</u> 것은?

① $:\!\ddot{C}\!l\!:\!\ddot{C}\!l\!:$
② $H\!:\!\ddot{C}\!l\!:$
③ $H\!:\!\ddot{O}\!:\!H$
④ $:\!\ddot{C}\!l\!:\!N\!:\!\ddot{C}\!l\!:$, $:\!\ddot{C}\!l\!:$
⑤ $H\!:\!\underset{H}{\overset{H}{C}}\!:\!H$

301 서술형

그림은 원자 X와 이온 Y^-, Z^{2-}의 전자 배치를 나타낸 것이다.

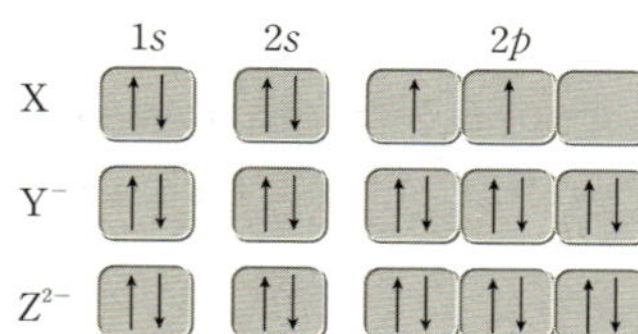

(1) XZ_2의 루이스 전자점식을 그리시오.

(2) ZY_2의 구조식을 그리고, 결합의 쌍극자 모멘트와 구성 원자의 부분 전하를 구조식에 표시하시오.

302

그림은 2주기 원자 X~Z의 루이스 전자점식을 나타낸 것이다.

$$\cdot\ddot{X}\cdot \qquad \cdot\ddot{Y}\cdot \qquad :\ddot{Z}\cdot$$

이에 대한 설명으로 옳은 것만을 〈보기〉에서 있는 대로 고른 것은? (단, X~Z는 임의의 원소 기호이다.)

보기

ㄱ. 전기 음성도는 Z가 X보다 크다.
ㄴ. X_2Z_4에는 무극성 공유 결합이 있다.
ㄷ. Y가 Z와 결합을 형성하면 Z는 부분적인 음전하를 띤다.

① ㄱ ② ㄷ ③ ㄱ, ㄴ
④ ㄴ, ㄷ ⑤ ㄱ, ㄴ, ㄷ

303

그림은 화학 결합 모형 (가)~(다)를 나타낸 것이다.

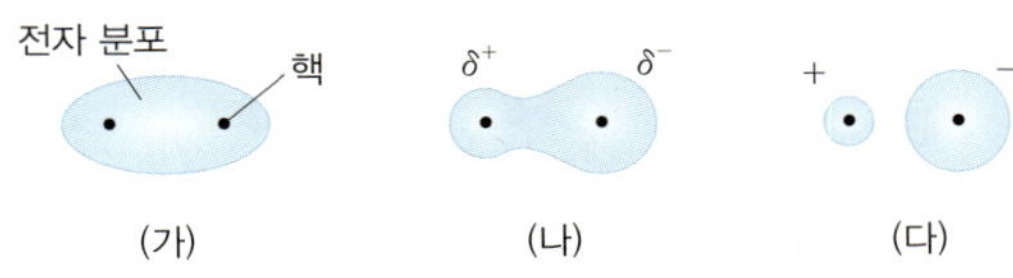

이에 대한 설명으로 옳은 것만을 〈보기〉에서 있는 대로 고른 것은?

보기

ㄱ. (가)는 무극성 공유 결합이다.
ㄴ. (다)는 HCl의 결합의 형태와 같다.
ㄷ. (나)에서 전기 음성도가 큰 원자는 부분적인 양전하(δ^+)를 띤다.

① ㄱ ② ㄴ ③ ㄱ, ㄷ
④ ㄴ, ㄷ ⑤ ㄱ, ㄴ, ㄷ

304

그림은 2주기 원소 A~C로 구성된 분자 (가)와 (나)의 구조식을 나타낸 것이다. (가)와 (나)의 구성 원자는 모두 옥텟 규칙을 만족한다.

$$A-B-A \qquad A-C=B$$
$$\text{(가)} \qquad\qquad \text{(나)}$$

(가)와 (나)의 공통점으로 옳은 것만을 〈보기〉에서 있는 대로 고른 것은? (단, A~C는 임의의 원소 기호이다.)

보기

ㄱ. 극성 공유 결합이 있다.
ㄴ. $\dfrac{\text{비공유 전자쌍 수}}{\text{공유 전자쌍 수}}=2$이다.
ㄷ. B는 부분적인 음전하를 띤다.

① ㄱ ② ㄴ ③ ㄱ, ㄷ
④ ㄴ, ㄷ ⑤ ㄱ, ㄴ, ㄷ

305 고난도

다음은 3가지 화합물에 대한 자료이다. A~C는 각각 H, F, Cl 중 하나이고, 쌍극자 모멘트의 크기는 (부분 전하의 크기 × 결합 길이)와 같다.

- 전기 음성도 차이는 AC>BC>AB이다.
- 결합 길이에 따른 부분 전하의 크기

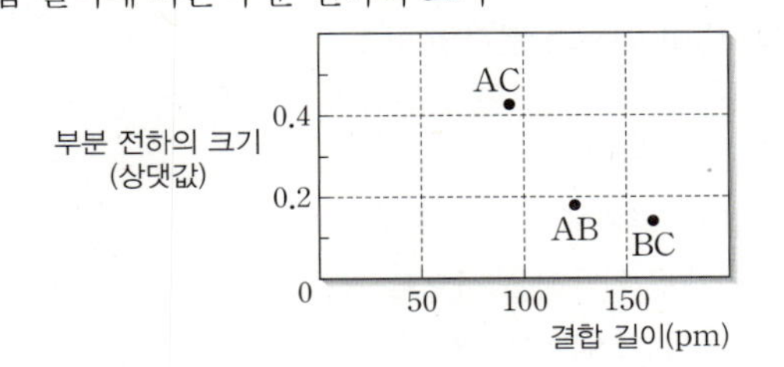

이에 대한 설명으로 옳은 것만을 〈보기〉에서 있는 대로 고른 것은?

보기

ㄱ. 전기 음성도는 B가 C보다 크다.
ㄴ. AC에서 C는 부분적인 음전하를 띤다.
ㄷ. 쌍극자 모멘트의 크기는 AC가 BC보다 크다.

① ㄱ ② ㄴ ③ ㄱ, ㄷ
④ ㄴ, ㄷ ⑤ ㄱ, ㄴ, ㄷ

02 분자의 구조와 성질

개념 ① 전자쌍 반발 이론

1. 전자쌍 반발 이론: 분자에서 중심 원자의 주위에 있는 전자쌍들은 모두 음전하를 띠고 있으므로 전자쌍들이 정전기적 반발력을 최소화하기 위해 가능한 서로 멀리 떨어져 있으려 한다는 이론이다.

2. 전자쌍 반발 이론에 따른 전자쌍의 배치: 중심 원자에 있는 전자쌍 수에 따라 전자쌍의 배열이 달라지며, 이에 따라 분자의 구조가 결정된다.

전자쌍 수	2개	3개	4개
전자쌍의 배치	전자쌍이 서로 정반대 위치에 놓일 때 반발력이 최소가 된다.	전자쌍이 정삼각형의 꼭짓점에 놓일 때 반발력이 최소가 된다.	전자쌍이 정사면체의 꼭짓점에 놓일 때 반발력이 최소가 된다.
결합각	180°	120°	109.5°
분자 구조	선형	평면 삼각형	정사면체

3. 전자쌍 사이의 반발력 크기: 전자쌍의 종류에 따라 전자쌍 사이의 반발력이 다른데, 비공유 전자쌍은 공유 전자쌍에 비해 중심 원자 주위의 공간을 더 많이 차지하므로 비공유 전자쌍 사이의 반발력이 공유 전자쌍 사이의 반발력보다 크다.

비공유 전자쌍 사이의 반발력 > 비공유 전자쌍과 공유 전자쌍 사이의 반발력 > 공유 전자쌍 사이의 반발력

4. 전자쌍 반발 이론과 분자의 구조

(1) **분자의 구조**: 중심 원자 주위의 전자쌍 수, 전자쌍의 종류에 따라 결정된다. → 비공유 전자쌍, 공유 전자쌍

(2) **결합각** : 분자에서 중심 원자의 원자핵과 중심 원자와 결합한 두 원자의 원자핵을 선으로 연결하였을 때 생기는 내각이다. 결합각의 크기는 전자쌍 반발 이론에 의해 결정된다.
→ 비공유 전자쌍이 많을수록 반발력이 커지므로 결합각은 작아진다.

개념 ② 분자의 구조

1. 분자 구조의 결정 → 전자쌍 반발 이론을 이용하면 분자 내 원자의 3차원적 배열을 예측할 수 있다.

(1) 분자의 루이스 전자점식을 그린다.

(2) 중심 원자에 결합된 원자 수와 비공유 전자쌍 수를 세어 본다.

(3) 전자쌍 반발 이론을 이용하여 전자쌍의 배열을 결정한다.

(4) 중심 원자에 결합된 원자만을 고려하여 분자 구조를 결정한다.

2. 분자의 구조

(1) **중심 원자에 공유 전자쌍만 있는 경우**: 중심 원자에 결합한 원자 수에 따라 모양이 달라진다. 이때 2중 결합이나 3중 결합은 전자쌍을 1개로 간주한다.

분자	BeF₂	BCl₃	CH₄
루이스 전자점식	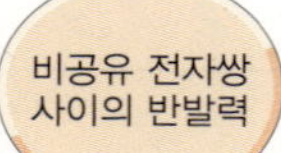	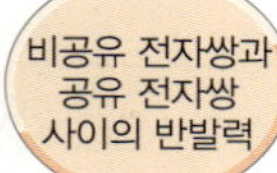	
공유 전자쌍 수	2	3	4
분자 구조와 결합각	180° F—Be—F	Cl—B(120°)Cl, Cl	109.5° CH₄
	선형	평면 삼각형	정사면체

(2) **중심 원자에 비공유 전자쌍이 있는 경우**

분자	NH₃	H₂O
루이스 전자점식	H:N:H, H	H:O:H
공유 전자쌍 수	3	2
비공유 전자쌍 수	1	2
분자 구조와 결합각	비공유 전자쌍 / N, 107°	비공유 전자쌍 / O, 104.5°
	삼각뿔	굽은 형

개념 ③ 분자의 성질

1. 분자의 극성

(1) **극성 분자**: 분자의 쌍극자 모멘트가 0이 아닌 분자

➡ 극성 공유 결합이 있는 분자 중에서 결합의 쌍극자 모멘트의 합이 0이 아닌 분자이다.

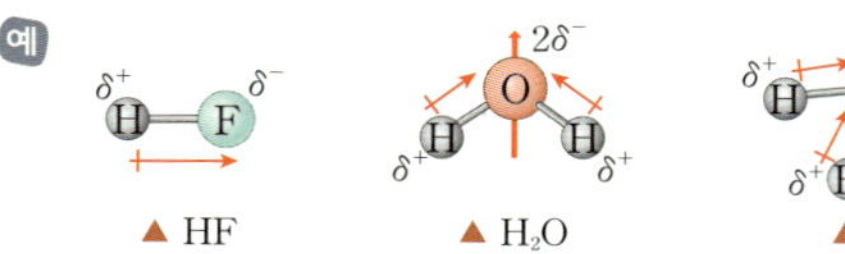

▲ HF   ▲ H₂O   ▲ NH₃

(2) **무극성 분자**: 분자의 쌍극자 모멘트가 0인 분자

➡ 극성 공유 결합이 있는 분자라도 결합의 쌍극자 모멘트의 합이 0인 구조이면 무극성 분자이다.

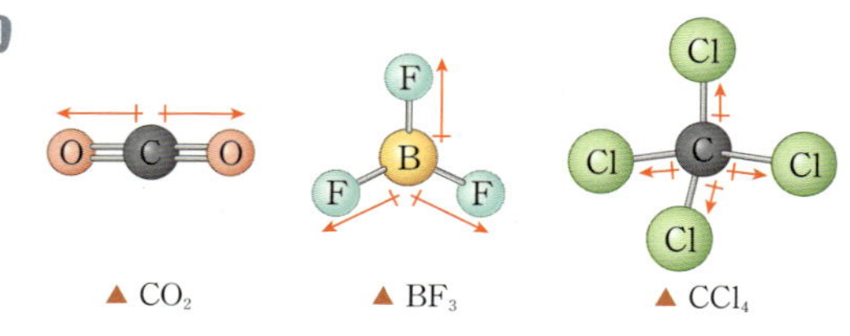

▲ CO₂   ▲ BF₃   ▲ CCl₄

2. 극성 분자의 무극성 분자의 성질

(1) 녹는점과 끓는점: 분자량이 비슷한 경우, 녹는점과 끓는점은 극성 물질이 무극성 물질보다 높다.

물질	NH_3	CH_4
분자량	17	16
끓는점(℃)	-33	-161
녹는점(℃)	-78	-183

(2) 용해도: 극성 물질은 극성 용매에 잘 용해되고, 무극성 물질은 무극성 용매에 잘 용해된다.

(3) 전기적 성질

구분	극성 분자	무극성 분자
대전체에 대한 영향	물 에탄올 대전체 대전체	사염화탄소 $n-$헥세인 대전체 대전체
	대전체 쪽으로 끌려간다.	아무 변화가 없다.
전기장에서의 배열	(−)극 (+)극	(−)극 (+)극
	일정한 방향으로 배열한다.	전기장의 영향을 받지 않는다.

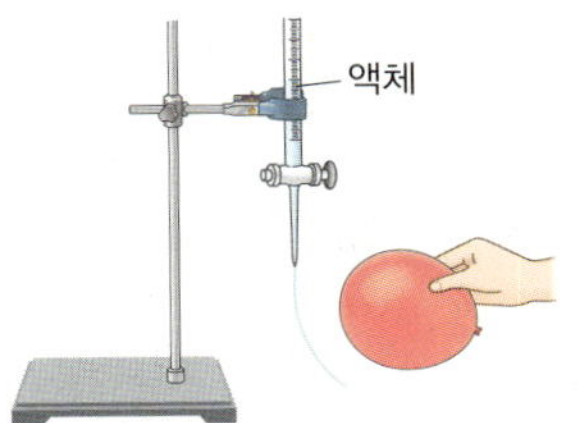

탐구 활동 극성 물질과 무극성 물질의 성질

과정
❶ 물을 채운 뷰렛을 스탠드에 고정한 후, 뷰렛의 꼭지를 열어 물줄기가 가늘게 흐르게 한다.

❷ 털가죽으로 문지른 고무 풍선을 물줄기에 가까이 가져다 대어 본다.

❸ 물 대신 에탄올, 헥세인, 벤젠을 이용하여 과정 ❶과 ❷를 반복한다.

결과
1. 물과 에탄올은 대전체를 가까이 했을 때 끌려온다.
2. 헥세인과 벤젠은 대전체를 가까이 했을 때 끌려오지 않는다.

정리
• 물과 에탄올: 극성 분자
➡ (＋)대전체를 가까이 가져가면 분자 내에 있는 부분적인 음전하(δ^-)가 끌려가게 된다.
• 헥세인과 벤젠: 무극성 분자
➡ 부분적인 전하가 없으므로 대전체의 영향을 받지 않는다.

정답 및 해설 | 40쪽

306

분자에서 전자쌍들이 전기적 반발력을 최소화하기 위해 가능한 서로 멀리 떨어져 안정해지려 한다는 이론을 [   ]이라고 한다.

307

중심 원자에 4개의 공유 전자쌍이 있을 때 전자쌍들은 반발력을 최소화하기 위해 [   ]의 꼭짓점에 배열된다.

308

다음은 5가지 분자의 화학식이다.

$$H_2O \qquad CO_2 \qquad NH_3 \qquad PCl_3 \qquad CH_4$$

(1) 분자의 구조가 삼각뿔인 분자를 모두 쓰시오.
(2) 모든 구성 원자가 동일 평면에 존재하는 분자를 모두 쓰시오.

309

분자의 구조와 성질에 대한 설명으로 옳은 것은 ○, 옳지 <u>않은</u> 것은 ×로 표시하시오.

(1) 결합각은 CH_4이 H_2O보다 크다. (   )
(2) 중심 원자에 결합한 원자 수가 2인 분자는 모두 분자 구조가 선형이다. (   )
(3) 극성 공유 결합이 있는 분자는 모두 극성 분자이다. (   )
(4) 무극성 분자는 벤젠과 같은 무극성 용매에 잘 용해된다. (   )

310

그림은 원자 A와 B의 전자 배치를 모형으로 나타낸 것이다. (단, A와 B는 임의의 원소 기호이다.)

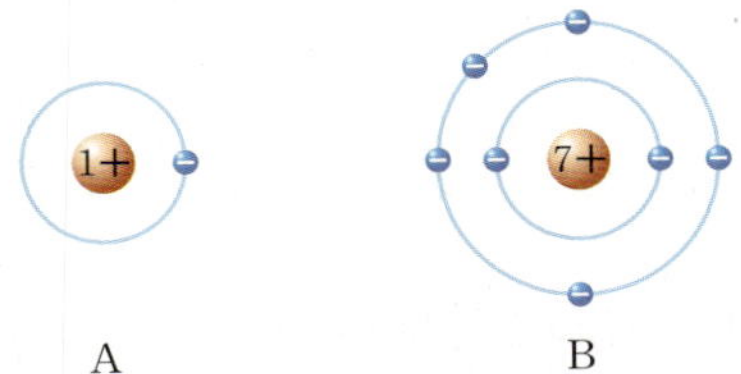

(1) BA_3에 있는 공유 전자쌍 수와 비공유 전자쌍 수를 쓰시오.

(2) BA_3의 분자 구조를 쓰시오.

개념 ❶ 전자쌍 반발 이론

(족집게 전략) 전자쌍은 같은 전하를 띠기 때문에 서로 반발하여 분자에서 서로 멀리 떨어져 있으려는 경향이 있어. 따라서 가장 반발력이 최소화될 때의 전자쌍 배열을 파악하고 문제를 풀어야 해.

311 단골 문제

표는 분자 (가)~(다)의 중심 원자 주위에 있는 전자쌍 수와 전자쌍의 배치에 대한 자료이다.

분자	(가)	(나)	(다)
전자쌍 수	2	3	4
전자쌍의 배치			

이에 대한 설명으로 옳은 것만을 〈보기〉에서 있는 대로 고른 것은?

보기

ㄱ. 원자의 중심과 전자쌍이 이루는 각은 (가)가 (나)보다 크다.
ㄴ. CH_4의 중심 원자에 있는 전자쌍은 (다)와 같이 배열되어 있다.
ㄷ. 전자쌍 수가 3인 경우 (나)와 같이 배열될 때 전자 사이의 반발력이 가장 작다.

① ㄱ   ② ㄷ   ③ ㄱ, ㄴ
④ ㄱ, ㄷ   ⑤ ㄱ, ㄴ, ㄷ

추가로 나오는 선택지

❶ 분자 구조가 선형인 분자에서 중심 원자 주위의 전자쌍은 (가)와 같이 배열된다. ( )
❷ NH_3와 BCl_3에서 중심 원자의 전자쌍은 모두 (나)와 같이 배열된다. ( )
❸ 주어진 그림은 ( ) 반발 이론에 따라 나타낸 것이다.

312

다음 중 중심 원자 주위의 전자쌍이 사면체의 꼭짓점에 배열된 분자만을 옳게 짝 지은 것은?

① $BeCl_2$, H_2O ② H_2O, NH_3 ③ BCl_3, PCl_3
④ CH_4, BCl_3 ⑤ $BeCl_2$, PCl_3

313

그림은 중심 원자 주위의 전자쌍 수가 4일 때 전자쌍이 배열된 모양 (가)와 (나)를 나타낸 것이다.

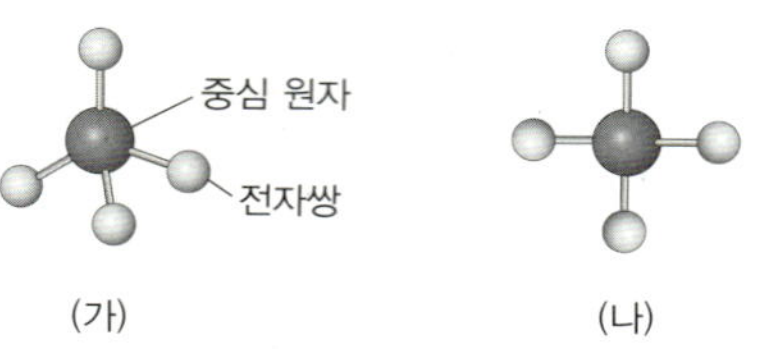

이에 대한 설명으로 옳은 것만을 〈보기〉에서 있는 대로 고른 것은?

보기

ㄱ. 전자쌍 사이의 반발력은 (나)에서가 (가)에서보다 크다.
ㄴ. 중심 원자와 전자쌍이 이루는 각은 (가)에서가 (나)에서보다 크다.
ㄷ. 전자쌍 반발 이론에 따르면 4개의 전자쌍은 (가)와 같이 배열된다.

① ㄱ   ② ㄷ   ③ ㄱ, ㄴ
④ ㄴ, ㄷ   ⑤ ㄱ, ㄴ, ㄷ

314 서술형

그림은 중심 원자에 있는 전자쌍이 4개일 때 중심 원자에 있는 2개의 전자쌍을 배열한 모습을 나타낸 것이다. ●은 중심 원자, ○은 전자쌍이다.

전자쌍 반발 이론에 따라 나머지 2개의 전자쌍을 (가)~(라)의 위치에 배열하려고 할 때, 그 위치를 고르고, 그렇게 생각한 까닭을 쓰시오.

315

전자쌍 반발 이론에 대한 설명으로 옳은 것만을 〈보기〉에서 있는 대로 고른 것은?

보기

ㄱ. 중심 원자 주위의 전자쌍은 모두 음전하를 띤다.
ㄴ. 중심 원자 주위의 전자쌍들은 가능한 멀리 떨어져 있으려고 한다.
ㄷ. 공유 전자쌍 사이의 반발력은 비공유 전자쌍 사이의 반발력보다 크다.

① ㄱ   ② ㄷ   ③ ㄱ, ㄴ
④ ㄴ, ㄷ   ⑤ ㄱ, ㄴ, ㄷ

개념 ❷ 분자의 구조

족집게 전략   분자의 구조는 중심 원자에 결합한 원자 수와 비공유 전자쌍 수로 결정돼. 중심 원자에 결합한 원자 수가 같아도 중심 원자의 비공유 전자쌍 수에 따라 분자 구조가 다르다는 것을 알고 문제를 풀어야 해.

316   단골 문제

그림은 분자 (가)와 (나)의 구조식을 나타낸 것이다.

$$
\begin{matrix} & O & & & Cl \\ & \| & & & | \\ Cl-&C&-Cl & \quad Cl-&N&-Cl \\ & (가) & & & (나) \end{matrix}
$$

이에 대한 설명으로 옳은 것만을 〈보기〉에서 있는 대로 고른 것은?

보기
ㄱ. 결합각은 (가)에서가 (나)에서보다 크다.
ㄴ. (가)와 (나)는 모두 평면 구조이다.
ㄷ. 비공유 전자쌍 수는 (나)가 (가)보다 크다.

① ㄱ   ② ㄴ   ③ ㄱ, ㄷ
④ ㄴ, ㄷ   ⑤ ㄱ, ㄴ, ㄷ

추가로 나오는 선택지

❶ (가)에서 O는 부분적인 음전하를 띤다.   (   )
❷ (나)의 구성 원자는 모두 동일 평면에 존재한다.   (   )
❸ (가)의 분자 구조는 (   )이다.

317

다음은 4가지 분자의 화학식이다.

$$H_2O \qquad CO_2 \qquad NH_3 \qquad BCl_3$$

이에 대한 설명으로 옳지 <u>않은</u> 것은?

① 2중 결합이 있는 분자는 CO_2이다.
② H_2O에서 공유 전자쌍 수는 2이다.
③ NH_3에서 N은 옥텟 규칙을 만족한다.
④ 공유 전자쌍 수는 BCl_3가 NH_3보다 크다.
⑤ H_2O과 BCl_3는 모두 구성 원자가 동일 평면에 있다.

318

그림은 1, 2주기 원자 A~C의 루이스 전자점식을 나타낸 것이다.

$$A\cdot \qquad \cdot\overset{\displaystyle\cdot}{B}\cdot \qquad :\overset{\displaystyle\cdot\cdot}{C}\cdot$$

분자 BA_4와 A_2C의 분자 구조를 쓰고, 결합각을 비교하시오. (단, A~C는 임의의 원소 기호이다.)

319   중요

다음은 원자 A~C의 전자 배치를 나타낸 것이다.

- A: $1s^1$ • B: $1s^2 2s^2 2p^2$ • C: $1s^2 2s^2 2p^4$

A~C로 구성된 분자에 대한 설명으로 옳은 것만을 〈보기〉에서 있는 대로 고른 것은? (단, A~C는 임의의 원소 기호이다.)

보기
ㄱ. A_2C는 평면 구조이다.
ㄴ. BA_4의 결합각은 90°이다.
ㄷ. BC_2는 굽은 형 구조이다.

① ㄱ   ② ㄷ   ③ ㄱ, ㄴ
④ ㄴ, ㄷ   ⑤ ㄱ, ㄴ, ㄷ

320

그림은 원자 A와 B의 전자 배치를 모형으로 나타낸 것이다.

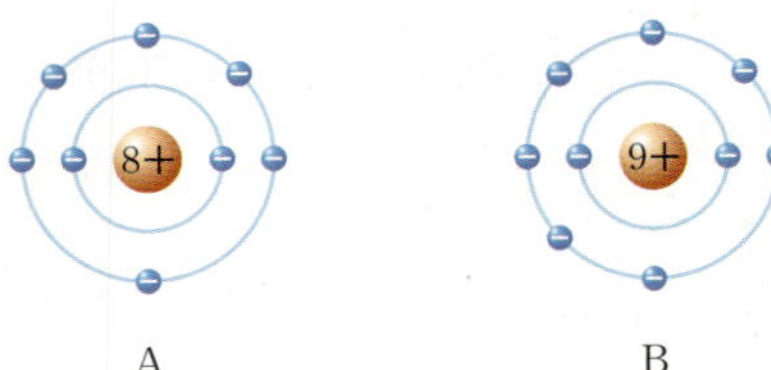

화합물 AB_2에 대한 설명으로 옳은 것만을 〈보기〉에서 있는 대로 고른 것은? (단, A와 B는 임의의 원소 기호이다.)

보기
ㄱ. 극성 공유 결합이 있다.
ㄴ. 공유 전자쌍 수는 2이다.
ㄷ. 분자의 구조는 선형이다.

① ㄱ   ② ㄷ   ③ ㄱ, ㄴ
④ ㄴ, ㄷ   ⑤ ㄱ, ㄴ, ㄷ

족 주기	1	2	13	14	15	16	17	18
1	A							
2				B	C	D	E	

321

A~E로 구성된 분자에 대한 설명으로 옳지 <u>않은</u> 것은? (단, A~E는 임의의 원소 기호이다.)

① BA_4와 BE_4의 분자 구조는 같다.
② B_2A_4에는 무극성 공유 결합이 있다.
③ CA_3의 분자 구조는 삼각뿔이다.
④ DE_2에서 D는 부분적인 음전하를 띤다.
⑤ ABC와 BE_4의 공유 전자쌍 수는 모두 4이다.

322 서술형

A_2D와 BD_2의 분자 구조를 쓰고, 중심 원자에 결합한 원자 수는 같지만 분자의 구조가 다른 까닭을 서술하시오.

323

그림은 2주기 원소 X~Z로 구성된 분자 (가)와 (나)의 루이스 전자점식을 나타낸 것이다.

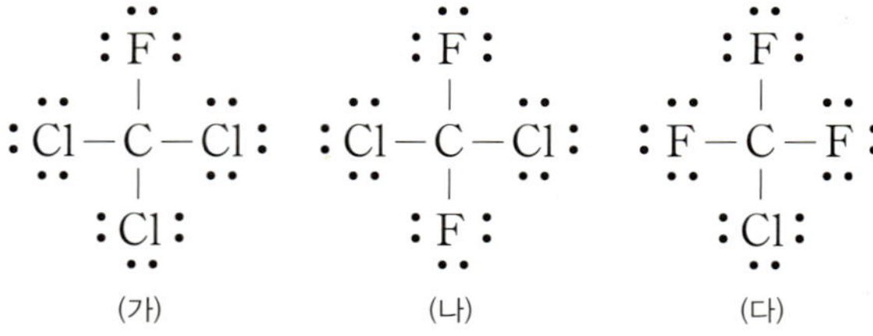

(가)   (나)

이에 대한 설명으로 옳은 것만을 〈보기〉에서 있는 대로 고른 것은? (단, X~Z는 임의의 원소 기호이다.)

보기

ㄱ. 원자가 전자 수는 Z가 X보다 크다.
ㄴ. 공유 전자쌍 수는 (나)가 (가)의 2배이다.
ㄷ. (가)와 (나)의 분자 구조는 모두 선형이다.

① ㄱ   ② ㄴ   ③ ㄱ, ㄷ
④ ㄴ, ㄷ   ⑤ ㄱ, ㄴ, ㄷ

개념 ③ 분자의 성질

족집게 전략   극성 공유 결합이 있는 분자일지라도 결합의 쌍극자 모멘트의 합에 따라 분자의 극성이 달라질 수 있음을 이해하고 있어야 해. 또한 중심 원자에 결합한 원자 수가 3일 때, 중심 원자에 비공유 전자쌍이 있으면 분자의 쌍극자 모멘트는 0이 아님을 알고 문제를 풀어야 해.

324 단골 문제

그림은 분자 (가)와 (나)의 구조식을 나타낸 것이다.

$$H-N-H \qquad Cl-B-Cl$$
$$| \qquad\qquad\quad |$$
$$H \qquad\qquad\quad Cl$$

(가)   (나)

(가)와 (나)의 공통점으로 옳은 것만을 〈보기〉에서 있는 대로 고른 것은?

보기

ㄱ. 극성 공유 결합이 있다.
ㄴ. 구성 원자는 동일 평면에 존재한다.
ㄷ. 분자의 쌍극자 모멘트는 0이 아니다.

① ㄱ   ② ㄴ   ③ ㄱ, ㄷ
④ ㄴ, ㄷ   ⑤ ㄱ, ㄴ, ㄷ

추가로 나오는 선택지

❶ 결합각은 (나)에서가 (가)에서보다 크다.   (   )
❷ 물에 대한 용해도는 (나)가 (가)보다 크다.   (   )
❸ 전기장에서 일정한 방향으로 배열되는 분자는 (   )이다.

325

그림은 분자 (가)~(다)의 루이스 구조식을 나타낸 것이다.

(가)   (나)   (다)

(가)~(다)에 대한 설명으로 옳은 것만을 〈보기〉에서 있는 대로 고른 것은?

보기

ㄱ. 극성 공유 결합이 있다.
ㄴ. 분자 구조는 사면체이다.
ㄷ. 분자의 쌍극자 모멘트가 0인 분자는 1가지이다.

① ㄱ   ② ㄷ   ③ ㄱ, ㄴ
④ ㄴ, ㄷ   ⑤ ㄱ, ㄴ, ㄷ

326

그림은 분자 (가)와 (나)의 화학 결합을 모형으로 나타낸 것이다.

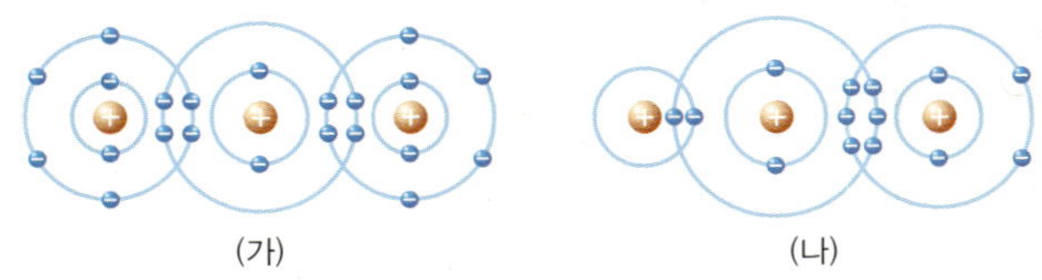

(가)　　　　　　　　　　(나)

(가)와 (나)의 공통점으로 옳은 것만을 〈보기〉에서 있는 대로 고른 것은?

보기

ㄱ. 분자 구조는 선형이다.
ㄴ. 분자의 쌍극자 모멘트는 0이 아니다.
ㄷ. 물에 잘 용해된다.

① ㄱ　　　　　② ㄴ　　　　　③ ㄱ, ㄷ
④ ㄴ, ㄷ　　　　⑤ ㄱ, ㄴ, ㄷ

327

그림은 기체 AB에 전기장을 걸어주기 전과 후의 AB의 배열을 나타낸 것이다. A는 ⬤, B는 ⬤이다.

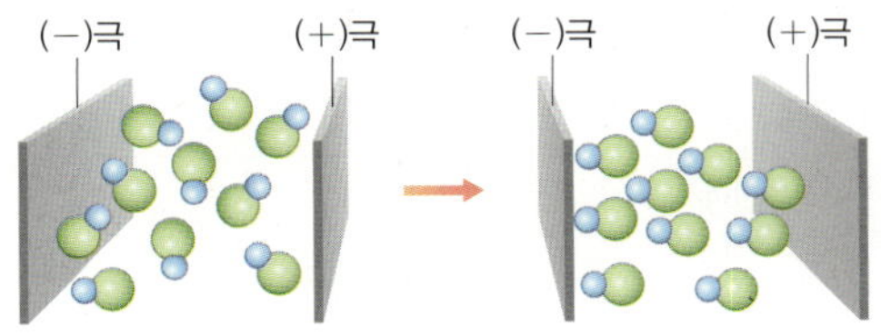

기체 AB에 대한 설명으로 옳은 것만을 〈보기〉에서 있는 대로 고른 것은? (단, A와 B는 임의의 원소 기호이다.)

보기

ㄱ. 극성 공유 결합이 있다.
ㄴ. 분자의 쌍극자 모멘트는 0이다.
ㄷ. A는 부분적인 양전하를 띤다.

① ㄱ　　　　　② ㄴ　　　　　③ ㄱ, ㄷ
④ ㄴ, ㄷ　　　　⑤ ㄱ, ㄴ, ㄷ

328 중요

다음은 2가지 분자에 대한 자료이다. X와 Y는 2주기 원소이다.

- XH_3: X에는 4개의 전자쌍이 있다.
- YCl_3 : 분자의 쌍극자 모멘트가 0이다.

이에 대한 설명으로 옳은 것만을 〈보기〉에서 있는 대로 고른 것은? (단, X와 Y는 임의의 원소 기호이다.)

보기

ㄱ. XH_3는 물에 잘 용해된다.
ㄴ. 결합각은 XH_3가 YCl_3보다 크다.
ㄷ. 공유 전자쌍 수는 XH_3가 YCl_3보다 크다.

① ㄱ　　　　　② ㄷ　　　　　③ ㄱ, ㄴ
④ ㄴ, ㄷ　　　　⑤ ㄱ, ㄴ, ㄷ

329 중요

표는 서로 다른 2주기 원소의 수소 화합물 (가)~(다)에서 중심 원자에 존재하는 전자쌍의 수를 나타낸 것이다. (가)~(다)에서 중심 원자는 각각 1개이다.

수소 화합물	(가)	(나)	(다)
공유 전자쌍 수	2	3	4
비공유 전자쌍 수	2	1	0

이에 대한 설명으로 옳지 <u>않은</u> 것은?

① (가)는 H_2O이다.
② (나)의 분자 구조는 삼각뿔이다.
③ 결합각은 (다)가 (나)보다 크다.
④ 분자의 쌍극자 모멘트는 (다)가 (가)보다 크다.
⑤ 액체 상태의 (가)에 대한 용해도는 (나)가 (다)보다 크다.

330 서술형

그림은 CF_2Cl_2의 루이스 구조식을 나타낸 것이다.

기체 상태의 CF_2Cl_2를 전기장에 넣었을 때 일정한 방향으로 배열되었다. 그 까닭을 서술하시오.

331

그림은 분자 (가)~(다)의 루이스 전자점식을 나타낸 것이다.

$$H:C:H \qquad H:N:H \qquad H:O:H$$

(가)   (나)   (다)

(가)~(다)를 비교한 것 중 옳은 것만을 〈보기〉에서 있는 대로 고른 것은? (단, H, C, N, O의 원자량은 각각 1, 12, 14, 16이다.)

보기

ㄱ. 결합각: (다)>(나)
ㄴ. 끓는점: (다)>(가)
ㄷ. 분자의 쌍극자 모멘트: (나)>(가)

① ㄱ   ② ㄴ   ③ ㄱ, ㄷ
④ ㄴ, ㄷ   ⑤ ㄱ, ㄴ, ㄷ

332

그림은 4가지 분자를 2가지 기준에 따라 분류한 것을 나타낸 것이다.

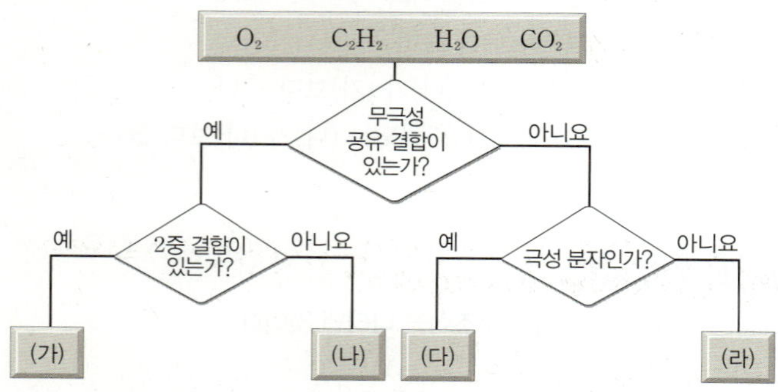

이에 설명으로 옳은 것만을 〈보기〉에서 있는 대로 고른 것은?

보기

ㄱ. 결합각은 (나)가 (다)보다 크다.
ㄴ. 비공유 전자쌍 수는 (가)가 (다)보다 크다.
ㄷ. (나)와 (라)는 모두 구성 원자가 동일 선상에 존재한다.

① ㄱ   ② ㄷ   ③ ㄱ, ㄴ
④ ㄴ, ㄷ   ⑤ ㄱ, ㄴ, ㄷ

333 · 고난도

표는 2주기 원소 X~Z로 구성된 2가지 분자의 원자가 전자 수의 총합을 나타낸 것이다.

분자	XZ_3	YZ_3
원자가 전자 수의 총합	24	26

이에 대한 설명으로 옳은 것만을 〈보기〉에서 있는 대로 고른 것은? (단, X~Z는 임의의 원소 기호이다.)

보기

ㄱ. 원자 번호는 Y가 X보다 2 크다.
ㄴ. XZ_3의 분자 구조는 평면 삼각형이다.
ㄷ. 분자의 쌍극자 모멘트는 YZ_3가 XZ_3보다 크다.

① ㄱ   ② ㄷ   ③ ㄱ, ㄴ
④ ㄴ, ㄷ   ⑤ ㄱ, ㄴ, ㄷ

334 · 고난도

다음은 수소 화합물 (가)~(라)에 대한 자료이다.

- (가)~(라)의 중심 원자는 각각 1개이고, C, N, O 중 하나이다.
- (가)~(라)의 구성 원자는 1, 2주기 원소이고, 2주기 원소는 옥텟 규칙을 만족한다.
- 분자당 공유 전자쌍 수와 중심 원자에 결합한 원자 수

수소 화합물	(가)	(나)	(다)	(라)
분자당 공유 전자쌍 수	2	3	4	4
중심 원자에 결합한 원자 수	2	3	3	4

(가)~(라)에 대한 설명으로 옳은 것만을 〈보기〉에서 있는 대로 고른 것은?

보기

ㄱ. (가)의 쌍극자 모멘트는 0이 아니다.
ㄴ. 결합각은 (나)가 (다)보다 크다.
ㄷ. 구성 원자가 모두 동일 평면에 있는 분자는 2가지이다.

① ㄱ   ② ㄴ   ③ ㄱ, ㄴ
④ ㄱ, ㄷ   ⑤ ㄴ, ㄷ

335 고난도

표는 2주기 원소로 이루어진 분자 (가)~(다)에 대한 자료이다. (가)~(다)를 구성하는 원자 수는 각각 4 이하이고, 구성 원자는 모두 옥텟 규칙을 만족한다.

분자	구성 원자 수비	공유 전자쌍 수
(가)	$X:Y=1:1$	5
(나)	$Y:Z=1:1$	4
(다)	$X:Y:Z=1:1:1$	4

(가)~(다)에 대한 설명으로 옳은 것만을 〈보기〉에서 있는 대로 고른 것은? (단, X~Z는 임의의 원소 기호이다.)

보기
ㄱ. 분자 구조가 선형인 분자는 2가지이다.
ㄴ. 무극성 공유 결합이 있는 분자는 2가지이다.
ㄷ. 분자의 쌍극자 모멘트는 (다)가 (가)보다 크다.

① ㄱ 　② ㄷ 　③ ㄱ, ㄴ
④ ㄴ, ㄷ 　⑤ ㄱ, ㄴ, ㄷ

336 고난도

그림은 1, 2주기 원자 A~C의 루이스 전자점식을, 표는 분자 (가)와 (나)를 구성하는 원자의 종류와 수를 나타낸 것이다.

A· ：B· ：C·

분자 \ 구성 원자	A	B	C
(가)	4	2	0
(나)	2	0	2

이에 대한 설명으로 옳은 것만을 〈보기〉에서 있는 대로 고른 것은? (단, A~C는 임의의 원소 기호이다.)

보기
ㄱ. (가)는 평면 구조이다.
ㄴ. (가)와 (나)는 모두 무극성 공유 결합이 있다.
ㄷ. 공유 전자쌍 수는 (나)가 (가)보다 크다.

① ㄱ 　② ㄴ 　③ ㄱ, ㄷ
④ ㄴ, ㄷ 　⑤ ㄱ, ㄴ, ㄷ

337

그림은 분자식이 같은 분자 (가)와 (나)의 구조식을 나타낸 것이다.

$$\begin{array}{ccc} H & & H \\ & C=C & \\ Cl & & Cl \end{array} \qquad \begin{array}{ccc} H & & Cl \\ & C=C & \\ Cl & & H \end{array}$$

(가)　　　　　(나)

(가)와 (나)에 대한 설명으로 옳은 것만을 〈보기〉에서 있는 대로 고른 것은?

보기
ㄱ. (가)와 (나)는 모두 평면 구조이다.
ㄴ. 끓는점은 (가) > (나)이다.
ㄷ. 분자의 쌍극자 모멘트는 (가) > (나)이다.

① ㄱ 　② ㄷ 　③ ㄱ, ㄴ
④ ㄴ, ㄷ 　⑤ ㄱ, ㄴ, ㄷ

338

그림은 액체 XCl_3과 YCl_3의 가느다란 물줄기에 대전체를 가까이 가져다 대었을 때의 모습을 나타낸 것이다.

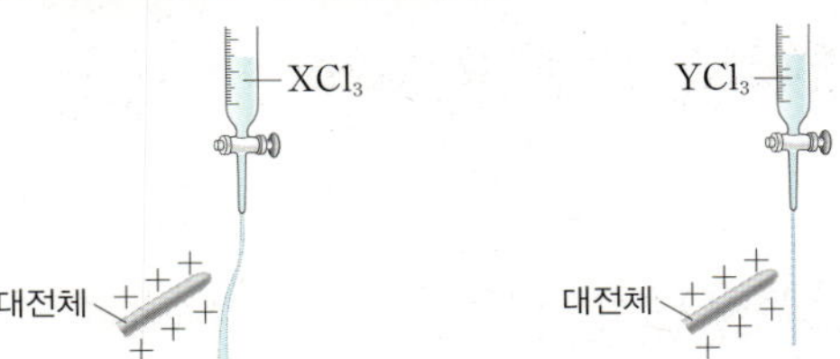

XCl_3와 YCl_3를 비교한 것으로 옳은 것만을 〈보기〉에서 있는 대로 고른 것은? (단, X와 Y는 임의의 원소 기호이다.)

보기
ㄱ. 결합각: $XCl_3 > YCl_3$
ㄴ. 비공유 전자쌍 수: $XCl_3 > YCl_3$
ㄷ. 분자의 쌍극자 모멘트: $XCl_3 > YCl_3$

① ㄱ 　② ㄴ 　③ ㄱ, ㄴ
④ ㄱ, ㄷ 　⑤ ㄴ, ㄷ

IV

역동적인
화학 반응

IV 역동적인 화학 반응

VI-1 화학 반응에서의 동적 평형

1. 동적 평형
- 가역 반응
- 동적 평형
- 화학 평형

2. 물의 자동 이온화
- 물의 자동 이온화
- 수소 이온 농도 지수

3. 산 염기 중화 반응
- 산과 염기
- 산과 염기의 정의
- 중화 반응과 중화 적정

VI-2 화학 반응과 열의 출입

1. 산화 환원 반응
- 산화 환원 반응
- 산화수
- 산화 환원 반응식

2. 화학 반응에서의 열의 출입
- 발열 반응과 흡열 반응
- 화학 반응에서 출입하는 열의 측정

01 동적 평형

개념 ❶ 가역 반응

1. 가역 반응: 반응 조건(농도, 압력, 온도 등)에 따라 정반응과 역반응이 모두 일어날 수 있는 반응

(1) **정반응**: 화학 반응식에서 오른쪽으로 진행되는 반응으로, '⟶'로 나타낸다.

(2) **역반응**: 화학 반응식에서 왼쪽으로 진행되는 반응으로, '⟵'로 나타낸다.

(3) **가역 반응**: 화학 반응식에서 '⇌'로 나타낸다.

(4) **가역 반응의 예**

물의 상태 변화	$H_2O(l) \xrightleftharpoons[\text{액화}]{\text{기화}} H_2O(g)$
석회 동굴과 종유석의 생성	$CaCO_3(s) + CO_2(g) + H_2O(l) \xrightleftharpoons[\text{종유석 생성}]{\text{석회 동굴 생성}} Ca(HCO_3)_2(aq)$
염화 코발트 육수화물의 생성과 분해	$CoCl_2 + 6H_2O \rightleftharpoons CoCl_2 \cdot 6H_2O$ 푸른색　　　　　　　　　붉은색
황산 구리(Ⅱ) 오수화물의 분해와 생성	$CuSO_4 \cdot 5H_2O \rightleftharpoons CuSO_4 + 5H_2O$ 푸른색　　　　　　흰색

2. 비가역 반응: 한쪽 방향으로만 진행되는 반응으로, 정반응만 일어나거나, 역반응이 거의 일어나지 않는 반응

연소 반응	$CH_4(g) + 2O_2(g) \longrightarrow CO_2(g) + 2H_2O(l)$
기체 발생 반응	$Mg(s) + 2HCl(aq) \longrightarrow MgCl_2(aq) + H_2(g)$
중화 반응	$HCl(aq) + NaOH(aq) \longrightarrow NaCl(aq) + H_2O(l)$
앙금 생성 반응	$AgNO_3(aq) + NaCl(aq) \longrightarrow AgCl(s) + NaNO_3(aq)$

개념 ❷ 동적 평형

1. 동적 평형: 가역 반응에서 정반응 속도와 역반응 속도가 같아서 겉보기에는 변화가 일어나지 않는 것처럼 보이는 상태

(1) **상평형**: 한 물질의 두 가지 이상의 상태가 동적 평형을 이루는 상태

물의 증발과 응축　$H_2O(l) \rightleftharpoons H_2O(g)$
일정한 온도에서 밀폐 용기 속에 물을 넣으면 물의 양이 줄어들다가 어느 순간 더 이상 줄지 않고 수면이 일정하게 유지된다. ➡ 초기에는 액체 표면에서 물의 증발 속도가 응축 속도보다 빠르지만 이후 증발 속도와 응축 속도가 같아져서 동적 평형에 도달한다.

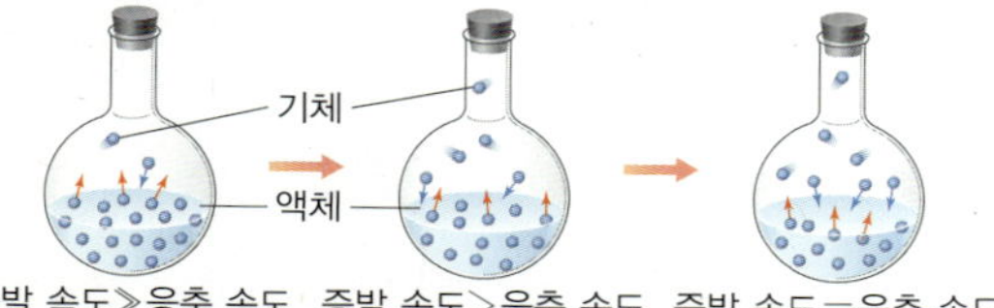

(2) **시간에 따른 증발 속도와 응축 속도 변화**: 일정한 온도에서 시간이 지나도 액체의 증발 속도는 변하지 않고, 응축 속도가 점점 빨라지면서 증발 속도와 응축 속도가 같아진다.

2. 용해 평형: 고체가 액체에 녹을 때 용질이 용해되는 속도와 석출되는 속도가 같아서 겉보기에는 용해나 석출이 일어나지 않는 것처럼 보이는 상태

(1) **용액의 종류**

포화 용액	용해 평형을 이루고 있는 용액
불포화 용액	포화 용액보다 용질이 적게 녹아 있는 용액
과포화 용액	포화 용액보다 용질이 더 많이 녹아 있는 용액

(2) **용해 평형**

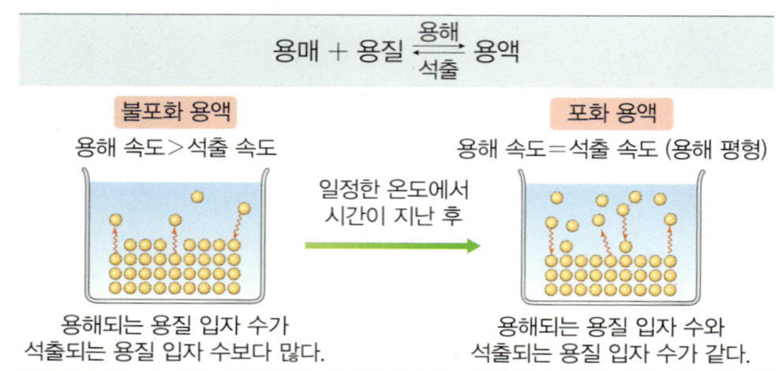

개념 ❸ 화학 평형

1. 화학 평형: 화학 반응에서 정반응과 역반응 속도가 같아서 농도가 일정하게 유지되는 상태

$2NO_2(g) \rightleftharpoons N_2O_4(g)$ 적갈색　　　　　무색

반응 용기에 이산화 질소(NO_2)를 넣으면 시간이 지남에 따라 반응물인 $NO_2(g)$의 농도는 감소하고, 생성물인 사산화 이질소(N_2O_4)의 농도는 증가한다. ➡ 시간 t 이후에는 반응물과 생성물의 농도가 일정하게 유지되는 화학 평형에 도달한다.

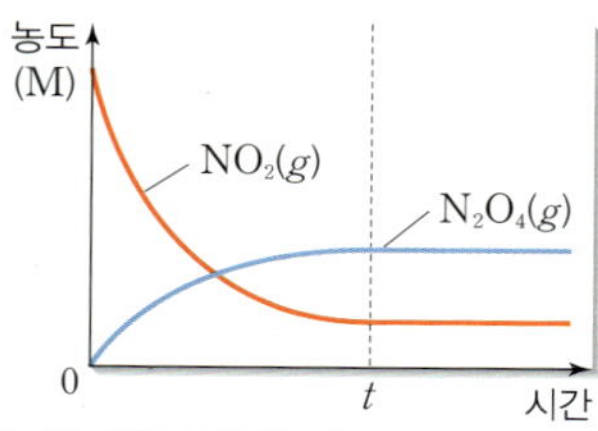

2. 화학 평형의 특징

(1) 가역 반응에서만 성립한다.

(2) 정반응과 역반응 속도가 같다.

(3) 반응물과 생성물이 함께 존재한다.

(4) 반응물과 생성물의 농도가 일정하게 유지된다.

정답 및 해설 | 46쪽

탐구 활동   가역 반응에서 동적 평형

과정
❶ 적갈색의 이산화 질소(NO_2)를 밀폐 용기에 넣은 다음 실온에 두고 변화를 관찰한다.

❷ 무색의 사산화 이질소(N_2O_4)를 밀폐 용기에 넣은 다음 실온에 두고 변화를 관찰한다.

결과
1. 적갈색이 점점 옅어지다가 시간이 지나면 색이 변하지 않는다.
2. 무색에서 색이 점점 적갈색으로 진해지다가 시간이 지나면 색이 변하지 않는다.

정리
- 과정 ❶에서 반응이 진행하여 적갈색의 이산화 질소(NO_2) 기체의 일부가 무색의 사산화 이질소(N_2O_4) 기체가 되므로 초기에는 적갈색이 옅어진다.

- 과정 ❷에서 반응이 진행하여 무색의 사산화 이질소(N_2O_4) 기체의 일부가 적갈색의 이산화 질소(NO_2) 기체가 되므로 초기에는 적갈색이 진해진다.

- 이산화 질소(NO_2)가 사산화 이질소(N_2O_4)로 되는 반응은 가역 반응이고, 이 반응의 화학 반응식은 다음과 같다.

$$2NO_2(g) \rightleftharpoons N_2O_4(g)$$
적갈색   무색

- 과정 ❶과 ❷에서 모두 동적 평형 상태에 도달한다. 동적 평형 상태에서는 정반응과 역반응이 모두 일어나고, 정반응 속도와 역반응 속도가 같아 더 이상 반응이 일어나지 않는 것처럼 보인다.

- 동적 평형 상태에서는 반응물과 생성물이 모두 존재하므로 용기 안에는 $NO_2(g)$와 $N_2O_4(g)$가 모두 존재한다.

- 같은 온도에서 동적 평형 상태일 때 $NO_2(g)$와 $N_2O_4(g)$의 농도비는 일정하게 유지된다.

339

☐☐☐☐은 화학 반응식에서 오른쪽으로 진행되는 반응이고, ☐☐☐☐은 화학 반응식에서 왼쪽으로 진행되는 반응이다.

340

반응 조건에 따라 정반응과 역반응이 모두 일어날 수 있는 반응을 ☐☐☐☐ 반응이라고 한다

341

가역 반응과 비가역 반응에 대한 설명으로 옳은 것은 ○, 옳지 <u>않</u>은 것은 ×로 표시하시오.

(1) 밀폐 용기 내에서 물이 수증기로 되는 것은 가역 반응이다.   (   )

(2) 연소 반응, 중화 반응, 기체가 발생하는 반응은 비가역 반응이다.   (   )

(3) 동적 평형은 가역 반응, 비가역 반응에서 모두 나타난다.   (   )

342

가역 반응에서 정반응 속도와 역반응 속도가 같아서 겉보기에는 변화가 일어나지 않는 것처럼 보이는 상태를 ☐☐☐☐이라고 한다.

343

밀폐 용기에 물을 넣으면 초기에는 증발 속도가 응축 속도보다 ☐☐고, 상평형에 도달하면 증발 속도와 응축 속도가 ☐☐다.

344

화학 평형에 대한 설명으로 옳은 것은 ○, 옳지 <u>않</u>은 것은 ×로 표시하시오.

(1) 반응물과 생성물이 모두 존재한다.   (   )
(2) 정반응과 역반응 모두 일어나지 않는다.   (   )
(3) 생성물의 농도는 반응물보다 크다.   (   )

개념 ❶ 가역 반응

족집게 전략 가역 반응은 반응 조건에 따라 정반응과 역반응이 모두 일어날 수 있는 반응이야. 정반응만 일어나거나 역반응이 거의 일어나지 않는 비가역 반응이 있다는 것을 알고 문제를 풀어야 해.

345 단골 문제

가역 반응에 대한 설명으로 옳지 **않은** 것은?

① 화학 반응식에서 '⇌'로 나타낸다.
② 물의 증발과 응축은 가역 반응이다.
③ 염화 코발트 육수화물의 생성 반응은 가역 반응이다.
④ 석회 동굴에서 종유석과 석순이 생성되는 반응은 가역 반응이다.
⑤ 마그네슘이 염산과 반응하여 수소 기체가 생성되는 반응은 가역 반응이다.

추가로 나오는 선택지

❶ 황산 구리(Ⅱ) 오수화물이 분해되어 황산 구리(Ⅱ)와 물이 되는 반응은 가역 반응이다. ( )
❷ 가역 반응은 정반응만 일어나거나, 역반응이 거의 일어나지 않는 반응이다. ( )
❸ 중화 반응은 가역 반응이다. ( )

346

가역 반응과 비가역 반응을 〈보기〉에서 골라 옳게 짝 지은 것은?

보기
ㄱ. 메테인(CH_4)의 연소 반응
ㄴ. 염화 코발트 육수화물($CoCl_2 \cdot 6H_2O$)의 분해 반응
ㄷ. 석회 동굴이 생성되는 반응
ㄹ. 질산 은($AgNO_3$) 수용액과 염화 나트륨($NaCl$) 수용액의 반응

	가역 반응	비가역 반응
①	ㄱ, ㄴ	ㄷ, ㄹ
②	ㄱ, ㄷ	ㄴ, ㄹ
③	ㄴ, ㄷ	ㄱ, ㄹ
④	ㄴ, ㄹ	ㄱ, ㄷ
⑤	ㄷ, ㄹ	ㄱ, ㄴ

347

다음 중 가역 반응의 개수는?

- 물의 증발과 응축
- 에탄올(C_2H_5OH)의 연소 반응
- 탄산 칼슘($CaCO_3$)과 염산(HCl)의 반응
- 황산 구리(Ⅱ) 오수화물($CuSO_4 \cdot 5H_2O$)의 분해 반응

① 0 ② 1 ③ 2 ④ 3 ⑤ 4

348 중요

다음은 2가지 반응의 화학 반응식을 나타낸 것이다.

$$(가)\ CoCl_2 + 6H_2O \rightleftharpoons CoCl_2 \cdot 6H_2O$$
$$(나)\ CuSO_4 \cdot 5H_2O \rightleftharpoons CuSO_4 + 5H_2O$$

(가)와 (나)에 대한 설명으로 옳은 것은?

① (가)는 비가역 반응이다.
② (가)에서 정반응이 일어나면 푸른색에서 붉은색으로 색 변화가 일어난다.
③ (나)에서 정반응이 일어나면 흰색에서 푸른색으로 색 변화가 일어난다.
④ (나)에서 역반응은 일어나지 않는다.
⑤ (가)와 (나)에서 동적 평형에 도달하면 생성물만 존재한다.

349 서술형

석회 동굴은 탄산 칼슘($CaCO_3$)을 주성분으로 하는 석회암이 이산화 탄소(CO_2)가 녹아 있는 지하수와 만나 생성된다. 석회 동굴이 생성되는 반응은 가역 반응인데, 그 까닭을 서술하시오.

족집게 전략 동적 평형 상태에서는 정반응과 역반응이 일어나는데, 속도가 같아서 아무 반응도 일어나지 않는 것처럼 보여. 따라서 농도의 변화나 색의 변화 등은 나타나지 않는다는 것을 알고 문제를 풀어야 해.

350

그림은 일정한 온도에서 용기에 일정량의 물을 넣고 밀폐시켰을 때 일어나는 변화를 나타낸 것이다. (다)에서는 증발하는 분자 수와 응축하는 분자 수가 같다.

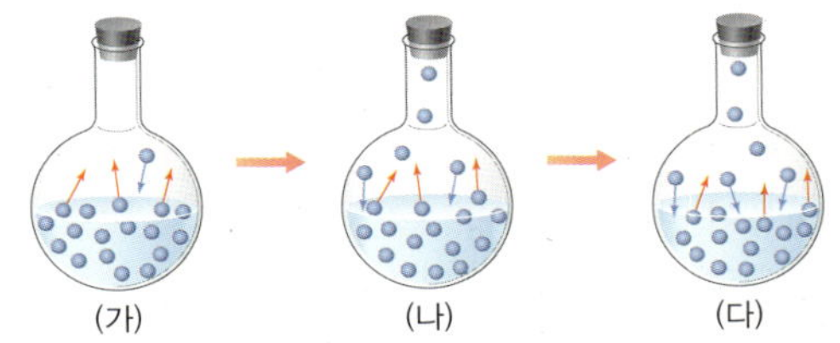

이에 대한 설명으로 옳은 것은?

① (가)에서는 물의 증발 속도와 응축 속도가 같다.
② (나)에서는 물의 응축 속도가 증발 속도보다 빠르다.
③ (다)는 동적 평형 상태이다.
④ (다)에서는 물의 증발과 응축이 일어나지 않는다.
⑤ (가)~(다) 중 수면의 높이가 감소하는 것은 1가지이다.

추가로 나오는 선택지

❶ (가)에서는 물의 증발 속도가 응축 속도보다 빠르다.　(　　　)
❷ (나)에서는 물의 증발 속도와 응축 속도가 같다.　(　　　)
❸ (다)에서는 상평형이 이루어진다.　(　　　)

351

그림은 밀폐된 용기에 물을 넣은 후 충분한 시간이 지난 후의 모습을 나타낸 것이다.

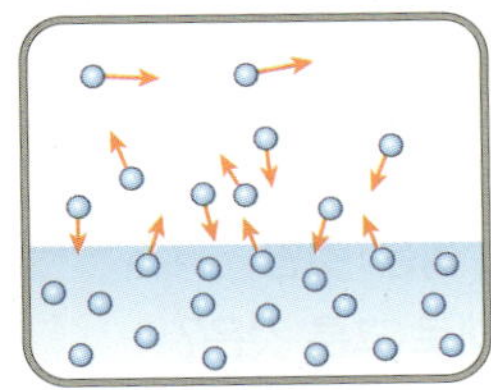

이에 대한 설명으로 옳은 것은?

① 비가역 반응이 일어난다.
② 증발하는 물 분자는 없다.
③ 증발 속도가 응축 속도보다 빠르다.
④ 고체, 액체, 기체의 3가지 상태가 평형을 이루고 있다.
⑤ 증발하는 물 분자 수와 응축하는 물 분자 수가 같다.

352

설탕을 물에 넣어 더 이상 녹지 않을 때까지 녹였을 때, 이에 대한 설명으로 옳지 <u>않은</u> 것은?

① 설탕물은 포화 용액이다.
② 용해 평형 상태이다.
③ 물을 더 넣으면 불포화 용액이 된다.
④ 설탕의 용해 속도와 석출 속도가 같다.
⑤ 설탕을 더 넣어도 용해가 일어나지 않는다.

353 　서술형

그림은 밀폐된 용기에 물을 넣고 충분한 시간이 지난 후 수면의 높이가 더 이상 변하지 않는 상태를 나타낸 것이다. 뚜껑을 열었을 때 수면의 변화와 그 까닭을 서술하시오.

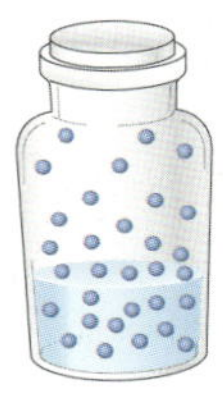

354

다음은 용해 평형을 알아보기 위한 실험 과정이다.

[실험 과정]
황산 구리(Ⅱ) 포화 수용액이 들어 있는 비커에 황산 구리(Ⅱ) 오수화물 결정을 넣는다.

이 실험 결과에 대한 설명으로 옳은 것은?

① 황산 구리(Ⅱ) 오수화물 결정의 크기가 일정하게 유지된다.
② 황산 구리(Ⅱ) 오수화물 결정의 크기가 증가한다.
③ 황산 구리(Ⅱ) 오수화물 결정의 크기가 감소하고, 수용액에 황산 구리(Ⅱ)가 석출된다.
④ 황산 구리(Ⅱ) 오수화물 결정의 크기가 감소하고, 황산 구리(Ⅱ) 수용액의 농도가 증가한다.
⑤ 황산 구리(Ⅱ) 오수화물 결정의 크기가 증가하고, 황산 구리(Ⅱ) 수용액의 농도가 감소한다.

355 중요

그림은 밀폐된 용기에 물을 넣었을 때 시간에 따른 물의 증발 속도와 응축 속도의 변화를 나타낸 것이다.

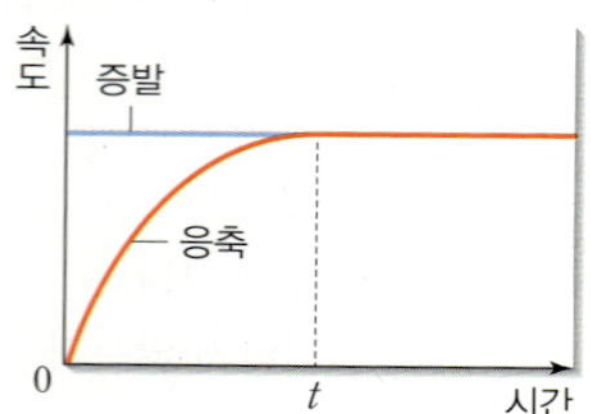

시간 t 이후의 상태에 대한 설명으로 옳은 것은?

① 동적 평형 상태이다.
② 응축 속도는 증가한다.
③ 수면의 높이는 감소한다.
④ 기체 상태의 물 분자만 존재한다.
⑤ 증발하는 물 분자 수가 응축하는 물 분자 수보다 많다.

356

그림 (가)는 밀폐 용기에 액체 브로민(Br_2)을 넣은 것이고, (나)는 충분한 시간이 지난 후의 상태를 나타낸 것이다.

이에 대한 설명으로 옳은 것만을 〈보기〉에서 있는 대로 고른 것은?

보기
ㄱ. 반응 $Br_2(l) \rightleftharpoons Br_2(g)$이 일어난다.
ㄴ. (나)에서 $Br_2(g)$의 분자 수는 일정하게 유지된다.
ㄷ. 용기의 뚜껑을 열면 응축하는 분자 수가 증발하는 분자 수보다 많아진다.

① ㄱ   ② ㄷ   ③ ㄱ, ㄴ
④ ㄴ, ㄷ   ⑤ ㄱ, ㄴ, ㄷ

개념 ③ 화학 평형

족집게 전략 화학 평형에서는 정반응 속도와 역반응 속도가 같아서 더 이상 변화가 일어나지 않는 것처럼 보여. 화학 평형 상태에서는 반응물과 생성물이 일정한 농도비로 존재함을 알아야 해.

357 단골 문제

다음은 이산화 질소와 관련된 가역 반응의 화학 반응식이다.

$$2NO_2(g) \rightleftharpoons N_2O_4(g)$$
적갈색   무색

밀폐 용기에 적갈색의 $NO_2(g)$를 넣었을 때, 이에 대한 설명으로 옳지 <u>않은</u> 것은?

① 정반응이 진행된다.
② 역반응은 진행되지 않는다.
③ 평형 상태에서는 $NO_2(g)$와 $N_2O_4(g)$가 모두 존재한다.
④ 반응 전보다 용기 내부의 기체의 색은 옅어진다.
⑤ 평형 상태에서는 정반응과 역반응이 모두 일어난다.

추가로 나오는 선택지
❶ 충분한 시간이 지나면 $N_2O_4(g)$만 존재한다. (   )
❷ 충분한 시간이 지나면 정반응과 역반응 속도가 같은 화학 평형 상태에 도달한다. (   )
❸ 충분한 시간이 지나면 용기 내부의 색 변화는 나타나지 않는다. (   )

358

그림은 $2A(g) \rightleftharpoons B(g)$의 반응이 일어날 때 시간에 따른 $A(g)$와 $B(g)$의 농도를 나타낸 것이다.

이에 대한 설명으로 옳은 것만을 〈보기〉에서 있는 대로 고른 것은?

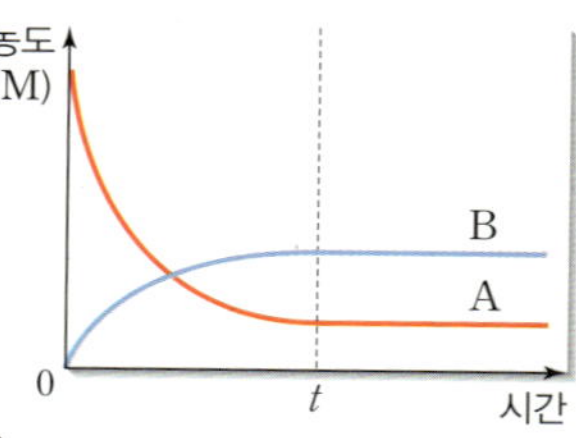

보기
ㄱ. 시간 t 이전에는 역반응이 일어나지 않는다.
ㄴ. 시간 t까지 정반응 속도는 감소한다.
ㄷ. 시간 t 이후에는 동적 평형 상태이다.

① ㄱ   ② ㄷ   ③ ㄱ, ㄴ
④ ㄴ, ㄷ   ⑤ ㄱ, ㄴ, ㄷ

359

그림 (가)는 밀폐 용기에 물을 넣고 충분한 시간이 지난 후의 상태를, (나)는 물에 설탕을 넣어 더 이상 녹지 않는 상태를 나타낸 것이다.

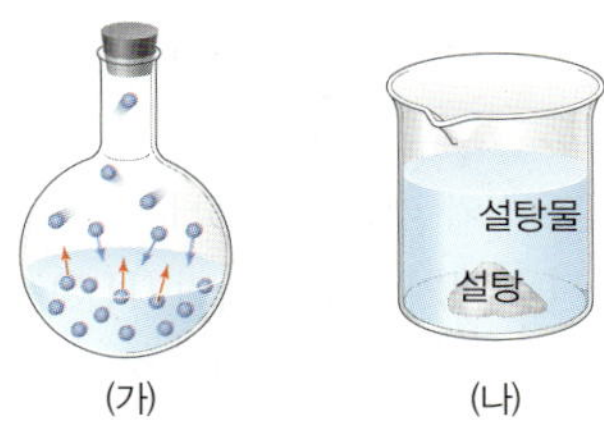

이에 대한 설명으로 옳은 것만을 〈보기〉에서 있는 대로 고른 것은?

보기
ㄱ. (가)와 (나)는 동적 평형 상태이다.
ㄴ. (나)는 포화 용액이다.
ㄷ. (가)에서 온도를 높이면 반응 $H_2O(l) \rightleftharpoons H_2O(g)$에서 정반응 속도가 빨라진 후 다시 감소한다.

① ㄱ
② ㄷ
③ ㄱ, ㄴ
④ ㄴ, ㄷ
⑤ ㄱ, ㄴ, ㄷ

360

그림은 온도 T에서 기체 NO_2와 기체 N_2O_4가 평형을 이루고 있는 모습을 나타낸 것이다.

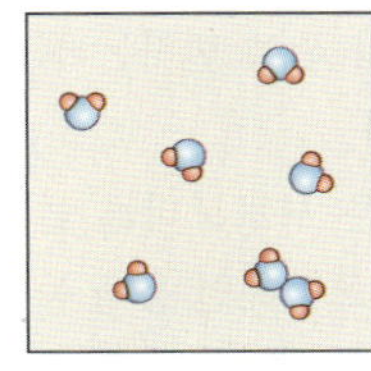
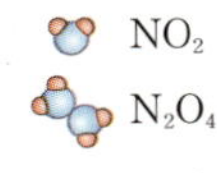

이에 대한 설명으로 옳은 것만을 〈보기〉에서 있는 대로 고른 것은?

보기
ㄱ. 화학 반응식은 $5NO_2(g) \rightleftharpoons N_2O_4(g)$이다.
ㄴ. 정반응 속도와 역반응 속도가 같다.
ㄷ. $NO_2(g)$가 $N_2O_4(g)$로 되는 반응은 일어나지 않는다.

① ㄱ
② ㄴ
③ ㄱ, ㄷ
④ ㄴ, ㄷ
⑤ ㄱ, ㄴ, ㄷ

361

다음은 석회 동굴에서 일어나는 반응의 화학 반응식이다.

$$CaCO_3(s) + \boxed{A}(g) + \boxed{B}(l) \rightleftharpoons Ca(HCO_3)_2(aq)$$

이에 대한 설명으로 옳은 것만을 〈보기〉에서 있는 대로 고른 것은?

보기
ㄱ. 이 반응은 가역 반응이다 .
ㄴ. A와 B는 각각 CO_2와 H_2O이다.
ㄷ. 석회 동굴에서 종유석이나 석순이 만들어지는 반응은 역반응이다.

① ㄱ
② ㄴ
③ ㄱ, ㄷ
④ ㄴ, ㄷ
⑤ ㄱ, ㄴ, ㄷ

362 고난도

그림 (가)는 밀폐된 용기에 일정량의 물을 넣은 모습을, (나)는 충분한 시간이 지난 후의 변화를 모형으로 나타낸 것이다. 그래프는 (가)에서 (나)가 될 때 시간에 따른 증발 속도와 응축 속도의 변화를 나타낸 것이다.

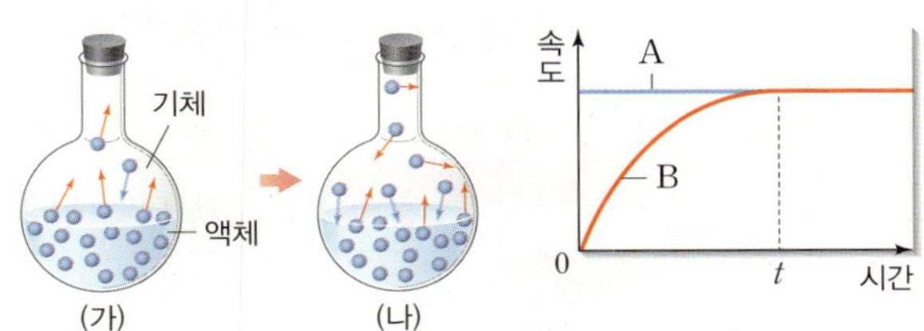

이에 대한 설명으로 옳은 것만을 〈보기〉에서 있는 대로 고른 것은? (단, 온도는 일정하다.)

보기
ㄱ. 용기 속 수증기의 분자 수는 (가) < (나)이다.
ㄴ. A에서 일어나는 반응은 $H_2O(l) \longrightarrow H_2O(g)$이다.
ㄷ. (나)는 시간 t 이후의 상태이다.

① ㄱ
② ㄴ
③ ㄱ, ㄷ
④ ㄴ, ㄷ
⑤ ㄱ, ㄴ, ㄷ

02 물의 자동 이온화

개념 ❶ 물의 자동 이온화

1. 물의 자동 이온화: 순수한 물에서 매우 적은 양의 물 분자 사이에 수소 이온(H^+)을 주고 받아 하이드로늄 이온(H_3O^+)과 수산화 이온(OH^-)으로 이온화하는 반응

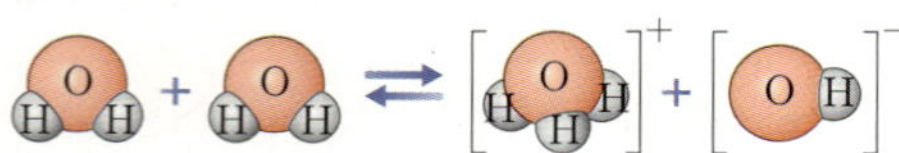

$$H_2O(l) + H_2O(l) \rightleftharpoons H_3O^+(aq) + OH^-(aq)$$

2. 물의 이온화 상수(K_w): 물이 자동 이온화하여 동적 평형을 이루면 H_3O^+과 OH^-은 농도가 일정하게 유지되는데, 이때 H_3O^+의 농도와 OH^-의 농도를 곱한 값이다.

$$K_w = [H_3O^+][OH^-]$$

(1) K_w는 단위가 없고, 온도가 일정하면 일정한 값을 가지며 온도가 높을수록 커진다.

(2) 순수한 물에서 하이드로늄 이온(H_3O^+)과 수산화 이온(OH^-)의 농도는 같다.
➡ 25 ℃에서 $K_w = [H_3O^+][OH^-] = 1.0 \times 10^{-14}$이므로 $[H_3O^+] = [OH^-] = 1.0 \times 10^{-7}$ M이다.

3. 수용액의 액성

(1) 용액의 액성과 물의 이온화 상수(K_w): 물의 이온화 상수(K_w)는 온도가 일정하면 일정한 값을 나타내므로 액성이 변해도 그 값은 일정하게 유지된다.

(2) 25 ℃에서 $[H_3O^+]$와 $[OH^-]$에 따른 수용액의 액성

농도(M)			
	1.0×10^{-14}	1.0×10^{-7}	1.0×10^{0}
산성 용액	$[OH^-]$	$[H_3O^+]$	$[H_3O^+] > [OH^-]$
중성 용액		$[H_3O^+]$ / $[OH^-]$	$[H_3O^+] = [OH^-]$
염기성 용액	$[H_3O^+]$	$[OH^-]$	$[H_3O^+] < [OH^-]$

➡ 물의 이온화 상수(K_w)가 일정하므로 $[H_3O^+]$가 증가하면 $[OH^-]$가 감소하고, $[H_3O^+]$가 감소하면 $[OH^-]$가 증가한다.

개념 ❷ 수소 이온 농도 지수

1. 수소 이온 농도 지수(pH): 수용액 속 $[H_3O^+]$를 편리하게 나타내기 위해 사용하는 값

(1) pH는 $[H_3O^+]$ 역수의 상용로그 값이다.

$$pH = \log \frac{1}{[H_3O^+]} = -\log[H_3O^+]$$

(2) 수용액의 $[H_3O^+]$가 커질수록 pH는 작아진다.

(3) pH와 $[H_3O^+]$: pH가 1 작아지면 $[H_3O^+]$는 10배 커진다.

(4) pOH: 수용액의 $[OH^-]$를 이용하여 수용액의 액성을 나타낸 값이다.

$$pOH = -\log[OH^-]$$

(5) pH와 pOH의 관계: 25 ℃ 수용액에서 $K_w = [H_3O^+][OH^-] = 1.0 \times 10^{-14}$이므로, 25 ℃ 수용액의 pH + pOH = 14이다.

2. 25 ℃에서 용액의 액성과 pH

수용액의 액성	$[H_3O^+]$와 $[OH^-]$	pH와 pOH
산성	$[H_3O^+] > 1.0 \times 10^{-7}$ M $> [OH^-]$	pH $<$ 7, pOH $>$ 7
중성	$[H_3O^+] = 1.0 \times 10^{-7}$ M $= [OH^-]$	pH $=$ 7, pOH $=$ 7
염기성	$[H_3O^+] < 1.0 \times 10^{-7}$ M $< [OH^-]$	pH $>$ 7, pOH $<$ 7

3. 생활 주변의 여러 가지 물질의 pH

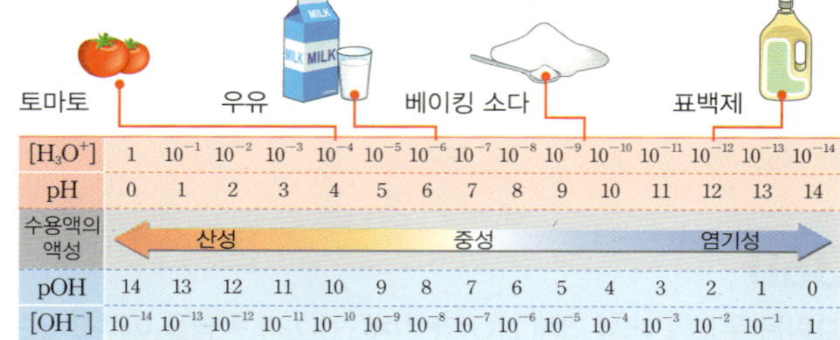

$[H_3O^+]$	1	10^{-1}	10^{-2}	10^{-3}	10^{-4}	10^{-5}	10^{-6}	10^{-7}	10^{-8}	10^{-9}	10^{-10}	10^{-11}	10^{-12}	10^{-13}	10^{-14}
pH	0	1	2	3	4	5	6	7	8	9	10	11	12	13	14
pOH	14	13	12	11	10	9	8	7	6	5	4	3	2	1	0
$[OH^-]$	10^{-14}	10^{-13}	10^{-12}	10^{-11}	10^{-10}	10^{-9}	10^{-8}	10^{-7}	10^{-6}	10^{-5}	10^{-4}	10^{-3}	10^{-2}	10^{-1}	1

4. 용액의 pH 확인

(1) 지시약: 용액의 pH에 따라 색이 변하는 물질로, 용액의 액성을 구별하는 데 사용된다.
➡ 주로 사용하는 지시약은 브로모티몰 블루(BTB) 용액, 메틸 오렌지 용액, 페놀프탈레인 용액 등이 있다.

구분	BTB 용액	메틸 오렌지 용액	페놀프탈레인 용액
산성	노란색	빨간색	무색
중성	초록색	노란색	무색
염기성	파란색	노란색	붉은색

(2) pH 시험지: 여러 종류의 지시약을 섞은 만능 지시약을 종이에 적셔 만든 시험지이다.

(3) pH 미터: $[H_3O^+]$에 따른 전기 전도도 차이를 이용한 것으로, 정확한 pH를 측정할 수 있다.

자료 분석 · 물의 이온화 상수와 pH, 용액의 액성

❶ 물의 이온화 상수(K_w)

$$K_w=[\mathrm{H_3O^+}][\mathrm{OH^-}]=1.0\times10^{-14}\ (25\,{}^\circ\mathrm{C})$$

- 물의 이온화 상수(K_w)는 온도에 따라 달라질 수 있다.
- 일반적으로 온도가 높아지면 이온화 반응이 잘 일어나므로 물의 이온화 상수(K_w)는 커진다.
- $25\,{}^\circ\mathrm{C}$에서 수용액의 물의 이온화 상수(K_w)는 항상 1.0×10^{-14}이다.
- 물의 이온화 상수(K_w)는 단위가 없다.

❷ 수소 이온 농도 지수(pH)

$$\mathrm{pH}=-\log[\mathrm{H_3O^+}]$$

- $[\mathrm{H_3O^+}]$가 매우 작으므로 사용상 편리하도록 제안되었다.
- $25\,{}^\circ\mathrm{C}$에서 $K_w=1.0\times10^{-14}$이므로 $[\mathrm{H_3O^+}]=1.0\times10^{-7}$ M이면, pH$=7$이다.
- pH가 7인 상태는 $[\mathrm{H_3O^+}]=[\mathrm{OH^-}]$이므로 중성이다.
- 온도에 따라 이온화 상수(K_w)가 달라지므로 중성 용액의 pH 또한 달라질 수 있다.
- $25\,{}^\circ\mathrm{C}$에서 $[\mathrm{H_3O^+}]>1.0\times10^{-7}$ M$>[\mathrm{OH^-}]$이면 산성이고, $[\mathrm{OH^-}]>1.0\times10^{-7}$ M$>[\mathrm{H_3O^+}]$이면 염기성이다. 따라서 $25\,{}^\circ\mathrm{C}$에서 pH<7이면 산성, pH>7이면 염기성이다.
- $25\,{}^\circ\mathrm{C}$에서 pH는 0~14의 값을 갖는다. 0에 가까울수록 산성이 강해지고, 14에 가까울수록 염기성이 강해진다.

❸ 용액의 액성과 pH

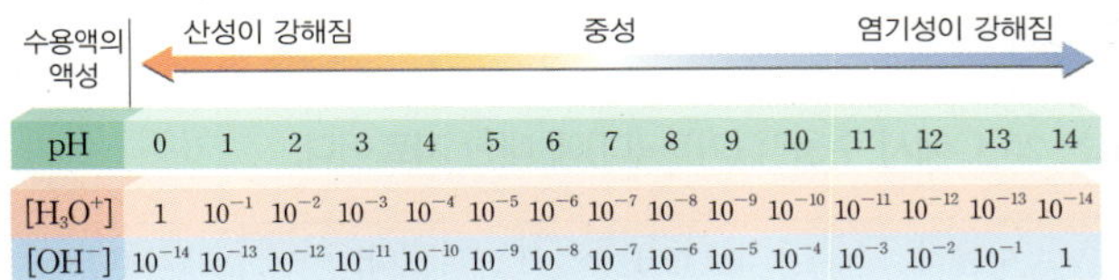

- $25\,{}^\circ\mathrm{C}$에서 1.0×10^{-3} M의 염산(HCl)은 강산이므로 완전히 이온화하여 $[\mathrm{H_3O^+}]=1.0\times10^{-3}$ M이다.
  ➡ $[\mathrm{H_3O^+}]>1.0\times10^{-7}$ M이므로 수용액의 액성은 산성이고, pH$=3$이다.
- $25\,{}^\circ\mathrm{C}$에서 1.0×10^{-3} M의 수산화 나트륨(NaOH) 수용액은 강염기이므로 완전히 이온화하여 $[\mathrm{OH^-}]=1.0\times10^{-3}$ M이다.
  ➡ $K_w=1.0\times10^{-14}$이므로 $[\mathrm{H_3O^+}]=1.0\times10^{-11}$ M이다.
  ➡ $[\mathrm{OH^-}]>1.0\times10^{-7}$ M이므로 용액의 액성은 염기성이고, pH$=11$이다.

정답 및 해설 | 48쪽

363

순수한 물에서 매우 적은 양의 물이 분자 사이에 수소 이온($\mathrm{H^+}$)을 주고 받는 반응을 [   ]라고 한다.

364

물의 자동 이온화 반응으로 [   ], [   ]이 생성된다.

365

물의 이온화 상수(K_w)에 대한 설명으로 옳은 것은 ○, 옳지 <u>않은</u> 것은 ×로 표시하시오.

(1) 단위는 M이다. (   )
(2) 온도가 일정하면 일정한 값을 갖는다. (   )
(3) $25\,{}^\circ\mathrm{C}$에서 K_w는 1.0×10^{-14}이다. (   )

366

$25\,{}^\circ\mathrm{C}$에서 $[\mathrm{H_3O^+}]>1.0\times10^{-7}$ M이면 수용액의 액성은 [   ]이고, $[\mathrm{H_3O^+}]<1.0\times10^{-7}$ M이면 수용액의 액성은 [   ]이다.

367

수소 이온 농도 지수(pH)에 대한 설명으로 옳은 것은 ○, 옳지 <u>않은</u> 것은 ×로 표시하시오.

(1) $\mathrm{pH}=\log[\mathrm{H_3O^+}]$이다. (   )
(2) pH$=2$인 용액은 pH$=1$인 용액보다 $[\mathrm{H_3O^+}]$가 2배 크다. (   )
(3) $25\,{}^\circ\mathrm{C}$에서 pH가 7인 수용액의 액성은 중성이다. (   )
(4) $25\,{}^\circ\mathrm{C}$의 수용액에서 pH$+$pOH$=14$이다. (   )

368

[   ]은 pH에 따라 색이 변하는 물질로, 용액의 액성을 구별하는 데 사용된다.

개념 ❶ 물의 자동 이온화

(족집게 **전략**) 물의 자동 이온화가 일어나서 생성되는 이온의 농도 곱은 일정하고, 이를 물의 이온화 상수(K_w)라고 하는 것을 알아야 지. 수용액 속 H_3O^+의 농도를 중성 상태의 농도와 비교하고 액성을 판단하여 문제를 풀어야 해.

369 단골 문제

다음은 물의 자동 이온화 반응식과 물의 이온화 상수(K_w)를 나타낸 것이다.

> • $H_2O(l) + H_2O(l) \rightleftharpoons H_3O^+(aq) + OH^-(aq)$
> • $K_w = 1.0 \times 10^{-14}$

이에 대한 설명으로 옳은 것은? (단, 온도는 $25\,°C$이다.)

① 물의 자동 이온화 반응은 비가역 반응이다.
② 순수한 물에서 이온의 농도는 $[H_3O^+] > [OH^-]$이다.
③ $30\,°C$에서도 $K_w = 1.0 \times 10^{-14}$이다.
④ 순수한 물에서 $[H_3O^+] = 1.0 \times 10^{-7}\,M$이다.
⑤ 산성 용액에서 $[H_3O^+] < 1.0 \times 10^{-7}\,M$이다.

추가로 나오는 선택지

❶ 염기성 용액에서 $[H_3O^+] > 1.0 \times 10^{-7}\,M$이다. ( )
❷ 순수한 물에서 입자 수는 $H_3O^+ > H_2O$이다. ( )
❸ 순수한 물에 염산(HCl)을 넣었을 때 온도가 일정하면 K_w는 증가한다. ( )

370

물의 이온화 상수(K_w)에 대한 설명으로 옳지 <u>않은</u> 것은?

① 단위가 없다.
② $[H_3O^+][OH^-]$이다.
③ $25\,°C$에서 1.0×10^{-14}이다.
④ 온도가 높아지면 증가한다.
⑤ $25\,°C$ $0.1\,M$ $HCl(aq)$에서 1.0×10^{-1}이다.

371

표는 $25\,°C$에서 2가지 수용액의 몰 농도를 나타낸 것이다.

구분	(가)	(나)
수용액	$HCl(aq)$	$NaOH(aq)$
몰 농도(M)	0.01	0.01

(가)와 (나)에서 $[H_3O^+]$로 옳은 것은? (단, $25\,°C$에서 물의 이온화 상수 (K_w)는 1.0×10^{-14}이며, HCl과 NaOH은 수용액에서 완전히 이온화 한다.)

	(가)	(나)
①	$1.0 \times 10^{-2}\,M$	$1.0 \times 10^{-2}\,M$
②	$1.0 \times 10^{-2}\,M$	$1.0 \times 10^{-7}\,M$
③	$1.0 \times 10^{-2}\,M$	$1.0 \times 10^{-12}\,M$
④	$1.0 \times 10^{-12}\,M$	$1.0 \times 10^{-2}\,M$
⑤	$1.0 \times 10^{-12}\,M$	$1.0 \times 10^{-7}\,M$

372 중요

표는 $25\,°C$에서 수용액 (가)~(다)에 대한 자료이다.

수용액	(가)	(나)	(다)
$[H_3O^+]$(M)	1.0×10^{-2}		1.0×10^{-7}
$[OH^-]$(M)		1.0×10^{-2}	

(가)~(다)에 대한 설명으로 옳은 것은? (단, $25\,°C$에서 물의 이온화 상 수(K_w)는 1.0×10^{-14}이다.)

① 산성 용액은 2가지이다.
② (가)에서 $[OH^-] = 1.0 \times 10^{-2}\,M$이다.
③ (나)에서 $[H_3O^+] = 1.0 \times 10^{-10}\,M$이다.
④ (다)에서 $[OH^-] = 1.0 \times 10^{-7}\,M$이다.
⑤ 물의 이온화 상수(K_w)는 (가)에서가 (다)에서보다 크다.

373

다음 중 산성 용액의 개수는? (단, 온도는 25 ℃로 같고, 25 ℃에서 물의 이온화 상수(K_w)는 1.0×10^{-14}이며, HCl과 NaOH은 수용액에서 완전히 이온화한다.)

- $0.01\,M$ HCl 수용액
- $[H_3O^+] = 1.0 \times 10^{-10}\,M$인 수용액
- $[OH^-] = 1.0 \times 10^{-8}\,M$인 수용액
- $0.001\,M$ NaOH 수용액

① 0 　　② 1 　　③ 2 　　④ 3 　　⑤ 4

374

표는 온도에 따른 물의 이온화 상수(K_w)를 나타낸 것이다.

온도(℃)	이온화 상수(K_w)
0	0.11×10^{-14}
20	0.68×10^{-14}
25	1.00×10^{-14}
40	2.92×10^{-14}

이에 대한 설명으로 옳은 것만을 〈보기〉에서 있는 대로 고른 것은? (단, HCl은 수용액에서 완전히 이온화한다.)

보기

ㄱ. 25 ℃에서 $[OH^-] = 1.0 \times 10^{-7}\,M$이다.
ㄴ. $[H_3O^+]$는 40 ℃에서가 25 ℃에서보다 크다.
ㄷ. 40 ℃의 $0.1\,M$ HCl(aq)에서 $[OH^-] = 2.92 \times 10^{-13}\,M$이다.

① ㄱ 　　② ㄷ 　　③ ㄱ, ㄴ
④ ㄴ, ㄷ 　　⑤ ㄱ, ㄴ, ㄷ

375 서술형

그림은 25 ℃에서 어떤 수용액 속 OH^-의 농도를 나타낸 것이다. 이 수용액의 액성을 판단하는 과정을 서술하시오. (단, 25 ℃에서 물의 이온화 상수(K_w)는 1.0×10^{-14}이다.)

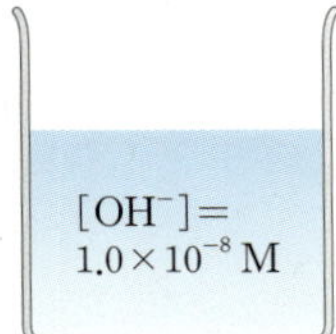

족집게 전략　pH를 구하는 방법을 익힌 후에 K_w를 통해서 $[H_3O^+]$를 구하고, 이를 다시 pH로 나타내는 방법을 알아야 해. pH를 통해 용액의 액성을 판단하는 문제도 같이 풀어야 해.

376 단골 문제

그림은 25 ℃에서 염산(HCl(aq))을 나타낸 것이다.

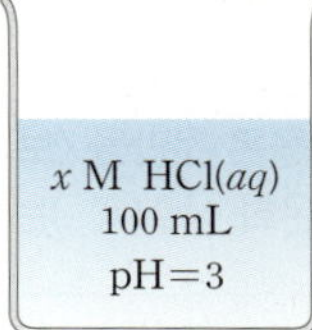

이에 대한 설명으로 옳은 것은? (단, 25 ℃에서 물의 이온화 상수(K_w)는 1.0×10^{-14}이며, HCl은 수용액에서 완전히 이온화한다.)

① $x = 0.01$이다.
② 염기성이다.
③ pOH는 12이다.
④ $[H_3O^+] = 1.0 \times 10^{-11}\,M$이다.
⑤ 이온의 농도는 $[H_3O^+] > [OH^-]$이다.

추가로 나오는 선택지

❶ $[OH^-] = 1.0 \times 10^{-11}\,M$이다. 　　　　(　　)
❷ 수용액에 넣은 HCl의 양은 (　　　　) mol이다.

377

다음은 25 ℃에서 수용액 (가)와 (나)에 대한 자료이다.

(가) $1.0 \times 10^{-4}\,M$ HCl(aq)
(나) $0.01\,M$ NaOH(aq)

(가)와 (나)의 pH로 옳은 것은? (단, 25 ℃에서 물의 이온화 상수(K_w)는 1.0×10^{-14}이며, HCl과 NaOH은 수용액에서 완전히 이온화한다.)

	(가)	(나)
①	4	2
②	4	10
③	4	12
④	10	2
⑤	10	12

378 중요

그림은 25 ℃에서 수용액 (가)~(다)의 pH를 나타낸 것이다.

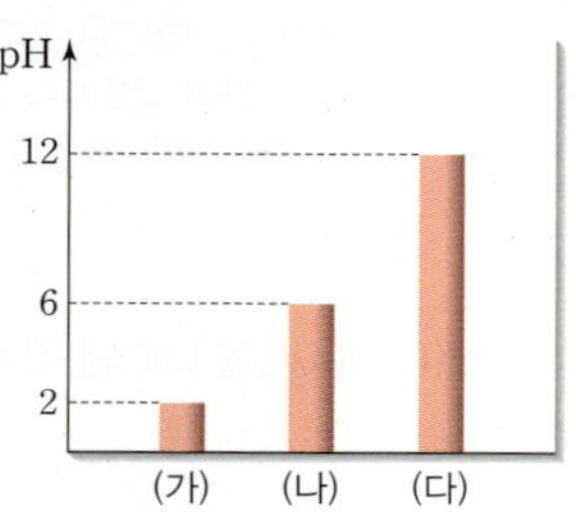

(가)~(다)에 대한 설명으로 옳은 것만을 〈보기〉에서 있는 대로 고른 것은? (단, 25 ℃에서 물의 이온화 상수(K_w)는 1.0×10^{-14}이다.)

보기

ㄱ. (다)의 pOH는 2이다.
ㄴ. 산성 용액은 2가지이다.
ㄷ. OH^-의 농도는 (나)가 (가)의 4배이다.

① ㄱ   ② ㄷ   ③ ㄱ, ㄴ
④ ㄴ, ㄷ   ⑤ ㄱ, ㄴ, ㄷ

379

표는 25 ℃에서 3가지 물질의 pH에 대한 자료이다.

물질	토마토	우유	표백제
pH	4	6	12

이에 대한 설명으로 옳은 것만을 〈보기〉에서 있는 대로 고른 것은? (단, 25 ℃에서 물의 이온화 상수(K_w)는 1.0×10^{-14}이다.)

보기

ㄱ. 우유와 표백제의 액성은 같다.
ㄴ. 표백제의 $[OH^-] = 1.0 \times 10^{-2} M$이다.
ㄷ. $[H_3O^+]$는 토마토가 우유의 100배이다.

① ㄱ   ② ㄷ   ③ ㄱ, ㄴ
④ ㄴ, ㄷ   ⑤ ㄱ, ㄴ, ㄷ

380

25 ℃에서 순수한 물과 0.01 M HCl(aq)의 공통점에 대한 설명으로 옳은 것은? (단, HCl은 수용액에서 완전히 이온화한다.)

① pH=2이다.   ② $K_w = 1.0 \times 10^{-14}$이다.
③ 산성이다.   ④ $[OH^-] = 1.0 \times 10^{-2} M$이다.
⑤ pOH=7이다.

381

그림은 25 ℃에서 같은 부피의 HCl(aq)과 KOH(aq)에 들어 있는 이온을 모형으로 나타낸 것이다.

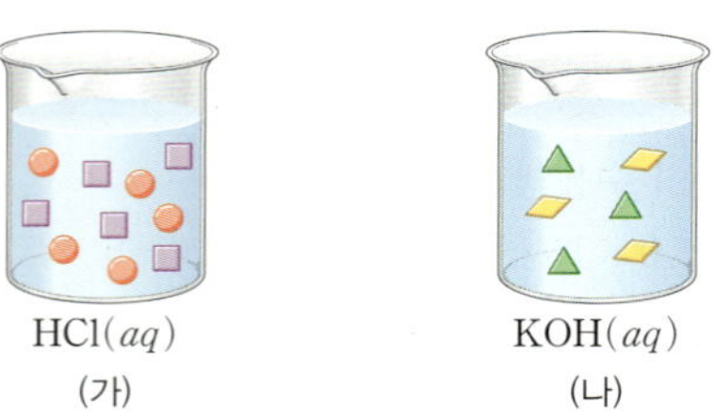

이에 대한 설명으로 옳은 것만을 〈보기〉에서 있는 대로 고른 것은? (단, 25 ℃에서 물의 이온화 상수(K_w)는 1.0×10^{-14}이고, HCl과 KOH은 수용액에서 완전히 이온화한다.)

보기

ㄱ. pH는 (가)가 (나)보다 크다.
ㄴ. 수용액의 몰 농도는 (가)가 (나)보다 크다.
ㄷ. 페놀프탈레인 용액을 떨어뜨렸을 때 붉은색으로 변하는 것은 (나)이다.

① ㄱ   ② ㄷ   ③ ㄱ, ㄴ
④ ㄴ, ㄷ   ⑤ ㄱ, ㄴ, ㄷ

382 서술형

그림은 25 ℃에서 수용액 (가)에 물을 넣어 수용액 (나)를 만드는 과정을 나타낸 것이다. (가)의 $[H_3O^+]$를 구하는 과정을 서술하시오. (단, 25 ℃에서 물의 이온화 상수(K_w)는 1.0×10^{-14}이다.)

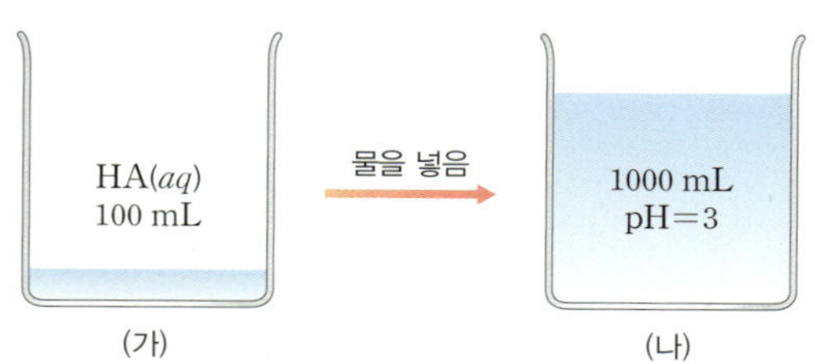

383

다음은 3가지 화학 반응식이다.

> (가) $H_2O(l) + H_2O(l) \rightleftharpoons H_3O^+(aq) + \boxed{A}\,(aq)$
>
> (나) $HCl(aq) \longrightarrow H^+(aq) + Cl^-(aq)$
>
> (다) $NaOH(aq) \longrightarrow Na^+(aq) + OH^-(aq)$

이에 대한 설명으로 옳은 것만을 〈보기〉에서 있는 대로 고른 것은? (단, 25 °C에서 물의 이온화 상수(K_w)는 1.0×10^{-14}이다.)

보기
> ㄱ. A는 OH^-이다.
> ㄴ. (나)의 반응이 일어나는 수용액에서 (가)의 반응은 일어나지 않는다.
> ㄷ. (다)의 반응이 일어나는 수용액에는 H_3O^+이 존재하지 않는다.

① ㄱ　　　　② ㄴ　　　　③ ㄱ, ㄷ
④ ㄴ, ㄷ　　　⑤ ㄱ, ㄴ, ㄷ

384

그림은 25 °C에서 $HCl(aq)$과 $NaOH(aq)$에 들어 있는 H_3O^+과 OH^-의 농도를 나타낸 것이다. (가)와 (나)는 각각 H_3O^+과 OH^- 중 하나이다.

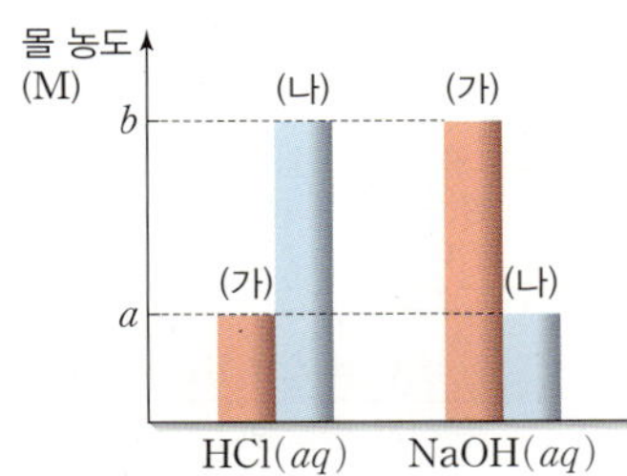

이에 대한 설명으로 옳은 것만을 〈보기〉에서 있는 대로 고른 것은? (단, 25 °C에서 물의 이온화 상수(K_w)는 1.0×10^{-14}이다.)

보기
> ㄱ. (가)는 OH^-이다.
> ㄴ. $a \times b = 1.0 \times 10^{-14}$이다.
> ㄷ. $NaOH(aq)$의 pH는 a이다.

① ㄱ　　　　② ㄷ　　　　③ ㄱ, ㄴ
④ ㄴ, ㄷ　　　⑤ ㄱ, ㄴ, ㄷ

385

표는 25 °C에서 3가지 수용액에 대한 자료이다.

수용액	(가)	(나)	(다)
pH	2	3	a
pOH	b	c	3

이에 대한 설명으로 옳은 것만을 〈보기〉에서 있는 대로 고른 것은? (단, 25 °C에서 물의 이온화 상수(K_w)는 1.0×10^{-14}이다.)

보기
> ㄱ. $b > a = c$이다.
> ㄴ. $[H_3O^+]$는 (나)가 (가)의 10배이다.
> ㄷ. $\dfrac{[H_3O^+]}{K_w}$의 비는 (가) : (다) $= 4 : 1$이다.

① ㄱ　　　　② ㄴ　　　　③ ㄱ, ㄷ
④ ㄴ, ㄷ　　　⑤ ㄱ, ㄴ, ㄷ

386 고난도

그림은 25 °C에서 산 $HA(aq)$와 염기 $BOH(aq)$ 1 L에 들어 있는 이온을 각각 모형으로 나타낸 것이다. 입자 1개는 0.01몰에 해당한다.

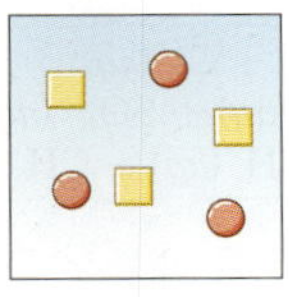
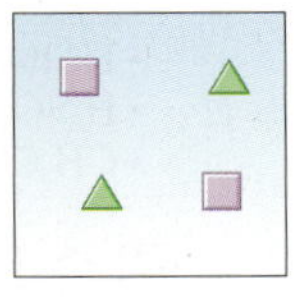

이에 대한 설명으로 옳은 것만을 〈보기〉에서 있는 대로 고른 것은? (단, 25 °C에서 물의 이온화 상수(K_w)는 1.0×10^{-14}이며, HA와 BOH는 수용액에서 완전히 이온화한다.)

보기
> ㄱ. $HA(aq)$의 몰 농도는 0.06 M이다.
> ㄴ. $BOH(aq)$에서 $[H_3O^+] = \dfrac{1}{2} \times 10^{-12}$ M이다.
> ㄷ. $HA(aq)$의 pH는 2보다 작다.

① ㄱ　　　　② ㄴ　　　　③ ㄱ, ㄷ
④ ㄴ, ㄷ　　　⑤ ㄱ, ㄴ, ㄷ

03 산 염기 중화 반응

개념 ❶ 산과 염기

1. **산**: 수용액에서 수소 이온(H^+)을 내놓는 물질
   - **예** 염산(HCl), 황산(H_2SO_4), 아세트산(CH_3COOH) 등
2. **염기** : 수용액에서 수산화 이온(OH^-)을 내놓는 물질
   - **예** 수산화 나트륨($NaOH$), 수산화 칼륨(KOH), 수산화 칼슘($Ca(OH)_2$), 암모니아(NH_3) 등
3. **산과 염기의 공통적인 성질**
   - (1) **산성**: 산의 공통적인 성질 ➡ 산이 내놓는 공통 이온인 수소 이온(H^+) 때문에 나타난다.

산성	• 신맛이 난다. • 산은 수용액에서 이온화되므로 전류가 흐른다. • 금속과 반응하여 수소(H_2) 기체를 발생시킨다. • 탄산 칼슘($CaCO_3$)과 반응하여 이산화 탄소(CO_2) 기체를 발생시킨다.

   - (2) **염기성**: 염기의 공통적인 성질 ➡ 염기가 내놓는 공통 이온인 수산화 이온(OH^-) 때문에 나타난다.

염기성	• 쓴맛이 난다. • 염기는 수용액에서 이온화되므로 전류가 흐른다. • 단백질을 녹이는 성질이 있으므로 피부에 묻으면 미끈거린다. • 대부분의 금속과 반응하지 않는다.

개념 ❷ 산과 염기의 정의

1. **아레니우스 정의**
   - (1) **산**: 물에 녹아 수소 이온(H^+)을 내놓는 물질

아레니우스 산	• $HCl(aq) \longrightarrow H^+(aq) + Cl^-(aq)$ • $H_2SO_4(aq) \longrightarrow 2H^+(aq) + SO_4^{2-}(aq)$ • $CH_3COOH(aq) \longrightarrow H^+(aq) + CH_3COO^-(aq)$

   - (2) **염기**: 물에 녹아 수산화 이온(OH^-)을 내놓는 물질

아레니우스 염기	• $NaOH(aq) \longrightarrow Na^+(aq) + OH^-(aq)$ • $KOH(aq) \longrightarrow K^+(aq) + OH^-(aq)$ • $Ca(OH)_2(aq) \longrightarrow Ca^{2+}(aq) + 2OH^-(aq)$

   - (3) **아레니우스 정의의 한계**
     - • 수용액에서만 정의된다.
     - • H^+이나 OH^-을 포함하고 있지 않으면 적용할 수 없다. ➡ 암모니아(NH_3)는 염기이지만 OH^-을 직접 내놓지 않으므로 아레니우스 정의로 설명할 수 없다.

2. **브뢴스테드 · 로리 정의**
   - (1) **산**: 다른 물질에게 양성자(H^+)를 주는 물질
   - (2) **염기**: 다른 물질로부터 양성자(H^+)를 받는 물질

   - (3) **짝산과 짝염기**: 양성자(H^+)의 이동에 의해 산과 염기가 되는 한 쌍의 산과 염기

> **예** 염화 수소(HCl)와 암모니아(NH_3)의 반응
>
> $$HCl + NH_3 \rightleftharpoons NH_4^+ + Cl^-$$

   - (4) **양쪽성 물질**: 한 가지 물질이 산으로도 작용할 수 있고, 염기로도 작용할 수 있는 물질

개념 ❸ 중화 반응과 중화 적정

1. **중화 반응**
   - (1) **중화 반응**: 산과 염기가 반응하여 물과 염을 생성하는 반응
     - **예** $\underset{\text{산}}{HCl(aq)} + \underset{\text{염기}}{NaOH(aq)} \longrightarrow \underset{\text{물}}{H_2O(l)} + \underset{\text{염}}{NaCl(aq)}$
   - (2) **중화 반응의 알짜 이온 반응식**: 산의 H^+과 염기의 OH^-은 $1:1$의 몰비로 반응하여 물을 생성한다.
     - $$H^+(aq) + OH^-(aq) \longrightarrow H_2O(l)$$

2. **중화 반응의 양적 관계**
   - (1) **가수**: 산이나 염기 1몰이 내놓을 수 있는 H^+ 또는 OH^-의 양(mol)
   - (2) **양적 관계**: 산의 H^+의 양(mol)과 염기의 OH^-의 양(mol)이 $1:1$로 반응한다.

$$n_1 M_1 V_1 = n_2 M_2 V_2$$

완전히 중화된다.

3. **중화 적정**: 중화 반응의 양적 관계를 이용하여 농도를 모르는 산과 염기의 농도를 알아내는 방법

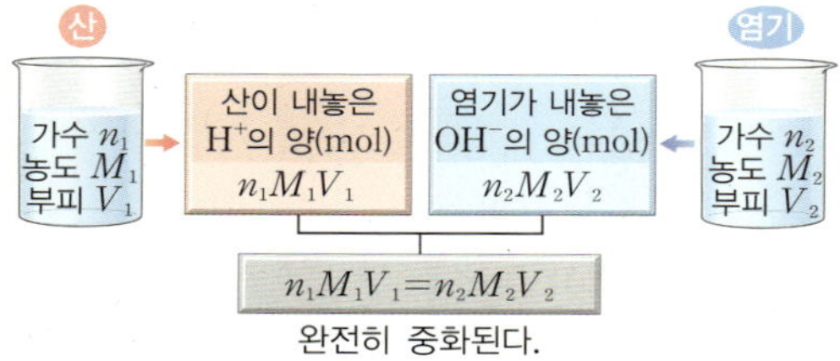

   - (1) **표준 용액**: 중화 적정에서 농도를 알고 있는 산 또는 염기 수용액
   - (2) **중화점**: 중화 적정에서 산의 H^+의 양(mol)과 염기의 OH^-의 양(mol)이 같아져서 완전히 중화되는 지점
   - (3) **중화점의 확인**: 중화점 부근에서 색이 변하는 지시약을 사용한다.

탐구 활동 — 식초 속 아세트산의 농도 구하기

과정

❶ 식초 10 mL를 100 mL 부피 플라스크에 넣은 다음 눈금선까지 증류수를 넣고 잘 흔들어 준다.

❷ 과정 ❶에서 묽힌 식초 20 mL를 삼각 플라스크에 넣고, 페놀프탈레인 용액을 2~3방울 떨어뜨린다.

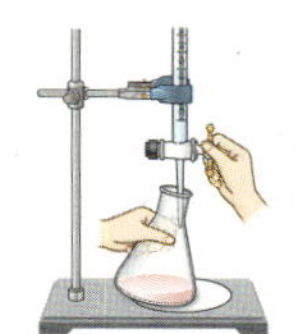

❸ 0.1 M $NaOH(aq)$을 뷰렛에 넣고 과정 ❷의 삼각 플라스크에 $NaOH(aq)$을 조금씩 떨어뜨리면서 삼각 플라스크를 흔든다.

❹ 삼각 플라스크 용액의 색이 붉은색으로 변하는 순간 뷰렛의 꼭지를 잠그고, $NaOH(aq)$의 부피를 측정한다.

❺ 과정 ❶~❹를 2번 더 반복하여 적정에 사용한 $NaOH(aq)$의 부피의 평균값을 구한다.

결과 적정에 사용한 $NaOH(aq)$의 부피의 평균값은 20 mL이다.

정리
- 가정: 식초 속에 존재하는 산은 아세트산(CH_3COOH)뿐이다. 아세트산(CH_3COOH)의 분자량은 60이고, 식초의 밀도는 1 g/mL이다.

- 화학 반응식

$$CH_3COOH(aq) + NaOH(aq) \longrightarrow H_2O(l) + CH_3COONa(aq)$$

- 식초 속 아세트산(CH_3COOH)의 몰 농도: 묽힌 식초의 몰 농도를 x M이라고 하면 중화 반응의 양적 관계($n_1 M_1 V_1 = n_2 M_2 V_2$)에서 $1 \times x \times 20$ mL $= 1 \times 0.1$ M $\times 20$ mL이므로 $x = 0.1$ M이고, 과정 ❶에서 식초를 $\frac{1}{10}$로 묽혔으므로 식초 속 실제 아세트산(CH_3COOH)의 몰 농도는 1 M이다.

- 식초 속 $CH_3COOH(aq)$의 퍼센트 농도(%): 식초의 밀도가 1 g/mL이므로 식초 10 mL는 10 g이고, 아세트산(CH_3COOH)은 0.6 g이 들어 있다. 따라서 퍼센트 농도는 $\frac{0.6}{10} \times 100 = 6(\%)$이다.

정답 및 해설 | 51쪽

387

산의 공통적인 성질은 [   ] 때문이고, 염기의 공통적인 성질은 [   ] 때문이다.

388

산과 염기의 정의에 대한 설명으로 옳은 것은 ○, 옳지 <u>않은</u> 것은 ×로 표시하시오.

(1) 물에 녹아 OH^-을 내놓는 물질은 아레니우스 산이다.

(   )

(2) 다른 물질에게 H^+을 주는 물질은 브뢴스테드·로리 산이다.

(   )

(3) 브뢴스테드·로리 정의에 따르면 NH_3는 염기이다. (   )

389

한 가지 물질이 산으로 작용할 수도 있고, 염기로 작용할 수도 있는 물질은 [   ]이다.

390

$NH_3 + H_2O \rightleftharpoons NH_4^+ + OH^-$ 의 반응에서 NH_3는 염기이고, NH_3의 짝산은 [   ]이다.

391

산과 염기가 반응하여 물과 염을 생성하는 반응을 [   ]이라고 한다.

392

중화 반응과 중화 적정에 대한 설명으로 옳은 것은 ○, 옳지 <u>않은</u> 것은 ×로 표시하시오.

(1) 산의 H^+과 염기의 OH^-은 1 : 1의 몰비로 반응한다. (   )
(2) 중화 반응의 결과 생성되는 염은 산의 음이온과 염기의 양이온으로부터 생성된다. (   )
(3) 중화 적정에서 표준 용액에 지시약을 넣어 반응시킨다. (   )

개념 ① 산과 염기

(족집게 전략) 산과 염기의 정의와 산성과 염기성이 나타나는 까닭을 알아야지. 주위의 다양한 물질 중에서 산과 염기 각각에서 공통적인 특성이 나타나는 이유를 정확히 이해하고 문제를 풀어야 해.

393 단골 문제

산과 염기의 공통적인 성질 대한 설명으로 옳은 것은?

① 푸른색 리트머스 종이를 붉게 변화시킨다.
② 산과 염기의 공통적인 성질은 H^+ 때문이다.
③ 마그네슘 조각과 반응하여 수소 기체를 발생시킨다.
④ 수용액에서 전류가 흐른다.
⑤ 페놀프탈레인 용액을 붉게 변화시킨다.

추가로 나오는 선택지

❶ 붉은색 리트머스 종이를 푸르게 변화시킨다. (   )
❷ 탄산 칼슘($CaCO_3$)과 반응하여 이산화 탄소(CO_2) 기체를 발생시킨다. (   )
❸ 공통적인 이온인 OH^-이 존재한다. (   )

394

그림 (가)와 같은 장치에 암모니아(NH_3) 기체를 넣고 물이 들어 있는 스포이트를 눌러 주었더니, (나)와 같이 붉은색 분수가 만들어졌다.

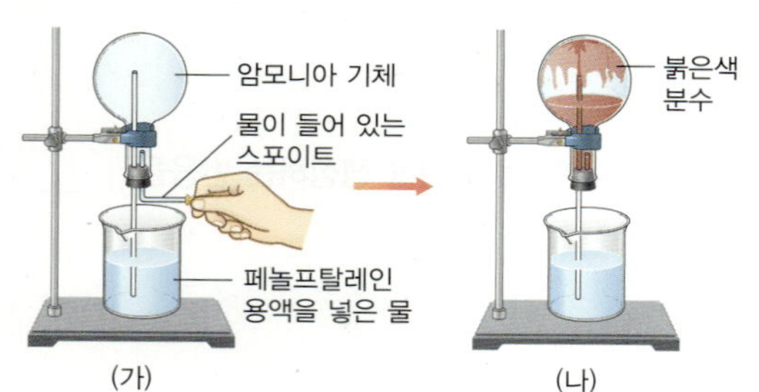

이에 대한 설명으로 옳은 것만을 〈보기〉에서 있는 대로 고른 것은?

보기
ㄱ. $NH_3(aq)$은 염기성이다.
ㄴ. $NH_3(g)$ 대신 $HCl(g)$를 사용해도 같은 결과가 나타난다.
ㄷ. 플라스크 속 $NH_3(g)$의 분자 수는 (가)>(나)이다.

① ㄱ   ② ㄴ   ③ ㄱ, ㄷ
④ ㄴ, ㄷ   ⑤ ㄱ, ㄴ, ㄷ

395

다음은 우리 주위의 물질들을 성질에 따라 2가지로 분류한 것이다.

(가)	(나)
레몬 즙, 식초, 사이다	비누, 제산제, 하수구 세정제

이에 대한 설명으로 옳은 것은?

① (가)는 수용액에서 OH^-을 내놓는다.
② (가)는 pH가 7보다 크다.
③ (나)에는 공통적인 양이온이 존재한다.
④ (나)는 탄산 칼슘과 반응하여 이산화 탄소 기체를 발생시킨다.
⑤ (나)는 수용액 상태에서 전류를 흘려주면 (+)극으로 끌려가는 공통적인 이온이 있다.

396

다음은 산의 성질을 알아보기 위한 실험이다.

[실험 과정]
(가) 유리판 위에 무색의 질산 칼륨(KNO_3) 수용액을 적신 푸른색 리트머스 종이를 놓는다.
(나) 그림과 같이 염산(HCl)을 적신 실을 가운데에 올려놓고 전류를 흘려준다.

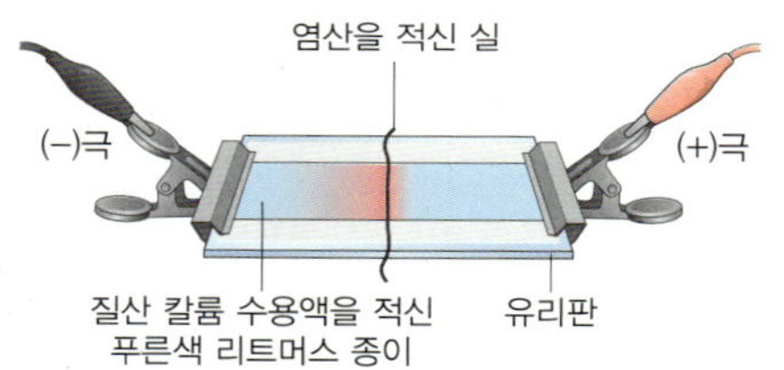

[실험 결과]
(−)극 쪽으로 푸른색 리트머스 종이가 붉은색으로 변한다.

이에 대한 설명으로 옳지 <u>않은</u> 것은?

① $HCl(aq)$은 산성이다.
② $HCl(aq)$은 전기 전도성이 있다.
③ $HCl(aq)$에서 산성을 나타내는 이온은 양이온이다.
④ (+)극과 (−)극을 바꾸어 실험하면 붉은색의 이동 방향은 반대가 된다.
⑤ $KNO_3(aq)$은 산성이다.

개념 ② 산과 염기의 정의

족집게 전략 아레니우스 정의를 알고 아레니우스 정의의 한계도 기억해야 해. 그리고 브뢴스테드·로리 정의로부터 산과 염기를 구별하고, 짝산과 짝염기를 찾아낼 수 있어야 해.

397 단골 문제

다음은 3가지 화학 반응식을 나타낸 것이다.

(가) $NaOH(s) \xrightarrow{H_2O} Na^+(aq) + OH^-(aq)$

(나) $NH_3(g) + HCl(aq) \rightleftharpoons NH_4^+(aq) + Cl^-(aq)$

(다) $HCl(g) + H_2O(l) \rightleftharpoons H_3O^+(aq) + Cl^-(aq)$

이에 대한 설명으로 옳은 것은?

① (가)에서 $NaOH$은 아레니우스 산이다.
② (나)에서 NH_3는 아레니우스 염기이다.
③ (나)에서 HCl은 브뢴스테드·로리 산이다.
④ (다)에서 H_2O은 브뢴스테드·로리 산이다.
⑤ (나)와 (다)에서 HCl은 양쪽성 물질이다.

추가로 나오는 선택지

❶ (나)에서 NH_3의 짝산은 NH_4^+이다. ( )
❷ (다)에서 HCl은 아레니우스 산이다. ( )
❸ (다)는 중화 반응이다. ( )

398  중요

다음은 산 염기 반응의 화학 반응식이다.

(가) $CH_3NH_2(g) + H_2O(l) \rightleftharpoons CH_3NH_3^+(aq) + OH^-(aq)$

(나) $HCOOH(l) + H_2O(l) \rightleftharpoons HCOO^-(aq) + H_3O^+(aq)$

(다) $H_3O^+(aq) + NH_3(g) \rightleftharpoons H_2O(l) + NH_4^+(aq)$

이에 대한 설명으로 옳은 것만을 〈보기〉에서 있는 대로 고른 것은?

보기

ㄱ. (가)에서 CH_3NH_2은 아레니우스 산이다.
ㄴ. H_2O은 양쪽성 물질이다.
ㄷ. (다)에서 NH_3는 브뢴스테드·로리 염기이다.

① ㄱ ② ㄴ ③ ㄱ, ㄷ
④ ㄴ, ㄷ ⑤ ㄱ, ㄴ, ㄷ

399

다음은 산 염기 반응의 화학 반응식이다.

$$CH_3NH_2 + HCl \rightleftharpoons CH_3NH_3^+ + Cl^-$$

이 반응에서 짝산과 짝염기를 옳게 짝 지은 것은?

	짝산	짝염기
①	CH_3NH_2	$CH_3NH_3^+$
②	CH_3NH_2	Cl^-
③	HCl	$CH_3NH_3^+$
④	HCl	Cl^-
⑤	$CH_3NH_3^+$	HCl

[400~401] 다음은 3가지 산 염기 반응의 화학 반응식이다.

(가) $KOH(s) \xrightarrow{H_2O} K^+(aq) + \boxed{\text{㉠}}(aq)$

(나) $HCl(g) + H_2O(l) \longrightarrow H_3O^+(aq) + Cl^-(aq)$

(다) $NH_3(g) + H_2O(l) \longrightarrow NH_4^+(aq) + \boxed{\text{㉡}}(aq)$

400

이에 대한 설명으로 옳은 것만을 〈보기〉에서 있는 대로 고른 것은?

보기

ㄱ. ㉠과 ㉡은 OH^-이다.
ㄴ. (나)에서 H_2O은 아레니우스 염기이다.
ㄷ. (다)에서 NH_3는 브뢴스테드·로리 산이다.

① ㄱ ② ㄴ ③ ㄱ, ㄷ
④ ㄴ, ㄷ ⑤ ㄱ, ㄴ, ㄷ

401 서술형

(나)와 (다)에서 양쪽성 물질로 작용한 물질을 쓰고, 그 까닭을 서술하시오.

402

다음은 산 염기와 관련된 반응 (가)~(다)에 대한 설명이다.

> (가) 수산화 나트륨($NaOH$)을 물에 녹이면 나트륨 이온(Na^+) 과 수산화 이온(OH^-)이 생성된다.
>
> (나) 염화 수소(HCl)를 물에 녹이면 염화 이온(Cl^-)과 하이드 로늄 이온(H_3O^+)이 생성된다.
>
> (다) 암모니아(NH_3)를 염화 수소(HCl)와 반응시키면 염화 암모늄(NH_4Cl)이 생성된다.

(가)~(다) 중 아레니우스 염기를 포함하는 반응(A)과 브뢴스테드·로리 산을 포함하는 반응(B)을 옳게 짝 지은 것은?

	$\underline{A}$	$\underline{B}$
①	(가)	(나)
②	(가)	(나), (다)
③	(가), (나)	(나), (다)
④	(가), (나)	(가), (다)
⑤	(가), (나), (다)	(나), (다)

403 중요

다음은 산 염기 반응의 화학 반응식이다.

> (가) $H_3PO_4(s) + H_2O(l) \rightleftharpoons H_2PO_4^-(aq) + H_3O^+(aq)$
>
> (나) $CH_3COOH(aq) + OH^-(aq)$
> $\rightleftharpoons CH_3COO^-(aq) + H_2O(l)$

이에 대한 설명으로 옳은 것만을 〈보기〉에서 있는 대로 고른 것은?

보기
ㄱ. (가)에서 H_3PO_4은 아레니우스 산이다.
ㄴ. (나)에서 CH_3COOH의 짝염기는 H_2O이다.
ㄷ. (가)에서 H_3O^+의 짝염기와 (나)에서 OH^-의 짝산은 같은 물질이다.

① ㄱ 　② ㄴ 　③ ㄱ, ㄷ
④ ㄴ, ㄷ 　⑤ ㄱ, ㄴ, ㄷ

족집게 전략 ▶ 중화 반응에서 H^+과 OH^-이 $1:1$의 몰비로 반응한다는 것을 알고, 다양한 산과 염기의 반응에서 중화 반응의 양적 관계가 성립함을 이해하는 것이 중요해. 중화 적정을 통해 수용액의 미지의 농도를 구하거나, 식초 속 아세트산의 농도를 구하는 문제는 꼭 나와.

404 단골 문제

그림은 $x\,M$ 수산화 나트륨($NaOH$) 수용액 $20\,mL$에 $0.1\,M$ 염산(HCl)을 조금씩 넣었을 때, 넣어 준 염산(HCl)의 부피에 따른 이온 수를 나타낸 것이다.

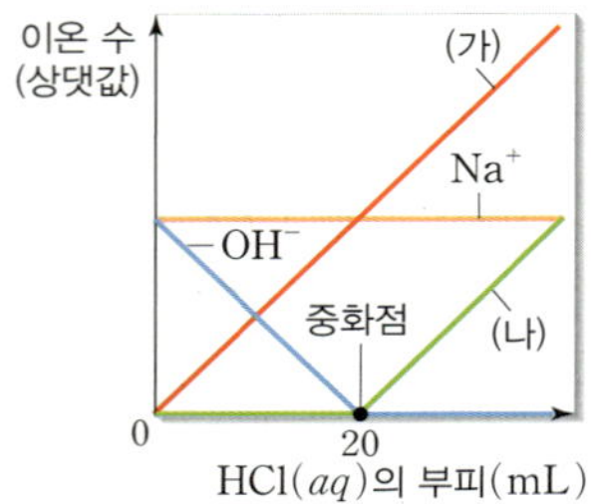

이에 대한 설명으로 옳은 것은?

① $x = 0.2$이다.
② (가)는 H^+이다.
③ (나)는 Cl^-이다.
④ $HCl(aq)$ $30\,mL$를 넣었을 때 용액의 액성은 산성이다.
⑤ 수용액 속 전체 이온 수는 반응이 진행될수록 감소한다.

추가로 나오는 선택지
❶ Na^+과 (가)는 구경꾼 이온이다. 　　(　)
❷ 생성되는 물의 양(mol)은 2몰이다. 　　(　)
❸ 농도가 2배인 염산을 넣어 주어도 중화점의 위치는 바뀌지 않는다. 　　(　)

405

다음은 중화 반응과 관련된 4가지 사례이다.

> (가) 꿀벌에 쏘였을 때 ⃞㉠ 을 바른다.
> (나) 생선 비린내를 없애기 위해 ⃞㉡ 을 뿌린다.
> (다) 위산 과다로 속이 쓰릴 때에는 ⃞㉢ 을 먹는다.
> (라) 신 김치에 ⃞㉣ 을 넣어 둔다.

㉠~㉣ 중 산성 물질의 개수는?

① 0　　② 1　　③ 2　　④ 3　　⑤ 4

406

그림은 염산(HCl) 10 mL와 수산화 나트륨(NaOH) 수용액 10 mL에 들어 있는 이온을 모형으로 나타낸 것이다. ●과 △는 모두 양이온이다.

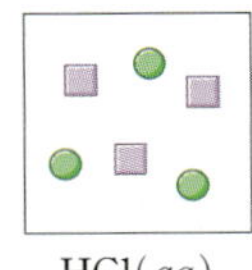
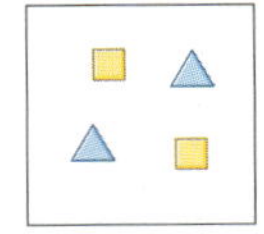

HCl(aq)　　　　NaOH(aq)

두 수용액을 반응시켜 중화점에 도달하기 위해 필요한 수용액의 부피 비(HCl(aq) : NaOH(aq))로 옳은 것은?

① 1 : 3　　　　② 2 : 3　　　　③ 3 : 2
④ 3 : 4　　　　⑤ 4 : 3

407 중요

표는 온도와 농도가 같은 염산(HCl)과 수산화 나트륨(NaOH) 수용액의 부피만을 달리하여 혼합한 용액 (가)~(라)에 대한 자료이다.

혼합 용액	(가)	(나)	(다)	(라)
HCl(aq)의 부피(mL)	10	20	30	30
NaOH(aq)의 부피(mL)	10	10	20	30

이에 대한 설명으로 옳지 <u>않은</u> 것은?

① (가)와 (라)는 중성이다.
② (나)와 (다)는 산성이다.
③ (가)~(라) 중 Na^+ 수가 가장 많은 것은 (라)이다.
④ 생성된 물 분자 수는 (나)와 (다)가 같다.
⑤ 혼합 용액의 총 이온 수는 (다)와 (라)가 같다.

408

0.1 M H_2SO_4(aq) 20 mL를 완전히 중화시키는 데 필요한 0.2 M KOH(aq)의 최소 부피는?

① 10 mL　　　　② 20 mL　　　　③ 40 mL
④ 50 mL　　　　⑤ 100 mL

[409~410] 다음은 식초 속 아세트산(CH_3COOH)의 농도를 구하기 위한 실험이다.

[실험 과정]

(가) 식초를 $\frac{1}{10}$로 묽힌 수용액 20 mL를 삼각 플라스크에 넣고 페놀프탈레인 용액을 2~3방울 넣는다.

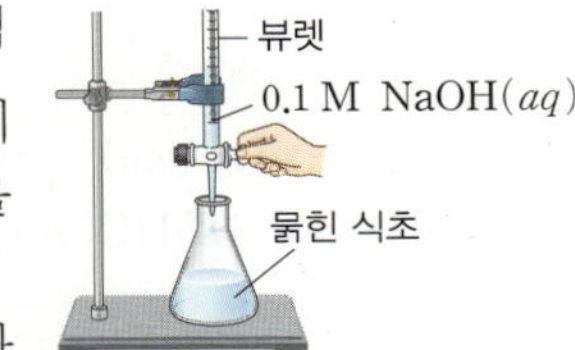

(나) 그림과 같이 0.1 M 수산화 나트륨(NaOH) 수용액을 삼각 플라스크에 한 방울씩 떨어뜨리며 흔들어 준다.

(다) ㉠ 이 나타난 뒤 사라지지 않을 때 적정을 멈추고 넣어 준 수산화 나트륨(NaOH) 수용액의 부피를 측정한다.

[실험 결과]
넣어 준 수산화 나트륨(NaOH) 수용액의 부피는 20 mL이다.

409

이에 대한 설명으로 옳은 것만을 〈보기〉에서 있는 대로 고른 것은? (단, 식초 속에 존재하는 산은 CH_3COOH뿐이다.)

보기

ㄱ. 묽히기 전 식초 속 아세트산(CH_3COOH)의 몰 농도는 0.1 M이다.
ㄴ. (가)에서 아세트산(CH_3COOH)의 양(mol)은 0.002몰이다.
ㄷ. (다)에서 ㉠은 붉은색이다.

① ㄱ　　　　② ㄴ　　　　③ ㄱ, ㄷ
④ ㄴ, ㄷ　　　　⑤ ㄱ, ㄴ, ㄷ

410 서술형

식초에 포함된 아세트산(CH_3COOH)의 퍼센트 농도(%)를 구하는 과정을 서술하시오. (단, 식초 속에 존재하는 산은 아세트산(CH_3COOH) 뿐이다. CH_3COOH의 분자량은 60이고, 식초의 밀도는 1.1 g/mL이다.)

411

다음은 $HCl(aq)$과 관련된 2가지 반응의 화학 반응식이다. a와 b는 반응 계수이다.

- $CaCO_3(s) + aHCl(aq) \longrightarrow CaCl_2(aq) + H_2O(l) + \boxed{(가)}$
- $Mg(OH)_2(aq) + bHCl(aq) \longrightarrow MgCl_2(aq) + 2H_2O(l)$

이에 대한 설명으로 옳은 것만을 〈보기〉에서 있는 대로 고른 것은?

보기
- ㄱ. (가)는 $CO_2(g)$이다.
- ㄴ. $a=b$이다.
- ㄷ. HCl는 아레니우스 산이다.

① ㄱ   ② ㄴ   ③ ㄱ, ㄷ
④ ㄴ, ㄷ   ⑤ ㄱ, ㄴ, ㄷ

412

다음은 3가지 산 염기 반응의 화학 반응식이다.

- $\boxed{(가)}(aq) + H_2O(l) \longrightarrow HF(aq) + OH^-(aq)$
- $HCl(aq) + \boxed{(나)}(aq) \longrightarrow NaCl(aq) + H_2O(l)$
- $HCl(g) + \boxed{(다)}(g) \longrightarrow NH_4Cl(s)$

이에 대한 설명으로 옳은 것만을 〈보기〉에서 있는 대로 고른 것은?

보기
- ㄱ. (가)는 브뢴스테드·로리 염기이다.
- ㄴ. (나)는 아레니우스 염기이다.
- ㄷ. (다)는 NH_3이다.

① ㄱ   ② ㄴ   ③ ㄱ, ㄷ
④ ㄴ, ㄷ   ⑤ ㄱ, ㄴ, ㄷ

413

다음은 어떤 산 H_2A의 이온화 반응식이다.

- $H_2A(aq) + H_2O(l) \rightleftharpoons HA^-(aq) + H_3O^+(aq)$
- $HA^-(aq) + H_2O(l) \rightleftharpoons A^{2-}(aq) + H_3O^+(aq)$

이 반응에 대한 설명으로 옳은 것만을 〈보기〉에서 있는 대로 고른 것은?

보기
- ㄱ. 이 반응에서 H_2O은 양쪽성 물질이다.
- ㄴ. 브뢴스테드·로리 염기는 3가지이다.
- ㄷ. HA^-은 아레니우스 산으로만 작용한다.

① ㄱ   ② ㄴ   ③ ㄱ, ㄷ
④ ㄴ, ㄷ   ⑤ ㄱ, ㄴ, ㄷ

414 고난도

그림은 $x\,M$의 $H_2SO_4(aq)$ $20\,mL$에 $0.1\,M$ $NaOH(aq)$을 조금씩 넣었을 때, 넣어 준 $NaOH(aq)$의 부피에 따른 물 분자 수를 나타낸 것이다.

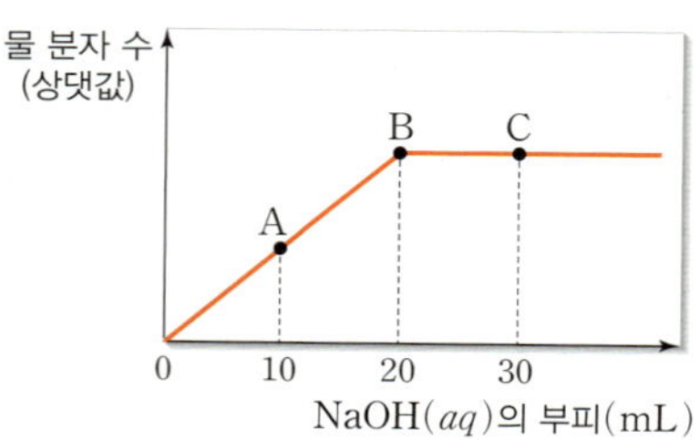

이에 대한 설명으로 옳은 것만을 〈보기〉에서 있는 대로 고른 것은? (단, 혼합 용액의 부피는 혼합 전 각 용액의 부피의 합과 같다.)

보기
- ㄱ. $x=0.05$이다.
- ㄴ. A에서 가장 많이 존재하는 이온은 SO_4^{2-}이다.
- ㄷ. C에서 이온 수는 $Na^+ : OH^- = 1 : 1$이다.

① ㄱ   ② ㄷ   ③ ㄱ, ㄴ
④ ㄴ, ㄷ   ⑤ ㄱ, ㄴ, ㄷ

[415~416] 다음은 식초 속의 아세트산(CH_3COOH)의 함량을 결정하기 위한 실험 과정이다.

> **[실험 과정]**
> (가) 식초를 $\frac{1}{10}$로 묽힌 수용액 20 mL를 [㉠]으로 취하여 [㉡]에 넣고 [㉢]을 2~3방울 넣는다.
> (나) [㉣]에 넣은 0.1 M $NaOH(aq)$을 [㉡]에 한방울 씩 떨어뜨리며 흔들어 준다.
> (다) 붉은색이 나타난 뒤 사라지지 않을 때 적정을 멈추고 넣어 준 [㉤]의 부피를 계산한다.

415

㉠~㉤에 들어갈 실험 기구나 시약을 옳게 짝 지은 것은?

① ㉠ — 뷰렛
② ㉡ — 피펫
③ ㉢ — BTB 용액
④ ㉣ — 둥근 바닥 플라스크
⑤ ㉤ — $NaOH(aq)$

416 고난도

다음은 실험 과정 (가)~(다)를 토대로 얻은 실험 결과와 식초 속 아세트산(CH_3COOH)의 퍼센트 농도를 구하기 위해 필요한 자료이다.

> **[실험 과정]**
> 넣어 준 표준 용액의 부피는 25 mL였다.
>
> **[자료]**
> • 반응한 아세트산의 양(mol): x몰
> • (가)에서 묽힌 식초의 몰 농도: y M
> • (가)에서 묽히기 전 식초의 밀도: d g/mL
> • 식초 속 아세트산의 함량(%): z%

이에 대한 설명으로 옳은 것만을 〈보기〉에서 있는 대로 고른 것은?

> 보기
> ㄱ. $x = 2.5 \times 10^{-3}$이다.
> ㄴ. $y = 0.125$이다.
> ㄷ. 아세트산의 분자량을 60이라고 하면 $z = \dfrac{7.5}{d}$이다.

① ㄱ ② ㄴ ③ ㄱ, ㄷ
④ ㄴ, ㄷ ⑤ ㄱ, ㄴ, ㄷ

417

그림은 x M $NaOH(aq)$ 20 mL에 y M $H_2SO_4(aq)$을 조금씩 넣었을 때, 혼합 용액에 들어 있는 2가지 이온의 수를 나타낸 것이다.

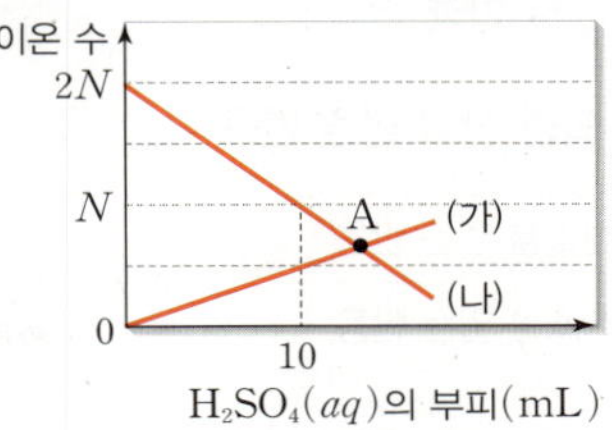

이에 대한 설명으로 옳은 것을 〈보기〉에서 있는 대로 고른 것은? (단, $NaOH$과 H_2SO_4은 수용액에서 완전히 이온화한다.)

> 보기
> ㄱ. $x : y = 2 : 1$이다.
> ㄴ. A는 중화점이다.
> ㄷ. $H_2SO_4(aq)$ 30 mL를 넣었을 때 수용액에 가장 많이 들어 있는 이온은 Na^+이다.

① ㄱ ② ㄴ ③ ㄱ, ㄷ
④ ㄴ, ㄷ ⑤ ㄱ, ㄴ, ㄷ

418 고난도

그림은 $NaOH(aq)$, $Ba(OH)_2(aq)$, $HCl(aq)$을 부피를 달리하여 혼합한 용액 A~D의 증가한 온도를 나타낸 것이다.

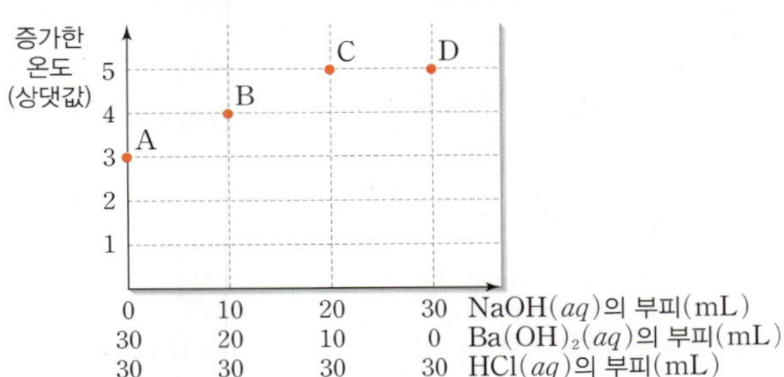

0	10	20	30	$NaOH(aq)$의 부피(mL)
30	20	10	0	$Ba(OH)_2(aq)$의 부피(mL)
30	30	30	30	$HCl(aq)$의 부피(mL)

이에 대한 설명으로 옳은 것만을 〈보기〉에서 있는 대로 고른 것은? (단, 혼합 전 수용액의 온도는 모두 같고, 혼합 용액의 부피는 혼합 전 각 용액의 부피의 합과 같다.)

> 보기
> ㄱ. A~D 중 산성 용액은 2가지이다.
> ㄴ. 몰 농도비는 $Ba(OH)_2(aq) : HCl(aq) = 3 : 5$이다.
> ㄷ. $HCl(aq)$ 30 mL를 완전히 중화시키기 위해 필요한 $NaOH(aq)$의 최소 부피는 50 mL이다.

① ㄱ ② ㄴ ③ ㄱ, ㄷ
④ ㄴ, ㄷ ⑤ ㄱ, ㄴ, ㄷ

01 산화 환원 반응

개념 ❶ 산화 환원 반응

1. 산소의 이동에 의한 산화 환원 반응

산화	물질이 산소를 얻는 반응	예
환원	물질이 산소를 잃는 반응	

$$\underset{\text{환원}}{\overset{\text{산화}}{2CuO + C \longrightarrow 2Cu + CO_2}}$$

2. 전자의 이동에 의한 산화 환원 반응

산화	물질이 전자를 잃는 반응	예
환원	물질이 전자를 얻는 반응	

$$\underset{\text{환원}}{\overset{\text{산화}}{Mg + Cu^{2+} \longrightarrow Mg^{2+} + Cu}}$$

개념 ❷ 산화수

1. 산화수: 어떤 물질에서 각 원자가 어느 정도 산화되었는지를 나타내는 가상적인 전하

(1) 이온 결합 물질에서 산화수: 각 이온의 전하가 산화수이다.

예 염화 나트륨($NaCl$): Na^+과 Cl^-으로 이루어짐

➡ Na의 산화수: $+1$, Cl의 산화수: -1

(2) 공유 결합 물질에서 산화수: 구성 원자 중 전기 음성도가 큰 원자가 공유 전자쌍을 모두 가진다고 가정할 때 각 구성 원자의 전하가 그 원자의 산화수이다. → 전기 음성도가 큰 원자는 '−', 작은 원자는 '+' 산화수를 갖는다.

예 물(H_2O)

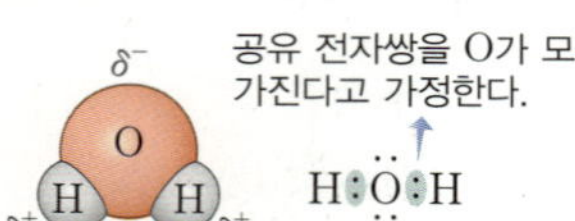

공유 전자쌍을 O가 모두 가진다고 가정한다.

• 전기 음성도: $O > H$
• H의 산화수: $+1$
• O의 산화수: -2

2. 산화수 규칙

규칙	예
원소를 구성하는 원자의 산화수는 0이다.	Cu, H_2, O_2에서 Cu, H, O의 산화수는 모두 0이다.
화합물을 구성하는 각 원자의 산화수의 총합은 0이다.	H_2O: $\underset{+1}{(H\text{의 산화수})} \times 2 + \underset{-2}{(O\text{의 산화수})} \times 1 = 0$
일원자 이온의 산화수는 그 이온의 전하와 같다.	Cu^{2+}에서 Cu의 산화수: $+2$, Cl^-에서 Cl의 산화수: -1
다원자 이온에서 원자의 산화수의 총합은 그 이온의 전하와 같다.	SO_4^{2-}: $\underset{+6}{(S\text{의 산화수})} \times 1 + \underset{-2}{(O\text{의 산화수})} \times 4 = -2$
화합물에서 H의 산화수는 $+1$이다.(단, 금속의 수소 화합물에서는 -1이다.)	• H_2O, HCl, CH_4에서 H의 산화수: $+1$ • NaH, MgH_2에서 H의 산화수: -1 금속의 수소 화합물
화합물에서 O의 산화수는 -2이다.(단, 과산화물에서는 -1이며, 플루오린 화합물에서는 $+1$, $+2$이다.)	• H_2O, CO_2에서 O의 산화수: -2 • H_2O_2에서 O의 산화수: -1 • OF_2에서 O의 산화수: $+2$, O_2F_2에서 O의 산화수: $+1$

3. 산화수와 산화 환원 반응

산화	산화수가 증가하는 반응	예
환원	산화수가 감소하는 반응	

$$\underset{\text{환원}}{\overset{\text{산화}}{\underset{0}{N_2}(g) + 3\underset{0}{H_2}(g) \longrightarrow 2\underset{-3\ +1}{NH_3}(g)}}$$

4. 산화 환원 반응의 동시성: 한 원자의 산화수가 증가하면 다른 원자의 산화수가 감소하므로 산화와 환원은 항상 동시에 일어난다.

5. 산화제와 환원제

(1) 산화제: 다른 물질을 산화시키고 자신은 환원되는 물질

(2) 환원제: 다른 물질을 환원시키고 자신은 산화되는 물질

(3) 산화제와 환원제의 상대성: 같은 물질이라도 반응에 따라 산화제로도 작용할 수 있고, 환원제로도 작용할 수 있다.

예 이산화 황(SO_2)

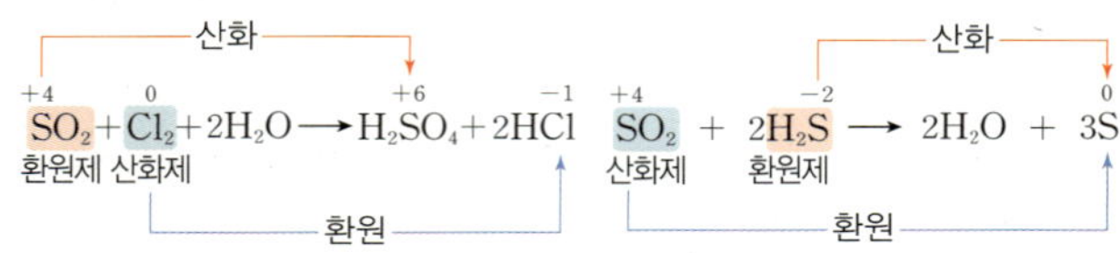

$$\underset{\text{환원제}}{SO_2} + \underset{\text{산화제}}{Cl_2} + 2H_2O \longrightarrow H_2SO_4 + 2HCl$$

$$\underset{\text{산화제}}{SO_2} + \underset{\text{환원제}}{2H_2S} \longrightarrow 2H_2O + 3S$$

개념 ❸ 산화 환원 반응식

1. 산화 환원 반응식: 산화 환원 반응식의 계수를 통해 산화된 물질과 환원된 물질의 양적 관계를 알 수 있다.

2. 산화수법: 증가한 산화수 합과 감소한 산화수 합은 항상 같다는 것을 이용하여 산화 환원 반응식을 완성하는 방법

예 $Sn^{2+} + MnO_4^- + H^+ \longrightarrow Sn^{4+} + Mn^{2+} + H_2O$

① 각 원자의 산화수를 구한다.

$$\underset{+2}{Sn^{2+}} + \underset{+7\ -2}{MnO_4^-} + \underset{+1}{H^+} \longrightarrow \underset{+4}{Sn^{4+}} + \underset{+2}{Mn^{2+}} + \underset{+1\ -2}{H_2O}$$

② 각 원자의 산화수 변화를 확인한다.

$$\overset{\text{(산화수 2 증가: 산화)}}{\underset{+2}{Sn^{2+}} + \underset{+7}{MnO_4^-} + H^+ \longrightarrow \underset{+4}{Sn^{4+}} + \underset{+2}{Mn^{2+}} + H_2O}$$

(산화수 5 감소: 환원)

③ 증가한 산화수와 감소한 산화수가 같도록 계수를 맞춘다.

$$\overset{(+2)\times 5}{5Sn^{2+} + 2MnO_4^- + H^+ \longrightarrow 5Sn^{4+} + 2Mn^{2+} + H_2O}$$

$(-5)\times 2$

④ 산화수가 변하지 않는 원자의 수가 같도록 계수를 맞춘다.

$$5Sn^{2+} + 2MnO_4^- + 16H^+ \longrightarrow 5Sn^{4+} + 2Mn^{2+} + 8H_2O$$

탐구 활동 — 금속과 금속 이온의 반응

과정 ❶ 황산 구리(Ⅱ)(CuSO₄) 수용액에 아연(Zn)판을 넣고 변화를 관찰한다.
  ❷ 질산 은(AgNO₃) 수용액에 구리(Cu)판을 넣고 변화를 관찰한다.

결과 1. 황산 구리(Ⅱ) 수용액의 푸른색이 점점 옅어지고, 아연판에 붉은색의 구리(Cu)가 석출된다.
  2. 수용액은 점점 푸른색으로 변하고, 구리판에 은(Ag)이 석출된다.

정리 1. 아연(Zn)은 전자를 잃고 Zn^{2+}으로 산화되고, 수용액 속 구리 이온(Cu^{2+})은 전자를 얻어 구리(Cu)로 환원된다.

산화 반응	$Zn \longrightarrow Zn^{2+} + 2e^-$
환원 반응	$Cu^{2+} + 2e^- \longrightarrow Cu$
전체 반응	$Zn + Cu^{2+} \longrightarrow Zn^{2+} + Cu$

  2. 구리(Cu)는 전자를 잃고 Cu^{2+}으로 산화되고, 수용액 속 은 이온(Ag^+)은 전자를 얻어 은(Ag)으로 환원된다.

산화 반응	$Cu \longrightarrow Cu^{2+} + 2e^-$
환원 반응	$Ag^+ + e^- \longrightarrow Ag$
전체 반응	$2Ag^+ + Cu \longrightarrow 2Ag + Cu^{2+}$

자료 분석 — 원자 번호 1~20번 원소의 산화수

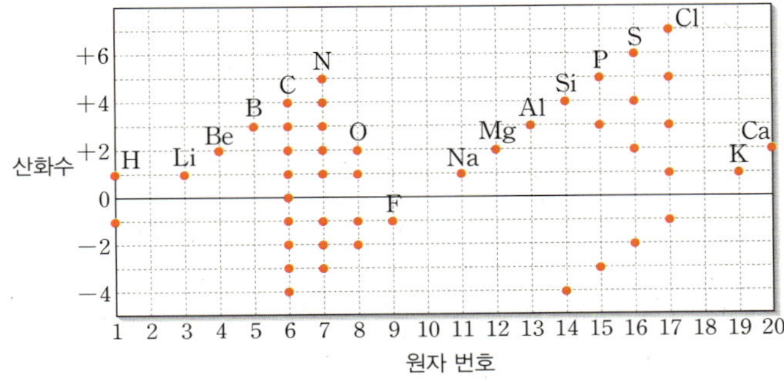

• 화합물에서 1족, 2족, 13족 금속 원자의 산화수는 각각 +1, +2, +3이다.
• 원자가 전자와 원자의 산화수는 관련이 있다.
  예 N의 원자가 전자 수: 5 ➡ 가장 큰 산화수는 +5, 가장 작은 산화수는 −3이다.
• 비금속 원자는 결합하는 원자의 전기 음성도에 따라 다양한 산화수를 가질 수 있다.

정답 및 해설 | 55쪽

419

물질이 산소를 얻거나, 전자를 잃는 반응을 [   ] 반응이라고 하고, 산소를 잃거나 전자를 얻는 반응을 [   ] 반응이라고 한다.

420

산화 환원 반응에 대한 설명으로 옳은 것은 ○, 옳지 <u>않은</u> 것은 ×로 표시하시오.

(1) 산화 환원 반응은 동시에 일어난다. (   )
(2) $2CuO + C \longrightarrow 2Cu + CO_2$ 반응에서 CuO는 산화된다. (   )
(3) 산화 환원 반응으로는 연소, 철의 부식과 제련, 광합성과 호흡이 있다. (   )

421

어떤 물질에서 각 원자가 어느 정도 산화되었는지를 나타내는 가상적인 전하를 [   ]라고 한다.

422

산화수 규칙에 따라 다음 물질에서 밑줄 친 원자의 산화수를 쓰시오.

(1) $\underline{N}H_3$ (2) $\underline{C}O_2$ (3) $H_2\underline{S}O_4$ (4) $\underline{S}O_2$

423

자신은 환원되면서 다른 물질을 산화시키는 물질을 [   ]라고 하고, 자신은 산화되면서 다른 물질을 환원시키는 물질을 [   ]라고 한다.

424

산화수, 산화제, 환원제에 대한 설명으로 옳은 것은 ○, 옳지 <u>않은</u> 것은 ×로 표시하시오.

(1) 산화제로 작용한 물질은 다른 반응에서도 항상 산화제이다. (   )
(2) 산화 환원 반응에서 산화수가 증가하면 산화 반응이 일어난 것이다. (   )
(3) 산화 환원 반응에서 증가한 산화수 합과 감소한 산화수의 합은 같다. (   )

개념 ❶ 산화 환원 반응

(족집게 전략) 산소의 이동, 전자의 이동에 의한 산화 환원 반응을 이해하고 다양한 반응에서 산화 환원 반응을 구별할 수 있어야 해.

425 단골 문제

다음은 3가지 반응의 화학 반응식이다.

> (가) $2Cu + O_2 \longrightarrow 2CuO$
> (나) $Zn + CuCl_2 \longrightarrow Cu + ZnCl_2$
> (다) $HCl + NaOH \longrightarrow NaCl + H_2O$

(가)~(다) 중 산화 환원 반응만을 있는 대로 고른 것은?

① (가) ② (다) ③ (가), (나)
④ (나), (다) ⑤ (가), (나), (다)

추가로 나오는 선택지

❶ (가)에서 Cu는 산화된다. (　　)
❷ (나)에서 Zn은 환원된다. (　　)
❸ (다)에서 HCl은 환원된다. (　　)

426

다음은 구리를 이용한 실험이다.

> [실험 과정 및 결과]
> (가) 붉은색 구리를 산소와 반응시켰더니, 검은색 산화 구리(Ⅱ)가 생성되었다.
> (나) (가)에서 생성된 산화 구리(Ⅱ)를 수소와 반응시켰더니, 다시 붉은색 구리가 생성되었다.

(가)와 (나)에서 산화되는 물질만을 있는 대로 고른 것은?

① Cu ② CuO ③ Cu, H_2
④ O_2, CuO ⑤ O_2, H_2

427 서술형

다음은 마그네슘을 이용한 실험이다.

> [실험 과정 및 결과]
> 마그네슘에 불을 붙여 드라이아이스와 반응시켰더니 산화 마그네슘과 검은색 고체(C)가 생성되었다.

이 반응의 화학 반응식을 쓰고, 산화되는 물질과 환원되는 물질을 골라 그 까닭을 서술하시오.

개념 ❷ 산화수

(족집게 전략) 산화수의 개념을 알고 이온 결합 물질과 공유 결합 물질에서 산화수를 결정할 수 있어야 해. 산화수 규칙에 따라서 각 원자의 산화수를 구하고 산화수 변화로부터 산화 환원 반응을 이해하는 것이 중요해.

428 단골 문제

다음은 질소(N)와 관련된 화학 반응식이다.

> (가) $N_2 + O_2 \longrightarrow 2NO$
> (나) $2NO + O_2 \longrightarrow 2NO_2$
> (다) $N_2 + 3H_2 \longrightarrow 2NH_3$

이에 대한 설명으로 옳은 것은?

① (가)에서 N의 산화수는 0에서 -2로 감소한다.
② (나)에서 N의 산화수는 변하지 않는다.
③ (나)에서 NO는 환원된다.
④ (다)에서 H_2는 산화제이다.
⑤ (다)에서 N의 산화수는 0에서 -3으로 감소한다.

추가로 나오는 선택지

❶ (가)에서 N_2는 환원제이다. (　　)
❷ (나)는 산화 환원 반응이다. (　　)
❸ (다)에서 H의 산화수는 0에서 -2로 감소한다. (　　)

429

그림은 2주기 원자 $X \sim Z$의 루이스 전자점식을 나타낸 것이다.

$$\cdot \ddot{X} \cdot \qquad \cdot \ddot{Y} \cdot \qquad : \ddot{Z} \cdot$$

이에 대한 설명으로 옳지 <u>않은</u> 것은? (단, $X \sim Z$는 임의의 원소 기호이다.)

① 전기 음성도는 $Z > Y > X$이다.
② XY에서 X의 산화수는 $+2$이다.
③ XZ_3에서 X의 산화수는 $+3$이다.
④ XYZ에서 Y의 산화수는 $+2$이다.
⑤ YZ_2에서 Y의 산화수는 $+2$이다.

430

다음은 산성비가 만들어지는 과정의 일부이다.

> • ㉠ 황이 섞인 석탄이 연소하면 ㉡ 이산화 황이 생성된다.
> • 이산화 황은 공기 중의 산소와 반응하여 ㉢ 삼산화 황이 된다.
> • 삼산화 황은 공기 중의 물과 반응하여 ㉣ 황산이 된다.

㉠~㉣에서 황(S)의 산화수를 각각 쓰고, 그 까닭을 서술하시오.

431 중요

다음은 3가지 산화 환원 반응의 화학 반응식이다.

> (가) $2Na + Cl_2 \longrightarrow 2NaCl$
> (나) $H_2 + Cl_2 \longrightarrow 2HCl$
> (다) $2Na + H_2 \longrightarrow 2NaH$

이에 대한 설명으로 옳은 것만을 〈보기〉에서 있는 대로 고른 것은?

보기
ㄱ. Cl_2는 (가)와 (나)에서 모두 산화제이다.
ㄴ. (나)와 (다)에서 H의 산화수 변화는 같다.
ㄷ. (가)와 (다)에서 Na의 산화수는 모두 0에서 $+1$로 증가한다.

① ㄱ   ② ㄴ   ③ ㄱ, ㄷ
④ ㄴ, ㄷ   ⑤ ㄱ, ㄴ, ㄷ

432

다음은 어떤 분자의 구조식을 나타낸 것이다. 구성 원소의 전기 음성도는 $Z > Y > X$이고, W의 산화수는 $+1$이다.

$$W - X = \ddot{Z} \\ \quad | \\ : \ddot{Y} :$$

X의 산화수는? (단, $W \sim Z$는 임의의 원소 기호이다.)

① -4 ② -2 ③ 0 ④ $+2$ ⑤ $+4$

433

다음 중 산화 환원 반응이 <u>아닌</u> 것은?

① $2Na + Cl_2 \longrightarrow 2NaCl$
② $Mg + 2HCl \longrightarrow MgCl_2 + H_2$
③ $Zn + CuSO_4 \longrightarrow ZnSO_4 + Cu$
④ $2NaBr + Cl_2 \longrightarrow 2NaCl + Br_2$
⑤ $HCl + NaHCO_3 \longrightarrow NaCl + H_2O + CO_2$

434

다음은 2가지 화학 반응식을 나타낸 것이다.

> (가) $2H^+ + Fe \longrightarrow \boxed{㉠} + Fe^{2+}$
> (나) $2H^+ + CaCO_3 \longrightarrow \boxed{㉡} + Ca^{2+} + H_2O$

이에 대한 설명으로 옳지 <u>않은</u> 것은?

① ㉠은 H_2이다.
② ㉡은 CO_2이다.
③ (가)에서 Fe은 산화된다.
④ (가)에서 1몰의 Fe이 모두 반응하면 ㉠ 1몰이 생성된다.
⑤ (나)에서 H^+은 환원된다.

435

다음은 분자 (가)와 (나)의 루이스 전자점식이다.

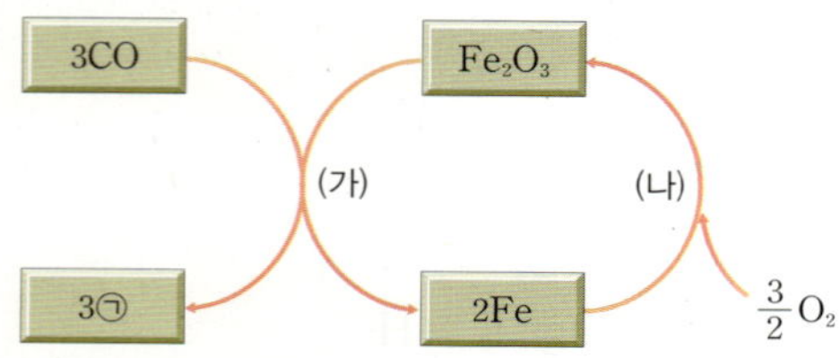

(가)   (나)

B의 산화수가 (가)에서 -4, (나)에서 $+4$라고 할 때, 전기 음성도를 옳게 비교한 것은? (단, A~C는 임의의 원소 기호이다.)

① $A > B > C$ ② $A > C > B$ ③ $B > C > A$
④ $C > A > B$ ⑤ $C > B > A$

436

그림은 철의 제련과 부식 과정의 일부를 나타낸 것이다.

이에 대한 설명으로 옳지 <u>않은</u> 것은?

① ㉠은 CO_2이다.
② (가)에서 CO는 환원제이다.
③ (가)에서 Fe의 산화수는 $+3$에서 0으로 감소한다.
④ (나)에서 O_2는 산화제이다.
⑤ 이 과정에서 O의 산화수는 3가지이다.

437 중요

다음은 3가지 산화 환원 반응의 화학 반응식이다.

$$(가)\ Mg + 2HCl \longrightarrow H_2 + MgCl_2$$
$$(나)\ O_2 + 2F_2 \longrightarrow 2OF_2$$
$$(다)\ H_2 + Cl_2 \longrightarrow 2HCl$$

(가)~(다)에서 산화제로 작용한 물질로 옳은 것은?

	(가)	(나)	(다)
①	HCl	O_2	H_2
②	HCl	F_2	H_2
③	HCl	F_2	Cl_2
④	Mg	F_2	Cl_2
⑤	Mg	O_2	H_2

438

그림은 1, 2주기 원소 A~D가 화합물을 형성할 때 가질 수 있는 산화 수를 나타낸 것이다.

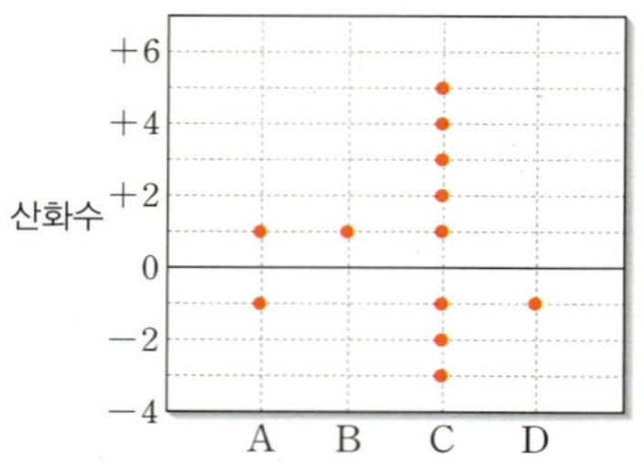

이에 대한 설명으로 옳은 것은? (단, A~D는 임의의 원소 기호이다.)

① B는 1주기 원소이다.
② 전기 음성도는 $C > D$이다.
③ C 원자 1개는 A 원자 4개와 공유 결합한다.
④ AD에서 A의 산화수는 $+1$이다.
⑤ C_2A_2에서 C의 산화수는 -2이다.

439

그림은 ANO_3 수용액에 충분한 양의 금속 B를 넣었을 때, 반응 시간에 따른 수용액 속 전체 양이온 수를 나타낸 것이다. 원자량은 $A > B$이다.

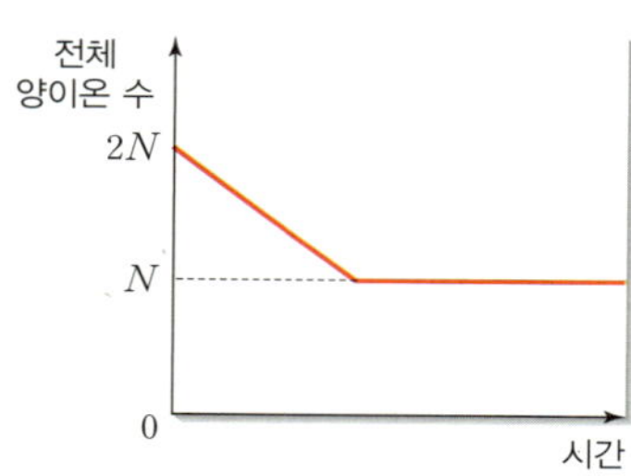

이에 대한 설명으로 옳은 것만을 〈보기〉에서 있는 대로 고른 것은? (단, A와 B는 임의의 원소 기호이고, 물과 음이온은 반응에 참여하지 않는다.)

ㄱ. B는 산화제이다.
ㄴ. A는 B보다 환원되기 쉽다.
ㄷ. 반응이 일어나는 동안 수용액의 밀도는 증가한다.

① ㄱ ② ㄴ ③ ㄱ, ㄷ
④ ㄴ, ㄷ ⑤ ㄱ, ㄴ, ㄷ

개념 ❸ 산화 환원 반응식

족집게 전략 산화수법에 따라 증가한 산화수 합과 감소한 산화수 합이 같음을 꼭 기억해. 산화 환원 반응식에서 반응 전후 원자들의 산화수 변화를 파악한 후 화학 반응식의 계수를 구하는 것은 중요해.

440 단골 문제

다음은 산성 조건에서 일어나는 과망가니즈산 칼륨($KMnO_4$)과 염화 주석($SnCl_2$)의 반응을 알짜 이온 반응식으로 나타낸 것이다.

$$a\,MnO_4^- + b\,Sn^{2+} + c\,H^+ \longrightarrow d\,Mn^{2+} + e\,Sn^{4+} + f\,H_2O$$
$$(a \sim f\text{는 반응 계수})$$

이에 대한 설명으로 옳지 않은 것은?

① $a = d = 2$이다.
② $b = e = 5$이다.
③ $c + f = 24$이다.
④ MnO_4^-은 환원제이다.
⑤ Sn의 산화수는 $+2$에서 $+4$로 증가한다.

추가로 나오는 선택지

❶ Sn^{2+}은 환원제이다. ( )
❷ O의 산화수는 변하지 않는다. ( )
❸ 산화수가 가장 큰 원자를 포함한 물질은 Mn^{2+}이다. ( )

441 서술형

다음은 산성 조건에서 일어나는 과망가니즈산 이온(MnO_4^-)과 브로민화 이온(Br^-)의 반응을 알짜 이온 반응식으로 나타낸 것이다.

$$a\,MnO_4^- + b\,Br^- + c\,H^+ \longrightarrow d\,Mn^{2+} + e\,Br_2 + f\,H_2O$$
$$(a \sim f\text{는 반응 계수})$$

$a \sim f$의 값을 결정하는 과정을 포함하여 서술하시오.

442 중요

다음은 구리와 질산의 반응을 화학 반응식으로 나타낸 것이다.

$$a\,Cu + b\,NO_3^- + c\,H^+ \longrightarrow a\,Cu^{2+} + b\,NO + d\,H_2O$$
$$(a \sim d\text{는 반응 계수})$$

$a + b + c + d$는?

① 13 ② 15 ③ 17 ④ 19 ⑤ 21

443

다음은 암모늄 이온과 산소의 반응을 화학 반응식으로 나타낸 것이다.

$$NH_4^+ + 2O_2 \longrightarrow NO_3^- + 2H^+ + \boxed{\ \text{㉠}\ }$$

이에 대한 설명으로 옳은 것만을 〈보기〉에서 있는 대로 고른 것은?

보기

ㄱ. N의 산화수는 -3에서 -5로 감소한다.
ㄴ. ㉠은 H_2O이다.
ㄷ. NH_4^+은 산화제이다.

① ㄱ ② ㄴ ③ ㄱ, ㄷ
④ ㄴ, ㄷ ⑤ ㄱ, ㄴ, ㄷ

444

다음은 염소 기체를 얻는 실험이다.

[실험 방법 및 결과]
그림과 같이 둥근바닥 플라스크에 진한 염산과 이산화 망가니즈(MnO_2)를 넣고 가열하면 염소 기체가 발생한다.

[화학 반응식]
$$a\,HCl + b\,MnO_2$$
$$\longrightarrow c\,MnCl_2 + d\,H_2O + e\,Cl_2 \ (a \sim e\text{는 반응 계수})$$

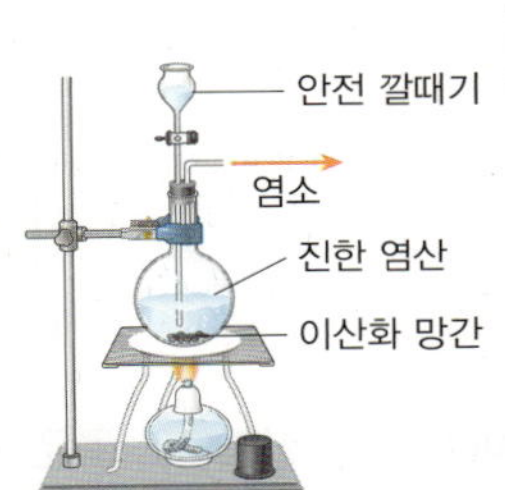

이에 대한 설명으로 옳지 않은 것은?

① $a = 4$이다.
② $b = c = 2$이다.
③ MnO_2는 산화제이다.
④ H의 산화수는 변하지 않는다.
⑤ Cl_2 1몰이 생성되려면 MnO_2 1몰이 반응해야 한다.

445

다음은 2가지 반응의 화학 반응식이다.

> (가) $2H_2O_2 \longrightarrow 2\boxed{㉠} + O_2$
> (나) $2NaOH + Cl_2 \longrightarrow NaCl + \boxed{㉠} + \boxed{㉡}$

이에 대한 설명으로 옳은 것만을 〈보기〉에서 있는 대로 고른 것은?

보기
ㄱ. (가)와 (나)는 산화 환원 반응이다.
ㄴ. ㉠은 H_2O이다.
ㄷ. ㉡에서 (+)값의 산화수를 갖는 원자는 1가지이다.

① ㄱ　　　　② ㄷ　　　　③ ㄱ, ㄴ
④ ㄴ, ㄷ　　　⑤ ㄱ, ㄴ, ㄷ

446

그림은 ANO_3 수용액에 충분한 양의 금속 B를 넣었을 때, 반응 시간에 따른 수용액 속 전체 이온 수를 나타낸 것이다.

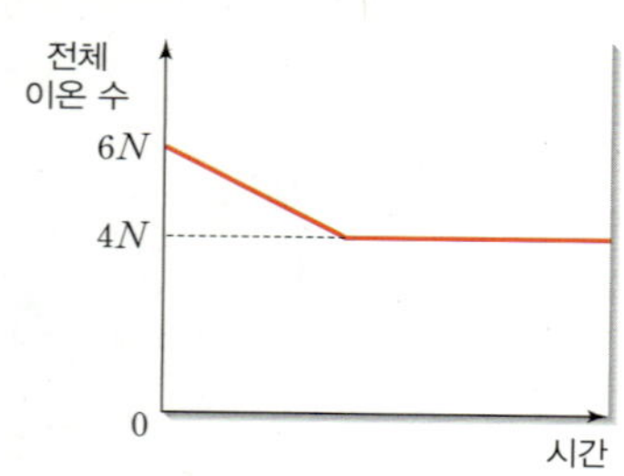

이에 대한 설명으로 옳은 것만을 〈보기〉에서 있는 대로 고른 것은? (단, A와 B는 임의의 원소 기호이고, 물과 음이온은 반응에 참여하지 않는다.)

보기
ㄱ. ANO_3는 산화제이다.
ㄴ. B 이온의 산화수는 +2이다.
ㄷ. ANO_3 6몰과 반응하는 B의 최소 양(mol)은 2몰이다.

① ㄱ　　　　② ㄴ　　　　③ ㄱ, ㄷ
④ ㄴ, ㄷ　　　⑤ ㄱ, ㄴ, ㄷ

447

다음은 임의의 2주기 원소 X, Y의 수소 화합물 XH_4, YH_3와 Y의 플루오린 화합물 YF_3에서 중심 원자의 산화수를 나타낸 것이다. 세 화합물의 중심 원자는 옥텟 규칙을 만족한다.

화합물	XH_4	YH_3	YF_3
중심 원자의 산화수	-4	a	b

이에 대한 설명으로 옳은 것만을 〈보기〉에서 있는 대로 고른 것은?

보기
ㄱ. $a+b=0$이다.
ㄴ. XF_4에서 X의 산화수는 +4이다.
ㄷ. X_2F_2와 Y_2F_4에서 X와 Y의 산화수는 같다.

① ㄱ　　　　② ㄷ　　　　③ ㄱ, ㄴ
④ ㄴ, ㄷ　　　⑤ ㄱ, ㄴ, ㄷ

448 고난도

표는 금속 이온 A^+, B^{2+}이 들어 있는 수용액에 금속 C를 넣어 반응시켰을 때, 반응 전후 수용액에 들어 있는 양이온 수의 비율을 나타낸 것이다. 반응 전 전체 금속 양이온 수는 6몰이고, A는 B보다 산화되기 쉬우며, C 이온의 산화수는 +1이다.

구분	반응 전	반응 후
이온 수비	$A^+ : B^{2+} = 1 : 2$	㉠
전체 금속 양이온 수	6몰	

이에 대한 설명으로 옳은 것만을 〈보기〉에서 있는 대로 고른 것은? (단, A~C는 임의의 원소 기호이고, 물과 음이온은 반응에 참여하지 않는다.)

보기
ㄱ. A의 산화수는 감소한다.
ㄴ. ㉠은 B^{2+}이다.
ㄷ. 반응 후 전체 금속 양이온 수는 8몰이다.

① ㄱ　　　　② ㄷ　　　　③ ㄱ, ㄴ
④ ㄴ, ㄷ　　　⑤ ㄱ, ㄴ, ㄷ

449

다음은 금속 X~Z와 관련된 산화 환원 반응 실험이다.

[실험 과정 및 결과]
(가) $XCl_2(aq)$에 금속 Y를 넣었더니, 수용액에서 양이온 수가 증가하였다.
(나) $YCl_n(aq)$에 금속 Z를 넣어 모두 반응시켰더니, 수용액의 밀도가 증가하였다.

이에 대한 설명으로 옳은 것만을 〈보기〉에서 있는 대로 고른 것은? (단, X~Z는 임의의 원소 기호이고, Z 이온의 산화수는 $+1$이며, 물과 음이온은 반응에 참여하지 않는다.)

보기
ㄱ. Y 이온의 산화수는 $+1$이다.
ㄴ. 원자량은 $Z > Y$이다.
ㄷ. $XCl_2(aq)$에 금속 Z를 넣어도 산화 환원 반응이 일어난다.

① ㄱ　　　　② ㄷ　　　　③ ㄱ, ㄴ
④ ㄴ, ㄷ　　　⑤ ㄱ, ㄴ, ㄷ

450

다음은 철의 제련과 관련된 반응의 화학 반응식이다.

(가) $2C + O_2 \longrightarrow 2CO$
(나) $Fe_2O_3 + 3CO \longrightarrow 2Fe + 3CO_2$
(다) $CaCO_3 \longrightarrow CaO + CO_2$
(라) $CaO + SiO_2 \longrightarrow CaSiO_3$

이에 대한 설명으로 옳은 것만을 〈보기〉에서 있는 대로 고른 것은?

보기
ㄱ. (가)~(라) 중 산화 환원 반응은 2가지이다.
ㄴ. (나)에서 CO는 산화제이다.
ㄷ. (다)에서 C의 산화수는 감소한다.

① ㄱ　　　　② ㄷ　　　　③ ㄱ, ㄴ
④ ㄴ, ㄷ　　　⑤ ㄱ, ㄴ, ㄷ

451

다음은 산화 환원 반응식을 완성하는 과정을 나타낸 것이다.

(가) 각 원자의 산화수 변화를 조사한다.
$$\underline{Cu} + HNO_3 \longrightarrow \underline{Cu}(NO_3)_2 + \underline{NO} + H_2O$$
(나) 증가한 산화수와 감소한 산화수가 같도록 계수를 맞춘다.
$$3Cu + 2HNO_3 \longrightarrow 3Cu(NO_3)_2 + 2NO + H_2O$$
(다) 산화수 변화가 없는 원소의 원자수가 같도록 계수를 맞춘다.
$$3Cu + c\,HNO_3 \longrightarrow 3Cu(NO_3)_2 + 2NO + d\,H_2O$$

이에 대한 설명으로 옳은 것만을 〈보기〉에서 있는 대로 고른 것은?

보기
ㄱ. a는 '산화수 2 증가'이다.
ㄴ. (나)에서 증가한 산화수 합은 6이다.
ㄷ. $c=2$이다.

① ㄴ　　　　② ㄷ　　　　③ ㄱ, ㄴ
④ ㄱ, ㄷ　　　⑤ ㄱ, ㄴ, ㄷ

452

다음은 2가지 산화 환원 반응식을 나타낸 것이다. $a \sim e$는 반응 계수이다.

(가) $BrO_3^- + a\,I^- + b\,H^+ \longrightarrow Br^- + c\,I_2 + 3H_2O$
(나) $d\,Fe^{2+} + 2NO + e\,H_2O \longrightarrow d\,Fe + 2NO_3^- + 8H^+$

이에 대한 설명으로 옳은 것만을 〈보기〉에서 있는 대로 고른 것은?

보기
ㄱ. $a+b+c=15$이다.
ㄴ. $d+e=7$이다.
ㄷ. (가)와 (나)에서 산화수가 변하지 않는 원자는 2가지이다.

① ㄴ　　　　② ㄴ　　　　③ ㄱ, ㄴ
④ ㄱ, ㄷ　　　⑤ ㄱ, ㄴ, ㄷ

02 화학 반응에서의 열의 출입

개념 ❶ 발열 반응과 흡열 반응

1. **화학 반응과 열의 출입**: 화학 반응이 일어나면 반응물과 생성물이 가지고 있는 에너지가 다르기 때문에 열을 흡수하거나 방출한다.

2. **발열 반응**: 화학 반응이 일어날 때 주위로 열을 방출하는 반응
   (1) 발열 반응의 특징
   - 발열 반응이 일어나면 열을 방출하므로 주위의 온도가 높아진다.
   - 생성물이 반응물보다 안정하다.
   - 발열 반응에서는 생성물의 에너지 합이 반응물의 에너지 합보다 작다.

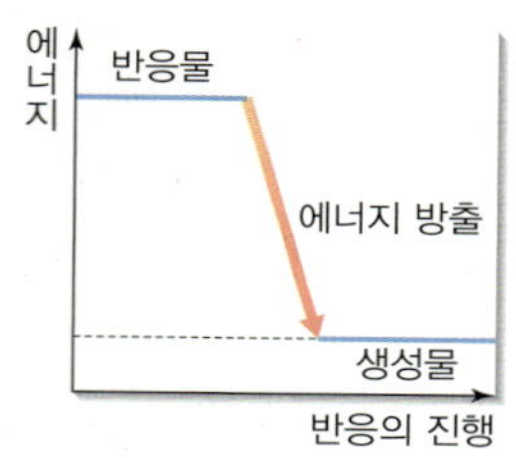

   (2) 발열 반응의 예: 산 염기 중화 반응, 금속과 산의 반응, 연소 반응, 금속의 산화, 산의 용해, 수산화 나트륨의 용해, 수증기의 액화 등

3. **흡열 반응**: 화학 반응이 일어날 때 주위의 열을 흡수하는 반응
   (1) 흡열 반응의 특징
   - 흡열 반응이 일어나면 열을 흡수하므로 주위의 온도가 낮아진다.
   - 반응물이 생성물보다 안정하다.
   - 흡열 반응에서는 생성물의 에너지 합이 반응물의 에너지 합보다 크다.

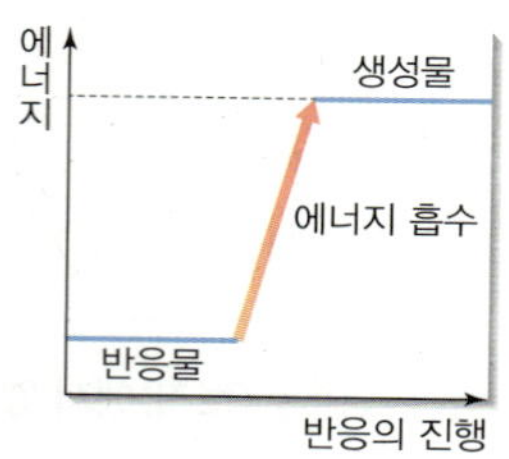

   (2) 흡열 반응의 예: 탄산수소 나트륨의 열분해, 수산화 바륨과 염화 암모늄의 반응, 질산 암모늄의 용해, 광합성, 물의 전기 분해 등

4. **반응열(Q)**: 화학 반응이 일어날 때 방출되거나 흡수되는 열
   (1) 발열 반응: 반응물 → 생성물 + Q
   (2) 흡열 반응: 반응물 → 생성물 − Q

개념 ❷ 화학 반응에서 출입하는 열의 측정

1. **비열과 열량**
   (1) 비열(c): 어떤 물질 1g의 온도를 1 ℃ 높이는 데 필요한 열량으로, 단위는 J/(g·℃)이다. → 비열이 클수록 온도를 높이기가 어렵다.
   (2) 열용량(C): 어떤 물질의 온도를 1 ℃ 높이는 데 필요한 열량으로, 단위는 J/℃이다.

$$열용량(C) = 비열(c) \times 질량(m)$$

   (3) 열량(Q): 어떤 물질이 방출하거나 흡수하는 총 열량은 물질의 비열에 질량과 온도 변화를 곱하여 구한다.

$$열량(Q) = 비열(c) \times 질량(m) \times 온도 변화(t)$$

2. **열량계**: 화학 반응에서 출입하는 열량을 측정하는 장치
   (1) **간이 열량계**: 화학 반응에서 출입하는 열은 간이 열량계 속의 물이나 용액이 모두 흡수한다고 가정하고, 열량계 속의 물이나 용액의 온도 변화를 측정한다.

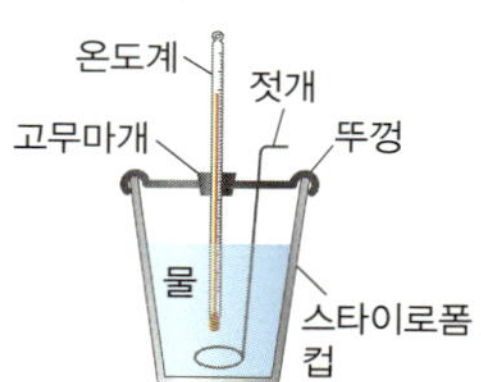

   - 특징: 구조가 간단하여 쉽게 사용할 수 있으나 열 손실이 많으므로 정확한 열량을 측정하기는 어렵다.
   - 열량 측정: $Q = c_{용액} \times m_{용액} \times \Delta t$
     ($c_{용액}$: 용액의 비열, $m_{용액}$: 용액의 질량, Δt: 온도 변화)
   - 이용: 중화 반응, 용해 반응

   (2) **통열량계**: 화학 반응에서 출입하는 열은 모두 통열량계 속의 물과 통열량계가 흡수한다고 가정한다. 이때, 통열량계의 온도 변화는 물의 온도 변화와 같다고 가정하고, 통열량계가 흡수한 열량은 통열량계의 열용량($C_{통열량계}$)에 온도 변화(Δt)를 곱하여 구한다.

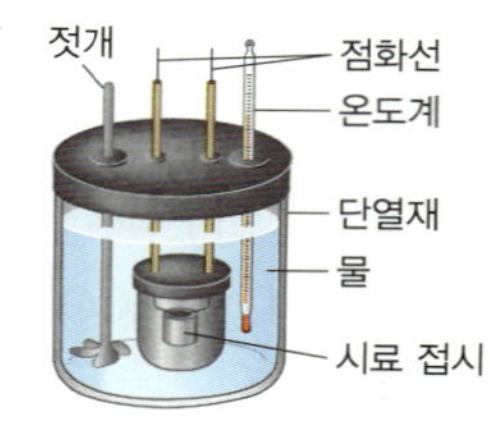

   - 특징: 단열이 잘되도록 만들어져 열 손실이 거의 없으므로 화학 반응에서 출입하는 열량을 비교적 정확하게 측정할 수 있다.
   - 열량 측정: $Q = (c_{물} \times m_{물} \times \Delta t) + (C_{통열량계} \times \Delta t)$
     ($c_{물}$: 물의 비열, $m_{물}$: 물의 질량, Δt: 온도 변화, $C_{통열량계}$: 통열량계의 열용량)
   - 이용: 연소 반응

탐구 활동 — 화학 반응에서 열의 출입 측정하기

과정
❶ 간이 열량계에 증류수 200g을 넣고 증류수의 온도(t_1)를 측정한다.
❷ 염화 칼슘($CaCl_2$) 10g을 넣고 젓개로 계속 저어 완전히 녹인 뒤 용액의 최고 온도(t_2)를 측정한다.

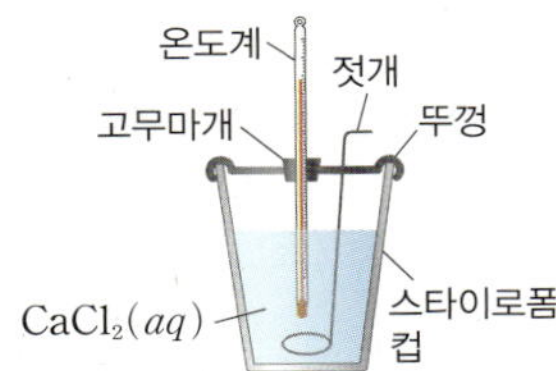

결과 • 용액의 온도 측정

증류수의 온도(t_1)	25 ℃	$CaCl_2(aq)$의 최고 온도(t_2)	33 ℃

정리
• $t_2 > t_1$이므로 $CaCl_2(s)$이 물에 녹는 반응은 발열 반응이다.
• $CaCl_2(s)$이 물에 녹을 때 방출한 열량: 용액의 비열을 $4.2\,J/(g\cdot℃)$라고 할 때 방출한 열량(Q)은 $c \times m \times \Delta t = 4.2\,J/(g\cdot℃) \times 210\,g \times 8\,℃ = 7056\,J$
• $CaCl_2(s)$ 1몰이 물에 녹을 때 방출하는 열량: $CaCl_2(s)$ 1몰의 질량이 111g이므로 $\dfrac{7056\,J}{10\,g} \times 111\,g/mol ≒ 78\,kJ/mol$
• $CaCl_2(s)$ 1몰이 물에 녹을 때 방출하는 열량의 이론값인 $81.8\,kJ/mol$보다 작으므로 간이 열량계 밖으로 빠져나간 열이 있음을 알 수 있다.

자료 분석 — 발열 반응과 흡열 반응의 이용

❶ 발열 반응의 이용
• 조리용 발열 팩(발열 도시락): 산화 칼슘과 물의 반응을 이용

$$CaO(s) + H_2O(l) \longrightarrow Ca(OH)_2(aq) + Q$$

• 휴대용 손난로: 철가루의 산화 반응을 이용

$$4Fe(s) + 3O_2(g) \longrightarrow 2Fe_2O_3(s) + Q$$

❷ 흡열 반응의 이용
• 냉각팩: 질산 암모늄의 용해 반응을 이용

$$NH_4NO_3(s) \longrightarrow NH_4^+(aq) + NO_3^-(aq) - Q$$

453

화학 반응이 일어날 때 열을 방출하는 반응을 [   ]이라고 하고, 열을 흡수하는 반응을 [   ]이라고 한다.

454

발열 반응과 흡열 반응에 대한 설명으로 옳은 것은 ○, 옳지 <u>않은</u> 것은 ×로 표시하시오.

(1) 발열 반응이 일어나면 주위의 온도가 높아진다. (   )
(2) 흡열 반응이 일어나면 주위의 온도가 낮아진다. (   )
(3) 반응물의 에너지가 생성물의 에너지보다 크면 흡열 반응이다.
(   )
(4) 중화 반응, 연소, 산의 용해 등은 흡열 반응의 예이다.
(   )

455

화학 반응이 일어날 때 방출되거나 흡수되는 열을 [   ]이라고 한다.

456

어떤 물질 1g의 온도를 1 ℃ 높이는 데 필요한 열량을 [   ]이라고 하고, 어떤 물질의 온도를 1 ℃ 높이는 데 필요한 열량을 [   ]이라고 한다.

457

비열과 열량에 대한 설명으로 옳은 것은 ○, 옳지 <u>않은</u> 것은 ×로 표시하시오.

(1) 비열의 단위로 J/℃를 쓸 수 있다. (   )
(2) 열용량은 '비열×질량'으로 구할 수 있다. (   )
(3) 간이 열량계로 정밀한 열량을 측정할 수 있다. (   )

458

어떤 물질이 방출하거나 흡수하는 열량(Q)은 [   ] × [   ] × [   ]로 구할 수 있다.

개념 ❶ 발열 반응과 흡열 반응

족집게 전략 발열 반응과 흡열 반응의 개념부터 확실하게 알아 두고, 발열 반응과 흡열 반응이 일어나는 까닭과 다양한 사례들에 대해 정리해야 해.

459 단골 문제

그림은 어떤 화학 반응의 에너지 변화를 나타낸 것이다.

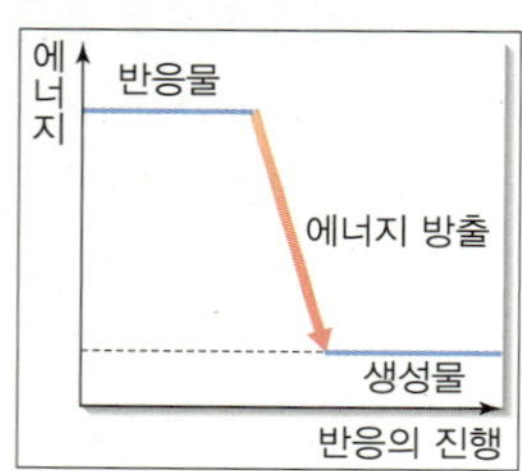

이에 대한 설명으로 옳은 것은?

① 흡열 반응이다.
② 생성물의 에너지가 반응물의 에너지보다 크다.
③ 반응이 진행되면 주위의 온도가 낮아진다.
④ 이 반응의 예로 중화 반응이 있다.
⑤ 주위로부터 열에너지를 흡수한다.

추가로 나오는 선택지

❶ 이 반응의 예로 광합성이 있다.　　　　　(　　　)
❷ 이 반응에서는 생성물이 반응물보다 안정하다.　(　　　)
❸ 주어진 그림은 (　　　　　)을 나타낸 것이다.

460

다음 중 반응 후 주위의 온도가 낮아지는 것은?

① 수산화 나트륨을 물에 녹인다.
② 마그네슘과 염산을 반응시킨다.
③ 철가루가 든 핫팩을 흔든다.
④ 메테인을 연소시킨다.
⑤ 질산 암모늄을 물에 용해시킨다.

461 중요

다음은 우리 주변의 2가지 현상에 대한 설명이다.

> • 자동차 내부에서 ㉠ 연료가 연소하여 자동차가 움직일 수 있다.
> • 식물은 ㉡ 광합성을 통해 포도당을 합성한다.

㉠과 ㉡의 반응에 대한 설명으로 옳은 것만을 〈보기〉에서 있는 대로 고른 것은?

보기

> ㄱ. ㉠은 발열 반응이다.
> ㄴ. ㉡은 반응물의 에너지 합이 생성물의 에너지 합보다 작다.
> ㄷ. ㉠과 ㉡은 열의 출입 방향이 반대이다.

① ㄱ　　　　　② ㄴ　　　　　③ ㄱ, ㄴ
④ ㄴ, ㄷ　　　　⑤ ㄱ, ㄴ, ㄷ

462 서술형

그림은 산화 칼슘(CaO)과 관련된 반응에서 반응물과 생성물의 에너지 변화를 나타낸 것이다.

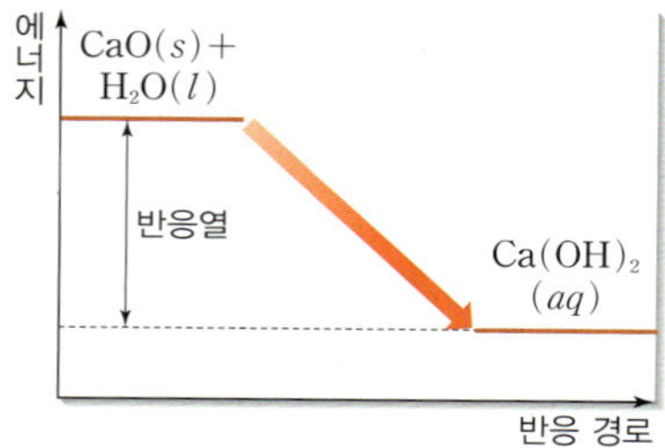

이 반응이 발열 반응인지 흡열 반응인지 쓰고, 이용 사례에 대해 서술하시오.

463

다음은 3가지 화학 반응식이다.

> (가) $4Fe(s) + 3O_2(g) \longrightarrow 2Fe_2O_3(s)$
> (나) $NH_4NO_3(s) \longrightarrow NH_4^+(aq) + NO_3^-(aq)$
> (다) $Zn(s) + 2HCl(aq) \longrightarrow ZnCl_2(aq) + H_2(g)$

(가)~(다) 중 발열 반응으로 옳은 것만을 있는 대로 고른 것은?

① (가)　　　　　② (나)　　　　　③ (가), (다)
④ (나), (다)　　　⑤ (가), (나), (다)

개념 ❷ 화학 반응에서 출입하는 열의 측정

족집게 전략 화학 반응에서 출입하는 열을 측정하기 위해서는 비열, 열용량, 열량 등의 개념부터 알아야 해. 간이 열량계와 통열량계에서 일어나는 반응의 열량을 구하는 문제를 반드시 연습하자.

[464~465] 다음은 염화 칼슘($CaCl_2$)이 물에 용해될 때 출입하는 열량을 구하는 실험이다.

[실험]

(가) 간이 열량계에 증류수 200 g을 넣고 증류수의 온도(t_1)를 측정한다.

(나) 염화 칼슘($CaCl_2$) 10 g을 넣고 젓개로 계속 저어 완전히 녹인 후 용액의 최고 온도(t_2)를 측정한다.

[실험 결과]

t_1	25 ℃	t_2	33 ℃

464 단골 문제

이에 대한 설명으로 옳은 것은? (단, 용액의 비열은 4.2 J/(g·℃)이다.)

① $CaCl_2(s)$이 물에 용해되면 열이 흡수된다.
② $CaCl_2(s)$ 1 g이 물에 용해될 때 출입하는 열량은 705.6 J이다.
③ 이 실험의 결과는 이론값과 같다.
④ $CaCl_2(s)$의 질량을 2배로 늘려도 t_2는 같다.
⑤ 증류수의 질량을 100 g으로 해도 t_2는 같다.

추가로 나오는 선택지

❶ $CaCl_2(s)$의 질량을 2배로 늘렸을 때 t_2는 66 ℃이다. (　　　)
❷ $CaCl_2(s)$이 물에 용해되는 과정에서 생성물은 반응물보다 에너지가 작다. (　　　)
❸ 통열량계를 사용하면 t_2는 33 ℃보다 높아질 것이다. (　　　)
❹ 간이 열량계에서 일어나는 반응의 열에너지는 통열량계가 흡수한 열량과 물이 흡수한 열량의 합으로 구할 수 있다. (　　　)

465

염화 칼슘($CaCl_2$) 1 g이 물에 용해될 때 출입하는 열량의 이론값은 732 J/g이다. 실험으로 구한 값이 이론값과 다른 까닭으로 적절한 것은?

① 열의 일부가 공기 중으로 빠져나갔다.
② 염화 칼슘의 질량이 실제보다 작게 측정되었다.
③ t_1이 실제보다 낮게 측정되었다.
④ t_2가 실제보다 높게 측정되었다.
⑤ 발생한 열이 모두 용액의 온도를 높이는 데 사용되었다.

466 서술형

그림은 수산화 나트륨($NaOH$)이 물에 녹을 때 발생하는 열량을 구하는 실험 장치를, 표는 실험 결과와 자료를 나타낸 것이다.

$NaOH(aq)$의 비열(kJ/(g·℃))	a
$NaOH(aq)$의 질량(g)	b
처음 온도(℃)	25
나중 온도(℃)	35
용해된 $NaOH(s)$의 질량(g)	x
$NaOH$의 화학식량	40

이 실험 결과로부터 $NaOH(s)$ 1몰이 물에 녹을 때 발생하는 열량을 구하는 과정을 서술하시오.

467

25 ℃의 0.1 M $NaOH(aq)$ 100 g에 같은 온도의 0.1 M $HCl(aq)$ 100 g을 넣고 반응시켰더니, 혼합 용액의 최고 온도가 32 ℃가 되었다. 이 반응에서 출입한 열량(J)은? (단, 용액의 비열은 4.2 J/(g·℃)이다.)

① $4.2 \times 100 \times 7$
② $4.2 \times 100 \times 32$
③ $4.2 \times 200 \times 7$
④ $4.2 \times 200 \times 25$
⑤ $4.2 \times 200 \times 32$

468

다음은 물 $1000\,g$이 들어 있는 통열량계를 사용하여 에탄올(C_2H_5OH) 1몰이 연소할 때 방출하는 열량을 구하는 실험 과정이다.

[실험 과정]

(가) 반응 용기에 $4.6\,g$의 에탄올과 충분한 양의 산소(O_2)를 넣는다.

(나) 온도(t_1)를 측정한다.

(다) 반응 용기의 에탄올을 점화시켜 완전 연소시킨다.

(라) 온도(t_2)를 측정한다.

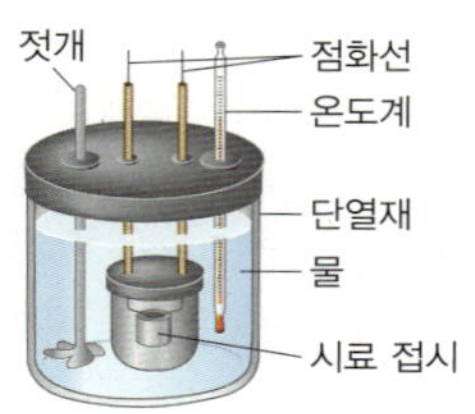

이에 대한 설명으로 옳은 것만을 〈보기〉에서 있는 대로 고른 것은? (단, 물의 비열은 $4.2\,J/(g\cdot{}^\circ\!C)$이고, 에탄올의 분자량은 46이다.)

보기

ㄱ. (가)의 에탄올은 0.1몰이다.

ㄴ. 에탄올 1몰이 완전 연소할 때 방출하는 열량을 구하기 위해서는 통열량계의 열용량(C)이 필요하다.

ㄷ. 반응에 필요한 산소(O_2)의 최소 양(mol)은 3몰이다.

① ㄱ   ② ㄷ   ③ ㄱ, ㄴ

④ ㄴ, ㄷ   ⑤ ㄱ, ㄴ, ㄷ

469

그림은 2가지 열량계를 나타낸 것이다.

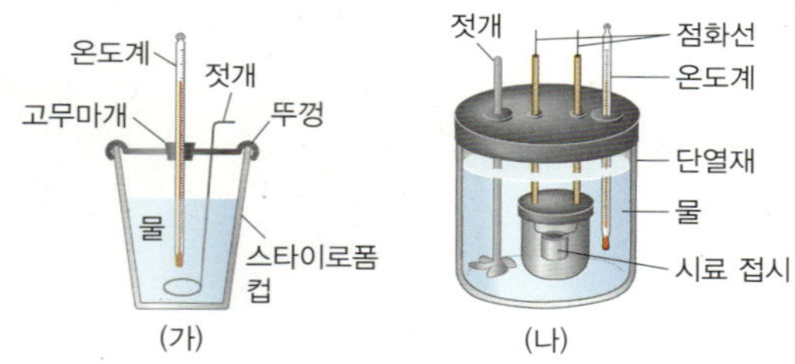

이에 대한 설명으로 옳은 것은?

① (가)는 통열량계이다.

② (나)는 간이 열량계이다.

③ (가)는 반응에서 빠져나가는 열이 없다.

④ (나)는 반응에서 출입하는 열량을 모두 물이 흡수한다.

⑤ (가)를 이용하여 반응에서 출입하는 열량을 구하기 위해서는 용액의 비열이 필요하다.

470

그림은 에탄올이 연소할 때 출입하는 열량을 구하기 위한 실험 장치이다. 에탄올 $1\,g$이 연소할 때 방출하는 열량(J)을 구하기 위해 측정하거나 조사해야 하는 자료로 적절하지 <u>않은</u> 것은?

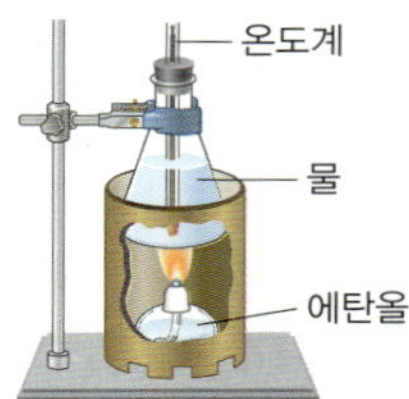

① 물의 질량

② 에탄올의 분자량

③ 물의 온도 변화

④ 연소 전 알코올 램프의 질량

⑤ 연소 후 알코올 램프의 질량

471

다음은 간이 열량계를 이용하여 수산화 나트륨($NaOH$) $1\,g$이 용해될 때 출입하는 열량을 측정하는 실험 과정과 자료이다.

[실험 과정]

(가) 증류수 $100\,g$을 열량계에 넣고 온도(t_1)를 측정한다.

(나) 과정 (가)의 열량계에 $NaOH(s)$ $4\,g$을 넣고 완전히 용해시킨다.

(다)

[자료]

용액의 비열: $4.2\,J/(g\cdot{}^\circ\!C)$

실험 과정 (다)로 가장 적절한 것은?

① 용액의 최저 온도를 측정한다.

② 용액의 최고 온도를 측정한다.

③ 용액의 밀도를 구한다.

④ $NaOH$의 화학식량을 구한다.

⑤ 실험 기구의 온도 변화를 측정한다.

472

다음은 질산 암모늄(NH_4NO_3)을 이용한 실험이다.

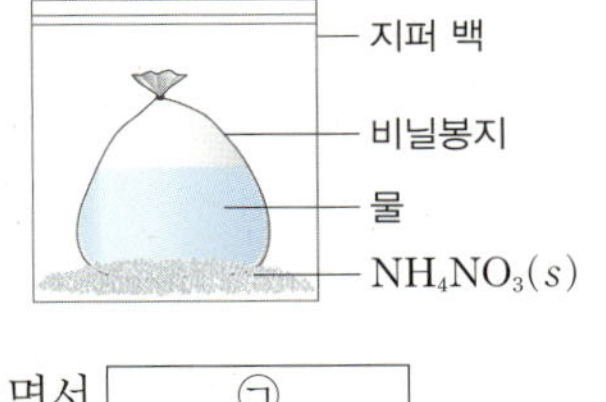

[실험 과정]
(가) 물이 들어 있는 밀봉된 비닐 봉지와 $NH_4NO_3(s)$을 지퍼 백에 넣는다.
(나) 지퍼 백을 닫고 손으로 눌러 물이 든 비닐봉지를 터트리면 $NH_4NO_3(s)$이 녹으면서 ⊙ .

이에 대한 설명으로 옳은 것만을〈보기〉에서 있는 대로 고른 것은?

보기
ㄱ. ⊙은 '차가워진다'가 적절하다.
ㄴ. (나)에서는 발열 반응이 일어난다.
ㄷ. 반응 후 수용액 속 이온의 수는 증가한다.

① ㄱ
② ㄴ
③ ㄱ, ㄷ
④ ㄴ, ㄷ
⑤ ㄱ, ㄴ, ㄷ

473

그림은 20℃의 물 100g이 들어 있는 간이 열량계를 나타낸 것이고, 표는 열량계에 20℃의 용질 A(s)와 B(s)를 각각 녹인 용액 (가)와 (나)에 대한 자료이다.

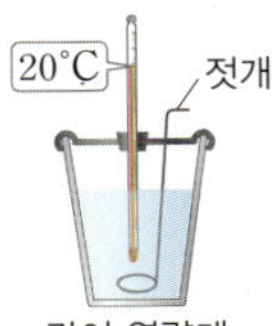

용액	용질의 질량(g)		최종 온도 (℃)
	A(s)	B(s)	
(가)	1	0	22
(나)	0	1	19

이에 대한 설명으로 옳은 것만을 〈보기〉에서 있는 대로 고른 것은? (단, 출입하는 열은 용액이 모두 흡수한다고 가정하고, 용액의 비열은 같다.)

보기
ㄱ. A(s)가 물에 녹는 반응은 발열 반응이다.
ㄴ. (나)에서는 생성물의 에너지 합이 반응물의 에너지 합보다 크다.
ㄷ. 용질 1g이 물에 용해될 때 출입하는 열량의 크기는 (가)가 (나)의 2배이다.

① ㄱ
② ㄴ
③ ㄱ, ㄷ
④ ㄴ, ㄷ
⑤ ㄱ, ㄴ, ㄷ

474

표는 25℃, 1기압에서 3가지 물질에 대한 자료이다.

물질	KCl(s)	NaOH(s)	$H_2SO_4(l)$
화학식량	74.5	40	98
용액의 온도 변화	감소	증가	증가
1몰이 용해될 때 출입하는 열량(상댓값)	3.4Q	9Q	19Q

이에 대한 설명으로 옳은 것만을 〈보기〉에서 있는 대로 고른 것은? (단, 용액의 비열은 모두 같다.)

보기
ㄱ. KCl(s)이 물에 녹는 과정은 흡열 반응이다.
ㄴ. 물 1 L에 같은 양(mol)의 KCl(s)과 NaOH(s)를 넣으면 반응 후 용액의 온도는 높아진다.
ㄷ. 물 100 g에 같은 질량의 3가지 물질을 각각 녹였을 때 $H_2SO_4(l)$을 녹인 용액의 온도가 가장 높다.

① ㄱ
② ㄷ
③ ㄱ, ㄴ
④ ㄴ, ㄷ
⑤ ㄱ, ㄴ, ㄷ

475 고난도

다음은 흑연(C)이 연소할 때 출입하는 열량을 측정하기 위한 실험이다.

[실험 과정]
(가) 물 1000g이 들어 있는 통열량계에 질량 x g의 흑연(C)과 충분한 양의 산소(O_2)를 반응 용기에 넣고 통열량계의 온도(t_1)을 측정한다.
(나) 점화 장치로 흑연(C)을 완전 연소시킨 후 통열량계의 온도(t_2)를 측정한다.

[실험 결과]

t_1	25℃	t_2	26℃

이에 대한 설명으로 옳은 것만을 〈보기〉에서 있는 대로 고른 것은? (단, 물의 비열은 4.2J/(g·℃)이고, 통열량계의 열용량은 C J/℃이며, C의 원자량은 12이다.)

보기
ㄱ. (가)에서 넣어 준 산소(O_2)의 양(mol)은 $\dfrac{x}{12}$ 몰보다 커야 한다.
ㄴ. 이 실험에서 발생한 열량은 4200 J이다.
ㄷ. 흑연(C) 1몰이 연소할 때 발생하는 열량은 $12x(4200+C)$ J 이다.

① ㄱ
② ㄷ
③ ㄱ, ㄴ
④ ㄴ, ㄷ
⑤ ㄱ, ㄴ, ㄷ

memo

memo

BON. N제
본

화학 I 638Q

시험 대비 워크북

이투스북

BON. **N**제

BON. 본 N 제

시험 대비 워크북

01. 화학과 우리 생활

476

다음은 탄소 화합물 X에 대한 설명이다.

> X는 액화 천연가스(LNG)의 주성분이다. X를 완전 연소시키면 Y와 이산화 탄소가 생성된다.

이에 대한 설명으로 옳은 것만을 〈보기〉에서 있는 대로 고른 것은?

보기
ㄱ. X는 탄소와 수소로만 이루어진 물질이다.
ㄴ. X는 물에 잘 녹는다.
ㄷ. Y는 탄소 화합물이다.

① ㄱ　　　　② ㄴ　　　　③ ㄱ, ㄷ
④ ㄴ, ㄷ　　　⑤ ㄱ, ㄴ, ㄷ

477

그림은 우리 생활에서 이용되는 3가지 물질을 2가지 기준에 따라 분류한 것이다.

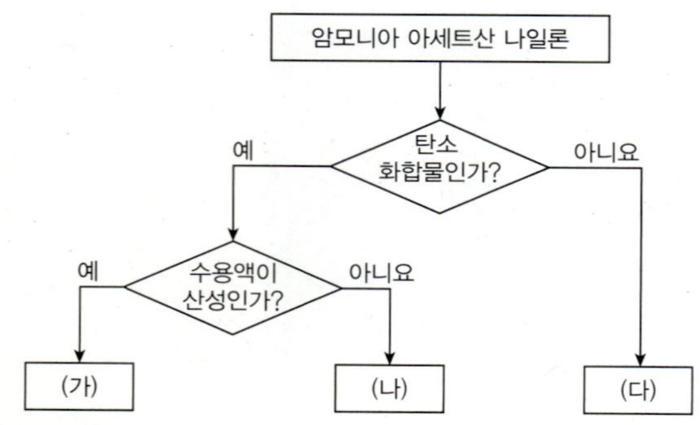

이에 대한 설명으로 옳은 것만을 〈보기〉에서 있는 대로 고른 것은?

보기
ㄱ. (가)는 탄화수소이다.
ㄴ. (나)는 최초의 합성 섬유이다.
ㄷ. (다)는 농업 생산량 증대에 기여하였다.

① ㄱ　　　　② ㄴ　　　　③ ㄱ, ㄷ
④ ㄴ, ㄷ　　　⑤ ㄱ, ㄴ, ㄷ

478

그림은 화합물 (가)와 (나)의 분자 모형을 나타낸 것이다. ◯는 수소, ●는 탄소, ◯는 산소이다.

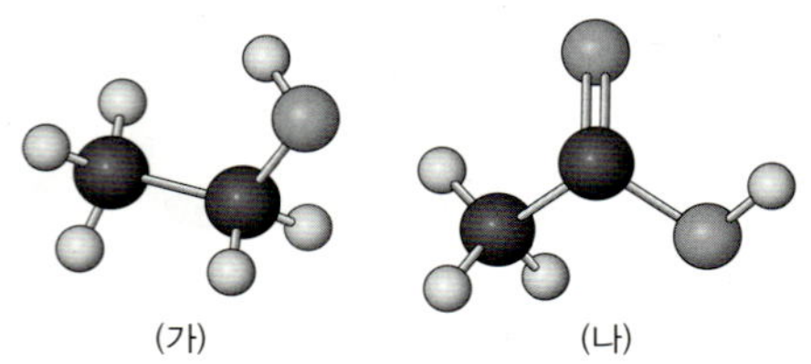

(가)와 (나)의 공통점으로 옳은 것만을 〈보기〉에서 있는 대로 고른 것은?

보기
ㄱ. 탄소 화합물이다.
ㄴ. 완전 연소시키면 이산화 탄소와 물이 생성된다.
ㄷ. 수용액은 전기 전도성이 있다.

① ㄱ　　　　② ㄷ　　　　③ ㄱ, ㄴ
④ ㄴ, ㄷ　　　⑤ ㄱ, ㄴ, ㄷ

479

그림은 탄소 원자의 다양한 결합 방법을 모형으로 나타낸 것이다.

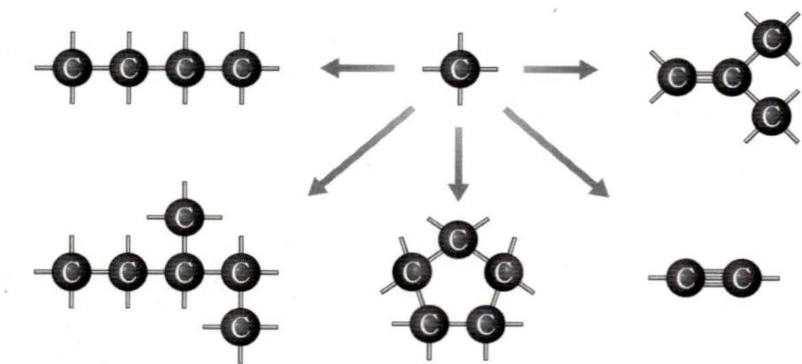

이에 대한 설명으로 옳은 것만을 〈보기〉에서 있는 대로 고른 것은?

보기
ㄱ. 탄소는 항상 다른 원자 4개와 결합한다.
ㄴ. 탄소 원자끼리 결합하여 사슬 모양과 고리 모양을 형성할 수 있다.
ㄷ. 탄소 원자 사이의 결합은 단일 결합, 2중 결합, 3중 결합이 가능하다.

① ㄱ　　　　② ㄴ　　　　③ ㄱ, ㄷ
④ ㄴ, ㄷ　　　⑤ ㄱ, ㄴ, ㄷ

480

다음은 물질 X의 합성 과정에 대한 설명이다.

> 미국의 과학자 캐러더스는 고분자 화합물의 특성을 연구하던 중 X를 합성하는 데 성공하였다. 이 물질은 현재 가방, 밧줄, 칫솔 등의 원료로 이용된다.

X에 대한 설명으로 옳은 것만을 〈보기〉에서 있는 대로 고른 것은?

보기
ㄱ. 탄소 화합물이다.
ㄴ. 최초의 합성 염료이다.
ㄷ. 질기고 유연하여 합성 초기에는 스타킹의 재료로 이용되었다.

① ㄱ　　　　　② ㄴ　　　　　③ ㄱ, ㄷ
④ ㄴ, ㄷ　　　　⑤ ㄱ, ㄴ, ㄷ

481

그림은 메테인(CH_4), 에탄올(C_2H_5OH), 아세트산(CH_3COOH)을 2가지 분류 기준에 따라 분류한 것이고, 표는 이들 물질을 분류하기 위한 분류 기준 ㉠~㉢이다.

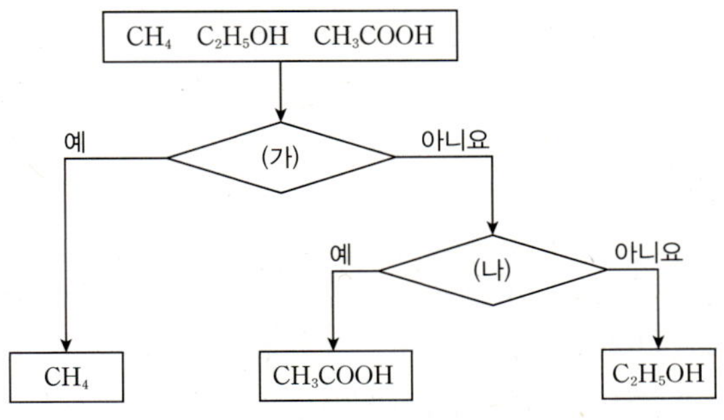

	분류 기준
㉠	탄화수소인가?
㉡	술의 성분인가?
㉢	수용액에서 전기 전도성이 있는가?

(가)와 (나)로 적절한 것은?

	(가)	(나)		(가)	(나)
①	㉠	㉡	②	㉠	㉢
③	㉡	㉠	④	㉡	㉢
⑤	㉢	㉡			

482

그림은 원자 X~Z의 상대적 질량을 비교한 모형이다. X의 원자량은 12이다.

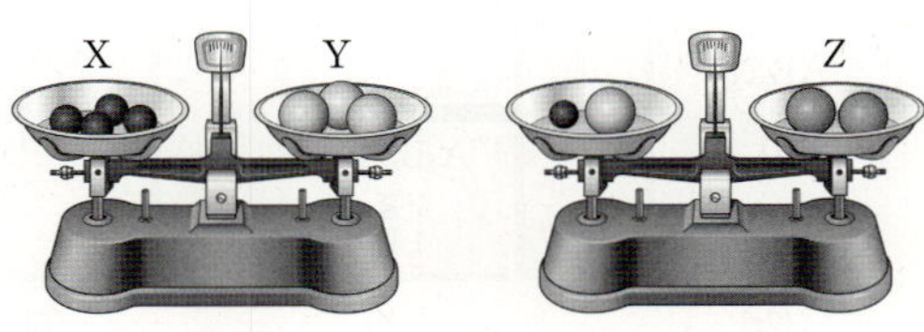

이에 대한 설명으로 옳은 것만을 〈보기〉에서 있는 대로 고른 것은? (단, X~Z는 임의의 원소 기호이다.)

보기
ㄱ. $\dfrac{\text{Z의 원자량}}{\text{X의 원자량}} = \dfrac{7}{6}$이다.
ㄴ. 1g당 원자 수는 XY가 ZY보다 작다.
ㄷ. 1몰의 질량은 Z_2Y와 XY_2가 같다.

① ㄱ　　　　　② ㄴ　　　　　③ ㄱ, ㄷ
④ ㄴ, ㄷ　　　　⑤ ㄱ, ㄴ, ㄷ

483

표는 원자량을 정하는 기준과 이와 관련된 자료이다. 현재 사용되는 원자량은 기준 Ⅰ에 따른 것이고, 기준 Ⅱ는 학생 A가 ^{12}C 대신 ^1H를 사용하여 새롭게 제안한 것이다.

	원자량을 정하는 기준	1몰의 정의	기준에 따른 ^1H의 원자량
Ⅰ	^{12}C의 원자량=12	^{12}C 12 g의 원자 수	1.007
Ⅱ	^1H의 원자량=1	^1H 1 g의 원자 수	1.000

기준 Ⅱ보다 기준 Ⅰ에서 큰 값을 갖는 것만을 〈보기〉에서 있는 대로 고른 것은?

보기
ㄱ. 탄소의 원자량
ㄴ. CH_4의 분자량
ㄷ. 0℃, 1기압에서 $CH_4(g)$의 밀도

① ㄱ　　　　　② ㄷ　　　　　③ ㄱ, ㄴ
④ ㄴ, ㄷ　　　　⑤ ㄱ, ㄴ, ㄷ

484

그림은 실린더에 3가지 기체가 들어 있는 상태를 나타낸 것이다. 기체의 온도와 압력은 같고, 원자량은 A가 B보다 작다.

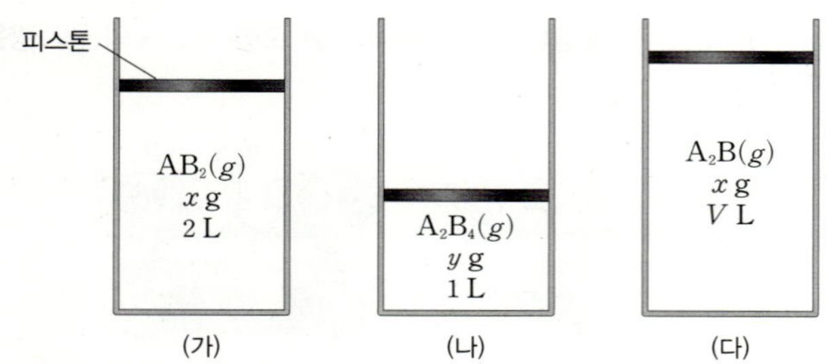

이에 대한 설명으로 옳은 것만을 〈보기〉에서 있는 대로 고른 것은? (단, A와 B는 임의의 원소 기호이다.)

보기

ㄱ. $x > y$이다.
ㄴ. $V > 2$이다.
ㄷ. 실린더에 들어 있는 전체 원자 수는 (나) < (다)이다.

① ㄱ　　　　② ㄷ　　　　③ ㄱ, ㄴ
④ ㄴ, ㄷ　　　　⑤ ㄱ, ㄴ, ㄷ

485

그림은 원소 A, B로 이루어진 분자 (가)~(다) 1몰의 질량을 성분 원소의 질량으로 나타낸 것이다. A, B의 원자량은 각각 a, b이고, a는 b보다 작다.

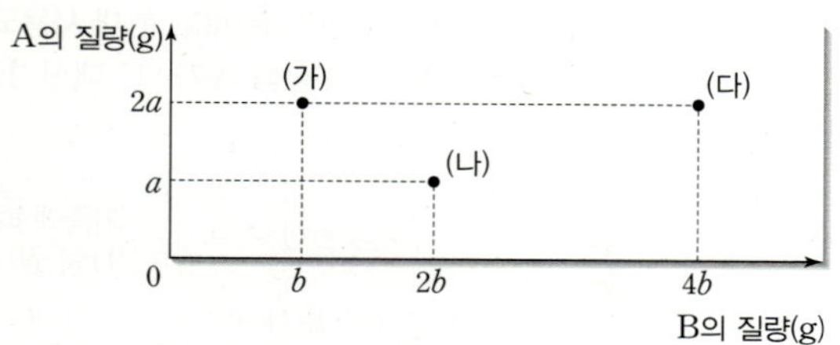

이에 대한 설명으로 옳은 것만을 〈보기〉에서 있는 대로 고른 것은? (단, A와 B는 임의의 원소 기호이다.)

보기

ㄱ. 분자량은 (가) < (나)이다.
ㄴ. 1g에 들어 있는 원자 수는 (나) < (다)이다.
ㄷ. (가) 1g에 들어 있는 A 원자 수와 (다) 1g에 들어 있는 B 원자 수는 같다.

① ㄱ　　　　② ㄴ　　　　③ ㄱ, ㄷ
④ ㄴ, ㄷ　　　　⑤ ㄱ, ㄴ, ㄷ

486

표는 원소 A, B로 이루어진 화합물 (가), (나)에 대한 자료이다. 분자 1몰당 A의 양(mol)은 (가)와 (나)에서 같다.

화합물	(가)	(나)
구성 원자 수	2	x
$\dfrac{\text{B의 질량}}{\text{A의 질량}}$	$\dfrac{4}{3}$	$\dfrac{8}{3}$

이에 대한 설명으로 옳은 것만을 〈보기〉에서 있는 대로 고른 것은? (단, A와 B는 임의의 원소 기호이다.)

보기

ㄱ. (나)의 분자식은 AB_2이다.
ㄴ. $x = 3$이다.
ㄷ. 1g에 들어 있는 B 원자 수는 (가)가 (나)보다 크다.

① ㄱ　　② ㄷ　　③ ㄱ, ㄴ　　④ ㄴ, ㄷ　　⑤ ㄱ, ㄴ, ㄷ

487

표는 $t\,°C$, 1기압에서 기체 (가)~(다)에 대한 자료이다. $t\,°C$, 1기압에서 기체 1몰의 부피는 24 L이다.

기체	분자식	a몰의 질량(g)	12 L의 질량(g)	밀도(상댓값)
(가)	XY		14	1.4
(나)	ZY	15		1.5
(다)	XY_2	22		

$\dfrac{\text{Z의 원자량}}{\text{X의 원자량}} \times a$는? (단, X~Z는 임의의 원소 기호이다.)

① $\dfrac{3}{8}$　　② $\dfrac{7}{12}$　　③ $\dfrac{3}{4}$　　④ $\dfrac{6}{7}$　　⑤ $\dfrac{7}{6}$

488

그림은 분자를 구성하는 수소(H) 원자 수가 같은 탄화수소 (가), (나)에서 C와 H의 질량 관계를 나타낸 것이다.

이에 대한 설명으로 옳은 것만을 〈보기〉에서 있는 대로 고른 것은? (단, H, C의 원자량은 각각 1, 12이다.)

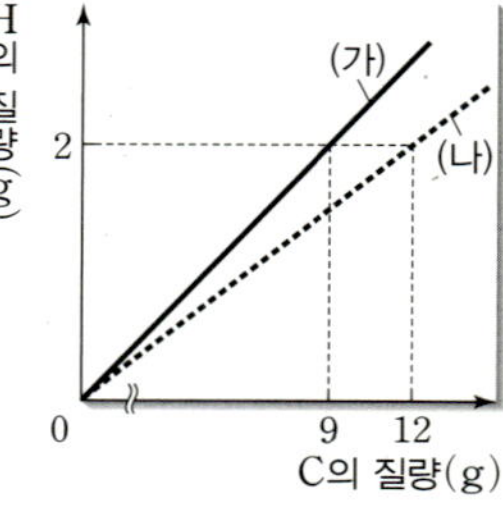

보기

ㄱ. (가)와 (나)를 구성하는 H 원자 수는 4이다.
ㄴ. (가)는 액화 천연가스의 주성분이다.
ㄷ. 1몰이 완전 연소할 때 반응한 산소(O_2)의 양은 (나)가 (가)보다 크다.

① ㄱ　　② ㄷ　　③ ㄱ, ㄴ　　④ ㄴ, ㄷ　　⑤ ㄱ, ㄴ, ㄷ

489

그림은 원소 A, B로 이루어진 분자 (가)~(다)에서 구성 원소의 질량을 나타낸 것이다. (가)~(다)를 구성하는 원자 수는 각각 3 이하이다.

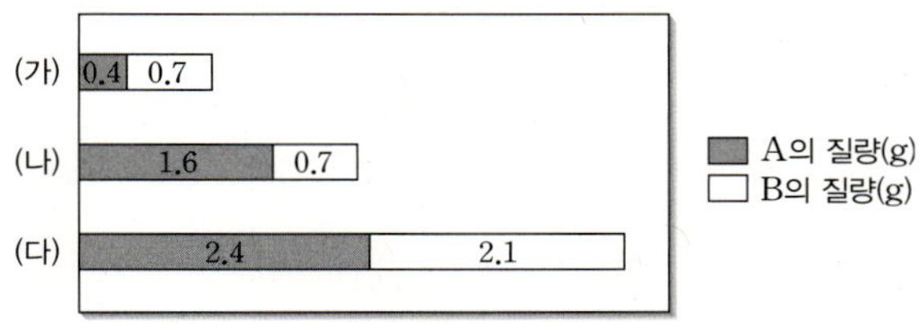

이에 대한 설명으로 옳은 것만을 〈보기〉에서 있는 대로 고른 것은? (단, A와 B는 임의의 원소 기호이다.)

보기

ㄱ. (나)의 분자식은 A_2B이다.
ㄴ. 1g당 원자 수는 (나) > (다)이다.
ㄷ. 1몰에 들어 있는 B의 질량은 (가)가 (나)의 2배이다.

① ㄱ   ② ㄴ   ③ ㄱ, ㄷ
④ ㄴ, ㄷ   ⑤ ㄱ, ㄴ, ㄷ

490

표는 $t\,°C$, 1기압에서 기체 (가)~(다)에 대한 자료이다. (가)~(다)에 각각 들어 있는 H 원자의 전체 양(mol)은 같다.

기체	(가)	(나)	(다)
분자식	H_2O	NH_3	C_2H_4
분자의 양	xg	$\frac{2}{3}N_A$개	15L

이에 대한 설명으로 옳은 것만을 〈보기〉에서 있는 대로 고른 것은? (단, H, O의 원자량은 각각 1, 16이고, N_A는 아보가드로수이다.)

보기

ㄱ. x는 2이다.
ㄴ. $t\,°C$, 1기압에서 H_2 15L의 질량은 1g이다.
ㄷ. $t\,°C$, 1기압에서 NH_3 15L에 포함된 전체 원자 수는 $\frac{8}{3}N_A$이다.

① ㄱ   ② ㄴ   ③ ㄱ, ㄷ
④ ㄴ, ㄷ   ⑤ ㄱ, ㄴ, ㄷ

03. 화학 반응식과 용액의 농도

491

다음은 기체 X와 관련된 화학 반응식과 실험이다.

[화학 반응식]
- $a\mathrm{M}(s) + 2\mathrm{HCl}(aq) \longrightarrow b\mathrm{MCl}_2(aq) + c\mathrm{X}(g)$
  (a~c는 반응 계수)
- $\mathrm{X}(g) + \mathrm{CuO}(s) \longrightarrow \mathrm{Cu}(s) + \mathrm{H}_2\mathrm{O}(l)$

[실험]
(가) 금속 M 4.8g을 충분한 양의 $\mathrm{HCl}(aq)$과 반응시켜 $\mathrm{X}(g)$를 포집한다.
(나) (가)에서 포집한 $\mathrm{X}(g)$를 충분한 양의 CuO와 반응시켰더니 $\mathrm{H}_2\mathrm{O}(l)$ 3.6g이 생성되었다.

M의 원자량은? (단, M은 임의의 원소 기호이고, H, O의 원자량은 각각 1, 16이다.)

① 23   ② 24   ③ 27   ④ 36   ⑤ 40

492

표는 $A_2(g)$와 $B_2(g)$가 반응하여 $X(g)$를 생성하는 반응에서 반응물의 부피를 달리하여 실험한 실험 I과 Ⅱ에 대한 자료이다. 실험 조건에서 기체 1몰의 부피는 30L이다.

실험	반응물의 부피(L)		$X(g)$의 양 (mol)	남은 물질
	$A_2(g)$	$B_2(g)$		
I	4.5	2	0.1	B_2
Ⅱ	10.5	3	0.2	㉠

이에 대한 설명으로 옳은 것만을 〈보기〉에서 있는 대로 고른 것은? (단, 기체의 온도와 압력은 일정하다.)

보기

ㄱ. ㉠은 A_2이다.
ㄴ. X의 분자식은 A_3B이다.
ㄷ. 실험 I과 실험 Ⅱ에서 남은 물질을 혼합하여 반응시켰을 때 생성되는 X의 몰수는 $\frac{1}{30}$몰이다.

① ㄱ   ② ㄷ   ③ ㄱ, ㄴ
④ ㄴ, ㄷ   ⑤ ㄱ, ㄴ, ㄷ

493

다음은 A(g)와 B(g)가 반응하여 C(g)를 생성하는 반응에 대한 실험이다.

[화학 반응식]

$2A(g) + B(g) \longrightarrow 2C(g)$

[실험 과정]

(가) 그림과 같이 콕으로 분리된 용기에 A(g)와 B(g)를 넣는다.

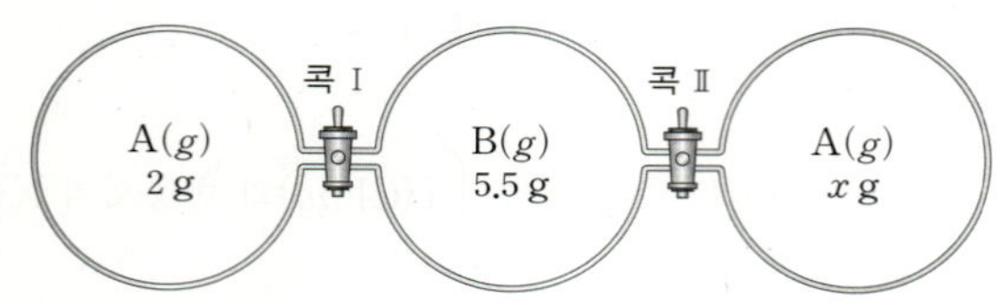

(나) 콕 Ⅰ을 열어 반응을 완결시킨 후 용기 속 기체 양(mol)의 비를 구한다.

(다) 콕 Ⅱ를 열어 반응을 완결시킨 후 용기 속 기체 양(mol)의 비를 구한다.

[실험 결과]

과정	기체 양(mol)의 비
(나)	B : C = 5 : 1
(다)	A : C = 1 : 2

$\dfrac{\text{A의 분자량}}{\text{B의 분자량}} \times x$는?

① 26 　　② 31 　　③ 52 　　④ 62 　　⑤ 71

494

다음은 A(g)와 B(g)가 반응하여 C(g)와 D(g)를 생성하는 반응의 화학 반응식이다.

$$aA(g) + 2B(g) \longrightarrow 2C(g) + 2D(g) \quad (a\text{는 반응 계수, } a > 2)$$

표는 m몰의 B가 들어 있는 용기에 A를 넣어 반응을 완결시켰을 때, 넣어준 A의 양(mol)에 따른 반응 후 전체 기체의 양(mol)을 나타낸 것이다.

A의 양(mol)	3	12	18	21
반응 후 전체 기체의 양(mol)	8	x	21	24

$\dfrac{x}{m}$는?

① $\dfrac{1}{2}$ 　　② $\dfrac{4}{3}$ 　　③ $\dfrac{3}{2}$ 　　④ $\dfrac{5}{3}$ 　　⑤ $\dfrac{5}{2}$

495

그림은 10% NaOH 수용액 x g을 500 mL 부피 플라스크에 넣고 물을 추가하여 1 M NaOH 수용액 500 mL를 만드는 과정을 나타낸 것이다. 1 M NaOH 수용액의 밀도는 d g/mL이고, 퍼센트 농도는 y %이다.

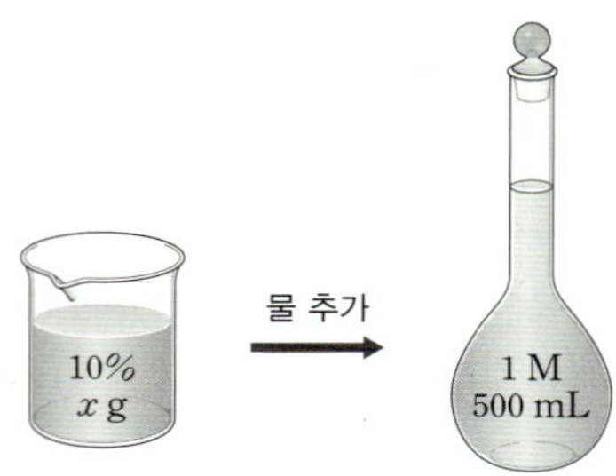

x와 y로 옳은 것은? (단, 용액의 온도는 일정하고, NaOH의 화학식량은 40이다.)

	x	y		x	y
①	100	$\dfrac{4}{d}$	②	100	$\dfrac{8}{d}$
③	150	$\dfrac{4}{d}$	④	200	$\dfrac{4}{d}$
⑤	200	$\dfrac{8}{d}$			

496

그림은 2가지 A 수용액 (가)와 (나)를 나타낸 것이다. (가)의 밀도는 1.1 g/mL이다.

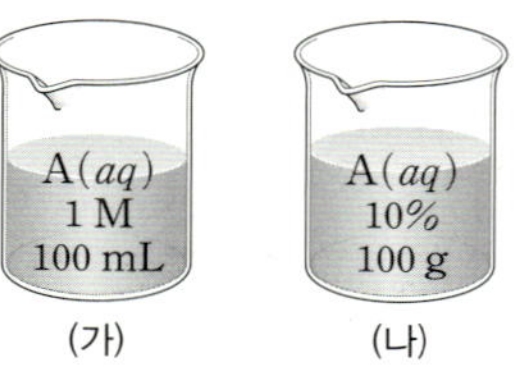

이에 대한 설명으로 옳은 것만을 〈보기〉에서 있는 대로 고른 것은? (단, A의 화학식량은 100이다.)

보기

ㄱ. 용액에 녹아 있는 A의 질량은 (가)와 (나)에서 같다.

ㄴ. 퍼센트 농도(%)는 (가) > (나)이다.

ㄷ. 용매의 질량은 (가) > (나)이다.

① ㄱ 　　② ㄴ 　　③ ㄱ, ㄷ 　　④ ㄴ, ㄷ 　　⑤ ㄱ, ㄴ, ㄷ

정답 및 해설 | 65쪽

01. 원자의 구조

497

다음은 러더퍼드의 α 입자 산란 실험에 대한 자료이다.

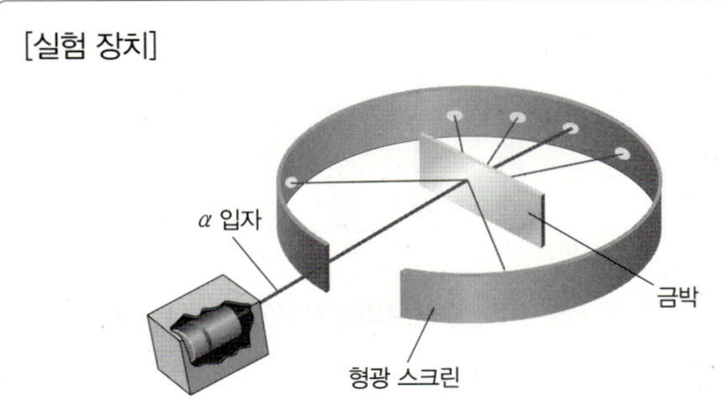

[실험 결과]
대부분의 α 입자는 직진하지만, 극히 일부의 α 입자는 경로가 휘어지거나 튕겨나왔다.

이 실험의 결과로부터 러더퍼드가 제안한 원자 모형으로 옳은 것은?

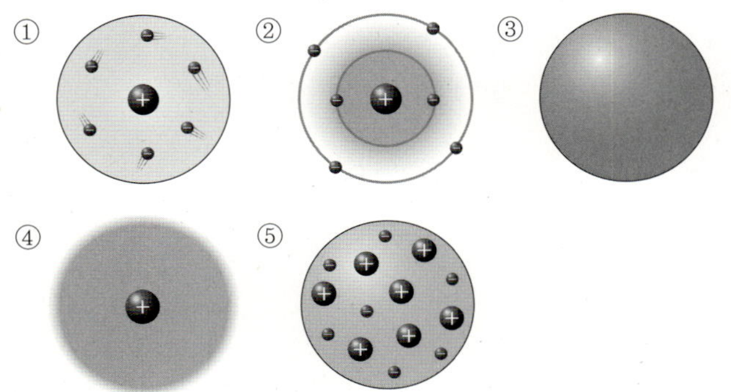

498

그림은 나트륨(Na)과 마그네슘(Mg)을 원자 표시법으로 나타낸 것이다.

$$^{23}_{11}\text{Na} \qquad ^{24}_{12}\text{Mg}$$

두 원자에서 서로 같은 값을 갖는 것은?

① 양성자수　　　　　② 중성자수
③ 전자 수　　　　　　④ 양성자수＋전자 수
⑤ 중성자수＋전자 수

499

표는 X와 Y의 동위 원소에 대한 자료이다.

원소	질량수	존재 비율(%)
X	10	20
	11	80
Y	79	50
	81	50

이에 대한 설명으로 옳은 것만을 〈보기〉에서 있는 대로 고른 것은? (단, X와 Y는 임의의 원소 기호이고, 원자량은 질량수와 같다고 가정한다.)

보기
ㄱ. X의 평균 원자량은 10.8이다.
ㄴ. Y_2의 분자량은 3가지가 있다.
ㄷ. XY_3의 평균 분자량은 250.5이다.

① ㄱ　　　　② ㄷ　　　　③ ㄱ, ㄴ
④ ㄴ, ㄷ　　⑤ ㄱ, ㄴ, ㄷ

500

그림은 원자 (가), (나)의 구조를 모형으로 나타낸 것이다. ㉠~㉢은 각각 양성자, 전자, 중성자 중 하나이다.

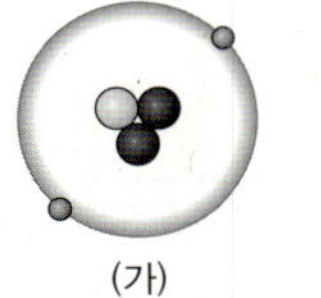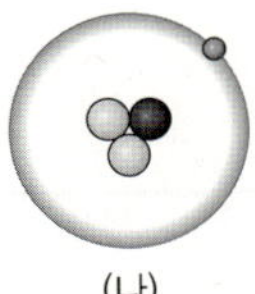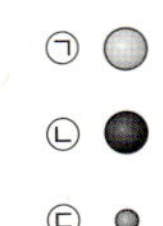

이에 대한 설명으로 옳은 것만을 〈보기〉에서 있는 대로 고른 것은?

보기
ㄱ. (가)와 (나)는 질량수가 같다.
ㄴ. ㉠은 (＋)전하를 띤다.
ㄷ. ㉡과 ㉢의 질량은 거의 같다.

① ㄱ　　　　② ㄴ　　　　③ ㄱ, ㄷ
④ ㄴ, ㄷ　　⑤ ㄱ, ㄴ, ㄷ

501

표는 질소(N), 산소(O), 플루오린(F)의 원자 또는 이온인 (가)~(다)에 대한 자료이다. ⊙~©은 각각 양성자, 중성자, 전자 중 하나이며, (가)~(다) 중 이온은 1가지이다.

구분	(가)	(나)	(다)
⊙의 수	8	8	10
©의 수	7	8	10
©의 수	7	8	9

이에 대한 설명으로 옳은 것만을 〈보기〉에서 있는 대로 고른 것은?

보기

ㄱ. (가)는 질소(N)이다.
ㄴ. ©은 전자이다.
ㄷ. (다)는 음이온이다.

① ㄴ   ② ㄷ   ③ ㄱ, ㄴ
④ ㄱ, ㄷ   ⑤ ㄱ, ㄴ, ㄷ

502

그림은 원자 A, B와 이온 C^-의 질량수와 중성자수를 나타낸 것이다.

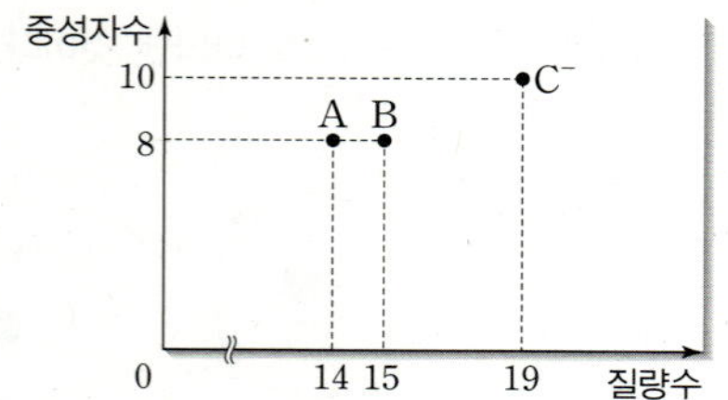

이에 대한 설명으로 옳은 것만을 〈보기〉에서 있는 대로 고른 것은? (단, A~C는 임의의 원소 기호이다.)

보기

ㄱ. 전자 수는 A가 B보다 크다.
ㄴ. 원자 번호는 A가 C보다 크다.
ㄷ. C^-은 중성자수와 전자 수가 같다.

① ㄱ   ② ㄷ   ③ ㄱ, ㄴ
④ ㄴ, ㄷ   ⑤ ㄱ, ㄴ, ㄷ

503

그림은 수소 원자의 주 양자수 $n=5$ 이하에서 일어나는 전자 전이 (가)~(라)에서 방출하는 에너지를 전이 전과 후 주 양자수의 차($\Delta n = n_{전이 \; 전} - n_{전이 \; 후}$)에 따라 나타낸 것이다.

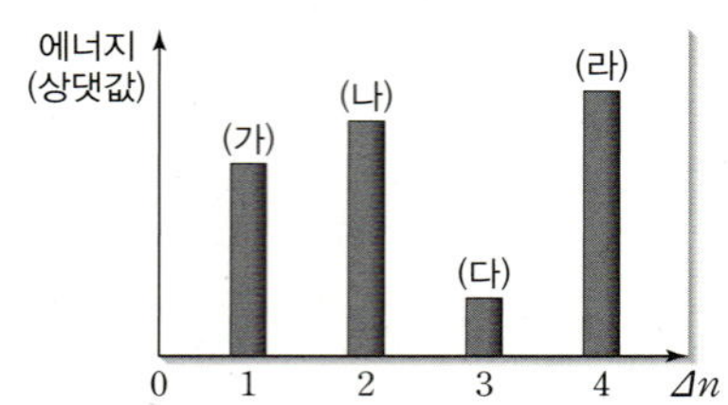

이에 대한 설명으로 옳은 것만을 〈보기〉에서 있는 대로 고른 것은? (단, 수소 원자의 에너지 준위 $E_n = -\dfrac{k}{n^2}$ kJ/mol이고, n은 주 양자수, k는 상수이다.)

보기

ㄱ. 에너지의 크기 비는 (다):(라)=7:32이다.
ㄴ. (가)~(라) 중 라이먼 계열의 빛을 방출하는 것은 2가지이다.
ㄷ. 방출하는 빛의 파장 비는 (가):(나)=32:27이다.

① ㄴ   ② ㄷ   ③ ㄱ, ㄴ
④ ㄱ, ㄷ   ⑤ ㄱ, ㄴ, ㄷ

504

다음 중 수소 원자의 주 양자수 $n=4$ 이하에서 일어나는 전자 전이에서 방출하는 에너지(kJ/mol)로 옳지 <u>않은</u> 것은? (단, 수소 원자의 에너지 준위 $E_n = -\dfrac{k}{n^2}$ kJ/mol이고, n은 주 양자수, k는 상수이다.)

① $\dfrac{7}{144}k$ ② $\dfrac{3}{16}k$

③ $\dfrac{5}{36}k$ ④ $\dfrac{8}{9}k$

⑤ $\dfrac{5}{6}k$

505

다음은 수소 원자의 전자가 주 양자수 $n=x$에서 에너지를 방출하는 전자 전이 $a{\sim}f$를 할 때, 방출하는 에너지에 대한 자료이다.

x	2	3		4		
전자 전이	a	b	c	d	e	f

- $a{\sim}f$에서 방출하는 에너지는 각각 $E_a{\sim}E_f$이다.
- $E_a < E_b < E_d$이다.
- $E_d = E_a + E_e = E_b + E_f$이다.

이에 대한 설명으로 옳은 것만을 〈보기〉에서 있는 대로 고른 것은? (단, 수소 원자의 에너지 준위 $E_n = -\dfrac{k}{n^2}$ kJ/mol이고, n은 주 양자수, k는 상수이다.)

ㄱ. $E_e = E_c + E_f$이다.
ㄴ. 전이 전후 주 양자수의 차는 b와 e가 같다.
ㄷ. 방출하는 빛의 파장 비는 $a:b=27:5$이다.

① ㄱ
② ㄷ
③ ㄱ, ㄴ
④ ㄴ, ㄷ
⑤ ㄱ, ㄴ, ㄷ

506

다음은 수소 원자의 전자가 주 양자수 $n=4$에서 K 껍질로 전이하는 4가지 경우에 대한 설명이다.

ⅰ) 적외선을 방출하면서 ⎡(가)⎤로 전이한 후, 가시광선을 방출하면서 ⎡(나)⎤로 전이한다. 그리고 다시 ㉠을 방출하면서 K 껍질로 전이한다.
ⅱ) 가시광선을 방출하면서 ⎡(나)⎤로 전이한 후, ㉠을 방출하면서 K 껍질로 전이한다.
ⅲ) 적외선을 방출하면서 ⎡(가)⎤로 전이한 후, ㉠을 방출하면서 K 껍질로 전이한다.
ⅳ) ㉠을 방출하면서 K 껍질로 전이한다.

(가), (나), ㉠으로 옳은 것은?

	(가)	(나)	㉠
①	L 껍질	M 껍질	자외선
②	L 껍질	M 껍질	적외선
③	M 껍질	L 껍질	가시광선
④	M 껍질	L 껍질	자외선
⑤	M 껍질	L 껍질	적외선

507

표는 수소 원자의 전자 전이 $a{\sim}c$에 대한 자료이다.

전자 전이	전이 전 주 양자수(n)	전이 후 주 양자수(n)
a	4	1
b	x	y
c	2	1

전자 전이 $a{\sim}c$에서 방출하는 빛의 파장을 각각 $\lambda_a{\sim}\lambda_c$라고 할 때, $\lambda_a = \dfrac{\lambda_b \lambda_c}{\lambda_b + \lambda_c}$의 관계가 성립하는 $x+y$의 값은?

① 3
② 4
③ 5
④ 6
⑤ 7

508

그림 (가)는 수소 원자의 전자 전이 $a{\sim}d$를, (나)는 수소 원자의 선 스펙트럼 중 라이먼 계열과 발머 계열을 나타낸 것이다. $a{\sim}d$에서 방출하는 에너지는 각각 $E_a{\sim}E_d$이다.

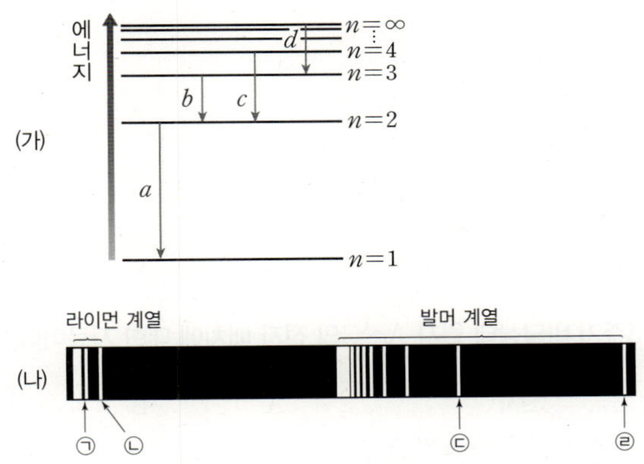

이에 대한 설명으로 옳은 것만을 〈보기〉에서 있는 대로 고른 것은?

ㄱ. ㉠에 해당하는 전자 전이에서 방출하는 에너지는 $E_a + E_b$이다.
ㄴ. d에 해당하는 스펙트럼은 ㉣이다.
ㄷ. 바닥상태의 수소(H) 원자를 H^+으로 만들기 위해 필요한 에너지는 $E_a + E_b + E_d$이다.

① ㄱ
② ㄷ
③ ㄱ, ㄴ
④ ㄱ, ㄷ
⑤ ㄴ, ㄷ

509

그림은 원자 번호가 20 이하인 바닥상태 원자 A~D의 $\dfrac{\text{전자가 들어 있는 } p \text{ 오비탈 수}}{\text{전자가 들어 있는 } s \text{ 오비탈 수}}$ 를 나타낸 것이다. A~D의 홀전자 수는 모두 2이다.

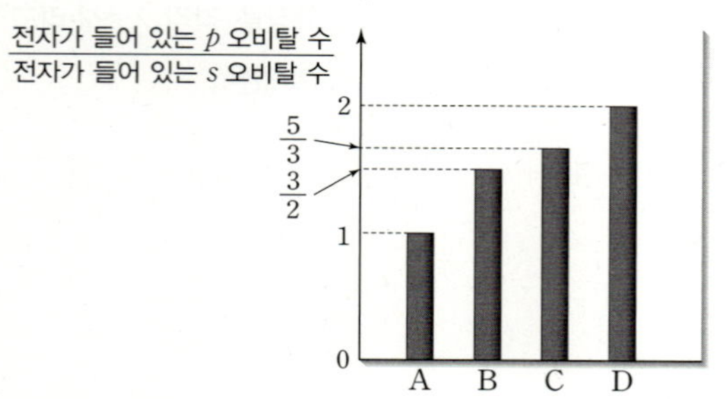

A~D의 원자 번호를 옳게 비교한 것은? (단, A~D는 임의의 원소 기호이다.)

① A<B<C<D 　② A<C<D<B
③ B<C<A<D 　④ C<B<D<A
⑤ D<C<B<A

510

표는 3주기 바닥상태 원자 A~C의 전자 배치에 대한 자료이다.

원자	A	B	C
전자가 들어 있는 오비탈의 총 수	8	6	y
홀전자 수	x	1	3

이에 대한 설명으로 옳은 것만을 〈보기〉에서 있는 대로 고른 것은? (단, A~C는 임의의 원소 기호이다.)

보기

ㄱ. $x+y=10$이다.
ㄴ. B는 전자가 들어 있는 $3p$ 오비탈이 없다.
ㄷ. 원자 번호는 C가 A보다 크다.

① ㄱ 　② ㄷ 　③ ㄱ, ㄴ
④ ㄴ, ㄷ 　⑤ ㄱ, ㄴ, ㄷ

511

다음은 원자 A~C의 전자 배치에 대한 자료이다.

- 원자 A~C의 전자 배치

원자	A	B	C
전자 배치	$1s^22s^22p^3$	$1s^22s^22p^2$	$1s^22s^22p^5$

- A~C 중 들뜬상태가 존재한다.
- A~C는 모두 홀전자가 존재한다.
- 전자 2개가 들어 있는 $2p$ 오비탈 수는 A:C=1:2이다.

이에 대한 설명으로 옳은 것만을 〈보기〉에서 있는 대로 고른 것은? (단, A~C는 임의의 원소 기호이다.)

보기

ㄱ. 들뜬상태인 것은 A이다.
ㄴ. 전자가 들어 있는 오비탈의 총 수는 A가 B보다 크다.
ㄷ. C의 홀전자 수는 1이다.

① ㄱ 　② ㄴ 　③ ㄷ
④ ㄱ, ㄴ 　⑤ ㄱ, ㄷ

512

표는 오비탈 (가)~(라)의 주 양자수(n)와 방위 양자수(l)를 나타낸 것이다.

오비탈	주 양자수(n)	방위 양자수(l)
(가)	3	1
(나)	4	0
(다)	2	1
(라)	3	2

이에 대한 설명으로 옳은 것만을 〈보기〉에서 있는 대로 고른 것은?

보기

ㄱ. (다)는 $2s$ 오비탈이다.
ㄴ. 수소 원자에서 에너지 준위가 같은 오비탈은 (가)와 (라)이다.
ㄷ. 다전자 원자에서는 (라)가 (나)보다 에너지 준위가 높다.

① ㄱ 　② ㄷ 　③ ㄱ, ㄴ
④ ㄱ, ㄷ 　⑤ ㄴ, ㄷ

513

다음은 바닥상태 원자 X~Z의 전자 배치에 대한 자료이다.

- 전자가 들어 있는 오비탈의 최대 주 양자수(n)는 X~Z가 모두 2이다.
- $2p_x$, $2p_y$, $2p_z$ 중 전자쌍이 들어 있는 오비탈의 수를 a, 홀전자가 들어 있는 오비탈의 수를 b라고 할 때 $\dfrac{b}{a}$의 값

원자	X	Y	Z
$\dfrac{b}{a}$	0	$\dfrac{1}{2}$	2

이에 대한 설명으로 옳은 것만을 〈보기〉에서 있는 대로 고른 것은? (단, X~Z는 임의의 원소 기호이다.)

보기

ㄱ. X의 $a=3$이다.
ㄴ. 원자 번호는 Y가 Z보다 크다.
ㄷ. $\dfrac{b}{a}=1$인 원소가 존재한다.

① ㄴ ② ㄷ ③ ㄱ, ㄴ
④ ㄱ, ㄷ ⑤ ㄱ, ㄴ, ㄷ

514

표는 양자수에 대한 자료이다.

주 양자수(n)	방위 양자수(l)	자기 양자수(m_l)	스핀 자기 양자수(m_s)
1	a	0	
2	0	b	
	c	-1	d, e
		0	
		$+1$	

이에 대한 설명으로 옳은 것만을 〈보기〉에서 있는 대로 고른 것은?

보기

ㄱ. $a=1$이다.
ㄴ. $b=0$이다.
ㄷ. $c+d+e=1$이다.

① ㄱ ② ㄷ ③ ㄱ, ㄴ
④ ㄴ, ㄷ ⑤ ㄱ, ㄴ, ㄷ

515

표는 2, 3주기 바닥상태 원자 A~C의 전자 배치에 대한 자료이다.

원자	s 오비탈에 들어 있는 전자 수	p 오비탈에 들어 있는 전자 수
A	x	y
B	$x+1$	$y+1$
C	$x+2$	$y+2$

이에 대한 설명으로 옳은 것만을 〈보기〉에서 있는 대로 고른 것은? (단, A~C는 임의의 원소 기호이다.)

보기

ㄱ. $x+y=9$이다.
ㄴ. A~C 중 금속 원소는 2가지이다.
ㄷ. B는 3주기 원소이다.

① ㄱ ② ㄷ ③ ㄱ, ㄴ
④ ㄴ, ㄷ ⑤ ㄱ, ㄴ, ㄷ

516

표는 바닥상태 원자 A~C의 전자 배치에서 각 주 양자수(n)의 값을 갖는 전자 수를 나타낸 것이다.

원자	주 양자수(n)		
	1	2	3
A	1	x	
B	2	y	3
C	z	5	

이에 대한 설명으로 옳은 것만을 〈보기〉에서 있는 대로 고른 것은? (단, A~C는 임의의 원소 기호이다.)

보기

ㄱ. $x+y+z=10$이다.
ㄴ. A~C의 홀전자 수의 합은 4이다.
ㄷ. A~C의 전자가 들어 있는 오비탈 수의 합은 12이다.

① ㄱ ② ㄷ ③ ㄱ, ㄴ
④ ㄴ, ㄷ ⑤ ㄱ, ㄴ, ㄷ

01. 주기율표

517

그림은 주기율표의 일부를 나타낸 것이다.

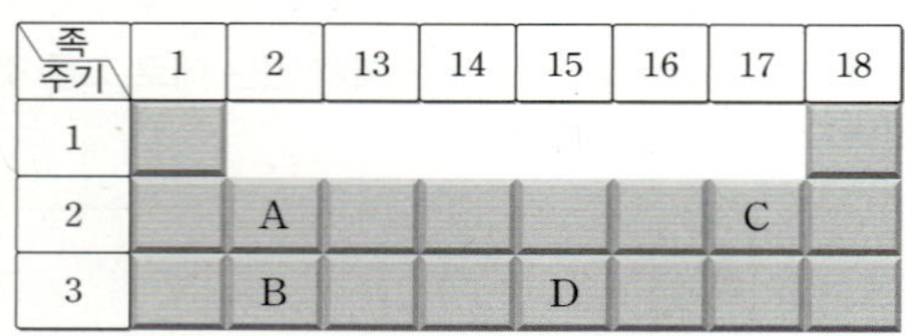

A~D에 대한 설명으로 옳은 것만을 〈보기〉에서 있는 대로 고른 것은?
(단, A~D는 임의의 원소 기호이다.)

보기

ㄱ. A와 B는 바닥상태에서 전자가 들어 있는 오비탈 수가 같다.
ㄴ. 바닥상태에서 홀전자 수가 가장 큰 것은 C이다.
ㄷ. B와 D는 원자가 전자의 주 양자수(n)가 같다.

① ㄱ   ② ㄷ   ③ ㄱ, ㄴ
④ ㄴ, ㄷ   ⑤ ㄱ, ㄴ, ㄷ

518

표는 바닥상태 원자 A~D의 전자 배치를 나타낸 것이다.

원자	전자 배치
A	$1s^2 2s^2 2p^5$
B	$1s^2 2s^2 2p^6 3s^2 3p^1$
C	$1s^2 2s^2 2p^6 3s^2 3p^3$
D	$1s^2 2s^2 2p^6 3s^2 3p^6$

A~D에 대한 설명으로 옳은 것만을 〈보기〉에서 있는 대로 고른 것은?
(단, A~D는 임의의 원소 기호이다.)

보기

ㄱ. 2주기 원소는 1가지이다.
ㄴ. 최외각 전자 수는 A<D이다.
ㄷ. B와 C는 전자가 들어 있는 전자 껍질 수가 같다.

① ㄱ   ② ㄷ   ③ ㄱ, ㄴ
④ ㄴ, ㄷ   ⑤ ㄱ, ㄴ, ㄷ

519

그림은 주기율표의 일부와 몇 가지 원소에 대한 정보를 적어놓은 4장의 카드를 나타낸 것이다.

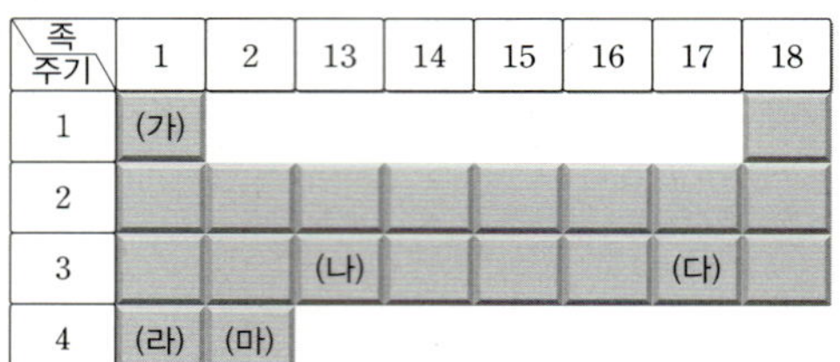

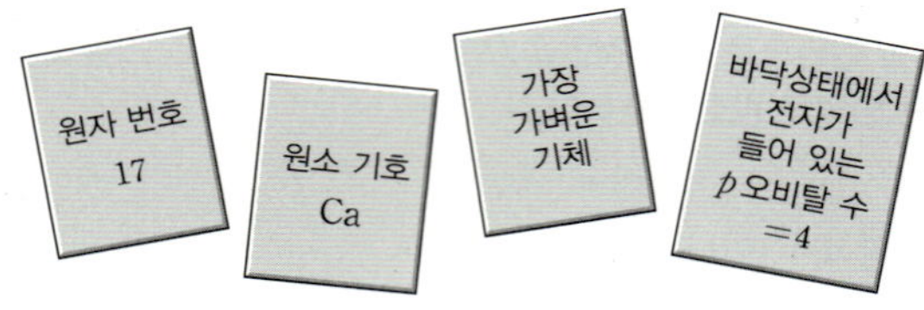

4장의 카드를 주기율표의 해당 위치에 배치할 때, (가)~(마) 중 카드가 배치되지 <u>않는</u> 곳은?

① (가)   ② (나)   ③ (다)
④ (라)   ⑤ (마)

520

다음은 6가지 원소와 이들을 주어진 그림의 빈 칸에 배치하기 위한 규칙이다.

[원소] He, Li, F, Ca, Na, Cl

[규칙]
- 원자 번호가 연속인 원소끼리는 서로 이웃하지 않게 한다.
- 같은 주기 원소끼리는 서로 맞은 편에 배치한다.
- 같은 족 원소끼리는 서로 이웃하게 배치한다.

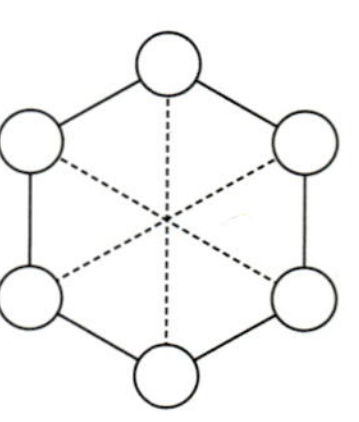

규칙에 따라 6가지 원소를 배치했을 때, Ca의 양 옆에 있는 원소들의 원자 번호의 합은?

① 12   ② 14   ③ 18   ④ 20   ⑤ 28

02. 원소의 주기적 성질

521

그림은 원자 번호 $2{\sim}10$인 원소들의 원자 번호에 따른 어떤 물리량 (가)의 변화를 나타낸 것이다.

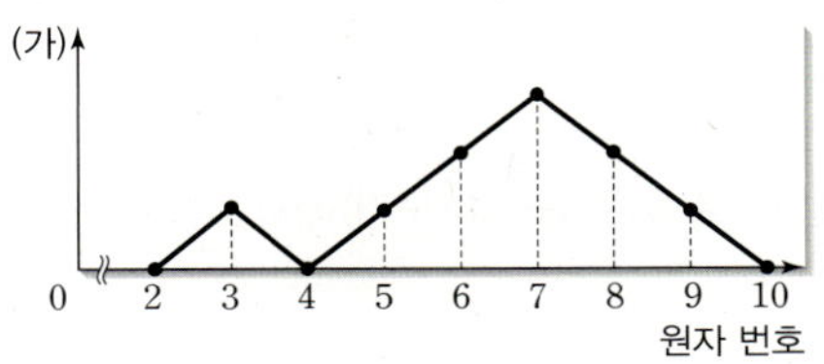

(가)로 가장 적절한 것은?

① 전자가 들어 있는 전자 껍질 수
② 최외각 전자 수
③ 원자가 전자 수
④ 바닥상태에서 전자가 들어 있는 오비탈 수
⑤ 바닥상태에서 홀전자 수

522

금속 M의 제3 이온화 에너지(E_3)를 나타낸 반응식으로 옳은 것은? (단, M은 임의의 원소 기호이다.)

① $M(g) + E_3 \longrightarrow M^{3+}(g) + 3e^-$
② $M^{2+}(g) + E_3 \longrightarrow M^{3+}(g) + e^-$
③ $M(g) + E_3 \longrightarrow M^+(g) + e^-$
④ $M^{3+}(g) + 3e^- \longrightarrow M(g) + E_3$
⑤ $M^{2+}(g) + 3e^- \longrightarrow M^-(g) + E_3$

523

그림은 원자 X의 전자 배치 모형을 나타낸 것이다. a가 b보다 큰 값을 가지는 것만을 〈보기〉에서 있는 대로 고른 것은? (단, X는 임의의 원소 기호이다.)

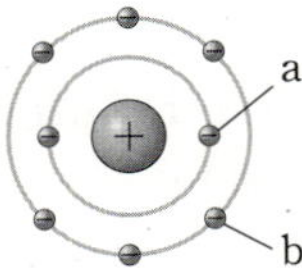

보기

ㄱ. 유효 핵전하
ㄴ. 주 양자수(n)
ㄷ. 방위 양자수(l)

① ㄱ   ② ㄴ   ③ ㄷ
④ ㄱ, ㄴ   ⑤ ㄱ, ㄷ

524

표는 3주기 원소 X의 순차 이온화 에너지(E_n)를 나타낸 것이다.

순차 이온화 에너지(E_n, kJ/mol)	
E_1	496
E_2	4562
E_3	6912
E_4	9543

X에 대한 설명으로 옳은 것만을 〈보기〉에서 있는 대로 고른 것은? (단, X는 임의의 원소 기호이다.)

보기

ㄱ. 알칼리 금속이다.
ㄴ. 바닥상태에서 전자가 들어 있는 오비탈 수는 5이다.
ㄷ. 기체 상태의 X 1몰을 18족 원소의 전자 배치를 갖는 안정한 이온으로 만드는 데 필요한 에너지는 $496\,\mathrm{kJ/mol}$이다.

① ㄱ   ② ㄴ   ③ ㄱ, ㄴ
④ ㄱ, ㄷ   ⑤ ㄴ, ㄷ

525

그림은 원소 $A{\sim}C$의 원자 또는 이온의 바닥상태 전자 배치를 나타낸 것이다.

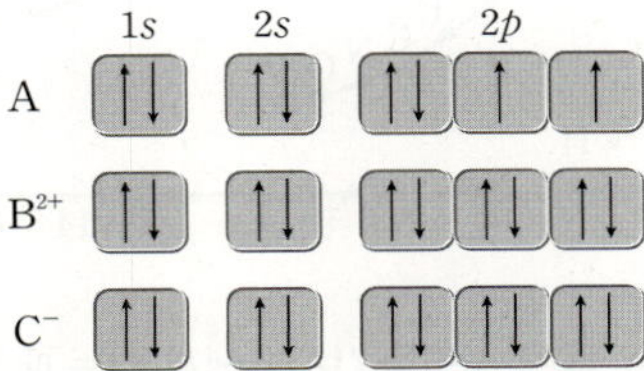

원자 $A{\sim}C$에 대한 설명으로 옳은 것만을 〈보기〉에서 있는 대로 고른 것은? (단, $A{\sim}C$는 임의의 원소 기호이다.)

보기

ㄱ. 원자 반지름은 A가 C보다 크다.
ㄴ. 원자가 전자의 주 양자수(n)는 B가 C보다 크다.
ㄷ. 바닥상태에서 홀전자 수는 A와 B가 같다.

① ㄴ   ② ㄷ   ③ ㄱ, ㄴ
④ ㄱ, ㄷ   ⑤ ㄱ, ㄴ, ㄷ

526

표는 원소 A~D의 원자 반지름과 이온 반지름을 나타낸 것이다. A~D의 이온은 18족 원소의 전자 배치를 가지며, A~D는 O, Na, Mg, S 중 하나이다.

원소	A	B	C	D
원자 반지름(pm)	103	160	186	73
이온 반지름(pm)	184	72	102	140

이에 대한 설명으로 옳은 것만을 〈보기〉에서 있는 대로 고른 것은?

보기

ㄱ. B는 Mg이다.
ㄴ. 원자가 전자가 느끼는 유효 핵전하는 A가 B보다 크다.
ㄷ. 이온화 에너지는 D가 C보다 크다.

① ㄴ   ② ㄷ   ③ ㄱ, ㄴ
④ ㄱ, ㄷ   ⑤ ㄱ, ㄴ, ㄷ

527

그림은 원자 번호에 따른 원자 반지름을 나타낸 것이다.

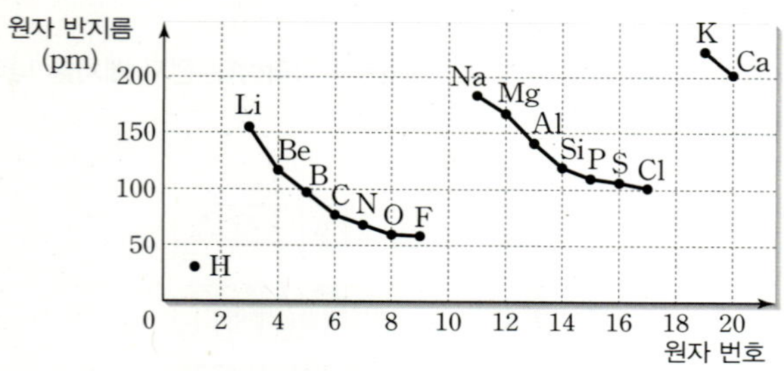

이에 대한 설명으로 옳은 것만을 〈보기〉에서 있는 대로 고른 것은?

보기

ㄱ. 1족 원소는 항상 2족 원소보다 원자 반지름이 크다.
ㄴ. 3주기 금속 원소는 2주기 비금속 원소보다 원자 반지름이 크다.
ㄷ. 3주기 비금속 원소는 2주기 금속 원소보다 원자 반지름이 크다.

① ㄴ   ② ㄷ   ③ ㄱ, ㄴ
④ ㄱ, ㄷ   ⑤ ㄴ, ㄷ

528

다음은 원소 (가)~(마)에 대한 자료이다. (가)~(마)는 각각 Li, Be, B, N, O 중 하나이다.

- 원자가 전자가 느끼는 유효 핵전하: (라)＜(가)＜(다)
- 바닥상태 홀전자 수: (가)＝(나)
- 제1 이온화 에너지: (다)＜(마)

이에 대한 설명으로 옳은 것만을 〈보기〉에서 있는 대로 고른 것은?

보기

ㄱ. 원자가 전자 수가 가장 큰 것은 (가)이다.
ㄴ. $\dfrac{\text{제2 이온화 에너지}}{\text{제1 이온화 에너지}}$ 가 가장 큰 것은 (나)이다.
ㄷ. 바닥상태에서 홀전자 수가 0인 것은 (라)이다.

① ㄱ   ② ㄷ   ③ ㄱ, ㄴ
④ ㄴ, ㄷ   ⑤ ㄱ, ㄴ, ㄷ

529

그림은 원자 A~D의 전자 배치 모형을 나타낸 것이다.

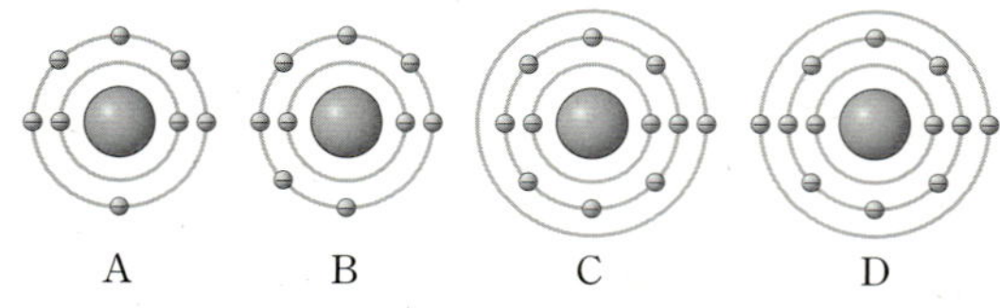

A~D에 대한 설명으로 옳은 것만을 〈보기〉에서 있는 대로 고른 것은? (단, A~D는 임의의 원소 기호이고, A~D의 이온은 18족 원소의 전자 배치를 가진다.)

보기

ㄱ. 이온 반지름은 C가 A보다 크다.
ㄴ. 제1 이온화 에너지는 D가 B보다 크다.
ㄷ. 바닥상태에서 $\dfrac{\text{홀전자 수}}{\text{원자가 전자의 주 양자수}(n)}$ 는 A가 가장 크다.

① ㄱ   ② ㄴ   ③ ㄷ
④ ㄱ, ㄴ   ⑤ ㄴ, ㄷ

530

그림은 몇 가지 2, 3주기 원소의 이온화 에너지를 족에 따라 나타낸 것이다. 같은 점선으로 연결한 원소는 같은 주기에 속한다.

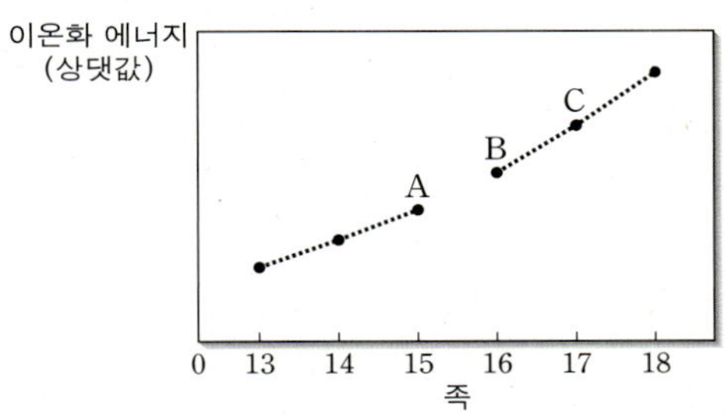

이에 대한 설명으로 옳은 것만을 〈보기〉에서 있는 대로 고른 것은? (단, A~C는 임의의 원소 기호이고, A~C의 이온은 18족 원소의 전자 배치를 가진다.)

보기
ㄱ. 원자 번호는 A가 B보다 크다.
ㄴ. 이온 반지름은 B가 C보다 크다.
ㄷ. A와 C의 원자 번호 차는 10이다.

① ㄴ   ② ㄷ   ③ ㄱ, ㄴ
④ ㄱ, ㄷ   ⑤ ㄱ, ㄴ, ㄷ

531

그림은 바닥상태 2주기 원자 A~C의 $\dfrac{\text{홀전자 수}}{\text{원자가 전자 수}}$를 나타낸 것이다. 전자가 들어 있는 오비탈 수는 A가 B보다 크다.

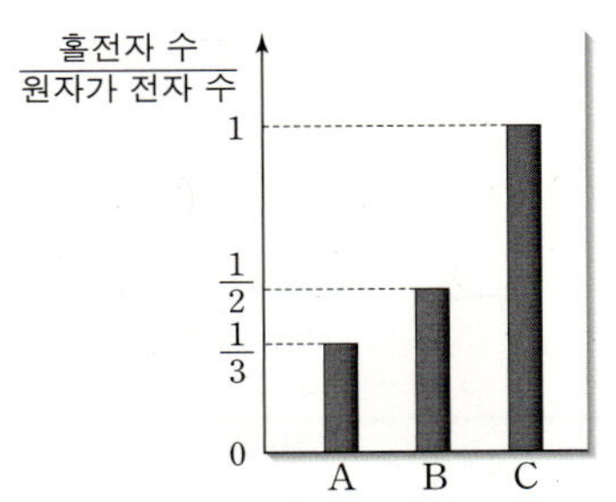

이에 대한 설명으로 옳은 것만을 〈보기〉에서 있는 대로 고른 것은? (단, A~C는 임의의 원소 기호이다.)

보기
ㄱ. $\dfrac{s\ \text{오비탈의 전자 수}}{p\ \text{오비탈의 전자 수}}$ 는 B가 A보다 크다.
ㄴ. 원자 반지름은 C가 A보다 크다.
ㄷ. 제2 이온화 에너지는 C가 B보다 크다.

① ㄴ   ② ㄷ   ③ ㄱ, ㄴ
④ ㄱ, ㄷ   ⑤ ㄱ, ㄴ, ㄷ

532

그림은 주기율표의 일부를 나타낸 것이다.

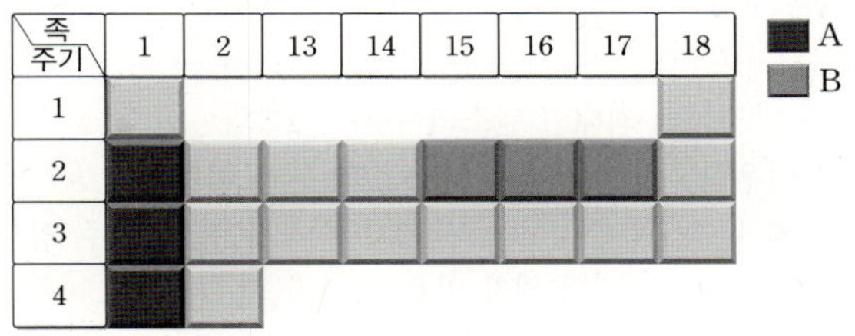

주기율표의 A에 속하는 원소가 B에 속하는 원소보다 항상 큰 값을 갖는 것만을 〈보기〉에서 있는 대로 고른 것은?

보기
ㄱ. 원자 반지름
ㄴ. 원자가 전자가 느끼는 유효 핵전하
ㄷ. 1기압에서의 녹는점

① ㄱ   ② ㄴ   ③ ㄱ, ㄷ
④ ㄴ, ㄷ   ⑤ ㄱ, ㄴ, ㄷ

533

그림은 3가지 원소를 주어진 기준에 따라 분류한 것이다. O, Na, Mg의 이온은 18족 원소의 전자 배치를 가진다.

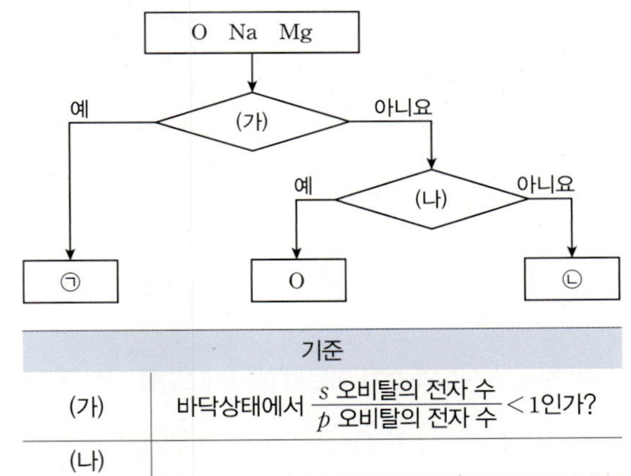

기준	
(가)	바닥상태에서 $\dfrac{s\ \text{오비탈의 전자 수}}{p\ \text{오비탈의 전자 수}} < 1$인가?
(나)	

이에 대한 설명으로 옳은 것만을 〈보기〉에서 있는 대로 고른 것은?

보기
ㄱ. ㉠은 Mg이다.
ㄴ. (나)에는 '3주기 원소인가?' 가 적절하다.
ㄷ. 이온 반지름은 ㉠이 ㉡보다 크다.

① ㄱ   ② ㄷ   ③ ㄱ, ㄴ
④ ㄴ, ㄷ   ⑤ ㄱ, ㄴ, ㄷ

534

다음은 원자 번호 3~17인 원소 중에서 18족을 제외한 14가지 원소에 대한 설명이다.

- 원자 반지름이 최대인 원소의 원자 번호 : (a)
- 제1 이온화 에너지가 최대인 원소의 원자 번호 : (b)
- 홀전자 수가 최대인 원소 중에서 원자가 전자의 주 양자수 (n)가 최소인 원소의 원자 번호 : (c)

$a+b+c$는?

① 21   ② 23   ③ 25   ④ 27   ⑤ 30

535

그림은 F, Na, Mg의 원자 반지름과 이온 반지름을 나타낸 것이다. 원자 반지름은 각각 (가)~(다) 중 하나이고, 이온 반지름은 각각 ㉠~㉢ 중 하나이다.

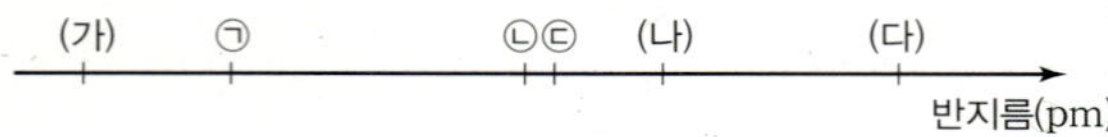

이에 대한 설명으로 옳은 것만을 〈보기〉에서 있는 대로 고른 것은? (단, 이온의 전자 배치는 모두 Ne과 같다.)

보기
ㄱ. (가)의 이온 반지름에 해당하는 것은 ㉢이다.
ㄴ. ㉠은 Mg의 이온 반지름이다.
ㄷ. (다)에 해당하는 원소는 금속 원소이다.

① ㄴ   ② ㄷ   ③ ㄱ, ㄴ
④ ㄱ, ㄷ   ⑤ ㄱ, ㄴ, ㄷ

536

표는 3주기 원소 A~C의 순차 이온화 에너지(E_n)를 나타낸 것이다.

원소	순차 이온화 에너지 (E_n, kJ/mol)			
	E_1	E_2	E_3	E_4
A	738	1451	7733	10540
B	578	1817	2745	11577
C	496	4562	6912	9543

A~C의 이온 반지름을 비교한 것으로 옳은 것은? (단, A~C는 임의의 원소 기호이고, A~C의 이온은 모두 18족 원소의 전자 배치를 가진다.)

① A>B>C   ② A>C>B   ③ B>A>C
④ B>C>A   ⑤ C>A>B

537

다음은 원소 A와 B에 대한 자료이다.

- A는 바닥상태에서 전자가 들어 있는 전자 껍질 수와 홀전자 수가 같다.
- B는 바닥상태에서 전자가 들어 있는 전자 껍질 수가 A보다 크다.
- A와 B의 이온은 전하의 부호가 서로 반대이며, |이온의 전하|는 같다.
- A와 B는 각각 (가)~(아) 중 하나이다.

주기＼족	1	2	…	16	17
2	(가)	(나)		(다)	(라)
3	(마)	(바)		(사)	(아)

A와 B에 해당하는 원소를 옳게 짝 지은 것은? (단, A와 B는 임의의 원소 기호이다.)

	A	B			A	B
①	(가)	(아)		②	(다)	(바)
③	(다)	(사)		④	(라)	(마)
⑤	(마)	(다)				

538

그림은 2, 3주기에 속하는 몇 가지 원소의 원자 반지름과 이온 반지름을 나타낸 것이다.

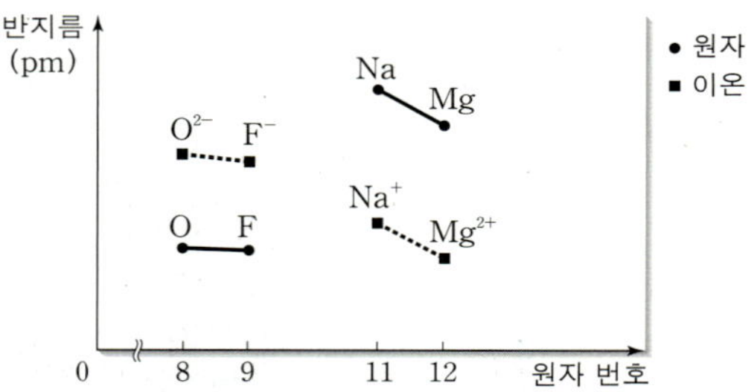

이에 대한 설명으로 옳은 것만을 〈보기〉에서 있는 대로 고른 것은?

보기
ㄱ. 전자 수가 같은 이온들의 이온 반지름은 원자 번호가 작을수록 크다.
ㄴ. 같은 주기에서는 원자 번호가 커질수록 원자 반지름이 증가한다.
ㄷ. 모든 원소는 이온이 될 때 반지름이 증가한다.

① ㄱ   ② ㄷ   ③ ㄱ, ㄴ
④ ㄴ, ㄷ   ⑤ ㄱ, ㄴ, ㄷ

정답 및 해설 | 69쪽

01. 이온 결합

539

다음은 물질 X와 Y의 전기 분해에 대한 설명이다.

- 액체 상태의 X를 전기 분해하였더니 염소(Cl_2) 기체와 금속 나트륨(Na)이 생성되었다.
- 액체 상태의 Y를 전기 분해하였더니 수소(H_2) 기체와 산소(O_2) 기체가 생성되었다.

X와 Y에 대한 설명으로 옳은 것만을 〈보기〉에서 있는 대로 고른 것은?

보기

ㄱ. X는 화합물이다.
ㄴ. Y의 구성 원자 수는 2이다.
ㄷ. X와 Y는 모두 공유 결합 물질이다.

① ㄱ ② ㄴ ③ ㄱ, ㄴ
④ ㄱ, ㄷ ⑤ ㄴ, ㄷ

540

다음 중 원자가 화학 결합을 형성할 때 옥텟 규칙을 만족하기 위해 잃거나 얻어야 하는 전자의 수가 가장 많은 것은?

① O ② F ③ Na ④ Mg ⑤ Al

541

화학 결합의 형성 원리에 대한 설명으로 옳은 것만을 〈보기〉에서 있는 대로 고른 것은?

보기

ㄱ. 대부분의 원자들은 옥텟 규칙을 만족하여 결합한다.
ㄴ. 원자들은 항상 전자를 잃고 화학 결합을 형성한다.
ㄷ. 3주기 13족 원소는 원자가 전자를 모두 잃고 Ne과 같은 전자 배치가 된다.

① ㄱ ② ㄴ ③ ㄱ, ㄴ
④ ㄱ, ㄷ ⑤ ㄴ, ㄷ

542

그림은 물에 소량의 황산 나트륨을 녹인 후 전원 장치에 연결하여 전기 분해하는 모습을 나타낸 것이다.

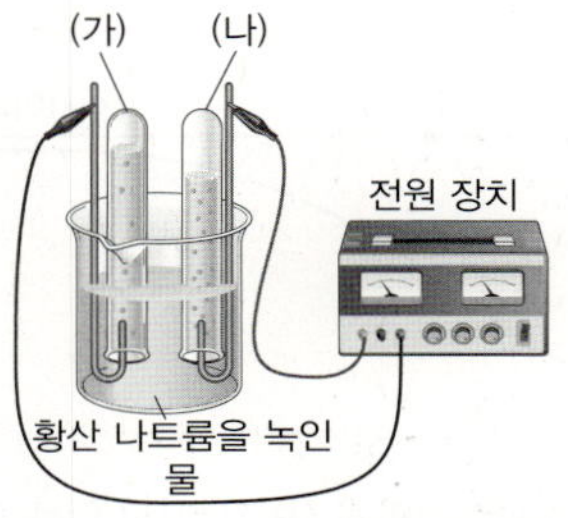

이에 대한 설명으로 옳은 것만을 〈보기〉에서 있는 대로 고른 것은?

보기

ㄱ. (가)에 모인 기체는 2원자 분자이다.
ㄴ. (나)는 전원 장치의 (+)극에 연결되어 있다.
ㄷ. 생성된 기체의 부피는 (나)에서가 (가)에서의 2배이다.

① ㄱ ② ㄴ ③ ㄱ, ㄷ
④ ㄴ, ㄷ ⑤ ㄱ, ㄴ, ㄷ

543

그림은 A와 B가 결합하여 화합물 X를 형성하는 과정을 전자 배치 모형으로 나타낸 것이다.

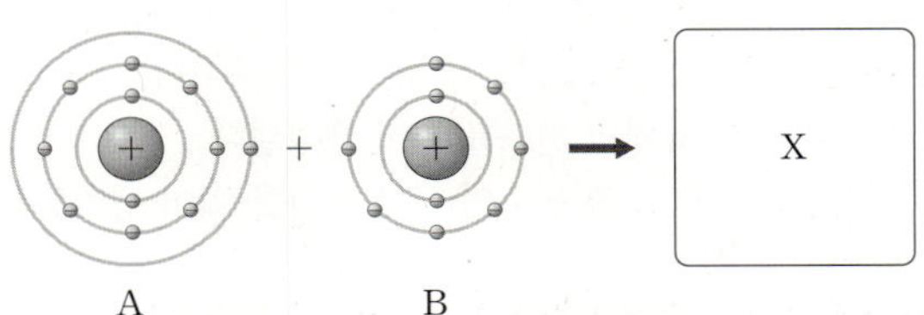

이에 대한 설명으로 옳은 것만을 〈보기〉에서 있는 대로 고른 것은? (단, A와 B는 임의의 원소 기호이다.)

보기

ㄱ. A와 B는 이온 결합을 형성한다.
ㄴ. X 1몰이 형성될 때 이동하는 전자의 양은 1몰이다.
ㄷ. X에서 구성 입자의 전자 배치는 모두 Ne과 같다.

① ㄱ ② ㄷ ③ ㄱ, ㄴ
④ ㄴ, ㄷ ⑤ ㄱ, ㄴ, ㄷ

544

그림은 KCl이 형성될 때 이온 사이의 거리에 따른 에너지를 나타낸 것이다.

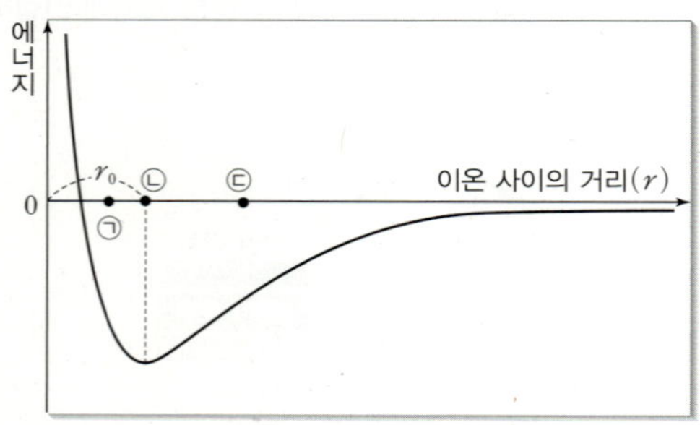

이에 대한 설명으로 옳은 것만을 〈보기〉에서 있는 대로 고른 것은?

보기

ㄱ. ㉠~ⓒ 중 인력이 반발력보다 우세하게 작용하는 지점은 ㉠이다.

ㄴ. ⓛ에서 에너지가 가장 낮은 이유는 이온 결합이 형성되기 때문이다.

ㄷ. NaCl이 형성될 때 이온 결합이 형성되는 거리는 r_0보다 짧다.

① ㄱ   ② ㄴ   ③ ㄱ, ㄷ
④ ㄴ, ㄷ   ⑤ ㄱ, ㄴ, ㄷ

545

다음은 원소 X와 Y의 이온에 대한 자료이다.

- X 이온과 Y 이온은 모두 옥텟 규칙을 만족한다.
- X 이온은 X가 n개의 전자를 얻어 생성된다.
- Y 이온은 3주기 13족 원소인 Y가 전자를 잃어 생성된다.

X 이온과 Y 이온이 결합하여 형성된 물질의 화학식이 Y_2X_3일 때, 이에 대한 설명으로 옳은 것만을 〈보기〉에서 있는 대로 고른 것은? (단, X와 Y는 임의의 원소 기호이다.)

보기

ㄱ. $n=2$이다.

ㄴ. 이온의 전하량은 X 이온이 Y 이온보다 크다.

ㄷ. Y_2X_3에서 Y 이온의 전자 배치는 Ne과 같다.

① ㄴ   ② ㄷ   ③ ㄱ, ㄴ
④ ㄱ, ㄷ   ⑤ ㄴ, ㄷ

546

그림은 원자 A~C의 전자 배치 모형을 나타낸 것이다. A~C 이온의 전자 배치는 모두 Ne과 같다.

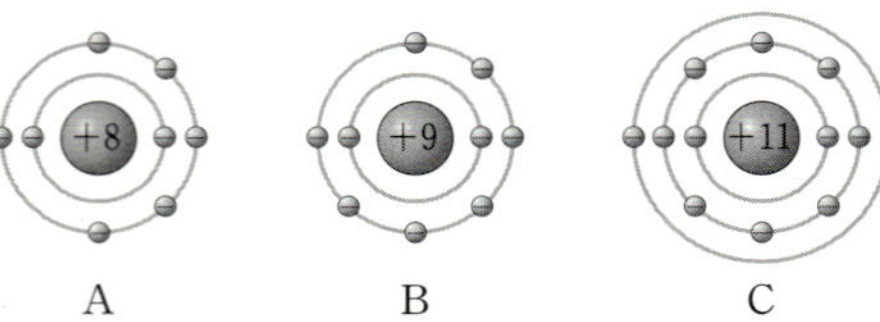

이에 대한 설명으로 옳지 <u>않은</u> 것은? (단, A~C는 임의의 원소 기호이다.)

① 이온 반지름은 A 이온이 B 이온보다 크다.

② |이온의 전하|는 A 이온이 C 이온보다 크다.

③ A와 B가 결합할 때 전자는 A에서 B로 이동한다.

④ A 이온과 C 이온은 1 : 2의 개수비로 결합한다.

⑤ B와 C가 결합하여 형성된 물질의 화학식은 CB이다.

547

그림은 염화 나트륨(NaCl) 결정을 가열하여 용융시키는 모습을 나타낸 것이다.

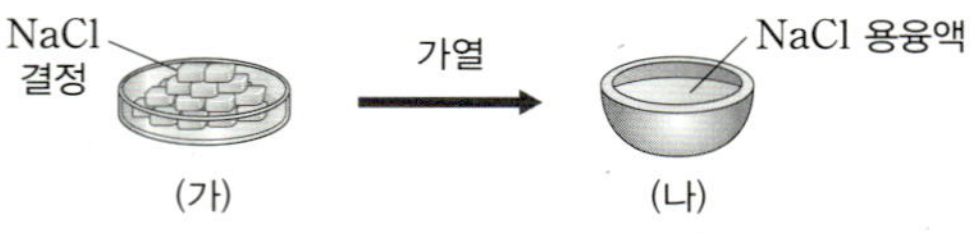

이에 대한 설명으로 옳은 것만을 〈보기〉에서 있는 대로 고른 것은?

보기

ㄱ. NaCl 결정에 힘을 가하면 쉽게 부서진다.

ㄴ. (가)와 (나)는 모두 전기 전도성이 있다.

ㄷ. 이온 사이의 거리는 (가)＞(나)이다.

① ㄱ   ② ㄴ   ③ ㄱ, ㄷ
④ ㄴ, ㄷ   ⑤ ㄱ, ㄴ, ㄷ

548

다음은 원자 A~D의 전자 배치를 나타낸 것이다.

A : $1s^1$	B : $1s^2 2s^2 2p^5$
C : $1s^2 2s^2 2p^6 3s^2$	D : $1s^2 2s^2 2p^6 3s^2 3p^1$

A~D로 구성된 물질 중 이온 결합 물질만을 옳게 짝 지은 것은? (단, A~D는 임의의 원소 기호이다.)

① A_2, B_2 ② A_2, AB   ③ AB, CB_2
④ AB, DB_3 ⑤ CB_2, DB_3

549

그림은 3가지 이온 결합 물질 (가)~(다)가 각각 형성될 때, 이온 사이의 거리에 따른 에너지를 나타낸 것이다. (가)~(다)는 각각 NaX, NaY, NaZ이다.

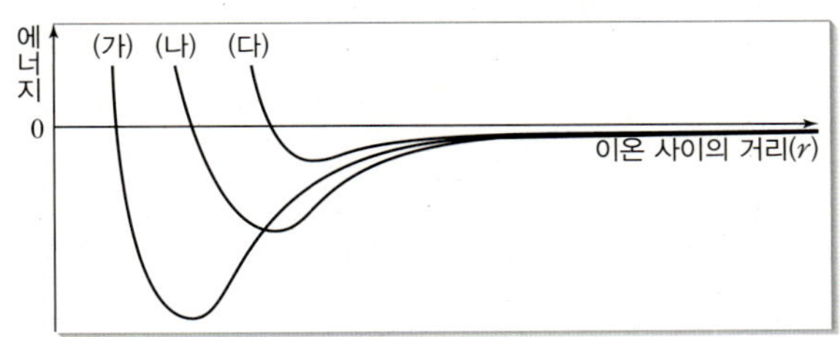

이에 대한 설명으로 옳은 것만을 〈보기〉에서 있는 대로 고른 것은? (단, X~Z는 임의의 원소 기호이다.)

보기
ㄱ. 녹는점은 (다)가 (가)보다 높다.
ㄴ. 음이온의 반지름은 (나)가 (가)보다 크다.
ㄷ. 이온 사이의 정전기적 인력은 (나)가 (다)보다 크다.

① ㄱ   ② ㄴ   ③ ㄱ, ㄷ
④ ㄴ, ㄷ   ⑤ ㄱ, ㄴ, ㄷ

550

그림은 주기율표의 일부를 나타낸 것이다.

족 주기	1	2	13	14	15	16	17	18
1	A							
2						B	C	
3	D						E	

이에 대한 설명으로 옳은 것만을 〈보기〉에서 있는 대로 고른 것은? (단, A~E는 임의의 원소 기호이다.)

보기
ㄱ. $A_2B(l)$와 $DC(l)$는 모두 전기 전도성이 있다.
ㄴ. DA와 D_2B는 모두 이온 결합 물질이다.
ㄷ. 녹는점은 $DC(s)$가 $DE(s)$보다 높다.

① ㄱ   ② ㄴ   ③ ㄱ, ㄷ
④ ㄴ, ㄷ   ⑤ ㄱ, ㄴ, ㄷ

551

그림은 수소(H)와 염소(Cl)가 결합하여 화합물을 형성하는 과정을 전자 배치 모형으로 나타낸 것이다.

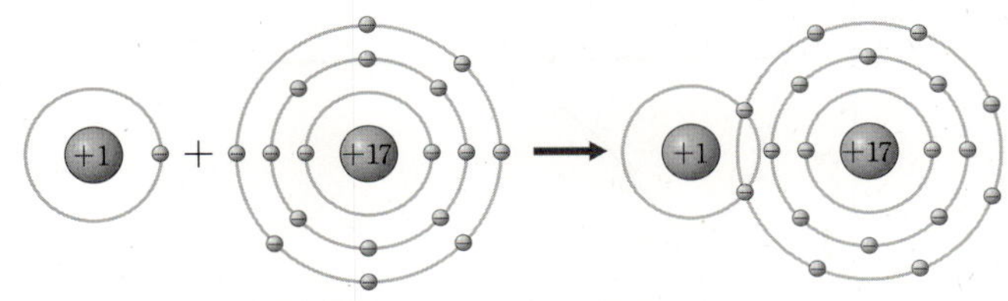

이에 대한 설명으로 옳은 것만을 〈보기〉에서 있는 대로 고른 것은?

보기
ㄱ. 수소(H)와 염소(Cl)는 이온 결합을 형성한다.
ㄴ. 공유 전자쌍 수는 1이다.
ㄷ. 화합물에서 염소(Cl)의 전자 배치는 아르곤(Ar)과 같다.

① ㄱ   ② ㄴ   ③ ㄱ, ㄷ
④ ㄴ, ㄷ   ⑤ ㄱ, ㄴ, ㄷ

552

그림은 원자 A~C의 전자 배치를 모형으로 나타낸 것이다.

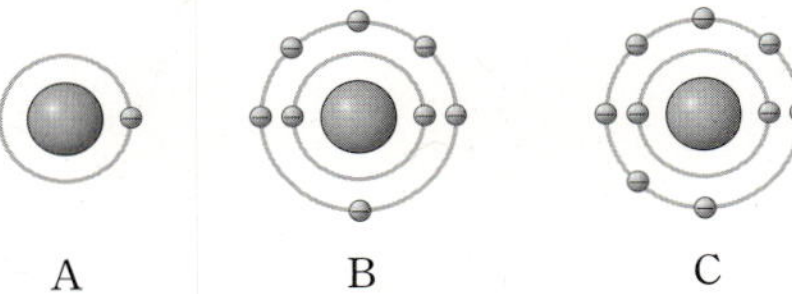

A~C로 구성된 물질 중 공유 전자쌍 수가 가장 많은 것은? (단, A~C는 임의의 원소 기호이다.)

① A_2 ② B_2 ③ A_2B ④ AC   ⑤ A_2B_2

553

다음은 CH_2O에 대한 자료이다.

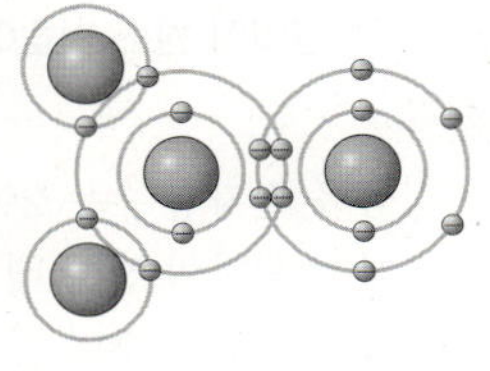

- CH_2O의 화학 결합 모형은 그림과 같다.
- CH_2O의 공유 전자쌍 수는 x이다.
- CH_2O에서 Ne과 전자 배치가 같은 원자 수는 y이다.

$x+y$는?

① 4   ② 5   ③ 6   ④ 7   ⑤ 8

554

그림은 수소(H) 원자가 결합하여 수소 분자(H_2)를 형성할 때, 원자핵 사이의 거리에 따른 에너지를 나타낸 것이다.

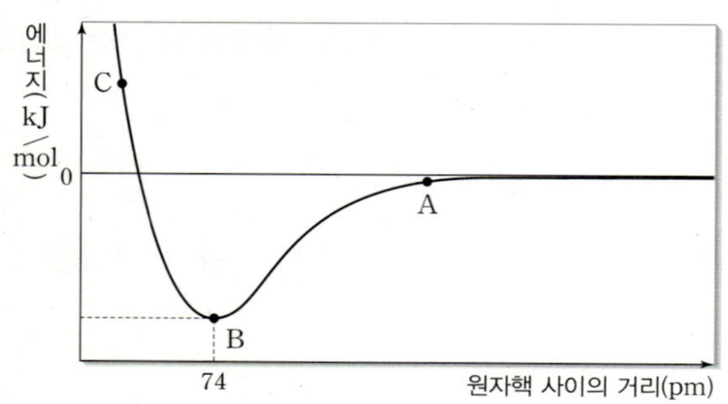

이에 대한 설명으로 옳은 것만을 〈보기〉에서 있는 대로 고른 것은?

보기

ㄱ. B에서 공유 결합이 형성된다.
ㄴ. H_2의 공유 결합 반지름은 37 pm이다.
ㄷ. A와 C에서 모두 인력이 반발력보다 우세하게 작용한다.

① ㄱ　　　　② ㄷ　　　　③ ㄱ, ㄴ
④ ㄴ, ㄷ　　　⑤ ㄱ, ㄴ, ㄷ

555

그림은 2개의 A 원자가 결합하여 A_2 분자를 형성하는 과정을 전자 배치 모형으로 나타낸 것이다.

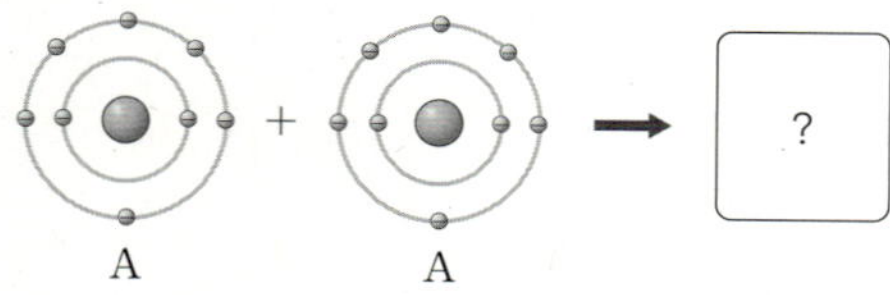

A_2에 대한 설명으로 옳은 것만을 〈보기〉에서 있는 대로 고른 것은? (단, A는 임의의 원소 기호이다.)

보기

ㄱ. 공유 전자쌍 수는 2이다.
ㄴ. 구성 원자의 전자 배치는 Ne과 같다.
ㄷ. 공유한 전자 수와 공유하지 않은 전자 수는 같다.

① ㄱ　　　　② ㄷ　　　　③ ㄱ, ㄴ
④ ㄴ, ㄷ　　　⑤ ㄱ, ㄴ, ㄷ

556

그림은 AB와 C_2의 화학 결합 모형을 나타낸 것이다.

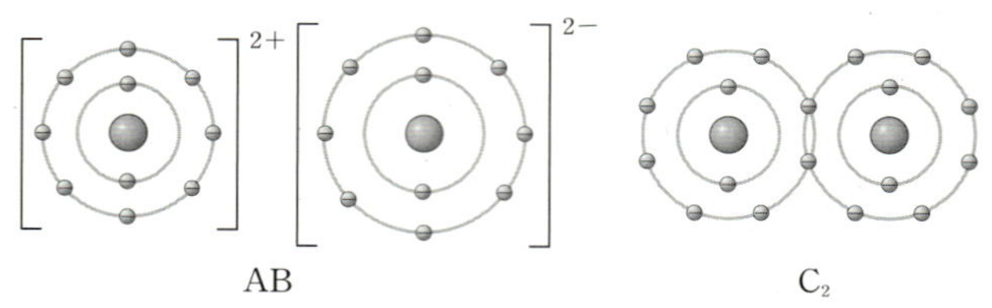

이에 대한 설명으로 옳은 것만을 〈보기〉에서 있는 대로 고른 것은? (단, A~C는 임의의 원소 기호이다.)

보기

ㄱ. C_2는 공유 결합 물질이다.
ㄴ. AC_2는 고체 상태에서 전기 전도성이 있다.
ㄷ. BC_2의 공유 전자쌍 수는 2이다.

① ㄱ　　　　② ㄴ　　　　③ ㄱ, ㄴ
④ ㄱ, ㄷ　　　⑤ ㄴ, ㄷ

557

그림은 원자 A~C가 화합물 (가)와 (나)를 형성하는 과정을 전자 배치 모형으로 나타낸 것이다.

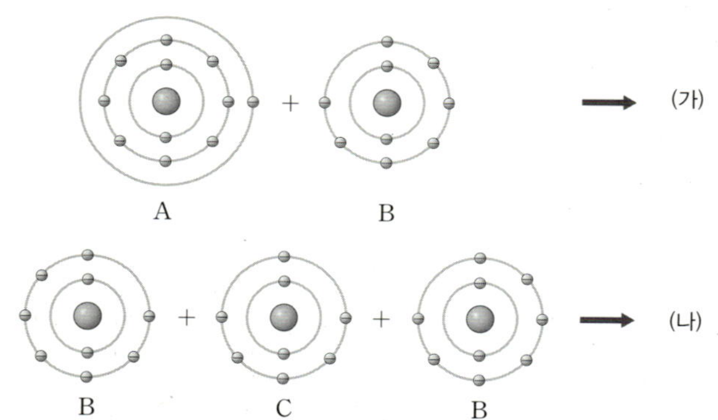

이에 대한 설명으로 옳은 것만을 〈보기〉에서 있는 대로 고른 것은? (단, A~C는 임의의 원소 기호이다.)

보기

ㄱ. 녹는점은 (나)가 (가)보다 높다.
ㄴ. (가)와 (나)에서 B의 전자 배치는 같다.
ㄷ. 액체 상태에서 전기 전도도는 (가)가 (나)보다 크다.

① ㄱ　　　　② ㄴ　　　　③ ㄱ, ㄷ
④ ㄴ, ㄷ　　　⑤ ㄱ, ㄴ, ㄷ

558

그림은 3주기 금속 X의 결합 모형을 나타낸 것이다. 이에 대한 설명으로 옳지 않은 것은? (단, X는 임의의 원소 기호이다.)

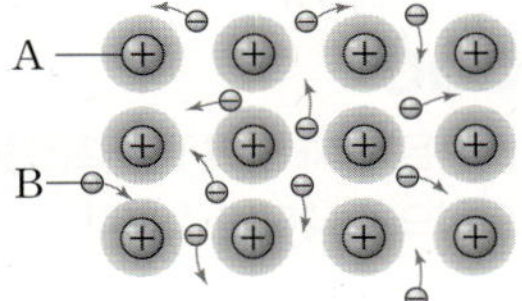

① A는 금속 양이온이다.
② B는 자유 전자이다.
③ X의 원자가 전자 수는 1이다.
④ X에 전압을 걸어주면 B는 (+)극으로 이동한다.
⑤ X에 힘을 가하면 A가 빠르게 재배열하여 금속 결합을 유지한다.

559

그림은 3주기 금속 A와 B의 결합 모형을 나타낸 것이다.

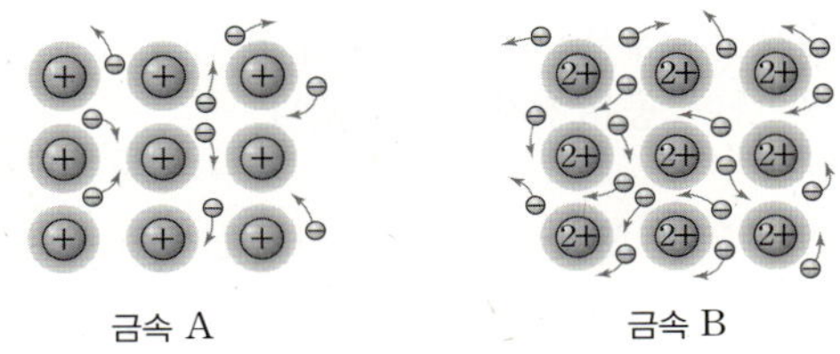

금속 A   금속 B

A와 B에 대한 설명으로 옳은 것만을 〈보기〉에서 있는 대로 고른 것은? (단, A와 B는 임의의 원소 기호이다.)

보기
ㄱ. 원자가 전자 수는 A가 B보다 크다.
ㄴ. A와 B는 모두 뽑힘성과 펴짐성이 있다.
ㄷ. 산소 원자(O) 1개와 결합하는 원자 수는 B가 A의 2배이다.

① ㄱ   ② ㄴ   ③ ㄱ, ㄴ
④ ㄱ, ㄷ   ⑤ ㄴ, ㄷ

560

다음은 금속 A를 이용하여 만든 물건의 예이다.

신라시대 왕관   장신구   반도체 칩

이로부터 알 수 있는 A의 성질로 옳지 않은 것은?

① 광택이 있다.   ② 반응성이 좋다.
③ 뽑힘성이 있다.   ④ 펴짐성이 있다.
⑤ 전기 전도성이 있다.

561

그림은 원자 A~C가 전자를 얻거나 잃어 Ne과 같은 전자 배치가 되는 과정을 나타낸 것이다. A~C는 14족 원소가 아니다.

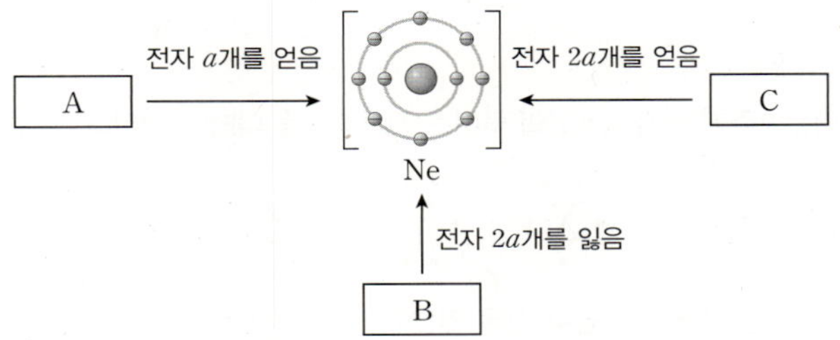

이에 대한 설명으로 옳은 것만을 〈보기〉에서 있는 대로 고른 것은? (단, A~C는 임의의 원소 기호이다.)

보기
ㄱ. 공유 전자쌍 수는 C_2가 A_2의 2배이다.
ㄴ. 녹는점은 CA_2가 BA_2보다 높다.
ㄷ. $BA_2(s)$와 $B(s)$는 모두 전기 전도성이 있다.

① ㄱ   ② ㄴ   ③ ㄱ, ㄷ
④ ㄴ, ㄷ   ⑤ ㄱ, ㄴ, ㄷ

562

그림은 3가지 물질 (가)~(다)의 결합 모형을 나타낸 것이다.

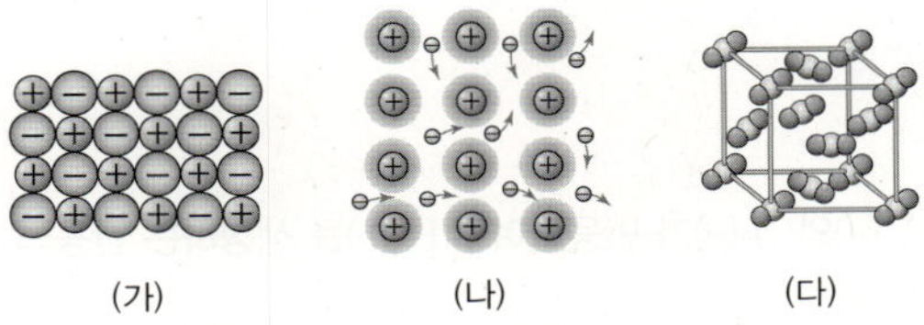

(가)   (나)   (다)

(가)~(다)에 대한 설명으로 옳은 것만을 〈보기〉에서 있는 대로 고른 것은?

보기
ㄱ. (가)는 고체 상태에서 힘을 가하면 쉽게 부서진다.
ㄴ. 액체 상태에서 전기 전도성이 있는 물질은 1가지이다.
ㄷ. (다)는 양이온과 음이온 사이의 정전기적 인력에 의해 결합한 물질이다.

① ㄱ   ② ㄴ   ③ ㄱ, ㄴ
④ ㄱ, ㄷ   ⑤ ㄴ, ㄷ

01. 결합의 극성

563

그림은 2주기 원자 X~Z의 루이스 전자점식을 나타낸 것이다.

$$\cdot \overset{\displaystyle \cdot}{\underset{\displaystyle \cdot}{X}} \cdot \quad \cdot \overset{}{\underset{\displaystyle \cdot \cdot}{Y}} \cdot \quad \overset{}{\underset{\displaystyle \cdot \cdot}{:Z}} \cdot$$

이에 대한 설명으로 옳지 <u>않은</u> 것은? (단, X~Z는 임의의 원소 기호이다.)

① 전기 음성도는 Y가 X보다 크다.
② X_2에는 무극성 공유 결합이 있다.
③ $X-Z$ 결합은 극성 공유 결합이다.
④ $Y-Z$ 결합에서 Z는 부분적인 $(+)$전하를 띤다.
⑤ Y_2Z_2 분자에는 무극성 공유 결합과 극성 공유 결합이 모두 있다.

564

다음 중 밑줄 친 원자가 부분적인 $(-)$전하를 띠는 분자는?

① $\underline{H}F$ ② $\underline{N}H_3$ ③ $\underline{O}F_2$
④ $\underline{N}O_2$ ⑤ $H\underline{C}N$

565

다음은 $A_2(g)$와 $B_2(g)$가 반응하여 $NH_3(g)$를 생성하는 반응의 화학 반응식이다.

$$A_2(g) + 3B_2(g) \longrightarrow 2NH_3(g)$$

이에 대한 설명으로 옳은 것만을 〈보기〉에서 있는 대로 고른 것은? (단, A와 B는 임의의 원소 기호이다.)

보기
ㄱ. 전기 음성도는 A가 B보다 크다.
ㄴ. A와 B는 극성 공유 결합을 형성한다.
ㄷ. 공유 전자쌍 수는 A_2가 NH_3보다 크다.

① ㄱ ② ㄷ ③ ㄱ, ㄴ
④ ㄴ, ㄷ ⑤ ㄱ, ㄴ, ㄷ

566

그림은 원자 A와 B가 화합물 (가)와 (나)를 형성하는 과정을 전자 배치 모형으로 나타낸 것이다.

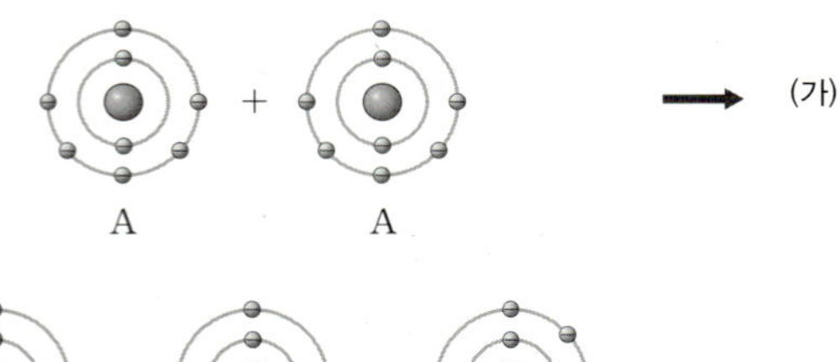

이에 대한 설명으로 옳은 것만을 〈보기〉에서 있는 대로 고른 것은? (단, A와 B는 임의의 원소 기호이다.)

보기
ㄱ. (가)에는 무극성 공유 결합이 있다.
ㄴ. (나)에서 B는 부분적인 $(-)$전하를 띤다.
ㄷ. (가)와 (나)의 공유 전자쌍 수는 같다.

① ㄱ ② ㄷ ③ ㄱ, ㄴ
④ ㄴ, ㄷ ⑤ ㄱ, ㄴ, ㄷ

567

그림은 주기율표의 일부를 나타낸 것이다.

족 주기	1	2	13	14	15	16	17	18
1	A							
2					B			
3	C					D	E	

이에 대한 설명으로 옳은 것만을 〈보기〉에서 있는 대로 고른 것은? (단, A~E는 임의의 원소 기호이다.)

보기
ㄱ. 전기 음성도는 B가 C보다 크다.
ㄴ. A와 C는 극성 공유 결합을 형성한다.
ㄷ. $D-E$ 결합에서 공유 전자쌍은 D 원자 쪽으로 더 치우쳐 있다.

① ㄱ ② ㄴ ③ ㄱ, ㄷ
④ ㄴ, ㄷ ⑤ ㄱ, ㄴ, ㄷ

568

그림은 원자 X~Z로 구성된 2가지 분자의 루이스 구조식에 X 원자의 부분 전하를 나타낸 것이다.

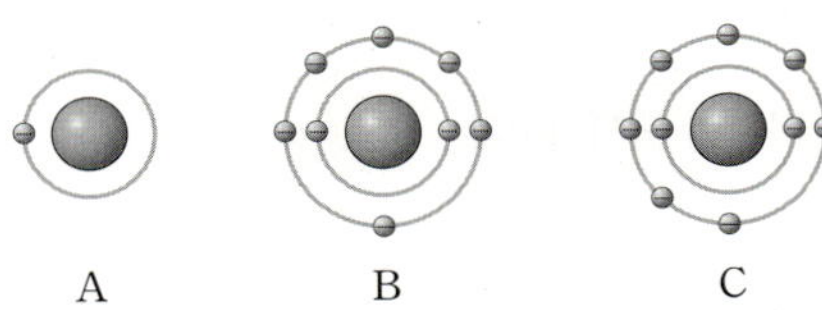

X~Z의 전기 음성도를 비교한 것으로 옳은 것은? (단, X~Z는 임의의 원소 기호이다.)

① X < Y < Z　　② X < Z < Y　　③ Y < X < Z
④ Z < X < Y　　⑤ Z < Y < X

569

그림은 원자 A~C의 전자 배치 모형을 나타낸 것이다.

A　　　B　　　C

이에 대한 설명으로 옳은 것만을 〈보기〉에서 있는 대로 고른 것은? (단, A~C는 임의의 원소 기호이다.)

> **보기**
> ㄱ. 전기 음성도는 A가 C보다 크다.
> ㄴ. A_2B_2에는 무극성 공유 결합이 존재한다.
> ㄷ. 공유 전자쌍 수는 B_2C_2가 A_2B_2보다 크다.

① ㄱ　　　　② ㄴ　　　　③ ㄱ, ㄷ
④ ㄴ, ㄷ　　　⑤ ㄱ, ㄴ, ㄷ

570

다음은 원자 A~C의 전자 배치를 나타낸 것이다.

$$A : 1s^1 \qquad B : 1s^2 2s^2 2p^3 \qquad C : 1s^2 2s^2 2p^4$$

A~C로 구성된 분자의 루이스 전자점식으로 옳은 것은? (단, A~C는 임의의 원소 기호이다.)

①　A::A
②　:B::B:
③　:C:C:
④　A:B:A （A）
⑤　A:C:A

571

그림은 원자 A~D의 전기 음성도를 상댓값으로 나타낸 것이다. A~D는 각각 O, F, Na, Mg 중 하나이다.

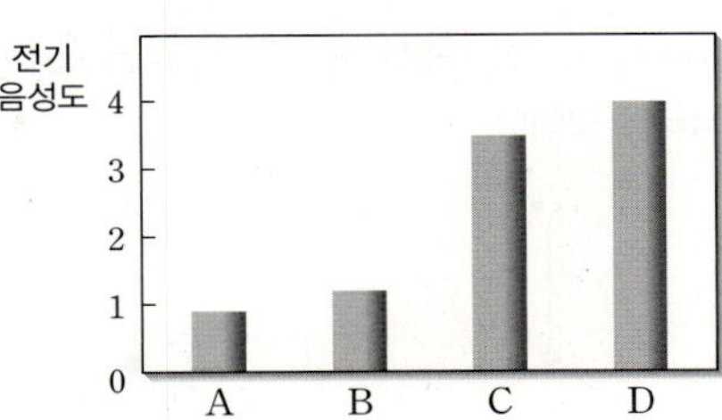

이에 대한 설명으로 옳은 것만을 〈보기〉에서 있는 대로 고른 것은?

> **보기**
> ㄱ. B는 3주기 원소이다.
> ㄴ. A와 D는 극성 공유 결합을 형성한다.
> ㄷ. C−D 결합에서 C는 부분적인 (−)전하를 띤다.

① ㄱ　　　　② ㄴ　　　　③ ㄱ, ㄷ
④ ㄴ, ㄷ　　　⑤ ㄱ, ㄴ, ㄷ

572

표는 2주기 원자 A~C로 구성된 분자 (가)~(다)에 대한 자료이다. (가)~(다)에서 A~C는 옥텟 규칙을 만족한다.

분자	분자식	공유 전자쌍 수
(가)	AB_2	4
(나)	BC_x	2
(다)	AC_y	4

이에 대한 설명으로 옳은 것만을 〈보기〉에서 있는 대로 고른 것은? (단, A~C는 임의의 원소 기호이다.)

> **보기**
> ㄱ. $x = y$이다.
> ㄴ. 전기 음성도는 C가 B보다 크다.
> ㄷ. 비공유 전자쌍 수는 (다)가 (가)의 3배이다.

① ㄱ　　　　② ㄴ　　　　③ ㄱ, ㄷ
④ ㄴ, ㄷ　　　⑤ ㄱ, ㄴ, ㄷ

573

그림은 전자쌍 반발 원리를 이용하여 중심 원자 주위에 있는 전자쌍의 수와 배열을 나타낸 것이다.

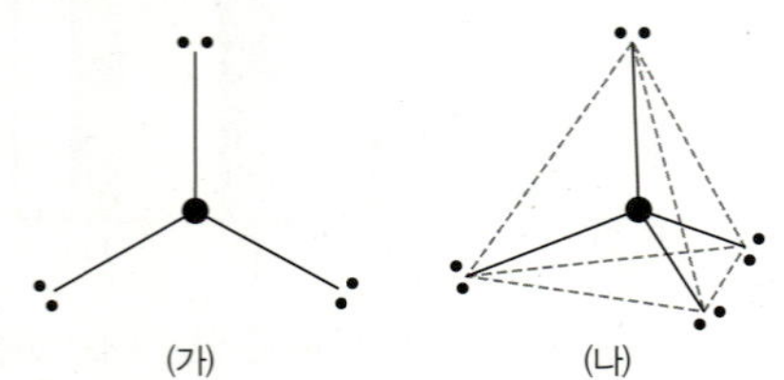

중심 원자 주위에 있는 전자쌍의 배열이 (가)와 (나)에 해당하는 분자를 옳게 짝 지은 것은?

	(가)	(나)		(가)	(나)
①	BF_3	CH_4	②	BF_3	BeF_2
③	NH_3	CH_4	④	NH_3	BF_3
⑤	PH_3	BeF_2			

574

다음 중 분자의 구조가 같은 분자끼리 옳게 짝 지은 것은?

① BeF_2, H_2O ② BF_3, NH_3
③ CH_4, NH_3 ④ CH_2O, PH_3
⑤ CO_2, HCN

575

그림은 2주기 원자 A~C의 루이스 전자점식을 나타낸 것이다.

$$\cdot \dot{A} \cdot \qquad \cdot \ddot{B} \cdot \qquad :\ddot{C} \cdot$$

이에 대한 설명으로 옳은 것은? (단, A~C는 임의의 원소 기호이다.)

① 전기 음성도는 B가 C보다 크다.
② AC_3에는 무극성 공유 결합이 있다.
③ BC_2에서 C는 부분적인 (+)전하를 띤다.
④ 결합각은 BC_2가 AC_3보다 크다.
⑤ AC_3와 BC_2는 모두 구성 원자가 동일 평면에 존재한다.

576

그림은 원자 A와 B의 전자 배치 모형을 나타낸 것이다.

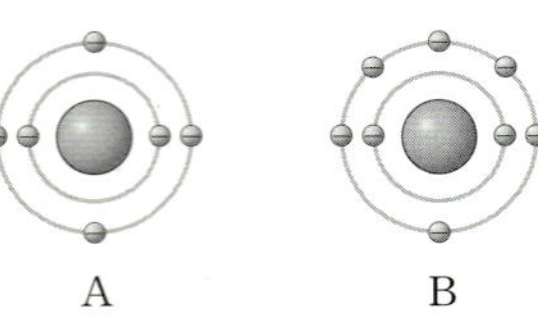

분자 AB_2에 대한 설명으로 옳지 않은 것은? (단, A와 B는 임의의 원소 기호이다.)

① 결합각은 $180°$이다.
② 2중 결합이 있다.
③ 분자의 쌍극자 모멘트가 0이다.
④ 무극성 공유 결합이 있다.
⑤ 공유 전자쌍 수와 비공유 전자쌍 수가 같다.

577

다음은 5가지 분자의 분자식이다.

BCl_3	CH_4	H_2O	CO_2	HCN

5가지 분자에 대한 설명으로 옳은 것은?

① 중심 원자에 비공유 전자쌍이 없는 분자는 3가지이다.
② 분자 구조가 직선형인 분자는 3가지이다.
③ 다중 결합이 있는 분자는 3가지이다.
④ 분자의 쌍극자 모멘트가 0인 분자는 3가지이다.
⑤ 구성 원자가 모두 동일 평면에 존재하는 분자는 3가지이다.

578

그림은 분자 (가)~(다)의 루이스 전자점식을 나타낸 것이다.

$$\text{H:C:H (가)} \qquad \text{H:N:H (나)} \qquad \text{H:O: (다)}$$

(가)~(다)의 공통점으로 옳은 것만을 〈보기〉에서 있는 대로 고른 것은?

보기

ㄱ. 극성 공유 결합이 있다.
ㄴ. 결합각은 BCl_3보다 작다.
ㄷ. 구성 원자는 모두 동일 평면에 있다.

① ㄱ ② ㄷ ③ ㄱ, ㄴ
④ ㄴ, ㄷ ⑤ ㄱ, ㄴ, ㄷ

579

그림은 분자 (가)와 (나)의 루이스 전자점식을 나타낸 것이다.

$$:\ddot{O}::C::\ddot{O}: \qquad :\ddot{F}:\ddot{B}:\ddot{F}:$$
$$(가) \qquad\qquad (나)$$

이에 대한 설명으로 옳은 것만을 〈보기〉에서 있는 대로 고른 것은?

보기

ㄱ. 결합각은 (가)가 (나)보다 크다.
ㄴ. 분자의 쌍극자 모멘트는 (나)가 (가)보다 크다.
ㄷ. (가)와 (나)에는 모두 무극성 공유 결합이 있다.

① ㄱ ② ㄴ ③ ㄱ, ㄷ
④ ㄴ, ㄷ ⑤ ㄱ, ㄴ, ㄷ

580

그림은 2, 3주기 원자 $X \sim Z$가 중심 원자인 분자 (가)~(다)의 구조식을 나타낸 것이다. (가)~(다)에서 $X \sim Z$는 옥텟 규칙을 만족하며, 전기 음성도는 Y가 가장 크다.

$$H-X-H \qquad F-Y-F \qquad H-\overset{\displaystyle H}{\underset{|}{Z}}-H$$
$$(가) \qquad\quad (나) \qquad\quad (다)$$

이에 대한 설명으로 옳은 것만을 〈보기〉에서 있는 대로 고른 것은? (단, $X \sim Z$는 임의의 원소 기호이다.)

보기

ㄱ. (나)의 분자 구조는 굽은 형이다.
ㄴ. (나)에서 Y는 부분적인 (−)전하를 띤다.
ㄷ. 결합각은 (다)가 (가)보다 크다.

① ㄱ ② ㄴ ③ ㄱ, ㄷ
④ ㄴ, ㄷ ⑤ ㄱ, ㄴ, ㄷ

581

표는 2주기 원소 $A \sim C$로 구성된 2가지 분자에 대한 자료이다.

분자	중심 원자에 있는 전자쌍의 수		분자의 극성
	공유 전자쌍	비공유 전자쌍	
AC_3	3	x	무극성
BC_3	3	y	극성

이에 대한 설명으로 옳은 것만을 〈보기〉에서 있는 대로 고른 것은? (단, $A \sim C$는 임의의 원소 기호이다.)

보기

ㄱ. $y > x$이다.
ㄴ. 결합각은 BC_3가 AC_3보다 크다.
ㄷ. 결합의 쌍극자 모멘트는 $B-C$ 결합이 $A-C$ 결합보다 크다.

① ㄱ ② ㄴ ③ ㄱ, ㄷ
④ ㄴ, ㄷ ⑤ ㄱ, ㄴ, ㄷ

582

다음은 $A \sim D$ 이온의 전자 배치를 나타낸 것이다.

$A^- : 1s^2$ $\qquad\qquad$ $B^- : 1s^2 2s^2 2p^6$
$C^{2-} : 1s^2 2s^2 2p^6$ $\qquad$ $D^- : 1s^2 2s^2 2p^6 3s^2 3p^6$

원자 $A \sim D$로 이루어진 물질에 대한 설명으로 옳은 것만을 〈보기〉에서 있는 대로 고른 것은? (단, $A \sim D$는 임의의 원소 기호이다.)

보기

ㄱ. 분자의 쌍극자 모멘트는 AB가 AD보다 크다.
ㄴ. A_2C의 구성 원자는 모두 동일 평면에 존재한다.
ㄷ. CD_2에서 D는 부분적인 (+)전하를 띤다.

① ㄱ ② ㄷ ③ ㄱ, ㄴ
④ ㄴ, ㄷ ⑤ ㄱ, ㄴ, ㄷ

583

다음은 분자의 구조와 성질에 대한 세 학생의 대화이다.

대화 내용이 옳은 학생만을 있는 대로 고른 것은?

① A   ② B   ③ C
④ A, C   ⑤ B, C

584

그림은 CF_2Cl_2의 루이스 구조식을 나타낸 것이다.

$$\ddot{\overset{\displaystyle ..}{F}}$$
$$:\overset{..}{\underset{..}{Cl}} - C - \overset{..}{\underset{..}{Cl}}:$$
$$:\overset{..}{F}:$$

CF_2Cl_2에 대한 설명으로 옳은 것만을 〈보기〉에서 있는 대로 고른 것은?

〈보기〉

ㄱ. 분자의 구조는 평면 사각형이다.
ㄴ. 분자의 쌍극자 모멘트는 0이 아니다.
ㄷ. F은 부분적인 (−)전하를, Cl는 부분적인 (+)전하를 띤다.

① ㄱ   ② ㄴ   ③ ㄱ, ㄷ
④ ㄴ, ㄷ   ⑤ ㄱ, ㄴ, ㄷ

585

그림은 원자 X~Z로 이루어진 3원자 분자 (가)와 (나)의 구성 원자 수 비를 나타낸 것이다. X~Z는 각각 H, C, O 중 하나이다.

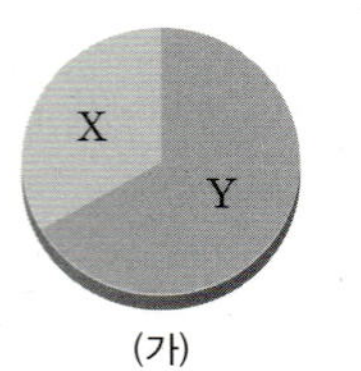

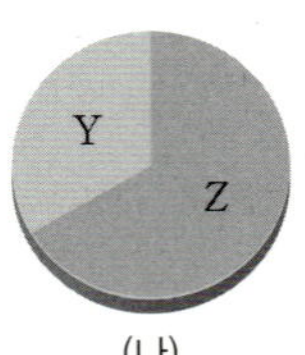

이에 대한 설명으로 옳은 것만을 〈보기〉에서 있는 대로 고른 것은?

〈보기〉

ㄱ. 결합각은 (가)가 (나)보다 크다.
ㄴ. 분자의 쌍극자 모멘트는 (가)가 (나)보다 크다.
ㄷ. $\dfrac{\text{비공유 전자쌍 수}}{\text{공유 전자쌍 수}}$ 는 (가)와 (나)가 같다.

① ㄱ   ② ㄷ   ③ ㄱ, ㄴ
④ ㄱ, ㄷ   ⑤ ㄴ, ㄷ

586

표는 분자 (가)~(다)에 대한 자료이다. (가)~(다)에서 분자 내 모든 원자는 옥텟 규칙을 만족한다.

분자	(가)	(나)	(다)
구성 원자 수	5	3	4
구성 원소의 종류	C, H	C, N, H	C, O, H

(가)~(다)에 대한 설명으로 옳은 것만을 〈보기〉에서 있는 대로 고른 것은?

〈보기〉

ㄱ. 결합각은 (나)가 (가)보다 크다.
ㄴ. 공유 전자쌍 수는 (나)와 (다)가 같다.
ㄷ. 전기장 속에 넣었을 때 규칙적으로 배열되는 분자는 2가지이다.

① ㄴ   ② ㄷ   ③ ㄱ, ㄴ
④ ㄱ, ㄷ   ⑤ ㄱ, ㄴ, ㄷ

587

그림은 원자 A~C의 루이스 전자점식을, 표는 분자 (가)~(다)를 구성하는 원자 수를 나타낸 것이다. A~C는 1, 2주기 비금속 원소이다.

$$A\cdot \quad \cdot\overset{\cdot}{B}\cdot \quad :\overset{\cdot\cdot}{C}\cdot$$

분자	A	B	C
(가)	4	1	0
(나)	2	0	1
(다)	2	1	1

(가)~(다)에 대한 설명으로 옳은 것만을 〈보기〉에서 있는 대로 고른 것은? (단, A~C는 임의의 원소 기호이고, (가)와 (나)의 분자량은 각각 16, 18이다.)

보기

ㄱ. 분자의 쌍극자 모멘트는 (다)가 (가)보다 크다.
ㄴ. 물질의 끓는점은 (나)가 (가)보다 높다.
ㄷ. (나)와 (다)는 모두 구성 원자가 동일 평면에 존재한다.

① ㄱ   ② ㄷ   ③ ㄱ, ㄴ
④ ㄴ, ㄷ   ⑤ ㄱ, ㄴ, ㄷ

588

표는 원자 X~Z로 이루어진 분자 (가)~(다)에 대한 자료이다. (가)~(다)의 구성 원자 수는 5 이하이고, 분자 내 모든 원자는 옥텟 규칙을 만족하며, X~Z는 각각 C, N, F 중 하나이다.

분자	(가)	(나)	(다)
구성 원자 수비	X : Y = 1 : 1	X : Y = 3 : 1	X : Z = 4 : 1
비공유 전자쌍 수 / 공유 전자쌍 수	x	$\dfrac{10}{3}$	3

이에 대한 설명으로 옳은 것만을 〈보기〉에서 있는 대로 고른 것은?

보기

ㄱ. $x = 3$이다.
ㄴ. (나)는 입체 구조이다.
ㄷ. 분자의 쌍극자 모멘트는 (다)가 (나)보다 크다.

① ㄱ   ② ㄴ   ③ ㄱ, ㄴ
④ ㄱ, ㄷ   ⑤ ㄴ, ㄷ

589

그림은 AB와 CD의 화학 결합 모형을 나타낸 것이다.

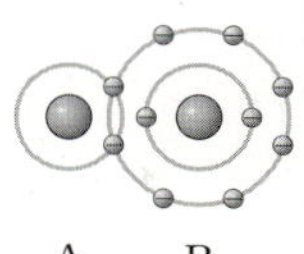 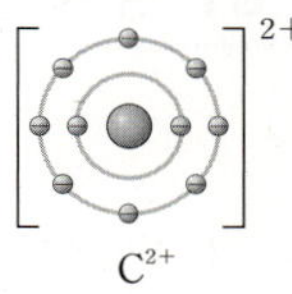 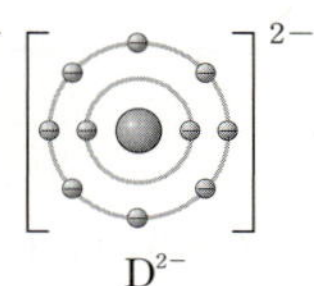

이에 대한 설명으로 옳지 <u>않은</u> 것은? (단, A~D는 임의의 원소 기호이다.)

① AB는 물에 잘 용해된다.
② A_2D의 분자 구조는 굽은 형이다.
③ 공유 전자쌍 수는 D_2가 B_2보다 크다.
④ A_2D 분자의 쌍극자 모멘트는 0이 아니다.
⑤ CB_2는 극성 공유 결합으로 이루어진 물질이다.

590

다음은 물과 사이클로헥세인의 성질을 알아보는 실험이다.

[실험 과정]
(가) 물과 사이클로헥세인을 각각 뷰렛에 넣는다.
(나) 콕을 조절하여 가는 액체 줄기를 만든 후, (−)전하로 대전된 플라스틱 막대를 가까이 대어 본다.
(다) 플라스틱 막대 대신 (+)전하로 대전된 유리막대를 가까이 대어 본다.

[실험 결과]
(나)에서 그림과 같이 물줄기만 (−)전하로 대전된 플라스틱 막대 쪽으로 휘어졌다.

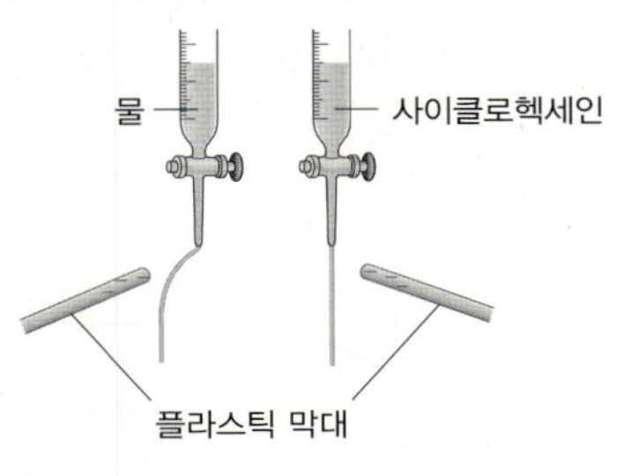

이에 대한 설명으로 옳은 것만을 〈보기〉에서 있는 대로 고른 것은?

보기

ㄱ. (다)에서 사이클로헥세인의 액체 줄기만 유리막대 쪽으로 휘어진다.
ㄴ. 분자의 쌍극자 모멘트는 물이 사이클로헥세인보다 크다.
ㄷ. 기체 상태의 물질을 전기장에 넣었을 때 사이클로헥세인만 규칙적으로 배열된다.

① ㄱ   ② ㄴ   ③ ㄱ, ㄷ
④ ㄴ, ㄷ   ⑤ ㄱ, ㄴ, ㄷ

01. 동적 평형

591

다음은 반응 (가)와 (나)의 화학 반응식이다.

> (가) 석회 동굴과 종유석의 생성
> $$CaCO_3(s) + CO_2(g) + H_2O(l) \rightleftharpoons Ca(HCO_3)_2(aq)$$
> (나) 황산 구리 오수화물($CuSO_4 \cdot 5H_2O$)의 분해와 생성
> $$CuSO_4 \cdot 5H_2O \rightleftharpoons CuSO_4 + 5H_2O$$

이에 대한 설명으로 옳은 것만을 〈보기〉에서 있는 대로 고른 것은?

보기

> ㄱ. (가)와 (나)는 모두 가역 반응이다.
> ㄴ. (가)에서 정반응이 일어나면 수용액의 이온 수가 증가한다.
> ㄷ. (나)에서 색 변화가 있다.

① ㄱ　　　　② ㄴ　　　　③ ㄱ, ㄷ
④ ㄴ, ㄷ　　　⑤ ㄱ, ㄴ, ㄷ

592

그림은 강철 용기에 $X(g)$를 넣고 반응 $X(g) \rightleftharpoons Y(g)$이 일어날 때, 시간에 따른 ㉠의 농도를 나타낸 것이다. ㉠은 $X(g)$ 또는 $Y(g)$ 중 하나이다.

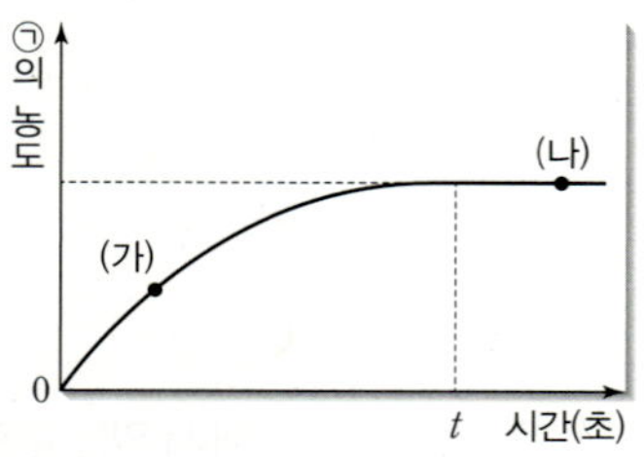

이에 대한 설명으로 옳은 것만을 〈보기〉에서 있는 대로 고른 것은? (단, X와 Y는 임의의 원소 기호이다.)

보기

> ㄱ. ㉠은 $Y(g)$이다.
> ㄴ. (가)에서 역반응은 일어나지 않는다.
> ㄷ. (가)와 (나)에서 $X(g)$와 $Y(g)$의 농도비는 같다.

① ㄱ　　　　② ㄴ　　　　③ ㄱ, ㄷ
④ ㄴ, ㄷ　　　⑤ ㄱ, ㄴ, ㄷ

593

그림은 밀폐된 용기에 일정량의 물을 넣은 후, 충분한 시간이 지났을 때 용기에서 일어나는 변화를 모형으로 나타낸 것이다.

이에 대한 설명으로 옳은 것은?

① 수면의 높이는 감소한다.
② 물의 증발은 일어나지 않는다.
③ 수증기의 응축은 일어나지 않는다.
④ 뚜껑을 열어도 동적 평형 상태가 유지된다.
⑤ 물의 증발 속도와 수증기의 응축 속도가 같다.

594

다음은 설탕을 이용한 실험이다.

> [실험]
> (가) 일정량의 물이 들어 있는 비커에 백설탕을 계속 넣고 녹여 주었더니 어느 순간부터 백설탕이 녹지 않고 비커 바닥에 가라앉았다.
> (나) (가)의 비커에 흑설탕을 넣고 충분한 시간 동안 두었더니 설탕 용액의 색이 누렇게 변했다.

이에 대한 설명으로 옳은 것만을 〈보기〉에서 있는 대로 고른 것은?

보기

> ㄱ. (가)의 용액은 동적 평형 상태이다.
> ㄴ. (나)에서 석출되는 백설탕의 양은 일정하다.
> ㄷ. (나)의 비커에 백설탕을 더 넣어 주면 용액의 색은 다시 맑아진다.

① ㄱ　　　　② ㄴ　　　　③ ㄱ, ㄷ
④ ㄴ, ㄷ　　　⑤ ㄱ, ㄴ, ㄷ

595

그림 (가)는 스포이트에 드라이 아이스를 넣은 상태를, (나)는 (가)의 스포이트 입구를 막은 후 충분한 시간이 지난 상태를 나타낸 것이다.

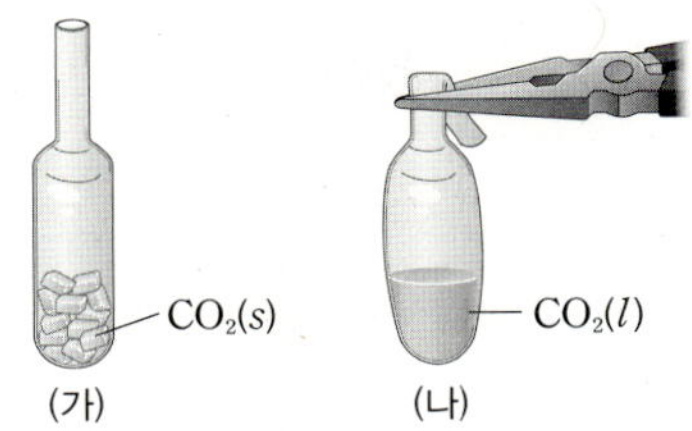

이에 대한 설명으로 옳은 것만을 〈보기〉에서 있는 대로 고른 것은?

보기
ㄱ. (가)에서 $CO_2(s)$의 양은 변하지 않는다.
ㄴ. (나)에서 $CO_2(l) \longrightarrow CO_2(g)$ 반응은 일어나지 않는다.
ㄷ. (나)에서 $CO_2(l)$의 액체면 높이는 일정하게 유지된다.

① ㄴ   ② ㄷ   ③ ㄱ, ㄴ
④ ㄱ, ㄷ   ⑤ ㄴ, ㄷ

596

다음은 이산화 질소(NO_2)와 사산화 이질소(N_2O_4)의 화학 반응식이다.

$$2NO_2(g) \underset{\text{무색}}{\overset{\text{적갈색}}{\rightleftharpoons}} N_2O_4(g)$$

이에 대한 설명으로 옳은 것만을 〈보기〉에서 있는 대로 고른 것은?

보기
ㄱ. 밀폐된 용기에 NO_2를 넣으면 정반응이 진행되다가 멈춘 후 역반응이 진행된다.
ㄴ. 밀폐된 용기에 N_2O_4를 넣고 평형 상태가 되면, NO_2와 N_2O_4가 모두 존재한다.
ㄷ. 밀폐된 용기에 NO_2를 넣으면 적갈색이 점점 연해지다가 일정해진다.

① ㄴ   ② ㄷ   ③ ㄱ, ㄴ
④ ㄱ, ㄷ   ⑤ ㄴ, ㄷ

---

02. 물의 자동 이온화

597

다음은 물의 자동 이온화 반응식이다.

$$H_2O(l) + H_2O(l) \rightleftharpoons H_3O^+(aq) + OH^-(aq)$$

이 반응에 대한 설명으로 옳은 것만을 〈보기〉에서 있는 대로 고른 것은?

보기
ㄱ. 온도가 달라져도 자동 이온화하는 물 분자 수는 일정하게 유지된다.
ㄴ. 이 반응은 pH가 7보다 작은 수용액에서도 일어난다.
ㄷ. 평형 상태에서 반응물과 생성물의 농도가 같은 반응이다.

① ㄱ   ② ㄴ   ③ ㄱ, ㄷ
④ ㄴ, ㄷ   ⑤ ㄱ, ㄴ, ㄷ

598

pH와 수용액의 액성에 대한 설명으로 옳지 <u>않은</u> 것은?

① pH는 $-\log[H_3O^+]$이다.
② pH는 물의 이온화 상수(K_w)에 따라 달라진다.
③ 25℃에서 pOH가 7이면 수용액의 액성은 중성이다.
④ 25℃에서 $[H_3O^+] = 1.0 \times 10^{-6}$M이면 수용액의 액성은 염기성이다.
⑤ 25℃에서 $NaOH(aq)$의 pH는 $HCl(aq)$의 pH보다 크다.

599

25℃에서 $HCl(aq)$에 대한 설명으로 옳은 것은?

① pH는 7이다.
② 염기성이다.
③ 수용액에는 H_3O^+이 존재한다.
④ 수용액에는 OH^-이 존재하지 않는다.
⑤ $Mg(s)$을 넣으면 pH는 감소한다.

600

표는 25℃에서 0.1 M의 산 HA와 염 BA에 대한 자료이다.

수용액	HA(aq)	BA(aq)
몰 농도(M)	0.1	0.1
pH	1	3

이에 대한 설명으로 옳은 것만을 〈보기〉에서 있는 대로 고른 것은?
(단, 25℃에서 물의 이온화 상수(K_w)는 1.0×10^{-14}이다.)

보기

ㄱ. [H_3O^+]는 HA(aq)이 BA(aq)의 3배이다.
ㄴ. [OH^-]는 BA(aq)이 HA(aq)의 100배이다.
ㄷ. HA(aq)과 BA(aq)은 모두 산성이다.

① ㄱ   ② ㄴ   ③ ㄱ, ㄷ
④ ㄴ, ㄷ   ⑤ ㄱ, ㄴ, ㄷ

601

그림은 25℃에서 0.01 M의 산 HA(aq)과 0.05 M의 염기 BOH(aq)에 각각 들어 있는 A^-과 B^+의 몰 농도를 나타낸 것이다.

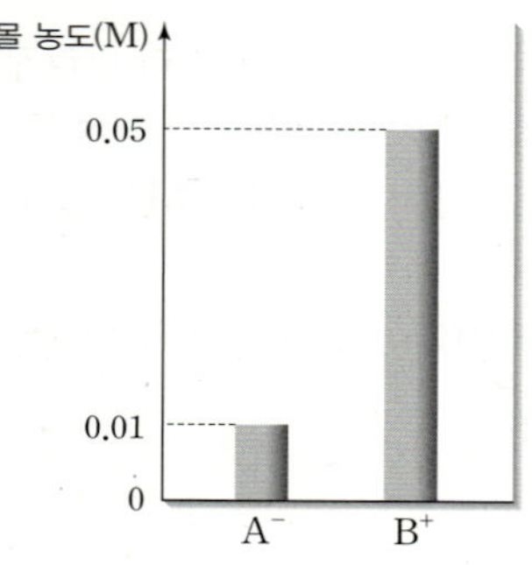

이에 대한 설명으로 옳은 것만을 〈보기〉에서 있는 대로 고른 것은?
(단, 25℃에서 물의 이온화 상수(K_w)는 1.0×10^{-14}이고, log2=0.3이다.)

보기

ㄱ. HA(aq)의 pH는 2이다.
ㄴ. BOH(aq)의 pH는 12보다 크다.
ㄷ. $\dfrac{\text{HA}(aq)의\ [OH^-]}{\text{BOH}(aq)의\ [H_3O^+]}=5$이다.

① ㄱ   ② ㄴ   ③ ㄱ, ㄷ
④ ㄴ, ㄷ   ⑤ ㄱ, ㄴ, ㄷ

602

표는 25℃에서 2가지 수용액에 대한 자료이다.

구분	(가)	(나)
수용액	HA(aq)	HB(aq)
몰 농도(M)	0.01	x
부피(L)	0.1	2
pH	2	
[OH^-]		1.0×10^{-11}

이에 대한 설명으로 옳은 것만을 〈보기〉에서 있는 대로 고른 것은?
(단, 25℃에서 물의 이온화 상수(K_w)는 1.0×10^{-14}이고, HA와 HB는 수용액에서 완전히 이온화한다.)

보기

ㄱ. $x=0.01$이다.
ㄴ. 용질의 양(mol)은 (나)가 (가)의 2배이다.
ㄷ. $\dfrac{(가)의\ [H_3O^+]}{(나)의\ [H_3O^+]}=20$이다.

① ㄱ   ② ㄴ   ③ ㄱ, ㄷ
④ ㄴ, ㄷ   ⑤ ㄱ, ㄴ, ㄷ

603

그림은 25℃에서 3가지 용액 (가)~(다)를 나타낸 것이다.

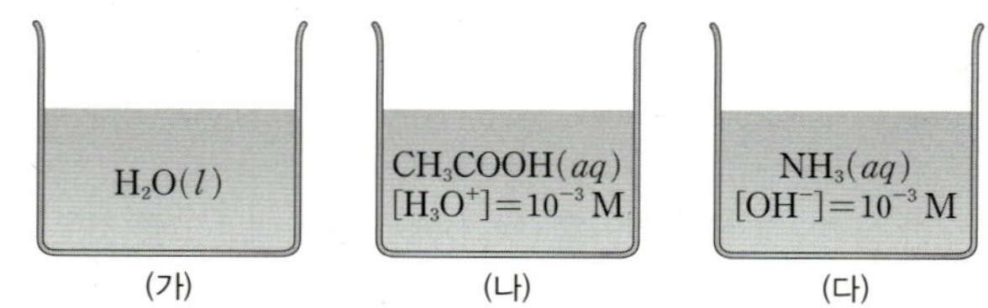

이에 대한 설명으로 옳은 것만을 〈보기〉에서 있는 대로 고른 것은?
(단, 25℃에서 물의 이온화 상수(K_w)는 1.0×10^{-14}이다.)

보기

ㄱ. (가)에서 [H_3O^+]=[OH^-]이다.
ㄴ. (다)의 pH는 11이다.
ㄷ. pOH는 (다)가 (나)보다 크다.

① ㄱ   ② ㄷ   ③ ㄱ, ㄴ
④ ㄴ, ㄷ   ⑤ ㄱ, ㄴ, ㄷ

604

다음은 물의 자동 이온화 반응식과 온도에 따른 물의 이온화 상수(K_w)이다.

$$H_2O(l) + H_2O(l) \rightleftharpoons H_3O^+(aq) + OH^-(aq)$$

온도(℃)	0	10	25	50	100
$K_w(\times 10^{-14})$	0.12	0.3	1.0	5.5	54.3

이에 대한 설명으로 옳은 것만을 〈보기〉에서 있는 대로 고른 것은?

보기

ㄱ. 0℃에서 pH가 7인 수용액은 $[H_3O^+] > [OH^-]$이다.
ㄴ. 순수한 물의 $[H_3O^+]$는 50℃일 때가 25℃일 때의 5.5배이다.
ㄷ. 물에 존재하는 이온의 수는 온도가 높아질수록 증가한다.

① ㄱ ② ㄴ ③ ㄱ, ㄷ
④ ㄴ, ㄷ ⑤ ㄱ, ㄴ, ㄷ

605

그림은 25℃에서 산 HA(aq)과 HB(aq)이 혼합된 용액을 나타낸 것이다.

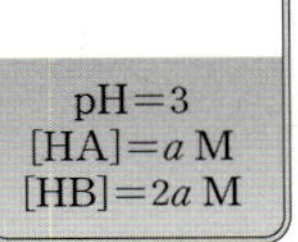

a는? (단, 25℃에서 물의 이온화 상수(K_w)는 1.0×10^{-14}이고, HA와 HB는 수용액에서 완전히 이온화한다.)

① 1 ② 0.1
③ 1.0×10^{-2} ④ $\frac{1}{2} \times 10^{-3}$ ⑤ $\frac{1}{3} \times 10^{-3}$

606

표는 25℃에서 산 HA(aq)의 몰 농도(M)에 따른 pOH를 나타낸 것이다.

수용액	pOH		
	0.1 M	0.01 M	0.001 M
HA(aq)	13	12	x

0.1 M HA(aq)의 pH와 x의 합은? (단, 25℃에서 물의 이온화 상수(K_w)는 1.0×10^{-14}이고, 수용액에서 HA는 완전히 이온화한다.)

① 1 ② 7 ③ 10 ④ 12 ⑤ 14

607

그림은 25℃에서 산 HA(aq)과 HB(aq)을 나타낸 것이다.

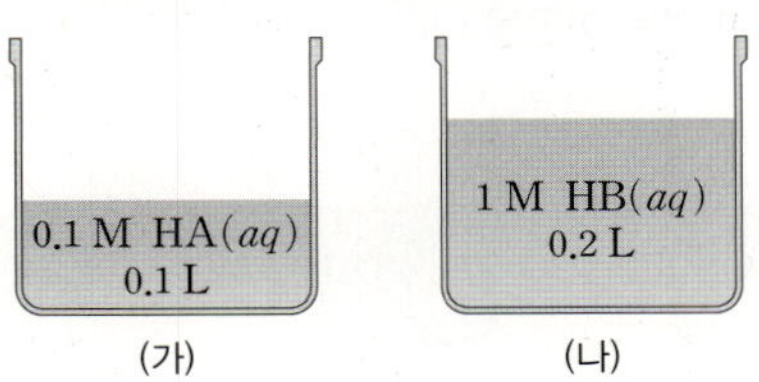

이에 대한 설명으로 옳은 것만을 〈보기〉에서 있는 대로 고른 것은? (단, 25℃에서 물의 이온화 상수(K_w)는 1.0×10^{-14}이고, HA와 HB는 수용액에서 완전히 이온화한다.)

보기

ㄱ. pH는 (가)가 (나)보다 크다.
ㄴ. 용질의 양(mol)은 (나)가 (가)의 20배이다.
ㄷ. (가)와 (나)를 혼합하면 $[H_3O^+] = 0.7$ M이다.

① ㄱ ② ㄴ ③ ㄱ, ㄷ
④ ㄴ, ㄷ ⑤ ㄱ, ㄴ, ㄷ

608

표는 25℃에서 산 HA(aq)과 염기 BOH(aq), COH(aq)의 몰 농도와 pH를 나타낸 것이다.

구분	(가)	(나)	(다)
수용액	HA(aq)	BOH(aq)	COH(aq)
몰 농도(M)	0.01	0.1	y
pH	x	13	10

이에 대한 설명으로 옳은 것만을 〈보기〉에서 있는 대로 고른 것은? (단, 25℃에서 물의 이온화 상수(K_w)는 1.0×10^{-14}이고, HA, BOH, COH는 수용액에서 완전히 이온화한다.)

보기

ㄱ. $x = 2$이다.
ㄴ. $y = 10^{-10}$이다.
ㄷ. $[OH^-]$는 (나)가 (다)의 10^3배이다.

① ㄱ ② ㄴ ③ ㄱ, ㄷ
④ ㄴ, ㄷ ⑤ ㄱ, ㄴ, ㄷ

609

그림은 $HCl(g)$, $KOH(s)$, $KCl(s)$을 각각 물에 녹여 만든 수용액 (가)~(다)에 들어 있는 이온을 나타낸 것이다.

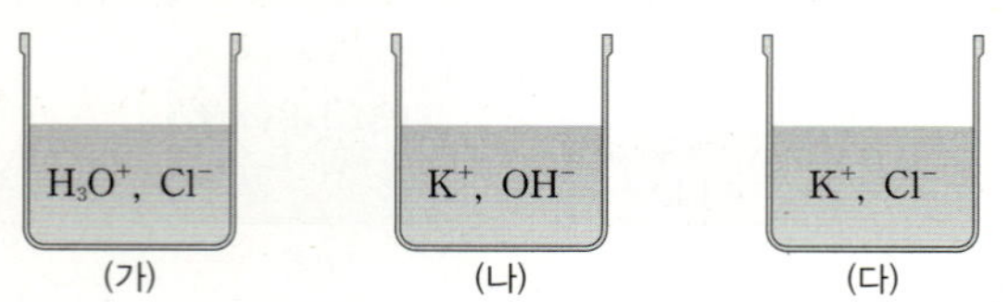

이에 대한 설명으로 옳은 것만을 〈보기〉에서 있는 대로 고른 것은?

> 보기
>
> ㄱ. HCl는 브뢴스테드·로리 산이다.
> ㄴ. KOH는 아레니우스 염기이다.
> ㄷ. (다)는 중성이다.

① ㄴ   ② ㄷ   ③ ㄱ, ㄴ
④ ㄱ, ㄷ   ⑤ ㄱ, ㄴ, ㄷ

610

다음은 HCO_3^-과 관련된 반응의 화학 반응식이다.

- $\boxed{(가)}\,(aq) + HCO_3^-(aq) \longrightarrow NH_4^+(aq) + CO_3^{2-}(aq)$
- $\boxed{(나)}\,(aq) + HCO_3^-(aq) \longrightarrow H_2CO_3(aq) + Cl^-(aq)$

이에 대한 설명으로 옳은 것만을 〈보기〉에서 있는 대로 고른 것은?

> 보기
>
> ㄱ. (가)는 NH_3이다.
> ㄴ. (나)는 브뢴스테드·로리 염기이다.
> ㄷ. HCO_3^-은 양쪽성 물질이다.

① ㄱ   ② ㄴ   ③ ㄱ, ㄷ
④ ㄴ, ㄷ   ⑤ ㄱ, ㄴ, ㄷ

611

그림은 $x\,M\,HCl(aq)\,10\,mL$에 $y\,M\,NaOH(aq)$을 넣었을 때, 넣어 준 $NaOH(aq)$의 부피에 따른 혼합 용액의 전체 이온 수를 나타낸 것이다.

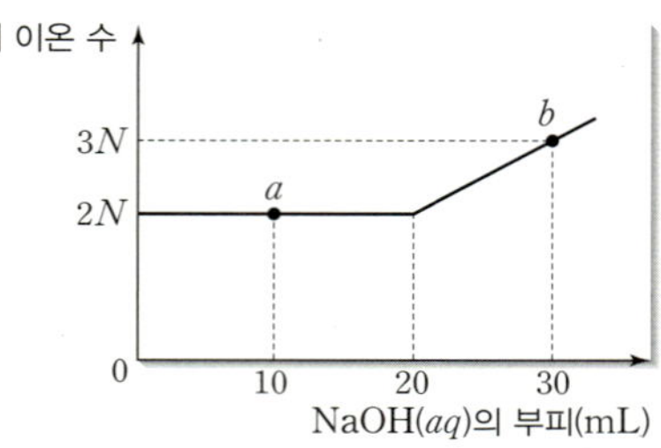

이에 대한 설명으로 옳은 것만을 〈보기〉에서 있는 대로 고른 것은?

> 보기
>
> ㄱ. $x:y=1:2$이다.
> ㄴ. 생성된 물 분자 수 비는 $a:b=1:2$이다.
> ㄷ. $\dfrac{Cl^- \text{수}}{Na^+ \text{수}}$는 $a:b=3:1$이다.

① ㄱ   ② ㄴ   ③ ㄷ
④ ㄴ, ㄷ   ⑤ ㄱ, ㄴ, ㄷ

612

표는 $H_2SO_4(aq)$과 $NaOH(aq)$의 부피를 달리하여 혼합한 용액 (가)~(다)에 대한 자료이다.

혼합 용액	혼합 전 용액의 부피(mL)		생성된 물 분자 수
	$H_2SO_4(aq)$	$NaOH(aq)$	
(가)	5	20	$2N$
(나)	10	15	$3N$
(다)	15	10	$2N$

이에 대한 설명으로 옳은 것만을 〈보기〉에서 있는 대로 고른 것은?

> 보기
>
> ㄱ. 몰 농도 비는 $H_2SO_4(aq):NaOH(aq)=1:1$이다.
> ㄴ. (나)는 산성이다.
> ㄷ. (가)와 (다)를 혼합한 용액은 중성이다.

① ㄱ   ② ㄷ   ③ ㄱ, ㄴ
④ ㄴ, ㄷ   ⑤ ㄱ, ㄴ, ㄷ

613

표는 HCl(aq) x mL와 NaOH(aq) y mL를 혼합한 용액에 들어 있는 이온 수를 나타낸 것이다. 같은 부피에 들어 있는 이온 수 비는 HCl(aq) : NaOH(aq)=4 : 1이다.

수용액	부피(mL)	혼합 용액에 들어 있는 이온 수		
		H^+	Na^+	Cl^-
HCl(aq)	x	N	N	$2N$
NaOH(aq)	y			

$x : y$는?

① 1 : 1 ② 1 : 2 ③ 1 : 4

④ 2 : 1 ⑤ 4 : 1

614

그림은 0.1 M HCl(aq) 10 mL에 x M NaOH(aq)을 넣었을 때, 혼합 용액에 들어 있는 이온 (가)와 (나)의 수를 넣어준 NaOH(aq)의 부피에 따라 나타낸 것이다.

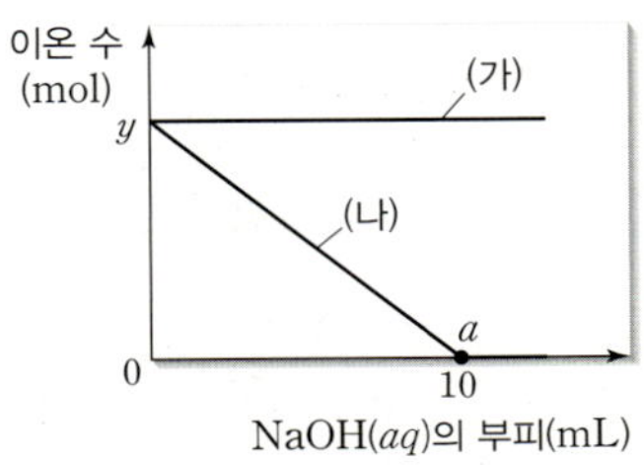

이에 대한 설명으로 옳은 것만을 〈보기〉에서 있는 대로 고른 것은?

보기

ㄱ. x=0.1이다.

ㄴ. y=0.01이다.

ㄷ. a점에서 용액에 들어 있는 총 이온 수는 0.004몰이다.

① ㄱ ② ㄴ ③ ㄱ, ㄷ

④ ㄴ, ㄷ ⑤ ㄱ, ㄴ, ㄷ

615

다음 중 25℃에서 pH가 2인 HCl(aq) 100 mL와 혼합하였을 때 중화점에 도달하지 <u>않는</u> 것은?

① 0.1 M NaOH(aq) 10 mL

② 0.5 M NaOH(aq) 2 mL

③ 0.05 M KOH(aq) 20 mL

④ 0.05 M Ca(OH)$_2$(aq) 10 mL

⑤ 0.02 M KOH(aq) 5 mL

616

다음은 식초 속 아세트산(CH_3COOH)의 함량(%)을 구하기 위한 실험이다.

[실험 과정]

(가) 일정량의 식초를 $\frac{1}{10}$로 묽힌 수용액 20 mL를 삼각 플라스크에 넣고 페놀프탈레인 용액을 1~2방울 떨어뜨린다.

(나) 그림과 같이 장치하고 0.1 M 수산화 나트륨(NaOH) 수용액을 삼각 플라스크에 한 방울씩 떨어뜨린다.

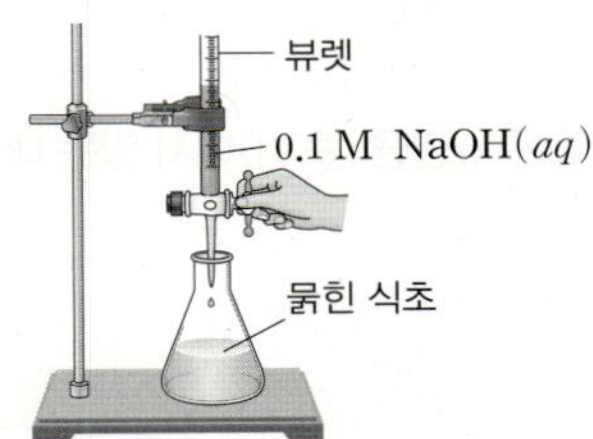

(다) 삼각 플라스크 속 용액에서 붉은색이 나타난 뒤 사라지지 않을 때 적정을 멈추고 넣어준 NaOH 수용액의 부피를 계산한다.

[실험 결과]
넣어준 NaOH 수용액의 부피는 10 mL이다.

식초 속 아세트산의 함량(%)을 구하기 위해 필요한 내용으로 옳은 것만을 〈보기〉에서 있는 대로 고른 것은?

보기

ㄱ. 식초 속의 산은 아세트산 뿐이어야 한다.

ㄴ. 아세트산의 분자량을 알아야 한다.

ㄷ. (가)에서 $\frac{1}{10}$로 묽힌 식초의 밀도를 알아야 한다.

① ㄱ ② ㄷ ③ ㄱ, ㄴ

④ ㄴ, ㄷ ⑤ ㄱ, ㄴ, ㄷ

01. 산화 환원 반응

617

다음은 SO_2과 관련된 반응의 화학 반응식이다.

> (가) $SO_2 + I_2 + 2H_2O \longrightarrow 2HI + H_2SO_4$
> (나) $SO_2 + 2H_2S \longrightarrow 2H_2O + 3S$
> (다) $SO_2 + H_2O \longrightarrow H_2SO_3$

(가)~(다) 중 산화 환원 반응만을 있는 대로 고른 것은?

① (가) ② (다) ③ (가), (나)
④ (나), (다) ⑤ (가), (나), (다)

618

다음은 철의 제련과 관련된 2가지 화학 반응식이다.

> (가) $2C + O_2 \longrightarrow 2\boxed{X}$
> (나) $Fe_2O_3 + 3CO \longrightarrow 2Fe + 3\boxed{Y}$

이에 대한 설명으로 옳은 것만을 〈보기〉에서 있는 대로 고른 것은?

> **보기**
> ㄱ. (가)와 (나)는 산화 환원 반응이다.
> ㄴ. (가)에서 O_2는 산화된다.
> ㄷ. C의 산화수는 Y에서가 X에서보다 크다.

① ㄱ ② ㄴ ③ ㄱ, ㄷ
④ ㄴ, ㄷ ⑤ ㄱ, ㄴ, ㄷ

619

표는 질소(N)를 포함한 4가지 물질의 분자식과 각 물질에서 N의 산화수를 나타낸 것이다.

분자식	N_2	NH_3	NO_2	NF_3
N의 산화수	a	b	c	d

$a+b+c+d$는?

① 0 ② 2 ③ 3 ④ 4 ⑤ 10

620

다음은 산화 환원 반응과 관련된 3가지 실험이다.

> [실험]
> (가) 마그네슘(Mg) 리본에 불을 붙였더니 밝은 빛을 내면서 연소하였다.
> (나) 나트륨(Na)을 염소 기체(Cl_2)가 있는 용기에 넣고 반응시켰더니 격렬히 반응하여 흰색 고체가 생성되었다.
> (다) 무색의 $KBr(aq)$에 $Cl_2(g)$를 반응시켰더니 적갈색의 Br_2이 생성되었다.

이에 대한 설명으로 옳은 것만을 〈보기〉에서 있는 대로 고른 것은?

> **보기**
> ㄱ. (가)에서 마그네슘(Mg)은 산화된다.
> ㄴ. (나)에서 염소 기체(Cl_2)는 환원된다.
> ㄷ. (다)에서 Br^-은 산화된다.

① ㄴ ② ㄷ ③ ㄱ, ㄴ
④ ㄱ, ㄷ ⑤ ㄱ, ㄴ, ㄷ

621

그림은 3가지 분자 (가)~(다)의 구조식을 나타낸 것이다.

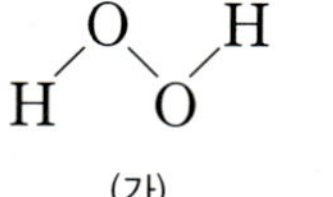

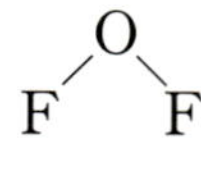

O
H F
(다)

(가)~(다)에서 O의 산화수로 옳은 것은?

	(가)	(나)	(다)
①	-2	-1	0
②	-2	$+2$	$+1$
③	-1	-2	$+1$
④	-1	$+2$	-1
⑤	-1	$+2$	0

622

다음은 금속과 $HCl(aq)$의 산화 환원 반응 실험이다.

[실험 과정 및 결과]
(가) $HCl(aq)$ 100 mL에 충분한 양의 아연(Zn)을 넣었더니 수소 기체(H_2)가 발생하였다.
(나) (가)의 수용액에 마그네슘(Mg) 막대를 넣었더니 마그네슘(Mg) 막대에 금속이 석출되었다.

이에 대한 설명으로 옳은 것만을 〈보기〉에서 있는 대로 고른 것은?

보기
ㄱ. (가)와 (나)에서 산화 환원 반응이 일어난다.
ㄴ. (가)에서 수소(H)의 산화수는 증가한다.
ㄷ. (나)에서 마그네슘(Mg) 막대에 석출된 금속은 아연(Zn)이다.

① ㄱ　　　② ㄴ　　　③ ㄱ, ㄷ
④ ㄴ, ㄷ　　　⑤ ㄱ, ㄴ, ㄷ

623

그림은 황산 구리($CuSO_4$) 수용액에 금속 A 막대를 넣었을 때 일어나는 반응을 모형으로 나타낸 것이다. 원자량은 Cu > A이다.

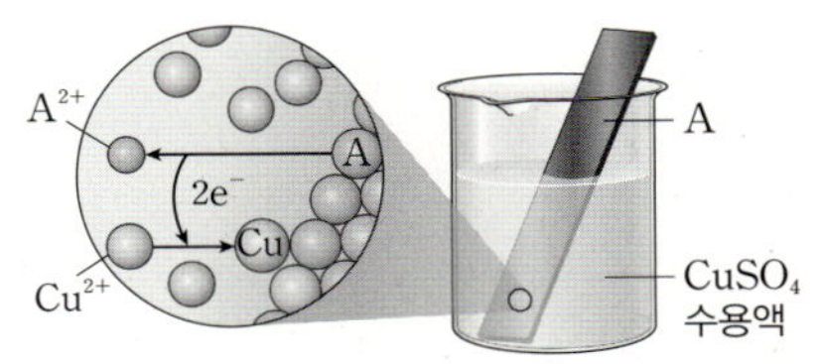

이에 대한 설명으로 옳은 것만을 〈보기〉에서 있는 대로 고른 것은? (단, A는 임의의 원소 기호이다.)

보기
ㄱ. A는 산화된다.
ㄴ. $CuSO_4$는 환원제이다.
ㄷ. 수용액의 밀도는 증가한다.

① ㄱ　　　② ㄴ　　　③ ㄱ, ㄷ
④ ㄴ, ㄷ　　　⑤ ㄱ, ㄴ, ㄷ

624

다음은 3가지 산화 환원 반응식이다.

(가) $2F_2(g) + 2H_2O(l) \longrightarrow O_2(g) + 4HF(aq)$
(나) $Cl_2(g) + H_2O(l) \longrightarrow HOCl(aq) + H^+(aq) + Cl^-(aq)$
(다) $2KCl(aq) + F_2(g) \longrightarrow 2KF(aq) + Cl_2(g)$

이에 대한 설명으로 옳은 것만을 〈보기〉에서 있는 대로 고른 것은?

보기
ㄱ. (가)에서 F_2은 환원제이다.
ㄴ. (나)에서 H_2O은 산화제이다.
ㄷ. (다)에서 F_2이 Cl_2보다 환원되기 쉽다.

① ㄱ　　　② ㄷ　　　③ ㄱ, ㄴ
④ ㄴ, ㄷ　　　⑤ ㄱ, ㄴ, ㄷ

625

그림 (가)는 금속 X와 Y를 묽은 황산(H_2SO_4)에 넣었을 때의 모습을 나타낸 것이고, (나)는 (가)에서 시간에 따른 수용액의 양이온 수 변화를 나타낸 것이다.

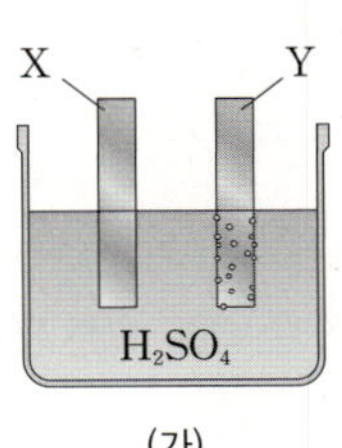

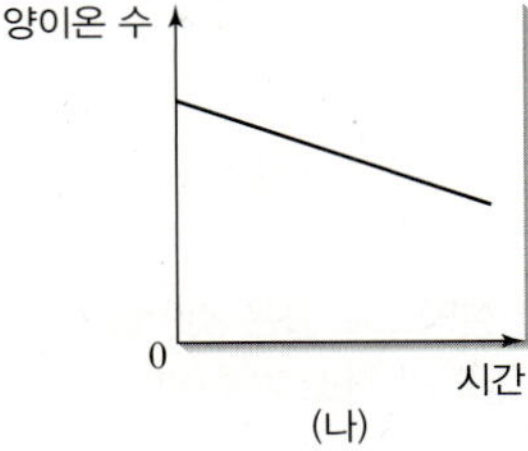

이에 대한 설명으로 옳은 것은? (단, X와 Y는 임의의 원소 기호이고, 음이온은 반응에 참여하지 않는다.)

① (가)의 Y에서 발생한 기체는 산소(O_2)이다.
② (가)에서 Y의 산화수는 감소한다.
③ (가)에서 H_2SO_4은 환원제이다.
④ Y 이온의 산화수는 +1이다.
⑤ X 이온이 들어 있는 수용액에 Y를 넣으면 반응이 일어난다.

626

그림은 금속 A 이온이 들어 있는 수용액에 금속 B를 넣어 반응시켰을 때, 반응한 B 원자 수에 따른 수용액의 전체 금속 이온 수를 나타낸 것이다.

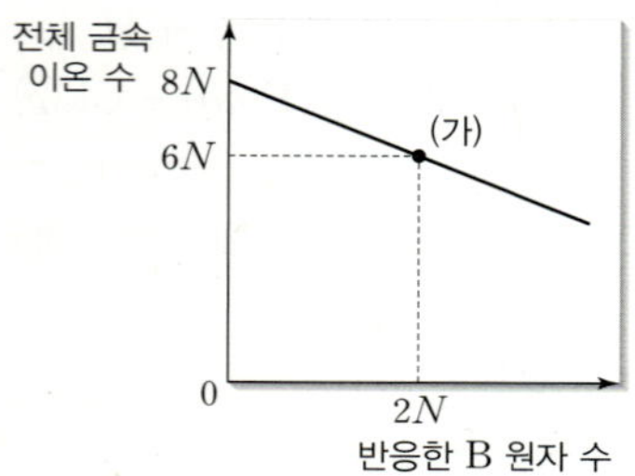

A 이온과 B 이온의 산화수를 옳게 짝 지은 것은? (단, A와 B는 임의의 원소 기호이고, A 이온과 B 이온의 산화수는 각각 +3 이하이다.)

	A 이온	B 이온
①	+1	+2
②	+1	+3
③	+2	+1
④	+2	+3
⑤	+3	+1

627

다음은 금속 A xN과 B yN이 들어 있는 비커에 $C^{2+}(aq)$의 부피만을 달리하여 넣은 실험 Ⅰ과 Ⅱ에 대한 자료이다.

- A가 모두 산화된 후 B가 산화된다.
- 실험 Ⅱ에서 금속 B는 모두 산화되었다.

실험	$C^{2+}(aq)$의 부피(mL)	반응 후 용액 속의 금속 양이온	
		종류	수
Ⅰ	100	A^{3+}, B^+	$6N$
Ⅱ	200	A^{3+}, B^+	$18N$

이에 대한 설명으로 옳은 것만을 〈보기〉에서 있는 대로 고른 것은? (단, A~C는 임의의 원소 기호이다.)

보기

ㄱ. $C^{2+}(aq)$ 100 mL에 들어 있는 C^{2+} 수는 $6N$이다.
ㄴ. 실험 Ⅱ에서 반응 후 용액에 들어 있는 A^{3+} 수는 $4N$이다.
ㄷ. 실험 Ⅰ에서 반응 후 용액에 남아 있는 금속의 양은 $12N$이다.

① ㄱ ② ㄴ ③ ㄱ, ㄷ
④ ㄴ, ㄷ ⑤ ㄱ, ㄴ, ㄷ

628

다음은 어떤 산화 환원 반응의 알짜 이온 반응식이다.

$$a\text{MnO}_4^-(aq) + b\text{Br}^-(aq) + c\text{H}^+(aq) \longrightarrow d\text{Mn}^{2+}(aq) + e\text{Br}_2(aq) + f\text{H}_2\text{O}(l)$$

이에 대한 설명으로 옳은 것만을 〈보기〉에서 있는 대로 고른 것은? (단, $a{\sim}f$는 반응 계수이다.)

보기

ㄱ. Mn의 산화수는 $+7$에서 $+2$로 감소한다.
ㄴ. Br^-은 환원제이다.
ㄷ. $a+c+e=23$이다.

① ㄱ ② ㄷ ③ ㄱ, ㄴ
④ ㄴ, ㄷ ⑤ ㄱ, ㄴ, ㄷ

629

다음은 어떤 산화 환원 반응의 알짜 이온 반응식이다.

$$\text{C}_2\text{H}_5\text{OH}(aq) + a\text{Cr}_2\text{O}_7^{2-}(aq) + b\text{H}^+(aq) \longrightarrow c\text{CO}_2(aq) + d\text{Cr}^{3+}(aq) + 11\text{H}_2\text{O}(l)$$

이에 대한 설명으로 옳은 것만을 〈보기〉에서 있는 대로 고른 것은? (단, $a{\sim}d$는 반응 계수이다.)

보기

ㄱ. $a+b=18$이다.
ㄴ. $c+d=6$이다.
ㄷ. $\text{C}_2\text{H}_5\text{OH}$ 1몰이 반응할 때 이동한 전자의 양(mol)은 12몰이다.

① ㄱ ② ㄷ ③ ㄱ, ㄴ
④ ㄴ, ㄷ ⑤ ㄱ, ㄴ, ㄷ

630

다음은 구리(Cu)와 묽은 질산(HNO_3)의 산화 환원 반응식이다.

$$a\text{Cu} + b\text{NO}_3^- + c\text{H}^+ \longrightarrow a\text{Cu}^{2+} + b\text{NO} + d\text{H}_2\text{O}$$

$a+b+c+d$는? (단, $a{\sim}d$는 반응 계수이다.)

① 5 ② 10 ③ 13 ④ 17 ⑤ 21

631

다음은 2가지 반응의 화학 반응식이다.

> (가) $2S_2O_3^{2-} + I_3^- \longrightarrow S_4O_6^{2-} + 3I^-$
> (나) $O_3 + aI^- + bH^+ \longrightarrow O_2 + cI_3^- + dH_2O$

이에 대한 설명으로 옳은 것만을 〈보기〉에서 있는 대로 고른 것은? (단, $a \sim d$는 반응 계수이다.)

보기

> ㄱ. (가)는 산화 환원 반응이다.
> ㄴ. $a+b > 2(c+d)$이다.
> ㄷ. (가)와 (나)에는 산화수 변화가 없는 원자가 있다.

① ㄱ   ② ㄷ   ③ ㄱ, ㄴ
④ ㄴ, ㄷ   ⑤ ㄱ, ㄴ, ㄷ

632

다음은 2가지 반응의 화학 반응식이다.

> (가) $MnO_2 + 2I^- + 4H^+ \longrightarrow Mn^{2+} + I_2 + 2\boxed{\text{㉠}}$
> (나) $NH_4^+ + 2O_2 \longrightarrow NO_3^- + 2H^+ + \boxed{\text{㉡}}$

이에 대한 설명으로 옳은 것만을 〈보기〉에서 있는 대로 고른 것은?

보기

> ㄱ. ㉠과 ㉡은 같은 물질이다.
> ㄴ. (가)에서 MnO_2 1몰이 반응할 때 이동한 전자의 양(mol)은 5몰이다.
> ㄷ. (나)에서 NH_4^+은 환원제이다.

① ㄱ   ② ㄴ   ③ ㄱ, ㄷ
④ ㄴ, ㄷ   ⑤ ㄱ, ㄴ, ㄷ

633

그림은 $A+B \longrightarrow C+D$의 반응이 일어날 때 반응의 진행에 따른 에너지 변화를 나타낸 것이다.

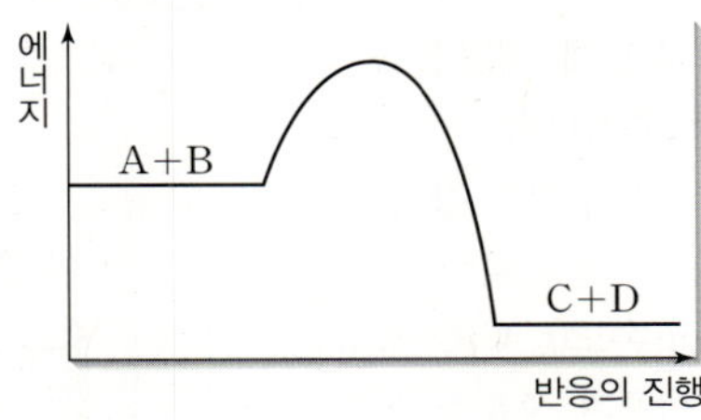

이에 대한 설명으로 옳은 것만을 〈보기〉에서 있는 대로 고른 것은?

보기

> ㄱ. 이 반응은 발열 반응이다.
> ㄴ. 반응 후 주위의 온도는 낮아진다.
> ㄷ. $NH_4NO_3(s)$의 용해 반응도 $A+B \longrightarrow C+D$ 반응과 같은 열출입 방향을 갖는다.

① ㄱ   ② ㄴ   ③ ㄱ, ㄷ
④ ㄴ, ㄷ   ⑤ ㄱ, ㄴ, ㄷ

634

다음은 나트륨(Na)과 물(H_2O)의 반응에 대한 자료이다.

> • 화학 반응식: $2Na(s) + 2H_2O(l) \longrightarrow 2NaOH(aq) + H_2(g)$
> • $Na(s)$ 1몰이 반응할 때 출입한 열량 : $367.5\,kJ/mol$

이에 대한 설명으로 옳은 것만을 〈보기〉에서 있는 대로 고른 것은? (단, H의 원자량은 1이다.)

보기

> ㄱ. 반응물의 에너지가 생성물의 에너지보다 높다.
> ㄴ. 반응 후 수용액의 pH는 증가한다.
> ㄷ. H_2 1g이 생성될 때 출입한 열량은 $735\,kJ$이다.

① ㄱ   ② ㄷ   ③ ㄱ, ㄴ
④ ㄴ, ㄷ   ⑤ ㄱ, ㄴ, ㄷ

635

다음은 에탄올의 연소열을 측정하기 위한 실험이다. 물의 비열은 c J/g·℃이다.

[실험]

(가) 삼각 플라스크에 물 200 g을 넣고 온도(t_1 ℃)를 측정한다.

(나) 알코올 램프에 에탄올을 채운 다음 뚜껑을 덮고 질량(m_1 g)을 측정한다.

(다) 오른쪽 그림과 같이 장치한 후, 알코올 램프에 불을 붙여 물을 가열하면서 최고 온도(t_2 ℃)를 측정한다.

(라) 알코올 램프가 충분히 식은 후 질량(m_2 g)을 측정한다.

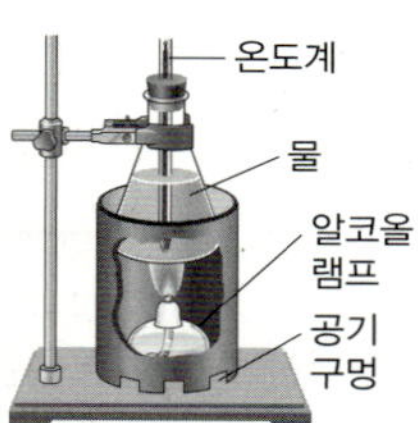

이 실험의 결과로 구한 에탄올의 연소열(J/g)은? (단, 에탄올의 연소로 발생한 열은 모두 물이 흡수하였다고 가정한다.)

① $200c(t_2-t_1)$

② $200c(t_2-t_1)(m_1-m_2)$

③ $\dfrac{200c(t_1-t_2)}{m_1-m_2}$

④ $\dfrac{200c(t_2-t_1)}{m_1-m_2}$

⑤ $\dfrac{m_1-m_2}{200c(t_2-t_1)}$

636

다음은 통열량계를 이용하여 C(흑연)의 연소열을 측정한 실험 결과이다.

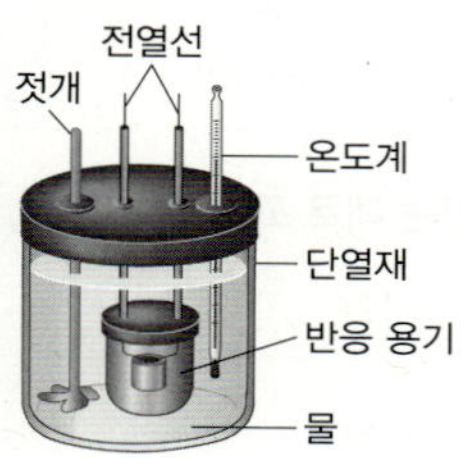

- 연소된 C(흑연)의 질량 : 1.2 g
- 열량계 속 물의 질량 : 2000 g
- 연소 전 물의 온도 : 25 ℃
- 연소 후 물의 온도 : 29 ℃
- 물의 비열 : 4.2 kJ/kg·℃
- 열량계의 열용량 : 12 kJ/℃

이산화 탄소(CO_2) 22 g이 생성될 때 발생하는 연소열(kJ)은? (단, C, O의 원자량은 각각 12, 16이다.)

① 33.6　　② 81.6　　③ 408
④ 816　　⑤ 1632

637

다음은 간이 열량계를 이용하여 NaOH(s)의 용해열을 측정한 실험 결과와 이에 대한 학생들의 대화이다.

- 용액의 질량 : a g
- 녹인 NaOH의 질량 : 4 g
- 처음 온도 : t_1 ℃
- 나중 온도 : t_2 ℃
- 용액의 비열 : c J/g·℃

- 학생 X : 실험에서 측정되는 NaOH(s)의 용해열은 $ca(t_2-t_1)$야.
- 학생 Y : NaOH(s) 1몰을 녹였을 때의 용해열을 구하려면 NaOH의 화학식량이 필요해.
- 학생 Z : 실험 결과는 이론적인 NaOH(s)의 용해열과 일치할 거야.

제시한 내용이 옳은 학생만을 있는 대로 고른 것은?

① X　　　　② Z　　　　③ X, Y
④ Y, Z　　⑤ X, Y, Z

638

다음은 통열량계를 이용하여 C_6H_6의 연소열을 측정하는 실험 과정이다. C_6H_6의 분자량은 78이다.

[실험 과정]

(가) 반응 용기에 C_6H_6 7.8 g과 산소 기체(O_2) x몰을 넣는다.

(나) 통열량계의 온도(t_1)를 측정한다.

(다) 넣어준 C_6H_6을 모두 완전 연소시킨다.

(라) 통열량계의 온도(t_2)를 측정한다.

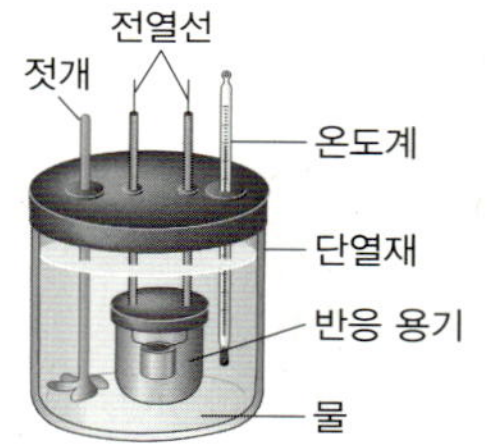

이에 대한 설명으로 옳은 것만을 〈보기〉에서 있는 대로 고른 것은?

보기

ㄱ. x의 최솟값은 0.75이다.

ㄴ. (다)에서 생성된 CO_2의 몰수는 0.6몰이다.

ㄷ. 이 실험의 결과로 C_6H_6 1몰이 완전 연소될 때 발생하는 열량을 구할 수 있다.

① ㄱ　　　　② ㄷ　　　　③ ㄱ, ㄴ
④ ㄴ, ㄷ　　⑤ ㄱ, ㄴ, ㄷ

BON.N제

BON. N제

BON. **N**제

BON.N제

BON.본 N제

화학 I 638Q

모든 교과서 완벽 분석
모든 교과서 내용을 체계적으로 분석하여
시험의 적중률을 높임

필수 개념의 출제 경향 파악
족집게 전략과 단골 문제를 통해
필수 개념의 출제 경향과 대표 문제 파악

다양한 유형의 문제 수록
시험에 나올 수 있는 모든 유형의 문제 수록

BON. 본 N 제

화학Ⅰ 638Q

정답 및 해설

이투스북

BON. N제

BON. N제

정답 및 해설

정답 및 해설

I-1. 화학과 우리 생활

01. 화학과 우리 생활

STEP 1 바로바로 개념 확인 본문 011쪽

001 암모니아 **002** 나일론 **003** 철 **004** 탄소 화합물 **005** (1) ×
(2) ○ (3) × **006** (1) (가): 이산화 탄소(CO_2), 물(H_2O) (나): 이산화 탄
소(CO_2), 물(H_2O) (2) (나)>(가) (3) (나)>(가)

004 탄소 화합물은 탄소(C)를 기본 골격으로 수소(H), 산소(O), 질소
(N), 할로젠 원소(F, Cl, Br, I) 등의 원자가 결합하여 이루어진 물질
이다.

005 (1) 탄소 화합물은 구성 원소의 종류는 적지만 그 종류는 매우 많다.
(2), (3) 탄소는 원자가 전자가 4개이므로 최대 4개의 공유 결합이 가능
하여 사슬 모양, 고리 모양 등의 다양한 화합물을 만든다.

006 (1) 탄소(C)와 수소(H)를 포함한 탄소 화합물이 완전 연소하면 이
산화 탄소(CO_2)와 물(H_2O)을 생성한다.
(2) CO_2 분자 1개를 구성하는 C 원자 수는 1이다. 따라서 탄소 화합물
이 완전 연소할 때 분자 1개당 탄소 원자 수와 같은 수의 CO_2 분자가
생성된다.
(3) (가)는 탄화수소이고, 물에 잘 녹는 부분이 존재하지 않으므로 물에
거의 녹지 않는다. (나)는 에탄올이고, 물과 잘 섞이는 하이드록시기
(−OH)가 존재하므로 물에 잘 녹는다.

STEP 2 알짜 문제로 실력 키우기 본문 012~015쪽

007 ③ **008** ① **009** ⑤ **010** ② **011** ③ **012** 해설 참조
013 ③ **014** ⑤ **015** ② **016** ④ **017** ㉠: 4, ㉡: 공유, ㉢: 고리
018 ③ **019** ③ **020** ④ **021** ③ **022** ⑤ **023** ④ **024** 해설
참조 **025** ③ **026** (가): 프로페인, (나): 에탄올, (다): 아세트산 **027** ③

007 ③ 암모니아는 공기 중의 질소와 수소를 고온, 고압에서 촉매를
이용해 합성하여 얻는다. 따라서 ㉠은 수소이다.
오답 피하기 ①, ② 철광석은 철의 산화물이다. 철광석을 코크스와 함께
용광로에 넣어 높은 온도로 가열하여 얻는 X는 철이다. 철은 단단하고
강도가 높아 건축 재료로 사용되어 주거 환경 개선에 기여하였다.
④, ⑤ Y는 암모니아로, 화학 비료의 원료로 사용된다.

추가로 나오는 선택지

❶ ○ ❷ × ❸ ○
❶ 철근 콘크리트는 기존의 콘크리트에 철을 넣어 만든 재료로, 강도가
높아 대규모 건축물을 지을 수 있게 되었다.

❷ 최초의 합성 섬유는 나일론이다.
❸ 암모니아는 화학 비료의 원료로 사용되어 인류의 식량 부족 문제 해
결에 기여하였다.

008 캐러더스가 개발한 최초의 합성 섬유는 나일론이다.

009 ㄱ. 천연 섬유는 자연에서 얻는 면, 마, 모 등으로 대량 생산이 어
렵다.
ㄴ. 모브는 퍼킨이 말라리아 치료제를 개발하던 중 발견한 최초의 합성
염료이다.
ㄷ. 합성염료의 사용으로 염료의 대량 생산이 가능해져 많은 사람들이
다양한 색깔의 옷을 입을 수 있게 되었다.

010 ㄷ. 질소와 수소를 반응시켜 합성한 암모니아는 화학 비료의 원료
로 사용되어 인류의 식량 부족 문제 해결에 기여하였다.
오답 피하기 ㄱ. 암모니아는 질소와 수소로 이루어진 화합물이므로 탄
소 화합물이 아니다.
ㄴ. 암모니아의 분자식은 NH_3이고, N와 H 2가지 원소로 이루어져 있
으며, 구성 원자 수는 4이다.

011 ㄱ. 화석 연료를 사용하기 전에는 자연에서 얻은 나무 등을 연료
로 사용하였는데, 화석 연료를 가정에서 연료로 사용하면서 안락한 주
거 환경이 조성되었다.
ㄴ. 콘크리트, 철근 콘크리트 등의 다양한 건축 재료의 개발과 이용으로
다양하고 대규모 건축물의 건설이 가능해졌다.
오답 피하기 ㄷ. 강도가 높아 대규모 건축물의 골격으로 사용되는 재료
는 철이다.

012 하버가 고온, 고압에서 질소와 수소를 반응시켜 합성한 물질은 암
모니아(NH_3)이다.
모범 답안 ㉠과 관련된 화학 반응식은 $N_2 + 3H_2 \longrightarrow 2NH_3$이고, 암
모니아는 화학 비료를 생산하는 원료로 사용되어 식물의 성장에 필요한
질소를 공급함으로써 인류의 식량 부족 문제 해결에 기여하였다.

채점 기준	배점
㉠과 관련된 화학 반응식을 옳게 쓰고, 어떤 분야의 문제 해결에 기여했는지를 옳게 서술한 경우	100%
㉠과 관련된 화학 반응식 또는 어떤 분야의 문제 해결에 기여했는지에 대한 설명 중 1가지만 옳게 서술한 경우	50%

013 자연 상태에서 산화물인 철광석을 코크스(C)와 함께 용광로에 넣
어 환원시켜 얻는 금속은 철(Fe)이다. 알루미늄(Al)은 알루미늄(Al)의
산화물인 보크사이트($Al_2O_3 \cdot 2H_2O$)를 가열하여 액체 상태에서 전기
분해하여 얻는다.

014 ㄱ. (가)는 암모니아이고, 화학 비료의 원료로 사용되어 식량 생
산량이 증대되어 식량 부족 문제 해결에 기여하였다.

ㄴ. (나)는 콘크리트이다.

ㄷ. (다)는 나일론이고, 질기고 신축성이 뛰어나 밧줄, 칫솔 등에 이용된다.

015 ㄷ. C 원자는 다른 C 원자와 연속적으로 결합하여 사슬 모양, 가지가 달린 사슬 모양, 고리 모양 등의 다양한 형태로 결합할 수 있다.

오답 피하기 ㄱ. C 원자는 원자가 전자 수가 4이므로 C 원자 1개에 최대 4개의 원자가 결합할 수 있다. C 원자가 다른 C 원자 또는 다른 종류의 원자와 2중 결합이나 3중 결합을 형성하는 경우에는 C 원자 1개에 결합하는 원자 수가 4보다 작다.

ㄴ. C 원자는 다른 원자와 전자쌍을 1개 공유하여 단일 결합을 형성할 수 있고, 전자쌍을 2개 또는 3개 공유하여 2중 결합이나 3중 결합을 형성할 수도 있다.

추가로 나오는 선택지

❶ × ❷ ○ ❸ ×

❶ 탄소 화합물은 비금속 원소인 C 원자에 H, O, N, 할로젠 원소 등이 결합한 공유 결합 물질이다.

❷ C 원자는 C 원자끼리 연속적으로 결합하여 사슬 모양, 고리 모양 등의 구조를 갖는 물질을 형성할 수 있다.

❸ 탄소 화합물을 구성하는 원소의 종류는 적지만 결합 방식이 다양하여 탄소 화합물의 종류는 매우 많다.

016 ④ 산화 철(Fe_2O_3)은 철(Fe)과 산소(O)로 이루어진 물질로 탄소 화합물이 아니다.

오답 피하기 ①, ②, ③, ⑤ 탄소 화합물은 C 원자가 H, O, N, 할로젠 원소 등의 원자와 결합한 화합물이다.

017 탄소 원자는 원자가 전자 수가 4로 최대 4개의 원자와 전자쌍을 공유하여 공유 결합을 형성한다. C 원자는 다른 원자와 사슬 모양, 고리 모양 등으로 연결되어 다양한 형태의 화합물을 형성한다.

018 ㄱ. C 원자는 원자가 전자 수가 4이므로 C 원자 1개에 최대 4개의 원자가 결합할 수 있다.

ㄷ. 탄소 화합물에는 C 원자가 포함되므로 완전 연소하면 이산화 탄소(CO_2)가 생성된다.

오답 피하기 ㄴ. C 원자는 다른 C 원자와 전자쌍을 1개 공유하여 단일 결합을 형성할 수 있고, 전자쌍을 2개 또는 3개 공유하여 2중 결합 또는 3중 결합을 형성할 수 있다.

019 ③ 탄화수소는 C 원자와 H 원자로만 이루어진 탄소 화합물이다. 따라서 탄소 화합물에 O 원자가 반드시 포함되는 것은 아니다.

오답 피하기 ① 탄소 화합물은 C 원자를 기본 골격으로 하여 C 원자에 H, O, N, 할로젠 원소 등의 원자가 결합한 화합물이다.

② 탄소 화합물 중 C 원자와 H 원자로만 이루어진 화합물이 탄화수소

이다.

④ 우리 몸을 이루는 탄수화물, 단백질, 의류, 플라스틱, 의약품 등은 모두 탄소 화합물이다.

⑤ 탄소 화합물은 구성 원소의 종류는 적지만 C 원자의 결합 방식이 다양하여 화합물의 종류가 매우 다양하다.

020 ④ 에탄올(C_2H_5OH)은 물에 녹지만 물에 녹아 수산화 이온(OH^-)을 내놓지 않으므로 염기성을 나타내지 않으며, 중성을 띤다.

오답 피하기 ①, ② (가)는 탄소와 수소로 이루어진 탄화수소 중 메테인(CH_4)이고, 천연가스에서 주로 얻는다.

③ (나)는 에탄올(C_2H_5OH)로, 술의 성분이다.

⑤ (다)는 아세트산(CH_3COOH)으로, 물에 녹아 수소 이온(H^+)을 내놓으므로 산성을 나타낸다.

추가로 나오는 선택지

❶ ○ ❷ ○ ❸ ○

❶ (가)는 메테인으로, 가정용 연료로 사용되는 액화 천연가스(LNG)의 주성분이다.

❷ (나)는 에탄올로, 소독용으로 사용되는 알코올이다.

❸ (다)는 아세트산으로, 식초의 원료로 사용된다.

021 ㄱ. 주로 에탄올(C_2H_5OH)을 발효시켜 얻는 탄소 화합물은 아세트산(CH_3COOH)이다. 아세트산(CH_3COOH)은 물에 녹아 수소 이온(H^+)을 내놓아 약한 산성을 나타내므로 식초의 원료로 사용된다.

ㄷ. 아세트산(CH_3COOH) 수용액에는 수소 이온(H^+)이 들어 있으므로 BTB 용액을 떨어뜨리면 노란색을 띤다.

오답 피하기 ㄴ. 손 소독제의 원료로 이용되는 탄소 화합물은 에탄올(C_2H_5OH)이다.

022 ㄱ. (가)~(다)는 모두 탄소와 수소로만 이루어진 탄화수소이다.

ㄴ. (가)는 메테인(CH_4)으로, 가정용 연료인 액화 천연가스(LNG)의 주성분이다. (나)와 (다)는 각각 프로페인(C_3H_8), 뷰테인(C_4H_{10})이고, 모두 액화 석유가스(LPG)의 주성분이다. 따라서 (가)~(다)는 모두 연소할 때 많은 열을 방출하므로 연료로 이용된다.

ㄷ. 탄화수소는 물에 잘 섞이는 부분이 없어 물에 잘 녹지 않는다.

탄화수소의 분자 모형과 성질

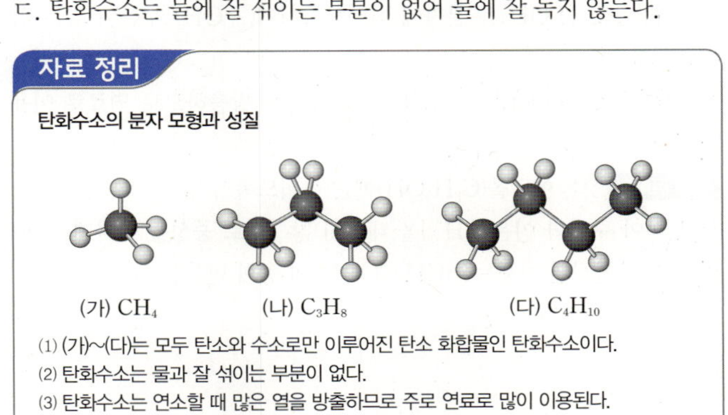

(1) (가)~(다)는 모두 탄소와 수소로만 이루어진 탄소 화합물인 탄화수소이다.
(2) 탄화수소는 물과 잘 섞이는 부분이 없다.
(3) 탄화수소는 연소할 때 많은 열을 방출하므로 주로 연료로 많이 이용된다.

023 물과 잘 섞이는 부분이 없어 물에 잘 녹지 않는다.

오답 피하기 ① 메테인(CH_4)은 탄화수소 중 C 원자 1개를 포함한 가장 간단한 탄화수소이다.

② 메테인(CH_4)은 가정용 연료인 액화 천연가스(LNG)의 주성분이다.

③ H 원자는 원자가 전자 수가 1이므로 C 원자와 각 H 원자 사이의 공유 전자쌍 수는 1이다. 즉, C 원자와 H 원자 사이의 결합은 단일 결합이다.

⑤ 분자 1개를 구성하는 C 원자 수가 1이므로 완전 연소할 때 생성되는 CO_2 분자 수는 1이다.

024 (가)는 에탄올(C_2H_5OH), (나)는 아세트산(CH_3COOH)이다.

모범 답안 식초의 성분으로 사용하는 물질은 (나) 아세트산(CH_3COOH)이고, 아세트산(CH_3COOH)은 물에 녹아 산성을 나타내는 수소 이온(H^+)을 내놓으므로 신맛을 내는 조미료인 식초의 성분으로 사용한다.

채점 기준	배점
(나) 아세트산(CH_3COOH)을 옳게 쓰고, 그 까닭을 옳게 설명한 경우	100%
(나) 아세트산(CH_3COOH)만 옳게 쓴 경우	50%

025 제시된 탄소 화합물은 에탄올(C_2H_5OH)이다.

ㄱ. 에탄올(C_2H_5OH)은 술의 성분이다.

ㄴ. 에탄올(C_2H_5OH)에는 탄소와 수소가 포함되므로 완전 연소하여 이산화 탄소(CO_2)와 물(H_2O)을 생성한다.

오답 피하기 ㄷ. 에탄올의 하이드록시기($-OH$) 부분은 물과 잘 섞이는 부분이지만, 물에 녹아 수산화 이온(OH^-)을 내놓지 않으므로 염기성을 나타내지 않는다. 따라서 에탄올(C_2H_5OH) 수용액은 중성이다.

026 탄소(C) 원자 수가 3이고 액화 석유가스(LPG)의 성분인 탄화수소는 프로페인(C_3H_8)이다. 또한 술의 성분으로 곡물이나 과일을 발효시켜 얻을 수 있는 탄소 화합물은 에탄올(C_2H_5OH)이고, 주로 에탄올(C_2H_5OH)을 발효시켜 얻는 탄소 화합물은 아세트산(CH_3COOH)이다.

027 탄소(C) 원자 수가 2이고, 물과 기름에 모두 잘 녹으며, 살균 소독 작용을 하는 탄소 화합물은 에탄올(C_2H_5OH)이다.

ㄱ. 에탄올(C_2H_5OH)은 분자에 하이드록시기($-OH$) 부분이 있는 알코올이다.

ㄴ. 에탄올(C_2H_5OH)은 연소할 때 많은 열을 방출하므로 연료로 이용할 수 있다.

오답 피하기 ㄷ. 에탄올(C_2H_5OH)에는 하이드록시기($-OH$)가 있지만 물에 녹아 수산화 이온(OH^-)을 내놓지 않으므로 중성을 나타낸다. 따라서 산성 물질인 아세트산(CH_3COOH)과 중화 반응을 하지 않는다.

STEP 3 1등급을 위한 실전 완벽 대비   본문 016~017쪽

028 ③   **029** ②   **030** ⑤   **031** ①   **032** ③   **033** ②   **034** ⑤   **035** ⑤

028 A는 암모니아(NH_3)이고, B는 메테인(CH_4)이다.

ㄱ. 암모니아(NH_3)(A)는 화학 비료의 원료로 이용된다.

ㄴ. 메테인(CH_4)(B)이 연소할 때 이산화 탄소(CO_2)와 물(H_2O)이 생성되므로 B는 탄소(C)와 수소(H)를 포함한 탄화수소임을 알 수 있다.

오답 피하기 ㄷ. 암모니아(NH_3)(A)를 원료로 하는 화학 비료의 사용으로 농업 생산량이 증대되어 인류의 식량 부족 문제를 해결할 수 있게 되었다. 메테인(CH_4)(B)은 인류의 주거 환경을 개선하는 데 기여하였다.

029 • 민수: 합성염료의 개발로 다양한 색의 염료를 대량으로 생산할 수 있게 되어 다양한 색깔의 옷을 입을 수 있게 되었다.

오답 피하기 • 철수: 천연 섬유는 주로 식물이나 동물로부터 얻은 재료로 만들므로 대량 생산이 어렵고, 질기지 않아 수명이 짧다.

• 영희: 합성 섬유는 화석 연료를 원료로 하여 합성하므로 대량으로 생산할 수 있고, 여러 가지 기능을 추가하여 다양한 소재로 만들 수 있다.

030 X는 산화 철(Fe_2O_3)을 환원시켜 얻는 철(Fe)이다. Y는 알루미늄의 광석인 산화 알루미늄(Al_2O_3)을 가열하여 녹인 후 전기 분해하여 얻는 알루미늄(Al)이다.

ㄱ. 콘크리트에 철(Fe)을 넣은 철근 콘크리트는 콘크리트의 강도를 높여 대규모 건축물을 짓는 데 이용된다.

ㄴ. 알루미늄(Al)은 가볍고 단단하며 잘 녹슬지 않아 창틀이나 건물 외벽에 이용된다.

ㄷ. (가)와 (나)에서 산소(O) 원자가 이동하므로 모두 산화 환원 반응이다.

031 ㉠은 암모니아(NH_3), ㉡은 합성염료, ㉢은 철(Fe)이다.

ㄱ. 암모니아(NH_3)는 질소와 수소가 반응하여 생성되는 물질이고, 질소와 수소가 반응하여 암모니아를 생성하는 반응의 화학 반응식은 다음과 같다.

$$N_2(g) + 3H_2(g) \longrightarrow 2NH_3(g)$$

오답 피하기 ㄴ. ㉡은 합성염료이다.

ㄷ. ㉢은 철(Fe)로, 단단하지만 녹이 잘 슬어 외벽으로 이용하지 않는다.

032 ㄱ. (가)는 메테인(CH_4)으로, (가)가 완전 연소하여 분자 1개당 생성되는 이산화 탄소(CO_2) 분자 수는 1, 물(H_2O) 분자 수는 2이다. (다)는 아세트산(CH_3COOH)으로, (다)가 완전 연소하여 분자 1개당 생성되는 이산화 탄소(CO_2) 분자 수는 2, 물(H_2O) 분자 수는 2이다. 따라서 탄소 화합물이 완전 연소할 때 분자 1개당 생성되는 $\dfrac{H_2O \text{ 분자 수}}{CO_2 \text{ 분자 수}}$ 는 (가)가 (다)의 2배이다.

ㄷ. (나)가 (다)로 될 때 산소(O) 원자를 얻으므로 (나)가 산화된다.

 ㄴ. (나)의 수용액은 중성이고, (다)의 수용액은 산성이므로 각 수용액에 BTB 용액을 떨어뜨리면 (나)의 수용액의 색은 변하지 않고, (다)의 수용액은 노란색을 나타낸다.

자료 정리

탄소 화합물의 분자 모형과 성질

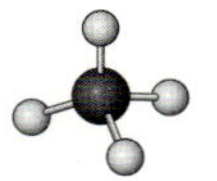 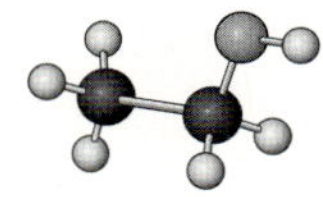 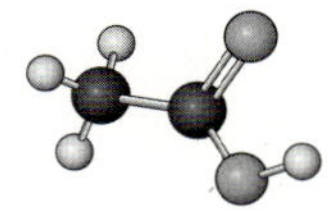

CH_4(메테인) C_2H_5OH(에탄올) CH_3COOH(아세트산)

(1) CO_2를 구성하는 C 원자 수는 1, H_2O을 구성하는 H 원자 수는 2이므로 탄소 화합물이 완전 연소하면 탄소 화합물을 구성하는 C 원자 수만큼의 CO_2 분자와 H 원자 수의 절반만큼의 H_2O 분자가 생성된다.
(2) 알코올 분자에 있는 하이드록시기($-OH$) 부분은 물에 녹아 수산화 이온(OH^-)을 내놓지 않는다.
(3) 카복실산 분자에 있는 카복실기($-COOH$) 부분은 물에 녹아 수소 이온(H^+)을 내놓는다.

033 ㄴ. 폼알데하이드(HCHO)와 아세트산(CH_3COOH) 중 수용액이 산성인 물질은 아세트산(CH_3COOH)이므로 A는 CH_3COOH, B는 HCHO이다. 폼알데하이드(HCHO)는 가구용 접착제의 원료로 이용된다.

 ㄱ. 제시된 3가지 탄소 화합물 중 메테인(CH_4)만 탄소와 수소로만 이루어진 탄화수소이고, 기준 (가)에 메테인(CH_4)은 적용되지 않으므로 (가)에는 '탄화수소인가?'가 적절하지 않다.
ㄷ. 폼알데하이드(HCHO)와 아세트산(CH_3COOH)은 분자 1개를 구성하는 C 원자 수와 H 원자 수비가 1 : 2로 모두 같다.

034 (가)에 해당하는 물질은 모두 C 원자와 H 원자로만 이루어진 탄화수소이다. (나)에 해당하는 물질은 에탄올(C_2H_5OH)과 아세트산(CH_3COOH)으로, 두 물질 모두 물에 잘 녹는다.

 ① (가)는 모두 C 원자와 H 원자로만 이루어진 탄화수소이지만, (나)에 해당하는 물질 중 에탄올(C_2H_5OH)은 분자 상태로 녹아 있으므로 수용액은 전기 전도성이 없다. 반면, 물에 녹은 아세트산(CH_3COOH) 중 일부가 아세트산 이온(CH_3COO^-)과 수소 이온(H^+)으로 이온화하므로 아세트산(CH_3COOH) 수용액은 전기 전도성이 있다.
②, ④ (가)에 해당하는 프로페인(C_3H_8)과 뷰테인(C_4H_{10})은 액화 석유 가스(LPG)의 성분 물질이다.
③ (나)에 해당하는 에탄올(C_2H_5OH) 수용액은 중성이고, 아세트산(CH_3COOH) 수용액은 산성이다.

035 ㄱ. C 원자 1개를 포함한 탄화수소는 메테인(CH_4)이다. 따라서 (가)가 완전 연소할 때 분자 1개당 생성되는 CO_2 분자 수와 H_2O 분자 수비는 1 : 2이므로 메테인(CH_4)이 완전 연소할 때 분자 1개당 생성되는 $\dfrac{H_2O\ 분자\ 수}{CO_2\ 분자\ 수} = 2$이다.

ㄴ. (나)는 에탄올(C_2H_5OH)이고, (다)는 아세트산(CH_3COOH)이다. 따라서 분자 1개당 포함된 O 원자 수는 (나)가 1, (다)가 2이다.
ㄷ. (다)의 수용액은 아세트산(CH_3COOH) 수용액으로, 산성 용액이다. 따라서 마그네슘(Mg) 조각을 넣으면 수소(H_2) 기체가 발생한다.

I-2. 물질의 양과 화학 반응식

01. 화학식량과 몰

STEP 1 바로바로 개념 확인   본문 019쪽

036 원자량   **037** 원자량   **038** 6.02×10^{23}, 아보가드로수   **039** 22.4
040 (1) × (2) × (3) ○   **041** (1) 16 (2) 17 (3) 58.5 (4) 44   **042** (1) X: 1, Y: 16, Z: 12 (2) ㉠: 0.5, ㉡: 16, ㉢: 44 (3) X_2: 11.2L, Y_2: 11.2L, ZY_2: 5.6L

038 질량수가 12인 탄소 원자(^{12}C) 12g에 들어 있는 원자 수는 6.02×10^{23}인데, 이 수를 아보가드로수라고 한다.

040 (1) 원자량은 원자들의 상대적 질량이므로 단위가 없다.
(2) 일정한 온도와 압력에서 기체의 종류에 관계없이 모든 기체는 같은 부피 속에 들어 있는 분자 수가 같다.
(3) 일정한 온도와 압력에서 같은 부피 속에 들어 있는 기체의 분자 수가 같고, 분자량은 CO_2가 O_2보다 크므로 같은 부피의 질량은 CO_2가 O_2보다 크다.

041 화학식량은 화학식을 구성하는 원자들의 원자량의 합과 같다.
(1) CH_4의 분자량$=(12 \times 1)+(4 \times 1)=16$
(2) NH_3의 분자량$=(14 \times 1)+(3 \times 1)=17$
(3) $NaCl$의 화학식량$=(23 \times 1)+(35.5 \times 1)=58.5$
(4) CO_2의 분자량$=(12 \times 1)+(16 \times 2)=44$

042 (1) X_2의 분자량$=(2 \times X$의 원자량)이므로 X의 원자량은 1이다. Y_2의 분자량$=(2 \times Y$의 원자량)이므로 Y의 원자량은 16이다. ZY_2 0.25몰의 질량이 11g이므로 ZY_2 1몰의 질량은 44g이다. 따라서 ZY_2의 분자량은 44이므로 $(1 \times Z$의 원자량)$+(2 \times 16)=44$이다. 이로부터 Z의 원자량은 12이다.
(2) 분자의 양(mol)은 분자의 질량을 1몰의 질량(=분자량)으로 나누어서 구하므로 분자량이 2인 X_2 1g의 양(mol)은 0.5몰이다. Y_2의 분자량이 32이므로 Y_2 0.5몰의 질량은 16g이다. ZY_2 0.25몰의 질량이 11g이므로 ZY_2 1몰의 질량은 44g이다.
(3) 0℃, 1기압에서 모든 기체 1몰의 부피는 22.4L이므로 X_2와 Y_2의 부피는 각각 11.2L, ZY_2의 부피는 5.6L이다.

STEP 2 알짜 문제로 **실력 키우기**   본문 020~023쪽

043 ④	044 ②	045 ②	046 ⑤	047 ②	048 해설 참조
049 ④	050 ②	051 ④	052 ⑤	053 ④	054 ⑤	055 ③
056 ⑤	057 ④	058 ⑤	059 ⑤			

043 일정한 온도와 압력에서 기체의 부피비는 분자 수비와 같으므로 (가)~(다)에 들어 있는 기체 분자 수비는 $ZX_2 : X_2 : Y_2X = 9 : 18 : 32$이다. 이때 각 기체의 질량이 같으므로 분자량 비는 $ZX_2 : X_2 : Y_2X = 32 : 16 : 9$이다. 이로부터 ZX_2의 분자량을 $32k$라고 하면 X_2의 분자량은 $16k$, Y_2X의 분자량은 $9k$이다. 따라서 X~Z의 원자량은 각각 $8k$, $0.5k$, $16k$이므로 원자량은 $Z > X > Y$이다.

❶ ○ ❷ ○ ❸ ×

❶ ZX_2의 분자량이 $32k$일 때, X_2의 분자량은 $16k$이므로 분자량은 ZX_2가 X_2의 2배이다.

❷ 일정한 온도와 압력에서 기체 분자 수는 기체의 부피에 비례하므로 기체 분자 수는 X_2가 ZX_2의 2배이다.

❸ 일정한 온도와 압력에서 같은 질량의 기체의 부피는 분자량에 반비례하므로 분자량이 가장 작은 것은 Y_2X이다.

044 ㄴ. 원자량은 원자들의 실제 질량이 아닌 상대적 질량이다.

오답 피하기   ㄱ. 현재 사용하는 원자량은 질량수가 12인 탄소(^{12}C) 원자의 질량을 12로 정하여 사용한다.

ㄷ. 원자량은 원자들의 상대적 질량이므로 단위가 없다.

045 각 물질의 분자량은 다음과 같다.

물질	(가)	(나)	(다)	(라)
분자식	C_3H_8	CO_2	H_2O_2	CH_3OH
분자량	44	44	34	32

ㄷ. 1g에 들어 있는 분자 수비는 $(다) : (라) = \dfrac{1}{34} : \dfrac{1}{32}$이고, 분자 1개당 구성 원자 수는 (다)가 4, (라)가 6이므로 1g에 들어 있는 원자 수는 (라)가 (다)보다 크다.

오답 피하기   ㄱ. 분자량은 분자들의 상대적 질량이므로 분자량이 클수록 분자 1개의 질량이 크다. (가)와 (나)의 분자량이 같으므로 분자 1개의 질량은 (가)와 (나)가 같다.

ㄴ. 분자량이 클수록 1g에 들어 있는 분자 수가 작다. 따라서 1g에 들어 있는 분자 수는 (다)가 (나)보다 크다.

046 ㄱ. 원자량은 $X < Y$이므로 1g에 들어 있는 원자 수는 X가 Y보다 크다.

ㄴ. X 원자 1몰, 즉 N_A개의 질량이 12g이므로 X 원자 1개의 질량은 $\dfrac{12}{N_A}$g이다.

ㄷ. X의 원자량이 12이므로 $4 \times 12 = 3 \times (Y$의 원자량$)$으로부터 Y의 원자량은 16이다. 따라서 XY_2의 분자량은 $(1 \times 12) + (2 \times 16) = 44$이다.

047 XY_2의 분자량과 XY의 분자량 차가 Y의 원자량과 같으므로 Y의 원자량은 16이다. XY의 분자량 $= X$의 원자량 $+ Y$의 원자량 $= (X$의 원자량$) + 16 = 30$으로부터 X의 원자량은 14이다. 또한 X_2Y의 분자량은 $(2 \times 14) + (1 \times 16) = 44$이다.

048 H 원자 1개의 질량은 변하지 않지만 원자량은 원자들의 상대적 질량이므로 기준 값이 달라지면 원자량은 달라질 수 있다.

모범 답안 H의 원자량은 2이다. ^{12}C의 질량을 12로 정하고, 이를 기준으로 한 H 원자의 질량은 1인데, ^{12}C의 원자량을 24로 정하면 기준이 되는 원자량이 2배가 되므로 H의 원자량도 2배가 된다.

채점 기준	배점
새로운 H의 원자량을 옳게 구하고, 그 과정을 옳게 서술한 경우	100%
새로운 H의 원자량만 옳게 구한 경우	40%

049 (가)의 구성 원자 수는 2이므로 (가)의 분자식은 AB이고, (나)의 구성 원자 수는 4인데, 원자량은 A가 B보다 크므로 (나)의 분자식은 AB_3이다.

ㄴ. (가)는 AB이고, (나)는 AB_3이므로 같은 수의 A 원자와 결합하는 B 원자 수는 (가)에서 1이고, (나)에서 3이다. 따라서 1g의 A 원자와 결합하는 B 원자 수는 (나)가 (가)보다 크다.

ㄷ. A와 B의 원자량을 각각 a, b라고 하면 $a + b = 10k$, $a + 3b = 17k$로부터 $a = 6.5k$이고, $b = 3.5k$이다. 이로부터 AB_5의 분자량은 $24k$이므로 AB_5의 분자량(상댓값)은 24이다.

오답 피하기   ㄱ. (나)의 분자식은 AB_3이다.

050 ㄴ. (가)와 (나)의 분자량 비는 $(가) : (나) = \dfrac{1}{5} : \dfrac{1}{4} = 4 : 5$이다. 이로부터 (가)의 분자량을 $4k$라고 하면 (나)의 분자량은 $5k$이므로 (가)는 XY_2이고, (나)는 XY_3이다. X와 Y의 원자량을 각각 x, y라고 하면 $x + 2y = 4k$, $x + 3y = 5k$로부터 $x = 2k$, $y = k$이므로 원자량은 X가 Y의 2배이다.

오답 피하기   ㄱ. 분자량은 XY_2가 XY_3보다 작고, 각 분자의 1g당 분자 수는 분자량에 반비례하므로 1g에 들어 있는 분자 수가 큰 (가)는 XY_2이고, (나)는 XY_3이다.

ㄷ. (가) 1g당 원자 수를 $\dfrac{1}{4k} \times 3$이라고 하면 (나) 1g당 원자 수는 $\dfrac{1}{5k} \times 4$이다. 따라서 1g당 원자 수는 (가) $<$ (나)이다.

❶ × ❷ ○ ❸ ○

❶ 1g의 분자 수가 클수록 분자량이 작으므로 분자량은 (가) $<$ (나)이다.

❷ 1g의 분자 수는 (가) $>$ (나)이고, 각 분자에 들어 있는 X 원자 수는 같으므로 1g당 X 원자 수는 (가) $>$ (나)이다.

❸ 1g당 분자 수비는 (가) : (나) $=\dfrac{1}{4} : \dfrac{1}{5}$이고, (가)와 (나) 각 분자에 들어 있는 Y 원자 수는 각각 2, 3이므로 1g당 Y 원자 수는 (가) < (나)이다.

---

051 일정한 질량에 들어 있는 분자의 양(mol)은 물질의 질량을 물질 1몰의 질량으로 나누어서 구한다. 따라서 ㉠ 과정에서 필요한 값은 물의 분자량이다. 물 1몰에는 아보가드로수만큼의 물 분자가 들어 있으므로 물의 양(mol)으로부터 물 분자 수를 구하기 위해 필요한 값은 아보가드로수이다. 따라서 ㉡ 과정에서 필요한 값은 아보가드로수이다.

052 ㄱ. 분자 1개의 질량에 아보가드로수를 곱한 값이 분자 1몰의 질량이므로 (가)~(다)의 분자량은 각각 2, 18, 44이고, A의 원자량은 1, B의 원자량은 16, C의 원자량은 12이다. 따라서 $\dfrac{\text{B의 원자량}}{\text{C의 원자량}}=\dfrac{4}{3}$이다.

ㄴ. (나) 1g에 들어 있는 B 원자 수를 $\dfrac{1}{18}\times1$이라고 하면 (다) 1g에 들어 있는 B 원자 수는 $\dfrac{1}{44}\times2$이다. 따라서 1g에 들어 있는 B 원자 수는 (나)가 (다)보다 크다.

ㄷ. 분자량은 (가)가 (다)보다 작으므로 1g에 들어 있는 분자 수는 (가)가 (다)보다 크다. 따라서 0 ℃, 1기압에서 기체 1g의 부피는 (가)가 (다)보다 크다.

자료 정리

분자 (가)~(다)의 분자량

분자	(가)	(나)	(다)
분자식	A_2	A_2B	CB_2
분자 1개의 질량(g)	$\dfrac{1}{3}\times10^{-23}$	3.0×10^{-23}	$\dfrac{22}{3}\times10^{-23}$
분자량	2	18	44

(1) 각 분자 1몰에 들어 있는 분자 수, 즉 아보가드로수를 곱하면 분자 1몰의 질량이 된다. ➡ A_2의 분자량=2, A_2B의 분자량=18, CB_2의 분자량=44
(2) 분자량은 분자식을 구성하는 원자들의 원자량을 합한 값이다. ➡ A의 원자량=1, B의 원자량=16, C의 원자량=12
(3) 일정한 온도와 압력에서 기체의 부피비는 분자 수비와 같다. ➡ 0 ℃, 1기압에서 1g에 들어 있는 분자 수는 분자량이 작은 (가)가 (다)보다 크다.

---

053 ㄴ. 같은 양(mol)의 질량이 (나)가 (가)의 2배이므로 분자량은 (나)가 (가)의 2배이다. 이로부터 1g에 들어 있는 분자 수비는 (가) : (나)=2 : 1이고, 분자 1개당 구성 원자 수는 (가)에서 5, (나)에서 2이므로 1g에 들어 있는 원자 수비는 (가) : (나)$=2\times5 : 1\times2$이다. 따라서 1g에 들어 있는 원자 수는 (가)가 (나)의 5배이다.

ㄷ. $a=0.5$이므로 t ℃, 1기압에서 B_2C a몰의 부피는 16 L이다.

오답 피하기 ㄱ. t ℃, 1기압에서 기체 1몰의 부피가 32 L이므로 8 L의 양(mol)은 0.25몰이고, (나)와 (다) 0.25몰의 질량이 각각 8g, 11g이므로 1몰의 질량은 (나)가 32g, (다)가 44g이다. 이때 a몰의 질량이 0.25몰의 질량의 2배이므로 $a=0.5$이다.

054 ㄱ. 0 ℃, 1기압에서 기체 1몰의 부피는 22.4 L이므로 기체 11.2 L는 0.5몰에 해당한다. 이때 A와 B 11.2 L의 질량이 각각 15g, 20g이므로 A와 B 1몰의 질량은 각각 30g, 40g이다. 따라서 A의 분자량은 30이고, B의 분자량은 40이다.

ㄴ. B 1몰의 질량이 40g이고 분자 1몰에 들어 있는 C의 질량이 36g이므로 H의 질량은 4g이다. 따라서 B에서 $\dfrac{\text{C의 질량}}{\text{H의 질량}}=\dfrac{36}{4}=9$이다.

ㄷ. 분자 1몰에 들어 있는 H의 질량이 A에서는 6g이고, B에서는 4g이므로 분자 1개당 H 원자 수는 A가 B의 1.5배이다.

055 ㄱ, ㄴ. (가)~(다) 1몰을 구성하는 X와 Y의 양(mol)으로부터 (가)~(다)의 분자식과 분자량은 다음과 같다.

분자	(가)	(나)	(다)
분자식	XY	XY_2	X_2Y_4
분자량	30	46	92

이때 (나)와 (다)의 구성 원자 수비(X : Y)가 같고, 분자 1개당 구성 원자 수는 (다)가 (나)의 2배이므로 분자량은 (다)가 (나)의 2배이다. (나)와 (가)의 분자량 차는 Y의 원자량과 같으므로 Y의 원자량은 16이고, X의 원자량은 14이다. 따라서 원자량은 Y가 X보다 크므로 $\dfrac{\text{Y의 원자량}}{\text{X의 원자량}}>1$이다.

오답 피하기 ㄷ. 1g에 들어 있는 분자 수비는 (가) : (다)$=\dfrac{1}{30} : \dfrac{1}{92}$이고, 분자 1개당 구성 원자 수비는 (가) : (다)$=1 : 3$이므로 1g에 들어 있는 원자 수비는 (가) : (다)$=\dfrac{1}{30} : \left(\dfrac{1}{92}\times3\right)$이다.

056 ㄱ. (나)의 분자량이 16이고, 16g에 들어 있는 분자 수는 N_A이므로 4g에 들어 있는 분자 수는 $0.25N_A$이다.

ㄴ. 1g에 들어 있는 원자 수는 1g에 들어 있는 분자 수와 분자 1개당 구성 원자 수를 곱해서 구한다. 따라서 1g에 들어 있는 원자 수비는 (가) : (나)$=\left(\dfrac{1}{18}\times3\right) : \left(\dfrac{1}{16}\times5\right)$이므로 (나)가 (가)의 2배보다 작다.

ㄷ. 일정한 온도와 압력에서 1g에 들어 있는 분자 수는 분자량이 작은 (나)가 (가)보다 크므로 t ℃, 1기압에서 기체 1g의 부피는 (나) > (가)이다.

057 ㄴ. 같은 질량에 들어 있는 분자 수비는 $H_2 : CH_4=\dfrac{w}{2} : \dfrac{w}{16}$이고, 분자 1개당 H 원자 수비는 $H_2 : CH_4=1 : 2$이므로 기체 wg에 들어 있는 H 원자 수비는 $H_2 : CH_4=\dfrac{w}{2} : \dfrac{w}{8}=4 : 1$이다. 따라서 H_2가 CH_4의 4배이다.

ㄷ. (가)의 분자량을 M이라고 하면 $\dfrac{w}{M}=\dfrac{80}{M}=2$이므로 $M=40$이다.

오답 피하기 ㄱ. 일정한 질량의 기체의 양(mol)은 기체의 질량을 기체 1몰의 질량으로 나누어서 구하므로 H_2에서 $\dfrac{w}{2}=40$이고, $w=80$이다. 이로부터 CH_4에서 $\dfrac{80}{16}=5$이므로 $a=5$이다.

분자의 양(mol) 비교하기

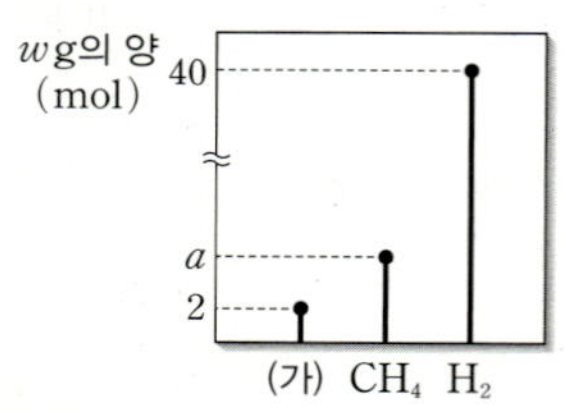

(1) 같은 질량에 들어 있는 기체의 양(mol)은 분자량에 반비례한다.

➡ H_2의 분자량이 2, CH_4의 분자량이 16이므로 $\dfrac{w}{2}=40$일 때 $\dfrac{w}{16}=5$이다.

(2) (가)의 분자량을 M이라고 하면 $w=80$이고, $\dfrac{w}{M}=2$이므로 $M=40$이다.

058 ㄱ, ㄴ. 일정한 온도와 압력에서 같은 부피에는 같은 수의 분자가 들어 있고, 같은 수의 분자의 질량비는 분자량 비와 같다. 이로부터 (가)~(라) 6L의 질량을 비교하여 분자량을 구하면 다음과 같다.

분자	(가)	(나)	(다)	(라)
분자식	XY	XY_2	ZY_2	Y_3
부피(L)	6	6	6	6
질량(g)	6	9.2	8.8	$a(=9.6)$
분자량(상댓값)	$6k$	$9.2k$	$8.8k$	$9.6\,k$

이로부터 X~Z의 원자량을 각각 x, y, z라고 하면 $x+y=6k$, $x+2y=9.2k$, $z+2y=8.8k$로부터 $x=2.8k$, $y=3.2k$, $z=2.4k$이다. 따라서 Y_3의 분자량이 $9.6k$이므로 $a=9.6$이고, 원자량은 $Y>X>Z$이다.

ㄷ. Z_2X_2의 분자량은 $10.4k$이므로 t °C, 1기압에서 Z_2X_2 6 L의 질량은 10.4g이다.

059 ㄱ, ㄴ. X와 Z에서 A 원자 수가 같고 A 12g에 대한 B 원자의 질량비가 $1:2$이고, X와 Z의 분자 1개당 구성 원자 수가 각각 4, 6이므로 X의 분자식이 A_2B_2일 때 Z의 분자식은 A_2B_4이다. 또한 Y와 Z에서 B 원자 수는 같고, Y 분자 1개당 구성 원자 수가 5이므로 Y의 분자식은 AB_4이다. X를 구성하는 A 원자 수와 B 원자 수가 같고, 이때 질량비가 $A:B=12:1$이므로 원자량은 A가 B의 12배이다.

ㄷ. X의 분자식은 A_2B_2, Z의 분자식은 A_2B_4로 A 원자 수가 같으므로 같은 질량에 들어 있는 A 원자 수는 분자량에 반비례한다. 이때 A의 원자량을 $12k$, B의 원자량을 k라고 하면 X와 Z의 분자량은 각각 $26k$, $28k$이므로 1g에 들어 있는 A 원자 수는 X가 Z보다 크다.

STEP 3 1등급을 위한 실전 완벽 대비 본문 024~025쪽

060 ② **061** ③ **062** ⑤ **063** ② **064** ④ **065** ⑤ **066** ④
067 ④ **068** ③

060 ㄴ. (가)와 (나)에 들어 있는 기체 분자 수가 같으므로 각 용기 속 기체의 질량비는 분자량 비와 같다. 이로부터 A_3의 분자량을 $3k$라고

하면, BA_2의 분자량은 $4k$이다. 따라서 A의 원자량은 k, B의 원자량은 $2k$이고, 원자량은 B가 A의 2배이므로 원자 1몰의 질량 또한 B가 A의 2배이다.

오답 피하기 ㄱ. 일정한 온도와 압력에서 기체의 부피가 같으므로 각 용기에 들어 있는 기체 분자 수는 같다. 이때 (가)와 (나) 분자 1개당 구성 원자 수가 3으로 같으므로 용기 속 전체 원자 수는 (가)와 (나)에서 같다.

ㄷ. wg에 들어 있는 기체 분자 수비는 $A_3:BA_2=\dfrac{w}{3k}:\dfrac{w}{4k}$이다. 이때 A_3와 BA_2의 분자 1개당 A 원자 수는 각각 3, 2이므로 wg에 들어 있는 A 원자 수비는 $A_3:BA_2=\left(\dfrac{w}{3k}\times3\right):\left(\dfrac{w}{4k}\times2\right)=2:1$이다.

061 ㄱ. 1g당 분자 수는 분자량에 반비례하므로 1g당 분자 수가 작은 (가)는 분자량이 큰 A_2B_3이고, (나)는 A_2B이다. 이때 A_2B_3와 A_2B의 분자량 비는 $19:11$이다. 이때 A와 B의 원자량을 각각 a, b라고 하면 $2a+3b=19k$, $2a+b=11k$로부터 $a=3.5k$, $b=4k$이므로 $\dfrac{\text{B의 원자량}}{\text{A의 원자량}}=\dfrac{8}{7}$이다.

ㄴ. 1g에 들어 있는 B 원자의 양(mol)의 비는 (가):(나)$=\left(\dfrac{1}{19k}\times3\right):\left(\dfrac{1}{11k}\times1\right)$이므로 1g에 들어 있는 B 원자의 양(mol)은 (가)>(나)이다.

오답 피하기 ㄷ. A_2B_3 1g당 분자 수가 $11N$이고, 분자 1개당 구성 원자 수가 5이므로 1g당 전체 원자 수는 $55N$이다.

062 ㄱ. $NH_3(g)$ $\dfrac{2}{3}N_A$를 포함하므로 $NH_3(g)$의 양(mol)은 $\dfrac{2}{3}$몰이고, H 원자의 질량은 2g이다. $C_2H_x(g)$ $\dfrac{1}{3}N_A$를 포함하는 $C_2H_x(g)$의 양(mol)은 $\dfrac{1}{3}$몰이고, $C_2H_x(g)$ $\dfrac{1}{3}$몰에 들어 있는 H 원자의 양(mol)은 $\dfrac{x}{3}$몰이다. (가)~(다)에 포함된 H 원자의 질량은 모두 2g으로 같으므로 $x=6$이다.

ㄴ. $C_3H_4(g)$ 1몰에 들어 있는 H 원자의 질량은 4g이므로 2g의 H 원자를 포함하는 $C_3H_4(g)$의 양(mol)은 0.5몰이다. 따라서 (가)에 들어 있는 분자 수는 $\dfrac{1}{2}N_A$인데, 분자 1개당 구성 원자 수가 7이므로 (가)에 들어 있는 전체 원자 수는 $\dfrac{7}{2}N_A$이다.

ㄷ. 일정한 온도와 압력에서 같은 수의 분자는 같은 부피를 차지한다. $NH_3(g)$ $\dfrac{2}{3}N_A$의 부피가 V이므로 $C_3H_4(g)$ $\dfrac{1}{2}N_A$의 부피는 $\dfrac{3}{4}V$이다. 따라서 $y=\dfrac{3}{4}$이다.

063 ㄷ. X_2 3L에 들어 있는 기체 분자 수를 $3n$이라고 하면 전체 원자 수는 $6n$이다. 이로부터 YX_2 2L에 들어 있는 기체 분자 수는 $2n$이고, 전체 원자 수는 $6n$이다. 따라서 $x=3$이다.

오답 피하기 ㄱ. 1g당 부피비가 $X_2:YX_2=11:8$이므로 단위 부피당 질량비는 $X_2:YX_2=8:11$이다. 같은 부피에 들어 있는 분자 수가 같으므로 질량비는 분자량 비와 같다. 이로부터 X_2의 분자량을 $8k$라고 하면 YX_2의 분자량은 $11k$이므로 X의 원자량은 $4k$, Y의 원자량은 $3k$

이다. 따라서 원자량 비는 $X:Y=4:3$이다.

ㄴ. 1g당 분자 수는 분자량에 반비례하고, 분자 1개당 구성 원자 수는 X_2와 YX_2가 각각 2, 3이므로 1g당 전체 원자 수비는 $X_2:YX_2=\left(\dfrac{1}{8k}\times2\right):\left(\dfrac{1}{11k}\times3\right)$이다. 따라서 1g당 전체 원자 수는 YX_2가 X_2보다 크다.

064 용기 속 기체의 부피와 압력이 같으므로 용기에 들어 있는 각 기체의 분자 수는 같다. 따라서 질량비는 분자량 비와 같다. X의 분자량을 $2k$라고 하면 Y_2의 분자량은 $16k$, Z_2Y의 분자량은 $9k$이다. 이로부터 X의 원자량이 $2k$일 때, Y의 원자량은 $8k$이고, Z의 원자량은 $0.5k$이다. 따라서 $\dfrac{\text{X의 원자량}+\text{Y의 원자량}}{\text{Z의 원자량}}=20$이다.

065 일정한 온도와 압력에서 기체의 부피는 분자 수에 비례한다. $X(g)\ w\,\mathrm{g}$, $Y(g)\ w\,\mathrm{g}$의 양(mol)을 각각 a몰, b몰이라고 하면 실린더 I~III에서 기체의 양은 다음과 같다.

실린더	X(g)		Y(g)		전체 기체	
	질량(g)	양(mol)	질량(g)	양(mol)	부피 (상댓값)	양(mol)
I	$2w$	$2a$	w	b	12	$2a+b$
II	w	a	$2w$	$2b$	14	$a+2b$
III	$x\left(=\dfrac{27}{10}w\right)$		$3w$	$3b$	25	

실린더 I과 II에서 $(2a+b):12=(a+2b):14$로부터 $b=\dfrac{8}{5}a$이고, 같은 질량의 기체의 몰비는 $X:Y=5:8$이므로 같은 양(mol)의 질량비, 즉 분자량 비는 $X:Y=8:5$이다. 또한 실린더 I에 들어 있는 전체 기체의 양(mol)이 $\dfrac{18}{5}a$몰일 때의 부피가 12L이므로 실린더 III에서 전체 기체의 부피가 25L일 때, 전체 기체의 양(mol)은 $\dfrac{15}{2}a$몰이어야 한다. 이때 $Y(g)$ $3w\,\mathrm{g}$의 양(mol)은 $3b$몰, 즉 $\dfrac{24}{5}a$몰이므로 $X(g)$의 양(mol)은 $\dfrac{27}{10}a$몰이어야 하고, $X(g)$ a몰의 질량이 $w\,\mathrm{g}$이므로 $\dfrac{27}{10}a$몰의 질량은 $\dfrac{27}{10}w\,\mathrm{g}$이다. 따라서 $\dfrac{\text{X의 분자량}}{\text{Y의 분자량}}\times x=\dfrac{8}{5}\times\dfrac{27}{10}w=\dfrac{108}{25}w$이다.

066 XY를 구성하는 X와 Y의 질량비는 X와 Y의 원자량 비와 같다. 따라서 원자량 비는 $X:Y=7:8$이므로 X와 Y의 원자량을 각각 $7k$, $8k$라고 하고, 초기에 용기에 들어 있는 XY의 질량을 $15k\,\mathrm{g}$이라고 하면 용기에 XY_2 $x\,\mathrm{g}$을 넣었을 때 용기 속 X와 Y의 원자 수비는 $X:Y=\dfrac{7}{7k}:\dfrac{12}{8k}=2:3$이므로 넣어 준 XY_2 $x\,\mathrm{g}$에 들어 있는 X의 질량이 $7k\,\mathrm{g}$, Y의 질량이 $16k\,\mathrm{g}$이므로 $x=23k$이다. 마찬가지로 X_2Y $y\,\mathrm{g}$을 넣었을 때 용기 속 X와 Y의 원자 수비가 $1:1$이 되므로 넣어 준 X_2Y $y\,\mathrm{g}$에 들어 있는 X의 질량이 $14k\,\mathrm{g}$, Y의 질량이 $8k\,\mathrm{g}$이므로 $y=22k$이다. 따라서 $\dfrac{\text{Y의 원자량}}{\text{X의 원자량}}\times\dfrac{x}{y}=\dfrac{8}{7}\times\dfrac{23k}{22k}=\dfrac{92}{77}$이다.

067 $2X(g)+Y(g)\longrightarrow 2Z(g)$ 반응에서 반응 후 생성된 Z의 양(mol)이 $2a$몰이므로 반응한 X와 Y의 양(mol)은 각각 $2a$몰, a몰이다. 화학 반응에서 반응 전후 질량의 합은 같으므로 반응 전 X와 Y의 질량의 합은 $7w\,\mathrm{g}$이고, X의 질량은 $6w\,\mathrm{g}$이므로 Y a몰의 질량은 $w\,\mathrm{g}$이다. 이로부터 Y와 Z의 a몰의 질량은 각각 $w\,\mathrm{g}$, $2.5w\,\mathrm{g}$이므로 분자량 비는 $Y:Z=2:5$이다. 따라서 $\dfrac{\text{Z의 분자량}}{\text{Y의 분자량}}=\dfrac{5}{2}$이다.

자료 정리

분자량 비교하기

화학 반응식: $2X(g)+Y(g)\longrightarrow 2Z(g)$

기체	X(g)	Y(g)	Z(g)
질량(g)	$2w$	0	$5w$
양(mol)	a	0	$2a$

(1) 화학 반응식의 계수비는 반응 몰비와 같다.
➡ 반응 몰비는 $X:Y:Z=2:1:2$이다.
(2) 생성된 Z의 양(mol)이 $2a$몰이므로 반응한 X와 Y의 양(mol)은 각각 $2a$몰, a몰이다.
(3) 반응 전후 질량이 같으므로 반응 전 질량은 반응 후 질량과 같은 $7w\,\mathrm{g}$이다.
➡ 반응 전 X의 양(mol)은 $3a$몰($6w\,\mathrm{g}$), Y의 양(mol)은 a몰($w\,\mathrm{g}$)이다.
(4) X~Z a몰의 질량은 각각 $2w\,\mathrm{g}$, $w\,\mathrm{g}$, $2.5w\,\mathrm{g}$이다.

068 일정한 온도와 압력에서 기체의 부피 비는 기체의 몰비와 같다. (가)에서 전체 기체의 양(mol)은 $1.5a$몰이고, (나)에서 전체 기체의 양(mol)은 $2b$몰이다. 이때 혼합 기체의 밀도 비는 (가):(나)$=5:6$이므로 A와 B의 분자량을 각각 M_A, M_B라고 하면 $\dfrac{aM_A+0.5aM_B}{1.5a}:\dfrac{0.5bM_A+1.5bM_B}{2b}=5:6$으로부터 $11M_A=7M_B$이므로 $\dfrac{\text{A의 분자량}}{\text{B의 분자량}}=\dfrac{7}{11}$이다.

02 화학 반응식과 용액의 농도

STEP 1 바로바로 개념 확인   본문 027쪽

069 화학식   **070** (1) × (2) ◯ (3) ×   **071** 100, 용질   **072** 몰 농도
073 포도당 5g, 설탕 5g   **074** 4g   **075** (1) × (2) ×

070 (1) 화학 반응식의 계수비는 반응 몰비와 같다. 이로부터 CH_4과 CO_2는 $1:1$의 몰비로 반응하므로 CH_4 1몰이 모두 반응하면 CO_2 1몰이 생성된다.

(2) 일정한 온도와 압력에서 화학 반응식의 계수비는 부피비와 같다. CH_4과 O_2는 $1:2$의 몰비로 반응하므로 CH_4과 O_2는 $1:2$의 부피비로 반응한다.

(3) 화학 반응식의 계수비는 반응 몰비와 같고, 질량비는 반응 몰비에 각 물질의 화학식량을 곱해서 구할 수 있다. 생성되는 CO_2와 H_2O의 몰비는 $1:2$이고, CO_2와 H_2O의 화학식량은 각각 44, 18이므로 CO_2와 H_2O의 질량비는 $(1\times44):(2\times18)=11:9$이다.

073 10% 포도당 수용액은 수용액 100g에 포도당 10g이 녹아 있는 것과 같으므로 수용액 50g에 녹아 있는 포도당의 질량은 5g이다. 또한 5% 설탕 수용액 100g에 녹아 있는 설탕의 질량은 5g이다.

074 0.1M 수용액은 수용액 1L에 용질 0.1몰이 녹아 있는 용액이므로 0.1M 수산화 나트륨(NaOH) 수용액 1L에 녹아 있는 NaOH(s)의 양(mol)은 0.1몰이다. NaOH(s) 1몰의 질량이 40g이므로 이 수용액에 녹아 있는 NaOH(s)의 질량은 $0.1\text{mol} \times 40\text{g/mol} = 4\text{g}$이다.

075 (1) 0.1M 포도당 수용액은 용매 1L가 아닌, 용액 1L에 0.1몰의 포도당이 녹아 있는 것이다.

(2) 퍼센트 농도가 10%로 같고 질량이 같은 포도당 수용액과 요소 수용액에 녹아 있는 용질의 질량은 같지만 용질의 화학식량이 다르므로 용질의 양(mol)은 같지 않다.

076 ⑤	**077** ①	**078** ①	**079** ⑤	**080** ①	**081** 해설 참조
082 ③	**083** ③	**084** ④	**085** ④	**086** ①	**087** ③	**088** ③
089 ④	**090** 해설 참조	**091** ③	**092** ④		

076 ㄱ. 반응 전후 원자의 종류와 개수가 같도록 계수를 맞추면 $a=2$, $b=3$이므로 $a+b=5$이다.

ㄴ. NaN_3의 화학식량은 65이므로 32.5g은 0.5몰이다. 반응하는 NaN_3와 생성되는 Na의 몰비는 1 : 1이므로 생성된 Na의 양(mol)은 0.5몰이고, 질량은 $0.5\text{mol} \times 23\text{g/mol} = 11.5\text{g}$이다.

ㄷ. 반응하는 NaN_3와 생성되는 N_2의 몰비는 2 : 3이므로 생성된 $N_2(g)$의 양(mol)은 0.75몰이다. 주어진 조건에서 기체 1몰의 부피가 24L이므로 $N_2(g)$ 0.75몰의 부피는 18L이다.

❶ ○　❷ ×　❸ ×

❶ NaN_3 1몰의 질량은 65g이므로 32.5g의 양(mol)은 0.5몰이다.

❷ $NaN_3(s)$ 2몰이 반응하여 Na(s) 2몰이 생성되고, 화학식량은 $NaN_3(s)$이 Na(s)보다 크므로 반응이 진행되는 동안 고체의 질량은 감소한다.

❸ 실험 조건에서 기체 1몰의 부피가 24L이므로 72L의 $N_2(g)$의 양(mol)은 3몰이다. 따라서 필요한 $NaN_3(s)$의 양(mol)은 2몰이고, 질량은 $65\text{g} \times 2 = 130\text{g}$이다.

077 ㄱ. 반응 전후 원자의 종류와 개수가 같도록 계수를 맞추어 화학 반응식을 완성하면 다음과 같다.

$$6CO_2(g) + 6H_2O(l) \longrightarrow C_6H_{12}O_6(s) + 6O_2(g)$$

포도당의 분자량은 180이므로 생성된 포도당 36g의 양(mol)은

$$\frac{36\text{g}}{180\text{g/mol}} = 0.2\text{mol}$$이다.

 ㄴ. CO_2와 $C_6H_{12}O_6$의 반응 몰비가 6 : 1이므로 포도당 0.2몰이 생성될 때 반응에 필요한 CO_2의 최소 양(mol)은 1.2몰이다. CO_2 1몰의 질량이 44g이므로 CO_2의 질량은 52.8g이다.

ㄷ. $C_6H_{12}O_6$과 O_2의 반응 몰비가 1 : 6이므로 생성된 O_2의 양(mol)은 1.2몰이다. 25℃, 1기압에서 기체 1몰의 부피가 24L이므로 $O_2(g)$ 1.2몰의 부피는 28.8L이다.

078 ㄱ. 반응 전후 원자의 종류와 개수가 같도록 계수를 맞추면 화학 반응식은 다음과 같다.

$$2CH_3OH(l) + 3O_2(g) \longrightarrow 2CO_2(g) + 4H_2O(l)$$

이로부터 $a=3$, $b=2$, $c=4$이므로 $\dfrac{b+c}{a} = \dfrac{2+4}{3} = 2$이다.

 ㄴ. CH_3OH과 CO_2의 반응 몰비는 1 : 1이고, CH_3OH 16g은 0.5몰이므로 생성되는 CO_2의 양(mol)은 0.5몰이다.

ㄷ. CH_3OH과 O_2의 반응 몰비는 2 : 3이므로 CH_3OH 0.1몰이 완전 연소하기 위해 필요한 $O_2(g)$의 양(mol)은 0.15몰이다. 25℃, 1기압에서 기체 1몰의 부피가 24L이므로 $O_2(g)$ 0.15몰의 부피는 3.6L이다.

079 ㄱ. 반응 후 생성된 물질은 A 원자 2개와 B 원자 1개로 이루어진 분자이므로 X의 분자식은 A_2B이다.

ㄴ. 반응물은 A_2와 B_2이고, 생성물은 A_2B이므로 화학 반응식을 완성하면 다음과 같다.

$$2A_2(g) + B_2(g) \longrightarrow 2A_2B(g)$$

이로부터 $B_2(g)$ 1몰이 모두 소모될 때 반응하는 $A_2(g)$의 양(mol)은 2몰이고, A와 B의 원자량이 각각 a, b이므로 A_2와 B_2의 분자량은 각각 $2a$, $2b$이다. 따라서 $B_2(g)$ bg은 0.5몰이므로 필요한 $A_2(g)$의 양(mol)은 1몰이다.

ㄷ. $A_2(g)$ $0.2ag$은 0.1몰이고, 반응 후 용기에 남아 있는 $B_2(g)$의 양(mol)은 0.1몰이므로 $A_2(g)$ 0.1몰과 $B_2(g)$ 0.05몰이 반응하여 $X(g)$ 0.1몰이 생성된다. 따라서 생성물 X의 양(mol)은 0.1몰 증가한다.

화학 반응식의 양적 관계
- 반응물: A_2, B_2
- 생성물: A_2B
- 화학 반응식: $2A_2(g) + B_2(g) \longrightarrow 2A_2B(g)$

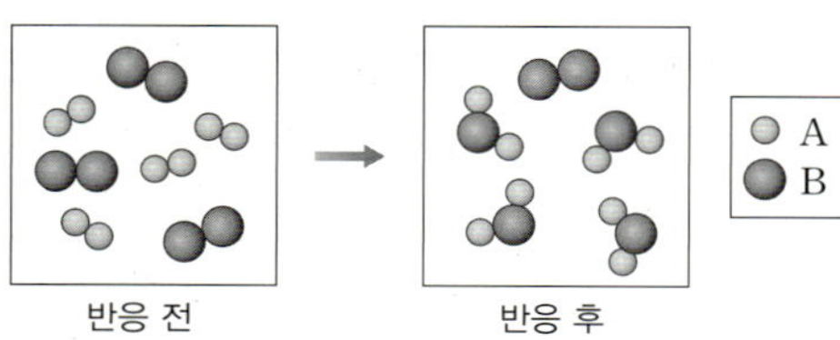

(1) A_2의 분자량$=2a$, B_2의 분자량$=2b$ ➡ 반응 몰비는 $A_2 : B_2 : A_2B = 2 : 1 : 2$이다.
(2) $B_2(g)$ bg의 양(mol)$=0.5$몰 ➡ 필요한 $A_2(g)$의 양(mol)$=1$몰
(3) 반응 후 $A_2(g)$ $0.2ag$의 양(mol)$=0.1$몰
➡ $A_2(g)$ 0.1몰이 모두 반응하여 $A_2B(g)$ 0.1몰을 생성한다.

080 $CO(g)$의 완전 연소 반응의 화학 반응식은 다음과 같다.

$$2CO(g) + O_2(g) \longrightarrow 2CO_2(g)$$

ㄱ. CO 1몰의 질량이 28g이므로 반응 전 5.6g의 양(mol)은 0.2몰이고, 전체 기체의 부피가 24L이므로 전체 기체의 양(mol)이 1몰이다. 이로부터 반응 전 O_2의 양(mol)은 0.8몰이다. 화학 반응식의 양적 관계에서 CO와 O_2가 $2:1$의 몰비로 반응하므로 CO 0.2몰과 반응한 O_2의 양(mol)은 0.1몰이므로 반응 후 남은 O_2의 양(mol)은 0.7몰이다. 따라서 O_2의 질량은 반응 전이 반응 후의 $\frac{8}{7}$배이다.

[오답 피하기] ㄴ. CO와 CO_2의 반응 몰비는 $1:1$이므로 CO 0.2몰이 모두 반응하여 생성된 CO_2의 양(mol)은 0.2몰이다. CO_2 1몰의 질량이 44g이므로 반응 후 CO_2의 질량은 $0.2\text{mol} \times 44\text{g/mol} = 8.8\text{g}$이다.

ㄷ. 반응 후 용기 속에 들어 있는 O_2의 양(mol)은 0.7몰이고, CO_2의 양(mol)은 0.2몰이므로 전체 기체의 양(mol)은 0.9몰이다. 일정한 온도와 압력에서 기체의 부피비는 분자 수비와 같으므로 전체 기체의 부피는 반응 후가 반응 전의 $\frac{9}{10}$배이다. 또한 반응 전후 물질의 질량의 총합은 일정하고, 밀도는 부피에 반비례하므로 기체의 밀도는 반응 후가 반응 전의 $\frac{10}{9}$배이다.

081 제시된 반응은 탄산 칼슘($CaCO_3$)과 산의 수용액인 묽은 염산(HCl)의 반응이므로 이산화 탄소(CO_2) 기체가 발생한다.

[모범 답안] (가)의 화학식: CO_2, $x=2$, 탄산 칼슘($CaCO_3$)과 묽은 염산(HCl)의 반응이므로 생성되는 물질 (가)는 이산화 탄소(CO_2)이다. (가)에 이산화 탄소(CO_2)를 대입하고 화학 반응 전후 원자의 종류와 개수가 같도록 계수를 맞추면 화학 반응식은 다음과 같다.

$$CaCO_3(s) + 2HCl(aq) \longrightarrow CaCl_2(aq) + H_2O(l) + CO_2(g)$$

채점 기준	배점
(가)의 화학식과 x를 모두 옳게 쓰고, 그 과정에 대한 설명을 옳게 서술한 경우	100%
(가)의 화학식과 x를 모두 옳게 썼으나, 그 과정에 대한 설명을 옳게 서술하지 못한 경우	50%
(가)의 화학식과 x 중 1가지만 옳게 쓴 경우	30%

082 화학 반응 전후 원자의 종류와 수가 같아야 하므로 각 원자의 종류에 따른 원자 수는 다음과 같다.

원자의 종류	M	H	Cl
반응 전	a	b	b
반응 후	c	$2d$	$3c$

$a=c$, $b=2d$, $b=3c$이고, $a=1$이라고 하면 $a=c=1$, $b=3$, $d=\frac{3}{2}$이다. 이때 반응 계수가 정수가 되도록 화학 반응식을 완성하면 다음과 같다.

$$2M(s) + 6HCl(aq) \longrightarrow 2MCl_3(aq) + 3H_2(g)$$

이로부터 금속 M과 H_2의 반응 몰비는 $2:3$이고, $t\,°C$, 1기압에서 생성된 $H_2(g)$ 4L의 양(mol)은 $\frac{1}{6}$몰이므로 반응한 $M(s)$ 3g의 양(mol)은

$\frac{1}{9}$몰이다. 따라서 $M(s)$ 1몰의 질량은 27g이므로 M의 원자량은 27이다.

083 생성된 $H_2(g)$ 72mL는 실험 조건에서 0.003몰이고, 화학 반응식에서 Mg과 H_2의 반응 몰비가 $1:1$이므로 반응한 $M(s)$ wg의 양(mol)은 0.003몰이다. 이로부터 $Mg(s)$ 1몰의 질량은 $\frac{1000}{3}w$g이므로 Mg의 원자량은 $\frac{1000}{3}w$이다. 또한 반응한 HCl의 양(mol)은 생성된 $H_2(g)$ 0.003몰의 2배인 0.006몰이므로 $x\,M \times 0.1\text{L} = 0.006\text{mol}$이므로 $x=0.06$이다. 따라서 Mg의 원자량 $\times x = \frac{1000}{3}w \times \frac{6}{100} = 20w$이다.

084 일정한 몰 농도의 용액을 만들 때 (나)와 (다)에서 사용하는 실험 기구는 부피 플라스크(ⓒ)이다. NaOH의 화학식량이 40이므로 4g의 양(mol)은 0.1몰이고, 용액 0.5L에 $NaOH(s)$ 0.1몰이 녹아 있으므로 $NaOH(aq)$의 몰 농도는 $\frac{0.1\,\text{mol}}{0.5\,\text{L}} = 0.2\,\text{M}$이다.

❶○ ❷○ ❸○

❶ NaOH의 화학식량이 40이므로 $NaOH(s)$ 4g의 양(mol)은 0.1몰이다.

❷ (다)에서 용액의 몰 농도가 0.2M이고, 100mL에 들어 있는 용질의 양(mol)은 0.02몰이다. 따라서 용액 1L에 용질 0.02몰이 녹아 있는 용액의 몰 농도는 0.02M이다.

❸ (다)에서 만들어진 용액의 밀도가 1g/mL일 때 용액의 질량은 500g이고, 용액 속 용질의 질량이 4g이므로 이 용액의 퍼센트 농도는 0.8%이다.

085 0.1M 수용액의 부피가 500mL이므로 용액에 녹아 있는 용질의 양(mol)은 0.05몰이고, $NaOH(s)$ 0.05몰의 질량은 2g이다. 50% $NaOH(aq)$ xg에 녹아 있는 $NaOH(s)$의 질량이 2g이므로 $100:50 = x:2$로부터 $x=4$이다.

086 용액 100g에 녹아 있는 용질의 질량이 9g이므로 포도당 수용액 (가)의 퍼센트 농도는 $\frac{9}{100} \times 100 = 9\%$이다. 또한 포도당의 분자량이 180이므로 포도당 9g의 양(mol)은 0.05몰이고, 밀도가 1.0g/mL인 용액 100g의 부피가 100mL이므로 용액의 몰 농도는 $\frac{0.05\,\text{mol}}{0.1\,\text{L}} = 0.5\,\text{M}$이다.

087 ㄱ. (가)와 (나)의 밀도는 1g/mL로 같으므로 (가)와 (나)의 질량은 각각 100g, 80g이다. 이때 용액 속 용질의 질량은 2g으로 같으므로 퍼센트 농도는 (나)가 (가)의 $\frac{5}{4}$배이다.

ㄴ. $NaOH(s)$ 2g의 양(mol)은 0.05몰이다. (나)에 녹아 있는 용질의

양(mol)은 0.05몰이므로 (나)에 증류수를 추가하여 용액의 부피가 200 mL가 되었을 때 용액의 몰 농도는 $\dfrac{0.05\,\text{mol}}{0.2\,\text{L}}=0.25\,\text{M}$이다. 또한 (가)의 몰 농도는 $\dfrac{0.05\,\text{mol}}{0.1\,\text{L}}=0.5\,\text{M}$이므로 (나)에 증류수를 추가하여 부피를 200 mL로 만든 용액의 몰 농도는 (가)의 몰 농도의 $\dfrac{1}{2}$배이다.

다른 풀이 (나)에 증류수를 추가하여 부피를 200 mL로 만든 용액에 녹아 있는 용질의 양(mol)은 (가)에서와 같고, 용액의 부피는 새롭게 만든 용액이 (가)의 부피의 2배이므로 몰 농도는 (가)의 몰 농도의 $\dfrac{1}{2}$배이다.

오답 피하기 ㄷ. (나)에 $NaOH(s)$ 2 g을 추가로 녹인 용액에서 용액의 질량은 82 g이고 용액 속 용질의 질량은 4 g이므로 퍼센트 농도는 $\dfrac{4\,\text{g}}{82\,\text{g}}\times100\,(\%)$이다. 따라서 (나)에 $NaOH(s)$ 2 g을 추가로 녹인 용액의 퍼센트 농도는 (가)의 퍼센트 농도의 2배보다 크다.

088 ㄱ. (가)~(다)에 녹아 있는 용질의 질량이 모두 같으므로 같은 질량의 용액에 녹아 있는 용질의 질량이 같다. 따라서 (가)~(다)의 퍼센트 농도는 같다.

ㄷ. (가)~(다)의 밀도가 모두 같으므로 같은 질량의 용액의 부피 또한 모두 같다. 이때 용액 속 용질의 양(mol)은 A가 C의 $\dfrac{5}{4}$배이므로 몰 농도는 (가)가 (다)의 $\dfrac{5}{4}$배이다.

오답 피하기 ㄴ. B 6개의 질량과 C 4개의 질량이 같으므로 분자량은 C가 B의 $\dfrac{3}{2}$배이다.

089 $X(aq)$의 밀도가 1.25 g/mL이므로 $X(aq)$ 200 mL의 질량은 $200\,\text{mL}\times1.25\,\text{g/mL}=250\,\text{g}$이다. $X(aq)$에 녹아 있는 용질 X의 양(mol)은 0.1몰이고, X의 화학식량이 100이므로 용액 속 X의 질량은 10 g이다. 따라서 $X(aq)$의 퍼센트 농도는 $\dfrac{10\,\text{g}}{250\,\text{g}}\times100=4\,\%$이다.

090 (가)의 질량이 100 g이고 퍼센트 농도가 8 %이므로 용액에 녹아 있는 $NaOH(s)$의 질량은 8 g이고, (나)에 녹아 있는 $NaOH(s)$의 질량 또한 8 g이다.

모범 답안 $x=4$, (가)와 (나)에 녹아 있는 $NaOH(s)$의 질량은 8 g이고, NaOH의 화학식량이 40이므로 0.2몰이다. $x\,\text{M}\ NaOH(aq)$ 50 mL에 녹아 있는 $NaOH(s)$의 양(mol)이 0.2몰이므로 (나)의 몰 농도는 $\dfrac{0.2\,\text{mol}}{0.05\,\text{L}}=4\,\text{M}$이다. 따라서 $x=4$이다.

채점 기준	배점
x를 옳게 구하고, 풀이 과정이 모두 옳은 경우	100%
x만 옳게 구한 경우	50%

091 ㄱ. (가)의 몰 농도가 2 M이고, 용액의 부피가 0.2 L이므로 용액 속 수산화 나트륨의 양(mol)은 0.4몰이다. 수산화 나트륨의 화학식량

은 40이므로 수산화 나트륨 0.4몰의 질량은 $0.4\,\text{mol}\times40\,\text{g/mol}=16\,\text{g}$이다.

ㄷ. (가)의 질량이 200 g이고, 용액 속 수산화 나트륨의 질량이 16 g이므로 퍼센트 농도는 $\dfrac{16\,\text{g}}{200\,\text{g}}\times100=8\,\%$이다. 따라서 퍼센트 농도는 (다)가 (가)보다 크다.

오답 피하기 ㄴ. (나)에 녹아 있는 요소의 질량은 6 g이고, 요소의 화학식량은 60이므로 용액 속 요소의 양(mol)은 0.1몰이다. (가)와 (나)의 부피가 200 mL로 같으므로 용액 속 용질의 양(mol)이 큰 (가)의 몰 농도가 (나)의 몰 농도보다 크다.

092 $NaOH(s)$ 6 g의 양(mol)은 0.15몰이다. 또한 0.5 M $NaOH(aq)$ 100 mL에 녹아 있는 $NaOH(s)$의 양(mol)은 0.05몰이다. 이로부터 혼합 용액 (가)에 녹아 있는 $NaOH(s)$의 양(mol)은 0.2몰이고, 용액의 부피가 500 mL이므로 (가)의 몰 농도는 0.4 M이다.

STEP 3 **1등급을 위한 실전 완벽 대비** 본문 032~033쪽

093 ① **094** ③ **095** ④ **096** ② **097** ② **098** ④ **099** ④ **100** ③ **101** ⑤

093 ㄱ. $X_2(g)$ 분자 3개와 $Y_2(g)$ 분자 3개를 반응시킨 후 $X_2(g)$ 분자 2개가 남았고, 전체 기체의 부피는 반응 후가 반응 전의 $\dfrac{2}{3}$배이므로 반응 후 실린더 속 전체 기체 모형의 개수는 4개이다. 이로부터 생성물의 모형 개수는 2개이므로 생성물을 Z라고 하면 화학 반응식은 다음과 같다.

$$X_2(g) + 3Y_2(g) \longrightarrow 2Z(g)$$

반응 전후 원자의 종류와 개수가 같아야 하므로 Z의 화학식은 XY_3이다.

오답 피하기 ㄴ. 같은 수의 질량비가 $X_2 : Y_2 = 14 : 1$이므로 X와 Y의 원자량을 각각 $14k$, k라고 하면 Y_2의 분자량은 $2k$이고 XY_3의 분자량은 $17k$이다. 화학 반응식에서 Y_2와 XY_3의 반응 몰비는 $3 : 2$이므로 반응 질량비는 $(3\times2k) : (2\times17k)=3 : 17$이다.

ㄷ. 실험 조건에서 Y_2 0.6 g에 해당하는 Y_2의 모형 수는 3개이고, 반응 후 용기에 들어 있는 X_2의 모형 수는 2개이다. 또한 X_2, Y_2, XY_3의 반응 몰비는 $1 : 3 : 2$이므로 반응 후 용기에 Y_2 0.6 g을 첨가하면 반응하지 않은 X_2가 1개, 추가로 생성된 XY_3가 2개이다. 따라서 전체 기체의 모형 수는 5개이므로 실린더의 높이는 $2.5h$ cm이다.

094 화학 반응식의 양적 관계는 다음과 같다.

	A(g)	+ 3B(g)	$\longrightarrow$ 2C(g)
반응 전(몰)	2	3	0
반응 (몰)	-1	-3	$+2$
반응 후(몰)	1	0	2

반응 전후 전체 기체의 몰비는 $5 : 3$이므로 전체 기체의 부피비는 $5 : 3$이다. 반응 전후 물질의 질량의 총합은 같으므로 전체 기체의 질량의 합

은 같다. 이로부터 밀도 비는 (가) : (나)=3 : 5이다. 또한 반응 후 A(g) 1몰의 질량이 xg, C(g) 2몰의 질량이 yg이므로 1몰의 질량은 A(g)가 xg, C(g)가 $\dfrac{y}{2}$g이다. 반응 전후 물질의 질량의 총합이 같으므로 {A 1몰의 질량+(3×B 1몰의 질량)}=(2×C 1몰의 질량)으로부터 B(g) 1몰의 질량=$\dfrac{1}{3}(y-x)$g이다. 즉 B의 분자량은 $\dfrac{1}{3}(y-x)$이다. 따라서 B의 분자량×$\dfrac{\text{(나)에서 전체 기체의 밀도}}{\text{(가)에서 전체 기체의 밀도}}=\dfrac{1}{3}(y-x)\times\dfrac{5}{3}=\dfrac{5}{9}(y-x)$이다.

095 실험 Ⅰ에서 A가 모두 소모되고, 반응 후 전체 기체의 질량의 합은 반응 전과 같은 30g이므로 반응한 B의 질량을 wg이라고 하면 반응의 양적 관계는 다음과 같다.

$$2A(g) + B(g) \longrightarrow 2C(g)$$

	$2A(g)$	$B(g)$	$2C(g)$
반응 전(g)	8	22	0
반응 (g)	-8	$-w$	$+(w+8)$
반응 후(g)	0	$22-w$	$w+8$

반응 후 남은 반응물 B(g)의 질량이 $(22-w)$g, C(g)의 질량이 $(w+8)$g이고, $\dfrac{\text{C의 질량}}{\text{남은 반응물의 질량}}=\dfrac{w+8}{22-w}=0.5$이므로 $w=2$이다. 이때 B와 C의 반응 몰비는 1 : 2이고, 질량비가 1 : 5이므로 분자량 비는 B : C=2 : 5이다. 또한 반응한 A(g)의 질량이 8g이므로 반응 질량비는 A : B : C=4 : 1 : 5이고, 분자량 비는 A : B : C=4 : 2 : 5이다. 따라서 실험 Ⅰ에서 반응 후 B(g)의 양(mol)을 $10k$몰이라고 하면 C(g)의 양(mol)은 $2k$몰이고, 실험 Ⅱ에서 반응의 양적 관계는 다음과 같다.

$$2A(g) + B(g) \longrightarrow 2C(g)$$

	$2A(g)$	$B(g)$	$2C(g)$
반응 전(g)	8	4	0
반응 (g)	-8	-2	$+10$
반응 후(g)	0	2	10

실험 Ⅱ에서 반응 후 B(g)가 k몰이라고 하면 C(g)의 양(mol)은 $2k$몰이고, 반응 후 $\dfrac{\text{C의 질량}}{\text{남은 반응물의 질량}}=\dfrac{10}{2}=5$이므로 $x=5$이다. 일정한 온도와 압력에서 기체의 부피는 기체의 양(mol)에 비례하므로 $\dfrac{V_1}{V_2}=\dfrac{12k}{3k}$이다. 따라서 $\dfrac{V_1}{V_2}\times x=\dfrac{12k}{3k}\times 5=20$이다.

096 실험 조건에서 기체 1몰의 부피가 24L이므로 반응 전 실린더에 들어 있는 A(g)의 양(mol)은 1몰이다. ㉠에서는 생성물 C(g)만 존재하므로 ㉠에서 A와 B는 남김없이 모두 반응하고, 전체 기체의 부피는 생성물 C(g)의 양(mol)에 의한 부피이다. ㉠과 ㉡의 전체 기체의 부피 차는 넣어 준 B(g) 0.5wg의 부피와 같다. 이로부터 B(g) 0.5wg의 부피는 12 L(=0.5몰)이므로 A~C의 반응 부피는 각각 24 L, 24 L, 48 L이다. 일정한 온도와 압력에서 반응한 기체의 부피비는 화학 반응식의 계수비와 같으므로 A~C의 반응 부피비는 1 : 1 : 2이고, $b=1$, $c=2$이다. 또한 B(g) 1몰의 질량은 wg이므로 B의 분자량은 w이고, $\dfrac{\text{B의 분자량}}{b+c}=\dfrac{w}{1+2}=\dfrac{w}{3}$이다.

097 (가)의 퍼센트 농도가 25%이므로 용액의 질량이 100g이라고 할 때 용질 A의 질량은 25g이다. (나)의 퍼센트 농도가 20%이므로 추가한 물의 질량을 wg이라고 하면 용액의 질량은 $(100+w)$g이고, 용질 A의 질량은 (가)에서와 같은 25g이므로 $\dfrac{25}{100+w}\times 100=20$으로부터 $w=25$이다. 따라서 (가)에서 물의 질량이 75g일 때 (나)에서 물의 질량은 100g이므로 $\dfrac{\text{(나)에서 물의 질량}}{\text{(가)에서 물의 질량}}=\dfrac{100}{75}=\dfrac{4}{3}$이다.

098 (가)의 질량이 100 g이고, 퍼센트 농도가 2%이므로 용액 속 용질 X의 질량은 2 g이다. 또한 (가)의 몰 농도가 0.5M이고, 용액의 부피가 100mL이므로 용액 속 용질 X의 양(mol)이 0.05몰이고, 질량이 2g이므로 X 1몰의 질량은 40g이다. (나)의 몰 농도가 0.2M이고 부피가 100mL이므로 용액 속 용질 Y의 양(mol)은 0.02몰이고, 질량이 2g이므로 용질 Y 1몰의 질량은 100g이다. 따라서 X의 화학식량은 40이고, Y의 화학식량은 100이므로 $\dfrac{\text{Y의 화학식량}}{\text{X의 화학식량}}=\dfrac{100}{40}=\dfrac{5}{2}$이다.

099 (가)의 퍼센트 농도가 15%인 요소 수용액 100g에 녹아 있는 요소의 질량이 15g이므로 15% 수용액 300g에 녹아 있는 요소의 질량은 45g이고, 분자량이 60이므로 (가)에 녹아 있는 요소의 양(mol)은 $\dfrac{3}{4}$몰이다. (가)와 (나)를 혼합한 용액의 몰 농도는 1M이고, 용액의 부피가 1L이므로 용액 속 요소의 양(mol)은 1몰이어야 한다. (나)에 녹아 있는 요소의 양(mol)은 $\dfrac{1}{4}$몰이고, 요소 $\dfrac{1}{4}$몰이 녹아 있는 0.5M 요소 수용액의 부피는 0.5 L, 즉 500mL이므로 $x=500$이다.

100 ㄱ. (가)의 부피가 100mL이므로 용액 속 포도당의 양(mol)은 0.05몰이다. 또한 (나)의 질량이 100g이므로 용액 속 요소의 질량은 3g이다. 요소의 분자량이 60이므로 요소 3g의 양(mol)은 0.05몰이고, 두 수용액 속 용질의 양(mol)은 서로 같다.

ㄴ. (가)에 녹아 있는 포도당 0.05몰의 질량은 9g이다. (가)의 밀도는 1g/mL이므로 100 mL의 질량이 100g이고, 용액 100g에 녹아 있는 용질의 질량이 9g이므로 (가)의 퍼센트 농도는 9%이다. 따라서 용액의 퍼센트 농도는 (가)>(나)이다.

오답 피하기 ㄷ. (나) 100 mL에 녹아 있는 요소의 양(mol)이 0.05몰이므로 (나)의 몰 농도는 0.5M이다. 따라서 용액의 몰 농도는 (가)=(나)이다.

101 2% A(aq) 150 g에 녹아 있는 용질 A의 질량은 3g이다. 여기에 물 xg을 추가한 용액의 퍼센트 농도가 1%이므로 $\dfrac{3}{150+x}\times 100=1$로부터 $x=150$이다. 또한 용질 A yg을 추가한 용액의 퍼센트 농도가 10%이므로 $\dfrac{3+y}{150+y}\times 100=10$으로부터 $y=\dfrac{40}{3}$이다.

II. 원자의 세계

II-1. 원자의 구조

01. 원자의 구조

102 (1) × (2) × (3) × (4) ○   **103** 음극선은 질량을 가진 입자의 흐름
이다.   **104** 양성자수: 11, 중성자수: 12, 전자 수: 10   **105** 3   **106**
10.8

102 (1) 톰슨은 음극선 실험으로 전자를 발견하였다.
(2) 원소의 종류에 따라 원자에 포함된 양성자수와 중성자수가 같거나,
다를 수 있다.
(3) 양성자와 전자는 전하량의 크기는 같지만 질량이 다르다.
(4) 동위 원소는 같은 원소이므로 양성자 수가 같다.

103 음극선에 의해 바람개비가 회전한다는 것은 음극선이 질량을 가
진 입자의 흐름이라는 것을 의미한다.

104 나트륨(Na)의 원자 번호는 11이므로 양성자수는 11이고, 질량
수는 양성자수와 중성자수의 합이므로 중성자수는 12이며, $+1$가 양
이온은 양성자수가 전자 수보다 1 크다는 것을 의미하므로 전자 수는
10이다.

105 (가)의 전자 수는 1, (나)의 중성자수는 1, (다)의 양성자 수는 1이다.

106 B의 평균 원자량은 $\left(10\times\dfrac{20}{100}\right)+\left(11\times\dfrac{80}{100}\right)=10.8$이다.

107 ③   **108** ⑤   **109** ④   **110** ⑤   **111** ②   **112** $^{39}_{20}$Ca   **113** ⑤
114 ①   **115** ③   **116** ⑤   **117** ③   **118** 해설 참조   **119** ⑤
120 6

107 톰슨의 음극선 실험으로 발견된 입자는 전자이다.
ㄱ. 전자는 ($-$)전하를 띠므로 방전관 안에서 ($+$)극 쪽으로 진로가 휜
다.
ㄴ. 전자는 매우 가볍지만 질량을 가지고 있다.
오답 피하기 ㄷ. 원자의 중심에는 원자핵이 존재하며, 전자는 원자핵 주
위에 존재한다.

추가로 나오는 선택지
❶ × ❷ ○ ❸ ×
❶ 원자의 질량의 대부분을 차지하는 것은 원자핵이다.

❷ 전자의 전하량은 양성자의 전하량과 크기는 같고, 부호가 반대이다.
❸ 원자의 부피의 대부분은 빈 공간이다.

108 전자가 존재하는 원자 모형은 음극선 실험의 결과를 설명할 수 있
을 것으로 예상된다.
ㄴ. 톰슨의 음극선 실험으로 제안된 원자 모형으로, ($+$)전하가 골고루
퍼져 있는 원자에 ($-$)전하를 띤 전자가 띄엄띄엄 존재한다.
ㄷ. 보어 원자 모형으로, 전자가 원자핵 주위의 일정한 궤도에서 원운동
한다.
오답 피하기 ㄱ. 돌턴이 제안한 딱딱한 공 모형으로, 전자나 원자핵이
없는 모형이다.

자료 정리

원자 모형의 변천 과정

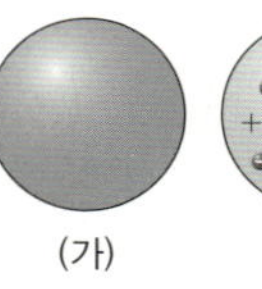 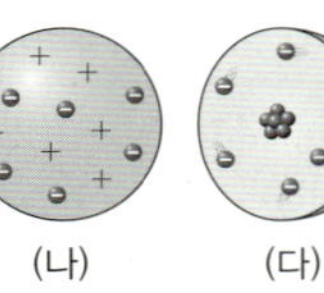 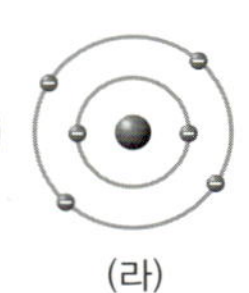 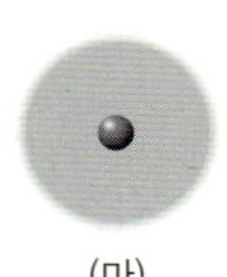

(가)   (나)   (다)   (라)   (마)

(가) 돌턴 원자 모형: 원자는 쪼개지지 않는 딱딱한 공이다.
(나) 톰슨 원자 모형: ($+$)전하를 띤 원자에 ($-$)전하를 띤 전자가 띄엄띄엄 박혀 있다.
(다) 러더퍼드 원자 모형: 원자의 중심에 ($+$)전하를 띤 원자핵이 있고, 원자핵 주위를
   전자가 돌고 있다.
(라) 보어 원자 모형: 전자는 원자핵 주위의 일정한 궤도를 따라 원운동한다.
(마) 현대 원자 모형: 전자가 발견될 확률 분포를 시각적으로 나타내면 구름처럼 보이므
   로 전자 구름 모형이라고도 한다.

---

109 알파(α) 입자 산란 실험으로 발견된 입자는 원자핵이다.
ㄱ. 원자핵은 모든 원자에 존재한다.
ㄷ. 원자는 원자핵과 전자로 이루어져 있으며, 전자의 질량은 매우 작으
므로 원자핵의 질량이 원자 질량의 대부분을 차지한다.
오답 피하기 ㄴ. 원자핵은 원자의 중심에 존재하며, 매우 작은 부피를
차지한다.

110 (가)에서는 전자가, (나)에서는 원자핵이 발견되었다.
ㄱ. 전자는 ($-$)전하를, 원자핵은 ($+$)전하를 띤다.
ㄴ. 전자와 원자핵은 모두 질량을 가진 입자이다.
ㄷ. 모든 원자는 원자핵과 전자로 이루어져 있다.

111 모든 원자핵에 존재하는 입자는 양성자이므로 (가)는 수소 원자핵
($^1_1$H$^+$), (나)는 $^3_2$He$^+$, (다)는 $^3_1$H이다.
ㄷ. (가)~(다) 중 이온은 (가)와 (나)이다.
오답 피하기 ㄱ. ● 은 양성자이다.
ㄴ. (가)는 $^1_1$H$^+$, (나)는 $^3_2$He$^+$이므로 서로 다른 원소이다.

추가로 나오는 선택지
❶ ○ ❷ ○ ❸ ×
❶ 질량수는 (나)와 (다)가 3으로 같다.

❷ (가)와 (나)는 +1가 양이온이므로 전하량의 크기가 같다.
❸ (가)는 중성자가 없고, (다)는 중성자수가 2이다.

---

112 양성자는 전자와 전하량의 크기가 같고, 부호가 반대이므로 원자핵의 전하량이 $+3.2\times10^{-18}$C이라면 원자핵에 양성자가 20개 들어 있다는 것을 알 수 있다. (가)의 양성자수는 20, 중성자수는 19이므로 질량수가 39인 Ca(칼슘)이다. 따라서 (가)를 원자 표시 방법으로 나타내면 $^{39}_{20}$Ca이다.

113 전자 수가 n이므로 (가)의 원자 번호는 $n+2$이며, (나)의 원자 번호는 $n-1$이다.
ㄱ. (가)의 원자 번호가 a이고, $a=n+2$이므로 $n=a-2$이다.
ㄴ. (나)의 원자 번호가 b이고, $b=n-1$이므로 $n=b+1$이다.
ㄷ. $a-2=b+1$이므로 $a=b+3$이다. 따라서 $a>b$이다.

114 (가)~(다)의 양성자수, 중성자수, 전자 수는 다음과 같다.

이온	(가)	(나)	(다)
양성자수	11	8	12
중성자수	12	10	12
전자 수	10	10	10

ㄱ. (가)와 (나)의 전자 수는 10으로 같다.
오답 피하기 ㄴ. 중성자수는 (나)가 10, (다)가 12이다.
ㄷ. 양성자수는 (가)가 11, (다)가 12이다.

115 $^1_1$H에는 양성자 1개, $^{18}_8$O에는 양성자 8개, 중성자 10개가 들어 있으므로 이 입자들로 이루어진 H_2O 분자 1개에는 양성자 10개, 중성자 10개가 있다. 양성자수와 전자 수는 같으므로 (가) 1개에 포함된 양성자수, 중성자수, 전자 수가 모두 같은 원자 X는 $^{20}_{10}$X이다.

116 질량수는 (가)가 35, (나)가 37이고, X_2는 (가) 2개 또는 (가) 1개와 (나) 1개 또는 (나) 2개로 이루어진다.
ㄱ. X의 평균 원자량은 $\left(35\times\dfrac{75}{100}\right)+\left(37\times\dfrac{25}{100}\right)=35.5$이다.
ㄴ, ㄷ. 자연계에 존재하는 X_2의 분자량과 존재 비율은 다음과 같다.

X_2를 구성하는 원자		분자량	존재 비율
(가)	(가)	70	$\dfrac{3}{4}\times\dfrac{3}{4}=\dfrac{9}{16}$
(가)	(나)	72	$\dfrac{3}{4}\times\dfrac{1}{4}=\dfrac{3}{16}$
(나)	(가)	72	$\dfrac{1}{4}\times\dfrac{3}{4}=\dfrac{3}{16}$
(나)	(나)	74	$\dfrac{1}{4}\times\dfrac{1}{4}=\dfrac{1}{16}$

따라서 X_2의 서로 다른 분자량의 가짓수는 3이고, 분자량이 가장 큰 X_2의 분자량은 74이다.

추가로 나오는 선택지
❶ ○ ❷ × ❸ ×

❶ (가)와 (나)는 동위 원소이므로 중성자수만 서로 다르고, 양성자수와 전자 수는 같다.
❷ (가)와 (나)는 동위 원소이므로 물리적 성질은 다르지만 화학적 성질은 같다.
❸ 자연계에 존재하는 X_2 중 존재 비율이 가장 큰 분자의 분자량은 70이다.

---

117 평균 분자량은 평균 원자량의 합으로 구할 수 있다.
ㄱ. Br의 평균 원자량은 $\left(79\times\dfrac{50}{100}\right)+\left(81\times\dfrac{50}{100}\right)=80$이다.
ㄴ. Cl의 평균 원자량은 35.5이므로 Cl_2의 평균 분자량은 $2\times35.5=71$이다.
오답 피하기 ㄷ. BrCl의 분자량은 114(=79+35), 116 (=79+37=81+35), 118(=81+37)이므로 서로 다른 분자량의 가짓수는 3이다.

118 모범 답안 $x=20$, (가)의 질량수는 10, (나)의 질량수는 11이고, (가)의 존재 비율이 x%이므로 (나)의 존재 비율은 $(100-x)$%이다.
붕소(B)의 평균 원자량은 $\left(10\times\dfrac{x}{100}\right)+\left(11\times\dfrac{100-x}{100}\right)=10.8$로부터 $x=20(\%)$이다.

채점 기준	배점
x를 옳게 구하고, 풀이 과정을 옳게 서술한 경우	100%
x만 옳게 구한 경우	50%

119 원소의 평균 원자량으로부터 각 동위 원소의 존재 비율을 구할 수 있다.
ㄱ. 탄소(C)의 평균 원자량이 12와 거의 비슷하므로 (가)의 자연계 존재 비율이 매우 크다는 것을 알 수 있다. 따라서 $x>y$이다.
ㄴ. (가)와 (나)는 동위 원소이므로 양성자수가 서로 같고, 전자 수 또한 서로 같다.
ㄷ. 원자 1개의 질량이 (나)가 (가)보다 크므로 같은 질량의 (가)와 (나)에서 질량수가 큰 (나)의 양(mol)이 (가)의 양(mol)보다 작다.

120 H_2O의 분자량은 {(H의 원자량)$\times2+$(O의 원자량)}으로부터 구한다. 따라서 H_2O의 가능한 분자량은 다음과 같다.

H_2O을 구성하는 원소			H_2O의 분자량
^{1}H	^{1}H	^{16}O(^{18}O)	18(20)
^{1}H	^{2}H	^{16}O(^{18}O)	19(21)
^{1}H	^{3}H	^{16}O(^{18}O)	20(22)
^{2}H	^{2}H	^{16}O(^{18}O)	20(22)
^{2}H	^{3}H	^{16}O(^{18}O)	21(23)
^{3}H	^{3}H	^{16}O(^{18}O)	22(24)

이로부터 H_2O의 가능한 분자량 중 최댓값은 24, 최솟값은 18이므로 최댓값과 최솟값의 차는 6이다.

121 ②   **122** ③   **123** ④   **124** ④

121 $^2_1$H는 양성자수, 중성자수, 전자 수가 모두 1이고, $^{18}_8$O는 양성자수가 8, 중성자수가 10, 전자 수가 8이므로 H$_3$O$^+$은 양성자수가 11, 중성자수가 13, 전자 수가 10이다.

ㄷ. Na의 원자 번호가 11이므로 $^{24}_{11}$Na$^+$은 양성자수가 11, 중성자수가 13, 전자 수가 10이다.

오답 피하기 ㄱ. (가)는 양성자수가 11, 중성자수가 13이므로 중성자수가 양성자수보다 크다.

ㄴ. (가)는 중성자수가 13, 전자 수가 10이므로 중성자수가 전자 수보다 크다.

122 A~D는 서로 다른 원소이므로 양성자 수가 같을 수 없다. 따라서 (가)와 (나)는 양성자가 아니다. 만약 (가)가 전자라면 양성자수는 A$^+$과 C$^+$이 $a+3$으로 같아지므로 (가)는 전자가 아니다. 따라서 (가)는 중성자, (나)는 전자이고, 양성자 수는 A$^+$이 $(a+1)$, B^{2-}이 $(a-2)$, C$^+$이 $(a+2)$, D가 $(a-1)$이다.

ㄱ. (가)는 중성자, (나)는 전자이다.

ㄴ. 원자 번호는 양성자 수와 같으므로 C가 $(a+2)$로 가장 크다.

오답 피하기 ㄷ. 질량수는 양성자수와 중성자 수의 합이다. 질량수는 A가 $(2a+3)$, B가 $(2a-2)$, C가 $(2a+4)$, D가 $(2a-1)$이므로 C가 가장 크다.

123 X$_2$의 분자량이 158, 160, 162의 3가지이고, 자연계 존재 비율이 1 : 2 : 1이므로 X의 원자량은 79, 81의 2가지가 존재하며, 자연계 존재 비율은 ^{79}X : ^{81}X=1 : 1이다. Y$_2$의 분자량이 70, 72, 74의 3가지이고, 자연계 존재 비율이 9 : 6 : 1이므로 Y의 동위 원소는 35, 37의 2가지가 존재하며, 자연계 존재 비율은 ^{35}Y : ^{37}Y=3 : 1이다.

ㄱ. X의 원자량은 79, 81이므로 X의 동위 원소는 2가지가 존재한다.

ㄷ. 평균 원자량은 X가 80, Y가 35.5이므로 XY의 평균 분자량은 115.5(=80+35.5)이다.

오답 피하기 ㄴ. Y의 평균 원자량은 $\left(35\times\dfrac{3}{4}\right)+\left(37\times\dfrac{1}{4}\right)=35.5$이다.

124 ^{12}C, ^{13}C, ^{1}H의 양성자수와 중성자수는 다음과 같다.

원자	^{12}C	^{13}C	^{1}H
양성자수	6	6	1
중성자수	6	7	0

따라서 ^{12}C^{1}H$_4$의 중성자수는 6, ^{13}C^{1}H$_4$의 중성자수는 7이다. (가)에 들어 있는 분자 수를 x라고 하면 (나)에 들어 있는 전체 분자 수는 $2x$이다. (나)에 들어 있는 ^{12}C^{1}H$_4$ 분자 수를 y라고 하면 (나)에 들어 있는 ^{13}C^{1}H$_4$ 분자 수는 $(2x-y)$이다. 이때 (가)에 포함된 중성자수는 $6x$, (나)에 포함된 중성자수는 $6y+\{7\times(2x-y)\}=14x-y$이다. 실린더

속 기체에 포함된 중성자수의 비는 (가) : (나)=$6x$: $(14x-y)$=24 : 55이므로 x : y=4 : 1이고, 일정한 온도와 압력에서 실린더에 들어 있는 기체의 질량은 (분자량×분자 수)에 비례하므로 (가)에 들어 있는 기체의 질량(상댓값)은 16×4=64, (나)에 들어 있는 기체의 질량(상댓값)은 $(16\times1)+(17\times7)$=135이다.

따라서 $\dfrac{\text{(나)에 들어 있는 기체의 질량}}{\text{(가)에 들어 있는 기체의 질량}}=\dfrac{135}{64}$이다.

02 보어 원자 모형

125 (1) ○ (2) × (3) ○ (4) ×   **126** 27 : 5   **127** a: λ_1, b: λ_2

125 (1) 바닥상태 수소 원자의 전자는 K 전자 껍질에 존재하므로 (가)는 바닥상태, (나)는 들뜬 상태이다.

(2) 들뜬상태의 에너지 준위가 바닥상태의 에너지 준위보다 높으므로 바닥상태 (가)에서 들뜬상태 (나)로 될 때 에너지를 흡수한다.

(3) (나)에서 (가)로 될 때 $n=2 \rightarrow n=1$의 전자 전이가 일어나므로 자외선을 방출한다.

(4) $n=2 \rightarrow n=1$의 전자 전이가 일어날 때 방출하는 빛은 라이먼 계열인 자외선이다.

126 $n=2\rightarrow n=1$의 전자 전이에서 방출하는 에너지는 $-\dfrac{k}{2^2}-\left(-\dfrac{k}{1^2}\right)=\dfrac{3}{4}k$이고, $n=3 \rightarrow n=2$의 전자 전이에서 방출하는 에너지는 $-\dfrac{k}{3^2}-\left(-\dfrac{k}{2^2}\right)=\dfrac{5}{36}k$이다. 따라서 전자 전이에서 방출하는 빛에너지 크기의 비는 (가) : (나)= 27 : 5이다.

127 a는 발머 계열 중 에너지가 가장 작으므로 파장이 가장 긴 전자 전이이다. 따라서 a에 해당하는 파장은 λ_1이고, a 다음으로 에너지가 작은 b에 해당하는 파장은 λ_1 다음으로 파장이 긴 λ_2이다.

128 ①   **129** 해설 참조   **130** ①   **131** ③   **132** ③   **133** ②   **134** ⑤

135 $\dfrac{8}{9}k$ kJ/mol   **136** ⑤   **137** $\dfrac{5}{2}$ **138** 32 : 27   **139** ①   **140** ④

128 주 양자수가 큰 전자 껍질에서 주 양자수가 작은 전자 껍질로 전자 전이가 일어날 때 에너지를 방출한다.

ㄱ. 에너지를 방출하는 전자 전이는 a, d, e 3가지이다.

오답 피하기 ㄴ. 전자 전이 a~e에서 출입하는 에너지의 크기는 다음과 같다.

구분	전자 전이	출입하는 에너지
a	$n=4 \rightarrow n=1$	$\dfrac{15}{16}k$
b	$n=1 \rightarrow n=3$	$\dfrac{8}{9}k$
c	$n=2 \rightarrow n=4$	$\dfrac{3}{16}k$
d	$n=4 \rightarrow n=3$	$\dfrac{7}{144}k$
e	$n=2 \rightarrow n=1$	$\dfrac{3}{4}k$

따라서 출입하는 에너지의 크기가 가장 작은 것은 d이다.

ㄷ. b가 일어나면 전자는 M 껍질에 존재하게 되므로 들뜬상태가 된다.

❶ × ❷ × ❸ ○

❶ d와 e에서 방출하는 빛의 에너지가 다르므로 파장도 다르다.

❷ a에서 방출하는 빛은 자외선이므로 라이먼 계열에 해당한다.

❸ 출입하는 에너지의 크기는 b가 $\dfrac{8}{9}k$, c가 $\dfrac{3}{16}k$이므로 b가 c보다 크다.

129 모범 답안 6가지, 수소 원자의 주 양자수 $n=4$ 이하에서 에너지를 방출하는 전자 전이는 $n=4 \rightarrow n=3$, $n=4 \rightarrow n=2$, $n=4 \rightarrow n=1$, $n=3 \rightarrow n=2$, $n=3 \rightarrow n=1$, $n=2 \rightarrow n=1$이다.

130 전자 전이가 일어날 때 출입하는 에너지의 크기는 전이 전 주 양자수와 전이 후 주 양자수로부터 구할 수 있다.

ㄱ. 에너지를 방출하는 전자 전이는 (가)와 (다) 2가지이다.

오답 피하기 ㄴ. 출입하는 에너지의 크기는 (가)가 $\left(-\dfrac{k}{5^2}\right)-\left(-\dfrac{k}{2^2}\right)=\dfrac{21}{100}k$, (나)가 $\left|\left(-\dfrac{k}{2^2}\right)-\left(-\dfrac{k}{4^2}\right)\right|=\dfrac{3}{16}k$, (다)가 $\left(-\dfrac{k}{3^2}\right)-\left(-\dfrac{k}{1^2}\right)=\dfrac{8}{9}k$이다. 따라서 출입하는 에너지의 크기는 (다) > (가) > (나)이다.

ㄷ. (가)에서 방출하는 에너지가 (나)에서 흡수하는 에너지보다 크므로 (가)와 (나)의 전자 전이가 동시에 일어나면 에너지를 방출한다.

131 ③ 보어 원자 모형에서는 전자가 원자핵 주위의 일정한 궤도에서 원운동한다.

오답 피하기 ① 수소 원자에만 적용되는 원자 모형이다.
② 원자핵에 가까운 전자 껍질일수록 에너지 준위가 낮다.
④ 수소 원자의 선 스펙트럼을 설명하기 위해 제안되었다.
⑤ 전자의 위치와 운동량을 정확히 알 수 없고, 전자가 발견될 확률만 알 수 있다는 것은 현대 원자 모형에 해당하는 내용이다.

132 E_{I}은 $n=3 \rightarrow n=2$의 전자 전이에서, E_{II}는 $n=3 \rightarrow n=1$의 전자 전이에서, E_{III}는 $n=2 \rightarrow n=1$의 전자 전이에서 방출하는 에너지이다. 따라서 $E_{\text{II}}=E_{\text{I}}+E_{\text{III}}$이다.

133 (가)는 $n=1 \rightarrow n=2$, (나)는 $n=2 \rightarrow n=3$, (다)는 $n=3 \rightarrow$ $n=1$의 전자 전이이다.

ㄷ. 바닥상태의 수소 원자의 전자 배치는 $n=1$에 전자가 존재할 때이므로 전이 후 바닥상태가 되는 전자 전이는 (다)이다.

오답 피하기 ㄱ. 에너지를 방출하는 전자 전이는 (다)뿐이다.

ㄴ. 출입하는 에너지의 크기는 (가)가 $\dfrac{3}{4}k$, (나)가 $\dfrac{5}{36}k$, (다)가 $\dfrac{8}{9}k$이므로 출입하는 에너지의 크기가 가장 큰 전자 전이는 (다)이다.

134 수소 원자의 가시광선 스펙트럼은 발머 계열이다.

ㄴ. a는 $n=5 \rightarrow n=2$, b는 $n=4 \rightarrow n=2$의 전자 전이에서 방출하는 빛의 스펙트럼이므로 방출하는 에너지는 a가 $\dfrac{21}{100}k$, b가 $\dfrac{3}{16}k$이다. 따라서 방출하는 빛에너지의 비는 a : b = 28 : 25이다.

ㄷ. 전이 전 주 양자수는 a가 5, b가 4이다.

오답 피하기 ㄱ. a와 b 모두 가시광선이므로 발머 계열의 스펙트럼이다.

❶ × ❷ ○ ❸ ×

❶ a는 $n=5 \rightarrow n=2$의 전자 전이에서 방출되는 스펙트럼이다.

❷ 전이 후 주 양자수는 a, b가 2로 같다.

❸ 전이 전후 주 양자수의 차는 a가 3, b가 2이다.

135 라이먼 계열은 수소 원자의 전자가 $n=1$로 전이될 때 방출하는 빛의 스펙트럼이다. 라이먼 계열 중 파장이 두 번째로 긴 스펙트럼은 에너지가 두 번째로 작으므로 $n=3 \rightarrow n=1$의 전자 전이에 해당하고, 이때 방출되는 빛에너지는 $\dfrac{8}{9}k\,\text{kJ/mol}$이다.

136 수소 원자의 에너지 준위는 $E_n=-\dfrac{k}{n^2}$이므로 $E_{\text{I}}=\dfrac{15}{16}k$이고, $E_{\text{II}}=\dfrac{3}{16}k$, $E_{\text{III}}=\dfrac{3}{4}k$이다.

ㄱ. $E_{\text{I}} : E_{\text{III}}=\dfrac{15}{16} : \dfrac{3}{4}=5 : 4$이다.

ㄴ. 파장은 에너지에 반비례한다. $E_{\text{II}}=\dfrac{3}{16}k$, $E_{\text{III}}=\dfrac{3}{4}k$이므로 파장의 비는 $\lambda_{\text{II}} : \lambda_{\text{III}}=4 : 1$이다.

ㄷ. II는 발머 계열이므로 가시광선을 방출한다.

137 (가)는 발머 계열 중 파장이 세 번째로 긴 스펙트럼이므로 $n=5 \rightarrow n=2$에 해당하고, (나)는 파장이 가장 긴 스펙트럼이므로 에너지가 가장 작은 $n=3 \rightarrow n=2$에 해당한다. 따라서 $\dfrac{(가)의 \text{ } 전이 \text{ } 전 \text{ } 주 \text{ } 양자수}{(나)의 \text{ } 전이 \text{ } 후 \text{ } 주 \text{ } 양자수}=\dfrac{5}{2}$이다.

138 (가)는 $n=2$에 전자가 존재하고, (나)는 $n=3$에 전자가 존재하므로 (가)와 (나)가 각각 바닥상태가 되는 전자 전이는 $n=2 \rightarrow n=1$과 $n=3 \rightarrow n=1$이다. 이때 방출하는 빛의 파장은 에너지에 반비례하므로 빛의 파장의 비는 (가) : (나) $=\dfrac{4}{3k} : \dfrac{9}{8k}=32 : 27$이다.

139 a는 $n=2 \rightarrow n=\infty$, b는 $n=2 \rightarrow n=1$에 해당하는 전자 전이이다.

ㄱ. 출입하는 에너지 크기(ΔE)는 a가 $\frac{1}{4}k$, b가 $\frac{3}{4}k$이므로 a : b=1 : 3이다.

오답 피하기 ㄴ. a는 $\frac{1}{4}k$ 이상의 에너지를 가진 빛을 흡수해야 일어날 수 있다.

ㄷ. b는 라이먼 계열인 자외선을 방출하는 전자 전이이다.

140 전자 전이 Ⅰ~Ⅳ에서 방출하는 에너지는 다음과 같다.

구분	전자 전이	방출하는 에너지
Ⅰ	$n=2 \rightarrow n=1$	$\frac{3}{4}k$
Ⅱ	$n=4 \rightarrow n=2$	$\frac{3}{16}k$
Ⅲ	$n=3 \rightarrow n=1$	$\frac{8}{9}k$
Ⅳ	$n=3 \rightarrow n=2$	$\frac{5}{36}k$

따라서 방출하는 에너지의 크기가 Ⅲ>Ⅰ>Ⅱ>Ⅳ이므로 파장은 Ⅳ>Ⅱ>Ⅰ>Ⅲ이다.

STEP 3 1등급을 위한 실전 완벽 대비　본문 047쪽

141 ⑤　**142** ③　**143** ④　**144** ①

141 Ⅰ과 Ⅱ에서 방출하는 빛의 에너지의 비가 1 : 4이므로 Ⅰ은 $n=4 \rightarrow n=2$, Ⅱ는 $n=2 \rightarrow n=1$의 전자 전이이고, 방출하는 에너지는 Ⅰ이 $\frac{3}{16}k$, Ⅱ가 $\frac{3}{4}k$이다.

ㄱ. $a=4$, $b=2$이므로 $\frac{a}{b}=2$이다.

ㄴ. Ⅰ은 $n=4 \rightarrow n=2$의 전자 전이이므로 가시광선을 방출한다.

ㄷ. $n=(a+b) \rightarrow n=b$의 전자 전이는 $n=6 \rightarrow n=2$의 전자 전이이고, 이때 $\frac{8}{36}k$의 에너지를 방출한다. Ⅰ에서 방출하는 에너지(E)가 $\frac{3}{16}k$이므로 $\frac{8}{36}k=\frac{8}{36}\times\frac{16}{3}E=\frac{32}{27}E$이다.

142 주 양자수 $n=4$ 이하에서 $\Delta n=1$ 또는 $\Delta n=2$가 되는 전자 전이는 다음과 같다.

Δn	구분	전자 전이	방출하는 에너지
1		$n=4 \rightarrow n=3$	$\frac{7}{144}k$
		$n=3 \rightarrow n=2$	$\frac{5}{36}k$
		$n=2 \rightarrow n=1$	$\frac{3}{4}k$
2	(가)	$n=4 \rightarrow n=2$	$\frac{3}{16}k$
	(나)	$n=3 \rightarrow n=1$	$\frac{8}{9}k$

ㄱ. (가)는 $n=4 \rightarrow n=2$의 전자 전이이므로 가시광선을 방출한다.

ㄴ. 방출하는 빛 에너지 비는 (나) : (다)$=\frac{8}{9}k : \frac{7}{144}k$이므로 파장의 비는 (나) : (다)=7 : 128이다.

오답 피하기 ㄷ. (가)에서 방출하는 에너지는 $\frac{3}{16}k$이고, 방출하는 에너지(상댓값)가 1인 전자 전이는 $n=2 \rightarrow n=1$이므로 방출하는 에너지는 $\frac{3}{4}k$이다. 따라서 (가)에서 방출하는 에너지(상댓값)는 1의 $\frac{1}{4}$배이므로 $a=\frac{1}{4}$이다.

143 a는 $n=3 \rightarrow n=1$, b는 $n=2 \rightarrow n=1$, c는 $n=3 \rightarrow n=2$의 전자 전이에 해당한다. 방출하는 에너지는 $E_a=E_b+E_c$이므로 $\frac{1}{\lambda_a}=\frac{1}{\lambda_b}+\frac{1}{\lambda_c}$이다. 따라서 $\lambda_a=\frac{\lambda_b \cdot \lambda_c}{\lambda_b+\lambda_c}$이다.

144 방출하는 에너지는 $E_Ⅰ>E_Ⅱ>E_Ⅲ>E_Ⅳ$이므로 Ⅰ과 Ⅱ에서 $a>c>d$이고, Ⅲ에서 $b>c$, Ⅳ에서 $a>b$임을 알 수 있다. 따라서 $a>b>c>d$이므로 $a=4$, $b=3$, $c=2$, $d=1$이다.

ㄴ. Ⅱ는 $n=2 \rightarrow n=1$, Ⅲ은 $n=3 \rightarrow n=2$이므로 빛의 에너지의 비는 Ⅱ : Ⅲ$=\frac{3}{4}k : \frac{5}{36}k$이므로 파장의 비는 Ⅱ : Ⅲ=5 : 27이다.

오답 피하기 ㄱ. $E_Ⅰ=\frac{15}{16}k$, $E_Ⅱ=\frac{3}{4}k$이므로 $E_Ⅰ : E_Ⅱ=5 : 4$이다. 따라서 $4E_Ⅰ=5E_Ⅱ$이다.

ㄷ. $E_Ⅰ=\frac{15}{16}k$, $E_Ⅱ=\frac{3}{4}k$, $E_Ⅲ=\frac{5}{36}k$이므로 $E_Ⅰ \neq E_Ⅱ+E_Ⅲ$이다.

03 현대의 원자 모형과 전자 배치의 규칙

STEP 1 바로바로 개념 확인　본문 049쪽

145 (1) × (2) ○ (3) × (4) ×　**146** 1 : 1　**147** 90%　**148** 4　**149** 3　**150** 1

145 (1) 오비탈은 전자가 존재할 확률 분포를 나타낸 것이다.

(2) s 오비탈은 구형이므로 원자핵으로부터의 거리만 같으면 방향에 상관없이 확률이 같고, p 오비탈은 아령 모양이므로 방향에 따라 확률이 달라진다.

(3) 수소 원자는 주 양자수(n)에 의해서만 에너지 준위가 정해진다. $2s$ 오비탈과 $2p$ 오비탈은 주 양자수(n)가 2로 같으므로 에너지 준위가 같다.

(4) 주 양자수(n)가 1이면 부 양자수(l)는 0만 가능하다.

146 $3s$ 오비탈의 주 양자수(n)는 3, 부 양자수(l)는 0이고, $2p$ 오비탈의 주 양자수(n)는 2, 부 양자수(l)는 1이다. 따라서 주 양자수(n)와 부 양자수(l)의 합은 $3s$ 오비탈과 $2p$ 오비탈이 3으로 같다.

147 경계면 그림은 전자가 존재할 확률이 90%가 되는 공간까지를 경계면으로 나타낸 것이다. 따라서 경계면 내부에서 전자가 발견될 확률은 90%이다.

148 탄소(C) 원자의 바닥상태 전자 배치는 $1s^2\,2s^2\,2p_x^1\,2p_y^1$ 또는 $1s^2\,2s^2\,2p_x^1\,2p_z^1$ 또는 $1s^2\,2s^2\,2p_y^1\,2p_z^1$이다. 따라서 전자가 들어 있는 오비탈의 수는 4이다.

149 질소(N) 원자의 바닥상태 전자 배치는 $1s^2\,2s^2\,2p_x^1\,2p_y^1\,2p_z^1$이다. 따라서 홀전자 수는 3이다.

150 (가)는 $3d$ 오비탈이고, 주 양자수(n)는 3, 부 양자수(l)는 2이다. 따라서 주 양자수(n)와 부 양자수(l)의 차는 $3-2=1$이다.

STEP **2** 알짜 문제로 **실력 키우기**   본문 050~053쪽

151 ①	**152** ③	**153** 해설 참조	**154** ①	**155** 2	**156** ③	**157** ⑤
158 6	**159** ⑤	**160** ①	**161** ②	**162** ⑤	**163** 해설 참조	**164** ⑤
165 ②	**166** 13	**167** ③	**168** ⑤	**169** ①	**170** ④	**171** 해설 참조

151 경계면 그림은 전자를 발견할 확률이 90%가 되는 공간까지를 경계면으로 나타낸 것이다.

ㄱ. s 오비탈은 방향성이 없으므로 원자핵으로부터의 거리만 같으면 전자가 발견될 확률이 같다.

오답 피하기 ㄴ. 점밀도 그림은 전자 발견 확률을 점으로 나타낸 것이므로 점 하나하나가 전자를 의미하는 것은 아니다.

ㄷ. 경계면 그림의 경계면 바깥에 전자가 존재할 확률은 10%이다.

추가로 나오는 선택지

❶ ○ ❷ ○ ❸ ○

❶ 전자의 발견 확률은 원자핵과의 거리에 반비례한다. 따라서 원자핵과의 거리가 멀어지면 전자의 발견 확률은 감소한다.
❷ $1s$ 오비탈에 전자가 존재하는 수소 원자는 바닥상태이다.
❸ 주 양자수(n)가 1인 전자 껍질에는 $1s$ 오비탈만 존재한다.

---

152 ③ s 오비탈은 구형이므로 방향성이 없다.

오답 피하기 ① 전자가 일정한 궤도에서 원운동한다는 이론은 보어 원자 모형이다.
② 오비탈 이론은 수소뿐만 아니라 다전자 원자에도 적용 가능하다.
④ 전자의 위치와 운동량을 정확히 알 수 없으므로 전자의 발견 확률만을 나타낸 것이 오비탈 이론이다.
⑤ 수소 원자의 선 스펙트럼을 설명하기 위해 제시된 개념은 보어 원자 모형이다.

153 모범 답안 전자는 핵에서 매우 먼 거리에서도 발견될 수 있으므로 전자 발견 확률이 90%인 공간까지를 경계면으로 나타낸 것이 경계면 그림이다. 따라서 경계면 외부에서 전자가 발견될 수 있다.

채점 기준	배점
경계면 그림의 개념을 설명하고, 경계면 외부에서 전자가 존재할 확률이 10%라는 것을 옳게 서술한 경우	100%
경계면 그림의 개념만을 옳게 서술한 경우	40%

154 주 양자수(n)가 1인 오비탈은 $1s$ 오비탈뿐이고, 주 양자수(n)가 2인 오비탈은 $2s$ 오비탈과 $2p$ 오비탈, 주 양자수(n)가 3인 오비탈은 $3s$ 오비탈, $3p$ 오비탈, $3d$ 오비탈이 있다.

ㄴ. 부 양자수(l)는 s 오비탈이 0이므로 (가)와 (라)는 부 양자수(l)가 0으로 같다.

오답 피하기 ㄱ. 주 양자수(n)는 (가)가 1, (나)와 (다)가 2, (라)가 3이다.
ㄷ. p 오비탈은 방향성이 있으며, 자기 양자수(m_l)가 -1, 0, $+1$의 3가지이므로 방향에 따라 $2p_x$, $2p_y$, $2p_z$ 오비탈로 나누어진다. 따라서 (나)와 (다)는 자기 양자수(m_l)가 같지 않다.

추가로 나오는 선택지

❶ × ❷ × ❸ ×

❶ (라)의 주 양자수(n)는 3이고, 주 양자수(n)가 3일 때 부 양자수(l)는 0, 1, 2의 3가지 값이 가능하다.
❷ (가)의 주 양자수(n)는 0, (나)의 부 양자수(l)는 1이다. 주 양자수(n)가 0일 때 부 양자수(l)는 1이 될 수 없다.
❸ (다)는 주 양자수(n)가 2, 부 양자수(l)가 1이고, (라)는 주 양자수(n)가 3, 부 양자수(l)가 0이다. 따라서 주 양자수(n)와 부 양자수(l)의 합은 (다)와 (라)가 같다.

---

155 ㉠의 주 양자수(n)는 2, ㉡의 부 양자수(l)는 0이다. 따라서 ㉠의 주 양자수(n)와 ㉡의 부 양자수(l)의 차는 2이다.

156 ③ 자기 양자수(m_l)는 부 양자수가 l일 때, $-l$~$+l$의 정숫값이 가능하다. 따라서 자기 양자수(m_l)는 0일 수 있다.

오답 피하기 ① 주 양자수(n)는 1부터 시작하므로 0일 수 없다.
② 주 양자수가 n일 때, 부 양자수(l)는 0~$(n-1)$의 정숫값이 가능하다. 따라서 부 양자수(l)는 음의 정숫값이 될 수 없다.
④ 스핀 자기 양자수(m_s)는 $+\dfrac{1}{2}$과 $-\dfrac{1}{2}$의 2가지 값만 가능하다.
⑤ 주 양자수가 n일 때, 부 양자수(l)는 0~$(n-1)$의 정숫값이 가능하다. 따라서 부 양자수(l)는 n가지 존재한다.

157 주 양자수(n)는 전자가 존재하는 전자 껍질을, 부 양자수(l)는 오비탈의 종류를, 스핀 자기 양자수(m_s)는 전자 스핀 방향을 의미한다.

ㄱ. $1s$ 오비탈에 들어있는 전자 2개의 주 양자수(n)는 각각 1이다. 따라서 주 양자수(n)의 합은 2이다.

ㄴ. 1개의 오비탈에 들어있는 스핀 자기 양자수(m_s)는 $+\dfrac{1}{2}$과 $-\dfrac{1}{2}$의

서로 다른 값을 가지므로 스핀 자기 양자수(m_s)의 합은 0이다.

ㄷ. $2p_x$ 오비탈과 $2p_y$ 오비탈의 부 양자수(l)는 1로 같다.

158 주 양자수(n)가 3이고, 부 양자수(l)가 1인 오비탈은 $3p$ 오비탈이다. $3p$ 오비탈에 최대로 들어 있는 전자의 총 수는 6이다.

159 주 양자수가 n일 때, 부 양자수(l)는 $0 \sim (n-1)$의 정숫값이 가능하고, 부 양자수가 l일 때, 자기 양자수(m_s)는 $-l \sim +l$의 정숫값이 가능하다. 스핀 자기 양자수(m_s)는 $+\frac{1}{2}$과 $-\frac{1}{2}$의 2가지 값만 가능하다.

⑤ $n=3$, $l=2$, $m_l=-1$, $m_s=-\frac{1}{2}$은 가능한 양자수의 조합이다.

오답 피하기 ① 주 양자수(n)가 1일 때, 부 양자수(l)가 1일 수 없다.
② 부 양자수(l)가 0일 때, 자기 양자수(m_l)는 0만 가능하므로 -1일 수 없다.
③ 부 양자수(l)가 1일 때, 자기 양자수(m_l)는 -1, 0, $+1$만 가능하므로 $+2$일 수 없다.
④ 스핀 자기 양자수(m_s)는 $+\frac{1}{2}$과 $-\frac{1}{2}$만 가능하므로 0일 수 없다.

160 다전자 원자의 에너지 준위는 $(n+l)$이 클수록 크다.

ㄱ. (가)는 주 양자수(n)가 1, 부 양자수(l)가 0이고, (나)는 주 양자수(n)가 2, 부 양자수(l)가 1이므로 주 양자수와 부 양자수의 합($n+l$)은 (나)가 (가)보다 크다. 따라서 에너지 준위는 (나)가 (가)보다 높다.

오답 피하기 ㄴ. 3개의 $2p$ 오비탈은 에너지 준위가 모두 같다.
ㄷ. 다전자 원자에서 에너지 준위는 $2p$ 오비탈이 $2s$ 오비탈보다 높다.

❶ ✕ ❷ ○ ❸ ○
❶ (나)와 (다)의 에너지 준위가 같으므로 (나)에서 (다)로 전자가 전이해도 에너지를 흡수하거나 방출하지 않는다.
❷ 다전자 원자에서 에너지 준위는 (다)가 (라)보다 높으므로 (다)에서 (라)로 전자가 전이할 때 에너지를 방출한다.
❸ 수소 원자는 주 양자수(n)에 의해서만 에너지 준위가 결정된다. 따라서 (나), (다), (라)의 에너지 준위가 같으므로 (가)~(라) 중 서로 다른 에너지 준위는 2가지이다.

161 수소 원자는 주 양자수(n)에 의해서만 에너지 준위가 결정되므로 (가)~(다)의 에너지 준위가 같고, (라)의 에너지 준위는 (가)~(다)의 에너지 준위보다 높다.

162 (가)~(라)는 각각 $3p$ 오비탈, $3d$ 오비탈, $4s$ 오비탈, $4p$ 오비탈이다. 또한 다전자 원자의 에너지 준위는 주 양자수와 부 양자수의 합 $(n+l)$에 의해 결정된다.

ㄱ. (가)의 부 양자수(l)가 1이므로 자기 양자수(m_l)는 -1, 0, $+1$의 3가지가 존재한다.
ㄴ. (다)는 $4s$ 오비탈이므로 전자가 최대 2개까지 들어갈 수 있다.

ㄷ. 주 양자수와 부 양자수의 합($n+l$)이 (나)는 5, (다)는 4이므로 에너지 준위는 (나)가 (다)보다 높다.

163 모범 답안 수소 원자(H)의 에너지 준위는 주 양자수(n)에 의해서만 결정된다. 따라서 $2s$ 오비탈과 $2p$ 오비탈의 에너지 준위가 같으므로 (가)에서 (나)가 될 때 에너지를 방출하지 않는다.

채점 기준	배점
에너지 준위가 주 양자수(n)에 의해서만 결정되므로 (가)와 (나)의 에너지 준위가 같다고 옳게 서술한 경우	100%
(가)와 (나)의 에너지 준위가 같다고만 서술한 경우	40%

164 파울리 배타 원리에 위배되는 전자 배치는 불가능한 전자 배치이다.

ㄱ. (가)는 $2s$ 오비탈에 전자의 스핀 방향이 같은 전자 2개가 들어 있으므로 파울리 배타 원리에 위배되는 불가능한 전자 배치이다.
ㄴ. (나)는 전자가 $2s$ 오비탈에 모두 채워지지 않은 채 $2p$ 오비탈에 배치되었으므로 쌓음 원리에 위배되는 전자 배치이다.
ㄷ. (다)는 $2p$ 오비탈에 홀전자가 최대인 3개가 되도록 배치되지 않았으므로 훈트 규칙에 위배되는 전자 배치이다.

❶ ✕ ❷ ○ ❸ ○
❶ (가)는 바닥상태, 들뜬상태가 모두 아닌 불가능한 전자 배치이다.
❷ 질소(N) 원자는 전자가 7개이므로 바닥상태에서 $1s^2 2s^2 2p_x^1 2p_y^1 2p_z^1$의 전자 배치를 갖는다. 따라서 바닥상태 전자 배치에서 홀전자 수가 3이다.
❸ (가)~(다) 중 들뜬상태 전자 배치는 (나), (다) 2가지이다.

165 s 오비탈에 4개, p 오비탈에 2개의 전자가 들어 있는 원자 X는 총 6개의 전자가 있으므로 탄소(C)이다.

ㄷ. 탄소 원자(C)의 바닥상태 전자 배치는 $1s^2 2s^2 2p_x^1 2p_y^1$ 또는 $1s^2 2s^2 2p_x^1 2p_z^1$ 또는 $1s^2 2s^2 2p_y^1 2p_z^1$이므로 전자가 들어 있는 오비탈의 총 수는 4이다.

오답 피하기 ㄱ. 원자의 전자 수가 6이므로 원자 번호도 6이다.
ㄴ. 탄소 원자(C)의 바닥상태 전자 배치에서 홀전자 수는 2이다.

166 규소(Si) 원자의 바닥상태 전자 배치는 $1s^2 2s^2 2p^6 3s^2 3p_x^1 3p_y^1$ 또는 $1s^2 2s^2 2p^6 3s^2 3p_x^1 3p_z^1$ 또는 $1s^2 2s^2 2p^6 3s^2 3p_y^1 3p_z^1$이다. 전자가 들어 있는 오비탈의 총 수($a$)는 8, 홀전자 수($b$)는 2, 전자가 들어 있는 오비탈의 최대 주 양자수(c)는 3이므로 $a+b+c=13$이다.

167 X는 리튬(Li), Y는 붕소(B), Z는 수소(H)이다.

ㄱ. X는 s 오비탈에 3개의 전자가 들어 있으므로 $1s^2 2s^1$의 전자 배치를 갖는다. 따라서 X의 홀전자 수(a)는 1이다.
ㄷ. Z는 $1s^1$의 전자 배치를 가지므로 p 오비탈에 들어 있는 전자가 없다.

오답 피하기 ㄴ. Y는 $1s^2 2s^2 2p^1$의 전자 배치를 가지므로 원자 번호는 5이다.

168 3개의 $2p$ 오비탈은 에너지 준위가 같으므로 A와 C는 모두 탄소(C) 원자의 바닥상태 전자 배치이다.

ㄱ. A와 C는 전자 수가 같으므로 같은 원소이다.

ㄴ. B는 $1s^2 2s^2 2p_x^1 2p_y^2 2p_z^1$의 전자 배치를 가지므로 전자가 들어 있는 s 오비탈 수가 2이다.

ㄷ. $2p$ 오비탈에 전자 2개가 배치될 때에는 3개의 오비탈 중 2개의 p 오비탈에 전자가 1개씩 따로 들어가야 바닥상태가 된다. 따라서 C는 훈트 규칙을 만족하는 바닥상태 전자 배치이다.

169 X는 $1s^2 2s^2 2p^4$인 산소(O)이고, Y는 $1s^2 2s^2 2p^2$인 탄소(C)이다.

ㄱ. 원자 번호는 X가 8, Y가 6이므로 X가 Y보다 크다.

오답 피하기 ㄴ. 바닥상태 전자 배치에서 홀전자 수는 X와 Y가 2로 같다.

ㄷ. 바닥상태 전자 배치에서 전자가 들어 있는 오비탈 수는 X가 5, Y가 4이다.

170 A의 전자 수는 12, B의 전자 수는 9이므로 A는 마그네슘(Mg), B는 플루오린(F)이다.

ㄴ. 원자 번호는 A가 12, B가 9이므로 A가 B보다 크다.

ㄷ. 전자가 들어 있는 오비탈의 최대 주양자 수는 A가 3, B가 2이므로 A가 B의 1.5배이다.

오답 피하기 ㄱ. A는 $1s^2 2s^2 2p^6 3s^2$의 전자 배치를 가지므로 홀전자 수가 0이고, B는 $1s^2 2s^2 2p^5$의 전자 배치를 가지므로 홀전자 수가 1이다. 따라서 A와 B의 홀전자 수의 합은 1이다.

171 모범 답안 스핀 자기 양자수(m_s)는 $+\frac{1}{2}$과 $-\frac{1}{2}$의 2가지 값만 가능하다. 하나의 오비탈에 전자가 3개 들어가면 스핀 자기 양자수(m_s)가 같은 전자가 생기게 되고, 이때 이 전자들은 4가지 양자수가 모두 같아져 파울리 배타 원리에 위배된다.

채점 기준	배점
1개의 오비탈에 전자가 3개 들어가면 스핀 자기 양자수(m_s)가 같아진다는 것을 양자수의 개념으로 설명하여 파울리 배타 원리에 위배됨을 옳게 서술한 경우	100%
파울리 배타 원리의 정의만 옳게 서술한 경우	40%

STEP 3 1등급을 위한 실전 완벽 대비 본문 054~055쪽

172 ④ 173 ① 174 ② 175 ① 176 ① 177 ⑤ 178 ②
179 ①

172 A의 $\dfrac{p\ \text{오비탈에 들어 있는 홀전자 수}}{p\ \text{오비탈에 들어 있는 총 전자 수}}=1$이면 A는 탄소(C) 또는 질소(N)인데, A^-의 $\dfrac{p\ \text{오비탈에 들어 있는 홀전자 수}}{p\ \text{오비탈에 들어 있는 총 전자 수}}=\dfrac{1}{2}$이므로 A는 질소(N)이다. B의 $\dfrac{p\ \text{오비탈에 들어 있는 홀전자 수}}{p\ \text{오비탈에 들어 있는 총 전자 수}}=\dfrac{1}{2}$이므로 B는 산소(O)이다. 따라서 A는 $1s^2 2s^2 2p^3$인 질소(N)이고, B는 $1s^2 2s^2 2p^4$인 산소(O)이다.

ㄴ. 바닥상태에서 s 오비탈에 들어 있는 전자 수는 A와 B가 4로 같다.

ㄷ. 바닥상태 원자의 홀전자 수는 A가 3, B가 2이다.

오답 피하기 ㄱ. 원자 번호는 A가 7, B가 8이다

173 18족이 아닌 2주기 원소 중 p 오비탈에 들어 있는 전자 수는 X가 Y의 2배이므로 X는 탄소(C), Y는 붕소(B) 또는 X는 산소(O), Y는 탄소(C)이다. 이때 Z는 2주기 금속 원소이면서 X~Z의 홀전자 수의 합이 5이므로 X~Z는 각각 산소(O), 탄소(C), 리튬(Li)이다. 따라서 X~Z의 전자 배치는 각각 $1s^2 2s^2 2p^4$, $1s^2 2s^2 2p^2$, $1s^2 2s^1$이다.

ㄱ. 원자 번호는 X가 8, Y가 6이다.

오답 피하기 ㄴ. 홀전자 수는 Y가 2, Z가 1이다.

ㄷ. 전자가 들어 있는 오비탈의 총 수는 X가 5, Z가 2이다.

174 (가)는 쌓음 원리, (나)는 훈트 규칙이다.

②는 쌓음 원리를 만족하지만 훈트 규칙을 만족하지 않는다.

오답 피하기 ①과 ③은 쌓음 원리와 훈트 규칙을 모두 만족하고, ④와 ⑤는 쌓음 원리와 훈트 규칙을 모두 만족하지 않는다.

175 s 오비탈의 부 양자수(l)는 0, p 오비탈의 부 양자수(l)는 1이다.

ㄱ. ㉠에는 $2p_x$, $2p_y$, $2p_z$ 오비탈 3개의 오비탈이 있고, 자기 양자수(m_l)는 -1, 0, $+1$이다. 따라서 자기 양자수(m_l)가 0인 오비탈이 있다.

오답 피하기 ㄴ. ㉢에 들어 있는 전자 2개의 스핀 자기 양자수(m_s)는 각각 $+\frac{1}{2}$과 $-\frac{1}{2}$이다.

ㄷ. ㉠에 들어 있는 전자 1개는 주 양자수(n)가 2, 부 양자수(l)가 1, ㉡에 들어 있는 전자 1개는 주 양자수(n)가 4, 부 양자수(l)가 0이다. 따라서 주 양자수(n)와 부 양자수(l)의 합은 ㉠이 3, ㉡이 4이다.

176 (가)는 바닥상태에서 p 오비탈에 들어 있는 전자 수가 8이므로 전자 배치가 $1s^2 2s^2 2p^6 3s^2 3p^2$인 규소(Si)이다. (나)는 $1s^2 2s^2 2p^3$인 질소(N)이며, (다)는 $1s^2 2s^2 2p^6 3s^1$인 나트륨(Na)이다.

ㄱ. $a=6$, $b=2$, $c=3$, $d=6$, $e=1$이므로 $a+b+c+d+e=18$이다.

오답 피하기 ㄴ. 전자가 들어 있는 오비탈의 총 수는 (가)가 8, (다)가 6이므로 (가) : (다)$=4 : 3$이다.

ㄷ. 전자가 들어 있는 오비탈의 최대 주 양자수는 (가)가 3, (나)가 2이다.

177 부 양자수가 l인 오비탈의 자기 양자수(m_l)는 $-l \leq m_l \leq l$이다.

ㄱ. $n=1$인 전자 껍질에 최대로 수용되는 전자 수는 2, $n=2$인 전자 껍질에 최대로 수용되는 전자 수는 8, $n=3$인 전자 껍질에 최대로 수용되는 전자 수는 18이다. 따라서 주 양자수가 n인 전자 껍질에 최대로 수용되는 전자 수는 $2n^2$이다.

ㄴ. $n=1$인 전자 껍질에는 $1s$ 오비탈 1개가 있고, $n=2$인 전자 껍질에는 $2s$ 오비탈 1개와 $2p$ 오비탈 3개로 총 4개의 오비탈이 있다. $n=3$인 전자 껍질에는 $3s$ 오비탈 1개, $3p$ 오비탈 3개, $3d$ 오비탈 5개가 있으므로 총 9개의 오비탈이 있다. 따라서 주 양자수가 n인 전자 껍질에 최

대 n^2개의 오비탈이 있다.

ㄷ. 부양자수가 l인 오비탈에는 자기 양자수(m_l)가 $(2l+1)$가지가 가능하므로 오비탈의 수도 최대 $(2l+1)$개이다.

178 p 오비탈의 전자 수와 총 전자 수의 비는 (가)가 1 : 3, (나)가 1 : 2, (다)가 2 : 3이므로 이를 만족하는 원자의 전자 배치는 다음과 같다.

구분	원자	전자 배치
(가)	C	$1s^2\,2s^2\,2p^2$
(나)	O	$1s^2\,2s^2\,2p^4$
	Mg	$1s^2\,2s^2\,2p^6\,3s^2$
(다)	Ar	$1s^2\,2s^2\,2p^6\,3s^2\,3p^6$

ㄴ. (나)는 산소(O), 마그네슘(Mg) 2가지 원소가 해당한다.

오답 피하기 ㄱ. 원자 번호가 가장 큰 것은 아르곤(Ar)이므로 (다)에 해당한다.

ㄷ. 홀전자 수는 (가)가 2, (나)가 산소(O)일 때 2, 마그네슘(Mg)일 때 0, (다)가 0이므로 홀전자 수가 가장 큰 것은 (가) 또는 (나)에 해당한다.

179 파울리 배타 원리를 만족하지 않는 전자 배치는 불가능한 전자 배치이며, 바닥상태가 되려면 쌓음 원리와 훈트 규칙을 모두 만족해야 한다.

ㄴ. (나)는 들뜬상태, (라)는 바닥상태이므로 (나)에서 (라)가 될 때 에너지를 방출한다.

오답 피하기 ㄱ. (가)는 불가능한 전자 배치이므로 들뜬상태가 아니다.

ㄷ. 바닥상태는 (라)이며, (나)와 (다)는 들뜬상태이다.

II-2. 원소의 주기적 성질

01. 주기율표

STEP 1 바로바로 **개념 확인** 본문 057쪽

180 (1) × (2) × (3) ○ (4) × **181** 16 **182** 원자가 전자 **183** 준
금속 원소 **184** (1) A (2) C (3) A (4) D (5) A (6) 21

180 (1) 1족 원소 중 수소(H)는 알칼리 금속이 아니다.

(2) 18족 원소 중 헬륨(He)의 최외각 전자 수는 2이다.

(3) 할로젠 원소는 원자가 전자 수가 7이므로 전자 1개를 얻고 -1가의 음이온이 되기 쉽다.

(4) 15족 원소의 원자가 전자 수는 5이다.

181 주기는 주 양자수와 같고, 족의 일의 자릿수는 원자가 전자 수와 같으므로 $1s^2\,2s^2\,2p^6\,3s^2\,3p^1$인 원소는 3주기 13족이다. 따라서 $a+b=16$이다.

182 화학 결합에 관여하는 전자는 원자가 전자이며, 18족을 제외하고 원자가 전자 수는 최외각 전자 수와 같다.

183 금속 원소와 비금속 원소의 경계에 있어 금속과 비금속의 중간 성질을 갖는 원소를 준금속 원소라고 하고, 붕소(B), 규소(Si) 등이 이에 해당한다.

184 A는 나트륨(Na), B는 질소(N), C는 플루오린(F), D는 네온(Ne)이다.

(1) A는 금속이므로 상온에서 고체로 존재한다.

(2) 원자가 전자 수는 A~D가 각각 1, 5, 7, 0이다.

(3) 전자가 들어 있는 s 오비탈 수는 A~D가 각각 3, 2, 2, 2이고, 전자가 들어 있는 p 오비탈 수는 A~D가 모두 3이다.

(4) 반응성이 가장 작은 원소는 비활성 기체이며, 18족 원소인 D이다.

(5) 금속 원소는 A이다.

(6) 최외각 전자 수는 A~D가 각각 1, 5, 7, 8이다.

STEP 2 알짜 문제로 **실력 키우기** 본문 057~058쪽

185 ③ **186** ㉠: 원자량, ㉡: 원자 번호, ㉢: 주기율 **187** ② **188** 해설 참조 **189** ③ **190** ②

185 주기율표의 가로줄은 '주기', 세로줄은 '족'이라고 한다.

ㄱ. ㉠은 주기율표의 세로줄을 분류한 기준이므로 '족'이다.

ㄴ. ㉡은 주기율표의 가로줄을 분류한 기준이므로 '주기'이다.

오답 피하기 ㄷ. 1주기에는 수소(H)와 헬륨(He) 2가지 원소만 존재한다.

추가로 나오는 **선택지**

❶ ○ ❷ × ❸ ×

❶ 멘델레예프가 만든 최초의 주기율표는 원소를 원자량 순서로 나열한 것이었지만, 현대의 주기율표는 원소를 원자 번호 순으로 나열한 것이다.

❷ 되베라이너는 세 쌍 원소설을 제안한 사람이며, 주기율표를 최초로 만든 사람은 멘델레예프이다.

❸ 같은 족에 속한 원소들은 화학적 성질이 비슷하다.

186 멘델레예프가 만든 최초의 주기율표는 원소를 원자량 순으로 배열한 것이며, 현대의 주기율표는 모즐리가 원소를 원자 번호 순으로 배열한 것이다. 화학적 성질이 비슷한 원소가 주기적으로 나타나는 것을 주기율이라고 한다.

187 A는 수소(H), B는 탄소(C), C는 플루오린(F), D는 나트륨(Na), E는 아르곤(Ar)이다.

ㄷ. E(Ar)는 18족의 비활성 기체로 반응성이 거의 없고, C(F)는 할로젠 원소이므로 C(F)가 E(Ar)보다 음이온이 되기 쉽다.

오답 피하기 ㄱ. 금속 원소는 D(Na)뿐이다.

ㄴ. B(C)는 비금속 원소이고, D(Na)는 금속 원소이므로 D(Na)가 B(C)보다 양이온이 되기 쉽다.

추가로 나오는 선택지

❶ × ❷ ○ ❸ ○

❶ A와 D는 같은 1족 원소이지만, A는 기체인 수소(H)이고, D는 알칼리 금속인 나트륨(Na)이므로 A와 D는 화학적 성질이 다르다.

❷ 상온에서 기체로 존재하는 물질은 A(H), C(F), E(Ar)이다.

❸ D(Na)는 전자를 잃고 양이온이 되기 쉽다.

188 **모범 답안** 수소(H), 수소(H)는 1족 원소이지만 금속 원소가 아닌 비금속 원소이며, 상온에서 기체로 존재하는 반면, 수소를 제외한 1족 원소들은 알칼리 금속이다.

채점 기준	배점
수소(H)라고 쓰고, 수소가 알칼리 금속과 성질이 다른 기체라는 것을 옳게 서술한 경우	100%
수소(H)라는 것만 옳게 쓴 경우	40%

189 A는 리튬(Li), B는 네온(Ne), C는 염소(Cl)이다.

ㄱ. A(Li)는 상온에서 고체로 존재하고, B(Ne)는 상온에서 기체로 존재하므로 A(Li)가 B(Ne)보다 녹는점이 높다.

ㄷ. A(Li)은 $1s^2 2s^1$, C(Cl)는 $1s^2 2s^2 2p^6 3s^2 3p^5$의 전자 배치를 가지므로 A(Li)와 C(Cl)는 홀전자 수가 1로 같다.

오답 피하기 ㄴ. B(Ne)는 2주기 원소이고, C(Cl)는 3주기 원소이다.

추가로 나오는 선택지

❶ ○ ❷ ○ ❸ ×

❶ 원자가 전자 수는 A(Li)가 1, B(Ne)가 0이다.

❷ 전자 껍질 수는 C(Cl)가 3, B(Ne)가 2이다.

❸ A(Li)는 1족 원소, C(Cl)는 17족 원소이다.

190 X^{2-}의 전자 수가 10이므로 X는 산소(O)이다.

ㄴ. X(O)는 16족 원소이므로 원자가 전자 수가 6이다.

오답 피하기 ㄱ. X(O)는 2주기 원소이다.

ㄷ. X(O)의 바닥상태 전자 배치는 $1s^2 2s^2 2p^4$이므로 홀전자 수는 2이다.

STEP 3 **1등급**을 위한 **실전 완벽 대비** 본문 059쪽

191 ④   **192** ④   **193** ③   **194** ⑤

191 (가)는 $_{15}$P, (나)는 $_1$H, (다)는 $_6$C이다.

ㄱ. 원자가 전자 수는 (가)~(다)가 각각 5, 1, 4이다.

ㄷ. (다)는 탄소(C)이므로 2주기 원소이다.

오답 피하기 ㄴ. (나)는 수소(H)이므로 전자가 들어 있는 p 오비탈이 없다.

192 바닥상태에서 A~C의 홀전자 수의 합이 2이고, 같은 족 원소끼리는 홀전자 수가 같으므로 바닥상태에서 홀전자 수는 A~C가 각각 1, 1, 0이거나, 각각 0, 0, 2이어야 한다. 만약 A와 B의 홀전자 수가 0이면 C의 홀전자 수는 1일 수 밖에 없으므로 A~C의 홀전자 수는 각각 1, 1, 0이다. 이때 주어진 주기율표에서 가능한 A~C는 (H, Li, Be), (Li, Na, Mg), (Na, K, Ca), (F, Cl, Ar)이다. A~C는 상온에서 모두 기체로 존재하므로 A는 플루오린(F), B는 염소(Cl), C는 아르곤(Ar)이다. 따라서 A~C의 원자 번호의 합은 9+17+18=44이다.

193 원자 번호가 X>Z>Y이므로 X는 (가)의 3주기, Y는 (나)의 2주기, Z는 (다)의 2주기에 속한 원소이다. X~Z의 원자가 전자 수의 합이 13인 (X, Y, Z)의 원자가 전자 수는 (2, 4, 7) 또는 (2, 5, 6)인 경우 중 하나이므로 (X, Y, Z)는 (Mg, C, F) 또는 (Mg, N, O)인 경우 중 하나이다. 바닥상태의 X~Z의 홀전자 수의 합은 5이므로 X는 마그네슘(Mg), Y는 질소(N), Z는 산소(O)이다.

ㄱ. X는 3주기, Y와 Z는 2주기 원소이므로 X~Z의 전자가 들어 있는 최대 주 양자수의 합은 3+2+2=7이다.

ㄴ. Y(N)와 Z(O)는 원자 번호가 연속이다.

오답 피하기 ㄷ. 원자 번호는 X(Mg)가 12, Y(N)가 7이다.

194 1, 2족, 13~17족 원소의 원자가 전자 수는 족의 일의 자릿수와 일치하며, 18족 원소의 원자가 전자 수는 0이다.

ㄱ. A~C가 각각 질소(N), 산소(O), 플루오린(F)이라면 A~C는 모두 상온에서 기체로 존재한다.

ㄴ. A~C가 각각 나트륨(Na), 마그네슘(Mg), 알루미늄(Al)이라면 A~C는 모두 상온에서 고체로 존재한다.

ㄷ. A~C가 각각 플루오린(F), 네온(Ne), 나트륨(Na)이라면 원자가 전자 수는 각각 7, 0, 1이므로 A~C의 원자가 전자 수의 합은 8일 수 있다.

02 원소의 주기적 성질

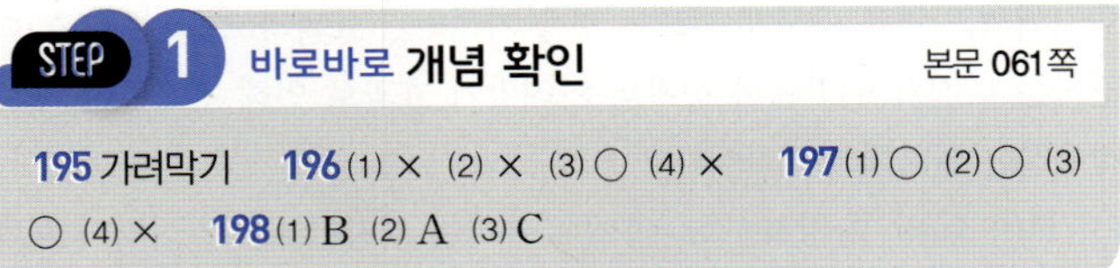

195 안쪽 전자 껍질 또는 같은 전자 껍질에 있는 전자가 원자핵의 인력을 감소시키는 것을 가려막기 효과라고 한다.

196 (1) 같은 족에서 원자 번호가 증가할수록 최외각 전자와 원자핵과의 거리가 멀어지므로 이온화 에너지가 감소한다.

(2) 같은 주기에서는 이온화 에너지는 16족 원소가 15족 원소보다 작다.

(3) 제3 이온화 에너지가 급격히 증가하므로 원자가 전자 수가 2임을 알 수 있다.

(4) 같은 주기에서 금속 원소가 비금속 원소보다 원자 반지름이 크므로 이온화 에너지는 비금속 원소가 금속 원소보다 크다.

197 X와 Y의 이온의 전자 배치가 네온(Ne)과 같으므로 2주기 원소 X는 비금속 원소이며, 3주기 원소 Y는 금속 원소임을 알 수 있다.

(1) X는 2주기 비금속 원소, Y는 3주기 금속 원소이다.

(2) X 이온과 Y 이온은 등전자 이온이고, 원자 번호는 Y가 X보다 크므로 이온 반지름은 X가 Y보다 크다.

(3) X는 2주기 비금속 원소이고, Y는 3주기 금속 원소이므로 원자 반지름은 X가 Y보다 작다.

(4) 이온화 에너지는 금속 원소가 비금속 원소보다 작고, 3주기 원소가 2주기 원소보다 작으므로 X가 Y보다 크다.

198 A는 플루오린(F), B는 마그네슘(Mg), C는 염소(Cl)이다.

(1) 원자 반지름이 이온 반지름보다 큰 원소는 양이온이 되는 금속 원소이므로 B(Mg)이다.

(2) 같은 족에서 이온화 에너지는 2주기 원소가 3주기 원소보다 크고, 비금속 원소가 금속 원소보다 대체로 크므로 2주기 비금속 원소인 A(F)가 가장 크다.

(3) 바닥상태의 전자 배치는 A(F)가 $1s^2 2s^2 2p^5$, B(Mg)가 $1s^2 2s^2 2p^6 3s^2$, C(Cl)가 $1s^2 2s^2 2p^6 3s^2 3p^5$이므로 $\dfrac{\text{전자가 들어 있는 } p \text{ 오비탈 수}}{\text{전자가 들어 있는 } s \text{ 오비탈 수}} = 2$ 인 원소는 C(Cl)이다.

STEP 2 알짜 문제로 **실력 키우기**　　　본문 062~065쪽

199 ④	**200** 해설 참조	**201** ③	**202** ①	**203** ⑤	**204** 해설 참조
205 ③	**206** ④	**207** ③	**208** ⑤	**209** ①	**210** ④	**211** ⑤
212 F	**213** ③	**214** 해설 참조	**215** ⑤	**216** ①	

199 다전자 원자에서 안쪽 전자 껍질 또는 같은 전자 껍질의 전자가 원자핵의 인력을 약하게 만드는 것을 가려막기 효과라고 한다. 유효 핵전하는 다전자 원자에서 전자의 가려막기 효과로 인해 전자에 실제로 작용하는 원자핵의 전하이다.

ㄱ. H(수소)의 주 양자수 $n=1$에 존재하는 전자인 a는 가려막기 효과가 없으므로 유효 핵전하는 원자핵의 전하와 같은 +1이다.

ㄷ. c는 안쪽 전자 껍질에 전자가 존재하므로 가려막기 효과에 의해 유효 핵전하는 +3보다 작다.

오답 피하기 ㄴ. b는 같은 전자 껍질에 전자가 존재하므로 가려막기 효과에 의해 원자핵의 전하를 모두 느끼지 못한다. 따라서 b가 느끼는 유효 핵전하는 +3보다 작다.

❶ × ❷ ○ ❸ ×

❶ 가려막기 효과는 같은 전자 껍질이나 안쪽 전자 껍질의 전자들에 의해 나타난다. 따라서 b보다 바깥 전자 껍질에 있는 c는 원자핵과 b 사이의 인력을 감소시키지 못한다.

❷ 원자핵의 전하는 a가 +1, b가 +3이다. a는 가려막기 효과가 없으므로 유효 핵전하가 +1이고, b는 같은 전자 껍질의 전자 1개에 의한 가려막기 효과에 의해 유효 핵전하가 +3보다 조금 작아진다. 그러나 전자 1개는 원자핵의 전하를 +1만큼 감소시키지는 못하므로 유효 핵전하는 b가 a보다 크다.

❸ c는 b보다 바깥 전자 껍질에 존재하므로 c는 b보다 가려막기 효과에 의해 핵전하가 많이 가려지므로 c가 느끼는 유효 핵전하는 b가 느끼는 유효 핵전하보다 작다.

200 모범 답안 $F > F^-$. 원자가 전자 1개를 얻어 음이온이 되면서 전자 수가 증가하면 가려막기 효과가 증가하므로 유효 핵전하가 감소한다.

채점 기준	배점
F^-의 가려막기 효과가 F의 가려막기 효과보다 커서 유효 핵전하가 감소한다고 옳게 서술한 경우	100%
유효 핵전하가 $F > F^-$라는 것만 옳게 쓴 경우	30%

201 원자가 전자가 느끼는 유효 핵전하는 같은 주기에서 원자 번호가 클수록 증가한다. A~D의 홀전자 수가 각각 1, 2, 3, 1이고, A와 B의 원자 번호가 연속이 아니므로 A는 리튬(Li), B는 탄소(C), C는 질소(N), D는 플루오린(F)임을 알 수 있다.

ㄱ. 금속 원소는 A(Li)뿐이다.

ㄴ. 상온에서 기체로 존재하는 물질은 C(N)와 D(F)이다.

오답 피하기 ㄷ. 바닥상태 전자 배치는 C(N)가 $1s^2 2s^2 2p_x^1 2p_y^1 2p_z^1$, D(F)가 $1s^2 2s^2 2p_x^2 2p_y^2 2p_z^1$이므로 전자가 들어 있는 오비탈의 총 수는 C(N)와 D(F)가 5로 같다.

202 양이온이 되는 원소는 원자의 유효 핵전하가 이온의 유효 핵전하보다 작고, 음이온이 되는 원소는 원자의 유효 핵전하가 이온의 유효 핵전하보다 크다. 이온의 전하의 크기는 모두 2이므로 A는 산소(O), B는 베릴륨(Be)임을 알 수 있다.

ㄱ. 원자 번호는 A(O)가 8, B(Be)가 4이므로 A가 B보다 크다.

오답 피하기 ㄴ. 바닥상태에서 홀전자 수는 A(O)가 2, B(Be)가 0이다.

ㄷ. 바닥상태 전자 배치는 A(O)가 $1s^2 2s^2 2p_x^2 2p_y^1 2p_z^1$, B(Be)가 $1s^2 2s^2$이므로 전자가 들어 있는 오비탈 수는 A가 5, B가 2이다.

203 등전자 이온의 반지름은 원자 번호가 작을수록 크다. 따라서 A는 나트륨(Na), B는 마그네슘(Mg), C는 산소(O), D는 플루오린(F)이다.

ㄱ. 같은 족에서 원자 반지름은 3주기 원소가 2주기 원소보다 크고, 3주기 원소 중에서는 원자 번호가 작을수록 크므로 A(Na)의 원자 반지름이 가장 크다.

ㄴ. B는 마그네슘(Mg)이므로 3주기 원소이다.

ㄷ. 바닥상태 원자에서 홀전자 수는 A(Na)가 1, B(Mg)이 0, C(O)가 2, D(F)이 1이므로 C(O)가 가장 크다.

❶ ○ ❷ ○ ❸ ✕

❶ D(F)의 바닥상태 전자 배치는 $1s^2 2s^2 2p_x^2 2p_y^2 2p_z^1$이므로 전자가 들어 있는 오비탈의 총 수가 5이다.

❷ B(Mg)는 금속 원소이므로 원자 반지름이 이온 반지름보다 크다.

❸ 유효 핵전하는 같은 주기에서 원자 번호가 클수록 증가하므로 D(F)가 C(O)보다 크다.

204 (모범 답안) 금속 원소는 원자가 전자 수만큼 전자를 잃고 양이온이 될 때, 전자 껍질 수가 1 감소하므로 이온 반지름이 원자 반지름보다 작다.

채점 기준	배점
금속 원소가 양이온이 될 때, 전자 껍질 수가 감소한다고 옳게 서술한 경우	100%
금속 원소가 양이온이 될 때, 전자 수가 감소한다고만 서술한 경우	50%

205 이온 반지름이 원자 반지름보다 크면 비금속 원소이고, 이온 반지름이 원자 반지름보다 작으면 금속 원소이다. 따라서 (가)는 금속 원소, (나)는 비금속 원소이다.

ㄷ. (가)와 (나)는 같은 2주기 원소이므로 이온이 될 때 (가)는 양이온, (나)는 음이온이 된다. 따라서 이온 반지름은 (나)가 (가)보다 크다.

(오답 피하기) ㄱ. 원자 번호는 비금속 원소인 (나)가 금속 원소인 (가)보다 크다.

ㄴ. 원자 반지름은 같은 주기에서 원자 번호가 작을수록 크다. 따라서 금속 원소인 (가)가 비금속 원소인 (나)보다 원자 반지름이 크다.

206 금속 원소의 원자가 양이온이 될 때에는 전자 껍질 수가 감소하여 반지름이 작아지고, 비금속 원소의 원자가 음이온이 될 때에는 전자 수가 증가하면서 반지름이 커진다. A와 B는 금속 원소이므로 비금속 원소인 C와 D보다 이온 반지름이 작다. A와 B의 이온은 등전자 이온이므로 원자 번호가 작은 A의 이온 반지름이 B의 이온 반지름보다 크다. C와 D의 이온은 등전자 이온이므로 원자 번호가 작은 C의 이온 반지름이 D의 이온 반지름보다 크다. 따라서 이온 반지름은 C>D>A>B이다.

207 Li은 금속 원소로, 전자를 잃고 양이온이 되면 반지름이 작아진다.

ㄱ. Li의 이온 반지름은 원자 반지름보다 작으므로 (가)에 속한다.

ㄷ. Na은 Li과 같은 족이며, 전자 껍질 수가 1 크므로 Na의 원자 반지름은 Li의 원자 반지름보다 크다. 따라서 Na의 원자 반지름은 (나)에 속한다.

(오답 피하기) ㄴ. 원자 반지름은 F이 Li보다 작으므로 (가)에 속한다.

208 같은 족에서는 원자 번호가 클수록 원자 반지름이 크고, 같은 주기에서는 원자 번호가 클수록 원자 반지름이 작다.

ㄱ. (가)는 같은 족 원소이므로 원자 번호가 클수록 원자 반지름이 크다.

ㄴ. (나)는 비금속 원소이므로 전자를 얻어 음이온이 된다. 따라서 이온 반지름이 원자 반지름보다 크다.

ㄷ. (가) 중에서 원자 반지름이 가장 작은 원소(Li에 해당)가 (나)의 모든 원소보다 원자 반지름이 크다.

209 A는 나트륨(Na), B는 산소(O), C는 플루오린(F)이다.

ㄴ. A(Na)는 3주기 금속 원소이고, C(F)는 2주기 비금속 원소이므로 원자 반지름은 A(Na)가 C(F)보다 크다.

(오답 피하기) ㄱ. 등전자 이온의 반지름은 원자 번호가 작을수록 크다. A(Na)는 B(O)보다 원자 번호가 크므로 반지름은 $B^{2-}(O^{2-})$이 $A^+(Na^+)$보다 크다.

ㄷ. C(F)는 음이온이 되는 비금속 원소이므로 이온 반지름이 원자 반지름보다 크다.

210 같은 주기에서 원자 번호가 증가할수록 이온화 에너지는 대체로 커지고, 같은 족에서 원자 번호가 증가할수록 이온화 에너지는 감소한다. Be과 F은 같은 주기 원소이므로 이온화 에너지는 F이 Be보다 크고, Be과 Mg은 같은 족 원소이므로 이온화 에너지는 Be이 Mg보다 크다. 따라서 ㉠은 Mg, ㉡은 Be, ㉢은 F이다.

ㄴ. ㉡은 Be(베릴륨)이고, 전자 배치는 $1s^2 2s^2$이므로 바닥상태에서 홀전자가 없다.

ㄷ. Be^{2+}은 전자 껍질 수가 1이고, F^-과 Mg^{2+}은 전자 껍질 수가 2이다. 또한 F^-과 Mg^{2+}은 등전자 이온이므로 원자 번호가 작은 F^-의 이온 반지름이 가장 크다.

(오답 피하기) ㄱ. ㉠은 Mg이다.

❶ ✕ ❷ ✕ ❸ ○

❶ 원자가 전자의 주 양자수(n)는 ㉠(Mg)이 3, ㉡(Be)과 ㉢(F)이 모두 2이므로 ㉠이 가장 크다.

❷ ㉡(Be)은 2주기 원소이다.

❸ 원자 번호는 ㉠(Mg)이 12, ㉡(Be)이 4, ㉢(F)이 9이므로 ㉠이 가장 크다.

211 A는 베릴륨(Be), B는 붕소(B)이다. 같은 주기에서 이온화 에너지는 2족 원소가 13족 원소보다 크다.

ㄱ. 원자 반지름은 원자 번호가 증가할수록 작다. 원자 반지름은 A(Be)가 B(B)보다 크다.

ㄴ. 유효 핵전하는 원자 번호가 증가할수록 크다. 유효 핵전하는 B(B)가 A(Be)보다 크다.

ㄷ. 이온화 에너지는 2족 원소인 A(Be)가 13족 원소인 B(B)보다 크다.

212 2주기 원소의 이온화 에너지는 Li<B<Be<C<O<N<F<Ne이다. 바닥상태 원자의 홀전자 수는 15족인 F(질소(N))가 가장 크다.

213 3주기 금속 원소가 Ne과 같은 전자 배치가 되기 위해서는 원자가 전자를 모두 잃어야 한다. 한편, 순차 이온화 에너지의 변화로부터 A는 나트륨(Na), B는 알루미늄(Al), C는 마그네슘(Mg)임을 알 수 있다. A(Na)는 가장 바깥 전자 껍질에 전자가 1개 있으므로 네온(Ne)과 같은 전자 배치가 되기 위해 496(kJ/mol)이 필요하고, B(Al)는 가장 바깥 전자 껍질에 전자가 3개 있으므로 네온(Ne)과 같은 전자 배치가 되기 위해 $578+1820+2750=5148$(kJ/mol)이 필요하며, C(Mg)는 가장 바깥 전자 껍질에 전자가 2개 있으므로 네온(Ne)과 같은 전자 배치가 되기 위해 $738+1450=2188$(kJ/mol)의 에너지가 필요하다. 따라서 원자 A~C 1몰이 각각 네온(Ne)과 같은 전자 배치를 갖는 이온이 되기 위해 필요한 최소 에너지의 크기는 B>C>A이다.

214 [모범 답안] Li(리튬)의 전자 배치는 $1s^2 2s^1$이다. 원자가 전자가 1개이므로 제1 이온화 에너지는 $2s$ 오비탈에서 전자를 떼어내기 위한 에너지이고, 제2 이온화 에너지는 $2s$ 오비탈이 아닌 $1s$ 오비탈에서 전자를 떼어낼 때 필요한 에너지이므로 Li(리튬)의 제2 이온화 에너지는 매우 큰 값을 갖는다.

채점 기준	배점
Li(리튬)의 전자 배치로부터 제2 이온화 에너지는 제1 이온화 에너지보다 안쪽 전자 껍질에서 전자를 떼어내기 때문에 에너지가 매우 크다는 것을 옳게 서술한 경우	100%
제2 이온화 에너지는 제1 이온화 에너지에 비해 전자가 1개 작은 상태에서 전자를 떼어낸다라고만 서술한 경우	50%

215 A는 질소(N), B는 산소(O)이다.

ㄱ. 바닥상태의 전자 배치는 A(N)가 $1s^2 2s^2 2p_x^1 2p_y^1 2p_z^1$, B가 $1s^2 2s^2 2p_x^2 2p_y^1 2p_z^1$이므로 바닥상태에서 홀전자 수는 A가 3, B가 2이다.

ㄴ. 유효 핵전하는 원자 번호가 큰 B(O)가 A(N)보다 크다.

ㄷ. 같은 주기에서 이온화 에너지는 15족 원소가 16족 원소보다 크다. 따라서 A(N)가 B(O)보다 크다.

216 같은 주기에서 이온화 에너지는 원자 번호가 클수록 대체로 증가한다. 이온화 에너지는 예외적으로 2족 원소가 13족 원소보다 크고, 15족 원소가 16족 원소보다 크다. 따라서 (가)는 네온(Ne), (나)는 플루오린(F), (다)는 질소(N), (라)는 탄소(C)이다.

ㄴ. 바닥상태에서 전자가 들어 있는 오비탈의 총 수는 (가)~(다)가 모두 5이고, (라)가 4이다.

[오답 피하기] ㄱ. 원자 번호는 (가)가 10, (나)가 9, (다)가 7, (라)가 6이다.

ㄷ. (가)는 18족 비활성 기체이므로 반응성이 가장 작다.

바닥상태 2주기 원자의 홀전자 수

원소	Li	Be	B	C	N	O	F	Ne
홀전자 수	1	0	1	2	3	2	1	0

STEP 3 **1등급을 위한 실전 완벽 대비** 본문 066~067쪽

217 ⑤ **218** ④ **219** ① **220** ④ **221** ③ **222** ⑤ **223** ①
224 ②

217 원자 번호가 6~9인 원소는 C, N, O, F이고, 제1 이온화 에너지는 C<O<N<F이다. 따라서 W는 탄소(C), X는 산소(O), Y는 질소(N), Z는 플루오린(F)이다.

ㄱ. 바닥상태 원자의 홀전자 수는 W~Z가 각각 2, 2, 3, 1이다.

ㄴ. 원자 반지름은 W>Y>X>Z이다.

ㄷ. 원자가 전자의 유효 핵전하는 같은 주기에서 원자 번호가 클수록 증가하므로 W<Y<X<Z이다.

218 원자 번호는 (나)가 (가)보다 1 크고, 이온화 에너지는 (가)가 (나)보다 크다. 2주기 원소 중 (가)와 (나)에 해당하는 원소는 각각 (Be, B) 또는 (N, O)이다. (가)와 (나)는 바닥상태에서 전자가 들어 있는 오비탈 수가 같으므로 (가)는 질소(N), (나)는 산소(O)이다. 따라서 $n=7$, $a=3$, $b=2$이므로 $n+a+b=12$이다.

219 A~C의 이온은 Ne의 전자 배치를 가지므로 모두 등전자 이온이다. 등전자 이온의 이온 반지름은 원자 번호가 증가할수록 작으므로 A는 마그네슘(Mg), B는 나트륨(Na), C는 플루오린(F)이다.

ㄱ. 원자 반지름은 B(Na)가 A(Mg)보다 크다.

[오답 피하기] ㄴ. B(Na)가 C(F)보다 이온 반지름이 작은데, $\dfrac{Z^*}{이온 반지름}$는 C(F)가 B(Na)보다 크므로 Z^*는 C(F)가 B(Na)보다 크다.

ㄷ. 제1 이온화 에너지는 2주기 17족인 C(F)가 3주기 2족인 A(Mg)보다 크다.

220 (가)는 2주기 2족 원소인 베릴륨(Be), (나)는 2주기 13족 원소인 붕소(B), (다)는 3주기 1족 원소인 나트륨(Na), (라)는 3주기 13족 원소인 알루미늄(Al)이다. 같은 족에서 제1 이온화 에너지는 2주기 원소가 3주기 원소보다 크고, 같은 주기에서 2족 원소가 13족 원소보다 크다. 따라서 $c<d<b<a$이다.

221 순차 이온화 에너지로부터 X는 3주기 13족 원소인 알루미늄(Al), Y는 3주기 1족 원소인 나트륨(Na), Z는 3주기 2족 원소인 마그네슘(Mg)임을 알 수 있다.

ㄱ. 제2 이온화 에너지는 1족 원소인 Y(Na)가 X(Al)보다 크므로
$a<b$이다.
ㄷ. 원자가 전자 수는 Y(Na)가 1, Z(Mg)가 2이다.
오답 피하기 ㄴ. 원자 반지름은 원자 번호가 작은 Z(Mg)가 X(Al)보다
크다.

222 등전자 이온의 반지름은 전하의 절댓값이 큰 양이온의 이온 반지
름이 더 작고, 전하의 절댓값이 큰 음이온의 이온 반지름이 더 크다. 그
러나 이온 반지름은 X^{3+}이 W^{2+}보다 크므로 X는 3주기, W는 2주기
원소임을 알 수 있고, 이온 반지름은 Z^-이 Y^{2-}보다 크므로 Y는 2주기,
Z는 3주기 원소임을 알 수 있다. 따라서 W는 베릴륨(Be), X는 알루
미늄(Al), Y는 산소(O), Z는 염소(Cl)이다.
ㄱ. X(Al)는 3주기 원소이다.
ㄴ. Y(O)는 W(Be)와 같은 주기 원소이며, 원자 번호는 Y(O)가
W(Be)보다 크므로 원자가 전자가 느끼는 유효 핵전하는 Y(O)가
W(Be)보다 크다.
ㄷ. X(Al)는 Y(Cl)과 같은 주기 원소이며, 원자 번호는 X(Al)가
Y(Cl)보다 작으므로 원자 반지름은 X(Al)가 Y(Cl)보다 크다.

223 W~Z 중 원자 반지름이 가장 큰 것은 마그네슘(Mg), 가장 작은
것은 플루오린(F)이다. 따라서 W는 플루오린(F), Z는 마그네슘(Mg)
이고, X와 Y 중 원자 반지름이 큰 Y는 알루미늄(Al)이고, X는 붕소
(B)이다.
ㄴ. W(F)는 비금속 원소이고, Z(Mg)는 금속 원소이므로 $\dfrac{이온\ 반지름}{원자\ 반지름}$
은 W(F)가 Z(Mg)보다 크다.
오답 피하기 ㄱ. Y(Al)은 13족 원소이므로 같은 주기 2족 원소인
Z(Mg)보다 제1 이온화 에너지가 작다. 따라서 (가)<738이다.
ㄷ. W(F)가 X(B)보다 원자 번호가 크므로 원자가 전자가 느끼는 유효
핵전하는 W(F)가 X(B)보다 크다.

224 원자 반지름은 Na>Mg>O이고, 이온 반지름은 $O^{2-}>Na^+$
$>Mg^{2+}$이다. 따라서 A는 산소(O), B는 마그네슘(Mg), C는 나트륨
(Na)이다. 이온의 전하의 절댓값은 Mg^{2+}과 O^{2-}이 2로 같으므로
$\dfrac{이온\ 반지름}{|q|}$는 Mg^{2+}이 가장 작다. 따라서 ㉠은 Mg^{2+}이다. Mg^{2+}의
$\dfrac{이온\ 반지름}{|q|}=36$이므로 Mg^{2+}의 이온 반지름은 72(pm)가 되는데,
이온 반지름은 Na^+이 Mg^{2+}보다 크므로 Na^+의 이온 반지름은 72보
다 커야 한다. 따라서 ㉢은 Na^+, ㉡이 O^{2-}이다.
ㄴ. 바닥상태 원자의 홀전자 수는 A(O)가 2, B(Mg)이 0이다.
오답 피하기 ㄱ. ㉡은 A의 이온인 O^{2-}이다.
ㄷ. B(Mg)는 C(Na)와 같은 주기이며, 원자 번호는 B(Mg)가 C(Na)
보다 크므로 원자가 전자가 느끼는 유효 핵전하는 B(Mg)가 C(Na)보
다 크다.

Ⅲ-1. 화학 결합

01. 이온 결합

> **STEP 1** 바로바로 **개념 확인**　　　본문 071쪽
>
> **225** 옥텟 규칙　　**226** 이온 결합　　**227** (1) ○ (2) ○ (3) ×
> **228** (1) ○ (2) × (3) ×　　**229** MgO>BaO>NaCl>NaBr

225 18족 원소들은 안정하므로 18족 원소 이외의 원자들이 18족 원
소와 같은 전자 배치를 가지려는 경향을 옥텟 규칙이라고 한다.

226 금속 원소와 비금속 원소가 결합할 때 전자를 주고받아 금속 양이
온과 비금속 음이온이 되고, 금속 양이온과 비금속 음이온 사이의 정전
기적 인력에 의해 이온 결합을 형성한다.

227 (1), (2) 금속 양이온과 비금속 음이온이 정전기적 인력에 의해 결합
할 때 ㉢에서 인력이 반발력보다 우세하게 작용하여 두 이온이 서로 가
까워지고, ㉡에서 인력과 반발력이 평형을 이루어 이온 결합을 형성한
다. ㉠에서는 두 이온 사이의 거리가 너무 가까워 전자와 전자, 원자핵과
원자핵 사이의 반발력이 크게 증가하여 에너지가 급격히 증가한다.
(3) 이온 사이의 인력과 반발력은 거리가 짧을수록 크게 작용하며, ㉠~㉢
에서 모두 작용한다.

228 A는 2주기 16족 원소인 O(산소)이고, B는 3주기 1족 원소인
Na(나트륨)이다.
(1) B는 전자 1개를 잃고 +1가의 양이온이 되고, A는 전자 2개를 얻
어 −2가의 음이온이 된다. 이때 A 이온과 B 이온의 전자 수는 모두
10이므로 Ne(네온)과 전자 배치가 같다.
(2) 이온 결합 물질은 전기적으로 중성이므로 양이온의 총 전하량의 합
과 음이온의 총 전하량의 합이 0일 때의 이온 수비로 결합한다. 따라서
A와 B의 이온 결합으로 형성된 화합물의 화학식은 B_2A이다.
(3) A와 B가 결합한 화합물은 이온 결합 물질이다. 이온 결합 물질은
고체 상태에서 이온들이 움직일 수 없으므로 전기 전도성이 없고, 액체
상태에서는 이온이 자유롭게 움직일 수 있으므로 전기 전도성이 있다.

229 이온 결합 물질의 녹는점은 이온의 전하량의 곱에 비례하고, 이온
사이의 거리의 제곱에 반비례한다. NaCl과 BaO은 이온 사이의 거리
가 비슷하지만 이온의 전하량 곱은 BaO이 NaCl보다 크므로 녹는점
은 BaO이 NaCl보다 높다. 또한 NaCl과 NaBr은 전하량의 곱은 같
지만 이온 사이의 거리가 NaCl이 더 짧으므로 녹는점은 NaCl이 NaBr
보다 높다. MgO과 BaO은 전하량의 곱은 같지만 이온 사이의 거리가
MgO이 더 짧으므로 녹는점은 MgO이 BaO보다 높다. 따라서 녹는
점은 MgO>BaO>NaCl>NaBr이다.

<table>
<tr><td colspan="2">STEP 2 알짜 문제로 실력 키우기</td><td>본문 072~074쪽</td></tr>
</table>

230 ③ **231** ① **232** ③ **233** 해설 참조 **234** ④ **235** ④
236 ④ **237** ⑤ **238** ⑤ **239** ④ **240** 해설 참조 **241** ⑤
242 ④

230 물은 전기 전도성이 없으므로 수산화 나트륨(NaOH)이나 황산 나트륨(Na_2SO_4)과 같은 전해질을 소량 넣어 전기 분해한다.

ㄱ. 물을 전기 분해하면 (−)극에서 물이 전자를 얻는 반응이 일어나 수소(H_2) 기체가 발생한다.

ㄴ. (+)극에서 물이 전자를 잃는 반응이 일어나 산소(O_2) 기체가 발생한다.

오답 피하기 ㄷ. 물을 전기 분해하면 발생하는 기체의 부피비는 수소(H_2) : 산소(O_2)=2 : 1이다. 일정한 온도와 압력에서 기체의 부피비는 몰비와 같으므로 각 전극에서 생성된 기체의 몰비는 (−)극 : (+)극=2 : 1이다.

추가로 나오는 선택지

❶ ○ ❷ ○ ❸ 전해질

❶ 순수한 물은 이동할 수 있는 전자나 이온이 없으므로 전류가 흐르지 않는다.

❷ 물이 분해될 때 전자가 이동하므로 수소와 산소가 결합하여 물이 생성될 때 전자가 관여함을 알 수 있다.

❸ 물은 전기 전도성이 없으므로 전기 분해할 때 전자가 이동할 수 있도록 도와주는 물질인 수산화 나트륨(NaOH)이나 황산 나트륨(Na_2SO_4)을 소량 넣어 주어야 한다. 수산화 나트륨(NaOH)이나 황산나트륨(Na_2SO_4)은 물에 녹아 전류를 흐르게 하는 물질이므로 전해질이다.

231 A는 전자 1개를 잃으면 He(헬륨)과 같은 전자 배치가 되고, B와 C는 전자를 얻거나 공유하면 Ne(네온)과 같은 전자 배치가 된다. D는 전자 1개를 잃으면 Ne(네온)과 같은 전자 배치가 된다. A는 Li(리튬), B는 O(산소), C는 F(플루오린), D는 Na(나트륨)이다.

① A_2B에서 A 원자 2개는 전자 1개씩을 잃고, B는 전자 2개를 얻어 결합하므로 A는 He(헬륨), B는 Ne(네온)과 전자 배치가 같다.

오답 피하기 ② B_2에서 B 원자끼리 전자쌍 2개씩을 공유하여 결합하므로 Ne(네온)과 전자 배치가 같다.

③ BC_2에서 B 원자 1개는 C 원자 2개와 각각 전자쌍 1개씩을 공유하여 결합하므로 모두 Ne(네온)과 전자 배치가 같다.

④ D_2B에서 D는 전자 1개를 잃고, B는 전자 2개를 얻어 결합하므로 모두 Ne(네온)과 전자 배치가 같다.

⑤ DC에서 D는 전자 1개를 잃고, C는 전자 1개를 얻어 결합하므로 모두 Ne(네온)과 전자 배치가 같다.

232 A는 3주기 1족 원소인 Na(나트륨), B는 3주기 17족 원소인 Cl(염소)이므로 원자가 전자 수는 A가 1, B가 7이다.

ㄱ. A 원자 1개와 B 원자 1개가 이온 결합으로 화합물을 형성할 때 A

에서 B로 전자 1개가 이동한다.

ㄷ. A는 전자 1개를 잃으므로 18족 원소인 네온(Ne)과 전자 배치가 같아진다.

오답 피하기 ㄴ. 원자 B는 전자 1개를 얻어 18족 원소인 Ar(아르곤)과 전자 배치가 같아지므로 전자 껍질 수는 변하지 않는다.

추가로 나오는 선택지

❶ ○ ❷ × ❸ AB

❶ A 이온은 (+)전하를 띠는 양이온이고, B 이온은 (−)전하를 띠는 음이온이므로 A 이온과 B 이온 사이에는 정전기적 인력이 작용하여 결합한다.

❷ 화합물에서 A 이온의 전자 배치는 Ne(네온)과 같고, B 이온의 전자 배치는 Ar(아르곤)과 같다.

❸ A 이온은 +1가의 양이온이고, B 이온은 −1가의 음이온이므로 A 이온과 B 이온의 1 : 1로 결합하여 화합물 AB를 형성한다.

233 A는 원자가 전자 수가 6이고, B는 원자가 전자 수가 1이므로 A는 전자 2개를 얻고, B는 전자 1개를 잃어 이온을 형성함으로써 18족 원소인 Ne(네온)과 같은 전자 배치를 갖는다.

모범 답안 B_2A, 화합물은 양이온의 총 전하량과 음이온의 총 전하량이 같아야 하므로 A^{2-}과 B^+이 1 : 2의 비율로 결합하여 화합물 B_2A를 생성한다.

채점 기준	배점
화합물의 화학식을 옳게 쓰고, 화합물에서 이온의 전하량의 총합이 0임을 제시하여 이온 수비를 구하는 과정을 옳게 서술한 경우	100%
화합물의 화학식을 옳게 쓰고, A는 전자를 잃고, B는 전자를 얻어 이온 결합을 형성한다고 서술한 경우	60%
화합물의 화학식만을 옳게 쓴 경우	30%

234 A^+은 A 원자가 전자 1개를 잃어 형성된 이온이므로 A 원자의 원자 번호는 11, 원자가 전자 수는 1이다. B^-은 B 원자가 전자 1개를 얻어 형성된 이온이므로 B 원자의 원자 번호는 17, 원자가 전자 수는 7이다. 따라서 A는 Na(나트륨), B는 Cl(염소)이다.

④ AB에서 A 이온의 전자 배치는 Ne(네온)과 같고, B 이온의 전자 배치는 Ar(아르곤)과 같다.

오답 피하기 ① A^+은 전자 1개를 잃었으므로 A의 전자 수는 11개이고, B^-은 전자 1개를 얻었으므로 B의 전자 수는 17이다. 따라서 원자 번호는 B가 A보다 크다.

② A와 B는 전자가 들어 있는 전자 껍질 수가 3으로 같으므로 모두 3주기 원소이다.

③ A의 원자가 전자 수는 1, B의 원자가 전자 수는 7이다.

⑤ AB는 이온 결합에 의해 생성된 화합물이므로 A 이온과 B 이온 사이의 정전기적 인력에 의해 결합한다.

235 A는 2주기 1족 원소인 Li(리튬), B는 2주기 16족 원소인 O(산소), C는 3주기 1족 원소인 Na(나트륨)이다.

④ A 이온은 +1가의 양이온이고, B 이온은 −2가의 음이온이므로 A 와 B는 2 : 1의 입자 수비로 이온 결합을 형성한다.

오답 피하기 ① 원자는 전기적으로 중성이므로 양성자 수와 전자 수가 같으며, 원자 번호는 양성자 수와 같다. 따라서 원자 번호는 A가 3, B 가 8이다.
② 원자 반지름은 주기율표에서 왼쪽 아래로 갈수록 증가하므로 C의 반지름이 가장 크다.
③ 전자 수가 같은 이온의 반지름은 원자 번호가 클수록 작다. 따라서 이온 반지름은 B가 C보다 크다.
⑤ B와 C가 결합하여 형성된 화합물에서 B 이온과 C 이온의 전자 배치는 $1s^2 2s^2 2p^6$로 Ne(네온)과 같다.

236 양이온과 음이온은 에너지가 가장 낮은 지점에서 이온 결합을 형성한다.
④ 이온 사이의 인력과 반발력은 이온 사이의 거리가 가까워질수록 모두 증가한다. 따라서 이온 사이의 인력은 ㉠에서가 ㉡에서보다 크다.

오답 피하기 ① Na^+과 Cl^-이 가까워지면 인력과 반발력이 모두 증가하게 되는데, ㉡~㉢에서 인력이 우세하게 작용하고, ㉠~㉡에서 반발력이 우세하게 작용한다. 따라서 Na^+과 Cl^-은 인력과 반발력이 평형을 이루는 ㉡에서 이온 결합을 형성한다.
② ㉡에서 이온 결합을 형성하므로 NaCl에서 이온 사이의 거리는 r_0이다.
③ ㉢에서 인력이 반발력보다 우세하게 작용한다.
⑤ ㉠에서가 ㉡에서보다 에너지가 큰 까닭은 양이온과 음이온의 전자 껍질이 겹치면서 전자 사이의 반발력과 원자핵 사이의 반발력이 크게 증가하기 때문이다.

❶ × ❷ ○ ❸ ○
❶ 정전기적 인력과 반발력은 이온 사이의 거리가 가까울수록 크므로 ㉢에서 ㉡으로 될 때, 인력과 반발력은 모두 증가한다.
❷ ㉡에서 에너지가 가장 낮으므로 인력과 반발력이 평형을 이룬다.
❸ K^+의 이온 반지름은 Na^+의 이온 반지름보다 크므로 KCl(염화 칼륨)에서 이온 사이의 거리는 NaCl(염화 나트륨)에서 이온 사이의 거리(r_0)보다 크다.

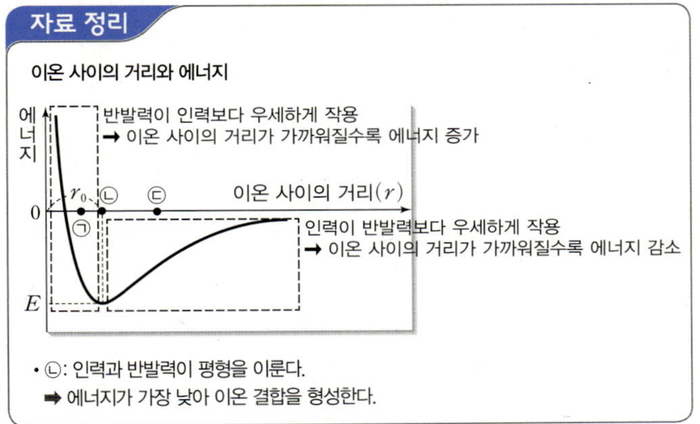

자료 정리

이온 사이의 거리와 에너지

• ㉡: 인력과 반발력이 평형을 이룬다.
→ 에너지가 가장 낮아 이온 결합을 형성한다.

237 알칼리 금속 이온의 반지름은 원자 번호가 증가할수록 커지므로 알칼리 금속의 양이온과 Cl^-이 결합한 화합물에서 이온 사이의 반지름은 알칼리 금속의 원자 번호가 클수록 크다.
⑤ 알칼리 금속은 원자가 전자 수가 1이므로 전자 1개를 잃고, Cl는 전자 1개를 얻어 이온 사이의 거리가 r_0인 지점에서 이온 결합을 형성한다.

오답 피하기 ① 알칼리 금속은 전자 1개를 잃어 +1가의 양이온이 되고, Cl는 전자를 1개 얻어 −1가의 음이온이 되므로 알칼리 금속의 양이온과 Cl^-은 1 : 1의 입자 수비로 결합한다.
② 구간 a에서는 인력이 반발력보다 우세하게 작용하고, 인력과 반발력이 모두 작용한다.
③ 알칼리 금속의 원자 번호가 클수록 이온 반지름이 커지므로 이온 결합이 형성되는 이온 사이의 거리(r_0)도 증가한다.
④ 이온 사이의 거리(r_0)가 증가할수록 이온 사이의 정전기적 인력이 약해지므로 알칼리 금속의 원자 번호가 클수록 에너지(E)는 감소한다.

238 이온 결합 물질은 고체 상태에서 전기 전도성이 없지만, 액체 상태나 수용액 상태에서는 전기 전도성이 있다.
ㄱ. (나)에서 액체 상태의 MX에 전기 전도도 측정기를 넣었더니, 전류가 흘렀으므로 MX는 이온으로 구성된 이온 결합 물질이다.
ㄴ. 이온 결합 물질에 힘을 가하면 같은 전하를 띠는 이온 사이에 반발력이 작용하므로 쉽게 부스러진다.
ㄷ. 이온 결합 물질을 물에 녹이면 이온으로 나누어지므로 수용액은 전기 전도성이 있다.

❶ × ❷ × ❸ ○
❶ MX는 금속 양이온과 비금속 음이온 사이의 정전기적 인력에 의해 형성되는 물질이다.
❷ MX는 이온 결합 물질이므로 끓는점이 매우 높다.
❸ NaCl(염화 나트륨)은 이온 결합 물질이므로 MX로 가능하다.

239 3주기 원소의 금속 원소는 이온이 될 때 전자 껍질 수가 감소하므로 2주기 18족 원소인 네온(Ne)과 전자 배치가 같고, 3주기 비금속 원소는 이온이 될 때 전자 껍질 수가 변하지 않으므로 3주기 18족 원소인 아르곤(Ar)과 전자 배치가 같다.
④ X는 고체 상태에서 이온이 이동할 수 없으므로 전기 전도성이 없다.

오답 피하기 ① A 이온의 전하는 +1, B 이온의 전하는 −1이므로 X의 화학식은 AB이다.
② A와 B는 3주기 원소이므로 A는 전자를 잃고 양이온이 될 때 전자 껍질 수가 감소하므로 Ne과 전자 배치가 같고, B는 전자를 얻어 음이온이 될 때 전자 껍질 수가 변하지 않으므로 Ar과 전자 배치가 같다.
③ X에 힘을 가하면 같은 전하를 띠는 이온 사이에 반발력이 작용하므로 잘 부스러진다.
⑤ X는 액체 상태에서 이온으로 나누어져 이온이 이동할 수 있으므로 전기 전도성이 있다.

240 이온 결합 물질의 녹는점은 두 이온 사이의 결합력과 관련이 있으며, 이온 사이의 결합력은 두 이온의 전하량의 곱에 비례하고 이온 사이의 거리의 제곱에 반비례한다.

[모범 답안] $NaX(s) > NaY(s)$, 정전기적 인력은 이온 사이의 거리가 작을수록 크고, 녹는점은 정전기적 인력이 클수록 높다. NaX가 NaY보다 이온 사이의 거리가 작아 정전기적 인력이 크므로 녹는점은 $NaX(s)$가 $NaY(s)$보다 높다.

채점 기준	배점
정전기적 인력에 영향을 주는 요인을 제시하고, 두 이온 결합 물질의 녹는점을 이온 사이의 거리를 이용하여 옳게 서술한 경우	100%
NaX가 NaY보다 정전기적 인력이 크므로 녹는점은 $NaX(s)>NaY(s)$이라고만 서술한 경우	50%

241 A는 전자 수가 양성자수보다 2 크므로 -2가의 음이온이고, B는 전자 수가 양성자수보다 1 크므로 -1가의 음이온이다. 또한 C는 양성자수가 전자 수보다 1 크므로 $+1$가의 양이온이고, D는 양성자수가 전자 수보다 2 크므로 $+2$가의 양이온이다.

ㄱ. A는 -2가의 음이온, C는 $+1$가의 양이온이므로 A와 C는 1:2의 이온 수비로 결합한다.

ㄴ. DB_2에서 B와 D의 전자 수는 모두 10이므로 전자 배치가 같다.

ㄷ. 이온의 전하량 곱이 DA가 CB보다 크므로 정전기적 인력도 DA가 CB보다 크다. 따라서 녹는점은 $DA(s)$가 $CB(s)$보다 높다.

자료 정리

전자 수가 같은 이온

이온	A	B	C	D
양성자 수	8	9	11	12
전자 수	10	10	10	10
이온의 전하	-2	-1	$+1$	$+2$

(1) 이온의 전하: (양성자 수-전자 수)와 같다. ← Ne과 전자 배치($1s^2 2s^2 2p^6$)가 같다.
(2) 전자 수가 같은 이온의 경우 양성자 수가 많을수록 이온 반지름이 작다.
➡ 이온의 반지름: A>B>C>D

242 이온 결합 물질은 고체 상태에서 이온 사이의 거리가 매우 가까우므로 외부에서 힘을 주면 같은 전하를 띠는 이온 사이에 반발력이 작용하므로 쉽게 부스러진다.

④ X는 외부에서 힘을 가할 때 같은 전하를 띠는 이온 사이의 반발력 때문에 쉽게 부스러지는 이온 결합 물질이다. HCl은 H 원자와 Cl 원자가 전자쌍 1개씩을 공유하여 결합을 형성하므로 공유 결합 물질이다.

[오답 피하기] ①, ② X는 이온 결합 물질이므로 물에 잘 녹는다.
③ 이온 결합 물질은 녹는점이 비교적 높으므로 상온에서 고체로 존재한다.
⑤ X는 액체 상태에서 이온의 이동이 가능하므로 전기 전도성이 있다.

STEP 3 1등급을 위한 실전 완벽 대비   본문 075쪽

243 ④   244 ①   245 ①   246 ⑤

243 원자가 전자 수가 A는 6, B는 1이므로 A는 O(산소), B는 H(수소)이고, X는 물(H_2O)이다. 물은 공유 결합 물질이므로 액체 상태에서 전기 전도성이 없어 소량의 전해질을 넣고 전기 분해한다.

ㄴ. $(+)$극과 $(-)$극에서 생성되는 기체는 각각 산소(O_2), 수소(H_2)이므로 모두 이원자 분자이다. 따라서 X를 구성하는 원자 수비는 생성된 기체의 몰비와 같다. 따라서 X를 구성하는 원자 수비는 $A:B=x:y$이다.

ㄷ. X를 전기 분해할 때 전자가 이동하므로 A와 B가 결합할 때에도 전자가 관여한다.

[오답 피하기] ㄱ. 전기 분해에서 $(+)$극에서는 산화 반응, $(-)$극에서는 환원 반응이 일어난다. 따라서 $(+)$극에서 X는 전자를 잃고 산화된다.

자료 정리

물의 전기 분해

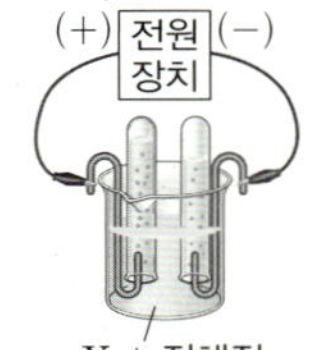

전극		$(+)$극	$(-)$극
기체	종류	A_2	B_2
		O_2	H_2
	양(mol)	x	y
		$x:y=1:2$	

(1) 물의 전기 분해 화학 반응식: $2H_2O(l) \longrightarrow 2H_2(g) + O_2(g)$
(2) 일정한 온도와 압력에서 화학 반응식의 계수비는 기체의 부피비 및 몰비와 같다.
➡ 화학 반응식의 계수비는 $H_2:O_2=2:1$이므로 생성되는 기체의 부피비와 몰비도 $H_2:O_2=2:1$이다.

244 A는 전자 1개를 잃었으므로 A 이온은 $+1$가의 양이온이고, B는 전자 2개를 얻었으므로 B 이온은 -2가의 음이온이다.

ㄱ. A와 B는 정전기적 인력에 의해 이온 결합을 형성한다.

[오답 피하기] ㄴ. 화합물에서 양이온의 총 전하량과 음이온의 총 전하량의 합이 0일 때의 이온 수비로 결합하므로 A 이온과 B 이온은 2:1의 몰비로 결합한다.

ㄷ. A와 B는 모두 3주기 원소이다. A 원자는 원자가 전자 수만큼 전자를 잃으면 전자 껍질 수가 감소하므로 Ne(네온)과 같은 전자 배치가 되고, B 원자는 전자 2개를 얻으므로 Ar(아르곤)과 같은 전자 배치가 된다.

245 (가)의 양이온은 $+2$가, 음이온은 -2가로 전자 배치가 Ne(네온)과 같으므로 (가)의 금속 원소는 3주기 2족 원소인 Mg(마그네슘), 비금속 원소는 2주기 16족 원소인 O(산소)이다. (나)의 양이온은 $+1$가로 Ne(네온)과 전자 배치가 같고, 음이온은 -1가로 Ar(아르곤)과 전자 배치가 같으므로 (나)의 금속 원소는 3주기 1족 원소인 Na(나트륨), 비금속 원소는 3주기 17족 원소인 Cl(염소)이다.

ㄱ. (가)는 MgO, (나)는 NaCl이므로 금속 원소는 Mg과 Na이고, 모

두 3주기 원소이다.

 ㄴ, ㄷ. 이온 반지름은 $Cl^- > O^{2-} > Na^+ > Mg^{2+}$이므로 이온 사이의 거리는 (나)가 (가)보다 크고, 이온의 전하량의 곱은 (가)가 (나)보다 크다. 이온 사이의 정전기적 인력은 전하량의 곱에 비례하고, 이온 사이의 거리의 제곱에 반비례하며, 이온 결합 물질의 녹는점은 정전기적 인력이 클수록 높다. 따라서 화합물의 녹는점은 (가)가 (나)보다 높다.

246 이온의 전하량 곱의 절댓값이 같을 때 이온 사이의 거리가 작을수록 녹는점이 높고, 이온 사이의 거리가 같을 때 이온의 전하량 곱의 절댓값이 클수록 녹는점이 높다.

ㄱ. AB와 AC에서 이온의 전하량 곱의 절댓값은 같은데, 이온 사이의 거리는 AB가 AC보다 작으므로 녹는점은 AB가 AC보다 높다. 따라서 $t_1 < 870$이다.

ㄴ. DE는 AC보다 이온의 전하량 곱의 절댓값은 크고, 이온 사이의 거리는 작으므로 녹는점은 DE가 AC보다 높다. 따라서 $t_2 > t_1$이다.

ㄷ. AC와 FE는 이온 사이의 거리는 비슷한데, 이온의 전하량 곱의 절댓값은 FE가 AC보다 크므로 두 물질의 녹는점을 비교하면 이온의 전하량이 녹는점에 미치는 영향을 알 수 있다.

자료 정리

이온 결합 물질의 녹는점

물질	| 이온의 전하량의 곱 |	이온 사이의 거리(pm)	녹는점(℃)
AB	1	207	870
AC	1	255	$t_1 (< 870)$
DE	4	212	$t_2 (> t_1)$
FE	4	256	t_1보다 높고, t_2보다 낮다.

(1) 이온의 전하량이 녹는점에 미치는 영향
➡ AB와 DE, AC와 FE를 비교하면 알 수 있다.
(2) 이온 사이의 거리가 녹는점에 미치는 영향
➡ AB와 AC, DE와 FE를 비교하면 알 수 있다.
(3) 이온의 전하량 곱의 절댓값은 FE가 AC보다 크고, 이온 사이의 거리는 FE가 DE보다 크다.
➡ FE의 녹는점은 AC보다 높고, DE보다 낮다.

02 공유 결합과 금속 결합

 바로바로 개념 확인 본문 077쪽

247 공유 결합 **248** 1 **249** (1) ○ (2) × (3) ○ **250** 자유 전자
251 (1) ○ (2) ○ (3) ○ (4) × **252** 뽑힘성, 펴짐성

247 비금속 원소들은 전자를 얻어 음이온이 되려는 경향이 크므로 비금속 원소와 비금속 원소가 결합할 때에는 전자쌍을 공유하여 결합한다.

248 O의 원자가 전자 수는 6, H의 원자가 전자 수는 1이므로 O 원자는 전자 2개를 얻고 Ne(네온)과 전자 배치가 같아지고, H 원자는 전자 1개를 얻고 He(헬륨)과 전자 배치가 같아지려 하므로 O 원자 1개는 H 원자 2개와 각각 전자쌍 1개를 공유하여 결합한다.

249 (1) C에서 에너지가 가장 낮으므로 공유 결합을 형성한다.
(2) 전자와 원자핵 사이의 인력은 두 원자 사이의 거리가 작을수록 크므로 D가 C보다 크다.
(3) B에서 두 원자 사이의 거리가 멀기 때문에 전자와 원자핵 사이의 인력이 우세하게 작용하며, 인력에 의해 두 원자가 가까워지면서 에너지가 가장 낮은 C에서 공유 결합을 형성한다.

250 금속 결합은 금속 양이온과 자유 전자 사이의 정전기적 인력에 의해 형성되는 결합이다.

251 (1) 공유 결합 물질은 대부분 분자로 구성되어 있어 분자 사이의 힘이 약하므로 대부분 녹는점, 끓는점이 낮다.
(2) 공유 결합 물질은 이동할 수 있는 이온이나 전자가 없으므로 대부분 액체 상태에서 전기 전도성이 없다.
(3) 금속은 자유 전자가 있어 고체와 액체 상태에서 전기 전도성이 있다.
(4) 금속에 힘을 가하면 금속 양이온이 밀리지만 자유 전자가 빠르게 재배열하여 금속 결합을 유지하므로 부스러지지 않고 모양이 변형된다.

252 금속에 힘을 가하면 금속 양이온이 밀리지만 자유 전자가 빠르게 재배열하여 금속 결합을 유지하므로 부스러지지 않고 모양이 변형된다.

 알짜 문제로 실력 키우기 본문 078~081쪽

253 ⑤ **254** ① **255** ① **256** ③ **257** ② **258** ⑤ **259** 해설 참조 **260** ③ **261** ③ **262** ③ **263** ④ **264** ① **265** ① **266** ④ **267** 해설 참조 **268** ③ **269** ③ **270** ⑤ **271** ④ **272** 해설 참조

253 H는 원자가 전자 수가 1이고, Cl는 원자가 전자 수가 7이므로 H와 Cl는 각각 전자 1개씩을 공유하여 결합한다.

ㄱ. H는 He(헬륨), Cl는 Ar(아르곤)과 전자 배치가 같아지기 위해 각각 1개의 전자가 부족하므로 전자 1개씩을 공유하여 결합한다.

ㄴ. H와 Cl는 1 : 1로 결합을 하므로 (가)의 분자식은 HCl이다.

ㄷ. (가)에서 Cl의 전자 수는 18개이므로 아르곤(Ar)의 전자 배치와 같다.

❶ ○ ❷ ○ ❸ He(헬륨)
❶ H와 Cl는 모두 비금속 원소이므로 공유 결합으로 화합물을 형성한다.

❷ H와 Cl는 전자쌍 1개를 공유하여 결합하므로 (가)에는 공유 전자쌍 1개가 있다.

❸ H는 전자쌍 1개를 공유하여 He(헬륨)과 같은 전자 배치가 된다.

자료 정리

공유 결합의 형성

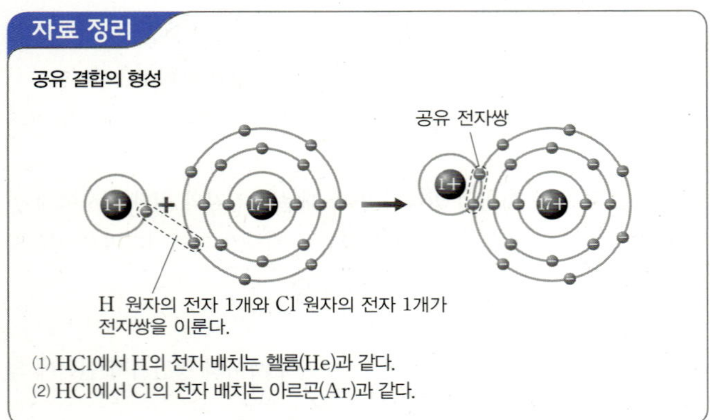

(1) HCl에서 H의 전자 배치는 헬륨(He)과 같다.
(2) HCl에서 Cl의 전자 배치는 아르곤(Ar)과 같다.

---

254 공유 결합은 주로 비금속 원소의 원자들이 전자를 공유하여 형성하는 결합이며, 옥텟 규칙을 만족하기 위해 필요한 전자 수만큼 전자를 공유하여 결합을 형성한다.

ㄱ. 비금속 원소들은 전자를 얻어 음이온이 되려는 경향이 크므로 비금속 원소와 비금속 원소가 결합할 때에는 전자쌍을 공유하여 결합한다.

오답 피하기 ㄴ. 원자들이 전자를 잃거나 얻어서 결합이 형성되는 것은 이온 결합이다.

ㄷ. 원자는 18족 원소와 같은 전자 배치가 되려는 성질이 있으므로 전자쌍 1개~3개를 공유하여 결합한다.

255 A는 1주기 1족 원소인 H(수소), B는 2주기 16족 원소인 O(산소), C는 2주기 17족 원소인 F(플루오린)이다.

① A와 C는 모두 비금속 원소이므로 A와 C는 공유 결합을 형성한다.

오답 피하기 ② B 원자 1개는 A 원자 2개와 각각 전자 1개씩을 공유하여 결합한다.

③ A_2와 C_2에서 공유 전자쌍 수는 모두 1이다.

④ B 원자는 전자 2개를 얻고, C 원자는 전자 1개를 얻어 18족 원소의 전자 배치와 같아지려 하므로 BC_2에서 B 원자 1개는 C 원자 2개와 각각 전자쌍 1개를 공유하여 결합한다.

⑤ BC_2에서 B와 C의 전자 배치는 모두 Ne(네온)과 같다.

256 원자가 전자 수는 H가 1, N가 5, O가 6, F이 7이다. H_2에서 2개의 H 원자는 전자쌍 1개를 공유하여 결합하고, O_2에서 2개의 O 원자는 전자쌍 2개를 공유하여 결합한다. N_2에서 2개의 N 원자는 전자쌍 3개를 공유하여 결합하고, H_2O와 OF_2에서 O 원자는 각각 2개의 H 원자, 2개의 F 원자와 전자쌍 2개를 공유하여 결합한다. 따라서 공유한 전자쌍 수가 가장 큰 것은 N_2이다.

257 ㄴ. AB_2에서 A와 B는 모두 전자 수가 10이므로 Ne(네온)과 전자 배치가 같다. 따라서 A와 B는 모두 옥텟 규칙을 만족한다.

오답 피하기 ㄱ. A 원자 1개는 B 원자 2개와 결합하였으므로 원자가 전자 수는 A가 6, B가 7이다.

ㄷ. A_2에는 2중 결합이 있고, B_2에는 단일 결합이 있으므로 공유 전자쌍 수는 A_2가 B_2보다 크다.

258 A~C는 각각 H(수소), C(탄소), F(플루오린)이고, 모두 비금속 원소이므로 서로 전자를 공유하여 결합한다.

ㄱ. 원자가 전자 수는 A가 1, B가 4이므로 B 원자 1개는 A 원자 4개와 각각 전자쌍 1개를 공유하여 옥텟 규칙을 만족한다.

ㄴ. C의 원자가 전자 수는 7이므로 A 원자와 C 원자는 전자쌍 1개를 공유하여 결합한다.

ㄷ. BC_4에서 C는 전자쌍 1개를 공유하여 결합하므로 네온(Ne)과 전자 배치가 같다.

259 14족~17족 원소는 (8−원자가 전자 수)개의 전자를 공유하여 결합한다.

모범 답안 A 원자는 원자가 전자 수가 4, B 원자는 원자가 전자 수가 6이므로 옥텟 규칙을 만족하기 위해 A 원자 1개는 B 원자 2개와 각각 전자쌍 2개를 공유하여 결합한다.

채점 기준	배점
원자가 전자 수와 공유한 전자쌍 수를 포함하여 옳게 서술한 경우	100%
A와 B는 전자를 공유하여 결합한다고만 서술한 경우	40%

260 A와 B는 각각 F(플루오린), O(산소)이고, 비금속 원소의 원자는 전자를 공유하여 결합한다.

ㄱ. A와 B는 공유 결합으로 화합물을 형성하므로 모두 비금속 원소이다.

ㄴ. BA_2에서 B는 Ne(네온)과 전자 배치가 같으므로 옥텟 규칙을 만족한다.

오답 피하기 ㄷ. 원자가 전자 수는 A가 7, B가 6이므로 B 원자 1개는 A 원자 2개와 각각 전자쌍 1개를 공유하여 결합한다.

261 A는 바닥상태에서 전자가 들어 있는 오비탈 수가 4이므로 $1s^2 2s^2 2p^2$인 C(탄소)이고, B는 p 오비탈에 들어 있는 전자 수가 5이므로 $1s^2 2s^2 2p^5$인 F(플루오린)이다. 따라서 A 원자 1개와 B 원자 1개는 전자쌍 1개를 공유하여 결합하며, A 원자 1개와 B 원자 4개가 결합하여 형성된 화합물의 화학식은 $AB_4(CF_4)$이다.

262 비금속 원소의 원자끼리 결합할 때 원자핵과 전자 사이의 인력과 전자와 전자 사이의 반발력, 원자핵과 원자핵 사이의 반발력이 작용하며, 인력과 반발력이 평형을 이룰 때 에너지가 가장 낮으므로 이때 공유 결합이 형성된다.

ㄱ. H 원자가 공유 결합을 형성할 때 에너지가 최소인 지점에서 공유

결합을 하므로 c에서 공유 결합이 형성된다.

ㄴ. a에서 b로 될 때 원자핵과 전자 사이의 인력이 우세하게 작용하므로 에너지가 낮아진다.

 ㄷ. c는 인력과 반발력이 평형을 이루어 에너지가 최소가 되는 지점이다. 인력과 반발력은 두 원자핵 사이의 거리가 작을수록 증가하므로 a~d 중 원자핵과 전자 사이의 반발력은 d에서 가장 크다.

추가로 나오는 선택지

❶ × ❷ ○ ❸ b

❶ 수소 원자가 결합할 때 두 원자의 원자핵 사이의 거리가 74 pm이고 공유 결합 반지름은 원자핵 사이의 거리의 $\frac{1}{2}$이므로 공유 결합 반지름은 37 pm이다.

❷ d는 공유 결합이 이루어지는 원자핵 사이의 거리보다 작으므로 반발력이 매우 크게 작용하여 에너지가 급격히 증가한다.

❸ b에서는 원자핵과 전자 사이의 인력이 우세하게 작용하여 수소 원자가 서로 가까워진다.

---

263 ㄴ. (가)와 (다)는 구성 원자가 공유 결합하여 분자를 형성하는 분자 결정이고, (나)는 모든 원자들이 공유 결합하여 그물처럼 연결되어 있는 원자 결정이다.

ㄷ. (가)~(다)는 자유롭게 움직일 수 있는 전자나 이온이 없으므로 고체나 액체 상태에서 전기 전도성이 없다.

 ㄱ. (나)는 모든 원자들이 공유 결합하여 그물처럼 연결되어 있으므로 매우 단단하여 쉽게 부스러지지 않는다.

추가로 나오는 선택지

❶ ○ ❷ ○ ❸ ×

❶ (가)는 이산화 탄소(CO_2), (나)는 물(H_2O)의 고체 상태인 얼음이므로 모두 분자로 구성된다.

❷ (나)는 탄소 원자 1개가 다른 탄소 원자 4개와 결합하므로 모든 원자들이 3차원적으로 공유 결합을 하고 있다.

❸ (나)는 원자 결정이므로 녹는점과 끓는점이 매우 높다.

---

264 A는 1주기 1족 원소인 H(수소), B는 2주기 15족 원소인 N(질소)이다.

ㄱ. N 원자 1개는 H 원자 3개와 전자 1개씩을 각각 공유하여 결합하므로 $BA_3(NH_3)$는 공유 결합 물질이다.

 ㄴ. $BA_3(NH_3)$는 분자로 존재하는 공유 결합 물질이므로 비교적 끓는점이 낮다.

ㄷ. $BA_3(NH_3)$는 액체 상태에서 자유롭게 움직일 수 있는 이온이나 전자가 없으므로 액체 상태에서 전기 전도성이 없다.

---

265 ㄱ. (가)~(라)의 구성 원소인 H(수소), C(탄소), N(질소), O(산소), I(아이오딘)은 모두 비금속 원소이므로 (가)~(라)는 공유 결합 물질

중 분자 결정이다.

 ㄴ. 25°C에서 액체 상태로 존재하는 물질의 녹는점은 25°C보다 낮고, 끓는점은 25°C보다 높아야 한다. 따라서 (나)와 (다)는 모두 25°C에서 액체 상태이다.

ㄷ. (가)에는 3중 결합이 있고, (다)에는 2개의 단일 결합이 있다. 따라서 공유 전자쌍 수는 (가)가 (다)보다 크다.

---

266 A와 D는 비금속 원소인 O(산소)와 Cl(염소)이고, B와 C는 금속 원소인 Na(나트륨)과 Mg(마그네슘)이다. 또한 액체 상태에서 전기 전도성이 없는 물질은 공유 결합 물질이다. A_2, D_2A, D_2는 비금속 원소가 공유 결합으로 형성된 물질이며, CA, BD는 금속 원소와 비금속 원소가 이온 결합을 하여 형성된 물질이다.

자료 정리

원자와 이온의 전자 배치

원자	전자 배치	이온	전자 배치
A(O)	$1s^2 2s^2 2p^4$	A^{2-}	$1s^2 2s^2 2p^6$
B(Na)	$1s^2 2s^2 2p^6 3s^1$	B^+	$1s^2 2s^2 2p^6$
C(Mg)	$1s^2 2s^2 2p^6 3s^2$	C^{2+}	$1s^2 2s^2 2p^6$
D(Cl)	$1s^2 2s^2 2p^6 3s^2 3p^5$	D^-	$1s^2 2s^2 2p^6 3s^2 3p^6$

(1) 비금속 원소 A, D: A는 전자 2개를, D는 전자 1개를 얻거나 공유하여 결합한다.
(2) 금속 원소 B, C: B는 전자 1개를, C는 전자 2개를 잃어 결합한다.

---

267 (가)는 H_2O(물), (나)는 NaCl(염화 나트륨)이다. 공유 결합 물질은 비금속 원소의 원자가 전자를 공유하여 결합한 물질이므로 액체 상태에서 자유롭게 움직일 수 있는 이온이나 전자가 없다.

 (나) > (가), (가)는 비금속 원소 사이의 공유 결합으로 형성된 공유 결합 물질로 액체 상태에서 자유롭게 움직일 수 있는 전자나 이온이 없어 전기 전도성이 없고, (나)는 금속 원소와 비금속 원소 사이의 이온 결합으로 형성된 이온 결합 물질로 액체 상태에서 자유롭게 움직일 수 있는 이온이 있어 전기 전도성이 있다.

채점 기준	배점
액체 상태에서 물질의 전기 전도성을 옳게 비교하고, (가)가 전기 전도성이 없는 까닭과 (나)가 전기 전도성이 있는 까닭을 모두 포함하여 옳게 서술한 경우	100%
액체 상태에서 물질의 전기 전도성을 옳게 비교하고, (가)가 전기 전도성이 없는 까닭만을 포함하여 서술한 경우	60%
액체 상태에서 물질의 전기 전도성을 옳게 비교하고, (나)가 전기 전도성이 있는 까닭만을 포함하여 서술한 경우	
전기 전도성은 (나)가 (가)보다 크다고만 서술한 경우	30%

---

268 X는 외부에서 힘을 가해도 부스러지지 않고 모양이 변하며, 고체 상태에서 전기 전도성이 있으므로 금속이다.

③ X는 금속 양이온과 자유 전자 사이의 정전기적 인력에 의한 금속 결합으로 형성된 물질이다.

 ① 자유 전자가 열을 전달하므로 열전도성이 있다.

② 금속에 힘을 가하면 금속 양이온이 밀리지만 자유 전자가 빠르게 재

배열하여 금속 결합을 유지하므로 부스러지지 않고 모양이 변형된다.

④ (가)에서 금속 양이온과 자유 전자 사이의 정전기적 인력이 작용한다.

⑤ (나)에서 전원 장치를 연결하면 자유 전자가 (+)극으로 이동하여 전류가 흐르며, 금속 양이온은 금속의 형태를 유지하므로 (−)극으로 이동하지 않는다.

추가로 나오는 선택지

❶ ○ ❷ × ❸ 자유 전자

❶ X는 금속이므로 뽑힘성과 펴짐성이 있다.

❷ X는 금속 양이온과 자유 전자 사이의 정전기적 인력에 의해 형성된 물질이다.

❸ (나)에서 X에 전원 장치를 연결하면 자유 전자가 (+)극 쪽으로 이동하므로 전류가 흐른다.

269 금속 결합은 금속 양이온과 자유 전자 사이의 정전기적 인력에 의해 형성되는 결합이다. 따라서 A는 자유 전자, B는 금속 양이온이다.

ㄱ. 금속은 액체 상태에서 전류를 흘려주면 자유 전자가 (+)극으로 이동하므로 전기 전도성이 있다.

ㄴ. A는 (−)전하를 띠는 자유 전자이고, B는 (+)전하를 띠는 금속 양이온이므로 A와 B 사이에는 정전기적 인력이 작용한다.

오답 피하기 ㄷ. 금속 결정에 전류를 흘려주면 금속 양이온은 움직이지 않고, 자유 전자가 (+)극으로 이동한다.

270 H_2O(물)과 NH_3(암모니아)는 분자 결정인 공유 결합 물질이고, Fe(철)은 금속, $NaCl$(염화 나트륨)은 이온 결합 물질이다.

⑤ 대부분의 공유 결합 물질은 고체 상태에서 전기 전도성이 없고, 이온 결합 물질은 고체 상태에서 이온이 자유롭게 움직일 수 없으므로 전기 전도성이 없다. 금속은 자유 전자가 있으므로 고체 상태에서 전기 전도성이 있다. 따라서 고체 상태에서 전기 전도성이 있는 물질은 Fe 1가지이다.

오답 피하기 ① 분자는 H_2O과 NH_3 2가지이다.

② 공유 결합 물질은 H_2O과 NH_3 2가지이다.

③ 이온 결합 물질은 $NaCl$ 1가지이다.

④ 펴짐성과 뽑힘성이 있는 물질은 금속이므로 Fe 1가지이다.

271 (가)는 이온 결합 물질, (나)는 금속 결정이다.

④ (가)는 양이온과 음이온 사이의 정전기적 인력에 의한 결합에 의해 형성된 물질이고, (나)는 금속 양이온과 자유 전자 사이의 정전기적 인력에 의한 결합에 의해 형성된 물질이다.

오답 피하기 ① (가)와 (나)는 정전기적 인력에 의해 형성된 물질로, 녹는점이 비교적 높아 상온에서 모두 고체이다.

② (가)는 외부에서 힘을 가하면 같은 전하를 띠는 이온 사이에 반발력이 작용하므로 쉽게 부스러진다. (나)는 외부에서 힘을 가하면 자유 전자가 빠르게 재배열하여 금속 결합을 유지하므로 부서지지 않고 모양만

변형된다.

③ (가)는 고체 상태에서 전기 전도성이 없지만 (나)는 자유 전자가 있으므로 고체 상태에서 전기 전도성이 있다.

⑤ (가)는 액체 상태에서 (+) 전하를 띠는 입자인 양이온(A^+)이 (−)극 쪽으로 이동하여 전류가 흐르지만, (나)는 액체 상태에서 (+) 전하를 띠는 입자인 금속 양이온이 이동하지 않는다.

272 고체 상태에서 전기 전도성이 있는 물질은 금속이고, 액체 상태에서 전기 전도성이 있는 물질은 금속과 이온 결합 물질이다.

모범 답안 (가)는 염화 나트륨($NaCl$), (나)는 나트륨(Na), (다)는 다이아몬드(C)이다. 다이아몬드는 공유 결합 물질이므로 고체와 액체 상태에서 전기 전도성이 없고, 나트륨은 금속 결합 물질이므로 고체와 액체 상태에서 전기 전도성이 있다. 염화 나트륨은 이온 결합 물질이므로 액체 상태에서만 전기 전도성이 있다. 따라서 (가)는 이온 결합 물질, (나)는 금속 결정, (다)는 공유 결합 물질이다.

채점 기준	배점
고체와 액체 상태의 전기 전도성을 비교하여 (가)~(다)에 해당하는 물질을 옳게 서술한 경우	100%
(가)~(다)에 해당하는 물질만을 옳게 쓴 경우	30%

STEP 3 **1등급을 위한 실전 완벽 대비** 본문 082~083쪽

273 ⑤　274 ③　275 ③　276 ⑤　277 ③　278 ①　279 ①
280 ⑤

273 A는 전자 1개를 잃었으므로 2주기 1족 원소인 Li(리튬)이며, B는 C와 전자쌍 1개를 공유하고 A로부터 전자 1개를 얻었으므로 2주기 16족 원소인 O(산소)이다. 또한 C는 1주기 1족 원소인 H(수소)이다.

ㄱ. A는 금속 원소, C는 비금속 원소이므로 A는 C와 이온 결합을 형성한다.

ㄴ. B의 원자가 전자 수는 6, C의 원자가 전자 수는 1이므로 B 원자와 B 원자는 전자쌍 2개를 공유하여 결합하고, C 원자와 C 원자는 전자쌍 1개를 공유하여 결합한다.

ㄷ. A_2B는 이온 결합 물질이고 C_2B는 공유 결합 물질이므로 액체 상태에서 전기 전도도는 A_2B가 C_2B보다 크다.

자료 정리

화학물 ABC의 화학 결합 모형

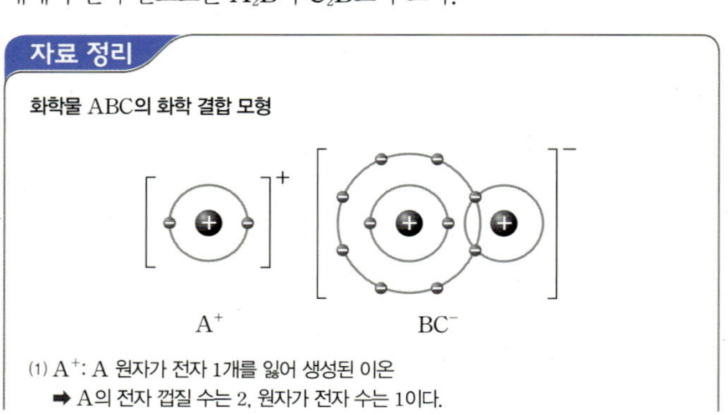

⑴ A^+: A 원자가 전자 1개를 잃어 생성된 이온
➡ A의 전자 껍질 수는 2, 원자가 전자 수는 1이다.

(2) BC⁻: C 원자에는 공유하지 않은 전자가 없으므로 A 원자가 잃은 전자를 B 원자가 얻는다.
➡ B는 전자 1개를 A로부터 얻고, C와 전자쌍 1개를 공유한다.
➡ B의 전자 껍질 수는 2, 원자가 전자 수는 6이다.
➡ C의 전자 껍질 수는 1, 원자가 전자 수는 1이다.

274 X는 고체 상태와 액체 상태에서 모두 전기 전도성이 있으므로 금속 결합 물질이다.

ㄱ. X는 자유 전자가 있으므로 고체 상태에서 전기 전도성이 있다.

ㄷ. 금속 결합은 금속 양이온과 자유 전자 사이의 정전기적 인력에 의해 형성된다.

오답 피하기 ㄴ. X에 힘을 가하면 자유 전자가 빠르게 재배열하여 금속 결합을 유지하므로 넓게 퍼지며 부스러지지 않는다.

275 K(칼륨)과 할로젠 원소가 결합하여 형성된 이온 결합 물질에서 할로젠 원소의 원자 번호가 클수록 결합이 형성되는 거리는 커지고, 에너지는 높아진다.

ㄱ. 이온 사이의 거리는 KBr이 KCl보다 크므로 이온 사이의 거리는 KX가 KCl보다 작다. 따라서 X의 원자 반지름은 Cl보다 작다.

ㄴ. 이온의 전하량 곱이 같을 때, 이온 사이의 거리가 클수록 녹는점은 낮아진다. 따라서 이온 사이의 거리가 작은 KCl이 KBr보다 녹는점이 높다.

오답 피하기 ㄷ. 이온 사이의 거리는 KX가 KCl보다 작으므로 이온 결합이 형성되는 거리는 r_0보다 작다.

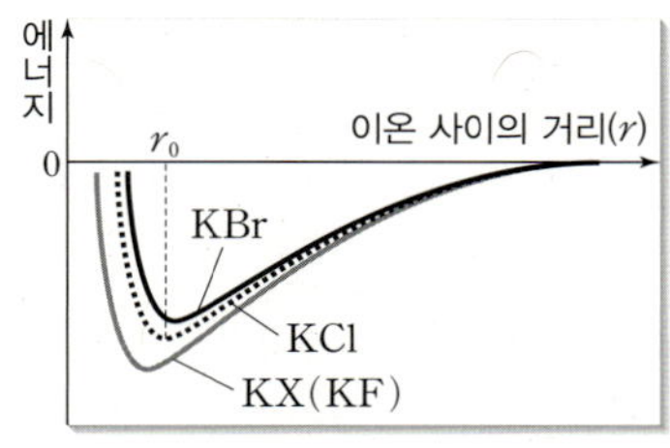

(1) 할로젠 원소의 이온 반지름: $F^- < Cl^- < Br^- < I^-$
(2) 이온 사이의 거리: $KX < KCl < KBr$
(3) 이온 결합 물질의 녹는점: $KX > KCl > KBr$
➡ 이온의 전하량 곱이 같을 때, 이온 결합 물질의 녹는점은 이온 사이의 거리가 작을수록 높다.

276 2, 3주기 원소로 구성된 화합물에서 구성 입자의 전자 배치가 모두 Ne(네온)과 같으므로 A~C는 각각 N, O, F, Na, Mg, Al 중 하나이다. (가)에서 A와 B는 1 : 1로 결합하여 생성된 화합물이므로 (가)는 NaF, MgO, AlN 중 하나인데, 바닥상태에서 홀전자 수는 B가 A보다 크므로 (다)는 NaF이 아니다. 만약 A가 Mg(마그네슘), B가 O(산소)라면 (다)에서 C는 F(플루오린), $x=2$이고, (나)는 O_2F_2이다. 만약 A가 Al(알루미늄), B가 N(질소)라면 C는 O(산소) 또는

F(플루오린)인데, O(산소)인 경우 Al과 O는 2 : 3의 비율로 결합을 하므로 제시된 조건에 부합하지 않는다. C가 F(플루오린)인 경우 $x=3$이 되지만 N 원자 2개와 F 원자 3개는 결합을 형성할 수 없어 제시된 자료에 부합하지 않는다. 따라서 A는 Mg(마그네슘), B는 O(산소), C는 F(플루오린)이고, (가)는 MgO, (나)는 O_2F_2, (다)는 MgF_2이다.

ㄱ. $x=2$이다.

ㄴ. 이온 결합 물질은 분자로 존재하는 공유 결합 물질보다 녹는점이 높다. 따라서 녹는점은 (가)가 (나)보다 높다.

ㄷ. 이온 결합 물질은 액체 상태에서 전기 전도성이 있다. 따라서 액체 상태에서 전기 전도성이 있는 물질은 (가)와 (다) 2가지이다.

화합물	화합물의 구성 원자의 종류와 수		
	A(Mg)	B(O)	C(F)
(가): MgO	1	1	0
(나): O_2F_2	0	2	$x(=2)$
(다): MgF_2	1	0	$x(=2)$

277 X는 금속 양이온과 자유 전자 사이의 정전기적 인력에 의해 결합한 금속 결정이다.

ㄱ. X는 자유 전자(A)가 있어 열전도성이 있다.

ㄴ. (가)에서 X가 넓게 퍼지는 것은 자유 전자(A)에 의해 금속 결합이 유지되기 때문이다.

오답 피하기 ㄷ. (나)에서 금속 양이온(B)은 금속의 형태를 유지하는 역할을 하며, 전원 장치에 연결해도 금속 양이온(B)는 (−)극 쪽으로 이동하지 않는다.

278 A와 B는 모두 3주기 원소이고, 이온의 전하는 각각 +1, −1이므로 A는 Na(나트륨), B는 Cl(염소)이다. 따라서 A는 Na(나트륨), AB는 NaCl(염화 나트륨), B₂는 Cl_2(염소)이다

ㄱ. AB는 이온 결합 물질이고, B₂는 분자로 존재하는 공유 결합 물질이므로 녹는점은 AB가 B₂보다 높다.

오답 피하기 ㄴ. AB에서 A^+은 Ne(네온)과 전자 배치가 같고, B^-은 Ar(아르곤)과 전자 배치가 같다.

ㄷ. B의 원자가 전자 수는 7이므로 B 원자는 전자쌍 1개를 공유하여 결합한다.

279 A 이온과 D 이온의 전자 배치가 같으므로 A와 D는 2주기 17족 원소, 3주기 2족과 13족 원소 중 하나이다. 또한 원자 반지름과 제1 이온화 에너지가 모두 A>C이므로 A는 3주기 2족 원소인 Mg(마그네슘), C는 3주기 13족 원소인 Al(알루미늄)이다. 따라서 D는 2주기 17족 원소인 F(플루오린), B는 3주기 17족 원소인 Cl(염소)이다.

ㄱ. A와 C는 각각 Mg(마그네슘), Al(알루미늄)이므로 모두 금속 원소이다.

오답 피하기 ㄴ. 액체 상태에서 전기 전도성이 있는 물질은 이온 결합 물질이다. B와 D는 각각 Cl(염소), F(플루오린)이므로 모두 비금속 원소이며, B와 D로 구성된 물질은 이온 결합 물질이 아니다.

ㄷ. A와 B로 구성된 물질은 $MgCl_2$이고, A와 D로 구성된 물질은 MgF_2이다. 두 물질은 모두 이온 결합 물질이고, 이온의 전하량의 곱이 같다. 따라서 물질의 녹는점은 이온 사이의 거리가 작은 MgF_2이 $MgCl_2$보다 높다.

자료 정리

주기율표와 화학 결합

이온의 전자 배치가 Ne의 전자 배치($1s^2\,2s^2\,2p^6$)와 같다.

족\주기	1	2	13	14	15	16	17	18
1								
2							D	
3		A	C				B	
4								

(1) 원자 반지름은 A>C>B이다.
➡ 같은 주기에서 원자 번호가 작을수록 원자 반지름이 크다.
(2) 제1 이온화 에너지는 D>A>C이다.
➡ 같은 주기에서 2족 원소의 이온화 에너지는 13족 원소의 이온화 에너지보다 크다.

---

280 ㄱ. 분자인 물질은 H_2O(물)이고, 화합물인 물질은 H_2O(물), $CaCl_2$(염화 칼슘)이다. 따라서 (가)는 H_2O, (나)는 $CaCl_2$, (다)는 Fe 이다.

ㄴ. (가)는 공유 결합 물질로 고체 상태에서 전기 전도성이 없고, (다)는 금속 결정이므로 고체 상태에서 전기 전도성이 있다.

ㄷ. (나)는 양이온과 음이온 사이의 정전기적 인력에 의해 형성되고, (다)는 금속 양이온과 자유 전자 사이의 정전기적 인력에 의해 형성된다.

01. 결합의 극성

STEP 1 바로바로 **개념 확인**   본문 085쪽

281 전기 음성도   **282** 주기, 족   **283** (1) ○ (2) × (3) ○ (4) ○
284 쌍극자   **285** 2, 2   **286** (1) Z>Y>X (2) Y: 부분적인 음전하(δ^-), Z: 부분적인 음전하(δ^-)

281 전기 음성도는 공유 결합을 하는 원자가 공유 전자쌍을 끌어당기는 정도를 상대적으로 나타낸 것으로 플루오린(F)이 가장 크다.

282 전기 음성도는 같은 주기에서 원자 번호가 커질수록 대체로 커지고, 같은 족에서 원자 번호가 커질수록 대체로 작아진다.

283 (1) 무극성 공유 결합은 전기 음성도가 같은 두 원자 사이의 공유 결합이다.
(2) 극성 공유 결합에서 전기 음성도가 큰 원자는 전자쌍을 더 세게 잡아당기므로 부분적인 음전하를 띤다.
(3) C≡C는 전기 음성도가 같은 두 원자 사이의 결합이므로 무극성 공유 결합이고, H−C는 전기 음성도가 다른 두 원자 사이의 결합이므로 극성 공유 결합이다.
(4) 전기 음성도는 F>H 이므로 F이 공유 전자쌍을 더 세게 끌어당기므로 부분적인 음전하를 띤다.

284 극성 공유 결합에서 부분적인 음전하와 부분적인 양전하와 같이 분자 내에서 일정한 거리를 두고 존재하는 서로 다른 전하를 쌍극자라고 한다.

285 H_2O의 루이스 전자점식은 아래와 같으므로 공유 전자쌍 수와 비공유 전자쌍 수는 모두 2이다.

$$H\!:\!\overset{\cdot\cdot}{\underset{\cdot\cdot}{O}}\!:\!H$$

286 원자가 전자 수는 {2×(비공유 전자쌍 수)+(공유 전자쌍 수)}로부터 구할 수 있다.
(1) 원자가 전자 수는 X가 4, Y가 5, Z가 6이므로 원자 번호는 X<Y<Z이다. 2주기에서 전기 음성도는 원자 번호가 증가할수록 증가하므로 X<Y<Z이다.
(2) 전기 음성도는 X<Y, H<Z이므로 각 분자에서 Y와 Z는 모두 부분적인 음전하(δ^-)를 띤다.

287 ③	288 해설 참조	289 ④	290 ⑤	291 ①	292 ⑤
293 해설 참조	294 ⑤	295 ⑤	296 ③	297 ⑤	298 ③
299 ④	300 ④	301 해설 참조			

287 A는 H(수소), B는 F(플루오린), C는 Na(나트륨), D는 S(황)이다.
③ 주기율표에서 오른쪽 위로 갈수록 전기 음성도가 크므로 B가 D보다 크다.

오답 피하기 ① 비금속 원소는 A, B, D 3가지이고, 금속 원소는 C 1가지이다.
② A와 B는 모두 비금속 원소이므로 A와 B는 공유 결합을 형성한다.
④ 이온화 에너지는 같은 주기에서 원자 번호가 증가할수록 대체로 증가한다.(단, 2족과 13족, 15족과 16족 제외)
따라서 제1 이온화 에너지는 D가 C보다 크다.
⑤ 전기 음성도는 B가 A보다 크므로 A와 B가 결합할 때 B가 A보다 공유한 전자쌍을 세게 끌어당긴다.

추가로 나오는 **선택지**

❶ ○ ❷ ○ ❸ B

❶ 같은 주기에서 원자 번호가 클수록 전기 음성도가 크므로 전기 음성도는 D가 C보다 크다.
❷ 전기 음성도는 B>D이므로 DB_2에서 공유 전자쌍은 B 원자 쪽으로 더 치우친다.
❸ 전기 음성도가 가장 큰 원자는 2주기 17족 원소인 F(플루오린)으로, B이다.

자료 정리

전기 음성도

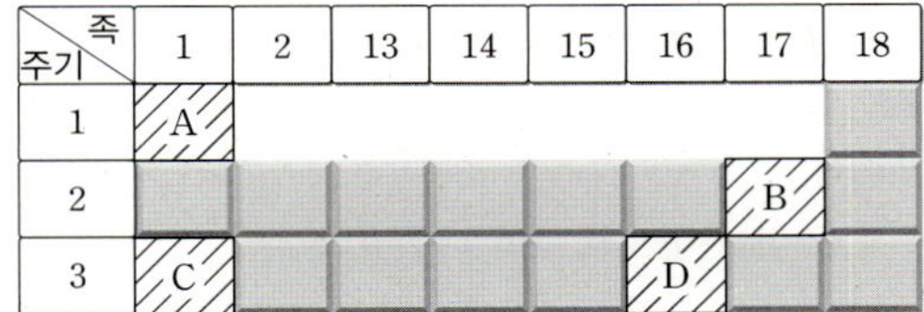

주기\족	1	2	13	14	15	16	17	18
1	A							
2							B	
3	C					D		

(1) 같은 주기: 원자 번호가 클수록 전기 음성도가 크다.
➡ 전기 음성도: D>C
(2) 같은 족에서 원자 번호가 클수록 전기 음성도가 작다.
➡ 전기 음성도: A>C
(3) B와 D의 전기 음성도: B>D
➡ D의 전기 음성도는 2주기 16족 원소보다 작고, B의 전기 음성도는 2주기 16족 원소보다 크다.

288 분자에서 구성 원자의 원자가 전자 수는 {2×(비공유 전자쌍 수)+(공유 전자쌍 수)}로부터 구할 수 있고, 이온 결합을 형성하는 양이온의 원자의 원자가 전자 수는 이온의 전하와 같으며, 음이온의 원자의 원자가 전자 수는 (8+음이온의 전하)와 같다.

모범 답안 원자가 전자 수는 A가 6, B가 7, C가 1이므로 A는 2주기

16족(O), B는 2주기 17족(F), C는 3주기 1족(Na) 원소이다. 주기율표에서 전기 음성도는 오른쪽 위로 갈수록 크므로 전기 음성도는 B>A>C이다.

채점 기준	배점
A~C의 원자가 전자 수를 구하여 원자 번호를 구하고, 전기 음성도를 비교하여 옳게 서술한 경우	100%
A~C의 전기 음성도만을 옳게 비교한 경우	30%

289 ㄴ. 전기 음성도는 주기율표에서 같은 주기에서 원자 번호가 클수록 크고, 같은 족에서 원자 번호가 클수록 작다.
ㄷ. 전기 음성도는 공유 전자쌍을 끌어당기는 힘의 크기의 상댓값이므로 전기 음성도가 클수록 공유 전자쌍을 더 세게 끌어당기고 부분적인 음전하를 띤다.

오답 피하기 ㄱ. 전기 음성도는 공유 결합하는 원자가 공유 전자쌍을 끌어당기는 힘의 크기를 상대적인 수치로 나타낸 값으로, 단위가 없다.

290 A는 H(수소), B는 O(산소), C는 F(플루오린), D는 Na(나트륨)이다. 전기 음성도는 공유 결합을 형성한 원자가 공유 전자쌍을 끌어당기는 힘의 크기를 상대적인 수치로 나타낸 값이다. 같은 주기에서 원자 번호가 증가할수록 전기 음성도가 증가하므로 전기 음성도는 C>B이고, 같은 족에서 원자 번호가 증가할수록 전기 음성도는 작아지므로 전기 음성도는 A>D이다. 또한 전기 음성도는 16족, 17족 원소가 1족 원소보다 크므로 전기 음성도는 C>B>A>D이다.
⑤ 전기 음성도는 C>A이므로 AC에서 공유 전자쌍은 C가 A보다 세게 끌어당긴다.

오답 피하기 ① A는 H(수소), B는 O(산소)로 모두 비금속 원소이므로 공유 결합을 한다.
② C는 F(플루오린)으로 비금속 원소, D는 Na(나트륨)으로 금속 원소이므로 C와 D는 이온 결합을 한다.
③ 같은 주기에서 원자 번호가 클수록 전기 음성도가 크므로 전기 음성도는 C가 B보다 크다.
④ 주기율표에서 원자 반지름은 왼쪽 아래로 갈수록 증가하므로 원자 반지름은 D가 B보다 크다.

291 X는 원자가 전자 수가 4이므로 2주기 14족 원소(C)이고, Y는 전자 2개를 얻어 Y^{2-}이 되었으므로 2주기 16족 원소(O)이며, Z는 전자 1개를 얻어 Z^-이 되었으므로 2주기 17족 원소(F)이다.
ㄱ. 같은 주기에서 원자 번호가 클수록 전기 음성도가 크므로 전기 음성도는 Z가 Y보다 크다.

오답 피하기 ㄴ. $XY_2(CO_2)$는 공유 결합 물질이므로 액체 상태에서 이동할 수 있는 전자나 이온이 없다. 따라서 액체 상태에서 전기 전도성이 없다.
ㄷ. X와 Z는 모두 비금속 원소이므로 X는 Z와 공유 결합하여 화합물을 형성한다.

292 X는 공유 전자쌍 수가 2, 비공유 전자쌍 수가 2이므로 16족 원소이고, Y는 공유 전자쌍 수가 3, 비공유 전자쌍 수가 1이므로 15족 원소이다. X와 Z는 모두 2주기 원소이므로 X는 O(산소), Y는 N(질소)이다.
ㄱ. 같은 주기에서 원자 번호가 증가할수록 전기 음성도가 커지므로 X가 Y보다 크다.
ㄴ. 무극성 공유 결합은 같은 원자 사이의 공유 결합이다. 따라서 (가)의 X−X 결합과 (나)의 Y=Y 결합은 모두 무극성 공유 결합이다.
ㄷ. 전기 음성도는 X>Y>H이므로 (가)와 (나)에서 모든 H 원자는 부분적인 양전하를 띤다.

추가로 나오는 선택지

❶ ○ ❷ ○ ❸ 음

❶ 같은 주기에서 원자 번호가 클수록 전기 음성도가 크므로 전기 음성도는 X가 Y보다 크다.
❷ 두 원자가 공유 결합했을 때 전기 음성도가 큰 원자가 전자쌍을 더 세게 끌어당기므로 부분적인 음전하를 띤다. 따라서 X와 Y가 결합하면 전기 음성도가 큰 X가 부분적인 음전하를, 전기 음성도가 작은 Y가 부분적인 양전하를 띤다.
❸ 전기 음성도는 X>Y>H이므로 (가)에서 X와 (나)에서 Y는 모두 부분적인 음전하를 띤다.

---

293 전기 음성도가 다른 두 원자가 결합할 때, 전기 음성도가 큰 원자가 공유한 전자쌍을 더 세게 끌어당기므로 전기 음성도가 큰 원자가 부분적인 음전하를, 전기 음성도가 작은 원자가 부분적인 양전하를 띤다.

모범 답안 Z>X>Y, 전기 음성도가 다른 두 원자가 결합할 때 전기 음성도가 큰 원자가 공유한 전자쌍을 더 세게 끌어당기므로 (가)에서 X가 부분적인 음전하를, (나)에서 Z가 부분적인 음전하를 띠기 때문이다.

채점 기준	배점
전기 음성도와 부분적인 전하의 관계를 포함하여 X~Z의 전기 음성도를 비교하여 옳게 서술한 경우	100%
X~Z의 전기 음성도만을 옳게 비교한 경우	30%

자료 정리

전기 음성도와 부분 전하

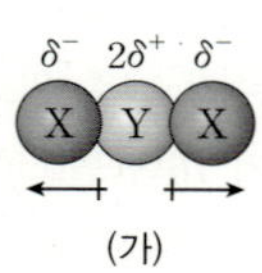
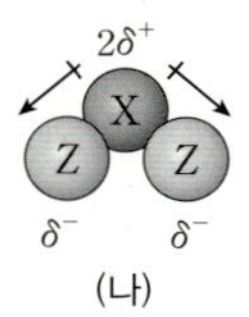

(1) 전기 음성도가 클수록 공유 전자쌍을 더 세게 끌어당긴다.
➡ 전기 음성도가 큰 원자가 부분적인 음전하를 띤다.
(2) (가)에서 X는 부분적인 음전하, Y는 부분적인 양전하를 띤다.
➡ 전기 음성도: X>Y
(3) (나)에서 X는 부분적인 양전하, Z는 부분적인 음전하를 띤다.
➡ 전기 음성도: Z>X

294 전기 음성도는 F>Cl>H이다.

⑤ 결합의 극성은 결합한 두 원자의 전기 음성도 차이가 클수록 크므로 (가)가 (나)보다 크다.
오답 피하기 ① 극성 공유 결합은 전기 음성도가 다른 두 원자 사이의 공유 결합이다. 따라서 (가)에서 H와 F은 극성 공유 결합을 형성한다.
② 전기 음성도는 F가 H보다 크므로 (가)에서 F는 부분적인 음전하를 띤다.
③, ④ 전기 음성도는 Cl가 H보다 크므로 (나)에서 Cl는 공유 전자쌍을 더 세게 끌어당기므로 전자는 Cl 쪽으로 치우쳐 있다.

295 제시된 분자의 구조식은 다음과 같다.

$$F-O-F \qquad O=O \qquad H-F \qquad \overset{\displaystyle O}{\underset{\displaystyle H-C-H}{\|}} \qquad H-O-O-H$$

▲ OF_2 ▲ O_2 ▲ HF ▲ CH_2O ▲ H_2O_2

OF_2에는 O와 F 사이의 극성 공유 결합만 존재하고, O_2는 O 원자 사이의 무극성 공유 결합만 존재한다. HF에는 H와 F 사이의 극성 공유 결합만 존재하고, CH_2O에는 H와 C, C와 O 사이의 극성 공유 결합만 존재한다. H_2O_2에는 H와 O 사이의 극성 공유 결합과 O와 O 사이의 무극성 공유 결합이 모두 존재한다.

296 AB_2에서 A는 공유 전자쌍 수가 2, 비공유 전자쌍 수가 2이므로 2주기 16족 원소인 O(산소)이고, B는 공유 전자쌍 수가 3, 비공유 전자쌍 수가 1이므로 2주기 17족 원소인 F(플루오린)이다. CDE에서 왼쪽 원자는 공유 전자쌍 수가 1이므로 1주기 1족 원소인 H(수소)이고, 중심 원자는 공유 전자쌍 수가 4이므로 2주기 14족 원소인 C(탄소)이며, 오른쪽 원자는 공유 전자쌍 수가 3, 비공유 전자쌍 수가 1이므로 2주기 15족 원소인 N(질소)이다. 따라서 전기 음성도는 N>C>H이므로 C는 H(수소), D는 C(탄소), E는 N(질소)이고, 전기 음성도는 B>A>E>D>C이다.
③ A와 B가 결합하면 B가 A보다 공유 전자쌍을 세게 끌어당기므로 A는 부분적인 양전하를 띤다.
오답 피하기 ① A는 16족 원소, D는 14족 원소이므로 원자가 전자 수의 합은 10이다.
② 전기 음성도는 B가 E보다 크다.
④ (나)에서 E의 전기 음성도가 가장 크므로 부분적인 음전하를 띤다.
⑤ 전기 음성도는 B가 E보다 크므로 B와 E가 결합하면 B가 부분적인 음전하를 띤다.

자료 정리

원자의 원자가 전자 수

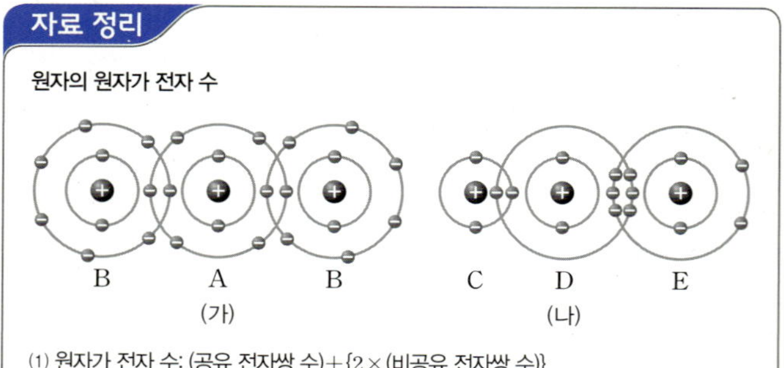

(1) 원자가 전자 수: (공유 전자쌍 수)+{2×(비공유 전자쌍 수)}
➡ A(O): 6, B(F): 7, C(H): 1, D(C): 4, E(N): 5

(2) 전기 음성도: 같은 주기에서 원자 번호가 증가할수록 크다.
➡ B>A>E>D>C(F>O>N>C>H)

297 A~D는 각각 C(탄소), N(질소), O(산소), F(플루오린)이다. 같은 주기에서 원자 번호가 증가할수록 전기 음성도가 증가하므로 전기 음성도는 D>C>B>A이다.
⑤ 2주기 비금속 원소는 옥텟 규칙을 만족하기 위해 (8−원자가 전자 수)개의 전자를 공유하여 결합한다. A는 원자가 전자 수가 4이고, C는 원자가 전자 수가 6이므로 A 원자 1개는 C 원자 2개와 각각 전자쌍 2개를 공유하여 결합한다.

오답 피하기 ① 전기 음성도는 D가 B보다 크다.
② CD_2에서 C와 D의 결합은 전기 음성도가 다른 두 원자 사이의 공유 결합이므로 극성 공유 결합이다.
③ AD_4에서 A 원자 1개는 D 원자 1개와 공유 결합하므로 공유 전자쌍 수는 4이다.
④ C_2에는 2중 결합, D_2에는 단일 결합이 있으므로 공유 전자쌍 수는 C_2가 D_2의 2배이다.

추가로 나오는 선택지

❶ ○ ❷ ○ ❸ 6
❶ B_2D_2에서 B=B 결합은 전기 음성도가 같은 원자 사이의 공유 결합이므로 무극성 공유 결합이다.
❷ AC_2의 루이스 구조식은 다음과 같다.

$$:\ddot{O}=C=\ddot{O}:$$

따라서 AC_2에 있는 공유 전자쌍 수와 비공유 전자쌍 수는 4로 같다.
❸ A_2D_4의 루이스 구조식은 다음과 같다.

$$\begin{array}{ccc} :\ddot{F} & & \ddot{F}: \\ & C=C & \\ :\ddot{F} & & \ddot{F}: \end{array}$$

298 A는 원자가 전자 수가 1이고, B는 원자가 전자 수가 5이므로 A는 H(수소), B는 N(질소)이다. B 원자 1개는 A 원자 3개와 각각 공유 결합하여 $BA_3(NH_3)$를 형성하며, 이 분자에는 공유 전자쌍 3개, 비공유 전자쌍 1개가 있다.

299 X 원자 1개는 Y 원자 3개와 각각 전자쌍 1개를 공유하였으므로 X는 2주기 15족 원소(N)이고, Y는 2주기 17족 원소(F)이다.
④ XY_3에서 X 원자 1개에는 비공유 전자쌍이 1개, Y 원자 1개에는 비공유 전자쌍이 3개 있으므로 XY_3 분자 1개에는 총 10개의 비공유 전자쌍이 있다.

오답 피하기 ① X의 원자가 전자 수는 5, Y의 원자가 전자 수는 7이다.
② X와 Y는 전기 음성도가 다르므로 X와 Y의 결합은 극성 공유 결합이다.

③ X 원자 1개는 Y 원자 3개와 각각 전자쌍 1개씩을 공유하여 결합하였으므로 XY_3에서 공유 전자쌍 수는 3이다.
⑤ X_2에는 3중 결합, Y_2에는 단일 결합이 있으므로 공유 전자쌍 수는 X_2가 Y_2의 3배이다.

300 ④ N의 원자가 전자 수는 5, Cl의 원자가 전자 수는 7이므로 N 원자 1개는 Cl 원자 3개와 각각 전자쌍 1개를 공유하여 결합한다. 따라서 NCl_3에서 N에는 공유 전자쌍 3개와 비공유 전자쌍 1개가 있다.

301 (1) Y^-은 Y가 전자 1개를 얻었으므로 Y는 17족 원소이고, Z^{2-}은 Z가 전자 2개를 얻었으므로 Z는 16족 원소이다. 따라서 원자가 전자 수는 X가 4, Z가 6이므로 X 원자 1개는 Z 원자 2개와 각각 전자쌍 2개를 공유하여 결합한다.

모범 답안

$$:\ddot{Z}::X::\ddot{Z}:$$

(2) Z 원자 1개는 Y 원자 2개와 각각 전자쌍 1개를 공유하여 결합한다. 전기 음성도는 Y가 Z보다 크므로 분자 내에서 Y는 부분적인 음전하(δ^-)를, Z는 부분적인 양전하(δ^+)를 띤다.

모범 답안

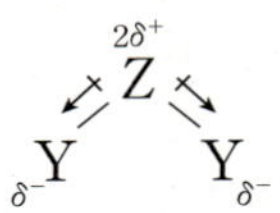

채점 기준	배점
분자의 구조식과 결합의 쌍극자 모멘트를 모두 옳게 나타낸 경우	100%
분자의 구조식만을 옳게 나타낸 경우	30%

STEP 3 1등급을 위한 실전 완벽 대비　　본문 089쪽

302 ⑤　　303 ①　　304 ①　　305 ④

302 같은 주기에서 원자 번호가 클수록 전기 음성도가 크다.
ㄱ. X는 15족 원소이고, Z는 17족 원소이므로 전기 음성도는 Z가 X보다 크다.
ㄴ. X_2Y_4에는 X−X 결합과 X−Z 결합이 있으며, X−X는 무극성 공유 결합, X−Z는 극성 공유 결합이다.
ㄷ. Y와 Z가 결합을 형성하면 전기 음성도가 큰 Z가 공유 전자쌍을 더 세게 끌어당기므로 Z는 부분적인 음전하를 띤다.

303 (가)는 전자 분포가 고르고 전자의 치우침이 없으므로 무극성 공유 결합을, (나)는 전자가 치우쳐 부분적인 전하가 있으므로 극성 공유 결합을 나타낸 것이다. (다)는 구성 입자가 각각 이온이므로 이온 결합을 나타낸 것이다.
ㄱ. (가)는 무극성 공유 결합이다.

오답 피하기 ㄴ. HCl의 구성 원자는 모두 비금속 원소이므로 공유 결합을 형성하며, 전기 음성도는 Cl가 H보다 크므로 극성 공유 결합을 형성한다. 따라서 HCl의 결합의 형태는 (나)와 같다.

ㄷ. (나)에서 전기 음성도가 큰 원자가 공유 전자쌍을 더 세게 끌어당기므로 전기 음성도가 큰 원자가 부분적인 음전하(δ^-)를 띤다.

304 (가)와 (나)에서 구성 원자는 모두 옥텟 규칙을 만족하므로 A는 17족 원소, B는 16족 원소, C는 15족 원소이다.

ㄱ. 구성 원자의 전기 음성도는 모두 다르므로 (가)와 (나)에서 구성 원자 사이의 결합은 모두 극성 공유 결합이다.

오답 피하기 ㄴ. (가)의 A에는 3개씩 총 6개의 비공유 전자쌍, B에는 2개의 비공유 전자쌍이 있으므로 $\dfrac{\text{비공유 전자쌍 수}}{\text{공유 전자쌍 수}} = \dfrac{8}{2} = 4$이다. (나)의 A에는 3개의 비공유 전자쌍, C에는 1개의 비공유 전자쌍, B에는 2개의 비공유 전자쌍이 있으므로 $\dfrac{\text{비공유 전자쌍 수}}{\text{공유 전자쌍 수}} = \dfrac{6}{3} = 2$이다.

ㄷ. 전기 음성도는 A>B>C이므로 (가)에서 B는 부분적인 양전하를 띠고, (나)에서 B는 부분적인 음전하를 띤다.

305 원자 반지름은 Cl>F>H이므로 결합 길이를 비교하면 A는 H(수소), B는 Cl(염소), C는 F(플루오린)이다.

ㄴ. AC는 HF이므로 전기 음성도는 C가 A보다 크다. 따라서 C는 부분적인 음전하를 띤다.

ㄷ. 쌍극자 모멘트의 크기는 (부분 전하의 크기 × 결합 길이)와 같다. 부분 전하의 크기는 AC가 BC의 2배보다 크고, 결합 길이는 BC가 AC의 2배보다 작으므로 쌍극자 모멘트의 크기는 AC가 BC보다 크다.

오답 피하기 ㄱ. 전기 음성도 차이가 AC가 AB보다 크므로 전기 음성도는 C가 B보다 크다.

자료 정리

쌍극자 모멘트의 크기

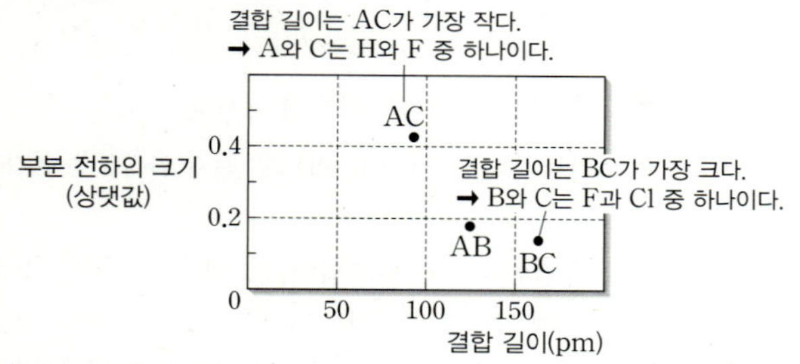

(1) 결합 길이를 비교하면 A는 H(수소), B는 Cl(염소), C는 F(플루오린)이다.
➡ 원자 반지름: B>C>A
(2) 쌍극자 모멘트의 크기 = (부분 전하의 크기) × (결합 길이)
➡ 부분 전하의 크기: AC>2×BC, 결합 길이: BC<2×AC
➡ 쌍극자 모멘트의 크기: AC>BC

---

02 분자의 구조와 성질

STEP 1 바로바로 개념 확인 　　　　본문 091쪽

306 전자쌍 반발 이론　**307** 정사면체　**308** (1) NH_3, PCl_3 (2) H_2O, CO_2　**309** (1) ○ (2) × (3) × (4) ○　**310** (1) 공유 전자쌍 수: 3, 비공유 전자쌍 수: 1 (2) 삼각뿔

306 중심 원자에 있는 전자쌍은 모두 음전하를 띠므로 서로 반발력을 최소화하기 위해 가능한 멀리 떨어져 안정해지려는 성질이 있으므로 이로 인해 분자의 구조가 결정된다.

307 중심 원자에 4개의 공유 전자쌍이 있을 때 정사면체의 꼭짓점에 전자쌍이 배열되면 반발력이 최소가 된다.

308 제시된 분자의 루이스 구조식은 다음과 같다.

$$H-\overset{\cdot\cdot}{\underset{|}{O}}\qquad :\overset{\cdot\cdot}{O}=C=\overset{\cdot\cdot}{O}:\qquad H-\overset{\cdot\cdot}{\underset{|}{N}}-H\qquad :\overset{\cdot\cdot}{\underset{\cdot\cdot}{Cl}}-\overset{\cdot\cdot}{\underset{|}{P}}-\overset{\cdot\cdot}{\underset{\cdot\cdot}{Cl}}:\qquad H-\overset{|}{\underset{|}{C}}-H$$

▲ H_2O　　▲ CO_2　　▲ NH_3　　▲ PCl_3　　▲ CH_4

(1) NH_3와 PCl_3의 중심 원자인 N와 P에는 결합한 원자 수가 모두 3이고, 비공유 전자쌍 수가 1이므로 분자 구조는 삼각뿔이다.
(2) H_2O는 굽은 형, CO_2는 선형의 구조이므로 모든 구성 원자가 동일 평면에 있다.

309 (1) H_2O의 중심 원자 O에는 비공유 전자쌍 2개가 있고, CH_4의 중심 원자 C에는 비공유 전자쌍이 없다. H_2O의 결합각은 104.5°, CH_4의 결합각은 109.5°이다.
(2) 중심 원자에 결합한 원자 수가 2인 분자는 중심 원자에 비공유 전자쌍 수가 있다면 굽은 형, 비공유 전자쌍이 없다면 선형의 분자 구조를 갖는다.
(3) 극성 공유 결합이 있는 분자라도 결합의 쌍극자 모멘트의 합이 0이라면 무극성 분자이다.
(4) 무극성 분자는 무극성 용매에 잘 용해된다.

310 원자가 전자 수는 A가 1, B가 5이므로 B 원자 1개는 A 원자 3개와 각각 전자쌍 1개를 공유하여 분자 BA_3를 형성한다. BA_3의 루이스 구조식은 다음과 같다.

$$A-\overset{\cdot\cdot}{\underset{|}{B}}-A$$
$$\underset{A}{|}$$

(1) BA_3에서 공유 전자쌍 수는 3, 비공유 전자쌍 수는 1이다.
(2) 중심 원자 B에 비공유 전자쌍이 있으므로 BA_3의 분자 구조는 삼각뿔이다.

311 ⑤	312 ②	313 ⑤	314 해설 참조	315 ③	316 ③
317 ④	318 BA₄의 분자 구조: 정사면체, A₂C의 분자 구조: 굽은 형, 결합각: BA₄>A₂C		319 ①	320 ③	321 ④	322 해설 참조
323 ②	324 ①	325 ③	326 ①	327 ③	328 ①	329 ④
330 해설 참조					

311 전자쌍은 음전하를 띠므로 중심 원자 주위의 전자쌍은 반발력을 최소화하기 위해 가능한 멀리 떨어져 있으려는 경향이 있다.

ㄱ, ㄷ. (가)는 중심 원자에 2개의 전자쌍이 있으므로 반발력을 최소화하려면 직선의 끝점에 위치해야 하므로 중심 원자와 전자쌍이 이루는 각은 180°이다. (나)는 중심 원자에 3개의 전자쌍이 있으므로 반발력을 최소화 하려면 정삼각형의 꼭짓점에 위치해야 하므로 중심 원자와 전자쌍이 이루는 각은 120°이다. 따라서 원자의 중심과 전자쌍이 이루는 각은 (가)가 (나)보다 크다.

ㄴ. CH_4의 중심 원자 C에는 공유 전자쌍 수가 4이므로 4개의 전자쌍은 정사면체의 꼭짓점에 배열된다. 따라서 CH_4의 중심 원자에 있는 전자쌍은 (다)와 같이 배열된다.

▶ **추가로 나오는 선택지**

❶ ○　**❷** ×　**❸** 전자쌍

❶ 분자 구조가 선형인 분자는 공유 전자쌍 2개가 서로 반대쪽에 배열되어 있으므로 전자쌍 사이의 반발력이 최소가 된다. 따라서 분자 구조가 선형인 분자에서 중심 원자의 전자쌍은 (가)와 같이 배열된다.

❷ NH_3의 중심 원자 N에는 공유 전자쌍 수가 3, 비공유 전자쌍 수가 1이므로 4개의 전자쌍은 (다)와 같이 배열되고, BCl_3의 중심 원자 B에는 공유 전자쌍 수만 3이므로 3개의 전자쌍은 (나)와 같이 배열된다.

❸ 주어진 그림은 전자쌍 반발 이론에 의해 전자쌍 수에 따른 전자쌍의 배치를 나타낸 것이다.

312 Be의 원자가 전자 수는 2이므로 $BeCl_2$의 Be에는 2개의 전자쌍이 있으며, 선형으로 배열된다. B의 원자가 전자 수는 3이므로 BCl_3의 B에는 3개의 전자쌍이 있으며, 평면 삼각형의 꼭짓점에 배열된다. H_2O, NH_3, PCl_3, CH_4는 모두 중심 원자에 4개의 전자쌍이 있으므로 4개의 전자쌍은 반발력을 최소화하기 위해 사면체의 꼭짓점에 배열된다.

313 중심 원자에 4개의 전자쌍이 있을 때, 4개의 전자쌍은 반발력을 최소화하기 위해 정사면체의 꼭짓점에 배열된다.

ㄱ. (가)는 중심 원자와 전자쌍이 이루는 각이 109.5°로 모두 동일하므로 전자쌍 사이의 반발력이 최소가 되는 구조이다. (나)는 가장 멀리 있는 전자쌍이 180°이지만 가장 가까이 있는 전자쌍은 90°이므로 전자쌍 사이의 반발력이 크다. 따라서 전자쌍 사이의 반발력은 (나)에서가 (가)에서보다 크다.

ㄴ. 결합각은 (가)가 109.5°, (나)가 90°이다.

ㄷ. 전자쌍 반발 이론에 의하면 전자쌍들은 반발력이 최소가 되려는 구조로 배열되므로 4개의 전자쌍은 (가)와 같이 배열된다.

314 제시된 그림에서 나머지 2개의 전자가 (다)와 (라)에 배열되면 전자쌍들이 사각형의 꼭짓점에 배열된 것이고, 나머지 2개의 전자가 (가)와 (라)에 배열되면 정사면체의 꼭짓점에 배열된 것이다.

[모범 답안] (가)와 (라), 전자쌍 반발 이론에 따라 중심 원자에 전자쌍이 4개 있는 경우 반발력을 최소화시키기 위해 정사면체의 꼭짓점에 배열된다.

따라서 나머지 2개의 전자쌍은 (가)와 (라)의 위치에 배열된다.

채점 기준	배점
나머지 2개의 전자가 (가)와 (라)에 배열되는 까닭을 포함하여 옳게 서술한 경우	100%
나머지 2개의 전자가 (가)와 (라)에 배열되는 것만을 옳게 쓴 경우	40%

315 중심 원자 주위의 전자쌍은 모두 음전하를 띠고 있으므로 반발력을 최소화하기 위해 가능한 멀리 떨어져 있으려는 경향이 있다.

ㄱ. 전자는 음전하를 띠는 입자이므로 전자쌍도 모두 음전하를 띤다.

ㄴ. 중심 원자의 전자쌍들은 서로 반발하며, 반발력이 클수록 불안정해진다. 따라서 반발력을 최소화하여 안정해지려는 경향이 있으므로 서로 멀리 떨어져 있으려 한다.

[오답 피하기] ㄷ. 공유 전자쌍은 두 원자가 공유하고 있지만 비공유 전자쌍은 한 원자에만 속해 있고, 넓은 공간을 차지하고 있으므로 비공유 전자쌍 사이의 반발력이 공유 전자쌍 사이의 반발력보다 크다.

316 (가)의 중심 원자 C에는 비공유 전자쌍이 없으므로 (가)는 평면 삼각형 구조이고, (나)의 중심 원자 N에는 비공유 전자쌍이 있으므로 삼각뿔 구조이다.

ㄱ. (가)는 평면 삼각형 구조이므로 결합각은 약 120°이고, (나)는 삼각뿔 구조이므로 결합각은 약 107°이다.

ㄷ. (가)의 O에 비공유 전자쌍이 2개, 2개의 Cl에 비공유 전자쌍이 3개씩 있으므로 (가)에는 비공유 전자쌍이 총 8개 있다. (나)의 N에 비공유 전자쌍이 1개, 3개의 Cl에 비공유 전자쌍이 3개씩 있으므로 (나)에는 비공유 전자쌍이 총 10개 있다.

[오답 피하기] ㄴ. (가)는 평면 구조이고, (나)는 입체 구조이다.

▶ **추가로 나오는 선택지**

❶ ○　**❷** ×　**❸** 평면 삼각형

❶ 전기 음성도는 O>C이므로 (나)에서 O는 부분적인 음전하를 띤다.

❷ (나)의 분자 구조는 삼각뿔이므로 (나)의 구성 원자는 동일 평면에 존재하지 않는다.

❸ (가)의 중심 원자 C에 결합한 원자 수는 3이고, C에는 비공유 전자쌍이 없으므로 (가)의 분자 구조는 평면 삼각형이다.

자료 정리

중심 원자의 비공유 전자쌍과 분자의 구조

$$:O:$$
$$:Cl-C-Cl: \qquad :Cl-N-Cl:$$

(가)   (나)

(1) 분자의 구조: 중심 원자에 결합한 원자 수와 비공유 전자쌍 수에 따라 달라진다.
(2) (가)에서 C에 결합한 원자 수는 3, 비공유 전자쌍 수는 0이다.
➡ 중심 원자와 3개의 원자의 결합과 관련된 전자쌍만 멀리 떨어지면 되므로 평면 삼각형 구조이다.
(3) (나)에서 N에 결합한 원자 수는 3, 비공유 전자쌍 수는 1이다.
➡ 중심 원자에 있는 4개의 전자쌍이 멀리 떨어지면 되므로 삼각뿔형 구조이다.

---

317 분자 구조는 H_2O이 굽은 형, CO_2가 선형, NH_3가 삼각뿔, BCl_3가 평면 삼각형이다.

④ BCl_3에서 B는 원자가 전자 수가 3이므로 3개의 Cl 원자와 각각 전자쌍 1개를 공유하여 결합하므로 공유 전자쌍 수는 3이다. NH_3에서 N는 원자가 전자 수가 5이므로 3개의 Cl 원자와 각각 전자쌍 1개를 공유하여 결합하므로 공유 전자쌍 수는 3이다.

오답 피하기 ① CO_2에서 C 원자 1개는 O 원자 2개와 각각 2중 결합을 형성한다.

② H_2O에서 O 원자 1개는 H 원자 2개와 각각 전자쌍 1개를 공유하여 결합하므로 공유 전자쌍 수는 2이다.

③ NH_3에서 N에 있는 공유 전자쌍 수는 3, 비공유 전자쌍 수는 1이므로 옥텟 규칙을 만족한다.

⑤ H_2O과 BCl_3는 모두 평면 구조이므로 각 분자 내 구성 원자는 동일 평면에 있다.

자료 정리

분자의 구조

분자	H_2O	CO_2	NH_3	BCl_3
루이스 구조식	$H-\overset{..}{\underset{\vert}{O}}:$ H	$:\overset{..}{O}=C=\overset{..}{O}:$	$H-\overset{\vert}{N}-H$ H	$:\overset{..}{Cl}-B-\overset{..}{Cl}:$ $:\overset{..}{Cl}:$
공유 전자쌍 수	2	4	3	3
비공유 전자쌍 수	2	4	1	9
분자의 구조	굽은 형	선형	삼각뿔	평면 삼각형

---

318 A~C는 각각 H(수소), C(탄소), O(산소)이다. 분자의 구조는 중심 원자에 결합한 원자 수와 중심 원자에 있는 비공유 전자쌍 수에 따라 달라진다. BA_4의 B는 비공유 전자쌍이 없으므로 정사면체 구조이고, A_2C의 C는 비공유 전자쌍이 2개 있으므로 굽은 형 구조이다. 따라서 결합각은 비공유 전자쌍 수가 큰 A_2C가 BA_4보다 작다.

---

319 원자가 전자 수는 A가 1, B가 4, C가 6이므로 A는 1개의 전자쌍을, B는 4개의 전자쌍을, C는 2개의 전자쌍을 각각 공유하여 분자를 형성한다. A~C는 각각 H(수소), C(탄소), O(산소)이다.

ㄱ. A_2C는 굽은 형 구조이므로 분자의 구성 원자들은 모두 동일 평면에 존재한다. 따라서 A_2C는 평면 구조이다.

오답 피하기 ㄴ. BA_4는 정사면체 구조이므로 결합각은 $109.5°$이다.

ㄷ. BC_2에서 B에는 비공유 전자쌍이 없으므로 BC_2는 선형 구조이다.

---

320 A의 원자가 전자 수는 6, B의 원자가 전자 수는 7이므로 A는 O(산소), B는 F(플루오린)이며, A 1개와 B 2개가 극성 공유 결합을 형성한다.

ㄱ. A와 B는 전기 음성도가 다른 원자이므로 A와 B의 결합은 극성 공유 결합이다.

ㄴ. A 원자 1개는 B 원자 2개와 각각 전자쌍 1개를 공유하여 결합하므로 공유 전자쌍 수는 2이다.

오답 피하기 중심 원자 A에는 2개의 공유 전자쌍과 2개의 비공유 전자쌍이 있으므로 AB_2의 분자 구조는 굽은 형이다.

---

321 A~E는 각각 H(수소), C(탄소), N(질소), O(산소), F(플루오린)이다. A~E의 원자가 전자 수는 각각 1, 4, 5, 6, 7이다. 따라서 A~E는 각각 전자쌍 1개, 4개, 3개, 2개, 1개를 공유하여 결합하며, 이때 각 원자는 18족 원소의 전자 배치와 같아진다.

④ 같은 주기에서 전기 음성도는 원자 번호가 커질수록 증가하므로 전기 음성도는 E>D이다. 따라서 DE_2에서 D는 부분적인 양전하를, E는 부분적인 음전하를 띤다.

오답 피하기 ① B 원자 1개와 결합할 때, A와 E 원자 1개가 공유한 전자쌍은 각각 1개이므로 B 원자 1개와 결합하는 A와 E의 원자 수는 모두 4이다. 따라서 BA_4와 BE_4의 분자 구조는 모두 정사면체이다.

② B_2A_4에서 B=B 결합은 무극성 공유 결합이다.

③ CA_3의 중심 원자 C에는 비공유 전자쌍이 1개 있고, C에 결합된 A 원자 수는 3이므로 CA_3의 분자 구조는 삼각뿔이다.

⑤ ABC에서 B는 A와 단일 결합을, C와 3중 결합을 형성하고 있으므로 공유 전자쌍 수는 4이다. BE_4에서 B는 E와 단일 결합을 형성하므로 공유 전자쌍 수는 4이다.

---

322 A는 원자가 전자 수가 1, B는 원자가 전자 수가 4, D는 원자가 전자 수가 6이므로 D 원자는 A 원자와 단일 결합을, B 원자는 D 원자와 2중 결합을 형성한다.

모범 답안 A_2D의 분자 구조: 굽은 형, BD_2의 분자 구조: 선형, A_2D에는 공유 전자쌍과 비공유 전자쌍이 각각 2개씩 있어 전자쌍이 정사면체의 꼭짓점에 배열되므로 굽은 형의 분자 구조를 갖는다. BD_2에는 중심 원자에 비공유 전자쌍이 없고, 2중 결합만 2개 존재하므로 선형의 분자 구조를 갖는다.

채점 기준	배점
A_2D와 BD_2의 분자 구조를 옳게 쓰고, 분자의 구조가 다른 까닭을 중심 원자에 있는 비공유 전자쌍과 관련하여 옳게 서술한 경우	100%
A_2D와 BD_2의 분자 구조를 옳게 쓰고, A_2D의 중심 원자에는 비공유 전자쌍이 있고, BD_2의 중심 원자에는 비공유 전자쌍이 없기 때문이라고만 서술한 경우	70%
A_2D와 BD_2의 분자 구조만 옳게 쓴 경우	30%

323 분자에서 원자가 전자 수는 {(공유 전자쌍 수)+2×(비공유 전자쌍 수)}로부터 구할 수 있다.

ㄴ. 공유 전자쌍 수는 (가)에서 2, (나)에서 4이므로 (나)가 (가)의 2배이다.

오답 피하기 ㄱ. X는 공유 전자쌍과 비공유 전자쌍 수가 모두 2이므로 원자가 전자 수는 6이고, Z는 공유 전자쌍 수만 4이므로 원자가 전자 수는 4이다.

ㄷ. (가)는 중심 원자 X에 공유 전자쌍과 비공유 전자쌍이 각각 2개씩 있으므로 분자 구조는 굽은 형이고, (나)는 중심 원자 Z에 비공유 전자쌍이 없고, 2중 결합이 2개 있으므로 분자 구조는 선형이다.

324 (가)의 분자 구조는 삼각뿔, (나)의 분자 구조는 평면 삼각형이다.

ㄱ. 극성 공유 결합은 전기 음성도가 다른 원자 사이의 공유 결합이다. 따라서 $N-H$ 결합과 $B-Cl$ 결합은 모두 극성 공유 결합이다.

오답 피하기 ㄴ. (가)의 N에는 비공유 전자쌍이 1개 있고, (나)의 B에는 비공유 전자쌍이 없다. 따라서 (가)는 삼각뿔 구조이므로 입체 구조이고, (나)는 평면 삼각형 구조이므로 평면 구조이다.

ㄷ. (가)는 극성 분자이므로 분자의 쌍극자 모멘트가 0이 아니고, (나)는 무극성 분자이므로 분자의 쌍극자 모멘트가 0이다.

추가로 나오는 선택지

❶ ○ ❷ × ❸ (가)

❶ (가)의 결합각은 107°이고 (나)의 결합각은 120°이다.

❷ 물은 극성 용매이므로 물에 대한 용해도는 극성 분자인 (가)가 (나)보다 크다.

❸ 전기장에서 일정한 방향으로 배열되는 분자는 극성 분자이므로 (가)이다.

자료 정리

중심 원자의 전자쌍 수와 분자 구조

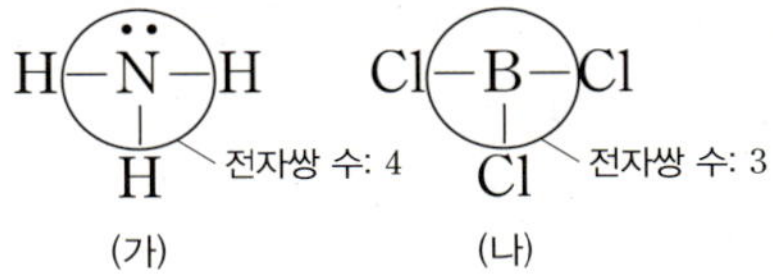

(1) (가)의 중심 원자의 전자쌍 수가 4이므로 4개의 전자쌍은 사면체의 꼭짓점에 배열된다. ➡ 이때 중심 원자에 결합한 원자는 3개이므로 분자 구조는 삼각뿔형이다.

(2) (나)의 중심 원자의 전자쌍 수가 3이므로 3개의 전자쌍은 평면 삼각형의 꼭짓점에 배열된다. ➡ 이때 중심 원자에 결합한 원자는 3개이므로 분자 구조는 평면 삼각형이다.

325 중심 원자가 C인 분자에서 분자의 구조는 결합한 원자의 종류와 관계없이 C 원자에 결합한 원자 수에 따라 분자 구조가 결정되며, C 원자에 결합한 원자 수가 4이지만 결합한 원자의 종류가 다른 경우에는 결합의 쌍극자 모멘트의 합이 0이 되지 않으므로 극성 분자이다.

ㄱ. (가)~(다)는 전기 음성도가 다른 원자 사이의 결합이 있으므로 극성 공유 결합이 있다.

ㄴ. 중심 원자인 C에는 4개의 원자가 결합되어 있으므로 분자 구조는 모두 사면체이다.

오답 피하기 ㄷ. (가)~(다)는 모두 극성 분자이므로 (가)~(다)의 쌍극자 모멘트는 모두 0이 아니다.

326 (가)와 (나)의 중심 원자는 모두 C 원자이므로 분자 구조는 C 원자에 결합한 원자 수에 따라 결정된다.

ㄱ. (가)와 (나)의 중심 원자에는 비공유 전자쌍이 없고, 결합한 원자 수가 2이므로 (가)와 (나)의 분자 구조는 모두 선형이다.

오답 피하기 ㄴ. (가)는 분자의 쌍극자 모멘트가 0인 무극성 분자이고, (나)는 분자의 쌍극자 모멘트가 0이 아닌 극성 분자이다.

ㄷ. 물은 극성 용매이므로 극성 분자가 물에 잘 용해된다. 따라서 무극성 분자인 (가)는 물에 잘 용해되지 않지만, 극성 분자인 (나)는 물에 잘 용해된다.

327 극성 분자는 분자 내에 쌍극자가 있어 전기장을 걸어주면 일정한 방향으로 배열된다.

ㄱ. AB는 극성 분자이므로 극성 공유 결합이 있다.

ㄷ. 전기장에서 A는 $(-)$극 쪽으로 배열되므로 A는 부분적인 양전하를 띤다.

오답 피하기 ㄴ. AB는 극성 분자이므로 분자의 쌍극자 모멘트는 0이 아니다.

328 XH_3는 삼각뿔 구조를 갖는 NH_3이고, YCl_3는 평면 삼각형 구조를 갖는 BCl_3이다.

ㄱ. XH_3는 극성 분자이므로 극성 용매인 물에 잘 용해된다.

오답 피하기 ㄴ. XH_3의 결합각은 107°이고, YCl_3의 결합각은 120°이다.

ㄷ. XH_3와 YCl_3에서 공유 전자쌍 수는 모두 3이다.

자료 정리

분자 구조

(1) H 원자는 원자가 전자 수가 1이므로 H 원자 1개는 전자쌍 1개를 공유하여 결합한다.
➡ XH_3에 결합된 H 원자 수는 3인데, X에는 4개의 전자쌍이 있으므로 X에는 비공유 전자쌍 1개가 있다.
➡ XH_3의 분자 구조는 삼각뿔이다.

(2) YCl_3 분자의 쌍극자 모멘트는 0이다.
➡ YCl_3의 분자 구조는 평면 삼각형이다.

$$H-\overset{\cdot\cdot}{X}-H \qquad Cl-Y-Cl$$
$$\mid \qquad\qquad \mid$$
$$H \qquad\qquad Cl$$

▲ $XH_3(NH_3)$ ▲ $YCl_3(BCl_3)$

329 (가)는 H_2O, (나)는 NH_3, (다)는 CH_4이므로 분자 구조는 각각 굽은 형, 삼각뿔, 정사면체형이다.

④ (가)는 극성 분자이고, (다)는 무극성 분자이므로 분자의 쌍극자 모멘트는 (가)가 (다)보다 크다.

오답 피하기 ① (가)는 중심 원자에 있는 공유 전자쌍 수와 비공유 전자쌍 수가 모두 2이므로 H_2O이다.

② (나)는 중심 원자에 공유 전자쌍 수가 3, 비공유 전자쌍 수가 1이므로 4개의 전자쌍은 사면체의 꼭짓점에 배열되고, 중심 원자에 결합한 원자 수가 3이므로 분자 구조는 삼각뿔이다.

③ (나)는 삼각뿔 구조, (다)는 정사면체 구조이므로 결합각은 (다)가 (나)보다 크다.

⑤ (가)는 극성 용매이므로 (가)에 대한 용해도는 극성 분자인 (나)가 무극성 분자인 (다)보다 크다.

자료 정리

수소 화합물의 분자 구조

수소 화합물	(가)	(나)	(다)
분자의 구조식	$H-\overset{..}{\underset{\vert}{O}}:$ H	$H-\overset{..}{\underset{\vert}{N}}-H$ H	$H-\underset{\vert}{\overset{\vert}{C}}-H$ 외 H
분자 구조	굽은 형	삼각뿔	정사면체
결합각	$104.5°$	$107°$	$109.5°$
공유 전자쌍 수	2	3	4
비공유 전자쌍 수	2	1	0

330 중심 원자인 C에 결합한 원자 수가 4이므로 CF_2Cl_2의 분자 구조는 사면체이다.

모범 답안 CF_2Cl_2의 중심 원자인 C에는 비공유 전자쌍이 없고, 결합한 원자가 4이므로 분자 구조는 사면체이다. CF_2Cl_2은 분자의 쌍극자 모멘트가 0이 아닌 극성 분자이므로 전기장의 영향을 받아 전기장에서 일정한 방향으로 배열된다.

채점 기준	배점
CF_2Cl_2의 분자 구조와 분자의 쌍극자 모멘트를 포함하여 옳게 서술한 경우	100%
CF_2Cl_2의 분자 구조가 사면체이기 때문이라고만 서술한 경우	50%
CF_2Cl_2가 극성 분자이기 때문이라고만 서술한 경우	30%

STEP 3 **1등급을 위한 실전 완벽 대비** 본문 096~097쪽

331 ④	332 ⑤	333 ⑤	334 ④	335 ⑤	336 ②	337 ⑤
338 ⑤						

331 비공유 전자쌍과 비공유 전자쌍 사이의 반발력이 가장 크므로 중심 원자에 있는 전자쌍 수가 4일 때, 중심 원자의 비공유 전자쌍 수가 클수록 결합각은 작다.

ㄴ. 분자량이 비슷할 때, 끓는점은 극성 물질이 무극성 물질보다 높으므로 (다)가 (가)보다 높다.

ㄷ. (가)의 분자 구조는 정사면체이므로 분자의 쌍극자 모멘트가 0이고, (나)의 분자 구조는 삼각뿔이므로 분자의 쌍극자 모멘트가 0보다 크다.

오답 피하기 ㄱ. (가)~(다)의 중심 원자에는 모두 4개의 전자쌍이 있는데, 4개의 전자쌍은 정사면체의 꼭짓점에 배열되고, 비공유 전자쌍 수는 (다)가 가장 크므로 결합각은 (가)>(나)>(다)이다.

332 무극성 공유 결합이 있는 분자는 O_2, C_2H_2이고, 2중 결합이 있는 분자는 O_2, CO_2이다. 따라서 (가)는 O_2, (나)는 C_2H_2이다. 또한 H_2O은 극성 분자, CO_2는 무극성 분자이므로 (다)는 H_2O, (라)는 CO_2이다.

ㄱ. (나)의 분자 구조는 선형, (다)의 분자 구조는 굽은 형이므로 결합각은 (나)가 (다)보다 크다.

ㄴ. (가)에서 비공유 전자쌍 수가 4이고, (다)에서 비공유 전자쌍 수가 2이다.

ㄷ. (나)와 (라)의 분자 구조는 모두 선형이므로 (나)와 (라)의 구성 원자는 모두 동일 선상에 존재한다.

333 원자가 전자 수의 총합은 YZ_3가 XZ_3보다 2 크므로 중심 원자의 원자 번호는 Y가 X보다 2 크고, 중심 원자에 있는 전자쌍 수는 YZ_3가 XZ_3보다 1 크다. 따라서 XZ_3는 BF_3이고, YZ_3는 NF_3이다.

ㄱ. X는 원자 번호 5인 B(붕소), Y는 원자 번호 7인 N(질소)이므로 원자 번호는 Y가 X보다 2크다.

ㄴ. XZ_3는 중심 원자에 비공유 전자쌍이 없고, 결합한 원자 수가 3이므로 평면 삼각형 구조이다.

ㄷ. XZ_3는 평면 삼각형 구조이므로 분자의 쌍극자 모멘트가 0이다. YZ_3는 중심 원자에 비공유 전자쌍이 1개 있고, 결합한 원자 수가 3이므로 삼각뿔 구조이다. 따라서 YZ_3의 쌍극자 모멘트는 0보다 크다.

334 (가)는 중심 원자에 결합한 원자 수와 공유 전자쌍 수가 2로 같으므로 (가)의 중심 원자에 있는 비공유 전자쌍 수가 2이다. (나)는 결합한 원자 수와 공유 전자쌍 수가 3으로 같으므로 (나)의 중심 원자에는 비공유 전자쌍 수가 1이며, 분자 구조는 삼각뿔이다. (다)는 공유 전자쌍 수가 결합된 원자 수보다 크므로 (다)에는 다중 결합이 있다. (라)는 중심 원자에 결합한 원자 수와 공유 전자쌍 수가 4로 같으므로 (라)의 분자 구조는 정사면체 또는 사면체이다.

ㄱ. (가)의 분자 구조는 굽은 형이므로 분자의 쌍극자 모멘트는 0이 아니다.

ㄷ. 구성 원자가 모두 동일 평면에 있는 분자의 구조는 굽은 형, 평면 삼각형, 선형이므로 (가)와 (다) 2가지이다.

오답 피하기 ㄴ. (나)의 분자 구조는 삼각뿔, (다)의 분자 구조는 평면 삼각형이므로 결합각은 (다)가 (나)보다 크다.

분자의 구조

(1) 공유 전자쌍 수 = 결합한 원자 수일 때
  ➡ 결합한 원자 수가 4이면 비공유 전자쌍이 없다.
  ➡ 결합한 원자 수가 4가 아니면 (4−공유 전자쌍 수)개의 비공유 전자쌍이 있다.
(2) 공유 전자쌍 수 > 결합한 원자 수일 때
  ➡ 분자에 다중 결합이 있다.

분자	(가)	(나)	(다)	(라)
공유 전자쌍 수	2	3	4	4
결합한 원자 수	2	3	3	4
비공유 전자쌍 수	2	1	0	0
분자 구조	굽은 형	삼각뿔	평면 삼각형	(정)사면체
분자의	H_2O, OF_2	NH_3, NF_3	CH_2O	CH_4, CF_4, CH_2F_2

분자의 구조와 성질

화합물	(가)	(나)
분자식	$B_2A_4(N_2H_4)$	$A_2C_2(H_2O_2)$
분자의 구조식	H−N̈−N̈−H (아래 H, H)	H−Ö−Ö−H
공유 전자쌍 수	5	3
비공유 전자쌍 수	2	4

335 (가)에서 구성 원자 수는 4 이하인데, 공유 전자쌍 수가 5이므로 (가)는 C_2F_2이다. 따라서 X와 Y는 각각 C(탄소) 또는 F(플루오린)이다. (가)~(다)에 Y가 공통적으로 들어 있으므로 Y를 원자와 결합할 때 단일 결합만을 형성하는 F(플루오린)이라고 가정하면 (가)는 C_2F_2, (나)는 N_2F_2, (다)는 FCN이고, 공유 전자쌍 수는 각각 5, 4, 4이므로 제시된 자료에 부합한다.

ㄱ. (가)의 구조식은 $F−C≡C−F$이므로 선형 구조이고, (나)의 구조식은 $F−N=N−F$이므로 평면 삼각형 2개가 겹쳐있는 평면 구조이다. 또한 (다)의 구조식은 $F−C≡N$이므로 선형 구조이다. 따라서 분자 구조가 선형인 분자는 (가)와 (다) 2가지이다.

ㄴ. (가)의 C≡C 결합과 (나)의 N=N 결합은 무극성 공유 결합이다. 따라서 무극성 공유 결합이 있는 분자는 (가)와 (나) 2가지이다.

ㄷ. (가)는 분자의 쌍극자 모멘트가 0인 무극성 분자이고, (다)는 분자의 쌍극가 모멘트가 0보다 큰 극성 분자이다. 따라서 분자의 쌍극자 모멘트는 (다)가 (가)보다 크다.

336 A는 1주기 1족 원소인 H(수소), B는 2주기 15족 원소인 N(질소), C는 2주기 16족 원소인 O(산소)이다. 따라서 (가)는 $B_2A_4(N_2H_4)$, (나)는 $A_2C_2(H_2O_2)$이다.

ㄴ. (가)에서 N−N 결합이 무극성 공유 결합이고, (나)에서 O−O 결합이 무극성 결합이다.

오답 피하기 ㄱ. (가)에서 중심 원자 N는 3개의 원자가 결합되어 있고, 비공유 전자쌍이 있으므로 N에 결합한 3개의 원자는 삼각뿔의 꼭짓점에 배열된다. 따라서 (가)는 입체 구조이다.

ㄷ. 공유 전자쌍 수는 (가)에서 5, (나)에서 3이다.

337 (가)는 Cl 원자와 Cl 원자가 같은 방향으로 배열되어 있어 분자의 쌍극자 모멘트가 0이 아닌 극성 분자이고, (나)는 Cl 원자와 Cl 원자가 서로 반대 방향으로 배열되어 있어 분자의 쌍극자 모멘트가 0인 무극성 분자이다.

ㄱ. (가)와 (나)에서 C 원자 1개에 3개의 원자가 결합되어 있고, 비공유 전자쌍이 없으므로 C 원자를 중심으로 3개의 원자는 평면 삼각형의 꼭짓점에 배열된다. 따라서 (가)와 (나)는 모두 평면 구조이다.

ㄴ. 분자량이 같을 때, 물질의 끓는점은 극성 분자가 무극성 분자보다 크므로 (가)가 (나)보다 높다.

ㄷ. (가)는 극성 분자, (나)는 무극성 분자이므로 분자의 쌍극자 모멘트는 (가)가 (나)보다 크다.

338 가늘게 흐르는 액체 줄기에 대전체를 가져다 대었을 때 대전체 쪽으로 끌려가는 물질은 극성 물질이다. 따라서 XCl_3는 극성 분자, YCl_3는 무극성 분자이다.

ㄴ. XCl_3의 중심 원자 X에는 비공유 전자쌍이 있고, YCl_3의 중심 원자 Y에는 비공유 전자쌍이 없다. 따라서 비공유 전자쌍 수는 $XCl_3 > YCl_3$이다.

ㄷ. XCl_3는 극성 분자이므로 분자의 쌍극자 모멘트가 0보다 크고, YCl_3는 무극성 분자이므로 분자의 쌍극자 모멘트가 0이다.

오답 피하기 ㄱ. XCl_3가 극성 분자인 것은 X에 비공유 전자쌍이 있어 삼각뿔 구조이기 때문이고, YCl_3가 무극성 분자인 것은 Y에 비공유 전자쌍이 없어 평면 삼각형 구조이기 때문이다. 따라서 결합각은 $YCl_3 > XCl_3$이다.

IV. 역동적인 화학 반응

IV-1. 화학 반응에서의 동적 평형

01. 동적 평형

STEP 1 바로바로 개념 확인   본문 101쪽

339 정반응, 역반응   **340** 가역   **341** (1) ○ (2) ○ (3) ×   **342** 동적 평형   **343** 빠르, 같   **344** (1) ○ (2) × (3) ×

339 화학 반응식에서 오른쪽으로 진행되는 반응은 정반응이고, 왼쪽으로 진행되는 반응은 역반응이다.

340 정반응과 역반응이 모두 일어날 수 있는 반응을 가역 반응이라고 한다.

341 (3) 동적 평형 상태는 가역 반응에서만 나타난다.

343 밀폐 용기에 물을 넣으면 초기에는 증발 속도가 응축 속도보다 빠르고, 상평형에 도달하면 증발 속도와 응축 속도가 같다.

344 (2) 화학 평형에서 정반응과 역반응이 동시에 일어나고, 그 속도는 서로 같다.
(3) 화학 반응에 따라 반응물과 생성물의 농도는 다르다.

STEP 2 알짜 문제로 실력 키우기   본문 102~104쪽

345 ⑤   **346** ③   **347** ③   **348** ②   **349** 해설 참조   **350** ③
351 ⑤   **352** ⑤   **353** 해설 참조   **354** ③   **355** ①   **356** ③
357 ②   **358** ④

345 가역 반응은 반응 조건에 따라 정반응과 역반응이 모두 일어날 수 있는 반응이다.
⑤ 마그네슘(Mg)과 염산(HCl)이 반응하여 수소(H_2) 기체를 생성하는 반응은 정반응만 일어나는 반응이므로 비가역 반응이다.

오답 피하기 ① 가역 반응은 화학 반응식에서 '$\rightleftharpoons$'로 나타낸다.
② 물의 증발을 정반응이라고 하면 수증기의 응축은 역반응이므로 가역 반응이다.
③ 염화 코발트 육수화물($CoCl_2 \cdot 6H_2O$)의 생성 반응식은 $CoCl_2 + 6H_2O \rightleftharpoons CoCl_2 \cdot 6H_2O$이므로 정반응과 역반응이 모두 가능한 가역 반응이다.
④ 석회 동굴에서 종유석과 석순이 생성되는 반응은 석회 동굴이 생성되는 반응의 역반응이므로 이 반응은 가역 반응이다. 화학 반응식은

$$CaCO_3(s) + CO_2(g) + H_2O(l) \underset{\text{종유석과 석순의 생성}}{\overset{\text{석회 동굴의 생성}}{\rightleftharpoons}} Ca(HCO_3)_2(aq)$$

이다.

❶ ○ **❷** × **❸** ×

❶ 황산 구리(Ⅱ) 오수화물($CuSO_4 \cdot 5H_2O$)이 분해되어 황산 구리(Ⅱ)($CuSO_4$)와 물(H_2O)이 되는 반응은 역반응도 가능한 가역 반응이다.

$$CuSO_4 \cdot 5H_2O \rightleftharpoons CuSO_4 + 5H_2O$$

❷ 가역 반응은 반응 조건에 따라 정반응과 역반응이 모두 일어날 수 있는 반응이다.

❸ 중화 반응이 일어나면 생성된 물과 염이 산이나 염기로 되는 반응인 역반응은 일어나지 않으므로 중화 반응은 비가역 반응이다.

346 가역 반응은 반응 조건에 따라 정반응과 역반응이 모두 일어날 수 있는 반응이다.
ㄴ. 염화 코발트 육수화물($CoCl_2 \cdot 6H_2O$)의 분해 반응은 역반응이 가능하므로 가역 반응이다.
ㄷ. 석회 동굴이 생성되는 반응의 역반응은 종유석과 석순이 생성되는 반응이다. 이 반응은 가역 반응이다.

오답 피하기 ㄱ. 메테인(CH_4)의 연소 반응은 역반응이 일어나지 않는 반응으로 비가역 반응이다.
ㄹ. 질산 은($AgNO_3$) 수용액과 염화 나트륨($NaCl$) 수용액이 반응하면 염화 은($AgCl$)이 앙금으로 생성된다.

$$AgNO_3(aq) + NaCl(aq) \longrightarrow AgCl(s) + NaNO_3(aq)$$

앙금 생성 반응은 역반응이 일어나지 않는 비가역 반응이다.

347 물의 증발과 응축은 가역 반응이다.
황산 구리(Ⅱ) 오수화물($CuSO_4 \cdot 5H_2O$)의 분해 반응이 정반응이라면 황산 구리(Ⅱ)($CuSO_4$)가 물(H_2O)과 반응하는 것은 역반응에 해당한다.

$$CuSO_4 \cdot 5H_2O \rightleftharpoons CuSO_4 + 5H_2O$$

오답 피하기 에탄올(C_2H_5OH)의 연소 반응은 역반응이 일어나지 않는 비가역 반응이다.
탄산 칼슘($CaCO_3$)과 염산(HCl)의 반응에서는 이산화 탄소(CO_2) 기체가 발생하므로 역반응이 일어나지 않는 비가역 반응이다.

348 (가)는 염화 코발트($CoCl_2$)가 물(H_2O)과 반응하는 반응이고, (나)는 황산 구리(Ⅱ) 오수화물이 분해되는 반응이다.
② 염화 코발트($CoCl_2$)는 푸른색의 고체인데, 물을 흡수하여 염화 코발트 육수화물($CoCl_2 \cdot 6H_2O$)이 되면서 붉은색으로 변한다.

오답 피하기 ① (가)는 정반응과 역반응이 모두 일어날 수 있는 가역 반응이다.
③ (나)에서 정반응이 일어나면 푸른색의 황산 구리(Ⅱ) 오수화물이 흰색의 황산 구리(Ⅱ)로 변한다.
④ (나)는 가역 반응이므로 정반응과 역반응이 모두 일어날 수 있다.
⑤ (가)와 (나)는 모두 가역 반응이므로 동적 평형에 도달하면 반응물과 생성물이 모두 존재한다.

349 정반응과 역반응이 모두 일어날 수 있는 반응을 가역 반응이라고 한다.

모범 답안 석회 동굴이 생성되는 반응이 정반응이라면 종유석, 석주, 석순 등이 생성되는 반응은 역반응이므로, 정반응과 역반응이 모두 일어날 수 있는 가역 반응이다.

채점 기준	배점
가역 반응인 까닭을 역반응이 일어난다는 내용과 역반응의 과정을 서술한 경우	100%
역반응이 일어날 수 있음을 서술한 경우	50%

350 동적 평형 상태에서는 정반응과 역반응의 속도가 같아서 아무 반응도 일어나지 않는 것처럼 보인다.

③ (다)는 증발하는 분자 수와 응축하는 분자 수가 같으므로 증발 속도와 응축 속도가 같은 동적 평형 상태이다.

오답 피하기 ① (가)에서는 용기에 물을 넣은 상태이므로 증발 속도가 응축 속도보다 빠르다.

② (나)는 평형 상태인 (다)에 도달하기 전이므로 증발 속도가 응축 속도보다 빠르다.

④ (다)에서는 증발하는 분자 수와 응축하는 분자 수가 같아 반응이 일어나지 않는 것처럼 보이지만 증발과 응축은 계속 일어나고 있다.

⑤ (가)와 (나)에서는 증발 속도가 응축 속도보다 빠르므로 수면의 높이가 감소하지만, (다)는 동적 평형 상태이므로 수면의 높이 변화가 없다.

❶ ○ ❷ × ❸ ○

❶ (가)는 물을 넣은 초기 상태이므로 증발 속도가 응축 속도보다 빠르다.

❷ (나)는 아직 평형에 도달하기 전이므로 물의 증발 속도가 응축 속도보다 빠르다.

❸ (다)에서는 액체와 기체가 평형을 이루므로 상평형이 이루어진다.

351 ⑤ 밀폐된 용기에 물을 넣은 후 충분한 시간이 지나면 증발 속도와 응축 속도가 같아져서 동적 평형 상태에 도달한다.

오답 피하기 ① 물의 증발과 응축은 가역 반응이다.

② 증발 속도와 응축 속도가 같아서 반응이 일어나지 않는 것처럼 보이는 것이므로 증발하는 물 분자는 있다.

③ 동적 평형 상태이므로 증발 속도와 응축 속도가 같다.

④ 증발과 응축이 일어나므로 액체와 기체 상태가 평형을 이루고 있다.

352 ⑤ 용해 평형 상태에서는 용해와 석출이 동시에 일어난다. 설탕을 더 넣으면 용해와 석출은 그대로 일어나지만 그 속도는 같아서 설탕이 더 녹지 않고 가라앉게 된다.

오답 피하기 ① 설탕이 더 이상 녹지 않는 상태의 용액은 포화 용액이다.

② 설탕이 더 이상 용해되지 않으므로 용해 속도와 석출 속도가 같은 용해 평형 상태이다.

③ 설탕물에 물을 더 넣으면 용해가 더 일어날 수 있으므로 불포화 용액

이 된다.

④ 용해 평형 상태에 도달한 것이므로 설탕의 용해 속도와 석출 속도는 같다.

353 상평형 상태에서 뚜껑을 열면 증발 속도가 빨라진다.

모범 답안 뚜껑을 열면 물의 증발 속도가 응축 속도보다 빨라지므로 수면이 낮아지고, 이후 모두 증발하여 용기 안에 물이 남지 않는다.

채점 기준	배점
뚜껑을 열었을 때 수면의 높이가 낮아지는 것을 증발 속도가 응축 속도보다 빨라지는 것과 관련지어 서술한 경우	100%
수면의 높이가 감소하는 것만을 서술한 경우	50%

354 ③ 황산 구리(Ⅱ) 포화 수용액은 더 이상 황산 구리(Ⅱ)($CuSO_4$)가 녹지 않는 동적 평형 상태이다. 황산 구리(Ⅱ) 포화 수용액이 들어 있는 비커에 황산 구리(Ⅱ) 오수화물($CuSO_4 \cdot 5H_2O$) 결정을 넣으면 용해가 일어나면서 황산 구리(Ⅱ) 오수화물 결정의 크기는 줄어들지만 석출도 동시에 일어나면서 수용액에 황산 구리(Ⅱ)가 석출된다.

오답 피하기 ①, ② 용해와 석출의 속도가 같으며, 황산 구리(Ⅱ) 오수화물 결정의 크기는 감소한다.

④, ⑤ 황산 구리(Ⅱ) 오수화물 결정의 크기는 감소하고, 황산 구리(Ⅱ) 수용액의 농도는 일정하게 유지된다.

355 밀폐된 용기에 물을 넣으면 초기에는 증발 속도가 응축 속도보다 빠르지만 동적 평형 상태에 도달하면 증발 속도와 응축 속도가 같아진다.

① 시간 t 이후에는 증발 속도와 응축 속도가 같으므로 동적 평형 상태이다.

오답 피하기 ② 동적 평형 상태 이후에는 응축 속도는 일정하게 유지된다.

③ 동적 평형 상태 이후에는 수면의 높이는 변하지 않는다.

④ 동적 평형 상태에서는 증발 속도와 응축 속도가 같으므로 액체 상태와 기체 상태의 물 분자가 평형을 이룬다.

⑤ 동적 평형 상태에서는 증발하는 물 분자 수와 응축하는 물 분자 수가 같다.

356 (나)는 액체 브로민(Br_2)을 넣고 충분한 시간이 지난 상태이므로 동적 평형 상태이다.

ㄱ. Br_2의 증발과 응축이 일어나는 동적 평형 상태이다.

ㄴ. (나)는 동적 평형 상태이므로 증발하는 분자 수와 응축하는 분자 수는 같다.

오답 피하기 ㄷ. 뚜껑을 열면 기체 상태의 분자가 공기 중으로 날아가게 되므로 증발하는 분자 수가 응축하는 분자 수보다 많아진다.

357 가역 반응에서 반응물을 넣으면 정반응이 진행되고 이후 평형에 도달하면 반응물과 생성물이 모두 존재하게 된다.

② 화학 평형에 도달하기까지 정반응과 역반응이 모두 진행된다.

오답 피하기 ① 반응물만 넣었으므로 반응 초기에는 정반응 속도가 역

반응 속도보다 빠르다.
③ 평형 상태에서는 반응물과 생성물의 농도가 일정하게 유지된다.
④ 적갈색의 이산화 질소(NO_2)의 농도는 감소하고 무색의 사산화 이질소(N_2O_4)의 농도는 증가하므로 기체의 색은 옅어진다.
⑤ 평형 상태에서는 정반응 속도와 역반응 속도가 같아서 반응이 일어나지 않는 것처럼 보인다.

추가로 나오는 선택지

❶ × ❷ ○ ❸ ○
❶ 가역 반응이므로 반응물과 생성물이 평형 상태에서 모두 존재하므로 이산화 질소(NO_2)와 사산화 이질소(N_2O_4)가 모두 존재한다.
❷ 화학 평형 상태에서는 정반응 속도와 역반응 속도가 같아서 반응이 일어나지 않는 것처럼 보인다.
❸ 화학 평형 상태에서는 반응이 일어나지 않는 것처럼 보이므로 용기 내부의 색 변화는 나타나지 않는다.

358 A(g)의 농도는 감소하다가 일정해지고, B(g)의 농도는 증가하다가 일정해져 평형 상태에 도달한다.
ㄴ. 정반응 2A(g) ⟶ B(g)는 반응 초기에는 반응 속도가 빠르지만 시간이 지날수록 반응 속도는 감소한다.
ㄷ. 시간 t 이후에는 농도의 변화가 없으므로 동적 평형 상태이다.
오답 피하기 ㄱ. 시간 t 이전에는 정반응 속도가 역반응 속도보다 빨라서 정반응만 일어나는 것처럼 보이지만 시간이 지날수록 역반응 속도가 빨라지면서 시간 t일 때 정반응 속도와 역반응 속도가 같아진다.

STEP 3 1등급을 위한 실전 완벽 대비 　　　본문 105쪽

359 ③ 　360 ② 　361 ⑤ 　362 ⑤

359 (가)는 물의 증발과 응축이 평형을 이룬 상태이고, (나)는 설탕의 용해와 석출이 평형을 이룬 상태이다.
ㄱ. (가)는 물과 수증기가 평형을 이루고 있는 상평형 상태이고, (나)는 용해 평형 상태이므로 동적 평형 상태이다.
ㄴ. (나)는 설탕이 더 이상 녹지 않는 상태이므로 포화 용액이다.
오답 피하기 ㄷ. (가)에서 온도를 높이면 물의 증발 속도가 빨라지며, 이후 시간이 지나면 응축 속도도 같이 빨라지면서 평형 상태에 도달한다. 물의 증발 속도가 감소하기 위해서는 온도를 다시 낮추어야 한다.

360 ㄴ. 평형 상태이므로 정반응 속도와 역반응 속도가 같다.
오답 피하기 ㄱ. 화학 반응식은 기체가 존재하는 분자 수의 비로 나타내는 것이 아니다. 이 반응의 화학 반응식은 $2NO_2(g) \rightleftharpoons N_2O_4(g)$이다.
ㄷ. $2NO_2(g) \rightleftharpoons N_2O_4(g)$ 반응이 평형을 이루고 있으므로 정반응과 역반응이 모두 일어나고 있는 동적 평형 상태이다.

361 석회 동굴에서는 탄산 칼슘($CaCO_3$)이 주성분인 석회암이 이산화 탄소(CO_2), 물(H_2O)과 반응하여 동굴이 만들어지고, 역반응이 일어나서 종유석, 석순, 석주 등이 만들어진다.
ㄱ. 이 반응은 정반응과 역반응이 모두 일어나는 가역 반응이다.
ㄴ. 석회 동굴에서는 탄산 칼슘($CaCO_3$)이 주성분인 석회암이 이산화 탄소(CO_2), 물(H_2O)과 반응한다.
ㄷ. 석회 동굴에서 종유석이나 석순이 만들어지는 반응은
$Ca(HCO_3)_2 \longrightarrow CaCO_3 + CO_2 + H_2O$이므로 주어진 화학 반응식의 역반응이다.

362 ㄱ. (가)는 밀폐된 용기에 물을 넣었을 때이고, (나)는 충분한 시간이 지난 후이므로 용기 내 수증기의 양은 평형 상태에 도달한 (나)가 (가)보다 많다.
ㄴ. 그래프에서 A는 속도의 변화가 없으므로 표면에서 증발하는 물 분자들의 증발 속도이다. 증발하는 분자 수가 많아지면 응축하는 수증기 분자 수도 많아지므로 B는 응축 속도에 해당한다.
ㄷ. (나)는 동적 평형 상태이고, 그래프에서 시간 t 이후 평형 상태에 도달함을 알 수 있다.

자료 정리

평형에 도달하기까지 증발 속도와 응축 속도의 변화

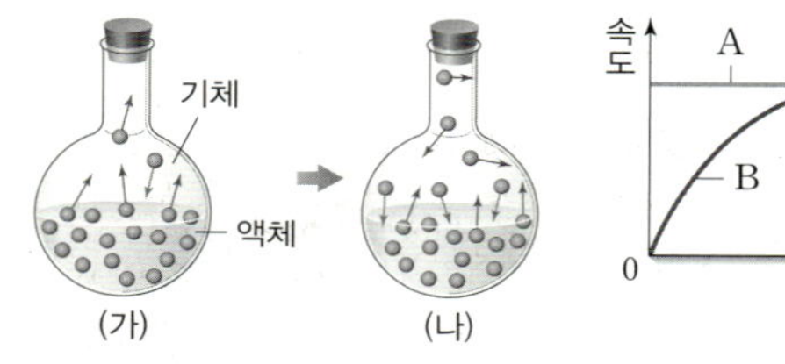

(1) (가)에서 (나)로 될 때 표면에 있는 물 분자의 수는 변하지 않으므로 증발 속도는 변하지 않는다. 따라서 A는 증발 속도에 해당한다. 증발 속도에 영향을 미치는 것은 온도이다.
(2) (가)에서 (나)로 될 때 증발하여 생성된 수증기의 분자 수가 증가하면서 응축되는 수증기 분자 수가 증가하므로 B는 응축 속도이다.
(3) 시간 t 이후에는 증발 속도와 응축 속도가 같으므로 수면의 높이 변화가 없는 동적 평형 상태에 도달한다.

02. 물의 자동 이온화

STEP 1 바로바로 개념 확인 　　　본문 107쪽

363 물의 자동 이온화　364 H_3O^+, OH^-　365 (1) × (2) ○ (3) ○
366 산성, 염기성　367 (1) × (2) × (3) ○ (4) ○　368 지시약

364 물의 자동 이온화 반응식은 $H_2O(l) + H_2O(l) \rightleftharpoons H_3O^+(aq) + OH^-(aq)$이다. 따라서 반응이 일어나면 하이드로늄 이온(H_3O^+)과 수산화 이온(OH^-)이 생성된다.

365 (1) 물의 이온화 상수는 단위가 없다.

(2), (3) 물의 이온화 상수(K_w)는 온도가 일정하면 일정한 값을 갖는다.

367 (1) $pH=-\log[H_3O^+]$이다.

(2) pH가 1인 용액은 pH가 2인 용액에 비하여 $[H_3O^+]$가 10배 크다.

(3) 25 ℃에서 pH<7이면 산성, pH=7이면 중성, pH>7이면 염기성이다.

(4) 25 ℃ 수용액에서 $K_w=1.0\times10^{-14}$이므로 pH+pOH=14이다.

368 pH에 따라 색이 변하는 성질을 이용하여 용액의 액성을 구별할 때 사용되는 것을 지시약이라고 한다. 지시약에는 BTB 용액, 메틸 오렌지 용액, 페놀프탈레인 용액 등이 있다.

STEP 2 알짜 문제로 실력 키우기   본문 108~110쪽

369 ④	**370** ⑤	**371** ③	**372** ④	**373** ③	**374** ⑤	**375** 해설 참조
376 ⑤	**377** ③	**378** ③	**379** ④	**380** ②	**381** ④	
382 해설 참조						

369 순수한 물에서 매우 적은 양의 물 분자 사이에 수소 이온(H^+)을 주고 받아 하이드로늄 이온(H_3O^+)과 수산화 이온(OH^-)으로 이온화하는데 이를 물의 자동 이온화 반응이라고 한다.

④ 순수한 물에서는 $[H_3O^+]=[OH^-]$이므로 $K_w=[H_3O^+][OH^-]$ $=10\times10^{-14}$에서 $[H_3O^+]=1.0\times10^{-7}$M이다.

오답 피하기 ① 물의 자동 이온화 반응은 정반응과 역반응이 모두 가능한 가역 반응이다.

② 순수한 물에서 이온의 농도는 $[H_3O^+]$과 $[OH^-]$이 같다.

③ 25 ℃에서 물의 이온화 상수(K_w)는 1.0×10^{-14}이다. 온도가 높아지면 물의 자동 이온화 반응이 더 잘 일어나게 되므로 물의 이온화 상수(K_w)는 증가한다.

⑤ 산성 용액에서는 중성 상태일 때보다 $[H_3O^+]$이 크므로 $[H_3O^+]>$ 1.0×10^{-7}M이다.

추가로 나오는 선택지

❶ × ❷ × ❸ ×

❶ 염기성 용액에서는 $[H_3O^+]<1.0\times10^{-7}M<[OH^-]$이다.

❷ 순수한 물에서는 매우 적은 양의 물 분자만 이온화하므로 입자 수는 $H_3O^+<H_2O$이다.

❸ 물의 이온화 상수(K_w)는 온도가 같으면 일정한 값을 나타낸다. 따라서 물에 염산(HCl)을 넣어도 온도가 25 ℃로 일정하면 물의 이온화 상수(K_w)는 변화가 없다.

370 ⑤ 물의 이온화 상수(K_w)는 온도가 일정하면 일정한 값을 갖는

다. 25 ℃ 0.1 M HCl(aq)에서도 25 ℃의 순수한 물과 같은 값을 나타낸다.

오답 피하기 ①, ② 물의 이온화 상수(K_w)는 수용액에서 하이드로늄 이온(H_3O^+)과 수산화 이온(OH^-)의 농도를 곱한 값으로 $K_w=[H_3O^+]$ $[OH^-]$이며, 단위가 없다.

③ 25 ℃의 순수한 물에서 $[H_3O^+]=1.0\times10^{-7}$M이므로 $[OH^-]=$ 1.0×10^{-7}M이고, $K_w=1.0\times10^{-14}$이다.

④ 온도가 높아지면 이온화 반응이 더 잘 진행되므로 하이드로늄 이온 (H_3O^+)과 수산화 이온(OH^-)의 농도가 증가한다. 따라서 물의 이온화 상수(K_w)는 증가한다.

371 염산(HCl)과 수산화 나트륨(NaOH)은 물에 녹아 완전히 이온화하므로 수용액의 몰 농도에 해당하는 농도만큼 H_3O^+과 OH^-이 각각 존재한다.

③ HCl(aq)의 몰 농도는 0.01 M이므로 $[H_3O^+]=1.0\times10^{-2}$M이다. NaOH($aq$)의 몰 농도는 0.01 M이므로 $[OH^-]=1.0\times10^{-2}$M인데, $[H_3O^+][OH^-]=1.0\times10^{-14}$이므로 $[H_3O^+]=1.0\times10^{-12}$M이다.

372 25 ℃에서 $[H_3O^+][OH^-]=1.0\times10^{-14}$이다.

④ (다)에서 $[H_3O^+]=1.0\times10^{-7}$M이고, K_w는 1.0×10^{-14}이므로 $[OH^-]=1.0\times10^{-7}$M이다.

오답 피하기 ① (가)는 산성, (나)는 염기성, (다)는 중성 용액이다.

② $[H_3O^+][OH^-]=1.0\times10^{-14}$이므로 (가)에서 $[OH^-]=1.0\times10^{-12}$M이다.

③ $[H_3O^+][OH^-]=1.0\times10^{-14}$이므로 (나)에서 $[H_3O^+]=1.0\times10^{-12}$M이다.

⑤ 물의 이온화 상수(K_w)는 온도가 같으면 같은 값을 갖는다. 따라서 25 ℃에서 물의 이온화 상수(K_w)는 (가)~(다)에서 모두 1.0×10^{-14}이다.

373 산성 용액은 $[H_3O^+]>1.0\times10^{-7}M>[OH^-]$이고, 염기성 용액은 $[OH^-]>1.0\times10^{-7}$M$>[H_3O^+]$이다.

0.01 M HCl(aq)에서 $[H_3O^+]=0.01$M인데 1.0×10^{-7}M보다 크므로, 산성이다.

$[H_3O^+]=1.0\times10^{-10}$M이면 1.0×10^{-7}M보다 작으므로 염기성이다.

$[OH^-]=1.0\times10^{-8}$M이면 $[H_3O^+][OH^-]=1.0\times10^{-14}$이므로 $[H_3O^+]=1.0\times10^{-6}$M이다. 따라서 1.0×10^{-7}M보다 크므로 산성이다.

0.001 M NaOH(aq)에서 $[OH^-]=1.0\times10^{-3}$M이다. 따라서 $[H_3O^+]=1.0\times10^{-11}$M이므로 염기성이다.

374 온도가 높아지면 이온화 반응이 잘 진행되므로 두 이온의 농도가 커진다. 따라서 물의 이온화 상수(K_w)는 증가한다.

ㄱ. 25 ℃에서 $K_w=[H_3O^+][OH^-]=1.0\times10^{-14}$이므로 $[H_3O^+]=$ $[OH^-]=1.0\times10^{-7}$M이다.

ㄴ. 40 ℃에서 $[H_3O^+][OH^-]=2.92\times10^{-14}$이므로 25 ℃일 때의 물

의 이온화 상수(K_w)보다 크다. 따라서 [H_3O^+]는 40 ℃에서가 25 ℃에서보다 크다.

ㄷ. 40 ℃에서 K_w=[H_3O^+][OH^-]=2.92×10^{-14}이고, 0.1 M HCl(aq)의 [H_3O^+]=0.1 M이므로 [OH^-]=2.92×10^{-13} M이다.

375 산성 용액에서 [H_3O^+]>1.0×10^{-7}M>[OH^-]이고, 염기성 용액에서는 [OH^-]>1.0×10^{-7}M>[H_3O^+]이다.

모범 답안 물의 이온화 상수(K_w)는 1.0×10^{-14}이므로 [H_3O^+]=1.0×10^{-6}M이다. 따라서 [H_3O^+]=1.0×10^{-7}M보다 크므로 용액의 액성은 산성이다.

다른 풀이 [OH^-]=1.0×10^{-8}M인데, 1.0×10^{-7}M보다 작으므로 용액의 액성은 산성이다.

채점 기준	배점
[H_3O^+]를 구하여 순수한 물의 농도에서와 비교한 경우 또는 [OH^-]가 순수한 물의 농도보다 작음을 비교하여 액성을 판단한 경우	100%
[H_3O^+]나 [OH^-]만 구한 경우	50%

376 ⑤ pH가 3이므로 [H_3O^+]는 1.0×10^{-3}M이고, [OH^-]는 1.0×10^{-11}M이다. 따라서 이온의 몰 농도는 [H_3O^+]>[OH^-]이다.

오답 피하기 ① [H_3O^+]는 1.0×10^{-3}M이므로 x=0.001이다.
② [H_3O^+]는 1.0×10^{-3}M이므로 [H_3O^+]는 1.0×10^{-7}M보다 크다. 따라서 수용액의 액성은 산성이다.
③ 25 ℃에서 pH+pOH=14이므로 pOH=11이다.
④ pH가 3이므로 [H_3O^+]는 1.0×10^{-3}M이다.

추가로 나오는 선택지
❶ ○ ❷ 1.0×10^{-4}
❶ pH=3이므로 [H_3O^+]는 1.0×10^{-3}M이고, [OH^-]는 1.0×10^{-11}M이다.
❷ x=0.001 M이므로 몰 농도(M)=$\dfrac{\text{용질의 양(mol)}}{\text{용액의 부피(L)}}=\dfrac{y\,\text{mol}}{0.1\,\text{L}}$에서 y=1.0×10^{-4}이다.

377 25 ℃에서 [H_3O^+][OH^-]=1.0×10^{-14}이다.
③ (가)의 [H_3O^+]는 1.0×10^{-4}M이고, (나)의 [H_3O^+]는 1.0×10^{-12}M이다. 따라서 (가)에서 pH는 4, (나)에서 pH는 12이다.

378 pH가 7보다 작으면 산성, pH가 7이면 중성, pH가 7보다 크면 염기성이다.
ㄱ. (다)의 pH=12이므로 [H_3O^+]는 1.0×10^{-12}M이고, [OH^-]=1.0×10^{-2}M이다. 따라서 pOH=2이다.
ㄴ. 산성 용액은 pH가 7보다 작으므로, (가)와 (나)는 산성 용액이다.
오답 피하기 ㄷ. (가)에서 [OH^-]=1.0×10^{-12}M이고, (나)에서 [OH^-]=1.0×10^{-8}M이므로 [OH^-]는 (나)가 (가)의 10^4배이다.

25 ℃ 수용액에서 pH의 크기 비교

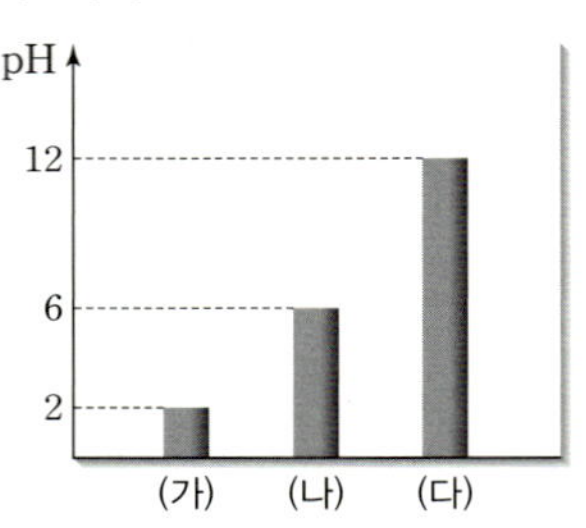

pH=$-\log$[H_3O^+]이고, 25 ℃에서 [H_3O^+][OH^-]=1.0×10^{-14}이다. pH가 7보다 작으면 산성, pH가 7이면 중성, pH가 7보다 크면 염기성이다.

수용액	(가)	(나)	(다)
pH	2	6	12
[H_3O^+](M)	1.0×10^{-2}	1.0×10^{-6}	1.0×10^{-12}
[OH^-](M)	1.0×10^{-12}	1.0×10^{-8}	1.0×10^{-2}
액성	산성	산성	염기성

379 ㄴ. 표백제는 pH=12이므로 [H_3O^+]=1.0×10^{-12}M이다. 따라서 [OH^-]=1.0×10^{-2}M이다.
ㄷ. 토마토의 [H_3O^+]=1.0×10^{-4}M이고, 우유의 [H_3O^+]=1.0×10^{-6}M이다. 따라서 [H_3O^+]는 토마토가 우유의 100배이다.
오답 피하기 ㄱ. 우유는 pH=6이므로 산성이고, 표백제는 pH=12이므로 염기성이다.

380 물의 이온화 상수(K_w)는 온도가 일정하면 일정한 값을 갖는다.
② 온도가 25 ℃로 일정하므로 순수한 물과 0.01 M HCl(aq)의 K_w는 1.0×10^{-14}이다.
오답 피하기 ① 순수한 물의 pH는 7이고, 0.01 M HCl(aq)의 [H_3O^+]=0.01 M이므로 pH=2이다.
③ 순수한 물의 액성은 중성이고, 0.01 M HCl(aq)의 액성은 산성이다.
④ 순수한 물의 [OH^-]=1.0×10^{-7}M이고, 0.01 M HCl(aq)의 [H_3O^+]=0.01 M이므로 [OH^-]=1.0×10^{-12}M이다.
⑤ 순수한 물의 [OH^-]=1.0×10^{-7}M이므로 pOH=7이고, 0.01 M HCl(aq)의 [OH^-]=1.0×10^{-12}M이므로 pOH=12이다.

381 (가)는 HCl(aq)이므로 산성 용액, (나)는 KOH(aq)이므로 염기성 용액이다.
ㄴ. 같은 부피에 들어 있는 이온 모형의 수는 (가)>(나)이므로 수용액에 들어 있는 용질의 입자 수는 (가)>(나)이다. 따라서 몰 농도는 (가)>(나)이다.
ㄷ. 페놀프탈레인 용액은 염기성 용액에서 붉은색으로 변하므로, (가)에서는 색 변화가 없고, (나)에서 붉은색으로 변한다.
오답 피하기 ㄱ. (가)는 산성이므로 pH는 7보다 작고, (나)는 염기성이므로 pH는 7보다 크다. 따라서 pH는 (나)>(가)이다.

382 [모범 답안] (나)의 수용액의 부피는 1000 mL이고, (가)는 100 mL이므로 몰 농도는 (가)가 (나)의 10배이다. 따라서 (나)의 pH가 3이므로 $[H_3O^+]=1.0\times10^{-3}$ M이고, (가)는 (나)의 10배이므로 $[H_3O^+]=1.0\times10^{-2}$ M이다.

채점 기준	배점
(나)의 $[H_3O^+]$를 구하고, (가)와 (나)의 부피를 비교하여 (가)의 $[H_3O^+]$를 구한 경우	100%
(나)의 $[H_3O^+]$만 구한 경우	50%

STEP 3 1등급을 위한 실전 완벽 대비 　　본문 111쪽

383 ①　　384 ③　　385 ①　　386 ④

383 (가)는 물의 자동 이온화 반응, (나)는 HCl(aq)의 이온화 반응, (다)는 NaOH(aq)의 이온화 반응이다.

ㄱ. 물의 자동 이온화 반응에서는 하이드로늄 이온(H_3O^+)과 수산화 이온(OH^-)이 생성된다. 따라서 A는 OH^-이다.

[오답 피하기] ㄴ. (나)의 반응이 일어나는 수용액에도 물 분자는 존재하므로 자동 이온화 반응인 (가)는 일어난다.

ㄷ. (다)의 반응이 일어나는 수용액에는 수산화 이온(OH^-)이 하이드로늄 이온(H_3O^+)보다 많이 존재한다.

384 HCl(aq)은 산성이므로 $[H_3O^+]>[OH^-]$이고, NaOH(aq)은 염기성이므로 $[OH^-]>[H_3O^+]$이다.

ㄱ. HCl(aq)은 하이드로늄 이온(H_3O^+)이 수산화 이온(OH^-)보다 많이 존재하므로 (가)는 OH^-이다.

ㄴ. 25 ℃에서 $K_w=[H_3O^+][OH^-]$이므로 $a\times b=1.0\times10^{-14}$이다.

[오답 피하기] ㄷ. $pH=-\log[H_3O^+]$이므로 NaOH(aq)의 pH는 $-\log a$이다.

385 25 ℃에서 $K_w=1.0\times10^{-14}$이므로 $pH+pOH=14$이다.

ㄱ. 25 ℃에서 $pH+pOH=14$이므로 $a=11$, $b=12$, $c=11$이다. 따라서 $b>a=c$이다.

[오답 피하기] ㄴ. (가)의 $pH=2$이고, (나)의 $pH=3$이므로 (가)의 $[H_3O^+]=1.0\times10^{-2}$ M이고, (나)의 $[H_3O^+]=1.0\times10^{-3}$ M이다. 따라서 $[H_3O^+]$는 (가)가 (나)의 10배이다.

ㄷ. $K_w=[H_3O^+][OH^-]$이므로 $\dfrac{[H_3O^+]}{K_w}=\dfrac{1}{[OH^-]}$이다. 따라서 $\dfrac{[H_3O^+]}{K_w}$의 비는 (가) : (다)$=\dfrac{1}{1.0\times10^{-12}}:\dfrac{1}{1.0\times10^{-3}}=10^{12}:10^3=10^9:1$이다.

386 몰 농도(M)$=\dfrac{\text{용질의 양(mol)}}{\text{용액의 부피(L)}}$이다.

ㄴ. BOH(aq)에는 4개의 입자가 존재하므로 0.04몰의 이온이 들어 있

다. 따라서 B^+은 0.02몰, OH^-은 0.02몰이므로 몰 농도는 0.02 M이다. $K_w=[H_3O^+][OH^-]=[H_3O^+][2\times10^{-2}]=1.0\times10^{-14}$이므로 $[H_3O^+]=\dfrac{1}{2}\times10^{-12}$ M이다.

ㄷ. HA(aq)에는 6개의 입자가 존재하므로 0.06몰의 이온이 들어 있고, HA(aq)의 몰 농도는 0.03 M이다. $[H_3O^+]=0.03$ M이므로 $pH=-\log(3\times10^{-2})=2-\log3$이다. 따라서 pH는 2보다 작다.

[오답 피하기] ㄱ. HA(aq)에 들어 있는 입자는 6개이므로 이온은 0.06 몰이다. HA는 산이므로 H^+, A^-이 수용액에 존재하게 되므로 용질 HA는 0.03몰이다. 따라서 HA(aq)의 몰 농도는 0.03 M이다.

자료 정리

용액의 pH

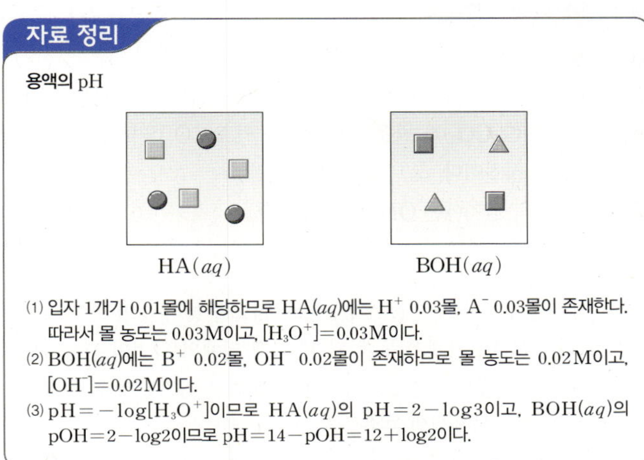

(1) 입자 1개가 0.01몰에 해당하므로 HA(aq)에는 H^+ 0.03몰, A^- 0.03몰이 존재한다. 따라서 몰 농도는 0.03M이고, $[H_3O^+]=0.03$M이다.

(2) BOH(aq)에는 B^+ 0.02몰, OH^- 0.02몰이 존재하므로 몰 농도는 0.02M이고, $[OH^-]=0.02$M이다.

(3) $pH=-\log[H_3O^+]$이므로 HA(aq)의 $pH=2-\log3$이고, BOH(aq)의 $pOH=2-\log2$이므로 $pH=14-pOH=12+\log2$이다.

03. 산 염기 중화 반응

STEP 1 바로바로 개념 확인 　　본문 113쪽

387 수소 이온(H^+), 수산화 이온(OH^-)　　388 (1) ×　(2) ○　(3) ○
389 양쪽성 물질　390 NH_4^+　391 중화 반응　392 (1) ○　(2) ○　(3) ×

387 산에는 공통적으로 수소 이온(H^+)이 있고, 염기에는 공통적으로 수산화 이온(OH^-)이 있다.

388 (1) 물에 녹아 OH^-을 내놓는 물질은 아레니우스 염기이다.

392 (3) 중화 적정에서는 농도를 모르는 삼각 플라스크에 들어 있는 수용액에 지시약을 넣어 반응시킨다.

STEP 2 알짜 문제로 실력 키우기 　　본문 114~117쪽

393 ④　394 ③　395 ⑤　396 ⑤　397 ③　398 ④　399 ④
400 ①　401 해설 참조　402 ②　403 ③　404 ④　405 ②
406 ②　407 ④　408 ②　409 ④　410 해설 참조

393 ④ 산과 염기는 모두 물에 녹아 이온을 생성하므로 수용액에서 전류가 흐른다는 공통점이 있다.

[오답 피하기] ① 푸른색 리트머스 종이를 붉게 변화시키는 것은 산의 성질이다.

② 산의 공통적인 성질은 H^+ 때문이고, 염기의 공통적인 성질은 OH^- 때문이다.

③ 마그네슘 조각과 반응하여 수소 기체를 발생시키는 것은 산의 성질이다.

⑤ 페놀프탈레인 용액을 붉게 변화시키는 것은 염기의 성질이다.

[추가로 나오는 선택지]

❶ × ❷ × ❸ ×

❶ 붉은색 리트머스 종이를 푸르게 변화시키는 것은 염기의 성질이다.

❷ 탄산 칼슘($CaCO_3$)과 반응하여 이산화 탄소(CO_2) 기체를 발생시키는 것은 산의 성질이다.

❸ 산에는 H^+, 염기에는 OH^-이 존재한다.

394 실험 장치에서 물이 들어 있는 스포이트를 눌러 주면 물이 나오면서 암모니아(NH_3) 기체가 녹게 된다. 이때 기체의 압력이 감소하므로 페놀프탈레인 용액을 넣은 물이 유리관을 통해 올라오면서 염기성인 암모니아수와 만나 붉은색의 분수를 생성한다.

ㄱ. 암모니아(NH_3)가 물에 녹아서 페놀프탈레인 용액을 넣은 물이 붉은색으로 변하므로 암모니아(NH_3)는 염기성이다.

ㄷ. 플라스크 속 암모니아(NH_3) 기체는 (가)에서 스포이트를 눌러 주면 물에 녹게 되므로 암모니아(NH_3) 기체 분자 수는 감소한다.

[오답 피하기] ㄴ. $HCl(g)$는 산성이므로 분수는 나타날 수 있지만 색 변화는 일어나지 않는다.

395 (가)는 산성 물질이고, (나)는 염기성 물질이다.

⑤ (나)는 염기성 물질이므로 공통적으로 OH^-이 존재한다. OH^-은 음이온이므로 수용액 상태에서 전류를 흘려주면 (+)극 쪽으로 이동한다.

[오답 피하기] ① (가)는 산성 물질이므로 공통적으로 H^+이 존재한다.

② (가)는 산성 물질이므로 pH가 7보다 작다.

③ (나)는 염기성 물질이므로 공통적인 음이온인 OH^-이 존재한다.

④ 탄산 칼슘($CaCO_3$)과 반응하여 이산화 탄소(CO_2) 기체를 발생시키는 물질은 산성을 띠어야 하므로 (가)가 이에 해당한다.

396 염산(HCl)은 산성이므로 푸른색 리트머스 종이를 붉게 만들고, 전류를 흘려주면 (−)극 쪽으로 수소 이온(H^+)이 이동한다.

⑤ 질산 칼륨(KNO_3)은 전류가 흐를 때 이온이 쉽게 이동할 수 있도록 도와주는 역할을 하므로 중성을 띤다.

[오답 피하기] ① 푸른색 리트머스 종이를 붉게 변화시키므로 $HCl(aq)$은 산성이다.

② $HCl(aq)$에 전류를 흘려주었을 때 (−)극 쪽으로 이동하는 (+)전하를 띤 입자가 있으므로 전기 전도성이 있음을 알 수 있다.

③ (−)극 쪽으로 붉은색이 이동하므로 산성을 띠는 이온은 양이온임을 알 수 있다.

④ 산성을 띠는 이온은 양이온인 수소 이온(H^+)이므로 극을 바꾸어 실험하면 붉은색의 이동 방향이 반대가 된다.

397 브뢴스테드·로리 정의에 따르면 다른 물질에게 양성자(H^+)를 주는 물질은 산, 다른 물질로부터 양성자(H^+)를 받는 물질은 염기이다.

③ (나)에서 HCl은 NH_3에게 양성자(H^+)를 주는 물질이므로 브뢴스테드·로리 산이다.

[오답 피하기] ① (가)에서 $NaOH$은 물에 녹아서 OH^-을 내놓으므로 아레니우스 염기이다.

② (나)에서 NH_3는 HCl로부터 양성자(H^+)를 받는 물질이므로 브뢴스테드·로리 염기이다.

④ (다)에서 H_2O은 HCl으로부터 양성자(H^+)를 받는 물질이므로 브뢴스테드·로리 염기이다.

⑤ (나)와 (다)에서 HCl은 양성자(H^+)를 주는 물질이므로 브뢴스테드·로리 산이다.

[추가로 나오는 선택지]

❶ ○ ❷ ○ ❸ ×

❶ (나)에서 NH_3가 양성자(H^+)를 받아 NH_4^+이 되므로 짝염기−짝산 관계이다.

❷ (다)에서 HCl은 물에 녹아서 H^+을 내놓으므로 아레니우스 산이다.

❸ (다)는 양성자(H^+)를 주고받는 반응이므로 중화 반응은 아니고, 산 염기 반응이다.

398 ㄴ. (가)에서 H_2O은 양성자(H^+)를 주는 물질이므로 브뢴스테드·로리 산이고, (나)에서 H_2O은 양성자(H^+)를 받는 물질이므로 브뢴스테드·로리 염기이다. 따라서 H_2O은 산과 염기로 모두 작용할 수 있는 양쪽성 물질이다.

ㄷ. (다)에서 NH_3는 양성자(H^+)를 받는 물질이므로 브뢴스테드·로리 염기이다.

[오답 피하기] ㄱ. (가)에서 CH_3NH_2은 양성자(H^+)를 받는 물질이므로 브뢴스테드·로리 염기이다.

399 H^+의 이동으로 산과 염기가 되는 한 쌍의 산과 염기를 짝산, 짝염기라고 한다. 정반응에서 CH_3NH_2는 양성자(H^+)를 받는 물질이므로 브뢴스테드·로리 염기이고, HCl은 양성자(H^+)를 주는 물질이므로 브뢴스테드·로리 산이다. 역반응에서 $CH_3NH_3^+$은 양성자(H^+)를 주는 물질이므로 브뢴스테드·로리 산이고, Cl^-은 양성자(H^+)를 받는 물질이므로 브뢴스테드·로리 염기이다.

$$CH_3NH_2 + HCl \rightleftharpoons CH_3NH_3^+ + Cl^-$$
$$\text{염기} \qquad \text{산} \qquad \text{산} \qquad \text{염기}$$

따라서 짝산−짝염기 관계는 HCl, Cl^-과 $CH_3NH_3^+$, CH_3NH_2이 해당한다.

400 ㄱ. ⓐ과 ⓑ은 공통적으로 음이온이므로 OH^-이다.

(오답 피하기) ㄴ. (나)에서 H_2O은 양성자(H^+)를 받는 물질이므로 브뢴스테드·로리 염기이다.

ㄷ. (다)에서 NH_3는 양성자(H^+)를 받는 물질이므로 브뢴스테드·로리 염기이다.

401 한 가지 물질이 산으로도 작용할 수 있고, 염기로도 작용할 수 있는 물질을 양쪽성 물질이라고 한다.

(모범 답안) (나)에서 H_2O은 양성자(H^+)를 받는 물질이므로 브뢴스테드·로리 염기로 작용하고, (다)에서 H_2O은 양성자(H^+)를 주는 물질로 브뢴스테드·로리 산으로 작용한다. 따라서 H_2O은 산과 염기로 모두 작용하므로 양쪽성 물질이다.

채점 기준	배점
(나)에서 H_2O가 브뢴스테드·로리 염기인 까닭과 (다)에서 브뢴스테드·로리 산인 까닭을 옳게 서술한 경우	100%
2가지 반응에서 산과 염기의 정의 중 1가지만 옳게 서술한 경우	50%

402 아레니우스 정의에 따르면 물에 녹아 H^+을 내놓는 물질은 산이고, OH^-을 내놓는 물질은 염기이다. 또한 브뢴스테드·로리 정의에 따르면 다른 물질에게 양성자(H^+)를 주는 물질은 산, 다른 물질로부터 양성자(H^+)를 받는 물질은 염기이다.

(가)~(다)를 화학 반응식으로 나타내면 다음과 같다.

(가) $NaOH \longrightarrow Na^+ + OH^-$

(나) $HCl + H_2O \longrightarrow Cl^- + H_3O^+$

(다) $NH_3 + HCl \longrightarrow NH_4^+ + Cl^-$

따라서 (가)에서 $NaOH$는 아레니우스 염기이고, (나)와 (다)에서 HCl는 브뢴스테드·로리 산이다.

403 H^+의 이동으로 산과 염기가 되는 한 쌍의 산과 염기를 짝산, 짝염기라고 한다.

ㄱ. (가)에서 H_3PO_4은 H^+을 내놓는 물질이므로 아레니우스 산이다.

ㄷ. (가)에서 H_3O^+의 짝염기는 H_2O이고, (나)에서 OH^-의 짝산은 H_2O이다.

(오답 피하기) ㄴ. (나)에서 CH_3COOH의 짝염기는 CH_3COO^-이다.

404 ④ $HCl(aq)$ 20 mL를 넣었을 때 중화점에 도달하므로 $HCl(aq)$ 30 mL를 넣으면 혼합 용액은 산성이 된다.

(오답 피하기) ① $NaOH(aq)$ 20 mL를 완전히 중화시키는 데 필요한 $HCl(aq)$의 부피가 20 mL이므로 두 수용액의 농도는 같다. 따라서 $x=0.1$이다.

② (가)는 반응 전에는 존재하지 않지만 초기부터 계속 증가하므로 산의 구경꾼 이온인 Cl^-이다.

③ (나)는 중화점까지는 존재하지 않다가 중화점 이후에 이온 수가 증가하므로 H^+이다.

⑤ 화학 반응식은 $HCl(aq) + NaOH(aq) \longrightarrow H_2O(l) + NaCl(aq)$

이다. 따라서 중화점에 도달하기 전까지 수용액 속 총 이온 수는 일정하게 유지되고, 중화점 이후에 증가한다.

❶ ○ ❷ × ❸ ×

❶ Na^+과 (가)인 Cl^-은 중화 반응에 참여하지 않는 이온이므로 구경꾼 이온이다.

❷ 중화점까지 가해 준 0.1 M $HCl(aq)$의 부피는 20 mL이다. 따라서 중화 반응한 H^+의 양(mol)은 $0.1 \times 0.02 = 0.002$(몰)이고, 중화 반응의 알짜 이온 반응식은 $H^+ + OH^- \longrightarrow H_2O$이므로 중화점까지 생성된 물의 양은 0.002몰이다.

❸ 농도가 2배인 염산(HCl)을 넣어 주면 중화점까지 넣어 준 $HCl(aq)$의 부피가 감소하므로 중화점의 위치는 달라진다.

중화 반응에서 이온 수

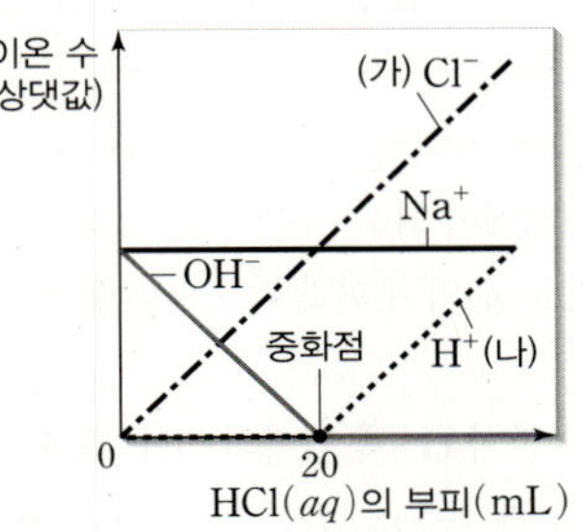

(1) x M $NaOH(aq)$ 20 mL를 완전히 중화시키는 데 필요한 $HCl(aq)$의 부피는 20 mL이므로 두 수용액의 농도는 같다. 따라서 $x=0.1$이다.

(2) 중화 반응의 알짜 이온 반응식은 $H^+ + OH^- \longrightarrow H_2O$이므로 (가)는 구경꾼 이온인 Cl^-이고, (나)는 알짜 이온인 H^+임을 알 수 있다.

(3) 화학 반응식은 $HCl(aq) + NaOH(aq) \longrightarrow H_2O(l) + NaCl(aq)$이므로 중화점에 도달하기까지 수용액에 들어 있던 OH^-의 수 만큼 Cl^-이 존재하므로 전체 이온 수의 변화는 없다. 중화점 이후에는 중화 반응이 일어나지 않으므로 수용액의 전체 이온 수는 증가한다.

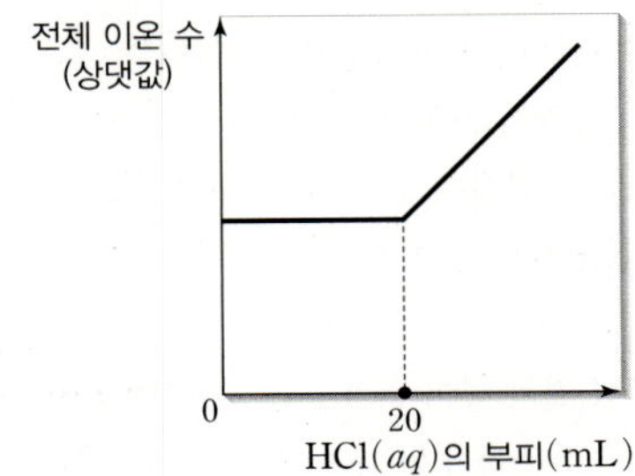

405 중화 반응은 산과 염기가 반응하여 물과 염이 생성되는 반응이다.

(나) 생선 비린내는 염기성이므로 이를 중화시키기 위해서는 레몬즙과 같은 산성 물질을 뿌리면 된다.

(오답 피하기) (가) 꿀벌의 침 속에 들어 있는 산성 물질을 중화시키기 위해 염기성인 암모니아수를 바른다.

(다) 위산을 중화시키기 위해서 필요한 제산제는 염기성 물질이다.

(라) 신 김치는 산성 성분 때문에 신맛이 나므로 이를 중화시키기 위해

서는 달걀 껍데기나 소다 등을 넣어주는데, 이는 염기성 물질이다.

406 중화 반응의 이온 수비는 H^+ : OH^- = 1 : 1이다. 각 수용액 10 mL에 들어 있는 H^+과 OH^- 수의 비가 3 : 2이므로 중화점에 도달하기 위해서는 HCl(aq) : NaOH(aq) = 2 : 3의 부피비로 반응해야 한다.

407 HCl(aq)과 NaOH(aq)의 농도가 같으므로 같은 부피에 들어 있는 이온 수가 같다.
④ 농도가 같은 산과 염기의 중화 반응이므로 (나)에서는 NaOH(aq) 10 mL를 넣었을 때 중화 반응이 완결되고, (다)에서는 NaOH(aq) 20 mL를 넣었을 때 중화 반응이 완결된다. 따라서 생성된 물 분자 수는 (다)가 (나)의 2배이다.

오답 피하기 ① 두 수용액의 농도가 같으므로 두 수용액의 부피가 같으면 중성이다. 따라서 (가)와 (라)는 중성이다.
② (나)와 (다)에서 부피는 HCl(aq)가 NaOH(aq)보다 크므로 산성이다.
③ Na^+은 중화 반응에 참여하지 않는 구경꾼 이온이므로 NaOH(aq)의 부피가 가장 큰 (라)에서 Na^+ 수가 가장 많다.
⑤ (다)와 (라)는 HCl(aq)의 부피가 같으므로 총 이온 수도 같다.

408 중화 반응에서 산의 H^+과 염기의 OH^-은 1 : 1의 몰비로 반응하고, 중화 반응의 양적 관계는 $n_1M_1V_1 = n_2M_2V_2$이다.
② 황산(H_2SO_4)은 2가 산이고, 수산화 칼륨(KOH)은 1가 염기이므로 중화 반응의 양적 관계에 따라 $2 \times 0.1M \times 20\,mL = 1 \times 0.2M \times x$이다. 따라서 $x = 20\,mL$이다.

409 ㄴ. 넣어 준 $0.1M$ NaOH(aq)의 부피는 20mL이므로 OH^-의 양(mol)은 $0.1 \times 0.02 = 0.002$(몰)이다. 반응한 H^+의 양(mol)도 이와 같으므로 CH_3COOH의 양(mol)은 0.002몰이다.
ㄷ. (가)에서 삼각 플라스크에 페놀프탈레인 용액을 넣었으므로 표준 용액인 NaOH(aq)의 전체가 붉은색으로 변하면 중화 반응이 완결된 것으로 간주하고 NaOH(aq)의 부피를 측정한다. 따라서 ㉠은 붉은색이다.

오답 피하기 ㄱ. 실험 결과 넣어 준 $0.1M$ NaOH(aq)의 부피가 20 mL인데, (가)에서 묽힌 수용액이 20 mL이므로 (가)에서의 묽힌 수용액은 $0.1\,M$이다. 그런데 식초를 $\frac{1}{10}$로 묽힌 것이므로 묽히기 전 식초 속 아세트산(CH_3COOH)의 몰 농도는 $1.0M$이다.

410 **모범 답안** 식초의 밀도는 $1.1\,g/mL$이므로 식초 $1000\,mL$의 질량은 $1100\,g$이다. 식초의 농도는 $1.0\,M$이므로 식초 $1000\,mL$에는 아세트산(CH_3COOH) 1.0몰이 들어 있으며 아세트산(CH_3COOH)의 질량은 $60\,g$이다. 따라서 식초 속 아세트산(CH_3COOH)의 퍼센트 농도는 $\frac{60}{1100} \times 100 ≒ 5.45(\%)$이다.

채점 기준	배점
밀도를 통해 식초의 질량을 구하고, 중화 적정에서 구한 아세트산의 양(mol)과 분자량으로부터 아세트산의 질량을 구한 다음 퍼센트 농도까지 구하는 과정을 옳게 서술한 경우	100%
식초의 질량, 아세트산의 양(mol), 아세트산의 질량 중 2가지만 옳게 구한 경우	60%
식초의 질량, 아세트산의 양(mol), 아세트산의 질량 중 1가지만 옳게 구한 경우	30%

STEP 3 **1등급**을 위한 실전 완벽 대비　　본문 118~119쪽

411 ⑤　**412** ⑤　**413** ②　**414** ①　**415** ⑤　**416** ⑤　**417** ③
418 ①

411 ㄱ. 탄산 칼슘($CaCO_3$)과 염산(HCl)이 반응하면 이산화 탄소(CO_2) 기체가 발생한다.
ㄴ. 화학 반응식에서 반응 전후 원소의 종류와 수는 같아야 하므로 $a = b = 2$이다.
ㄷ. HCl은 수용액에서 H^+을 내놓아 OH^-과 반응하므로 아레니우스 산이다.

412 ㄱ. (가)는 F^-으로, H_2O로부터 양성자(H^+)를 받는 물질이므로 브뢴스테드·로리 염기이다.
ㄴ. (나)는 NaOH으로, OH^-을 내놓고 HCl이 내놓은 H^+과 반응하여 H_2O을 생성하므로 아레니우스 염기이다.
ㄷ. (다)는 HCl과 반응하여 NH_4Cl을 생성하므로 NH_3이다.

413 ㄴ. 가역 반응이므로 정반응과 역반응에서 브뢴스테드·로리 염기로 작용하는 물질은 H_2O, HA^-, A^{2-}의 3가지이다.
오답 피하기 ㄱ. H_2O은 2가지 반응에서 모두 양성자(H^+)를 받는 물질로 작용하므로 브뢴스테드·로리 염기이다.
ㄷ. HA^-은 두 번째 반응에서 H^+을 내놓으므로 아레니우스 산(브뢴스테드·로리 산도 가능)으로 작용하지만, 첫 번째 반응의 역반응에서 양성자(H^+)를 받는 물질로 작용하므로 브뢴스테드·로리 염기로 작용한다. 따라서 HA^-은 양쪽성 물질이다.

414 중화 반응의 양적 관계는 $n_1M_1V_1 = n_2M_2V_2$이다.
ㄱ. B에서 더 이상 물 분자 수가 증가하지 않으므로 중화점에 도달한 것임을 알 수 있다. 중화 반응의 양적 관계($n_1M_1V_1 = n_2M_2V_2$)에 따라 $2 \times x \times 20 = 1 \times 0.1 \times 20$으로부터 $x = 0.05$이다.
오답 피하기 ㄴ. B가 중화점이므로 이온 수는 Na^+ : SO_4^{2-} = 2 : 1이다. 따라서 A에서 이온 수는 H^+ : Na^+ : SO_4^{2-} = 1 : 1 : 1이다.
ㄷ. C는 중화점인 B에서 NaOH(aq) 10 mL를 더 넣어 준 것이므로 혼합 용액에 존재하는 이온 수는 SO_4^{2-} : Na^+ : OH^- = 1 : 3 : 1이다.

415 ⑤ (다)에서는 (나)에서 넣어 준 NaOH(aq)의 부피를 계산하여 중화점까지 반응한 H^+의 양(mol)을 구할 수 있다.

오답 피하기 ① 20 mL의 수용액을 취해야 하므로 피펫이 적당하다.
② 삼각 플라스크에 용액을 넣고 뷰렛 아래에 위치시켜서 반응이 일어나면서 변하는 지시약의 색 변화를 확인해야 한다.
③ (다)에서 수용액의 색이 붉은색으로 변하므로 지시약인 페놀프탈레인 용액이 적절하다.
④ 0.1 M NaOH(aq)은 표준 용액으로, 적정에 사용한 수용액의 부피를 알아야 하므로 뷰렛에 넣어야 한다.

416 ㄱ. 중화 반응에서 반응한 H^+의 양(mol)과 OH^-의 양(mol)이 같다. 넣어 준 NaOH(aq)의 부피는 25 mL이므로 반응한 아세트산(CH_3COOH)의 양(mol)은 $x=0.1\times0.025=2.5\times10^{-3}$(몰)이다.
ㄴ. 중화 반응의 양적 관계에 따라 $n_1M_1V_1=n_2M_2V_2$에서 $1\times y\times20=1\times0.1\times25$이므로 $y=0.125$이다.
ㄷ. 아세트산의 분자량을 60이라고 하면 아세트산의 질량은 $2.5\times10^{-3}\,mol\times60\,g/mol=0.15\,g$이다. 따라서 묽히기 전 식초 2 mL의 질량은 $2d\,g$이고, 아세트산(CH_3COOH)의 질량은 $0.15\,g$이므로 $\dfrac{0.15}{2d}\times100=\dfrac{7.5}{d}(\%)$이다.

417 반응 초기에 존재하지만 중화 반응 과정에서 감소하는 이온은 알짜 이온이고, 반응 초기에 존재하고 중화 반응 과정에서도 이온 수의 변화가 없는 이온은 구경꾼 이온이다.
ㄱ. NaOH(aq) 20 mL에 $2N$만큼 들어 있는 이온이 감소하므로 (나)는 OH^-이다. H_2SO_4(aq) 10 mL를 넣었을 때 OH^-의 수가 N이므로 H_2SO_4(aq) 10 mL에 들어 있는 H^+ 수는 N이다. 따라서 NaOH(aq) 20 mL에 NaOH $2N$이 들어 있고, H_2SO_4(aq) 10 mL에 H_2SO_4 $0.5N$이 들어 있으므로 몰 농도비는 $x:y=2:1$이다.
ㄷ. H_2SO_4(aq) 10 mL를 넣었을 때 수용액 속에 OH^- N, SO_4^{2-} $0.5N$, Na^+ $2N$이 존재한다. 따라서 H_2SO_4(aq) 30 mL를 넣어 주면 Na^+ $2N$, SO_4^{2-} $1.5N$, H^+ N이 존재한다. 따라서 가장 많이 존재하는 이온은 Na^+이다.

오답 피하기 ㄴ. 중화점에서는 OH^-이 존재하지 않아야 한다. 따라서 A는 중화점이 아니고, 중화점은 H_2SO_4(aq)의 부피가 20 mL일 때이다.

418 중화 반응에서 증가한 온도의 비는 중화 반응으로 생성된 물 분자 수의 비와 같고, 전체 혼합 용액의 부피는 60 mL로 같으므로 C와 D에서 중화 반응으로 생성된 물의 양(mol)은 같다. A~D에서 증가한 온도의 비가 $3:4:5:5$이므로 생성된 물 분자 수비도 $3:4:5:5$이다. 따라서 같은 부피의 각 수용액에 들어 있는 H^+ 또는 OH^-의 수비는 NaOH(aq) : Ba(OH)$_2$(aq) : HCl(aq)$=6:3:5$이다.
ㄱ. 각 수용액 속에 들어 있는 이온 수비로부터 A와 B는 산성, C는 중성, D는 염기성 용액이다.

오답 피하기 ㄴ. Ba(OH)$_2$은 2가 염기이므로 1몰이 용해되면 2몰의 OH^-이 생성된다. 따라서 같은 부피의 각 수용액에 들어 있는 H^+ 또는 OH^-의 수비는 Ba(OH)$_2$(aq) : HCl(aq)$=3:5$이므로 몰 농도비는 Ba(OH)$_2$(aq) : HCl(aq)$=3:10$이다.
ㄷ. 같은 부피의 수용액에 들어 있는 H^+ 또는 OH^-의 수비는 NaOH(aq) : HCl(aq)$=6:5$이므로 HCl(aq) 30 mL를 완전히 중화시키기 위해 필요한 NaOH(aq)의 최소 부피는 25 mL이다.

자료 정리

중화 반응의 양적 관계

증가한 온도 (상댓값)	NaOH(aq)의 부피(mL)	Ba(OH)$_2$(aq)의 부피(mL)	HCl(aq)의 부피(mL)
A (3)	0	30	30
B (4)	10	30	30
C (5)	20	10	30
D (5)	30	0	30

(1) A~D에서 증가한 온도의 비가 $3:4:5:5$이므로 A~D에서 생성된 물 분자 수비도 $3:4:5:5$로 같다. HCl(aq)의 부피는 A~D에서 모두 30 mL로 같으므로 A에서 생성된 물 분자 수는 Ba(OH)$_2$(aq)에 들어 있는 OH^- 수와 같음을 알 수 있다. B에서보다 C에서 생성된 물 분자 수가 크므로 Ba(OH)$_2$(aq)의 부피가 감소하는 것보다 NaOH(aq)의 부피가 증가하는 것이 더 많은 이온이 반응하게 되는 것이다. 이를 토대로 D에서는 OH^- 수가 H^+ 수보다 크므로 HCl(aq) 30 mL에 들어 있는 H^+ 수가 $5N$임을 알 수 있다.

혼합 용액		A	B	C	D
생성된 물 분자 수		$3N$	$4N$	$5N$	$5N$
NaOH(aq)	부피(mL)	0	10	20	30
	OH^- 수	–	$2N$	$4N$	$6N$
Ba(OH)$_2$(aq)	부피(mL)	30	20	10	0
	OH^- 수	$3N$	$2N$	N	–
HCl(aq)	부피(mL)	30	30	30	30
	H^+ 수	$5N$	$5N$	$5N$	$5N$

(2) 같은 부피에 들어 있는 H^+ 또는 OH^-의 수비는 NaOH(aq) : Ba(OH)$_2$(aq) : HCl(aq)$=6:3:5$이다.

IV-2. 화학 반응과 열의 출입

01. 산화 환원 반응

STEP 1 바로바로 **개념 확인**   본문 121쪽

419 산화, 환원   **420** (1) ◯ (2) × (3) ◯   **421** 산화수   **422** (1) −3 (2) +4 (3) +6 (4) +4   **423** 산화제, 환원제   **424** (1) × (2) ◯ (3) ◯

420 (2) CuO에서 Cu가 되므로, CuO는 산소를 잃고 환원된다.

422 (1) 전기 음성도는 N>H이고, 산화수 규칙에 따라 H의 산화수는 +1이다. 따라서 N의 산화수는 −3이다.
(2) O의 산화수는 −2이므로 C의 산화수는 +4이다.
(3) H, O의 산화수는 각각 +1, −2이므로 S의 산화수는 +6이다.
(4) O의 산화수는 −2이므로 S의 산화수는 +4이다.

424 (1) 산화제와 환원제는 반응하는 물질에 따라서 산화제로 작용할 수도 있고 환원제로 작용할 수도 있다.

STEP 2 알짜 문제로 **실력 키우기**　　본문 122~125쪽

425 ③　**426** ③　**427** 해설 참조　**428** ⑤　**429** ④　**430** 해설 참조　**431** ③　**432** ④　**433** ⑤　**434** ⑤　**435** ⑤　**436** ⑤　**437** ③　**438** ④　**439** ②　**440** ④　**441** 해설 참조　**442** ③　**443** ②　**444** ②

425 물질이 산소를 얻거나 전자를 잃으면 산화, 물질이 산소를 잃거나 전자를 얻으면 환원이다.
⑤ (가)에서 Cu는 산소를 얻어 CuO로 산화된다. (나)에서 Zn은 전자를 잃고 Zn^{2+}으로 산화되고, Cu^{2+}은 전자를 얻어 Cu로 환원된다. (다)는 중화 반응으로 산화 환원 반응이 아니다.

추가로 나오는 **선택지**
❶ ○　❷ ×　❸ ×
❶ (가)에서 Cu는 CuO로 산화된다.
❷ (나)에서 Zn은 Zn^{2+}으로 산화된다.
❸ (다)는 산화 환원 반응이 아니다.

426 (가)에서 Cu는 산소를 얻어 CuO가 되므로 Cu는 산화된다.
$$2Cu + O_2 \longrightarrow 2CuO$$
(나)에서 H_2는 산소를 얻어 H_2O이 되므로 H_2는 산화된다.
$$CuO + H_2 \longrightarrow Cu + H_2O$$

427 물질이 산소를 얻거나 전자를 잃으면 산화, 물질이 산소를 잃거나 전자를 얻으면 환원이다.
모범 답안　화학 반응식은 $2Mg + CO_2 \longrightarrow 2MgO + C$이다. Mg은 전자를 잃으므로 산화되는 물질이고, CO_2는 산소를 잃으므로 환원되는 물질이다.

채점 기준	배점
화학 반응식을 옳게 쓰고, 산화되는 물질과 환원되는 물질을 골라 그 까닭을 옳게 서술한 경우	100%
화학 반응식을 옳게 쓰고, 산화되는 물질과 환원되는 물질 중 1가지만 골라 그 까닭을 옳게 서술한 경우	60%
화학 반응식만 옳게 쓴 경우	30%

428 어떤 물질에서 각 원자가 어느 정도 산화되었는지를 나타내는 가상적인 전하를 산화수라고 하고, 산화수 규칙에 따라 산화수를 정할 수 있다.
⑤ (다)의 N_2에서 N의 산화수는 0이고, 전기 음성도는 N>H이므로 NH_3에서 N의 산화수는 −3이다.
오답 피하기　① (가)의 N_2에서 N의 산화수는 0이고, NO에서 N의 산화수는 +2이다.
② (나)의 NO에서 N의 산화수는 +2이고, NO_2에서 N의 산화수는 +4이므로 N의 산화수는 증가한다.
③ (나)의 NO는 NO_2가 되면서 산화수가 증가하므로 산화된다.
④ (다)의 H_2는 H의 산화수가 0에서 +1로 증가하므로 산화된다. 따라서 H_2는 다른 물질을 환원시키는 환원제이다.

추가로 나오는 **선택지**
❶ ○　❷ ○　❸ ×
❶ (가)에서 N_2는 산화되므로 환원제이다.
❷ (나)에서 N과 O는 산화수가 변하므로 산화 환원 반응이다.
❸ (다)에서 H의 산화수는 0에서 +1로 증가한다.

429 ④ 루이스 전자점식으로부터 X~Z는 각각 N, O, F이므로 전기 음성도는 Z>Y>X이다. XYZ는 중심 원자가 Y=X−Z의 결합 구조를 형성하므로 Y의 산화수는 −2이다.
오답 피하기　① X~Z는 각각 N, O, F이므로 전기 음성도는 Z>Y>X이다.
② XY는 NO이고, O의 산화수는 −2이므로 X의 산화수는 +2이다.
③ XZ_3에서 Z는 −1의 산화수를 가지므로 X의 산화수는 +3이다.
⑤ YZ_2에서 Z는 −1의 산화수를 가지므로 Y의 산화수는 +2이다.

430 산화수 규칙에 따라 화합물에서 O의 산화수는 −2이고, H의 산화수는 +1이다.
모범 답안　S(㉠)는 원소이므로 S의 산화수는 0이다. 전기 음성도는 O>S>H이므로 SO_2(㉡)에서 S의 산화수는 +4, SO_3(㉢)에서 S의 산화수는 +6이다. H_2SO_4(㉣)에서 S의 산화수는 +6이다.

채점 기준	배점
㉠~㉣에서 S의 산화수를 옳게 쓰고, 그 까닭을 옳게 서술한 경우	100%
㉠~㉣에서 S의 산화수를 1가지만 옳게 쓰고, 그 까닭을 옳게 서술한 경우	25%

431 ㄱ. 자신은 환원되면서 다른 물질을 산화시키는 물질을 산화제라고 한다. (가)와 (나)에서 Cl는 모두 0에서 −1로 산화수가 감소한다. 따라서 자신은 환원되고 다른 물질을 산화시키는 산화제이다.
ㄷ. (가)와 (다)에서 Na은 원소에서 화합물이 되므로 산화수는 0에서 +1로 증가한다.
오답 피하기　ㄴ. (나)에서 H는 0에서 +1로 산화수가 증가한다. (다)에서 금속의 수소 화합물에서는 H의 산화수는 −1이므로 H는 0에서

−1로 산화수가 감소한다.

432 전기 음성도가 큰 원자가 공유 전자쌍을 모두 가진다고 가정할 때, 각 구성 원자의 전하가 그 원자의 산화수이다.
④ 전기 음성도는 Z>Y>X이므로 Z는 −2, Y는 −1의 산화수를 갖는다. W가 +1의 산화수를 가지므로 X의 산화수는 +2이다.

433 반응 전과 후의 물질을 이루는 원자의 산화수 변화가 있으면 산화 환원 반응이다.
⑤ 염산(HCl)과 탄산수소 나트륨($NaHCO_3$)의 반응에서는 산화수의 변화가 있는 원자가 존재하지 않는다. 따라서 이 반응은 산화 환원 반응이 아니다.
[오답 피하기] ① Na의 산화수는 0에서 +1로 증가한다.
② Mg의 산화수는 0에서 +2로 증가한다.
③ Zn의 산화수는 0에서 +2로 증가한다.
④ Br의 산화수는 −1에서 0으로 감소한다.

434 ⑤ (나)에서는 원자의 산화수 변화가 없으므로 산화 환원 반응이 아니다.
[오답 피하기] ① (가)에서 Fe이 전자 2개를 잃고, ㉠의 계수는 1이므로 ㉠은 H_2이다.
② 탄산 칼슘($CaCO_3$)과 산이 반응하면 이산화 탄소(CO_2) 기체가 발생하므로 ㉡은 CO_2이다.
③ (가)에서 Fe은 산화수가 0에서 +2로 증가하므로 산화된다.
④ (가)에서 Fe과 ㉠의 반응 계수비는 1:1이다.

435 공유 결합 물질에서 전기 음성도가 큰 원소가 (−)의 산화수를 갖고 전기 음성도가 작은 원소가 (+)의 산화수를 갖는다.
⑤ (가)에서 B의 산화수가 (−)이므로 전기 음성도는 B>A이고, (나)에서 B의 산화수가 (+)이므로 전기 음성도는 C>B이다. 따라서 전기 음성도는 C>B>A이다.

436 ⑤ CO, CO_2, Fe_2O_3에서 O의 산화수는 −2이고, O_2에서 O의 산화수는 0이다. 따라서 이 과정에서 O의 산화수는 2가지이다.
[오답 피하기] ① (가)에서 CO는 산화되므로 ㉠은 CO_2이다.
(가) $Fe_2O_3 + 3CO \longrightarrow 2Fe + 3CO_2$
② (가)에서 CO는 CO_2로 산화되므로 자신은 산화되고 다른 물질을 환원시키는 환원제이다.
③ O의 산화수는 −2이므로 (가)의 Fe_2O_3에서 Fe의 산화수는 +3에서 0으로 감소한다.
④ (나)에서 O의 산화수는 0에서 −2로 감소하므로 자신은 환원되고 다른 물질을 산화시키는 산화제이다.
(나) $2Fe + \dfrac{3}{2}O_2 \longrightarrow Fe_2O_3$

437 ② 산화제는 자신은 환원되면서 다른 물질을 산화시키는 물질이다. 자신이 환원되는 물질은 산화수가 감소하는 원자를 포함하고 있다.
(가)의 HCl에서 H의 산화수는 +1이고, H_2에서 H의 산화수는 0이다. 따라서 HCl가 산화제이다.
(나)의 F_2에서 F의 산화수는 0이고, OF_2에서 F의 산화수는 −1이다. 따라서 F_2이 산화제이다.
(다)의 Cl_2에서 Cl의 산화수는 0이고, HCl에서 Cl의 산화수는 −1이다. 따라서 Cl_2가 산화제이다.

438 A의 산화수는 +1, −1이므로 1족 원소 중에서 공유 결합을 형성할 수 있는 H이다. B는 +1의 산화수만 가지므로 금속 양이온인 Li이다. C는 +5, +4, +3, +2, +1, −1, −2, −3의 산화수를 가지므로 원자가 전자 수가 5인 N이다. D는 −1의 산화수만을 가지므로 전기 음성도가 가장 큰 F이다. 따라서 A~D는 각각 H, Li, N, F이다.
④ AD에서 전기 음성도는 D>A이므로 A의 산화수는 +1이다.
[오답 피하기] ① B는 Li으로, 2주기 원소이다.
② C는 N, D는 F이므로 전기 음성도는 D>C이다.
③ C는 N, A는 H이므로 C 원자 1개는 A 원자 3개와 결합할 수 있다.
⑤ C_2A_2에서 A는 +1의 산화수는 가지므로 C는 −1의 산화수를 갖는다.

439 $ANO_3(aq)$는 A^+과 NO_3^-이 들어 있는 수용액으로 반응 후 전체 양이온 수가 $2N$에서 N으로 감소하므로 A^+ $2N$이 반응하여 $A(s)$가 석출되고, B^{2+} N이 생성된다.
ㄴ. A^+이 들어 있는 용액에 금속 B를 넣었을 때 반응이 일어나므로 금속 A는 B보다 환원되기 쉽다.
[오답 피하기] ㄱ. $B(s)$는 반응 후 B^{2+}이 되므로 산화수가 0에서 +2로 증가한다. 따라서 금속 B는 자신은 산화되고 다른 물질은 환원시키는 환원제이다.
ㄷ. 반응이 일어나는 동안 B^{2+}이 생성되면서 양이온 수가 감소하고, 원자량도 A>B이므로 수용액의 밀도는 감소한다.

440 Mn의 산화수는 +7에서 +2로 감소하고, Sn의 산화수는 +2에서 +4로 증가하므로 증가한 산화수의 합과 감소한 산화수의 합을 같게 하고 반응 전후의 원소의 종류와 수를 같도록 맞추면 화학 반응식은 다음과 같다.
$$2MnO_4^- + 5Sn^{2+} + 16H^+ \longrightarrow 2Mn^{2+} + 5Sn^{4+} + 8H_2O$$
④ Mn의 산화수는 +7에서 +2로 감소하므로 MnO_4^-은 자신은 환원되고 다른 물질을 산화시키는 산화제이다.
[오답 피하기] ⑤ Sn의 산화수는 Sn^{2+}에서 +2이고, Sn^{4+}에서 +4이다.

❶ ○ ❷ ○ ❸ ×
❶ Sn의 산화수는 +2에서 +4로 산화수가 증가한다. 따라서 Sn^{2+}은 환원제이다.

❷ O의 산화수는 모두 −2이다

❸ 산화수가 가장 큰 원자를 포함하는 물질은 MnO_4^-으로 Mn의 산화수는 +7이다.

---

441 〔모범 답안〕 Mn의 산화수는 +7에서 +2로 감소하고 Br의 산화수는 −1에서 0으로 증가한다. 증가한 산화수 합과 감소한 산화수 합은 같으므로 화학 반응식은 다음과 같다.

$$2MnO_4^- + 10Br^- + 16H^+ \longrightarrow 2Mn^{2+} + 5Br_2 + 8H_2O$$

따라서 $a=2$, $b=10$, $c=16$, $d=2$, $e=5$, $f=8$이다.

채점 기준	배점
산화수가 증가 또는 감소한 원자의 산화수 변화를 찾고, 산화수법에 따라 화학 반응식을 완성한 경우	100%
산화수가 증가 또는 감소한 원자의 산화수 변화만을 찾은 경우	50%

442 ③ Cu의 산화수는 0에서 +2로 증가하고, N의 산화수는 +5에서 +2로 감소한다. 증가한 산화수의 합과 감소한 산화수의 합은 같으므로 화학 반응식은 다음과 같다.

$$3Cu + 2NO_3^- + 8H^+ \longrightarrow 3Cu^{2+} + 2NO + 4H_2O$$

443 ㄴ. 반응물에서 H 원자와 O 원자의 수는 모두 4이므로 ㉠은 H_2O이다.

〔오답 피하기〕 ㄱ. NH_4^+에서 N의 산화수는 −3이고, NO_3^-에서 N의 산화수는 +5이다.

ㄷ. NH_4^+는 자신은 산화되고 다른 물질은 환원시키는 환원제이다.

444 ② Mn의 산화수는 +4에서 +2로 감소하고, Cl 중에는 산화수가 −1에서 0으로 증가하는 것이 있다. 따라서 화학 반응식을 완성하면 다음과 같다.

$$4HCl + MnO_2 \longrightarrow MnCl_2 + 2H_2O + Cl_2$$

〔오답 피하기〕 ③ MnO_2에서 Mn의 산화수는 +4이고, $MnCl_2$에서 Mn의 산화수는 +2이므로 산화수는 감소한다. 따라서 자신은 환원되고 다른 물질을 산화시키는 산화제이다.

④ H의 산화수는 +1로 모두 같다.

⑤ 화학 반응식의 계수에 따라 Cl_2 1몰이 생성되려면 MnO_2 1몰이 반응해야 한다.

STEP 3 1등급을 위한 **실전 완벽 대비**   본문 126~127쪽

445 ③   446 ③   447 ③   448 ②   449 ⑤   450 ①   451 ③
452 ⑤

445 ㉠은 H_2O이고, ㉡은 NaOCl이다.

ㄱ. (가)의 H_2O_2에서 O의 산화수는 −1이고 O_2에서 O의 산화수는 0이므로 산화수의 변화가 있다. (나)의 Cl_2에서 Cl의 산화수는 0이고,

NaCl에서 Cl의 산화수는 −1이므로 산화수 변화가 있다. 따라서 (가)와 (나)는 산화 환원 반응이다.

ㄴ. 화학 반응식에서 ㉠은 H_2O이다.

〔오답 피하기〕 ㄷ. 전기 음성도는 O > Cl > Na이므로 ㉡인 NaOCl에서 Na의 산화수는 +1, O의 산화수는 −2, Cl의 산화수는 +1이다.

446 반응 전 전체 이온 수 $6N$이므로 A^+ $3N$, NO_3^- $3N$이 들어 있다. 반응 후 전체 이온 수가 $4N$이므로 B^{3+} N, NO_3^- $3N$이 들어 있다. 따라서 화학 반응식은 $3ANO_3 + B \longrightarrow B(NO_3)_3 + 3A$이다.

ㄱ. ANO_3에서 A의 산화수는 +1에서 0으로 감소하므로 자신은 환원되면서 다른 물질을 산화시키는 산화제이다.

ㄷ. ANO_3 6몰에는 A^+ 6몰이 들어 있으므로 이와 반응하는 B의 최소 양(mol)은 2몰이다.

〔오답 피하기〕 ㄴ. A^+ $3N$이 반응하여 B 이온 N이 생성되므로 B 이온의 산화수는 +3이다.

447 F은 전기 음성도가 가장 큰 원소이므로 화합물에서 항상 −1의 산화수를 갖는다.

ㄱ. YH_3는 옥텟 규칙을 만족하므로 Y는 2주기 비금속 원소로 전기 음성도가 H보다 크다. 따라서 $a=-3$이다. YF_3에서 F는 −1의 산화수를 가지므로 Y의 산화수 $b=+3$이다. 따라서 $a+b=0$이다.

ㄴ. XF_4에서 F의 산화수는 −1이므로 X의 산화수는 +4이다.

〔오답 피하기〕 ㄷ. X_2F_2에서 X의 산화수는 +1, Y_2F_4에서 Y의 산화수는 +2이다.

448 반응 전과 후의 금속 양이온의 산화수 변화의 합은 같아야 한다.

ㄷ. 반응 전 A^+ 2몰, B^{2+} 4몰이 들어 있고, 반응 과정에서 B^{2+}이 감소하고 C^+이 증가하여 $A^+ : B^{2+} : C^+ =$ 2몰 : 2몰 : 4몰 = 1 : 1 : 2이 된다. 따라서 반응 후 금속 양이온 수는 8몰이다.

〔오답 피하기〕 ㄱ. A는 반응 전후에 변화가 없으므로 산화수 변화가 없다.

ㄴ. ㉠은 반응 후 가장 많이 존재하는 이온이므로 C^+이다.

자료 정리

산화 환원 반응의 양적 관계

구분	반응 전	반응 후
이온 수의 비	$A^+ : B^{2+} = 1 : 2$	$A^+ : B^{2+} : C^+ = 1 : 1 : 2$
전체 이온의 양(mol)	6몰	

(1) A^+ 2몰, B^{2+} 4몰이 존재하는데 C가 반응하여 C^+이 생성되므로 B^{2+} 전체 양이온 수는 일정하거나 증가해야 한다.

(2) A가 B보다 산화되기 쉬우므로 C와 먼저 반응하여 환원되는 이온은 B^{2+}이다. 또한 반응 후 이온의 종류가 3가지이므로 A 이온은 반응하지 않음을 알 수 있다.

(3) 반응 전 B^{2+} 4몰이 들어 있고, 반응 과정에서 B^{2+}이 감소하고 C^+이 증가하여 B^{2+} 2몰, C^+ 4몰이 존재하면 1 : 1 : 2의 이온 수의 비를 만족하게 된다. 따라서 ㉠은 C^+이다.

(4) 알짜 이온 반응식으로 나타내면 $B^{2+} + 2C \longrightarrow B + 2C^+$이다.

449 반응 전 존재하는 금속 양이온 수보다 산화수가 작은 금속 이온이

생성되면 수용액에 존재하는 양이온 수가 증가한다.

ㄱ. XCl_2에서 X의 산화수는 $+2$이고, 금속 Y와 반응 후 양이온 수가 증가하므로 Y 이온의 산화수는 $+1$이다.

ㄴ. Y와 Z의 산화수가 같으며, $YCl(aq)$에 금속 Z를 넣었더니 수용액의 밀도가 증가한 것으로부터 Z의 원자량이 Y의 원자량보다 크다는 것을 알 수 있다.

ㄷ. 산화되기 쉬운 정도는 $Z>Y>X$이므로 $XCl_2(aq)$에 금속 Z를 넣으면 Z는 산화되고 X^{2+}이 환원된다.

450 ㄱ. (가)에서 O의 산화수는 0에서 -2로 감소하므로 산화 환원 반응이다. (나)에서 Fe의 산화수는 $+3$에서 0으로 감소하므로 산화 환원 반응이다. (다)와 (라)에서는 산화수 변화가 있는 원자가 없다.

오답 피하기 ㄴ. (나)에서 CO는 자신은 산화되면서 다른 물질을 환원시키는 환원제이다.

ㄷ. (다)에서 C의 산화수는 $+4$로 변하지 않는다.

451 ㄱ. (가)에서 Cu의 산화수는 0에서 $+2$로 증가하고, N의 산화수는 $+5$에서 $+2$로 감소한다.

ㄴ. (나)에서 Cu의 계수가 3이므로 증가한 산화수 합은 6이다.

오답 피하기 ㄷ. 원자의 종류와 수가 같도록 계수를 맞추면 $c=8$이고, $d=4$이다.

452 (가)와 (나)의 화학 반응식은 다음과 같다.

(가) $BrO_3^- + 6I^- + 6H^+ \longrightarrow Br^- + 3I_2 + 3H_2O$

(나) $3Fe^{2+} + 2NO + 4H_2O \longrightarrow 3Fe + 2NO_3^- + 8H^+$

ㄱ. Br의 산화수는 $+5$에서 -1로 감소하므로 감소한 산화수의 합이 6이다. I의 산화수는 -1에서 0으로 증가하므로 증가한 산화수는 1이다. 따라서 I^-의 계수는 $6(=a)$이 되고, I_2의 계수는 $3(=c)$이 된다. 원자의 종류와 수 같아야 하므로 H^+의 계수는 $6(=b)$이 된다. 따라서 $a+b+c=15$이다.

ㄴ. Fe의 산화수는 $+2$에서 0으로 감소하므로 감소한 산화수의 합은 2이다. N의 산화수는 $+2$에서 $+5$로 증가하므로 증가한 산화수의 합은 3이다. 따라서 Fe^{2+}의 계수는 $3(=d)$이고, H^+의 계수가 8이므로 H_2O의 계수는 $4(=e)$이다. 따라서 $d+e=7$이다.

ㄷ. (가)와 (나)에서 산화수가 변하지 않는 원자는 H와 O 2가지이다.

02. 화학 반응에서의 열의 출입

453 발열 반응, 흡열 반응   **454** (1) ◯ (2) ◯ (3) × (4) ×   **455** 반응열   **456** 비열, 열용량   **457** (1) × (2) ◯ (3) ×   **458** 비열, 질량, 온도 변화

454 (3) 발열 반응은 반응물의 에너지가 생성물의 에너지보다 크다.
(4) 중화 반응, 연소, 산의 용해 등은 발열 반응의 예이다.

456 비열의 단위는 $J/(g \cdot \text{℃})$이고, 열용량의 단위는 $J/\text{℃}$이다.

457 (1) 비열은 어떤 물질 $1g$의 온도를 1℃ 높이는 데 필요한 열량이므로 단위로는 $J/(g \cdot \text{℃})$를 사용한다.
(3) 정밀한 열량을 측정할 때에는 통열량계를 사용할 수 있다.

459 ④   **460** ⑤   **461** ⑤   **462** 해설 참조   **463** ③   **464** ②
465 ①   **466** 해설 참조   **467** ③   **468** ③   **469** ⑤   **470** ②
471 ②

459 반응물의 에너지 합이 생성물의 에너지 합보다 크므로 이 반응은 발열 반응을 나타낸 것이다.

④ 산 염기 중화 반응은 중화열이 발생하므로 발열 반응이다.

오답 피하기 ① 에너지가 낮아지는 반응이므로 발열 반응이다.

② 발열 반응은 반응물의 에너지 합이 생성물의 에너지 합보다 크다.

③, ⑤ 발열 반응은 열을 방출하므로 주위의 온도가 높아진다.

추가로 나오는 **선택지**

❶ × ❷ ◯ ❸ 발열 반응

❶ 광합성은 흡열 반응의 예이다.

❷ 에너지가 낮을수록 안정한 물질이므로 생성물이 반응물보다 안정하다.

❸ 주어진 그림은 에너지가 낮아지면서 열에너지를 방출하는 발열 반응을 나타낸 것이다.

460 반응 후 주위의 온도가 낮아지는 반응은 흡열 반응이다.

⑤ 질산 암모늄(NH_4NO_3)을 물에 용해시키면 열을 흡수하여 주위의 온도가 낮아지는 흡열 반응이 일어난다.

오답 피하기 발열 반응의 예로는 산 염기 중화 반응, 금속과 산의 반응, 연소 반응, 금속의 산화, 산의 용해, 수산화 나트륨의 용해 등이 있다.

461 연소 반응(㉠)은 발열 반응이고, 광합성(㉡)은 흡열 반응이다.

ㄱ. ㉠은 반응 후 열과 빛이 발생하는 발열 반응이다.

ㄴ. ㉡의 광합성은 흡열 반응이므로 반응물의 에너지 합이 생성물의 에너지 합보다 작다.

ㄷ. ㉠은 발열 반응이고 ㉡은 흡열 반응이므로, 열 출입의 방향은 서로 반대이다.

462 반응물의 에너지가 생성물의 에너지보다 크면 발열 반응이다.

모범 답안 산화 칼슘(CaO)과 물(H_2O)이 반응하여 수산화 칼슘

$(Ca(OH)_2)$ 수용액이 생성되면서 에너지가 낮아지므로 발열 반응이다. 이 반응은 열을 방출하는 반응이므로 발열 도시락 등에 이용할 수 있다.

채점 기준	배점
발열 반응을 옳게 쓰고, 이용 사례를 옳게 서술한 경우	100%
발열 반응인 것만 옳게 쓰고, 이용 사례는 서술하지 못한 경우	50%

463 발열 반응의 예로는 산 염기 중화 반응, 금속과 산의 반응, 연소 반응, 금속의 산화, 산의 용해, 수산화 나트륨($NaOH$)의 용해, 수증기의 액화 등이 있다.

(가)는 철(Fe)이 산소(O_2)와 반응하여 산화되는 금속의 산화 반응으로, 이 반응은 발열 반응이다.

(다)는 아연(Zn)과 염산(HCl)이 반응하여 수소(H_2) 기체가 발생하는 반응으로, 이 반응은 발열 반응이다.

오답 피하기 (나)는 질산 암모늄(NH_4NO_3)이 물에 용해되어 이온화하는 반응으로, 이 반응은 흡열 반응이다.

464 간이 열량계에서 출입하는 열량은 물과 용액이 모두 흡수했다고 가정하고, '용액의 비열×용액의 질량×용액의 온도 변화'로 구할 수 있다.

② $CaCl_2(s)$ 10g을 물에 녹였을 때 발생하는 열량은 $4.2J/(g \cdot ℃) \times 210g \times 8℃ = 7056$ J이므로 1g이 물에 용해될 때 발생하는 열량은 705.6 J이다.

오답 피하기 ① $t_2 > t_1$이므로 $CaCl_2(s)$이 물에 용해되면 열이 방출됨을 알 수 있다.

③ 간이 열량계에서는 빠져나가는 열이 있으므로 이론값보다 출입하는 열량이 작게 측정된다.

④ $CaCl_2(s)$의 질량을 2배 늘리면 출입하는 열량이 2배로 늘어나므로 온도 변화가 2배가 될 것이다. 따라서 t_2보다 온도는 높아진다.

⑤ 증류수의 질량을 100g으로 줄이면 용액의 질량이 감소하므로 온도 변화가 커진다. 따라서 t_2보다 온도는 높아진다.

추가로 나오는 선택지

❶ × ❷ ○ ❸ ○ ❹ ×

❶ $CaCl_2(s)$의 질량을 2배 늘렸을 때 온도 변화가 2배가 될 것이므로 t_2는 약 41℃가 될 것이다.

❷ $CaCl_2(s)$의 용해는 발열 반응이므로 반응물의 에너지 합은 이 생성물의 에너지 합보다 크다.

❸ 통열량계를 사용하면 열의 손실이 거의 없으므로 온도는 높아질 것이다. 따라서 t_2는 33℃보다 높아질 것이다.

❹ 간이 열량계에서는 출입하는 열을 물이 모두 흡수했다고 가정하여 출입하는 열을 구한다.

465 간이 열량계에서는 단열이 잘 되지 않아 열 손실이 있다.

① $CaCl_2(s)$이 물에 용해되는 반응은 발열 반응이고, 이론값으로 나타난 열량보다 실험값이 작은 것으로부터 열의 일부가 공기 중으로 빠져나갔음을 알 수 있다.

오답 피하기 ② $CaCl_2(s)$의 질량이 실제보다 작게 측정되었다면 더 많은 열이 방출되어야 하므로 이론값보다 커져야 한다.

② t_1이 실제보다 낮게 측정되면 온도 변화가 커지므로 출입하는 열량이 이론값보다 더 크게 측정되어야 한다.

③ t_2가 실제보다 높게 측정되면 온도 변화가 커지므로 출입하는 열량이 이론값보다 더 크게 측정되어야 한다.

⑤ 발생한 열이 모두 용액의 온도를 높이는 데 사용되었다면 이론값과 같은 결과가 나왔어야 하지만, 측정값은 이보다 작으므로 열 손실이 있음을 알 수 있다.

466 모범 답안 $NaOH(s)$이 물에 녹을 때 발생하는 열량은 '용액의 비열×용액의 질량×용액의 온도 변화'로부터 구할 수 있으므로 $NaOH(s)$ xg이 용해될 때 발생한 열량은 $a\,kJ/(g \cdot ℃) \times b\,g \times 10℃$이다. $NaOH(s)$ 1몰의 질량은 40g이므로 $x : 40 = 10ab : Q$에서 $Q = \dfrac{400ab}{x}$ kJ이다.

채점 기준	배점
$NaOH(s)$ xg이 물에 녹을 때 발생하는 열량과 $NaOH(s)$ 1몰이 물에 녹을 때 발생하는 열량을 구하는 과정을 모두 옳게 서술한 경우	100%
$NaOH(s)$ xg이 물에 녹을 때 발생하는 열량만 옳게 구한 경우	50%

467 용액의 비열은 $4.2\,J/(g \cdot ℃)$이고, 용액의 질량은 200g이며, 온도 변화는 7℃이므로 $Q = 4.2\,J/(g \cdot ℃) \times 200g \times 7℃$이다.

468 통열량계에서는 물의 흡수한 열량과 통열량계가 흡수한 열량의 합을 구해서 방출하는 열량을 구할 수 있다.

ㄱ. 에탄올의 분자량이 46이므로 4.6g은 0.1몰이다.

ㄴ. 물이 흡수한 열량은 '물의 비열×물의 질량×온도 변화'로 구할 수 있고, 통열량계가 흡수한 열량은 '통열량계의 열용량×온도 변화'로 구할 수 있다. 따라서 에탄올 1몰이 연소할 때 방출하는 열량을 구하기 위해서는 통열량계의 열용량(C)이 필요하다.

오답 피하기 ㄷ. 화학 반응식은 $C_2H_5OH(l) + 3O_2(g) \longrightarrow 2CO_2(g) + 3H_2O(g)$이므로, 에탄올 0.1몰이 완전 연소하기 위해 필요한 산소(O_2)의 최소 양(mol)은 0.3몰이다.

469 (가)는 열 손실이 있는 간이 열량계이고, (나)는 열 손실이 거의 없는 통열량계이다.

⑤ (가)는 간이 열량계이므로 출입하는 열량은 '용액의 비열×용액의 질량×용액의 온도 변화'로 구할 수 있다. 따라서 반응에서 출입하는 열량을 구하기 위해 용액의 비열이 필요하다.

오답 피하기 ① (가)는 간이 열량계이다.

② (나)는 통열량계이다.

③ (가)는 열이 외부로 빠져나갈 수 있으므로 열 손실이 있다.

④ (나)는 반응에서 출입하는 열량을 통열량계 속 물과 통열량계가 흡수한다.

470 ② 출입한 열량은 '물의 비열×물의 질량×물의 온도 변화'로부터 구할 수 있다. 에탄올의 질량은 반응 전과 후의 알코올 램프의 질량 변화로부터 구할 수 있다. 에탄올 1g이 연소할 때 방출하는 열량을 구하고 있으므로 에탄올의 분자량은 필요하지 않다.

471 $NaOH(s)$ 1g이 용해될 때 출입하는 열량을 측정하고 있으므로 출입하는 열량은 '용액의 비열×용액의 질량×용액의 온도 변화'로부터 구할 수 있다.
② 자료에서 용액의 비열은 구할 수 있고, (가)와 (나)에서 용액의 질량이 $104\,g$임을 알 수 있다. 따라서 온도 변화를 구해야 하므로 (가)에서 측정한 초기 온도(t_1)를 토대로 (다)에서 용액의 최고 온도(t_2)를 측정하여 온도 변화를 구하면 열량을 구할 수 있다.

STEP 3 1등급을 위한 실전 완벽 대비   본문 133쪽

472 ③   **473** ⑤   **473** ③   **474** ①

472 ㄱ. $NH_4NO_3(s)$이 용해될 때 흡열 반응이 일어나므로, ㉠은 '차가워진다'가 적절하다.
ㄷ. 이온화 반응식은 $NH_4NO_3(s) \longrightarrow NH_4^+(aq) + NO_3^-(aq)$이므로 반응 후 수용액 속 이온의 수는 증가한다.
 ㄴ. (나)에서는 온도가 낮아지므로 흡열 반응이 일어난 것이다.

473 물에 용질을 녹였을 때 온도가 높아지면 발열 반응이고, 온도가 낮아지면 흡열 반응이다.
ㄱ. $A(s)$가 물에 녹을 때 온도가 높아지므로 $A(s)$가 물에 녹는 반응은 발열 반응이다.
ㄴ. (나)에서 $B(s)$가 물에 녹을 때 온도가 낮아지므로 흡열 반응이 일어난 것이다. 흡열 반응은 생성물의 에너지 합이 반응물의 에너지 합보다 크다.
ㄷ. 용액의 비열은 같으면서 같은 질량이 물에 용해될 때 온도 변화는 (가)가 (나)의 2배이므로, 출입하는 열량의 크기는 (가)가 (나)의 2배이다.

474 $KCl(s)$의 용해 반응은 흡열 반응이고, $NaOH(s)$과 $H_2SO_4(l)$의 용해 반응은 발열 반응이다.
ㄱ. $KCl(s)$이 물에 녹으면 용액의 온도가 낮아지므로 이 반응은 흡열 반응이다.
ㄴ. 같은 양(mol)의 용질이 물에 녹았을 때 출입하는 열량은 $KCl(s)$이 $NaOH(s)$보다 작으므로 같은 양(mol)을 녹이면 용액의 온도는 높아진다.
 ㄷ. 같은 질량의 3가지 물질을 각각 물에 녹였을 때 $NaOH(s)$과 $H_2SO_4(l)$은 열을 방출한다. 따라서 방출하는 열량의 비

는 $NaOH(s) : H_2SO_4(l) = \dfrac{9Q}{40} : \dfrac{19Q}{98}$이므로 $NaOH(s)$을 녹인 용액의 온도가 가장 높다.

475 통열량계에서는 물의 흡수한 열량과 통열량계가 흡수한 열량의 합을 구해서 방출하는 열량을 구할 수 있다.
ㄱ. 흑연(C)이 완전 연소할 때 화학 반응식은 $C + O_2 \longrightarrow CO_2$이다. 흑연(C) xg은 $\dfrac{x}{12}$몰이고, C와 O_2의 몰비는 $1 : 1$이므로 넣어 준 산소(O_2)의 양(mol)은 $\dfrac{x}{12}$몰보다 커야 한다.
 ㄴ. 흑연(C) $\dfrac{x}{12}$몰이 완전 연소할 때 발생한 열은 통열량계와 물이 모두 흡수하므로, 발생한 열량(J)은 $4.2\,J/(g \cdot \text{℃}) \times 1000\,g \times 1\text{℃} + (C\,J/\text{℃} \times 1\text{℃}) = (4200 + C)\,J$이다.
ㄷ. 흑연(C) $\dfrac{x}{12}$몰이 완전 연소할 때 발생한 열량이 $(4200 + C)\,J$이므로, 흑연(C) 1몰이 완전 연소할 때 발생하는 열량은 $\dfrac{12}{x}(4200 + C)\,J$이다.

자료 정리

간이 열량계와 통열량계

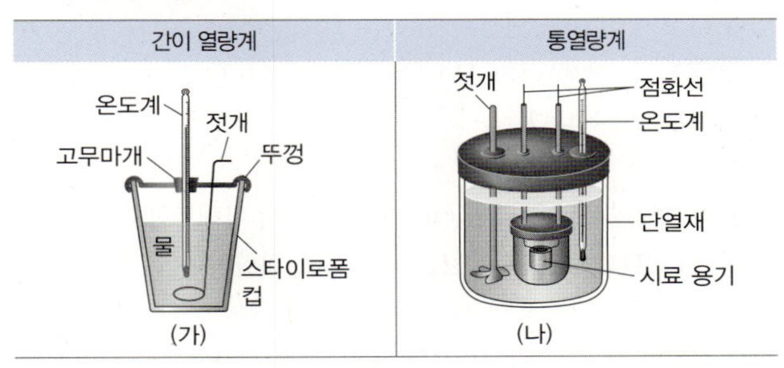

(1) 가정
• 간이 열량계에서는 출입하는 열량이 모두 용액에 흡수된다고 가정한다.
• 통열량계에서는 반응에서 출입하는 열량이 물과 통에 흡수된다고 가정한다.
(2) 열량계에서의 열 손실: 간이 열량계 > 통열량계
(3) 측정해야 할 자료
• 간이 열량계: 용액(물)의 비열, 용액(물)의 질량, 온도 변화
• 통열량계: 물의 비열, 물의 질량, 온도 변화, 통열량계의 열용량
(4) 주로 사용하는 반응
• 간이 열량계: 용해 반응, 중화 반응
• 통열량계: 연소 반응

중단원 확인 문제

I-1. 화학의 첫걸음
02 ~ 06쪽

476 ①	477 ④	478 ③	479 ④	480 ③	481 ②	482 ③
483 ③	484 ④	485 ①	486 ③	487 ②	488 ②	489 ③
490 ②	491 ②	492 ⑤	493 ④	494 ⑤	495 ④	496 ③

476 ㄱ. X는 메테인(CH_4)이다. 메테인은 탄소와 수소로만 이루어진 탄화수소이다.

오답 피하기 ㄴ. 메테인은 물에 잘 녹지 않는다.

ㄷ. 메테인을 완전 연소시키면 물과 이산화 탄소가 생성되므로 Y는 물(H_2O)이다. 따라서 Y는 탄소 화합물이 아니다.

477 주어진 물질 중 탄소 화합물은 아세트산과 나일론이므로 (다)는 암모니아이다. 아세트산과 나일론 중 물에 녹아 산성을 띠는 물질은 아세트산이므로 (가)는 아세트산이며, (나)는 나일론이다.

ㄴ. 나일론은 최초의 합성 섬유이다.

ㄷ. 암모니아는 화학 비료의 원료로 사용되어 농업 생산량 증대에 기여하였다.

오답 피하기 ㄱ. 아세트산(CH_3COOH)은 C, H, O로 이루어진 물질이므로 탄화수소가 아니다.

478 ㄱ. (가)는 에탄올(C_2H_5OH)이고, (나)는 아세트산(CH_3COOH)이다. C_2H_5OH과 CH_3COOH은 모두 탄소 화합물이다.

ㄴ. (가)와 (나)는 모두 C와 H를 포함한 탄소 화합물이므로 완전 연소시키면 이산화 탄소와 물이 생성된다.

오답 피하기 ㄷ. CH_3COOH은 물에 녹아 H^+을 내놓으면서 이온을 생성하므로 전기 전도성이 있다. 하지만 C_2H_5OH은 분자 상태로 물에 녹아 있으므로 전기 전도성이 없다.

479 ㄴ. 탄소 원자끼리 결합하여 사슬 모양을 형성할 수도 있고, 고리 모양을 형성할 수도 있다.

ㄷ. 탄소 원자 사이의 결합은 단일 결합뿐만 아니라 2중 결합, 3중 결합이 가능하다.

오답 피하기 ㄱ. 탄소 원자는 다른 원자와 최대 4개의 공유 결합을 한다. 즉, 탄소 원자가 다른 원자와 단일 결합을 형성하는 경우 4개의 원자와 결합하지만 2중 결합이나 3중 결합을 형성하는 경우 다른 원자 3개 또는 2개와 결합한다.

480 ㄱ. X는 나일론이다. 나일론은 C, H, O, N으로 구성된 탄소 화합물이다.

ㄷ. 나일론은 질기고 유연하여 합성 초기에는 스타킹의 재료로 이용되었다. 현재에도 나일론은 스타킹의 재료로 많이 이용되고 있다.

오답 피하기 ㄴ. 나일론은 최초의 합성 섬유이다. 최초의 합성 염료는

퍼킨이 발견한 모브이다.

481 메테인(CH_4), 에탄올(C_2H_5OH), 아세트산(CH_3COOH) 중 탄소와 수소로만 이루어진 물질(탄화수소)은 CH_4이므로 기준 (가)로 ㉠이 적절하다. CH_3COOH은 물에 녹아 H^+을 내놓으므로 수용액은 전기 전도성이 있지만 C_2H_5OH은 수용액에서 전기 전도성이 없다. 따라서 기준 (나)로 ㉢이 적절하다.

오답 피하기 에탄올(C_2H_5OH)은 술의 성분이다.

482 ㄱ. 원자의 상대적 질량은 Y가 X의 $\frac{4}{3}$배이고, X의 원자량이 12이므로 Y의 원자량은 16이다. 또 X와 Y의 원자량의 합이 Z의 원자량의 2배와 같으므로 Z의 원자량은 14이다. 따라서 $\frac{Z의\ 원자량}{X의\ 원자량} = \frac{7}{6}$이다.

ㄷ. Z_2Y의 분자량은 $(2 \times 14) + 16 = 44$이고, XY_2의 분자량은 $12 + (2 \times 16) = 44$이다. 따라서 1몰의 질량은 Z_2Y와 XY_2가 같다.

오답 피하기 ㄴ. 분자량은 XY가 28, ZY가 30이므로 1 g당 분자 수는 XY가 ZY보다 크다. 이때 분자의 구성 원자 수는 2로 같으므로 1 g당 원자 수는 XY가 ZY보다 크다.

483 ㄱ. 수소 원자 1개의 질량은 변하지 않지만 기준을 ^{12}C로 했을 때 ^1H의 상대적 질량이 1.007이므로 ^1H의 질량=1을 기준으로 하면 ^{12}C의 상대적 질량은 12보다 작아진다. 따라서 탄소의 원자량은 기준 Ⅱ보다 기준 Ⅰ에서 크다.

ㄴ. ^{12}C와 ^1H의 원자량은 기준 Ⅱ보다 기준 Ⅰ에서 크므로 CH_4의 분자량은 기준 Ⅱ보다 기준 Ⅰ에서 크다.

오답 피하기 ㄷ. 기준이 달라지면 CH_4 1몰의 질량이 달라지지만, 그에 따라 1몰에 들어 있는 분자 수도 비례하여 달라진다. 따라서 단위 부피당 질량(밀도)은 기준 Ⅰ과 기준 Ⅱ에서 같다.

484 ㄴ. 온도와 압력이 같으므로 기체의 부피비는 분자 수비와 같으며, 원자량은 A < B이므로 분자량은 AB_2가 A_2B보다 크다. (가)와 (다)에서 질량이 x g으로 같으므로 분자 수는 AB_2가 A_2B보다 작다. 따라서 V는 2보다 크다.

ㄷ. 기체 분자 수는 (다)에서가 (나)에서의 2배보다 크다. 또 분자당 원자 수는 A_2B_4가 A_2B의 2배이므로 실린더에 들어 있는 전체 원자 수는 (나) < (다)이다.

오답 피하기 ㄱ. 실린더 속 기체 분자 수는 (가)에서가 (나)에서의 2배이고, 분자량은 A_2B_4가 AB_2의 2배이므로 기체의 질량은 (가)와 (나)에서 같다. 따라서 $x = y$이다.

485 ㄱ. (가)와 (나)에서 각 분자 1몰을 구성하는 A와 B의 질량으로부터 (가)의 분자식을 A_2B라고 하면 (나)의 분자식은 AB_2이다. 이때 원자량은 A < B이므로 분자량은 (가) < (나)이다.

오답 피하기 ㄴ. (다)를 구성하는 A와 B의 질량은 (나)에서보다 각각 2

배이므로 (다)의 분자식은 A_2B_4이다. 이로부터 분자량은 (다)가 (나)의 2배이므로 1g에 들어 있는 분자 수는 (나)가 (다)의 2배이다. 이때 분자의 구성 원자 수는 (다)가 (나)의 2배이므로 1g에 들어 있는 원자 수는 (나)와 (다)가 같다.

ㄷ. 분자량은 (가) < (나) $=\frac{1}{2}\times$ (다)이므로 1g에 들어 있는 분자 수는 (가)가 (다)의 2배보다 크다. 이때 (가)에서 분자를 구성하는 A 원자 수는 2이고, (다)에서 분자를 구성하는 B 원자 수는 4이므로 (가) 1g에 들어 있는 A 원자 수는 (다) 1g에 들어 있는 B 원자 수보다 크다.

486 ㄱ, ㄴ. (가)의 분자식은 AB이고, 분자를 구성하는 원자의 질량비는 A : B $=3:4$이다. (나)에서 구성 원자의 질량비는 A : B $=3:8$이고, 분자 1몰당 A의 양(mol)이 (가)와 (나)에서 같으므로 (나)를 구성하는 A 원자 수는 1이다. 따라서 (나)의 분자식은 AB_2이고, 분자의 구성 원자 수(x)는 3이다.

[오답 피하기] ㄷ. A와 B의 원자량을 각각 $3k$, $4k$라고 하면 (가)의 분자량은 $7k$이고, (나)의 분자량은 $11k$이다. 따라서 1g에 들어 있는 분자 수는 (가) : (나) $=11:7$이고, 분자당 B 원자 수는 (나)가 (가)의 2배이므로 1g에 들어 있는 B 원자 수비는 (가) : (나) $=11:14$이다.

487 t℃, 1기압에서 기체 1몰의 부피가 24L이므로 주어진 조건에서 12L의 양(mol)은 0.5몰이다. (가) 0.5몰의 질량이 14g이므로 분자량은 28이다. 또 일정 온도와 압력에서 같은 부피에는 같은 수의 분자가 들어 있으므로 기체의 밀도 비는 분자량 비와 같다. (가)의 분자량이 28이고 밀도의 상댓값이 1.4이므로 밀도의 상댓값이 1.5인 (나)의 분자량은 30이다. 이때 (나) a몰의 질량이 15g이므로 a는 0.5이고, (다) 0.5몰의 질량이 22g이므로 (다)의 분자량은 44이다. X, Y, Z의 원자량을 각각 x, y, z라고 하면 (가)~(다)의 분자량으로부터 다음 관계식이 성립한다.
$x+y=28$, $y+z=30$, $x+2y=44$
이로부터 $x=12$, $y=16$, $z=14$이므로 $\dfrac{\text{Z의 원자량}}{\text{X의 원자량}}\times a=\dfrac{14}{12}\times\dfrac{1}{2}$
$=\dfrac{7}{12}$이다.

488 (가)를 구성하는 H와 C의 질량이 각각 2g, 9g이므로 구성 원자 수비는 C : H $=\dfrac{9}{12}:\dfrac{2}{1}=3:8$이다. 탄화수소 중 C와 H의 구성 원자 수비가 3 : 8인 것은 프로페인(C_3H_8)뿐이므로 (가)는 프로페인(C_3H_8)이다. (나)를 구성하는 H와 C의 질량이 각각 2g, 12g이므로 구성 원자 수비는 C : H $=\dfrac{12}{12}:\dfrac{2}{1}=1:2$이다. 이때 (가)와 (나)에서 H 원자 수는 같으므로 (나)의 분자식은 C_4H_8이다.

ㄷ. 분자를 구성하는 H 원자 수는 (가)와 (나)에서 같지만 C 원자 수는 (나)가 (가)보다 크므로 각 물질 1몰이 완전 연소할 때 반응한 산소(O_2)의 양은 (나)가 (가)보다 크다.

[오답 피하기] ㄱ. (가)와 (나)를 구성하는 H 원자 수는 8이다.
ㄴ. (가)는 프로페인(C_3H_8)으로 석유 액화가스(LPG)의 주성분이다. 액화 천연가스의 주성분은 메테인(CH_4)이다.

489 ㄱ. A와 B의 질량비는 (가)에서 4 : 7, (나)에서 16 : 7, (다)에서 8 : 7이다. 이로부터 (가)~(다)에서 일정 질량의 B에 대해 결합한 A 원자 수가 각각 1, 4, 2인데, (가)~(다)의 구성 원자 수는 3 이하이므로 (가)~(다)의 분자식은 각각 AB_2, A_2B, AB이다.

ㄷ. 분자를 구성하는 B 원자 수는 (가)가 (나)의 2배이므로 1몰에 들어 있는 B의 질량은 (가)가 (나)의 2배이다.

[오답 피하기] ㄴ. (다)의 분자식이 AB이고 구성 원자의 질량비가 A : B $=8:7$이므로 원자량 비는 A : B $=8:7$이다. A와 B의 원자량을 각각 $8k$, $7k$라고 하면 (나)와 (다)의 분자량은 각각 $23k$, $15k$이다. 따라서 1g당 원자 수비는 (나) : (다) $=\dfrac{1}{23k}\times 3:\dfrac{1}{15k}\times 2$이므로 1g당 원자 수는 (나) < (다)이다.

490 분자 1몰에 들어 있는 분자 수는 N_A이고 (나)에서 분자의 개수가 $\frac{2}{3}N_A$개이므로 (나)의 양(mol)은 $\frac{2}{3}$몰이다. NH_3 $\frac{2}{3}$몰에 들어 있는 H 원자의 양(mol)은 2몰이므로, (가)~(다)에 각각 들어 있는 H 원자의 양(mol)은 모두 2몰이다.

ㄴ. C_2H_4 1몰에 들어 있는 H 원자의 양(mol)은 4몰이므로, 2몰의 H 원자를 포함하는 C_2H_4의 양(mol)은 0.5몰이다. 이로부터 t℃, 1기압에서 기체 0.5몰의 부피가 15L인 것을 알 수 있다. t℃, 1기압에서 H_2 15L는 0.5몰이므로, 질량은 1g이다.

[오답 피하기] ㄱ. (가)에서 H 원자는 2몰이므로, H_2O의 양(mol)은 1몰이다. H_2O의 분자량은 18이므로 1몰의 질량은 18g이다. 따라서 x는 18이다.
ㄷ. t℃, 1기압에서 NH_3 15L의 양(mol)은 0.5몰이고, 분자의 구성 원자 수가 4이므로 전체 원자의 양(mol)은 2몰이다. 따라서 전체 원자 수는 $2N_A$이다.

491 M과 HCl(aq)의 화학 반응식을 완성하면 다음과 같다.
$M(s)+2HCl(aq)\longrightarrow MCl_2(aq)+H_2(g)$
따라서 X는 H_2이다.
X(H_2)와 CuO의 반응에서 $H_2O(l)$ 3.6g이 생성되므로 H_2O 0.2몰이 생성되며, 반응한 X(H_2)의 양(mol) 또한 0.2몰이다. 이로부터 M과 HCl(aq)의 반응에서 X(H_2)가 0.2몰 생성되므로, 반응한 M의 양(mol)은 0.2몰이다. M 4.8g의 양(mol)이 0.2몰이므로 1몰의 질량은 24g이다. 따라서 M의 원자량은 24이다.

492 ㄱ. 제시된 실험 조건에서 기체 1몰의 부피가 30L이고 실험 Ⅰ에서 반응 후 남은 물질이 B_2이므로 A_2 4.5L, 즉 0.15몰이 모두 반응하여 X 0.1몰을 생성한다. 따라서 A_2와 X의 반응 몰비는 3 : 2이다. 또 실험 Ⅱ에서 생성된 X의 양(mol)이 0.2몰이므로 반응한 A_2의 부피는 9L이다. 따라서 반응 후 남은 물질은 A_2이다.
ㄴ. 실험 Ⅱ에서 넣어준 B_2는 모두 반응하고 반응한 B_2의 부피 3L는 0.1몰이므로 B_2와 X의 반응 몰비는 1 : 2이다. 이로부터 반응식을 완성하면 다음과 같다.

$3A_2(g) + B_2(g) \longrightarrow 2X(g)$

반응 전후 원자의 종류와 개수가 같아야 하므로 X의 분자식은 A_3B이다.

ㄷ. 실험 Ⅰ에서는 B_2 0.5L가 남고, 실험 Ⅱ에서는 A_2 1.5L가 남는다. 반응 부피비는 계수비와 같으므로 A_2 1.5L와 B_2 0.5L가 모두 반응하여 X 1L를 생성한다. X 1L는 실험 조건에서 $\frac{1}{30}$몰이므로 실험 Ⅰ과 실험 Ⅱ에서 남은 물질을 혼합하여 반응시켰을 때 생성되는 X의 몰수는 $\frac{1}{30}$몰이다.

자료 정리

화학 반응의 양적 관계

실험	반응물의 부피(L)		X(g)의 양(mol)	남은 물질
	$A_2(g)$	$B_2(g)$		
Ⅰ	4.5	2	0.1	B_2
Ⅱ	10.5	3	0.2	A_2

(1) 실험 Ⅰ에서는 A_2 4.5L(=0.15몰)가 반응하여 X 0.1몰을 생성한다. ➡ A_2와 X의 반응 몰비는 3 : 2이다.
(2) 실험 Ⅱ에서는 생성된 X의 양(mol)이 0.2몰이므로 반응한 A_2의 양(mol)은 0.3몰(=9L)이다. ➡ B_2 3L(=0.1몰)가 모두 반응하므로 B_2와 X의 반응 몰비는 1 : 2이다.
(3) 화학 반응식은 $3A_2 + B_2 \longrightarrow 2X$이다.

---

493 콕 Ⅰ을 열어 반응이 완결된 후 용기 속에는 B와 C만 존재하므로 A 2g은 모두 반응한다. 이때 반응한 B의 질량을 w g이라고 하면 다음과 같은 양적 관계가 성립한다.

$$2A(g) + B(g) \longrightarrow 2C(g)$$

반응 전(g)	2	5.5	0
반응 (g)	-2	$-w$	$+(w+2)$
반응 후(g)	0	$5.5-w$	$w+2$

반응한 B와 생성된 C의 몰비는 1 : 2이고, 반응 후 남은 B와 C의 몰비가 5 : 1이므로 A, B, C의 분자량을 각각 a, b, c라고 하면 다음과 같은 관계식이 성립한다.

$\frac{w}{b} : \frac{w+2}{c} = 1 : 2$, $\frac{5.5-w}{b} : \frac{w+2}{c} = 5 : 1$

두 식을 풀면 $w = 0.5$이다. 이로부터 A, B, C의 반응 질량비는 4 : 1 : 5이고, $b : c = 2 : 5$이다. 그리고 반응 전후 물질의 질량의 합이 같으므로 $2a+b = 2c$이다. 이로부터 $a : b : c = 4 : 2 : 5$이다.

콕 Ⅱ를 열어 반응시킬 때 반응의 양적 관계는 다음과 같다.

$$2A(g) + B(g) \longrightarrow 2C(g)$$

반응 전(g)	x	5.0	2.5
반응 (g)	-20	-5.0	$+25$
반응 후(g)	$x-20$	0	27.5

반응 후 A와 C의 몰비는 $A : C = \frac{x-20}{4} : \frac{27.5}{5} = 1 : 2$이므로 $x = 31$이다. 따라서 $\frac{A의 \ 분자량}{B의 \ 분자량} \times x = \frac{4}{2} \times 31 = 62$이다.

494 B m몰이 들어 있는 용기에 A 18몰을 넣었을 때와 A 21몰을 넣

었을 때 증가한 기체의 양(mol)이 3몰인 것으로 보아 A 18몰을 넣었을 때 반응이 완결된다. B m몰을 모두 반응시키는 데 필요한 A의 양(mol)이 18몰이므로 A 3몰을 넣었을 때는 넣어준 A가 모두 반응한다. 이로부터 반응의 양적 관계는 다음과 같다.

$$a\,A(g) + 2B(g) \longrightarrow 2C(g) + 2D(g)$$

반응 전(mol)	3	m	0	0
반응 (mol)	-3	$-\frac{6}{a}$	$+\frac{6}{a}$	$+\frac{6}{a}$
반응 후(mol)	0	$m-\frac{6}{a}$	$\frac{6}{a}$	$\frac{6}{a}$

이로부터 $m+\frac{6}{a} = 8$이다.

A 21몰을 넣었을 때는 B가 모두 반응하므로 반응의 양적 관계는 다음과 같다.

$$a\,A(g) + 2B(g) \longrightarrow 2C(g) + 2D(g)$$

반응 전(mol)	21	m	0	0
반응 (mol)	$-\frac{am}{2}$	$-m$	$+m$	$+m$
반응 후(mol)	$21-\frac{am}{2}$	0	m	m

이로부터 $21+(2-\frac{a}{2})m = 24$이다.

두 식을 풀면 $a=1$ 또는 $a=3$이다. 그런데 $a>2$이므로 $a=3$이고, $m=6$이다.

A 12몰을 넣었을 때 반응의 양적 관계는 다음과 같다.

$$3A(g) + 2B(g) \longrightarrow 2C(g) + 2D(g)$$

반응 전(mol)	12	6	0	0
반응 (mol)	-9	-6	$+6$	$+6$
반응 후(mol)	3	0	6	6

따라서 반응 후 전체 기체의 양(x)은 15몰이고, $\frac{x}{m} = \frac{15}{6} = \frac{5}{2}$이다.

495 1M NaOH 수용액 500mL에 녹아 있는 용질(NaOH)의 양(mol)은 0.5몰이고, 0.5몰 NaOH의 질량은 20g이다. 이로부터 10% NaOH 수용액 x g에 녹아 있는 NaOH의 질량이 20g이므로 $x=200$이다. 1M NaOH 수용액의 밀도가 d g/mL이므로 용액의 질량은 $500d$ g이다. 용액 $500d$ g에 녹아 있는 용질의 질량이 20g이므로 용액의 퍼센트 농도(y)는 $\frac{20}{500d} \times 100 = \frac{4}{d}$(%)이다.

496 ㄱ. (가)의 밀도가 1.1 g/mL이므로 용액의 질량은 110g이다. (가)에 녹아 있는 용질 A의 양(mol)은 0.1몰이고, A의 화학식량이 100이므로 질량은 10g이다. 그리고 (나)의 퍼센트 농도가 10%이고 용액의 질량이 100g이므로 용질 A의 질량은 10g이다.

ㄷ. (가)의 질량이 110g이고 용질의 질량이 10g이므로 용매의 질량은 100g이다. (나)의 질량이 100g이고 용질의 질량이 10g이므로 용매의 질량은 90g이다. 따라서 용매의 질량은 (가) > (나)이다.

오답 피하기 ㄴ. (가)와 (나)에 들어 있는 용질의 질량은 10g으로 같고 용액의 질량은 (가) > (나)이므로 퍼센트 농도는 (가) < (나)이다.

Ⅱ - 1. 원자의 구조

07 ~ 11쪽

497 ①	498 ②	499 ③	500 ①	501 ⑤	502 ②	503 ④
504 ⑤	505 ③	506 ④	507 ④	508 ④	509 ①	510 ④
511 ⑤	512 ⑤	513 ③	514 ④	515 ⑤	516 ①	

497 러더퍼드는 알파(α) 입자 산란 실험으로부터 원자핵을 발견하였고, 원자핵 주위를 전자가 돌고 있는 행성 모형을 제안하였다.

[오답 피하기] ② 전자 껍질이 있으므로 보어 모형이다.

③ 단단한 공 모형으로 돌턴이 제안하였다.

④ 오비탈 이론의 전자 구름 모형이다.

⑤ 톰슨의 푸딩 모형이다.

498 원자 표시법에서 원소 기호의 왼쪽 위에는 질량수를, 왼쪽 아래에는 원자 번호(양성자수)를 쓴다. 따라서 $^{23}_{11}\text{Na}$을 구성하는 입자 수는 양성자 11개, 중성자 12개, 전자 11개이며, $^{24}_{12}\text{Mg}$을 구성하는 입자 수는 양성자 12개, 중성자 12개, 전자 12개이다.

499 ㄱ. X의 평균 원자량은 $\left(10 \times \dfrac{20}{100}\right) + \left(11 \times \dfrac{80}{100}\right) = 10.8$이다.

ㄴ. Y_2의 분자량은 $79+79=158$, $79+81=160$, $81+81=162$의 3가지가 있다.

[오답 피하기] ㄷ. XY_3의 평균 분자량은 (X의 평균 원자량＋Y의 평균 원자량×3)이다. Y의 평균 원자량은 80이므로, XY_3의 평균 분자량은 $10.8+(80 \times 3)=250.8$이다.

500 원자는 양성자수와 전자 수가 같으므로 (가)는 ^3_2He, (나)는 ^3_1H이고, ㉠은 중성자, ㉡은 양성자, ㉢은 전자이다.

ㄱ. (가)와 (나)는 질량수가 3으로 같다.

[오답 피하기] ㄴ. ㉠은 중성자이므로 전하를 띠지 않는다.

ㄷ. 양성자(㉡)는 전자(㉢)에 비해 질량이 매우 크다.

501 질소(N), 산소(O), 플루오린(F)의 원자 번호가 각각 7, 8, 9이므로, (가)~(다)의 양성자수도 각각 7, 8, 9 중 하나가 되어야 한다. 따라서 ㉢이 양성자이며, (가)~(다) 중 이온은 1가지이므로 ㉡이 전자, ㉠이 중성자이다. 따라서 (가)는 ^{15}N, (나)는 ^{16}O, (다)는 $^{19}\text{F}^-$이다.

ㄱ. (가)는 양성자수가 7이므로 질소(N)이다.

ㄴ. ㉡은 전자이다.

ㄷ. (다)는 $^{19}\text{F}^-$이므로 음이온이다.

502 A는 질량수가 14, 중성자수가 8이므로 양성자수가 6인 ^{14}C이다. B는 질량수가 15, 중성자수가 8이므로 양성자수가 7인 ^{15}N이다. C^-은 질량수가 19, 중성자수가 10이므로 양성자수가 9인 $^{19}\text{F}^-$이다.

ㄷ. C^-은 중성자수와 전자 수가 10으로 같다.

[오답 피하기] ㄱ. 전자 수는 A가 6, B가 7이므로 B가 A보다 크다.

ㄴ. 원자 번호는 A가 6, C가 9이므로 C가 A보다 크다.

503 (가)는 $n=2 \rightarrow n=1$, (나)는 $n=3 \rightarrow n=1$, (다)는 $n=5 \rightarrow n=2$, (라)는 $n=5 \rightarrow n=1$이다.

ㄱ. 방출하는 에너지의 크기는 (가): $\dfrac{3}{4}k$, (나): $\dfrac{8}{9}k$, (다): $\dfrac{21}{100}k$, (라): $\dfrac{24}{25}k$이다. 따라서 (다) : (라)=7 : 32이다.

ㄷ. 파장은 에너지에 반비례하므로 파장 비는 (가) : (나)=$\dfrac{4}{3} : \dfrac{9}{8}=$ 32 : 27이다.

[오답 피하기] ㄴ. (가)~(라) 중 라이먼 계열의 빛을 방출하는 것은 (가), (나), (라) 3가지이다.

504 수소 원자의 주 양자수 $n=4$ 이하에서 일어나는 전자 전이에서 방출하는 에너지는 다음과 같다.

전자 전이	방출하는 에너지(kJ/mol)
$n=4 \rightarrow n=3$	$\dfrac{7}{144}k$
$n=4 \rightarrow n=2$	$\dfrac{3}{16}k$
$n=4 \rightarrow n=1$	$\dfrac{15}{16}k$
$n=3 \rightarrow n=2$	$\dfrac{5}{36}k$
$n=3 \rightarrow n=1$	$\dfrac{8}{9}k$
$n=2 \rightarrow n=1$	$\dfrac{3}{4}k$

따라서 $\dfrac{5}{6}k\,\text{kJ/mol}$의 에너지는 방출할 수 없다.

505 ㄱ. a는 $n=2 \rightarrow n=1$의 전자 전이이며, $E_a<E_b<E_d$이므로 b는 $n=3 \rightarrow n=1$, d는 $n=4 \rightarrow n=1$의 전자 전이이다. 또한, $E_d=E_a+E_e=E_b+E_f$이므로 c는 $n=3 \rightarrow n=2$, e는 $n=4 \rightarrow n=2$, f는 $n=4 \rightarrow n=3$의 전자 전이이다. 따라서 $E_e=E_c+E_f$이다.

ㄴ. 전이 전후 주 양자수의 차는 b와 e가 2로 같다.

[오답 피하기] ㄷ. 방출하는 에너지의 크기 비는 $a : b=\dfrac{3}{4}k : \dfrac{8}{9}k=$ 27 : 32이므로 파장 비는 $a : b=$32 : 27이다.

506 N 껍질($n=4$)에 있던 전자가 K 껍질($n=1$)로 전이하는 4가지 경우는 다음과 같다.

i) $n=4-$(적외선 방출) $\rightarrow n=3-$(가시광선 방출) $\rightarrow n=2-$(자외선 방출) $\rightarrow n=1$

ii) $n=4-$(가시광선 방출) $\rightarrow n=2-$(자외선 방출) $\rightarrow n=1$

iii) $n=4-$(적외선 방출) $\rightarrow n=3-$(자외선 방출) $\rightarrow n=1$

iv) $n=4-$(자외선 방출) $\rightarrow n=1$

따라서 (가)는 M 껍질, (나)는 L 껍질, ㉠은 자외선이다.

507 $\lambda_a=\dfrac{\lambda_b\lambda_c}{\lambda_b+\lambda_c}$를 정리하면 $\dfrac{1}{\lambda_a}=\dfrac{1}{\lambda_b}+\dfrac{1}{\lambda_c}$이다. 파장은 에너지에 반비례하므로 a~c에 해당하는 에너지를 각각 E_a, E_b, E_c라고 하면 $E_a=E_b+E_c$이다. 따라서 b는 $n=4 \rightarrow n=2$의 전자 전이이고, $x+y=6$이다.

508 라이먼 계열은 $n=1$로 전자가 전이할 때 방출하는 스펙트럼 계열이고, 발머 계열은 $n=2$로 전자가 전이할 때 방출하는 스펙트럼 계열이다.

ㄱ. ㉠은 라이먼 계열 중 에너지가 두 번째로 작으므로 $n=3 \rightarrow n=1$의 전자 전이에서 방출하는 빛의 파장이다. 따라서 E_a+E_b만큼의 에너지를 방출한다.

ㄷ. 바닥상태의 수소(H) 원자를 H^+으로 만들려면 $n=1 \rightarrow n=\infty$의 전자 전이가 일어나야 한다. 이때 필요한 에너지는 a, b, d에서 방출하는 에너지의 합과 같다. 따라서 $E_a+E_b+E_d$이다.

오답 피하기 ㄴ. d는 파셴 계열이므로 ㉣이 아니다.

509 원자 번호 20 이하의 바닥상태 원자 중 홀전자 수가 2인 원자의 전자 배치는 다음과 같다.

원자	전자 배치	전자가 들어 있는 s 오비탈 수	전자가 들어 있는 p 오비탈 수
C	$1s^2 2s^2 2p^2$	2	2
O	$1s^2 2s^2 2p^4$	2	3
Si	$1s^2 2s^2 2p^6 3s^2 3p^2$	3	5
S	$1s^2 2s^2 2p^6 3s^2 3p^4$	3	6

따라서 A는 탄소(C), B는 산소(O), C는 규소(Si), D는 황(S)이다. 따라서 원자 번호는 A<B<C<D이다.

510 A의 전자 배치는 $1s^2 2s^2 2p^6 3s^2 3p^2$이고, B의 전자 배치는 $1s^2 2s^2 2p^6 3s^1$이며, C의 전자 배치는 $1s^2 2s^2 2p^6 3s^2 3p^3$이다.

ㄴ. B는 Na이며, 전자가 들어 있는 3p 오비탈이 없다.

ㄷ. 원자 번호는 A가 14, C가 15이므로 C가 A보다 크다.

오답 피하기 ㄱ. $x=2$, $y=9$이므로 $x+y=11$이다.

511 C는 2p 오비탈에 5개의 전자가 들어 있으므로 바닥상태 전자 배치만 가능하고, 전자 2개가 들어 있는 2p 오비탈의 수는 2이다. 따라서 A는 전자 2개가 들어 있는 2p 오비탈의 수가 1이므로 A의 전자 배치는 $1s^2 2s^2 2p_x^2 2p_y^1$이고, 들뜬상태이다. B는 홀전자가 존재하므로 $1s^2 2s^2 2p_x^1 2p_y^1$가 되어 바닥상태이다.

ㄱ. A는 들뜬상태, B와 C는 바닥상태이다.

ㄷ. C는 플루오린(F)의 바닥상태 전자 배치이므로 홀전자 수가 1이다.

오답 피하기 ㄴ. 전자가 들어 있는 오비탈의 총 수는 A와 B가 4로 같다.

512 ㄴ. 수소 원자에서는 주 양자수(n)가 같으면 오비탈의 에너지 준위가 같다. (가)와 (라)는 주 양자수(n)가 같으므로 수소 원자에서 에너지 준위가 같다.

ㄷ. 다전자 원자에서 오비탈의 에너지 준위는 $4s < 3d$이므로 (라)가 (나)보다 에너지 준위가 높다.

오답 피하기 ㄱ. (가)~(라)는 각각 3p, 4s, 2p, 3d 오비탈이다.

513 바닥상태 전자 배치에서 2p 오비탈에 전자쌍이 1개 있다면 홀전자는 2개 있어야 하고, 전자쌍이 2개 있다면 홀전자는 1개 있어야 하며, 전자쌍이 3개 있다면 홀전자는 없다. 따라서 X는 $1s^2 2s^2 2p^6$인 Ne, Y는 $1s^2 2s^2 2p^5$인 F, Z는 $1s^2 2s^2 2p^4$인 O이다.

ㄱ. X는 2p 오비탈에 전자쌍이 3개 있으므로 $a=3$이다.

ㄴ. 원자 번호는 X가 10, Y가 9, Z가 8이다.

오답 피하기 ㄷ. 2p 오비탈은 3개이므로 전자쌍이 들어 있는 p 오비탈 수와 홀전자가 들어 있는 p 오비탈 수가 같을 수 없다. 따라서 $\dfrac{b}{a}$는 1이 될 수 없다.

514 주 양자수가 n일 때 방위 양자수(l)는 0부터 $(n-1)$까지의 정수가 가능하고, 방위 양자수가 l일 때 자기 양자수(m_l)는 $-l$부터 $+l$까지의 정수가 가능하다. 스핀 자기 양자수(m_s)는 $+\dfrac{1}{2}$, $-\dfrac{1}{2}$의 2가지 값이 가능하다.

ㄴ. 방위 양자수(l)가 0이면 자기 양자수(m_l)도 0만 가능하다. 따라서 $b=0$이다.

ㄷ. 자기 양자수(m_l)가 -1, 0, $+1$이 가능하므로 $c=1$이다. 스핀 자기 양자수(m_s)인 d, e는 각각 $+\dfrac{1}{2}$, $-\dfrac{1}{2}$ 중 하나이므로 $c+d+e=1$이다.

오답 피하기 ㄱ. 주 양자수(n)가 1일 때 방위 양자수(l)는 0만 가능하므로 $a=0$이다.

515 A~C의 바닥상태 전자 배치는 다음과 같다.

원자	전자 배치	원소
A	$1s^2 2s^2 2p^5$	F
B	$1s^2 2s^2 2p^6 3s^1$	Na
C	$1s^2 2s^2 2p^6 3s^2 3p^1$	Al

ㄱ. $x=4$, $y=5$이므로 $x+y=9$이다.

ㄴ. 금속 원소는 B(Na)와 C(Al) 2가지이다.

ㄷ. B는 나트륨(Na)이므로 3주기 원소이다.

516 바닥상태 전자 배치에서는 $n=1$에 전자를 모두 채운 후 $n=2$에 전자가 들어갈 수 있다. 따라서 A는 $n=1$에 전자가 1개 있으므로 $x=0$이다. B는 $n=3$에 전자가 있으므로 $n=2$에 8개의 전자가 채워져야 한다. 따라서 $y=8$이다. C는 $n=2$에 5개의 전자가 있으므로 $n=1$에는 2개의 전자가 있어야 한다. 따라서 $z=2$이다. A~C의 바닥상태 전자 배치는 각각 다음과 같다.

A: $1s^1$, B: $1s^2 2s^2 2p^6 3s^2 3p^1$, C: $1s^2 2s^2 2p^3$

ㄱ. $x+y+z=0+8+2=10$이다.

오답 피하기 ㄴ. 홀전자 수는 A가 1, B가 1, C가 3이므로 A~C의 홀전자 수의 합은 5이다.

ㄷ. 전자가 들어 있는 오비탈 수는 A가 1, B가 7, C가 5이므로 전자가 들어 있는 오비탈 수의 합은 13이다.

517 ②	**518** ⑤	**519** ④	**520** ④	**521** ⑤	**522** ②	**523** ①
524 ④	**525** ③	**526** ⑤	**527** ①	**528** ④	**529** ③	**530** ③
531 ⑤	**532** ③	**533** ②	**534** ④	**535** ④	**536** ⑤	**537** ②
538 ①						

517 같은 족 원소들은 원자가 전자 수가 같고, 같은 주기 원소들은 원자가 전자의 주 양자수(n)가 같다.

ㄷ. B와 D는 3주기 원소이므로 원자가 전자의 주 양자수(n)가 3으로 같다.

오답 피하기 ㄱ. A는 베릴륨(Be), B는 마그네슘(Mg)이므로 바닥상태에서 전자가 들어 있는 오비탈 수는 A가 2, B가 6이다.

ㄴ. A~D의 바닥상태 홀전자 수는 각각 0, 0, 1, 3이므로 홀전자 수는 D가 가장 크다.

518 A~D의 주기와 족은 다음과 같다.

원소	A	B	C	D
주기	2	3	3	3
족	17	13	15	18

ㄱ. 2주기 원소는 A 1가지이다.

ㄴ. A는 17족 원소이므로 최외각 전자 수가 7이고, D는 18족 원소이므로 최외각 전자 수가 8이다.

ㄷ. 전자가 들어 있는 전자 껍질 수는 주기와 같다. 따라서 B와 C가 같다.

519 원자 번호가 17번인 원소는 염소(Cl)이므로 (다)이고, 원소 기호가 Ca인 원소는 (마)이다. 가장 가벼운 기체는 수소(H)이므로 (가)이며, 바닥상태에서 전자가 들어 있는 p 오비탈 수가 4인 원소는 알루미늄(Al)이므로 (나)이다. 따라서 카드가 배치되지 않는 곳은 (라)이다.

520 원자 번호가 연속인 원소는 He과 Li이며, 같은 주기 원소는 Li과 F, Na과 Cl이다. 같은 족 원소는 Li과 Na, F과 Cl이므로 규칙에 맞게 원소를 배치하면 다음과 같다.

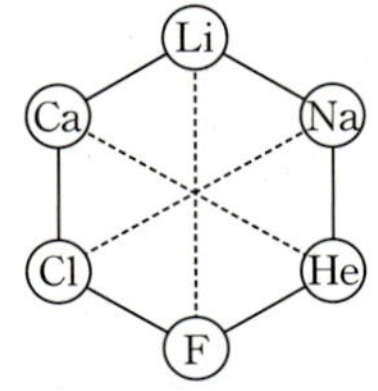

Ca의 양 옆에 있는 원소는 Li과 Cl이므로 원자 번호의 합은 3+17 =20이다.

521 18족 원소인 He과 Ne, 2족 원소인 Be에서 0인 물리량은 '바닥상태에서 홀전자 수'이다.

오답 피하기 ①~④의 물리량 변화는 다음과 같다.

	He	Li	Be	B	C	N	O	F	Ne
전자가 들어 있는 전자 껍질 수	1	2	2	2	2	2	2	2	2
최외각 전자 수	2	1	2	3	4	5	6	7	8
원자가 전자 수	0	1	2	3	4	5	6	7	0
바닥상태에서 전자가 들어 있는 오비탈 수	1	2	2	3	4	5	5	5	5

522 기체 상태의 원자 1몰에서 전자 1몰을 떼어내어 기체 상태의 +1가 양이온을 만들기 위해 필요한 에너지를 제1 이온화 에너지라고 하며, 제n 이온화 에너지는 ($n-1$)개의 전자를 떼어낸 상태에서 n번째 전자를 떼어낼 때 필요한 에너지를 의미한다.

523 a는 K 껍질($n=1$)에 존재하고, b는 L 껍질($n=2$)에 존재한다. K 껍질에는 1s 오비탈만 존재하고, L 껍질에는 2s 오비탈과 2p 오비탈이 존재한다.

ㄱ. 원자핵과의 거리가 가까운 a의 유효 핵전하가 더 크다.

오답 피하기 ㄴ. 주 양자수(n)는 a가 1, b가 2이다.

ㄷ. a는 1s 오비탈에 존재하므로 방위 양자수(l)가 0이며, b는 2s 또는 2p 오비탈에 존재하므로 방위 양자수(l)가 0 또는 1이다. 따라서 방위 양자수(l)는 a가 b보다 작거나 같다.

524 ㄱ. X는 제1 이온화 에너지보다 제2 이온화 에너지가 매우 크므로 3주기 1족 원소인 나트륨(Na)이다. 나트륨(Na)은 알칼리 금속이다.

ㄷ. X의 안정한 이온은 X^+이므로, 기체 상태의 X 1몰을 안정한 이온으로 만드는 데 필요한 에너지는 제1 이온화 에너지인 496 kJ/mol이다.

오답 피하기 ㄴ. 바닥상태에서 X의 전자 배치는 $1s^2 2s^2 2p^6 3s^1$이므로 전자가 들어 있는 오비탈 수는 6이다.

525 A는 산소(O), B는 마그네슘(Mg), C는 플루오린(F)이다.

ㄱ. A(O)와 C(F)는 같은 주기 원소이므로 원자 반지름은 원자 번호가 작은 A가 C보다 크다.

ㄴ. 원자가 전자의 주 양자수(n)는 B(Mg)가 3, C(F)가 2이다.

오답 피하기 ㄷ. A와 B의 바닥상태 전자 배치는 A가 $1s^2 2s^2 2p^4$, B가 $1s^2 2s^2 2p^6 3s^2$이므로 홀전자 수는 A가 2, B가 0이다.

526 ㄱ. A와 D는 이온 반지름이 원자 반지름보다 크므로 비금속 원소이고, 원자 반지름은 A가 D보다 크므로 A는 황(S), D는 산소(O)이다. 또, B와 C는 원자 반지름이 이온 반지름보다 크므로 금속 원소이고, 원자 반지름은 C가 B보다 크므로 B는 마그네슘(Mg), C는 나트륨(Na)이다.

ㄴ. 원자가 전자가 느끼는 유효 핵전하는 같은 주기에서 원자 번호가 커질수록 증가한다. 따라서 A(S)가 B(Mg)보다 크다.

ㄷ. 이온화 에너지는 2주기 원소가 3주기 원소보다 대체로 크고, 비금속 원소가 금속 원소보다 대체로 크다. 따라서 2주기 비금속 원소인 D(O)가 3주기 금속 원소인 C(Na)보다 이온화 에너지가 크다.

527 원자 반지름은 전자가 들어 있는 전자 껍질 수가 커질수록 대체로 증가하지만, 모든 3주기 원소가 모든 2주기 원소보다 원자 반지름이 큰 것은 아니다.

ㄴ. 3주기 금속 원소인 Na, Mg, Al은 2주기 비금속 원소인 C, N, O, F보다 원자 반지름이 크다.

오답 피하기 ㄱ. 2족 원소인 Mg의 원자 반지름이 1족 원소인 Li보다 크다.

ㄷ. 3주기 비금속 원소인 P, S, Cl의 원자 반지름은 2주기 금속 원소인 Li과 Be보다 작다.

528 Li, Be, B, N, O의 홀전자 수는 각각 1, 0, 1, 3, 2이다. 따라서 (가)와 (나)는 Li 또는 B이다. 그리고 원자가 전자가 느끼는 유효 핵전하는 Li<Be<B<N<O이므로 (가)는 B, (나)는 Li이며, (라)는 Be이다. 따라서 (다)와 (마)는 각각 N, O 중 하나인데, 제1 이온화 에너지가 (다)<(마)이므로 (다)는 O, (마)는 N이다.

ㄴ. $\dfrac{\text{제2 이온화 에너지}}{\text{제1 이온화 에너지}}$가 가장 큰 것은 1족 원소인 (나)이다.

ㄷ. 바닥상태에서 홀전자 수가 0인 것은 (라)이다.

오답 피하기 ㄱ. 원자가 전자 수가 가장 큰 것은 (다)이다.

529 A는 산소(O), B는 플루오린(F), C는 나트륨(Na), D는 마그네슘(Mg)이다.

ㄷ. 홀전자 수는 A~D가 각각 2, 1, 1, 0이며, 원자가 전자의 주 양자수(n)는 A와 B가 2, C와 D가 3이다.

따라서 A~D의 $\dfrac{\text{홀전자 수}}{\text{원자가 전자의 주 양자수}(n)}$는 각각 1, $\dfrac{1}{2}$, $\dfrac{1}{3}$, 0이다.

오답 피하기 ㄱ. 전자 수가 같은 이온의 이온 반지름은 원자 번호가 커질수록 감소한다. 따라서 A(O)의 이온 반지름이 C(Na)의 이온 반지름보다 크다.

ㄴ. 제1 이온화 에너지는 2주기 비금속 원소가 3주기 금속 원소보다 크다. 따라서 B(F)가 D(Mg)보다 크다.

530 같은 주기에서는 15족 원소의 이온화 에너지가 16족 원소의 이온화 에너지보다 크다. 따라서 A는 3주기 15족 원소인 인(P)이며, B는 2주기 16족 원소인 산소(O), C는 2주기 17족 원소인 플루오린(F)이다.

ㄱ. 원자 번호는 A(P)가 15, B(O)가 8이다.

ㄴ. B와 C의 이온은 모두 Ne의 전자 배치를 가지므로 이온 반지름은 원자 번호가 작은 B가 C보다 크다.

오답 피하기 ㄷ. A(P)의 원자 번호는 15, C(F)의 원자 번호는 9이므로 A와 C의 원자 번호 차는 6이다.

531 2주기 원자의 홀전자 수와 원자가 전자 수는 다음과 같다.

원자	Li	Be	B	C	N	O	F	Ne
홀전자 수	1	0	1	2	3	2	1	0
원자가 전자 수	1	2	3	4	5	6	7	0

따라서 A는 붕소(B) 또는 산소(O)이며, B는 탄소(C), C는 리튬(Li)이다. 이때 전자가 들어 있는 오비탈 수는 A가 B보다 크므로 A는 산소(O)이다.

ㄱ. $\dfrac{s\ \text{오비탈의 전자 수}}{p\ \text{오비탈의 전자 수}}$는 A(O)가 1, B(C)가 2이다.

ㄴ. 원자 반지름은 같은 주기에서 원자 번호가 작은 C(Li)가 A(O)보다 크다.

ㄷ. 제2 이온화 에너지는 1족 원소인 C(Li)가 B(C)보다 크다.

532 A에 속하는 원소는 Li, Na, K이며, B에 속하는 원소는 N, O, F이다.

ㄱ. A에 속하는 원소 중 원자 반지름이 가장 작은 Li은 B에 속하는 원소 중 원자 반지름이 가장 큰 N보다 원자 반지름이 크다.

ㄷ. A에 속하는 원소는 알칼리 금속이고, B에 속하는 원소는 모두 기체로 존재하는 물질이므로 1기압에서의 녹는점은 A에 속하는 원소가 B에 속하는 원소보다 항상 높다.

오답 피하기 ㄴ. 원자가 전자가 느끼는 유효 핵전하는 같은 주기에서 원자 번호가 커질수록 증가하므로 B에 속하는 원소가 A에 속하는 Li보다 크다.

533 바닥상태에서 O와 Mg의 $\dfrac{s\ \text{오비탈의 전자 수}}{p\ \text{오비탈의 전자 수}}=1$이고, Na의 $\dfrac{s\ \text{오비탈의 전자 수}}{p\ \text{오비탈의 전자 수}}=\dfrac{5}{6}$이다.

ㄷ. ㉠은 Na, ㉡은 Mg이고, Na과 Mg의 이온은 모두 Ne의 전자 배치를 가지므로 이온 반지름은 ㉠(Na)이 ㉡(Mg)보다 크다.

오답 피하기 ㄱ. ㉠은 $\dfrac{s\ \text{오비탈의 전자 수}}{p\ \text{오비탈의 전자 수}}=\dfrac{5}{6}$인 Na이다.

ㄴ. 산소(O)는 2주기 원소이므로 (나)에는 '2주기 원소인가?'가 적절하다.

534 원자 반지름은 같은 주기에서 원자 번호가 커질수록 감소하고, 같은 족에서 원자 번호가 커질수록 증가한다. 따라서 원자 반지름이 가장 큰 원소는 나트륨(Na)이므로 $a=11$이다.

이온화 에너지는 같은 주기에서 원자 번호가 커질수록 대체로 증가하고, 2주기 원소가 3주기 원소보다 대체로 크다. 따라서 제1 이온화 에너지가 최대인 원소는 플루오린(F)이므로 $b=9$이다.

홀전자 수가 최대인 원소는 15족 원소인 질소(N)와 인(P)이며, 이 중 원자가 전자의 주 양자수(n)가 최소인 원소는 질소(N)이다. 따라서 $c=7$이다.

535 원자 반지름은 Na>Mg>F 순이며, 이온 반지름은 $F^->Na^+>Mg^{2+}$ 순이다. 따라서 (가)는 F, (나)는 Mg, (다)는 Na에 해당하며,

ㄱ은 Mg^{2+}, ㄴ은 Na^+, ㄷ은 F^-에 해당한다.
ㄱ. (가)는 F, ㄷ은 F^-이므로 ㄷ은 (가)의 이온 반지름에 해당한다.
ㄷ. (다)는 Na에 해당한다. Na은 금속 원소이다.
오답 피하기 ㄴ. ㄴ은 Na의 이온 반지름이다.

536 A는 $E_1<E_2\ll E_3$이므로 2족 원소인 Mg이고, B는 $E_1<E_2<E_3\ll E_4$이므로 13족 원소인 Al이며, C는 $E_1\ll E_2$이므로 1족 원소인 Na이다. 전자 수가 같은 이온의 이온 반지름은 원자 번호가 작을수록 크므로 이온 반지름은 C(Na)>A(Mg)>B(Al) 순이다.

537 (가)~(아) 중 전자가 들어 있는 전자 껍질 수와 홀전자 수가 같은 것은 2주기 16족 원소인 (다)이므로 A는 (다)에 해당한다. 따라서 B는 3주기 원소이고, B 이온의 전하는 +2이므로 B는 3주기 2족 원소인 (바)에 해당한다.

538 ㄱ. 이온 반지름은 $O^{2-}>F^->Na^+>Mg^{2+}$이므로 전자 수가 같은 이온들은 원자 번호가 작을수록 반지름이 크다.
오답 피하기 ㄴ. 원자 반지름은 O>F이며, Na>Mg이므로 같은 주기에서는 원자 번호가 커질수록 원자 반지름이 감소한다.
ㄷ. Na의 반지름이 Na^+의 반지름보다 크므로 금속 원소는 원자 반지름이 이온 반지름보다 크고, O^{2-}의 반지름이 O의 반지름보다 크므로 비금속 원소는 이온 반지름이 원자 반지름보다 크다.

III - 1. 화학 결합
17 ~ 21쪽

539 ①	**540** ⑤	**541** ④	**542** ③	**543** ⑤	**544** ④	**545** ④
546 ③	**547** ①	**548** ⑤	**549** ④	**550** ④	**551** ④	**552** ⑤
553 ③	**554** ③	**555** ③	**556** ④	**557** ④	**558** ⑤	**559** ②
560 ②	**561** ①	**562** ①				

539 X, Y를 각각 전기 분해했을 때 2가지 물질이 생성되므로 X, Y는 모두 화합물이며 2가지 원소로 구성되어 있다.
ㄱ. X는 염소(Cl)와 나트륨(Na)으로 구성된 화합물이다.
오답 피하기 ㄴ. Y의 구성 원소는 2가지이지만 생성된 기체의 몰비를 알 수 없으므로 구성 원자 수는 알 수 없다.
ㄷ. X는 금속 원소와 비금속 원소로 구성된 이온 결합 물질이고, Y는 비금속 원소로 구성된 공유 결합 물질이다.

540 원자가 화학 결합을 형성할 때 옥텟 규칙을 만족하기 위해서는 원자가 전자 수만큼 전자를 잃거나 (8 − 원자가 전자 수)만큼 전자를 얻어야 한다. 원자가 전자 수는 O가 6, F이 7, Na이 1, Mg이 2, Al이 3이다. 따라서 O와 F은 각각 2개, 1개의 전자를 얻으면 되고, Na, Mg, Al은 각각 1개, 2개, 3개의 전자를 잃으면 된다.

541 ㄱ. 대부분의 원자들은 화합물에서 옥텟 규칙을 만족하며, 옥텟

규칙을 만족하기 위해 금속 원소는 전자를 잃고, 비금속 원소는 전자를 얻거나 공유하여 결합한다.
ㄷ. 3주기 13족 원소는 금속 원소이므로 원자가 전자를 모두 잃고 Ne과 같은 전자 배치를 하는 양이온이 된다.
오답 피하기 ㄴ. 18족 원소 이외의 원소는 18족 원소와 같은 전자 배치를 갖기 위해 전자를 잃거나 얻어서, 또는 전자를 공유하여 화학 결합을 형성한다.

542 물의 전기 분해 반응식은 $2H_2O(l) \rightarrow 2H_2(g) + O_2(g)$이고, 시험관에 모인 기체의 부피는 (나)에서가 (가)에서보다 크므로 (가)에는 산소 기체(O_2)가, (나)에는 수소 기체(H_2)가 들어 있다. 따라서 (가)는 전원 장치의 (+)극, (나)는 전원 장치의 (−)극에 연결되어 있다.
ㄱ. (가)에 모인 기체(O_2)는 2원자 분자이다.
ㄷ. 생성된 기체의 부피 비는 $H_2 : O_2 = 2 : 1$이므로 (나)에서가 (가)에서의 2배이다.
오답 피하기 ㄴ. (나)는 전원 장치의 (−)극에 연결되어 있다.

543 A는 1족 금속 원소, B는 17족 비금속 원소이므로 A와 B가 결합을 형성할 때 A에서 B로 전자가 이동하여 이온 결합을 형성하며, X의 결합 모형은 다음과 같다.

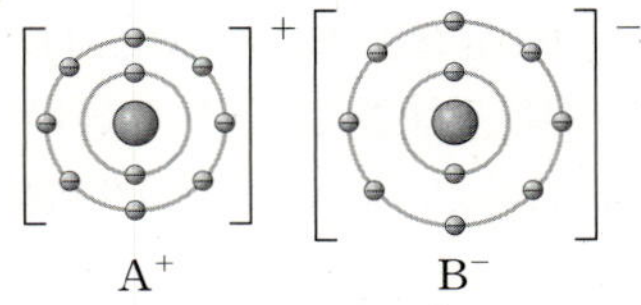

ㄱ. A는 전자를 잃어 양이온이 되고, B는 전자를 얻어 음이온이 되며, 양이온과 음이온 사이의 정전기적 인력에 의해 이온 결합을 형성한다.
ㄴ. X 1몰이 형성될 때 A는 전자 1몰을 잃고, B는 전자 1몰을 얻는다.
ㄷ. A 이온과 B 이온은 모두 Ne과 전자 배치가 같다.

544 ㄴ. ㄴ에서 인력과 반발력이 평형을 이루므로 에너지가 가장 낮으며, 이 지점에서 이온 결합이 형성된다.
ㄷ. Na^+은 K^+보다 이온 반지름이 작으므로 NaCl이 형성될 때 이온 사이의 거리는 r_0보다 짧다.
오답 피하기 ㄱ. 인력이 반발력보다 우세하게 작용하는 지점은 ㄷ이다.

545 X 이온과 Y 이온이 결합하여 형성된 물질의 화학식이 Y_2X_3이므로 X 이온의 전하는 −2, Y 이온의 전하는 +3이다.
ㄱ. X 이온의 전하가 −2이므로 X 원자가 전자 2개를 얻어 X 이온이 생성된다. 따라서 $n=2$이다.
ㄷ. Y는 3주기 13족 원소이므로 전자 3개를 잃으면 Ne과 전자 배치가 같아진다.
오답 피하기 ㄴ. X 이온의 전하는 −2, Y 이온의 전하는 +3이므로 이온의 전하량은 Y 이온이 X 이온보다 크다.

546 A는 2주기 16족 원소, B는 2주기 17족 원소, C는 3주기 1족 원

소이다. 따라서 A 이온은 −2가 음이온, B 이온은 −1가 음이온, C 이온은 +1가 양이온이며, A와 B는 공유 결합을 형성한다.

오답 피하기 ① 전자 수가 같은 이온의 이온 반지름은 원자 번호가 커질수록 감소한다. 따라서 A 이온의 반지름이 B 이온의 반지름보다 크다.
② 이온의 전하는 A 이온이 2, C 이온이 1이다.
④ A 이온과 C 이온은 1 : 2의 개수비로 결합하여 화합물 C_2A를 형성한다.
⑤ B 이온과 C 이온은 1 : 1의 개수비로 결합하여 화합물 CB를 형성한다.

547 NaCl 결정을 가열하면 용융 상태의 NaCl이 된다. 이때 이온 사이의 거리는 멀어진다.
ㄱ. NaCl 결정에 힘을 가하면 같은 전하를 띠는 이온 사이에 반발력이 작용하므로 쉽게 부서진다.

오답 피하기 ㄴ. 이온 결합 물질은 고체 상태에서 전기 전도성이 없으므로 (가)는 전기 전도성이 없다.
ㄷ. (가)는 고체, (나)는 액체이므로 이온 사이의 거리는 (나)에서가 (가)에서보다 크다.

548 A는 1주기 1족 원소인 수소(H)이고, B는 2주기 17족 원소인 플루오린(F), C는 3주기 2족 원소인 마그네슘(Mg), D는 3주기 13족 원소인 알루미늄(Al)이다. 이온 결합 물질은 금속 원소와 비금속 원소로 구성된 물질이므로 A와 C, A와 D, B와 C, B와 D가 결합하여 형성된다.

549 이온의 전하량이 같을 때 이온 사이의 정전기적 인력은 이온 사이의 거리가 짧을수록 크다.
ㄴ. 이온 사이의 거리는 (가)<(나)<(다)이므로 음이온의 반지름은 (나)가 (가)보다 크다.
ㄷ. 이온 사이의 정전기적 인력은 (가)>(나)>(다)이다.

오답 피하기 ㄱ. 녹는점은 이온 사이의 정전기적 인력이 클수록 높다. 따라서 녹는점은 (가)>(나)>(다)이다.

자료 정리

정전기적 인력과 물질의 녹는점

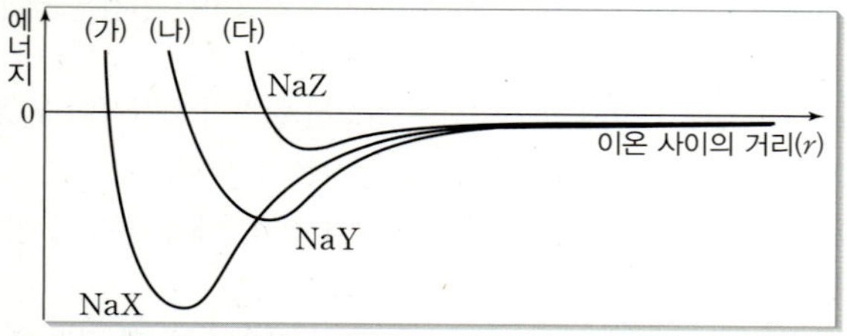

(1) 이온 사이의 거리: NaZ>NaY>NaX
➡ Na^+의 이온 반지름은 일정
➡ 이온 사이의 거리는 음이온의 이온 반지름이 클수록 크다.
➡ 이온 반지름: $Z^->Y^->X^-$
(2) 이온 결합 물질의 녹는점은 이온 사이의 정전기적 인력이 클수록 높다.
➡ 이온의 전하량이 같으므로 정전기적 인력은 이온 사이의 거리가 짧을수록 크다.
➡ 녹는점: NaX>NaY>NaZ

550 A, B, C, E는 비금속 원소, D는 금속 원소이다.
ㄴ. DA와 D_2B는 모두 금속 원소와 비금속 원소 사이의 결합으로 형성된 이온 결합 물질이다.
ㄷ. 이온 결합 물질의 녹는점은 이온 사이의 거리가 짧을수록 높으므로 DC(s)가 DE(s)보다 높다.

오답 피하기 ㄱ. A_2B는 공유 결합 물질이므로 액체 상태에서 전기 전도성이 없고, DC는 이온 결합 물질이므로 액체 상태에서 전기 전도성이 있다.

551 ㄴ. 수소(H)가 내놓은 전자 1개와 염소(Cl)가 내놓은 전자 1개가 전자쌍을 형성하므로 전자쌍 1개를 공유한다.
ㄷ. 화합물에서 수소(H)는 헬륨(He)과 전자 배치가 같고, 염소(Cl)는 아르곤(Ar)과 전자 배치가 같다.

오답 피하기 ㄱ. 수소(H)와 염소(Cl)는 전자를 공유하였으므로 공유 결합을 형성한다.

552 A~C의 원자가 전자 수는 각각 1, 6, 7이므로 A는 1개의 전자쌍을, B는 2개의 전자쌍, C는 1개의 전자쌍을 공유하여 결합한다. 따라서 공유 전자쌍 수가 가장 많은 것은 A_2B_2이다.

553 H, C, O의 원자가 전자 수는 각각 1, 4, 6이므로 H는 1개의 전자쌍을, C는 4개의 전자쌍을, O는 2개의 전자쌍을 공유하여 결합한다. 따라서 CH_2O의 공유 전자쌍 수(x)는 4, Ne과 전자 배치가 같은 원자 수(y)는 2이므로 $x+y=6$이다.

554 ㄱ. 에너지가 가장 낮은 지점인 B에서 공유 결합이 형성된다.
ㄴ. 공유 결합 반지름은 공유 결합을 형성하는 지점에서 원자핵 사이의 거리의 $\frac{1}{2}$이므로 H_2의 공유 결합 반지름은 37 pm이다.

오답 피하기 ㄷ. A에서는 인력이 반발력보다 우세하게 작용하여 원자가 서로 가까워지면서 에너지가 낮아지고, C에서는 반발력이 인력보다 우세하게 작용하여 에너지가 급격히 증가한다.

555 ㄱ. A의 원자가 전자 수는 6이므로 A 원자는 2개의 전자쌍을 공유하여 결합한다.
ㄴ. A_2에서 A의 전자 수는 10이므로 Ne과 전자 배치가 같다.

오답 피하기 ㄷ. A_2에서 공유한 전자 수는 4개, 공유하지 않은 전자 수는 8개이다.

556 ㄱ. AB는 이온 결합 물질이고, C_2는 공유 결합 물질이다.
ㄷ. B와 C는 모두 비금속 원소이고, 원자가 전자 수는 B가 6, C가 7이다. 따라서 B 원자 1개는 C 원자 2개와 각각 전자쌍 1개씩을 공유하여 결합하므로 BC_2의 공유 전자쌍 수는 2이다.

오답 피하기 ㄴ. A는 금속 원소이고, C는 비금속 원소이므로 AC_2는 이온 결합 물질이다. 이온 결합 물질은 고체 상태에서 이온이 자유롭게 움직일 수 없으므로 전기 전도성이 없다.

557 A는 금속 원소, B와 C는 비금속 원소이다. 따라서 (가)는 AB로 이온 결합 물질이고, (나)는 CB₂로 공유 결합 물질이다.

ㄴ. (가)에서 B는 전자 1개를 얻어 Ne과 전자 배치가 같아지고, (나)에서 B는 전자 1개를 공유하여 Ne과 전자 배치가 같아진다.

ㄷ. 액체 상태에서 (가)는 이온이 자유롭게 움직일 수 있으므로 전기 전도성이 있고, (나)는 전기 전도성이 없다.

오답 피하기 ㄱ. 녹는점은 이온 결합 물질이 공유 결합 물질보다 높으므로 (가)가 (나)보다 높다.

558 X에 힘을 가하면 자유 전자인 B가 빠르게 재배열하여 금속 결합을 유지한다.

오답 피하기 ①, ② A는 (+)전하를 띠므로 금속 양이온이고, B는 (−)전하를 띠므로 자유 전자이다.

③ X의 금속 양이온의 전하가 +1이고, 금속 양이온 1개당 자유 전자가 1개가 있으므로 X는 1족 원소이다.

④ X에 전압을 걸어주면 자유 전자인 B가 (+)극으로 이동하여 전류가 흐른다.

559 A는 금속 양이온의 전하가 +1이고 금속 양이온 1개당 자유 전자 1개가 있으므로 1족 원소인 나트륨(Na)이다. 그리고 B는 금속 양이온의 전하가 +2이고 금속 양이온 1개당 자유 전자 2개가 있으므로 2족 원소인 마그네슘(Mg)이다.

ㄴ. A와 B는 모두 금속이므로 뽑힘성과 펴짐성이 있다.

오답 피하기 ㄱ. 원자가 전자 수는 A가 1, B가 2이므로 B가 A보다 크다.

ㄷ. A와 B는 모두 금속 원소이므로 산소(O) 원자는 전자 2개를 얻어 산소 이온(O^{2-})이 된 후 A 또는 B와 결합한다. 이때 A는 금속 양이온의 전하가 +1이므로 산소(O) 원자와 2 : 1의 개수비로 결합하며, B는 금속 양이온의 전하가 +2이므로 산소(O) 원자와 1 : 1의 개수비로 결합한다. 따라서 산소(O) 원자 1개와 결합하는 원자 수는 A가 B의 2배이다.

560 A가 반응성이 좋다면 공기 중 산소와 쉽게 반응하여 부식되므로 왕관과 반도체 칩을 만드는 데 사용할 수 없다.

561 A~C는 14족 원소가 아니므로 $a=1$이 된다. Ne과 같은 전자 배치를 이루기 위해 A는 전자 1개를 얻으므로 2주기 17족 원소이고, B는 전자 2개를 잃으므로 3주기 2족 원소이며, C는 전자 2개를 얻으므로 2주기 16족 원소이다.

ㄱ. 공유 전자쌍 수는 C₂가 2, A₂가 1이다.

오답 피하기 ㄴ. CA₂는 공유 결합 물질이고, BA₂는 이온 결합 물질이므로 녹는점은 BA₂가 CA₂보다 높다.

ㄷ. BA₂는 이온 결합 물질이므로 고체 상태에서 전기 전도성이 없지만, B는 자유 전자가 있으므로 고체 상태에서 전기 전도성이 있다.

562 (가)는 이온 결합 물질, (나)는 금속, (다)는 분자로 구성된 공유 결합 물질이다.

ㄱ. 이온 결합 물질인 (가)는 고체 상태에서 외부 힘에 의해 쉽게 부스러진다.

오답 피하기 ㄴ. 액체 상태에서 전기 전도성이 있는 물질은 (가)와 (나) 2가지이다.

ㄷ. 양이온과 음이온 사이의 정전기적 인력에 의해 결합한 물질은 (가)이다.

<table>
<tr><td colspan="7">III-2. 분자의 구조와 극성   22 ~ 27쪽</td></tr>
<tr><td>563 ④</td><td>564 ②</td><td>565 ③</td><td>566 ⑤</td><td>567 ①</td><td>568 ④</td><td>569 ②</td></tr>
<tr><td>570 ⑤</td><td>571 ①</td><td>572 ④</td><td>573 ①</td><td>574 ⑤</td><td>575 ⑤</td><td>576 ④</td></tr>
<tr><td>577 ④</td><td>578 ③</td><td>579 ①</td><td>580 ③</td><td>581 ①</td><td>582 ⑤</td><td>583 ②</td></tr>
<tr><td>584 ②</td><td>585 ④</td><td>586 ⑤</td><td>587 ⑤</td><td>588 ②</td><td>589 ⑤</td><td>590 ②</td></tr>
</table>

563 같은 주기에서 원자 번호가 커질수록 전기 음성도가 증가하므로 전기 음성도는 X < Y < Z이다. 따라서 Y−Z 결합에서 Y는 부분적인 (+)전하를, Z는 부분적인 (−)전하를 띤다.

오답 피하기 ① X는 15족 원소, Y는 16족 원소이므로 전기 음성도는 Y가 X보다 크다.

② X−X 결합은 전기 음성도가 같은 원자 사이의 결합이므로 무극성 공유 결합이다.

③ X−Z 결합은 전기 음성도가 다른 두 원자 사이의 결합이므로 극성 공유 결합이다.

⑤ Z−Y−Y−Z에서 Y−Y 결합은 무극성 공유 결합이고, Y−Z 결합은 극성 공유 결합이다.

564 두 원자가 공유 결합을 형성할 때 전기 음성도가 큰 원자는 부분적인 (−)전하를 띠고, 전기 음성도가 작은 원자는 부분적인 (+)전하를 띤다. 주어진 분자를 구성하는 원자의 전기 음성도는 H < C < N < O < F이므로 HF에서 F, NH₃에서 N, OF₂에서 F, NO₂에서 O, HCN에서 N이 부분적인 (−)전하를 띤다.

565 화학 반응 전후 원자의 종류와 수는 같으므로 A는 질소(N), B는 수소(H)이다. 따라서 반응식은 다음과 같다.
$$N_2(g) + 3H_2(g) \longrightarrow 2NH_3(g)$$

ㄱ. 전기 음성도는 A(N)가 B(H)보다 크다.

ㄴ. A와 B는 전기 음성도가 다르므로 극성 공유 결합을 형성한다.

오답 피하기 ㄷ. A(N)는 원자가 전자 수가 5이므로 전자쌍 3개를 공유하여 결합한다. 따라서 NH₃에서 N 1개는 H 3개와 각각 전자쌍 1개씩을 공유하여 결합하므로 A₂와 NH₃의 공유 전자쌍 수는 모두 3이다.

566 A의 원자가 전자 수는 6, B의 원자가 전자 수는 7이다. 따라서

A는 전자쌍 2개를 공유하여 결합하고, B는 전자쌍 1개를 공유하여 결합한다.

ㄱ. (가)에는 같은 원자끼리 전자를 공유하여 결합하는 무극성 공유 결합이 있다.

ㄴ. 전기 음성도는 B가 A보다 크므로 (나)에서 B는 부분적인 $(-)$전하를 띤다.

ㄷ. (가)와 (나)의 공유 전자쌍 수는 모두 2이다.

567 A, B, D, E는 비금속 원소이고, C는 금속 원소이다.

ㄱ. 전기 음성도는 비금속 원소가 금속 원소보다 크므로 B가 C보다 크다.

오답 피하기 ㄴ. A는 비금속 원소, C는 금속 원소이므로 A와 C는 이온 결합을 형성한다.

ㄷ. 같은 주기에서 원자 번호가 커질수록 전기 음성도가 증가하므로 전기 음성도는 D$<$E이다. 따라서 D$-$E 결합에서 공유 전자쌍은 E 원자 쪽으로 더 치우쳐 있다.

568 극성 공유 결합에서는 전기 음성도가 큰 원자가 공유 전자쌍을 더 세게 잡아당기므로 부분적인 $(-)$전하를 띤다. XY_2에서 X가 부분적인 $(+)$전하를 띠므로 전기 음성도는 Y가 X보다 크고, ZY_2X에서 X가 부분적인 $(-)$전하를 띠므로 전기 음성도는 X가 Z보다 크다. 따라서 전기 음성도는 Z$<$X$<$Y이다.

569 A_2B_2와 B_2C_2의 루이스 전자점식을 나타내면 다음과 같다.

$$\text{A:B:B:A} \qquad \text{:C:B:B:C:}$$

ㄴ. A_2B_2에서 B$-$B 결합은 전기 음성도가 같은 원자 사이의 결합이므로 무극성 공유 결합이다.

오답 피하기 ㄱ. 전기 음성도는 A$<$B$<$C이다.

ㄷ. A_2B_2와 B_2C_2의 공유 전자쌍 수는 모두 3이다.

570 원자가 전자 수는 A가 1, B가 5, C가 6이므로 A는 1개의 전자쌍을 공유하여 결합하고, B는 3개의 전자쌍을, C는 2개의 전자쌍을 공유하여 결합한다.

571 전기 음성도는 주기율표에서 오른쪽 위로 갈수록 증가하므로 A는 Na, B는 Mg, C는 O, D는 F이다.

ㄱ. B는 3주기 2족 원소인 Mg이다.

오답 피하기 ㄴ. A는 금속 원소, D는 비금속 원소이므로 A와 D는 이온 결합을 형성한다.

ㄷ. 전기 음성도는 D가 C보다 크므로 C$-$D 결합에서 C는 부분적인 $(+)$전하를, D는 부분적인 $(-)$전하를 띤다.

572 (가)의 공유 전자쌍 수가 4이므로 A는 탄소(C), B는 산소(O)이다. 그리고 (나)의 공유 전자쌍 수가 2이므로 C는 플루오린(F)이다. 따

라서 (나)는 BC_2이다. (다)는 공유 전자쌍 수가 4이므로 AC_4이다.

ㄴ. B는 2주기 16족, C는 2주기 17족 원소이므로 전기 음성도는 C가 B보다 크다.

ㄷ. 비공유 전자쌍 수는 (가)가 4, (다)가 12이다.

오답 피하기 ㄱ. $x=2$, $y=4$이다.

573 BF_3의 중심 원자인 B에는 비공유 전자쌍이 없고, 공유 전자쌍 수는 3이므로 분자 구조는 (가)와 같이 평면 삼각형이다.

CH_4의 중심 원자인 C에는 비공유 전자쌍이 없고, 공유 전자쌍 수는 4이므로 분자 구조는 (나)와 같이 정사면체형이다.

574 분자의 구조는 중심 원자 주위의 전자쌍 수와 중심 원자에 결합한 원자 수로부터 판단할 수 있다. CO_2, HCN는 모두 중심 원자인 C에 비공유 전자쌍이 없고 중심 원자에 결합한 원자 수가 2이므로 직선형이다.

오답 피하기 ① BeF_2는 직선형, H_2O은 굽은 형이다.

② BF_3는 평면 삼각형, NH_3는 삼각뿔형이다.

③ CH_4은 정사면체형, NH_3는 삼각뿔형이다.

④ CH_2O는 평면 삼각형, PH_3는 삼각뿔형이다.

575 AC_3의 중심 원자인 A에는 비공유 전자쌍이 없고, 공유 전자쌍 수가 3이므로 분자 구조는 평면 삼각형이다. BC_2의 중심 원자인 B에는 비공유 전자쌍이 2개 있고, 공유 전자쌍 수가 2이므로 분자 구조는 굽은 형이다. AC_3는 평면 삼각형 구조, BC_2는 굽은 형 구조이므로 모두 구성 원자가 동일 평면에 존재한다.

오답 피하기 ① 같은 주기에서 원자 번호가 커질수록 전기 음성도가 증가한다. B는 2주기 16족 원소, C는 2주기 17족 원소이므로 전기 음성도는 C가 B보다 크다.

② AC_3는 A와 C 사이의 극성 공유 결합으로만 이루어져 있다.

③ 전기 음성도는 B$<$C이므로 BC_2에서 C는 부분적인 $(-)$전하를 띤다.

④ BC_2의 분자 구조는 굽은 형, AC_3의 분자 구조는 평면 삼각형이므로 결합각은 AC_3가 BC_2보다 크다.

576 A는 탄소(C), B는 산소(O)이므로 분자 AB_2는 CO_2이다. C와 O는 전기 음성도가 다르므로 두 원자 사이의 결합은 극성 공유 결합이다.

오답 피하기 ① CO_2의 분자 구조는 직선형이므로 결합각은 $180°$이다.

② C 원자 1개는 O 원자 1개와 전자쌍 2개를 공유하여 결합하므로 2중 결합이 있다.

③ CO_2는 분자의 쌍극자 모멘트가 0인 무극성 분자이다.

⑤ CO_2의 공유 전자쌍 수와 비공유 전자쌍 수는 모두 4이다.

577 분자의 쌍극자 모멘트가 0인 분자는 BCl_3, CH_4, CO_2 3가지이다.

오답 피하기 ① 중심 원자에 비공유 전자쌍이 없는 분자는 BCl_3, CH_4, CO_2, HCN 4가지이다.

② 분자 구조가 직선형인 분자는 CO_2와 HCN 2가지이다.

③ 다중 결합이 있는 분자는 CO_2와 HCN 2가지이다.
⑤ BCl_3는 평면 삼각형 구조, CH_4은 정사면체형 구조, H_2O은 굽은 형 구조, CO_2와 HCN는 직선형 구조이므로 구성 원자가 모두 동일 평면에 존재하는 분자는 BCl_3, H_2O, CO_2, HCN 4가지이다.

578 (가)의 중심 원자인 C에는 비공유 전자쌍이 없고 공유 전자쌍 수가 4이므로 분자 구조는 정사면체형이고, (나)의 중심 원자인 N에는 비공유 전자쌍이 1개 있고, 공유 전자쌍 수가 3이므로 분자 구조는 삼각뿔형이다. (다)의 중심 원자인 O에는 비공유 전자쌍이 2개 있고, 공유 전자쌍 수가 2이므로 분자 구조는 굽은 형이다.
ㄱ. C−H, N−H, O−H 결합은 모두 전기 음성도가 다른 원자 사이의 결합이므로 극성 공유 결합이다.
ㄴ. BCl_3의 중심 원자인 B에는 비공유 전자쌍이 없고 공유 전자쌍 수가 3이므로 분자 구조는 평면 삼각형이고, 결합각은 $120°$이다. (가)~(다)의 결합각은 (가)가 $109.5°$, (나)가 $107°$, (다)가 $104.5°$이므로 모두 BCl_3보다 작다.
[오답 피하기] ㄷ. (가)와 (나)는 입체 구조, (다)는 평면 구조이다.

579 (가)는 중심 원자인 C에 비공유 전자쌍이 없고, 중심 원자에 결합한 원자 수가 2이므로 분자 구조는 직선형이다. (나)는 중심 원자인 B에 비공유 전자쌍이 없고 공유 전자쌍 수가 3이므로 분자 구조는 평면 삼각형이다.
ㄱ. (가)의 결합각은 $180°$이고, (나)의 결합각은 $120°$이다.
[오답 피하기] ㄴ. (가)와 (나)는 모두 분자의 쌍극자 모멘트가 0인 무극성 분자이다.
ㄷ. (가)의 C=O 결합과 (나)의 B−F 결합은 모두 극성 공유 결합이다.

580 X와 Y는 16족 원소이며, Z는 15족 원소이다.
ㄱ, ㄷ. (가)와 (나)의 중심 원자에는 2개의 비공유 전자쌍이 있고, 공유 전자쌍 수는 2이므로 분자 구조는 모두 굽은 형이다. (다)의 중심 원자에는 1개의 비공유 전자쌍이 있고 공유 전자쌍 수는 3이므로 분자 구조는 삼각뿔형이다. 따라서 결합각은 (다)가 (가)보다 크다.
[오답 피하기] ㄴ. X~Z 중 Y의 전기 음성도가 가장 크지만 F의 전기 음성도가 Y보다 크므로 (나)에서 Y는 부분적인 (+)전하를 띤다.

581 AC_3와 BC_3에서 중심 원자에 결합한 원자 수는 모두 3으로 같지만 AC_3는 무극성 분자이고, BC_3는 극성 분자이므로 AC_3는 평면 삼각형 구조이고 BC_3는 삼각뿔형 구조임을 알 수 있다.
ㄱ. AC_3는 평면 삼각형 구조이므로 중심 원자인 A에 비공유 전자쌍이 없다. BC_3는 삼각뿔형 구조이므로 중심 원자인 B에 비공유 전자쌍이 1개 있다. 따라서 $x=0$, $y=1$이므로 $y>x$이다.
[오답 피하기] ㄴ. AC_3는 평면 삼각형 구조이므로 결합각이 $120°$이고, BC_3는 삼각뿔형 구조이므로 결합각이 $120°$보다 작다.
ㄷ. 결합의 쌍극자 모멘트는 결합한 두 원자의 전기 음성도 차이가 클수록 크다. 원자 번호는 B가 A보다 크므로 전기 음성도 차이는 A−C가

B−C보다 크다. 따라서 결합의 쌍극자 모멘트는 A−C 결합이 B−C 결합보다 크다.

582 A는 H, B는 F, C는 O, D는 Cl이다.
ㄱ. 2원자 분자의 쌍극자 모멘트는 두 원자의 전기 음성도 차이가 클수록 크다. 따라서 AB가 AD보다 크다.
ㄴ. $A_2C(H_2O)$의 분자 구조는 굽은 형이므로, 구성 원자는 모두 동일 평면에 존재한다.
ㄷ. 전기 음성도는 C가 D보다 크므로 CD_2에서 D는 부분적인 (+)전하를 띤다.

583 분자의 구조는 중심 원자의 비공유 전자쌍 수와 중심 원자에 결합한 원자 수에 따라 달라지며, 이에 따라 분자의 성질도 달라진다.
B: 중심 원자에 결합한 원자 수가 같아도 중심 원자의 비공유 전자쌍 수에 따라 분자의 구조가 달라진다.
[오답 피하기] A: 분자의 구조는 중심 원자에 있는 비공유 전자쌍 수도 관련 있다.
C: 극성 공유 결합이 있는 분자라도 결합의 쌍극자 모멘트의 합이 0이면 분자의 쌍극자 모멘트가 0이므로 무극성 분자이다.

584 분자의 구조는 중심 원자의 비공유 전자쌍 수와 중심 원자에 결합한 원자 수에 의해 결정된다. CF_2Cl_2의 중심 원자인 C에는 비공유 전자쌍이 없고, 중심 원자에 결합한 원자 수가 4이므로 분자 구조는 사면체형이다.
ㄴ. 분자 구조가 사면체형이므로 분자의 쌍극자 모멘트는 0이 아니다.
[오답 피하기] ㄱ. 분자의 구조는 사면체형이다.
ㄷ. F과 Cl는 C보다 전기 음성도가 크므로 모두 부분적인 (−)전하를 띤다.

585 (가)는 $XY_2(CO_2)$, (나)는 $Z_2Y(H_2O)$이다.
ㄱ. (가)의 분자 구조는 직선형, (나)의 분자 구조는 굽은 형이므로 결합각은 (가)가 (나)보다 크다.
ㄷ. (가)의 공유 전자쌍 수와 비공유 전자쌍 수는 모두 4이고, (나)의 공유 전자쌍 수와 비공유 전자쌍 수는 모두 2이다. 따라서 (가)와 (나)는 모두 $\dfrac{\text{비공유 전자쌍 수}}{\text{공유 전자쌍 수}}$가 1이다.
[오답 피하기] ㄴ. (가)는 분자의 쌍극자 모멘트가 0인 무극성 분자이고, (나)는 분자의 쌍극자 모멘트가 0이 아닌 극성 분자이다.

586 (가)~(다)의 분자식은 각각 CH_4, HCN, CH_2O이다.
ㄱ. (가)의 분자 구조는 정사면체형, (나)의 분자 구조는 직선형이므로 결합각은 (나)가 (가)보다 크다.
ㄴ. 공유 전자쌍 수는 (나)와 (다) 모두 4이다.
ㄷ. (가)는 무극성 분자이고, (나)와 (다)는 극성 분자이므로 전기장 속에 넣었을 때 규칙적으로 배열되는 분자는 (나)와 (다) 2가지이다.

587 A는 수소(H), B는 탄소(C), C는 산소(O)이다. 따라서 (가)는 CH_4, (나)는 H_2O, (다)는 CH_2O이다.

ㄱ. (가)는 무극성 분자, (다)는 극성 분자이므로 분자의 쌍극자 모멘트는 (다)가 (가)보다 크다.

ㄴ. 분자량이 비슷할 때 물질의 끓는점은 극성 분자가 무극성 분자보다 높다. 따라서 물질의 끓는점은 (나)가 (가)보다 높다.

ㄷ. (나)는 굽은 형, (다)는 평면 삼각형 구조이므로 (나)와 (다)는 모두 구성 원자가 동일 평면에 존재한다.

588 (가)~(다)에 공통으로 X가 존재하므로 X는 F임을 알 수 있다. (나)에서 원자 수비가 X : Y$=3 : 1$이므로 (나)는 NF_3이고, (다)에서 원자 수비가 X : Z$=4 : 1$이므로 (다)는 CF_4이다. 따라서 Y는 N이고 (가)는 N_2F_2이다.

ㄴ. NF_3의 분자 구조는 삼각뿔형이므로 (나)는 입체 구조이다.

[오답 피하기] ㄱ. (가)의 공유 전자쌍 수는 4, 비공유 전자쌍 수는 8이므로 $x=2$이다.

ㄷ. (나)와 (다)는 모두 극성 공유 결합으로 이루어져 있지만 (나)는 삼각뿔형 구조이므로 분자의 쌍극자 모멘트가 0이 아닌 극성 분자이고, (다)는 정사면체형 구조이므로 분자의 쌍극자 모멘트가 0인 무극성 분자이다.

589 A는 수소(H), B는 플루오린(F), C는 마그네슘(Mg), D는 산소(O)이다. 따라서 CB_2는 이온 결합 물질이다.

[오답 피하기] ① AB는 극성 분자이므로 극성 용매인 물에 잘 용해된다.

② D 원자 1개는 A 원자 2개와 각각 전자쌍 1개씩을 공유하므로 A_2D의 중심 원자인 D에는 2개의 비공유 전자쌍과 2개의 공유 전자쌍이 있다. 따라서 A_2D의 분자 구조는 굽은 형이다.

③ 공유 전자쌍 수는 D_2가 2, B_2가 1이다.

④ A_2D_2의 분자 구조는 굽은 형이므로 분자의 쌍극자 모멘트가 0이 아니다.

590 $(-)$대전체를 가까이 대었을 때 물줄기만 휘어지므로 물은 극성 분자, 사이클로헥세인은 무극성 분자이다.

ㄴ. 분자의 쌍극자 모멘트는 극성 분자인 물이 무극성 분자인 사이클로헥세인보다 크다.

[오답 피하기] ㄱ. 물(H_2O)에서 O 원자는 부분적인 $(-)$전하를, H 원자는 부분적인 $(+)$전하를 띤다. 따라서 $(+)$대전체를 가까이 대면 부분적인 $(-)$전하를 띠는 O 원자 쪽이 대전체에 끌려가므로 물줄기가 휘어진다. 그러나 사이클로헥세인은 무극성 분자이므로 $(+)$대전체를 가까이 대어도 액체 줄기가 휘어지지 않는다.

ㄷ. 기체 상태의 물질을 전기장에 넣으면 극성 분자인 물만 규칙적으로 배열된다.

IV - 1. 화학 반응에서의 동적 평형 　　28 ～ 33쪽

591 ⑤	592 ①	593 ⑤	594 ③	595 ②	596 ⑤	597 ②
598 ④	599 ③	600 ④	601 ⑤	602 ②	603 ③	604 ④
605 ⑤	606 ④	607 ⑤	608 ③	609 ⑤	610 ③	611 ④
612 ③	613 ②	614 ①	615 ⑤	616 ⑤		

591 반응 조건에 따라 정반응과 역반응이 모두 일어날 수 있는 반응을 가역 반응이라고 한다.

ㄱ. (가)와 (나)는 정반응과 역반응이 모두 일어날 수 있으므로 가역 반응이다.

ㄴ. (가)에서 $CaCO_3(s) + CO_2(g) + H_2O(l) \longrightarrow Ca(HCO_3)_2(aq)$의 정반응이 일어나면 반응 후 수용액의 이온 수가 증가한다.

ㄷ. (나)에서 황산 구리 오수화물($CuSO_4 \cdot 5H_2O$)이 생성될 때는 푸른색이고, 분해될 때는 흰색이다.

592 시간 t가 되면 농도가 일정해지므로 평형 상태에 도달하게 된다.

ㄱ. 강철 용기에 X(g)를 넣었고, ㉠은 반응 전에는 존재하지 않았다가 농도가 증가하므로 Y(g)이다.

[오답 피하기] ㄴ. 가역 반응이므로 (가)에서 정반응과 역반응이 모두 일어난다.

ㄷ. Y(g)의 농도가 점점 증가하므로 (가)와 (나)에서 X(g)와 Y(g)의 농도비는 서로 다르다.

593 밀폐 용기에 물을 넣고 충분한 시간이 지나면 물의 증발 속도와 수증기의 응축 속도가 같아져 수면의 높이 변화가 일어나지 않는 동적 평형 상태에 도달한다.

[오답 피하기] ① 평형 상태에서 수면의 높이는 일정하다.

②, ③ 평형 상태에서도 물의 증발과 수증기의 응축은 일어난다.

④ 뚜껑을 열면 증발하는 물 분자 수가 증가하여 증발 속도가 응축 속도보다 커진다.

594 백설탕으로 포화된 용액에 흑설탕을 넣었을 때 용액의 색이 변한 것으로 보아 동적 평형 상태에서도 설탕이 용해되고 석출되는 반응이 모두 일어나고 있음을 알 수 있다.

ㄱ. (가)의 용액은 백설탕이 모두 용해된 포화 용액이므로, 동적 평형 상태이다.

ㄷ. (나)에 백설탕을 더 넣으면 용해 반응과 석출 반응이 계속 일어나서 용액의 색이 다시 맑아진다.

[오답 피하기] ㄴ. (나)에서 흑설탕이 용해되므로 석출되는 백설탕의 양은 증가한다.

595 (가)는 밀폐된 상태가 아니므로 $CO_2(s)$의 승화가 계속 일어나고, (나)는 밀폐된 후 충분한 시간이 지난 상태이므로 동적 평형에 도달한다.

ㄷ. (나)는 동적 평형에 도달한 상태이므로 (나)에서 $CO_2(l)$의 액체면 높이는 일정하게 유지된다.

오답 피하기 ㄱ. (가)에서 $CO_2(s)$의 승화가 계속 일어나므로 $CO_2(s)$의 양은 점점 감소한다.

ㄴ. (나)에서는 $CO_2(l) \longrightarrow CO_2(g)$ 반응과 $CO_2(g) \longrightarrow CO_2(l)$ 반응이 모두 일어난다.

596 이산화 질소(NO_2)와 사산화 이질소(N_2O_4) 사이에 일어나는 반응은 가역 반응이다.

ㄴ. 가역 반응이므로 평형 상태에서는 NO_2와 N_2O_4가 모두 존재한다.

ㄷ. NO_2는 적갈색이고, N_2O_4는 무색이므로 밀폐된 용기에 NO_2를 넣으면 적갈색이 점점 옅어지다가 동적 평형 상태에 도달하면 색이 일정해진다.

오답 피하기 ㄱ. 밀폐된 용기에 NO_2를 넣으면 정반응이 우세하게 진행되다가 생성물의 농도가 커지면 정반응과 역반응의 속도가 같아지는 동적 평형 상태에 도달하게 된다.

597 순수한 물에서는 매우 적은 양의 물(H_2O) 분자끼리 H^+을 주고받는 반응이 일어나는데, 이를 물의 자동 이온화 반응이라고 한다.

ㄴ. pH가 7보다 작은 상태에서도 물이 존재하므로 물의 자동 이온화 반응이 일어난다.

오답 피하기 ㄱ. 온도가 달라지면 자동 이온화하는 물 분자 수가 달라진다. 일반적으로 온도가 높아질수록 자동 이온화하는 물 분자 수가 많아진다.

ㄷ. 매우 적은 양의 물 분자만 자동 이온화하므로 평형 상태에서 반응물의 농도가 생성물의 농도보다 훨씬 크다.

598 25℃에서 $K_w=1.0\times10^{-14}$이고, 수용액이 중성일 때 $[H_3O^+]=1.0\times10^{-7}$M이므로 $[H_3O^+]=1.0\times10^{-6}$M이면 중성일 때보다 $[H_3O^+]$가 크므로 수용액의 액성은 산성이다.

오답 피하기 ① pH는 수소 이온 농도 지수로, $-\log[H_3O^+]$이다.

② $pH=-\log[H_3O^+]$이고, 물의 이온화 상수 $K_w=[H_3O^+][OH^-]$이므로 pH는 K_w에 따라 달라진다.

③ 25℃에서 pOH가 7이면 pH도 7이므로 중성이다.

⑤ 25℃에서 $NaOH(aq)$은 염기성, $HCl(aq)$은 산성이므로 $NaOH(aq)$이 $HCl(aq)$보다 pH가 더 크다.

599 $HCl(aq)$에서 H^+은 물과 반응하여 H_3O^+으로 존재한다.

오답 피하기 ①, ② $HCl(aq)$은 산성이므로 pH는 7보다 작다.

④ $HCl(aq)$에는 물의 자동 이온화 반응으로 생성되는 OH^-이 매우 적은 양으로 존재한다.

⑤ $Mg(s)$은 산과 반응하여 수소 기체(H_2)를 발생시키므로 수용액 속 H^+의 수가 감소한다. 따라서 pH는 커진다.

600 ㄴ. $K_w=[H_3O^+][OH^-]$이므로 $[OH^-]$는 $HA(aq)$이 1.0×10^{-13}M이고, $BA(aq)$이 1.0×10^{-11}M이다. 따라서 $BA(aq)$이 $HA(aq)$의 100배이다.

ㄷ. $HA(aq)$과 $BA(aq)$은 모두 pH가 7보다 작으므로 산성이다.

오답 피하기 ㄱ. $pH=-\log[H_3O^+]$이므로 $[H_3O^+]$는 $HA(aq)$이 1.0×10^{-1}M이고, $BA(aq)$이 1.0×10^{-3}M이다. 따라서 $HA(aq)$이 $BA(aq)$의 100배이다.

601 ㄱ. $HA(aq)$에서 $[A^-]=0.01$M이므로 $[H_3O^+]=0.01$M이다. 따라서 $HA(aq)$의 pH는 2이다.

ㄴ. $BOH(aq)$에서 $[B^+]=0.05$M이므로 $[OH^-]=0.05$M이다. $K_w=[H_3O^+][OH^-]=1.0\times10^{-14}$이므로 $[H_3O^+]=2\times10^{-13}$M이고, $pH=13-\log2$이다. $\log2<1$이므로 $BOH(aq)$의 pH는 12보다 크다.

ㄷ. $\dfrac{HA(aq)의\ [OH^-]}{BOH(aq)의\ [H_3O^+]}=\dfrac{10^{-12}M}{2\times10^{-13}M}=5$이다.

602 ㄴ. 용질의 양(mol)은 몰 농도×용액의 부피로 구하므로 용질의 양(mol)은 (가)에서 0.001몰, (나)에서 0.002몰이다.

오답 피하기 ㄱ. (가)의 pH가 2이므로 $[H_3O^+]=1.0\times10^{-2}$M이고, (나)의 $[OH^-]=1.0\times10^{-11}$M이므로 $[H_3O^+]=\dfrac{1.0\times10^{-11}}{1.0\times10^{-14}}=1.0\times10^{-3}$M이다. 따라서 $x=0.001$이다.

ㄷ. $\dfrac{(가)의\ [H_3O^+]}{(나)의\ [H_3O^+]}=\dfrac{1.0\times10^{-2}M}{1.0\times10^{-3}M}=10$이다.

603 (가)는 순수한 물이므로 중성, (나)는 $CH_3COOH(aq)$이므로 산성, (다)는 $NH_3(aq)$이므로 염기성이다.

ㄱ. (가)는 순수한 물이므로 $[H_3O^+]=[OH^-]=1.0\times10^{-7}$M이다.

ㄴ. (다)에서 $[OH^-]=1.0\times10^{-3}$M이므로 $[H_3O^+]=1.0\times10^{-11}$M이다. 따라서 (다)의 pH는 11이다.

오답 피하기 ㄷ. $pOH=-\log[OH^-]$이므로 (나)의 pOH는 11, (다)의 pOH는 3이다.

604 ㄱ. 0℃에서 pH가 7인 수용액의 $[H_3O^+]=1.0\times10^{-7}$M이고, $K_w=[H_3O^+][OH^-]=0.12\times10^{-14}$이므로 $[OH^-]=0.12\times10^{-7}$M이다. 따라서 $[H_3O^+]>[OH^-]$이다.

ㄷ. 온도가 높아질수록 K_w가 증가하므로 물에 존재하는 H_3O^+과 OH^-의 수가 증가한다.

오답 피하기 ㄴ. $K_w=[H_3O^+][OH^-]$이고, 순수한 물의 $[H_3O^+]=[OH^-]$이므로 순수한 물의 $[H_3O^+]$는 50℃일 때가 25℃일 때의 $\sqrt{5.5}$배이다.

605 $HA(aq)$에서 $[H_3O^+]=a$M이고, $HB(aq)$에서 $[H_3O^+]=2a$M이므로 혼합 용액에서 $[H_3O^+]=3a$M이다. 이때 $pH=3$이므로 $[H_3O^+]=1.0\times10^{-3}$M이고, $a=\dfrac{1}{3}\times10^{-3}$이다.

606 25°C에서 pH+pOH=14이고, 0.1 M HA(aq)의 pOH가 13이므로 pH는 1이다. 또한, 0.001 M HA(aq)의 pH는 3이므로 pOH는 11이다. 따라서 0.1 M HA(aq)의 pH와 x의 합은 12이다.

607 pH는 수소 이온 농도 지수로 $-\log[H_3O^+]$로 구하고, 용질의 양(mol)은 몰 농도×용액의 부피로 구한다.

ㄱ. $pH=-\log[H_3O^+]$이므로 (가)의 pH는 1이고, (나)의 pH는 0이다.

ㄴ. HA와 HB는 수용액에서 완전히 이온화하므로 용질의 양(mol)은 (가)에서 0.01몰, (나)에서 0.2몰이다.

ㄷ. (가)와 (나)를 혼합하면 0.3 L의 용액에 H_3O^+ 0.21몰이 들어 있으므로 $[H_3O^+]=\dfrac{0.21}{0.3}=0.7$ (M)이다.

608 ㄱ. (가)는 산성이므로 $[H_3O^+]=1.0\times10^{-2}$ M이고, pH는 2이다. 따라서 $x=2$이다.

ㄷ. $[OH^-]$는 (나)가 1.0×10^{-1} M, (다)가 1.0×10^{-4} M이다. 따라서 $[OH^-]$는 (나)가 (다)의 10^3배이다.

오답 피하기　ㄴ. (다)는 염기성이고 pOH=4이므로 $[OH^-]=1.0\times10^{-4}$ M이다. 따라서 $y=10^{-4}$이다.

609 ㄱ. HCl는 수용액에서 H^+을 내놓으므로 브뢴스테드·로리 산이다.

ㄴ. KOH은 수용액에서 OH^-을 내놓으므로 아레니우스 염기이다.

ㄷ. (다)에는 K^+, Cl^-, H_2O이 존재하므로 (다)는 중성이다.

610 ㄱ. (가)는 HCO_3^-으로부터 H^+을 받아 NH_4^+이 되므로 NH_3이다.

ㄷ. HCO_3^-은 (가)에서 산으로, (나)에서 염기로 작용하므로 양쪽성 물질이다.

오답 피하기　ㄴ. (나)는 HCO_3^-에게 H^+을 주는 물질이므로 브뢴스테드·로리 산이다.

611 넣어준 NaOH(aq)의 부피가 20 mL일 때까지 전체 이온 수가 일정하므로 넣어준 NaOH(aq)의 부피가 20 mL일 때가 중화점임을 알 수 있다.

ㄴ. b에서 생성된 물 분자 수는 넣어준 NaOH(aq)의 부피가 20 mL일 때와 같으므로 넣어준 NaOH(aq)의 부피가 10 mL일 때, 즉 a에서 생성된 물 분자 수의 2배이다.

ㄷ. a에서 Cl^- 수는 N, Na^+ 수는 $0.5N$이고, b에서 Cl^- 수는 N, Na^+ 수는 $1.5N$이다. 따라서 $\dfrac{Cl^-\ 수}{Na^+\ 수}$는 $a:b=2:\dfrac{2}{3}=3:1$이다.

오답 피하기　ㄱ. HCl(aq) 10 mL와 완전히 중화 반응하는 NaOH(aq)의 부피가 20 mL이므로 농도 비 $x:y=2:1$이다.

612 ㄱ. (가)와 (나)를 비교했을 때 H_2SO_4(aq)이 2배로 증가하였음에도 생성된 물 분자 수가 2배가 되지 않는 것으로 보아 (가)에서는 H_2SO_4(aq)이 모두 반응하였고, (나)에서는 NaOH(aq)이 모두 반응한

것임을 알 수 있다. 따라서 H_2SO_4(aq) 5 mL에는 H^+ $2N$이 들어 있고, NaOH(aq) 15 mL에는 OH^- $3N$이 들어 있다. 따라서 몰 농도 비는 H_2SO_4(aq) : NaOH(aq)=1 : 1이다.

ㄴ. H_2SO_4(aq) 10 mL에는 H^+ $4N$이 들어 있고, NaOH(aq) 15 mL에는 OH^- $3N$이 들어 있으므로 (나)는 산성이다.

오답 피하기　ㄷ. (가)에는 OH^- $2N$이 남아 있고, (다)에는 H^+ $4N$이 남아 있으므로 (가)와 (다)를 혼합한 용액은 산성이다.

자료 정리

중화 반응의 양적 관계

혼합 용액	혼합 전 용액의 부피(mL)		생성된 물 분자 수
	H_2SO_4(aq)	NaOH(aq)	
(가)	5	20	$2N$
(나)	10	15	$3N$
(다)	15	10	$2N$

(1) (가)와 (나)를 비교하면, H_2SO_4(aq)의 부피는 (나)에서가 (가)에서의 2배이지만 생성된 물 분자 수는 2배가 아니므로 (가)와 (나)에서 서로 다른 수용액의 알짜 이온이 모두 반응한 것임을 알 수 있다.

(2) 각 수용액에 들어 있는 H^+, OH^-의 수는 다음과 같다.

혼합 용액	혼합 전 용액의 부피(mL)		생성된 물 분자 수
	H_2SO_4(aq)	NaOH(aq)	
(가)	5 mL / H^+ $2N$	20 mL / OH^- $4N$	$2N$
(나)	10 mL / H^+ $4N$	15 mL / OH^- $3N$	$3N$
(다)	15 mL / H^+ $6N$	10 mL / OH^- $2N$	$2N$

613 혼합 용액에 들어 있는 이온 수를 통해 HCl(aq) x mL에는 H^+ $2N$, Cl^- $2N$이 들어 있음을 알 수 있고, NaOH(aq) y mL에는 Na^+ N, OH^- N이 들어 있음을 알 수 있다. 같은 부피에 들어 있는 이온 수는 HCl(aq) : NaOH(aq)=4 : 1이므로 $x:y=1:2$이다.

614 (가)는 이온 수가 일정하므로 Cl^-이고, (나)는 이온 수가 점점 감소하다가 0이 되므로 H^+이다.

ㄱ. NaOH(aq) 10 mL를 넣었을 때 중화점에 도달하므로, HCl(aq)과 NaOH(aq)의 몰 농도는 같다. 따라서 $x=0.1$이다.

오답 피하기　ㄴ. (가)는 Cl^-이며, 0.1 M HCl(aq) 10 mL에 들어 있는 Cl^-의 수는 0.1 M×0.01 L=0.001몰이다. 따라서 $y=0.001$이다.

ㄷ. a점에서 용액에 들어 있는 이온의 종류와 수는 Cl^- 0.001몰, Na^+ 0.001몰이다. 따라서 총 이온 수는 0.002몰이다.

자료 정리

중화 반응의 양적 관계

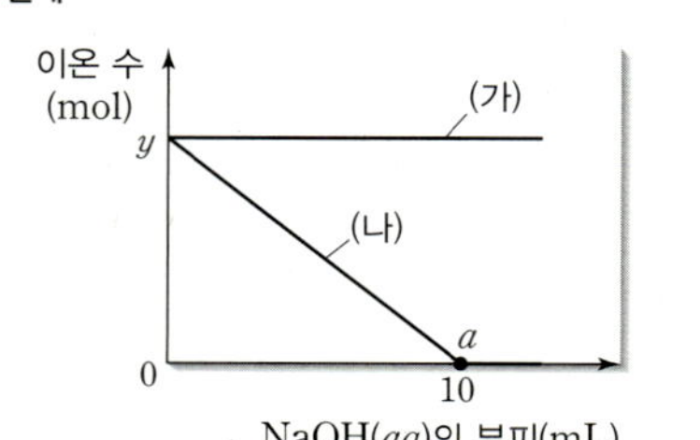

(1) (가)는 이온 수가 일정하므로 Cl^-이다. $0.1M\ HCl(aq)$ $10mL$에 들어 있는 이온 수는 H^+과 Cl^-이 각각 $0.1M \times 0.01L = 0.001$몰이다.

(2) (나)는 $NaOH(aq)$ $10mL$를 가했을 때 이온 수가 0이 되므로 H^+이고, a점에서 중화점에 도달한다. 중화점에서 $HCl(aq)$과 $NaOH(aq)$의 부피가 같으므로 두 수용액의 몰 농도는 같다.

(3) $HCl(aq)$과 $NaOH(aq)$의 중화 반응에서는 반응한 H^+ 수만큼 Na^+ 수가 증가하므로 중화점에 도달할 때까지 총 이온 수의 변화가 없다.

615 중화점에 도달하기 위해서는 반응 전 각 수용액에 들어 있는 H^+과 OH^-의 양(mol)이 같아야 한다. pH가 2인 $HCl(aq)$의 몰 농도는 $0.01M$이고, 부피가 $0.1L$이므로 들어 있는 H^+의 양(mol)은 0.001몰이다. $0.02M\ KOH(aq)$ $5mL$에는 $0.02M \times 0.005L = 0.0001$몰의 OH^-이 들어 있으므로 중화점에 도달하지 못한다.

 ① $0.1M\ NaOH(aq)$ $10mL$에는 $0.1M \times 0.01L = 0.001$몰의 OH^-이 들어 있다.

② $0.5M\ NaOH(aq)$ $2mL$에는 $0.5M \times 0.002L = 0.001$몰의 OH^-이 들어 있다.

③ $0.05M\ KOH(aq)$ $20mL$에는 $0.05M \times 0.02L = 0.001$몰의 OH^-이 들어 있다.

④ $0.05M\ Ca(OH)_2$ $10mL$에는 $2 \times 0.05M \times 0.01L = 0.001$몰의 OH^-이 들어 있다.

616 식초 속 아세트산의 함량을 중화 적정으로 구하고 있으므로 중화점에 도달할 때까지 넣어준 염기의 부피로부터 식초 속 아세트산의 양(mol)을 구할 수 있다.

ㄱ. 넣어준 $NaOH(aq)$과 반응한 산이 아세트산 뿐이어야 넣어준 $NaOH(aq)$의 부피로부터 식초 속 아세트산의 함량(%)을 구할 수 있다.

ㄴ. $NaOH$ 수용액 속 OH^-의 양(mol)은 $0.1M \times 0.01L = 0.001$몰이므로 아세트산의 양(mol)도 0.001몰이다. 따라서 아세트산의 분자량을 알아야 아세트산의 질량을 구할 수 있다.

ㄷ. (가)에서 $\frac{1}{10}$로 묽힌 용액에 아세트산 0.001몰이 들어 있으므로 묽힌 식초의 밀도를 알아야 수용액 전체의 질량을 구하여 함량을 구할 수 있다. 아세트산의 함량(%)은 $\dfrac{\text{아세트산의 질량}}{\text{식초의 질량}} \times 100$으로 구한다.

<table>
<tr><td colspan="7">IV-2. 화학 반응과 열의 출입</td><td>34 ~ 38쪽</td></tr>
</table>

617 ③	618 ③	619 ④	620 ⑤	621 ⑤	622 ③	623 ①
624 ②	625 ⑤	626 ①	627 ①	628 ⑤	629 ③	630 ④
631 ⑤	632 ③	633 ①	634 ③	635 ④	636 ③	637 ③
638 ③						

617 산화 환원 반응에서는 반응 전후 산화수가 변하는 원자가 존재해야 한다.

(가)에서 S의 산화수가 $+4$에서 $+6$으로 변하며, (나)에서 S의 산화수

가 $+4$, -2에서 0으로 변하므로 (가)와 (나)는 산화 환원 반응이다.

 (다)에는 반응 전후 산화수가 변하는 원자가 없다.

618 ㄱ. (가)와 (나)에서 산소(O)의 이동이 있으므로 (가)와 (나)는 산화 환원 반응이다.

ㄷ. X는 CO이고, Y는 CO_2이다. C의 산화수는 X에서 $+2$이고, Y에서 $+4$이다.

 ㄴ. (가)에서 O의 산화수는 0에서 -2로 변한다. 따라서 (가)에서 O_2는 환원된다.

619 전기 음성도가 큰 원자가 공유 전자쌍을 모두 가진다고 가정할 때, 각 구성 원자의 전하가 그 원자의 산화수이다. 전기 음성도는 $F>O>N>H$이므로 $a=0$, $b=-3$, $c=+4$, $d=+3$이다. 따라서 $a+b+c+d=4$이다.

620 ㄱ. (가)에서 마그네슘(Mg)은 연소되면서 산소(O)를 얻어 산화 마그네슘(MgO)이 되므로 산화된다.

ㄴ. (나)에서 염소 기체(Cl_2)는 전자를 얻어 Cl^-이 되므로 환원된다.

ㄷ. (다)에서 Br^-은 전자를 잃고 Br_2이 되므로 산화된다.

621 전기 음성도가 큰 원자가 공유 전자쌍을 모두 가진다고 가정할 때, 각 구성 원자의 전하가 그 원자의 산화수이다. 전기 음성도는 $F>O>H$이므로 O의 산화수는 (가)에서 -1, (나)에서 $+2$, (다)에서 0이다.

<table>
<tr><td>자료 정리</td></tr>
</table>

분자에서 구성 원자의 산화수

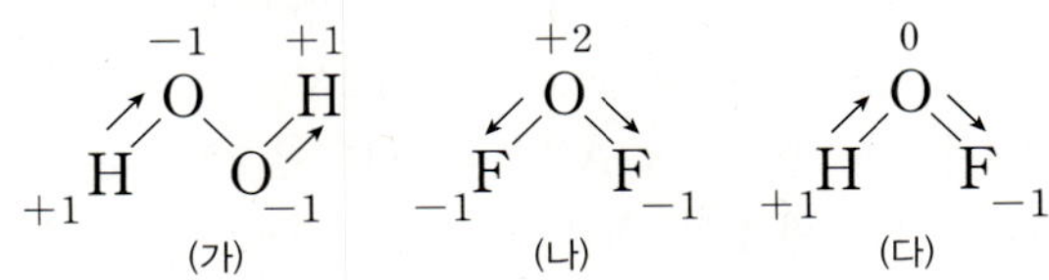

(1) 전기 음성도는 $F>O>H$이다.

(2) (가)의 $O-O$ 결합에서는 전기 음성도 차이가 없으므로 H의 산화수는 $+1$, O의 산화수는 -1이다.

(3) (나)에서 전기 음성도는 F이 O보다 크므로 F의 산화수는 -1, O의 산화수는 $+2$이다.

(4) (다)에서 O의 전기 음성도는 H보다 크고 F보다 작으므로, O의 산화수는 0이고 H의 산화수는 $+1$, F의 산화수는 -1이다.

622 ㄱ, ㄷ. (가)에서 수소(H)의 산화수는 $+1$에서 0으로 감소하고, (나)에서 Zn^{2+}이 환원되어 아연(Zn)으로 석출된다. 따라서 (가)와 (나)에서 산화 반응이 일어나며, 반응식은 다음과 같다.

(가) $2HCl + Zn \longrightarrow ZnCl_2 + H_2$

(나) $ZnCl_2 + Mg \longrightarrow Zn + MgCl_2$

 ㄴ. (가)에서 수소(H)의 산화수는 $+1$에서 0으로 감소한다.

623 $CuSO_4$에 금속 A를 넣었을 때 A는 전자를 잃고 A^{2+}이 되고, Cu^{2+}은 전자를 얻어 Cu로 석출되는 산화 환원 반응이 일어난다.

ㄱ. A는 전자를 잃고 A^{2+}으로 산화된다.

오답 피하기 ㄴ. A가 $CuSO_4$와 반응하여 산화되므로 $CuSO_4$는 산화제이다.

ㄷ. A와 Cu의 산화수가 같으므로 수용액에서 이온 수 변화는 없다. 하지만 원자량은 Cu > A이므로 수용액의 밀도는 감소한다.

624 산화제는 자신은 환원되면서 다른 물질을 산화시키는 물질이고, 환원제는 자신은 산화되면서 다른 물질을 환원시키는 물질이다.

ㄷ. (다)에서 F_2이 Cl^-과 반응하여 F^-으로 환원되므로 F_2이 Cl_2보다 환원되기 쉽다.

오답 피하기 ㄱ. (가)에서 F_2은 F^-으로 환원되므로 산화제이다.

ㄴ. (나)에서 H_2O의 H와 O는 산화수가 변하지 않으므로 H_2O은 산화제가 아니다.

625 Y는 황산(H_2SO_4)과 반응하지만 X는 황산(H_2SO_4)과 반응하지 않는다. 따라서 반응성은 Y > X이므로 X 이온이 들어 있는 수용액에 Y를 넣으면 Y는 산화되고, X 이온은 환원된다.

오답 피하기 ① (가)의 Y에서는 수소 기체(H_2)가 발생한다.

② (가)에서 Y의 산화수는 증가한다.

③ H_2SO_4은 Y를 산화시키므로 산화제이다.

④ Y가 반응하면서 수용액의 양이온 수가 감소하므로 Y의 산화수는 +1보다 크다.

626 금속 A 이온이 들어 있는 수용액에 금속 B를 넣었을 때 금속 이온 수가 감소하므로 산화수는 B 이온이 A 이온보다 크다.

A 이온을 A^{a+}, B 이온을 B^{b+}라고 하면, B $2N$이 반응하였을 때 전체 금속 이온 수가 $6N$이 되므로 A^{a+}은 $4N$, B^{b+}은 $2N$이 존재한다. 반응 전후 총(+)전하량은 일정하므로 $8a = 4a + 2b$이고, 이로부터 $a : b = 1 : 2$이다. 금속 양이온의 전하는 +1, +2, +3 중 하나이므로 A^{a+}은 A^+, B^{b+}은 B^{2+}이다.

627 실험 Ⅰ과 Ⅱ에서 반응 후 용액에 B 이온이 들어 있으므로 실험 Ⅰ과 Ⅱ에서 A는 모두 산화된다.

ㄱ. 실험 Ⅰ과 Ⅱ에서 A는 모두 산화되므로 반응 후 용액에 들어 있는 A^{3+} 수는 서로 같다. 따라서 증가한 금속 양이온 수는 B^+ $12N$이다. 이 과정에서 C^{2+}의 부피는 $100\,mL$ 증가하였으므로 C^{2+} $100\,mL$에는 $6N$의 C^{2+}이 들어 있음을 알 수 있다.

오답 피하기 ㄴ. 실험 Ⅰ에서는 금속 양이온의 총(+)전하량이 $+12N$이어야 하므로 반응 후 용액에는 A^{3+} $3N$, B^+ $3N$이 들어 있다. 따라서 실험 Ⅱ에서도 Ⅰ에서와 같이 A^{3+} $3N$이 들어 있다.

ㄷ. 실험 Ⅰ에서는 A $3N$, B $15N$이 C^{2+} $6N$과 반응하여 A^{3+} $3N$, B^+ $3N$이 생성된 것이므로 남아 있는 금속은 C $6N$, B $12N$이다.

산화 환원 반응의 양적 관계
금속과 금속 양이온이 들어 있는 용액의 이온 수 변화

실험	$C^{2+}(aq)$의 부피(mL)	반응 후 용액 속의 금속 양이온	
		종류	수
Ⅰ	100	A^{3+}, B^+	$6N$
Ⅱ	200	A^{3+}, B^+	$18N$

(1) 실험 Ⅰ과 Ⅱ에서 반응 후 A^{3+} 수는 같으므로 증가한 이온 수는 B^+ $12N$이다.
➡ C^{2+} $100\,mL$에 들어 있는 C^{2+} 수는 $6N$이다.
(2) 반응 전후 총(+)전하량은 일정하므로 실험 Ⅰ에서 반응 후 총(+)전하량은 $+12N$이다.
➡ 실험 Ⅰ의 반응 후 수용액에 들어 있는 금속 양이온 수는 A^{3+} $3N$, B^+ $3N$이다.

628 ㄱ. MnO_4^-에서 Mn의 산화수는 +7이고, Mn^{2+}에서 Mn의 산화수는 +2이다.

ㄴ. Br의 산화수는 −1에서 0으로 증가하므로 Br^-은 환원제이다.

ㄷ. 산화수 변화와 반응 전과 후의 원자 수를 같게 하여 화학 반응식을 완성하면 다음과 같다.

$$2MnO_4^-(aq) + 10Br^-(aq) + 16H^+(aq)$$
$$\longrightarrow 2Mn^{2+}(aq) + 5Br_2(aq) + 8H_2O(l)$$

따라서 $a + c + e = 23$이다.

629 ㄱ, ㄴ. Cr의 산화수는 +6에서 +3으로 감소하고, C의 산화수는 −2에서 +4로 증가한다. 산화수 변화와 반응 전과 후의 원자 수를 같게 하여 화학 반응식을 완성하면 다음과 같다.

$$C_2H_5OH(aq) + 2Cr_2O_7^{2-}(aq) + 16H^+(aq)$$
$$\longrightarrow 2CO_2(aq) + 4Cr^{3+}(aq) + 11H_2O(l)$$

따라서 $a + b = 18$이고, $c + d = 6$이다.

오답 피하기 ㄷ. 화학 반응식으로부터 C_2H_5OH 1몰이 반응할 때 이동한 전자의 양(mol)은 6몰이다.

630 NO_3^-에서 N의 산화수는 +5이고, NO에서 N의 산화수는 +2이다. 그리고 Cu의 산화수는 0에서 +2로 증가한다. 산화수 변화와 반응 전과 후의 원자 수를 같게 하여 화학 반응식을 완성하면 다음과 같다.

$$3Cu + 2NO_3^- + 8H^+ \longrightarrow 3Cu^{2+} + 2NO + 4H_2O$$

따라서 $a + b + c + d = 17$이다.

631 ㄱ. I_3^-에서 I의 산화수는 −1 또는 0이고, I^-에서 I의 산화수는 −1이므로 (가)는 산화 환원 반응이다.

ㄴ. O_3에서 O의 산화수는 0이고, H_2O에서 O의 산화수는 −2이다. 그리고 I^-에서 I의 산화수는 −1이고, I_3^-에서 2개의 I의 산화수가 0이다. 따라서 산화수 변화는 같으므로 반응 전후 원자의 수만 맞추면 된다. 이로부터 $a = 3$, $b = 2$, $c = 1$, $d = 1$이다.

ㄷ. (가)에서는 O의 산화수가 −2로 일정하고, (나)에서는 H의 산화수가 +1로 일정하다.

632 ㄱ. ㉠와 ㉡은 모두 H_2O이다.

ㄷ. (나)에서 NH_4^+은 O_2와 반응하여 NO_3^-이 되고, 이때 N의 산화수는 -3에서 $+5$로 증가한다. 따라서 NH_4^+은 자신은 산화되면서 O_2를 환원시키는 환원제이다.

[오답 피하기] ㄴ. (가)의 MnO_2에서 Mn의 산화수는 $+4$이고, Mn^{2+}에서 Mn의 산화수는 $+2$이므로 MnO_2 1몰이 반응할 때 이동한 전자의 양(mol)은 2몰이다.

633 ㄱ. 반응물보다 생성물의 에너지가 낮으므로 이 반응은 에너지를 방출하는 발열 반응이다.

[오답 피하기] ㄴ. 에너지를 방출하므로 반응 후 주위의 온도는 높아진다.

ㄷ. $NH_4NO_3(s)$의 용해 반응은 흡열 반응이다.

634 ㄱ. 나트륨(Na)과 물(H_2O)의 반응은 열과 빛이 발생하는 발열 반응이므로 반응물의 에너지가 생성물의 에너지보다 높다.

ㄴ. 반응 후 수용액에 OH^-이 존재하므로 pH는 증가한다.

[오답 피하기] ㄷ. H_2 1g은 0.5몰이므로 나트륨(Na) 1몰이 반응해야 한다. 따라서 출입한 열량은 367.5 kJ이다.

635 에탄올의 연소열은 (물의 비열×물의 질량×물의 온도 변화)로 구할 수 있다. 연소 과정에서 감소한 에탄올의 질량은 (m_1-m_2)g이고, 에탄올의 연소로 발생한 열은 모두 물이 흡수하였으므로 발생한 열은 $200c(t_2-t_1)$J이다. 따라서 에탄올의 연소열(J/g)은 $\dfrac{200c(t_2-t_1)}{m_1-m_2}$이다.

636 실험에서 이용한 열량계는 통열량계이므로 실험에서 발생한 열은 모두 통열량계와 열량계 속 물이 흡수하게 된다. 연소된 C(흑연)의 질량이 1.2g이므로 0.1몰에 해당하며, 이때 발생한 연소열은 물과 열량계가 흡수하였으므로 $(4.2×2×4)+(12×4)=81.6\,kJ$이다. 그리고 CO_2 22g은 0.5몰에 해당하므로, CO_2 0.5몰이 생성되려면 C(흑연) 0.5몰이 연소되어야 한다. 따라서 발생하는 연소열(kJ)은 $81.6×5=408\,kJ$이다.

637 출입하는 열량은 (용액의 비열×용액의 질량×용액의 온도 변화)로 구할 수 있다.

학생 X: 용해열은 (용액의 비열×용액의 질량×용액의 온도 변화)로 구한다. 따라서 $ca(t_2-t_1)$이다.

학생 Y: 녹인 NaOH의 질량이 4g이므로 1몰을 녹였을 때 용해열을 구하려면 화학식량으로 나누어 4g에 해당하는 몰수를 계산해야 한다.

[오답 피하기] 학생 Z: 간이 열량계는 손실되는 열량이 있으므로 이론적인 용해열보다 작게 측정된다.

638 ㄱ, ㄴ. C_6H_6이 연소되는 반응의 화학 반응식은 $2C_6H_6 + 15O_2 \longrightarrow 12CO_2 + 6H_2O$이다. C_6H_6 7.8g은 0.1몰에 해당하므로 C_6H_6 0.1몰이 모두 반응하기 위해서는 O_2 0.75몰이 필요하고, C_6H_6 0.1몰이 반응하면 CO_2 0.6몰이 생성된다.

[오답 피하기] ㄷ. 이 실험의 결과 외에 통열량계의 열용량, 물의 비열을 알아야 C_6H_6 1몰이 완전 연소될 때 발생하는 열량을 구할 수 있다.

BON.제 본 N

BON.본 **N**제